이론 및 사례 제9판

중대재해처벌법

Serious Accidents Punishment Act

이상국 지음

BM (주)도서출판 성안당

산업현장의 중대재해로 인해 근로자등의 고귀한 생명이 희생되고 그 가족의 삶이 파괴되고 있다. 새로운 위험의 출현과 고위험작업으로 끊임없이 중대재해가 발생하고 있다.

중대재해는 근로자의 과실뿐만 아니라 유해·위험성의 정보부족, 유해·위험한 작업환경, 안전보건관리체계의 미흡 등 다양한 원인에 의해 발생한다. 특히 건설업, 조선업, 제조업은 고위험작업이 많아 고소작업, 화기작업, 밀폐공간작업은 유해·위험성이 높다.

중대재해처벌법은 사고원인부터 발생, 유해·위험요인, 위험한 기계·기구·설비의 사용 등에 따른 재해예방조치, 책임주체, 행위규범에 대한 형사특별법의 체계적인 이해가 필요하다.

사업주 또는 경영책임자는 안전보건확보의무를 위해서는 기술성과 규범성을 고려한 안전보건관리체계를 구축해야 한다. 그러나 안전보건관리체계의 구축사례를 살펴보면 중대재해처벌법이 요구하는 행위규범성, 적정성, 연계성 등 구성요소를 제대로 갖추지 못하고 있다.

그 결과 중대재해의 발생 시 형사처벌을 받는 사례가 증가하고 있다. 형사면책을 받기 위해서는 중대재해처벌법의 요구규범에 따라 관리체계를 구축하고 이행점검을 해야 한다. 본서는 범죄론, 안전보건관리체계론, 징벌적 손해배상론으로 구분해 다음과 같이 집필하였다.

첫째, 중대재해처벌법의 입법목적과 이념, 해석원칙을 소개한다. 또한 경영책임자의 조직적 행위규범과 안전경영책임의 실체를 규명하고자 노력했다. 아울러 범죄론의 관점에서 중대재해처벌법의 범죄유형을 검토했다.

둘째, 중대재해처벌법은 안전공학, 안전관리론, 산업안전보건법, 형법, 민법의 지식과 밀접한 관련성을 지닌다. 중대산업재해와 중대시민재해, 징벌적 손해배상과 관련하여 법리를 검토하였다.

셋째, 안전보건확보를 위한 안전보건관리체계의 구축 및 이행점검에 대한 쟁점을 설명하였다. 중대재해처벌법의 요구규범과 안전보건관리체계의 적정성, 이행점검의 대상과 적합성, 건설공사발주자와 도급인의 구별기준, 재해이론과 안전관리기법의 규범성을 검토하였다.

넷째, 각종 중대재해의 사례를 개발하여 법리적 쟁점을 해설하고, 사건사고의 유형별 형사판결을 소개하였다. 판결내용은 중대재해처벌법위반죄, 산업안전보건법위반죄, 업무상과실치사상죄의 관계를 구분해 설명하였다.

다섯째, 관리체계의 구축실무에 필요한 절차서와 지침서를 개발하여 예방대책에 활용하도록 부록으로 첨부하였다. 안전보건관리체계의 구축 시 규범적 구성요소를 반영한 표준모델안을 개발하였다.

본서는 건설공사발주자, 도급인, 수급인, 이외에 사업주 및 경영책임자, 안전관리(총괄)책임자, 관리감독자, 안전관리자 및 보건관리자, 공무원 및 기관장이 알아야 할 법률지식과 실무적 대응방안을 제시하고자 집필하였다.

최근까지 대명출판사에서 제8판까지 출간하였으나, 여러 가지 사정으로 인하여 성안당에서 새로이 출간한다. 이번에 출간하는 도서는 실무적 활용성을 고려하여 전반적으로 다시 집필하였다.

그동안 격려와 지지를 해주신 독자 여러분과 출판을 위해 애써주신 ㈜성안당의 임직원에게 감사를 드린다.

2026년 2월

저자 이상국

목 차

제1장 서 론

제1절 총 설 ·· 3

　1. 중대재해처벌법의 정의와 특성 ·· 3
　　(1) 중대재해처벌법의 정의와 목적 / 3
　　(2) 조직적 행위규범과 안전경영책임 / 4
　2. 보호법익 및 범죄이론의 적용 ·· 6
　　(1) 중대재해처벌법의 보호법익 / 6
　　(2) 범죄이론의 적용과 해석 / 8
　3. 중대재해처벌법의 범죄유형 ·· 13
　　(1) 고의범 / 13
　　(2) 과실범과의 구별 / 16
　　(3) 결과범와 결과적 가중범 / 24
　　(4) 인과관계 / 27
　　(5) 부작위범의 범죄유형 / 31
　　(6) 부작위범의 성립과 인과관계 / 33
　4. 안전보건 관련 용어의 이해 ·· 36
　　(1) 안전과 보건 등 용어 / 36
　　(2) 사고와 사건의 규범성 판단 / 39
　5. 중대재해처벌법의 적용범위 ·· 41
　　(1) 중대재해와 중대산업재해 / 41
　　(2) 직업성 질병의 종류와 건강장해 / 46
　　(3) 종사자의 정의와 범위 / 54
　　(4) 사업주와 경영책임자등 / 63
　　(5) 상시 근로자 / 73

제2절 중대재해처벌법의 지위 ························· 81

1. 중대재해처벌법과 다른 법률 간의 지위 ················· 81
   (1) 중대재해처벌법의 법률관계와 법적 지위 / 81
   (2) 산업안전보건법의 법률관계와 법적 지위 / 82
   (3) 형법의 법률관계와 법적 지위 / 83
   (4) 민법의 법률관계와 법적 지위 / 84
2. 영국의 법인과실치사 및 법인살인법 ················· 85
   (1) 영국의 법령체계와 관리체계 / 85
   (2) 법인과실치사 및 법인살인법의 주요 내용 / 90
   (3) 호주의 경영책임자와 산업재해예방의무 / 95
3. 중대재해처벌법과 산업안전보건법의 비교 ············· 99
   (1) 산업재해와 중대산업재해 / 99
   (2) 중대재해처벌법과 산업안전보건법의 특성비교 / 100

제 2 장   중대산업재해

제1절 안전보건확보의무 ····························· 105

1. 일반사업의 안전보건확보의무 ····················· 105
   (1) 사업주와 경영책임자등의 안전보건확보의무 / 105
   (2) 안전보건관리체계의 구축 및 이행조치 / 106
   (3) 안전보건에 관한 목표와 방침 / 113
   (4) 안전보건의 전담조직 / 118
   (5) 유해·위험요인의 확인 및 개선 / 123
   (6) 재해예방의 예산편성 및 집행 / 137
   (7) 안전보건관리책임자등을 위한 업무수행조치 / 141
   (8) 안전관리자·보건관리자 등의 배치 / 148
   (9) 종사자의 의견청취 절차 등 개선 / 153
   (10) 중대산업재해 대응조치 / 155

(11) 도급·용역·위탁 시 안전보건 기준 및 절차 등 / 161

(12) 재발방지대책의 수립 및 이행조치 / 165

(13) 중앙행정기관 및 지방자치단체의 개선·시정명령 / 169

(14) 안전·보건 관계법령의 이행 및 관리상의 조치 / 171

(15) 안전보건교육의 점검 및 결과보고 / 184

2. 도급·용역·위탁 등 안전보건확보의무 ·························· 187

(1) 도급의 정의와 구별 / 187

(2) 도급사업 등의 안전보건확보의무 / 190

(3) 용역·위탁 등 안전보건확보의무 / 198

(4) 건설공사발주자와 도급인의 구별 / 209

3. 벌칙의 적용과 수강명령 ·························· 216

(1) 중대산업재해의 벌칙 적용 / 216

(2) 과태료의 부과 / 224

(3) 안전보건교육의 수강명령 / 226

제2절 중대산업재해의 예방대책 ·························· 230

1. 사업주와 경영책임자등의 역할 ·························· 230

(1) 최고경영자의 역할과 책임 / 230

(2) 법규범의 이해와 자치규범의 설정방법 / 233

2. 재해예빙대책과 재해이론 ·························· 240

(1) 재해이론의 메커니즘 이해 / 240

(2) 재해이론의 활용과 규범성 검토 / 254

3. 재해예방기법과 규범성 검토 ·························· 271

(1) 안전보건실태의 점검 / 271

(2) 유해·위험요인의 확인 및 관리 / 276

(3) 위험성평가의 실시와 평가체계 / 279

(4) TBM활동 / 303

(5) 위험예지활동 / 308

(6) 안전제안활동 / 310

(7) 안전회의(Safety meeting) / 311

(8) 4M기법 / 313

(9) 3E대책 / 317

(10) Non Technical Skills / 318

(11) FMEA / 328

4. 중대재해 예방대책과 적정성 검토 331

(1) 아차사고의 예방 및 관리 / 331

(2) 작업중지권의 행사 / 333

(3) 작업허가서의 작성 / 335

(4) 작업계획서의 작성과 위반죄 / 339

(5) 산업재해예방조치 능력평가와 협력체계의 구축 / 346

(6) 안전보건수준평가 / 350

(7) 중대산업재해의 원인조사와 조사방법 / 353

(8) 안전탄력성의 역량강화 / 363

(9) 안전정보시스템의 구축·운영 / 366

(10) 안전보건감사 / 368

제3절 중대산업재해의 사례와 법적 책임 372

1. 고위험작업과 중대산업재해 372

(1) 고위험작업과 중대산업재해 / 372

(2) 건설공사당사자의 역할과 한계성 / 375

(3) 조선업의 하도급과 고위험작업 / 379

(4) 제조업의 중대재해 유형과 사례 / 381

2. 중대산업재해의 사례와 법적 책임 386

(1) 설치기사의 추락사망과 중대재해처벌법의 적용 여부 / 386

(2) 아연제품의 생산공정과 비소중독의 사망재해 / 389

(3) 제조공장에서의 끼임사고와 당사자의 법적 책임 / 397

(4) 지게차 안전사고와 당사자의 법적 책임 / 401

(5) 연료전지 제조공장의 화재사고 / 405

(6) 다른 사업장의 경유와 중대재해의 책임주체 / 412
(7) 굴착기의 전도사고와 특수형태근로종사자 / 415
(8) 굴착작업 중 매몰사고와 현장소장의 형사책임 / 420
(9) 항타기의 사고와 중대재해의 법적 책임 / 423
(10) 타워크레인의 안전사고와 당사자의 법적 책임 / 428
(11) 채석장의 매몰사고와 도급인의 법적 책임 / 433
(12) 선박건조작업 중 추락사망과 수급인의 법적 책임 / 436
(13) 바지선에서 굴착작업 중 추락사망 / 440
(14) 개인주택의 신축공사 중 수급인 근로자의 추락사 / 444

제 3 장 중대시민재해

제1절 중대시민재해의 안전보건 확보의무 ·······························451

1. 중대시민재해의 규율대상 등 ·······································451
(1) 중대시민재해의 규율대상 / 451
(2) 중대시민재해의 보호법익과 규범적 통제 / 462
2. 안전보건확보의무 ··463
(1) 사업주와 경영책임자등의 안전보건확보의무 / 463
(2) 시민재해의 원인과 형사책임 / 481

제2절 중대시민재해의 벌칙과 법적 책임 ·······························484

1. 중대시민재해의 벌칙 ··484
(1) 중대시민재해의 벌칙 적용 / 484
(2) 중대시민재해의 범죄유형과 인과관계 / 486
2. 중대시민재해의 사례와 법적 책임 ································487
(1) 건물붕괴로 시민을 덮친 사망사고 / 487
(2) 과속운행으로 인한 중대한 교통사고 / 491
(3) 오토바이 교통사고와 중대시민재해 / 493
(4) 국도 터널 내 교통사고와 중대시민재해 / 496

(5) 지하차도의 침수로 인한 중대시민재해 / 499

(6) 지방자치단체의 교량관리책임과 중대시민재해 / 504

(7) 철도역사 대합실의 붕괴사고와 중대시민재해 / 508

제4장　보　칙

제1절 형의 확정과 심리절차 ···································· 515

1. 형사상 형의 확정 ··· 515

(1) 형의 확정 및 효력 / 515

(2) 중대산업재해 위반사실의 공표 / 516

2. 재판상 심리절차 ··· 518

(1) 재판상 심리의 정의 / 518

(2) 심리절차의 특례 / 520

(3) 법원조직법과 심판권 / 522

제2절 징벌적 손해배상 ·· 524

1. 징벌적 손해배상책임 ··· 524

(1) 징벌적 손해배상의 정의와 성격 / 524

(2) 징벌적 손해배상책임과 손해배상액의 산정 / 525

2. 산재보험급여와 손해배상액의 조정 ························ 528

(1) 산업재해와 산재보험급여액 / 528

(2) 중복조정과 배상책임의 면제 / 529

3. 교통사고의 손해배상책임 ····································· 531

(1) 업무상 교통사고와 자동차보험의 청구 / 531

(2) 자동차보험과 산재보험의 조정 / 534

4. 산업재해와 손해배상책임 ····································· 536

(1) 채무불이행책임과 손해배상 / 536

(2) 불법행위의 유형과 성립요건 / 537

(3) 사용자배상책임과 불법행위의 경합 / 539

(4) 도급인의 사용자책임과 손해배상책임 / 542

(5) 산업재해의 발생과 공작물책임 / 543

5. 손해배상액의 산정방법 ·· 545

(1) 일실이익 / 545

(2) 기왕치료비 / 547

(3) 향후치료비와 보조비 등 / 548

(4) 위자료 / 550

(5) 가동능력상실률 / 551

(6) 가동연한 / 555

(7) 중간이자의 공제 / 557

(8) 생활비의 공제 / 558

(9) 과실상계 / 559

6. 손해배상액의 산정사례와 조정대상 ·························· 564

(1) 손해배상액의 산정사례 / 564

(2) 보험급여와 손해배상의 조정대상 / 567

제3절 정부의 지원 및 보고 등 ·· 570

1. 정부의 사업주 등에 대한 지원 및 보고 ·················· 570

(1) 정부의 사업주 등에 대한 지원사항 / 570

(2) 정부의 보고 / 570

2. 서면자료의 보관 ·· 571

(1) 조치사항 관련 서면자료의 보관 / 571

(2) 중대산업재해와 중대시민재해의 서류보관 / 573

◆부 록◆

안전보건관리체계의 구축 및 이행점검절차 ·················· 577

중대재해 전담부서의 설치 및 운영 절차 ···················· 582

위험성평가체계의 구축 및 실행지침 ························· 587

안전보건관리책임자 등 업무수행평가절차 ················ 595

중대재해대응조치 및 재발방지대책 ················ 601

도급·용역 위탁 등 안전보건관리절차 ················ 608

적격수급인 및 재해예방조치능력평가절차 ················ 616

참고문헌 ················ 621

사항색인 ················ 625

제1장
서 론

제1절 총 설
제2절 중대재해처벌법의 지위

제1절
총설

1. 중대재해처벌법의 정의와 특성

(1) 중대재해처벌법의 정의와 목적

1) 중대재해처벌법의 정의   a) 중대재해처벌법은 안전사고나 유해물질 등에 의한 부상, 질병, 사망의 치명적인 재해(Fatal Accident)를 예방하고자 하는 규범체계의 총체를 말한다. 중대재해처벌법의 정식 명칭은 「중대재해처벌 등에 관한 법률」로서, 중대산업재해와 중대시민재해를 규정하고 있다. 이 법은 경영자로서의 지위에 있는 사업주 및 경영책임자등과 법인 또는 기관을 규율대상으로 한다.

b) 중대재해처벌법은 사업주 또는 경영책임자의 행위규범을 정하여 강제하는 규제법의 특성을 지닌다. 영국은 2007년에 최고경영자의 위반행위에 대한 책임을 묻고자 「법인과실치사 및 법인살인법(이하 '법인과실치사법'이라 한다)」을 제정하였다. 그러나 자연인에게 형사책임을 묻지 않으며, 과실법규의 요건을 정하는 점에서 우리나라의 중대재해처벌법과 차이가 있다.

2) 중대재해처벌법의 목적과 규범적 통제대상   a) 이 법은 사업 또는 사업장, 공중이용시설 및 공중교통수난을 운영하거나 인체에 해로운 원료나 제조물을 취급하면서 안전·보건 조치의무를 위반하여 인명피해를 발생하게 한 사업주, 경영책임자, 공무원 및 법인의 처벌 등을 규정함으로써 중대재해를 예방하고 시민과 종사자의 생명과 신체를 보호함을 목적으로 한다(중대재해처벌법 제1조).

b) 중대재해처벌법은 책임주체를 정하여 안전·보건조치를 위반하여 인명피해가 발생하지 아니하도록 함으로써, 시민과 종사자의 생명과 신체를 보호

하고자 하는 의지를 목적에 반영하고 있다. 사업주와 경영책임자, 공무원의 자연인 및 법인을 모두 형사처벌의 대상으로 하고 있다.[1]

　c) 이 법은 사업 또는 사업장, 공중이용시설 및 공중교통수단을 운영하거나 인체에 해로운 원료나 제조물을 취급하는 경우에 안전·보건조치를 하도록 요구하고 있다. 이 경우 안전·보건조치의무는 요구규범이며 규범체계의 정당성을 판단하는 행위목적의 해석기준이 된다.

(2) 조직적 행위규범과 안전경영책임

　1) **조직적 행위규범**　　a) 중대재해처벌법은 근로자 등 피해자 개인의 행위가 아닌 조직의 행위를 규율하여 중대재해를 예방하고자 한다. 중대재해처벌법은 안전보건관리체계의 구축, 안전보건관련 법령에 따른 의무이행 등 지배·관리·운영의 측면에서 조직적 행위규범을 평가한다. 사업주 또는 경영책임자나 그 법인 또는 기관이 관리체계를 구축하고 지원하는 등 작위의무를 이행하지 아니한 경우 위반책임이 따른다.

　b) 중대재해처벌법의 위법성은 경영조직의 최고책임자로서 사업주 또는 경영책임자의 행위에 주목한다. 따라서 사업주 또는 경영책임자의 행위가 조직적 행위규범으로서 당위성과 적정성이 있는지를 판단한다. 사업주와 경영책임자등의 위반책임은 개인의 윤리적인 범죄행위가 아니라 기업의 조직활동에 관한 행위를 대상으로 판단한다. 안전보건관리책임자의 업무수행에 대한 평가 여부도 조직적 행위규범에 해당된다.

　2) **안전경영책임**　　a) 중대재해처벌법은 사업주나 경영책임자등의 지위에서 요구되는 안전경영책임에 대한 관리책임을 묻는다. 안전경영책임은 단순한 과실이 아니라 안전보건관리체계의 구축 및 운영을 통한 중대재해를

---

[1] 사업주는 개인사업주와 법인사업주로 구분한다. 개인사업주는 그 자신이 의무주체이자 이행주체이므로 형사책임의 대상으로 정하는데 어려움이 없다. 그러나 법인사업주는 법인 자체를 의미하며, 별도의 자연인으로서 대표이사 등은 형사책임의 대상으로 정하기가 곤란하다. 우리나라와 독일은 법인의 범죄능력을 부정하므로 법인자체를 형사책임의 대상으로 볼 수 없다. 그래서 법인의 배후에 있는 자연인에게 형사책임을 귀속시키기 위해 양벌규정을 정하고 있다.

예방하지 못한 잘못에 대한 관리책임을 의미한다.

b) 중대재해는 근로자의 고의 또는 과실에 의해서도 발생한다. 그러나 중대재해처벌법은 근로자의 과실책임을 묻기보다 관리책임의 관점에서 사업주 또는 경영책임자의 부작위에 대한 행위규범의 당위성을 평가한다(자기책임원칙의 수정).

c) 사업주 또는 경영책임자의 행위규범은 경영자의 지위에서 해야 할 의무에 대한 안전경영책임을 의미한다. 따라서 안전경영책임은 ⅰ) 사업 또는 사업장의 특성과 규모, ⅱ) 안전보건확보를 위한 조치사항, ⅲ) 실질적인 지배·운영·관리의 행위를 사법심사의 대상으로 한다(규범적 가치판단의 기준).

d) 안전경영책임은 ⅰ) 책임주체로서 안전보건확보를 위한 사업주와 경영책임자의 행위, ⅱ) 안전보건관리체계의 구축대상(기준, 방법, 절차), ⅲ) 이행점검의 범위(이행점검의 대상과 방법, 시기), ⅳ) 중대재해 재해예방대책에 대하여 적정성을 판단한다. 따라서 안전보건관리체계를 구축하지 아니하였거나 형식적으로 구축한 채 실질적으로 이행하지 않았다면 미필적 고의로써 안전경영책임의 위반행위로 해석된다.

3) **관리감독책임과의 구별**   a) 관리감독책임은 소속 근로자를 지휘하며 감독하는 행위에 대한 위반책임을 말한다. 관리감독책임은 재해예방조치 및 관리감독체계로서의 이중적 역할을 하지 못한 잘못에 대한 부정적인 평가를 의미한다.

b) 관리감독책임은 위험에 노출되는 근로자등을 보호하기 위한 사업장 중심의 행위규범과 관련성을 지닌다. 따라서 산업안전보건법 제38조(안전조치) 및 제39조(보건조치), 법 제63조(도급인의 안전조치 및 보건조치) 등을 위반한 경우 관리감독책임을 물을 수 있다.

c) 사업주는 안전보건관리조직을 구성하고 안전보건관계자에게 안전보건에 관한 권한을 위임한다. 안전보건관리책임자와 관리감독자가 근로자의 생명과 신체를 보호하기 위하여 관리감독을 하지 못한 결과에 대하여 위반책임을 부담한다. 관리감독책임은 사업장의 안전보건조치 등 작위의무를 위반한 행위자에 대하여 위반책임을 묻고자 한다(행위자처벌주의의 원칙).

d) 산업안전보건법은 사업주(개인사업주와 법인사업주)를 규제하며 개별책

임주의에 따라 자연인을 처벌대상으로 한다. 또한 법인의 대표자나 개인의 대리인, 사용인, 그 밖의 종업원이 그 법인 또는 개인에 대하여도 양벌규정을 적용한다.

e) 그러나 법인의 대표이사가 상당한 주의와 감독을 게을리하지 아니한 경우에는 양벌규정(산업안전보건법 제173조)을 적용하지 않는다. 그러나 중대재해처벌법에 의한 사업주와 경영책임자의 안전경영책임은 사업장을 직접 개입하는 것이 아니라 간접적 개입방식에 의한 위반책임을 의미한다. 안전경영책임은 행위주체와 행위규범의 범죄요건 등에서 차이가 있다.

2. 보호법익 및 범죄이론의 적용

(1) 중대재해처벌법의 보호법익

1) 중대재해의 예방과 보호법익   a) 중대재해처벌법은 중대재해의 예방을 목적으로 하는 동시에 종사자의 생명과 건강을 보호법익으로 한다. 종사자의 부상, 질병, 사망을 보호하기 위해서는 중대재해를 예방하도록 안전보건확보의무를 정하고 그 위반행위에 대하여 형사책임을 부과한다. 중대재해의 예방조치는 사업주 또는 경영책임자에 의한 행위규범을 의미한다.

b) 생명을 침해하는 부상이나 질병은 그 자체가 반가치성을 지니지만, 치명적인 수준에 이른 정도를 중대재해로 평가한다. 중대재해처벌법은 부상, 질병, 사망의 생명침해를 예방하고자 보호법익으로 한다. 보호법익은 기업활동의 불법적인 침해로부터 종사자를 보호하고자 하는 가치관념이다.

2) 종사자등의 생명과 신체의 보호   a) 헌법 제10조에 의한 "인간으로서의 존엄과 가치"를 구현하기 위하여 중대재해처벌법 제1조(목적)에 "생명과 신체의 보호"를 명시한 것은 보호법익에 부합된다. 따라서 중대재해처벌법은 시민과 종사자의 생명과 신체를 보호하기 위하여 안전보건확보(안전보건관리체계의 구축 및 이행점검 등)에 관한 조치를 하여야 한다.

b) 국가의 구성원으로서 근로자 등 종사자는 이성적 존재로서 생명과 신체를 보호할 가치가 있다. 따라서 인간의 존엄과 가치는 국가가 형벌권을 행사

함에 있어 사람을 단순한 객체로 취급하거나 잔혹한 형벌을 부과하는 것을 금지한다(헌재 2016. 12. 29, 2013헌마142).

　c) 종사자의 생명과 신체를 보호하기 위하여 중대재해처벌법에는 죄형법정주의(명확성의 원칙, 소급효금지의 원칙, 유추해석금지의 원칙, 적정성의 원칙), 이중처벌금지의 원칙 등 형벌의 책임원칙이 적용된다. 그러나 중대재해처벌법의 안전보건관리체계와 관련하여 형사처벌을 둘러싸고 명확성의 원칙이 논란이 되었다.[2]

---

2) 죄형법정주의의 명확성 원칙은 법률이 처벌하고자 하는 행위가 무엇이며 그에 대한 형벌이 어떤 것인지 누구나 예견할 수 있고, 그에 따라 자신의 행위를 결정할 수 있도록 구성요건을 명확히 규정할 것을 요구한다. 형벌법규의 내용이 애매모호하거나 추상적이어서 불명확하면 무엇이 금지된 행위인지 국민이 알 수 없어 법을 지키기 어려울 뿐만 아니라, 범죄의 성립 여부가 법관의 자의적인 해석에 맡겨져 국민의 자유와 권리를 보장하려는 법치주의 이념이 실현될 수 없기 때문이다. 그러나 처벌법규의 구성요건이 명확하여야 한다고 하더라도 입법자가 모든 구성요건을 단순한 의미의 서술적 개념만으로 규정하여야 한다는 것은 아니다. 처벌법규의 구성요건이 다소 광범위하여 법관의 보충적인 해석을 필요로 하는 개념을 사용하였다고 하더라도 그 점만으로 헌법이 요구하는 처벌법규의 명확성 원칙에 배치되는 것이라고 볼 수 없다. 건전한 상식과 통상적 법감정을 가진 사람이 그 적용대상자와 구체적으로 금지되고 있는 행위의 내용을 알 수 있도록 규정되어 있다면 명확성 원칙에 위배되지 않는다고 보아야 한다. 그렇지 않으면 처벌법규의 구성요건이 지나치게 구체적이고 정형적이 되어 부단히 변화하는 다양한 생활관계를 제대로 규율할 수 없게 될 것이기 때문이다. 한편, 모든 법규범의 문언을 순수하게 기술적 개념만으로 구성하는 것은 입법기술적으로 불가능하고 또 바람직하지도 않기 때문에 어느 성노 가치개념을 포함한 일반적, 규범적 개념을 사용하지 않을 수 없다. 따라서 당해 법률조항의 입법목적, 당해 법률의 체계 및 다른 규정들과의 상호관계를 고려하거나 이미 확립된 판례를 통한 해석방법을 통하여 그 규정의 해석 및 적용에 대한 신뢰성이 있는 원칙을 도출할 수 있어서 그 법률조항의 취지를 예측할 수 있다면 그 범위 내에서 명확성의 원칙은 유지되고 있다고 보아야 할 것이고, 또한 법관의 보충적인 가치판단을 통한 법문의 해석으로 그 의미내용을 확인해 낼 수 있다면 명확성의 원칙에 반한다고 할 수 없을 것이다. 각 기업은 사업 또는 사업장의 규모, 업종별 특성, 작업의 내용, 산업기술의 발전 상황 등에 따라 각기 다른 유해·위험 요인을 가지고 있어, 이들에게 요구되는 안전 및 보건 확보의무는 다를 수밖에 없다. 따라서 유해·위험 요인을 통제하는 수단이나 방법을 일률적으로 정하는 것은 입법기술적으로 불가능하거나 현저히 곤란하고, 오히려 이를 일률적·획일적으로 정하는 것은 각 개별 기업들의 특수성 등을 반영할 수 없다는 점에서 바람직하지 않다. 중대재해처벌법의 수범자는 불특정의 일반인이 아니라 사업주 또는 경영책임자 등이다. 자신의 사업을 영위하거나 사업을 대표하고 사

（2）범죄이론의 적용과 해석

1）범죄의 정의와 성립요건의 판단

① **범죄의 정의와 성립요건** a）중대재해처벌은 특별형법으로서 형법의 범죄요건 등 범죄이론이 적용된다. 여기서 범죄는 구성요건에 해당하는 위법하고 유책한 행위를 말한다（형식적 정의）. 또한 범죄란 법익을 침해하는 반사회적 행위 또는 형벌을 부과할 필요가 있는 불법행위, 중대한 사회·유해적 법익침해행위를 의미한다（실질적 정의）.

b）범죄의 성립요건은 구성요건해당성, 위법성, 책임을 말한다. 이 세 가지를 요건을 충족할 때 범죄행위로 본다. 범죄가 성립하려면 ⅰ）작위 또는 부작위에 의한 범죄구성요건에 해당하는 행위가 있고, ⅱ）보호법익에 대한 위법한 침해행위가 있어야 하며, ⅲ）책임의 비난가능성이 있어야 한다.

② **구성요건해당성** a）구성요건은 형벌법규에서 금지 또는 명령하는 행위가 어떤 것인지를 추상적·유형적으로 규정하는 불법행위의 유형을 말한다. 구체적인 행위사실이 구성요건에 합치될 때 구성요건에 해당된다. 구성요건은 객관적 구성요건과 주관적 구성요건의 요소로 구성된다.

b）객관적 구성요건요소는 주체, 객체, 행위, 결과, 인과관계를 말하며, 주관적 구성요건의 요소는 고의 또는 과실을 의미한다. 범죄요건의 성립에 따른 책임주체는 1인의 자연인을 원칙으로 하며, 범죄의 다수참가에 의한 정범과 공범이 있다.[3]

업을 총괄하는 권한과 책임이 있는 사업주 또는 경영책임자 등은 사업 또는 사업장에서 종사자의 안전·보건상 유해 또는 위험을 방지하기 위하여 필요한 조치가 무엇인지 누구보다 정확하게 알 수 있고, 안전 및 보건 관련 전문가나 법률전문가 등으로부터 조언을 받을 수 있으므로, 자신에게 부여된 의무의 내용을 충분히 파악하고 예측할 수 있다고 판단된다. : 창원지방법원 2023. 11. 3, 2022초기1795.

3) 정범은 행위자 자신이 직접 실행하는 직접정범과 타인을 이용하여 간접적으로 실행하는 간접정범으로 구분된다. 외형상 다수인이 범죄를 실행하고 있지만 그 다수인이 공동하여 실행하는 것이 아니라 단독정범이 우연히 병존하여 각자 범죄를 실현하는 동시범도 직접정범에 해당된다. 정범에 대립하는 공범은 교사범과 방조범이 있다.

c) 범죄의 구성요건은 ⅰ) 가벌대상이 될 수 없는 행위를 가려내는 선별기능, ⅱ) 어떤 행태가 법익을 침해하는 행위인지를 알려주는 지시기능, ⅲ) 불법구성요건을 실현하려는 행위가 있으면 원칙적으로 위법하다고 추단하는 징표기능, ⅳ) 불법의 내용에 따른 범죄유형을 구별시키는 개별화기능을 한다.

③ **위법성**　　a) 위법성은 구성요건에 해당하는 행위가 전체 법질서에서 허용되지 아니한다는 부정적 가치판단을 말한다. 위법성은 행위와 법질서 사이의 관계개념이며, 항상 단일하고 동일한 평가를 할 뿐 질과 양이 다른 평가를 할 수 없다.

b) 불법은 구성요건에 해당하고 위법하다고 평가된 행위 자체를 말한다. 불법은 전체법질서와 배치된다고 부정적 가치평가를 받은 반가치 자체를 의미하는 실체 개념이다. 불법은 개개 행위에 따라 질과 양의 정도가 다를 수 있다. 예를 들어 사망재해나 부상재해는 모두 위법행위이지만, 전자가 후자보다 불법의 정도가 심하다.

c) 위법성의 본질은 형식적 위법성설과 실질적 위법성설로 구분된다. 형식적 위법성설은 법규범이 요구하고 있는 명령 또는 금지에 대한 위반이 있으면 위법성을 인정하려는 견해이다. 실질적 위법성설은 명령·금지규범이 아니라 위법성을 구성하는 실질적 내용에서 평가규범을 찾는 견해이다.

d) 실질적 규범설은 다시 사회윤리질서위반이라는 견해(규범위반설)와 법익에 대한 침해 내지 위태화라는 견해(법익침해설)로 구분된다. 중대재해처벌법의 위반사건은 안전보건관리체계의 미비라는 이유만으로 형사처벌을 하지 않는 점을 고려할 때, 후자의 법익침해설로 보는 것이 타당하다.

e) 형법은 위법 내지 위법성에 관한 적극적위 규정을 두지 않고 소극적으로 위법성을 배제(조각)하는 사유만 명시하고 있다.4) 그러나 산업현장에서 화재나 붕괴의 위험성이 있는 경우 긴급피난으로 인하여 제3자의 법익을 침해하는 경우 정당성을 인정할 필요가 있다.

---

4) 위법성은 구성요건에 해당하는 행위가 전제 법질서에서 허용되지 아니한다는 부정적 가치판단을 한다. 형법총칙의 규정은 정당행위(형법 제20조), 정당방위(형법 제21조제1항, 긴급피난(형법 제22조제1항), 자구행위(형법 제23조제1항), 피해자의 승낙(형법 제24조)을 규정하고 있다. 이 경우 구성요건에 해당된다고 하더라도 위법성을 구성하지 아니하면 범죄로 인정하지 않는다.

④ **책임**　　a) 책임은 정상적인 의사능력을 가진 사람이 적법행위를 하지 않고 불법행위를 한 경우에 대한 부정적 가치판단(비난가능성)을 말한다. 비난가능성이란 법규범이 요구하는 적법한 의사결정과 행위를 할 수 있었음에도 이를 하지 아니한 행위에 대한 부정적 가치판단을 의미한다.

b) 책임의 개념은 객관적으로 위법성이 인정된 행위를 수행한 그 행위자에 대한 주관적 반가치성의 판단을 의미한다. 범죄가 성립하기 위해서는 행위자에게 책임이 있어야 한다. 책임이 없는 한 형벌을 받지 않는다는 것이 책임주의의 원칙이다.

c) 책임은 모든 형사처벌의 전제가 되고 형벌을 정당화시키는 기능을 하며, 양형의 기초가 된다. 행위 자체의 침해성 또는 위험성이 크다고 하더라도 그 행위자에게 비난할 책임이 없으면 형법을 부과할 수 없다. 중대재해처벌법위반죄는 책임 여부를 검토할 필요가 있다. 책임의 인정 여부는 책임능력, 위법성의 인식, 기대가능성에 따라 판단한다.

d) 책임능력은 자유로운 의사를 결정하고 행위를 조종·통제할 수 있는 귀책능력을 말한다. 책임능력은 책임을 묻기 위한 전제조건으로서 범죄능력을 의미한다. 책임능력이 없으면 애당초 책임을 부담시킬 수 없다. 행위자가 불법과 적법을 판단할 수 있는 책임능력이 없다면 형벌을 부과하지 못한다. 책임능력이 있을 때 위법성의 인식과 기대가능성을 파악하며, 이러한 두 가지 요소를 규범적 요소라고 판단한다(순수한 규범적 책임론).

e) 위법성의 인식은 자기의 행위가 법질서에 반한다는 것을 인식하는 것을 말한다. 위법성에 대한 인식은 확정의 인식과 미필적 인식을 포함한다. 위법성의 인식은 구성요건에 위반되는 행위 자체에 대한 것이라면, 고의의 인식은 행위규범의 내용이 되는 범죄(구성요건)사실에 대한 것을 의미한다.

f) 기대가능성은 행위 당시의 구체적인 사정에 비추어 규범의 요구에 따라 적법행위로 나아갈 것을 기대하는 행위의 가능성을 말한다. 기대가능성에 대해서는 행위자표준설, 국가표준설, 평균인표준설의 학설이 대립된다.5) 그러

---

5) 행위자표준설은 행위 당시 행위자의 개인적 능력을 기준으로 적법행위의 기대가능성 여부를 판단하는 견해를 말한다. 행위자의 적법행위를 기대하기 불가능한 경우에는 책임비난을 할 수 없다는 주장이다. 국가표준설은 적법행위를 기대하는 국가가 법질서 내지 현실을 지배하는 국가이념에 따라 기대가능성 유무를 판

나 사회일반의 평균인이 행위자의 처지에 있었다면 적법행위의 기대가능성이 있는지에 따라 판단하는 평균인표준설이 타당하다(통설). 판례는 대부분 평균인표준설을 지지한다.

　2) **형법상 범죄이론과의 차이**　　a) 중대재해처벌법은 특별형법의 성격을 지니며 전형적인 형법과 차이가 있다. 형법은 부작위를 전제로 작위범을 처벌하지만, 중대재해처벌법은 작위를 전제로 부작위를 처벌한다. 형법은 사회상규를 전제로 일반범을 처벌하지만, 중대재해처벌법은 기업활동을 전제로 신분범을 처벌한다.

　b) 중대재해처벌법은 그 보호법익과 법익주체의 특수성으로 인하여 형사책임원칙에 대한 수정적 예외가 인정된다. 즉 종사자의 고의 또는 과실에 의한 재해발생에도 불구하고 사업주 또는 경영책임자에게 관리책임(안전경영책임)을 이유로 벌칙을 부과한다. 이러한 입법태도는 형법상 자기책임의 원칙에 대한 예외규정을 의미한다.

　c) 형법은 범죄유형을 작위범과 부작위범, 위험범과 침해범, 고의범과 과실범, 결과적 가중범 등 다양하게 구분한다.6) 형법은 다양한 범죄유형을 인정하며, 과실범은 법률에 명시한 경우에만 형사처벌을 할 수 있다. 그러나

　　단해야 한다는 견해이다. 기대가능성 판단은 법질서와 법률에 의한 일반적 판단이라는 것이 주요 논거이다. 이 견해는 국가에 의해 법질서의 준수를 기대하므로 기대불가능성을 이유로 책임을 배제할 일이 거의 없는 점에서 기대가능성을 사실상 부정하는 것과 같아 논리적으로 모순이라는 비판을 받는다. 현재 소멸된 이론이다.

6) 범죄의 유형은 실질범과 형식범, 침해범과 위험범, 즉시범과 계속범, 상태범, 신분범, 작위범과 부작위범 등으로 분류한다. 침해범은 구성요건의 내용이 법익침해가 있을 것을 전제로 하는 범죄를 말한다. 예를 들어 중대재해의 발생에 따라 사망이라는 결과를 초래한 경우에는 침해범으로 해석된다. 반면에 위험범은 구성요건의 내용이 법익침해의 위험만 있으면 성립하는 범죄를 말한다. 위험범은 구체적 위험범과 추상적 위험범으로 구분한다. 구체적 위험범은 구체적인 위험, 즉 현실적인 위험이 발생한 경우를 요건으로 하는 범죄를 말한다. 이 경우 법익침해의 위험이 구체적으로 나타난 때에 한하여 가벌행위가 되며, 위험발생은 구성요건요소이고 고의의 인식대상이 된다. 추상적 위험범은 법익에 대한 일반적(추상적) 위험이 있으면 성립하는 범죄를 말한다. 추상적인 위험은 실행행위만 있으면 일반적 위험으로 인정한다. 추상적 위험범은 위험의 현출을 구성요건에 명시할 필요가 없으므로 법익침해의 위험은 구성요건요소가 아니므로 고의가 필요하지 않은 범죄를 의미한다.

중대재해처벌법은 부작위범, 고의범, 침해범, 결과범을 처벌하며, 과실범을 인정하지 않는다.

d) 형법은 ⅰ) 국가의 법익에 대한 죄, ⅱ) 사회적 법익에 대한 죄, ⅲ) 개인적 법익에 대한 죄를 규율대상으로 한다.[7] 그러나 중대재해처벌법은 형식적으로 사회법익에 관한 범죄유형에 해당되며, 안전보건확보의무를 위반한 특수한 범죄유형을 규율한다. 중대재해처벌법은 범죄요건과 형사절차, 행위규범의 유형이 형법과 다른 특수한 입법체계를 구성한다.

3) **목적론적 해석**   a) 중대재해처벌법은 안전보건확보의무를 행위규범으로 하는 입법체계를 구성한다. 사업주 또는 경영책임자의 행위규범은 중대재해처벌법의 목적과 입법취지, 안전법규의 관점에서 정당성을 판단해야 한다. 중대재해처벌법은 안전보건확보의무로서 안전보건관리체계의 구축과 이행점검을 규범체계로 한다. 이 경우 규범체계는 종사자를 보호하기 위한 작위의무로서의 당위성, 정당성을 고려한 목적론적 해석이 필요하다.

b) 중대재해처벌법은 범죄요건과 형사처벌을 내용으로 하며, 형벌법규의 원리에 따라 규범적 해석을 해야 한다. 중대재해처벌법의 문언은 엄격해석의 원칙에 따르되, 문언해석과 논리해석이 어려운 경우 목적론적 해석이 요구된다.[8] 또한 죄형법정주의의 원칙에 따라 유추해석을 하여서는 아니 된다.

c) 법률에서 사용하는 언어는 어구나 문장의 가능한 언어적 의미내용을

---

7) 형법은 성립요건만으로 처벌할 수 없고 일정한 조건을 전제로 형벌권을 인정하는 특수한 유형의 범죄가 있다. 이 경우 처벌조건은 가벌조건과 소추조건을 말한다. 이를 다시 객관적 가벌조건과 인적처벌배제사유로 구분한다. 객관적 가벌조건은 범죄 그 자체는 성립하지만 형벌권을 행사하기 위해서 갖추어야 할 외부적·객관적 사실을 말한다. 인적처벌배제사유는 직계혈족이나 국회의원의 면책특권 등이 있다. 소추조건은 범죄의 성립요건과 가벌조건까지 구비한 행위에 대하여 형사소송법상 소추를 하기 위해 필요한 소송조건을 말한다. 예를 들어 공소제기의 유효조건을 들 수 있다. 친고인의 고소, 반의사불벌죄의 피해자의사표시, 특별법상의 고발이 있다. 반의사불벌죄의 경우 피해자의 명시된 의사에 반하여 공소를 제기할 수 없는 범죄를 말한다. 반의사불벌죄는 원칙적으로 공소를 제기할 수 있으나, 피해자가 처벌을 원하지 않는다는 의사를 표시하거나 종전의 처벌의사표시를 철회한 경우 처벌할 수 없게 된다. 사전수뢰죄, 협박죄, 폭행죄, 명예훼손죄, 과실치상죄가 여기에 해당된다. 그러나 중대재해처벌법에 의한 형사처벌은 대부분 가벌조건 및 소추조건에 관한 조건과 관련이 없다.

8) 김영규, 중대재해처벌법 해설(중대산업재해 쟁점과 해설), 법문사, 2024, 23면.

명확히 하고(문리해석), 동시에 다른 법률과의 관련성을 고려하여 논리적 정합성을 갖도록 해석해야 한다(논리해석). 형벌법규의 문언이나 논리에 따르는 것만으로는 법규범으로서 의미를 충분히 파악할 수 없는 경우 형벌법규의 통상적인 의미를 벗어나지 않는 한 법질서 전체의 이념, 형벌법규의 기능, 입법연혁, 입법 취지와 목적, 형벌법규의 보호법익과 보호의 목적, 행위의 형태 등 여러 요소를 종합적으로 고려하여 그 의미를 구체화해야 한다(목적론적 해석).9)

3. 중대재해처벌법의 범죄유형

(1) 고의범

1) **고의범의 구성요건요소**　　a) 고의범은 행위 또는 결과 등을 인식하고, 나아가 의사를 가지고 행위를 하는 범죄유형을 말한다. 고의는 인식과 의사라는 요소로 구성된다. 인식은 객관적 사실, 즉 구성요건요소(주체, 객체, 행위, 결과, 인과관계)를 인식하는 것을 말한다. 의사는 범죄의 결과가 발생할 것을 알면서도 그 행위를 하여 구성요건을 실현하려는 의사(의지적 요소)를 의미한다. 고의범은 범죄를 하기 전에 그 행위를 할 의사를 가지고 있어야 한다.

b) 형법 제13조 본문은 "죄의 성립요소인 사실을 인식하지 못한 행위는 벌하지 아니한다"고 규정하고 있다. 따라서 "사실을 인식하지 못한 행위"는 고의라고 할 수 없다. 죄의 성립요소인 사실은 구성요건의 객관적 요소로서 이를 '범죄사실'이라고 하며, 고의는 범죄사실을 인식하는 것을 말한다. 여기서 인식은 유해·위험요인이 아니라 범죄의 구성요건요소를 인식하는 것을 의미한다. 안전보건확보의무는 안전보건관리체계를 구성요소로 한다.

c) 고의는 인식뿐만 아니라 실현의사가 있어야 한다. 형법 제13조에서 인식은 실현의사를 배제한 것으로 해석하지 않으며, 구성요건사실을 실현하려

---

9) 대판 2002. 2. 21, 2001도2819 전원합의체 판결 : 대판 2003. 1. 10, 2002도2363 : 대판 2006. 5. 12, 2005도6525 : 대판 2006. 11. 16, 2006도4549 전원합의체 판결 : 대판 2020. 6. 18, 2019도14340 전원합의체 판결

는 의사를 수반한다(인식설). 의사는 인식을 떠나서는 아무런 의미를 가질 수 없고, 그 내용을 확정할 수 없으며, 인식하고 실행한 경우에 실현의사를 수반하지 않을 수 없다.10)

2) **확정적 고의와 불확정적 고의**   a)) 고의는 확정적 고의와 불확정적 고의로 구분한다. 확정적 고의는 의도적 고의라고 하며, 불확정적 고의는 택일적 고의와 미필적 고의로 구분한다. 택일적 고의란 결과발생이 확정적이나 객체가 선택적이어서 둘 가운데 하나의 결과만 발생할 수 있는 경우를 말한다. 예를 들어 건설현장의 건물 위에서 벽돌을 던지면 둘 중 한 사람이 맞을 줄 인식하고 던졌다면 여기에 해당된다.

b) 미필적 고의는 자신의 행위로 인하여 어떤 결과의 발생가능성을 인식하였음에도 불구하고 그 결과의 발생을 인용한 상태를 말한다. 미필적 고의는 고의와 과실의 중간영역을 의미한다. 미필적 고의는 고의의 지적·의지적 요소가 가장 약화된 형태로서, 행위자가 객관적 구성요건의 실현가능성을 인식하나 그것을 감수하는 의사를 표명한 경우를 의미한다.

c) 2m 이상 개소에 작업발판을 설치하지 않으면 추락사고가 발생할 수 있음에도 그 결과 사망하거나 부상이라는 재해가 발생해도 할 수 없다고 인식하였다면 미필적 고의에 해당된다. 결과발생을 예견할 수 있는 점에서 고의와 인식 있는 과실은 공통적인 성격을 가진다.

d) 미필적 고의는 근로자에게 사망이나 부상의 중대재해가 발생할 수 있다고 인식하고 있다는 점에서 '인식 있는 과실'과 같다. 하지만, 미필적 고의는 안전발판을 설치하는 비용까지 부담할 수 없어 안전사고가 발생해도 어쩔 수 없다고 생각해 그 결과의 발생을 인용한 점에서 '인식 있는 과실'과 차이가 있다. 미필적 고의는 그 결과를 인용한 경우를 말하며, 인식 있는 과실은 그 결과를 인용하지 않고 부정한 심리상태라는 점에서 구별된다.

e) 중대재해처벌법의 위반은 의도적 행위라는 것을 입증하기 어려워 고의보다 대부분 미필적 고의에 해당하는 행위로 본다. 대법원판례는 산업재해에 대하여 미필적 고의로 판시하고 있다. 따라서 당해 작업이 지시받거나 예정된 작업이 아닌 경우, 통상적인 방법으로 행하여지지 아니한 경우, 재해가

---

10) 정성근·정준법, 형법강의총론, 박영사, 2022, 91면.

사업주가 예측하기 불가능하거나 곤란한 방법으로 발생한 경우에는 고의를 인정하기 어렵다.11)

 2) **중대재해처벌법의 고의범 여부 검토** a) 중대재해처벌법은 범죄요건으로서 고의 또는 과실에 대하여 직접 명시하지 않고 있다. 이와 같이 법률에 명문의 규정이 없는 경우 임의로 과실범을 인정할 수 없고 고의범의 경우에는 범의가 있어야 한다. 다만, 해석상 과실범도 벌하는 뜻이 명백한 경우 처벌이 가능하다.12)

 b) 대법원은 행정법규의 위반과 관련하여 명문의 과실범 처벌규정이 없어도 처벌을 긍정하는 태도를 나타내고 있다.13) 그러나 중대재해처벌법의 처벌형량을 고려할 때 과실범으로 처벌하는 경우 과잉금지의 원칙에 반하여 위헌의 소지가 있다. 따라서 중대재해처벌법의 위반죄는 고의범처벌주의 원칙에 따라 사업주 또는 경영책임자등이 안전보건확보의무를 위반한 경우에 성립하는 것으로 해석된다.14)

 c) 중대재해처벌법의 범죄유형을 고의범으로만 해석하는 경우 객관적인 의무위반에 따른 처벌이 곤란하다는 견해가 있으나, 구성요건에 차이가 있을 뿐 범죄이론의 적용에 무리가 없다고 본다. 중대재해처벌법의 범죄요건은 객관적 구성요건에 따라 기술적 구성요소와 규범적 구성요소를 구분한다. 이 경우 고의의 지적 요소는 사실의 인식과 의미의 인식으로 구별된다.

 d) 사실의 인식은 기술적 구성요건요소에 대하여 오관의 작용에 의하여 자연적 존재사실을 감지하면 된다. 또한 중대재해처벌법의 고의범은 일정한 규범성을 전제로 하는 의미의 인식이 필요하며, 문외한으로서의 소박한 가치평가이면 족하다. 안전보건관리체계가 구축되지 않은 채 사업이 이루어진다는 사실을 알면서 방치한다는 인식은 고의에 해당된다.15)

---

11) 이정훈, 꼭 알아야 할 중대재해에 따른 형사책임, 중앙경제사, 2021, 41면
12) 대판 2010. 2. 11, 2009도9807.
13) 정유나, "위험관리수단으로서 형법상 주의의무의 기능과 한계", 고려대학교법학연구원, 2018, 165면.
14) 권영창/길소나, 중대재해처벌법(1), 법문사, 2024, 286면.
15) 창원지방법원마산지원 2023. 8. 25, 2023고합8

(2) 과실범과의 구별

1) **과실범과의 정의**   a) 과실범은 정상적으로 기울여야 할 주의를 게을리하여 구성요건을 실현하는 범죄유형을 말한다. 과실범은 고의가 부정되는 경우에 논의되는 결과범으로 고의범과 달리 형사처벌의 수준이 낮다. 여기서 과실은 부주의로 인하여 어떤 사실이나 결과의 발생을 인식하지 못하거나 예견하지 못한 심리상태를 말한다. 과실은 고의와 더불어 법률상의 책임요건이 된다.

b) 형법 제14조는 "정상의 주의를 태만함으로 인하여 죄의 성립요소인 사실을 인식하지 못한 행위는 법률에 규정이 있는 경우에 한하여 처벌한다."고 규정하고 있다. 과실에서 부주의의 정도는 보통인의 정상적 주의력을 기준으로 하여 일반적·객관적으로 판단하여야 한다.

c) 과실은 구성요건적 요소이자 책임요소에 해당된다. 이 경우 과실은 행위와 결과 사이에 '책임제한적 기능'을 고려하여 구체적인 인과관계를 전제로 인정해야 한다. 과실은 주의태만의 정도에 따라 보통의 과실(일반과실)과 업무상과실, 중과실로 구분한다. 죄의 성립요소(객관적·주관적 구성요건요소)를 인식하지 못하면 과실로 본다.

2) **인식 있는 과실과 인식 없는 과실**   a) 과실은 인식 있는 과실과 인식 없는 과실로 구분한다. 인식 있는 과실은 행위자가 구성요건상 법익침해의 위험성을 인식하였으나, 주의의무위반으로 인하여 구성요건이 실현되지 않을 것을 신뢰한 경우를 말한다.

b) 형법상의 과실은 일반인의 정상적인 주의의무를 기준으로 그 유무를 판단한다. 따라서 일정한 범죄사실, 행위자, 행위 당시의 상황 등을 고려하여 판단해야 한다. 인식 있는 과실과 인식 없는 과실은 불법과 책임에서 차이가 없고 과실인정의 구조도 동일하므로 구별의 실익 없다. 형사처벌의 수준을 살펴보면, ⅰ) 인식 없는 과실이 가장 가볍고, ⅱ) 인식 있는 과실이 그 다음으로 무거우며, ⅲ) 미필적 고의가 가장 무거운 처벌을 받게 된다.

c) 작업발판을 설치하지 않았음에도 근로자가 추락해 사망하거나 부상을

당하지 않을 것이라는 확고한 믿음이 있다면 과실로 보아야 한다. 이와 같이 결과발생이 없을 것이라는 확고한 믿음을 인식할 수 있을 때 인식 있는 과실로 판단한다. 그러나 인식 있는 과실을 미필적 고의와 구분해 입증하기는 실무적으로 쉽지 않다. 그래서 대법원은 고의범으로 판결함에도 하급심은 과실범으로 판단하는 사례가 발생하기도 한다.

d) 인식 없는 과실은 행위자가 주의의무를 위반하여 구성요건 실현가능성을 인식하지 못한 경우를 말한다. 예를 들어 지게차를 조심스럽게 운전을 하던 중 좁은 통로에서 갑자기 다른 근로자가 튀어나와 미처 피할 수 없어 치임사고가 발생하였다면 운전자에게는 인식 없는 과실이 된다.

e) 인식 있는 과실을 입증하기가 쉽지 않으며, 적극적인 행위 없는 무행위에 과실이 있다고 할 수 없다. 이 경우 형법 제268조(업무상과실치사상죄)의 법리와 차이가 있으므로 유의해야 한다. 업무상과실은 일정한 업무에 종사하는 자가 당해 업무수행상 요구되는 주의의무를 태만히 한 경우를 말한다. 보통의 과실과 주의의무는 동일하나 예견의무가 다르므로 책임이 가중될 수 있다.

f) 사업주 또는 경영책임자 등은 사업 또는 사업장의 유해·위험요인을 파악하여 안전보건관리체계를 구축하도록 작위의무를 정하고 있어 예견가능성이 있다고 해석한다. 따라서 중대재해처벌법의 위반은 과실보다는 미필적 고의에 의한 부작위범으로 보는 것이 타당하다.

3) **주의의무의 위반과 과실의 판단** a) 주의의무의 위반이란 구제적인 행위로 발생할 수 있는 보호법익에 대한 위험을 인식(예견)하고 구성요건적 결과의 발생을 방지하기 위하여 적절한 조치를 취하지 아니한 것을 말한다. 주의의무는 과실의 유무를 판단하는 본질적 요소로서 결과발생에 기여한 여러 유형의 주의행태에 따라 처벌대상 여부를 판단해야 한다.

b) 주의의무는 결과발생과 같은 객관적인 구성요건과 달리 특정인이 인식한 상황 속에서 요구되는 어떠한 당위적 의무이기에 다소 불확정적인 개념에 해당된다.16) 형법상 과실범은 결과발생이 있을 때 처벌하는 것이 원칙이

---

16) 주의의무는 행정형법으로서의 주의의무와 민법의 불법행위에 대한 과실의 기준으로서 주의의무로 구별할 수 있다. 이 경우 각종 행정법규에서는 작위의무와

다. 주의의무위반은 그 자체가 독자적인 구성요건으로서 범죄요건화된 것으로 명확히 구분하기가 쉽지 않다.

c) 중대재해가 발생한 경우 주의의무는 타인의 신체 또는 생명의 피해를 줄 수 있는 요소들을 주의의무로 인정하며, 재물의 피해를 줄 수 있는 요소들은 인정하지 않는다.[17] 주의의무는 객관적 주의의무, 주관적 주의의무, 절충적 주의의무로 구분된다.[18]

d) 주의의무는 구체적인 행위로부터 나오는 보호법익에 대한 위험을 인식하고 그러한 위험을 피해야 한다는 것을 의미한다. 판례와 일부 학설은 예견가능성을 전제로 결과회피의무를 또는 위험한 행위를 전제로 부작위의무를 설명하고 있다.

e) 주의의무의 위반은 무엇을 표준으로 위반 여부를 판단하는지는 오랜 기간 논의가 이루어져 왔다. 이 논의는 일반인의 주의의무와 다른 특수한 지식이나 능력에 대한 차이에서 출발한다. 특수한 지식이나 능력을 가진 자는 일반인에 비해 우월한 지식, 능력, 정보 등을 보유하기에 예견가능성과 회피가능성을 다하면 객관적 주의의무를 충족한 것으로 해석될 여지가 있다.

부작위의무를 형태로 주의의무를 정하여 처벌하고 있다. 현대사회에 이르러 행정분야의 특정사항에 대하여 형사처벌을 하는 규정이 늘어나고 있다. 이 경우 과실범에 대한 형사처벌과 과태료의 대상을 형사정책적 입장에서 구별하고, 이것을 주의의무위반으로 정하고 있다.

17) 요양병원증축공사 중 근로자가 추락해 사망한 사건(의정부지방법원 고양지원 2023. 4. 6, 2022고단3254)에서 ⅰ) 도급인 대표이사에 대하여 중대재해처벌법을 적용하고, ⅱ) 도급인의 안전보건총괄책임자, 수급업체 현장소장(안전관리책임자)에 대하여는 산업안전보건법 및 업무상과실치사죄를 적용하고 ⅲ) 도급업체 안전관리자에게 업무상과실치사죄를 적용하였다. 이 사건에서 ⅰ) 사업주는 중량물취급작업에 대한 사전조사 미실시, 작업계획서의 미작성 및 작업지휘자의 미지정, 안전난간의 해체시 추락방호망을 미설치하였고, ⅱ) 안전관리자는 개구부상단에 안전난간 상단봉을 해체하여 작업을 한다는 사실, 와이어로프에 인양시 자전방지기능이 없이 한줄로 묶어 기울어진 상태로 철근을 인양한다는 사실을 알면서 관계수급인의 근로자를 보호하기 위한 안전조치 등 업무상 주의의무를 위반하였다며 업무상과실치사죄를 적용하였다.

18) 객관적 주의의무는 사회일반인을 표준으로 결과발생에 대한 예견가능성을 판단하는 견해이다. 주관적 주의의무는 행위자의 주의능력을 기준으로 주의의무를 판단해야 한다는 견해를 말한다. 절충적 주의의무는 일반인을 기준으로 주의의무의 정도를 결정하고, 주의력은 행위자의 주의능력을 기준으로 하여 결정한다는 견해를 말한다.

(1) 작업현장에는 경고표지판 및 안전망의 설치 등 충돌사고에 대비한 안전조치가 취해져 있었을 뿐만 아니라 굴삭기(굴착기)에의 접근을 예방하기 위하여 굴삭기의 전후에 신호수까지 배치해 두었다면 후사경이 붙어 있지 아니한 굴삭기를 운전하여 작업에 열중하고 있는 피고인에게 굴삭기의 후면에서 접근해오는 사람이 있는지의 여부까지 스스로 확인해가면서 작업에 임해야 할 주의의무가 있다고 볼 수 없다(대판 1987. 9. 22, 87도1254).

(2) 주택수리공사에 관하여 전문적인 지식이 없는 도급인이 주택수리공사 전문업자에게 주택수리를 의뢰하면서 공사에 관한 관리감독 업무 또는 공사의 시공에 있어서 분야별 공사업자나 인부들에 대한 구체적인 작업지시 및 감독업무를 주택수리업자에게 일임한 경우, 도급인이 공사를 관리하고 감독할 지위에 있다거나 주택수리업자 또는 분야별 공사업자나 인부들에 대하여 공사의 시공이나 개별작업에 관하여 구체적으로 지시하고 감독할 지위에 있다고 볼 수 없으므로 도급인에게 공사상 필요한 안전조치를 취할 업무상 주의의무가 있다고 할 수 없다(대판 2002. 4. 12, 2000도3295).

4) 예견가능성과 회피의무   a) 과실은 예견가능성과 회피의무를 합하여 주의의무의 내용으로 삼는다(통설). 예견가능성(predictability)은 일반인이라면 일정한 결론에 이를 가능성을 말한다. 예견가능성은 결론의 타당성과 무관하며 법해석의 안정성, 효율성과 연관이 있다.

b) 예견가능성은 ⅰ) 기초가 된 사실관계를 어떠한 범위로 한정할지, ⅱ) 그 사실관계를 기초로 누구를 표준으로 예견가능성의 유무를 판단해야 하는지가 논쟁의 대상이 된다. 이 경우 통상인의 입장에서 당해 결과의 발생이 예견가능한지를 고려하여 판단해야 한다. 그러나 중대재해처벌법은 경영책임자에 대하여는 예견가능성만을 이유로 과실책임을 물을 수 없다.

c) 대법원은 "일반적으로 피고인의 행위 후에 피해자의 과실이 개입되어

그것이 결과발생의 직접적인 원인이 되었다거나 제3자가 행한 과실행위가 개입하여 그것이 공동원인이 되었다고 하더라도 그와 같은 사실이 통상 예견할 수 있는 것에 지나지 않으면 피고인의 행위와 결과 사이에 인과관계는 부정되지 않는다."고 판시하였다.[19]

d) 회피의무는 위험이 발생할 가능성을 인식하였을 때 구성요건적 결과의 발생을 회피하기 위하여 필요한 조치를 취해야 할 의무를 말한다. 예견가능성이 인정된다면 당연히 그 결과를 회피할 수단을 취하지 않으면 아니 된다. 예를 들어 위험작업을 하기 전 관련정보를 수집하는 행위, 공동작업을 하기 전 작업순서나 절차를 정하는 행위, 폭우 시 침수대비 물막이판을 설치하는 행위는 회피의무에 해당된다.

e) 구성요건과 책임의 요소로서 주의의무는 당해 결과발생을 방지할 수 있는 수단이 존재하고, 결과발생을 회피할 수 있다면 어떤 회피수단을 취하는 것이 필요최소한인지 등을 고려하여야 한다. 어떠한 회피수단도 존재하지 않는 경우에 결과발생은 불가항력이며 형사처벌의 대상이 되지 않는다.

5) **업무상과실치사상죄의 적용**   a) 업무상과실 또는 중대한 과실로 사람을 사망이나 상해에 이르게 한 자는 5년 이하의 금고 또는 2천만원 이하의 벌금에 처한다(형법 제268조). 형법 제268조(업무상과실치사상죄)는 업무자라는 신분관계로 인하여 형이 가중되는 부진정신분범을 말한다. 이 경우 업무는 일반인보다 통상 결과에 대한 예견가능성이 크기 때문에 형을 가중하는 근거가 된다.[20]

b) 업무자는 일반인과 주의의무는 동일하지만, 해당업무를 더 잘 알기에

---

19) 대판 2014. 7. 24, 2014도6206
20) 업무상과실치사상죄의 형을 가중하는 근거는 ⅰ) 일반인보다 고도의 주의의무를 태만히 한 경우에 형이 가중된다는 견해(주의의무설), ⅱ) 업무자와 일반인의 주의의무는 동일하지만 업무자에게는 고도의 주의능력이 있으므로 불법 및 책임이 크다고 보아 형이 가중된다는 견해(주의능력설), ⅲ) 주의의무는 일반인과 동일하지만 업무자에게는 일반인보다 지식경험이 풍부하여 통상 결과에 대한 예견가능성이 크기 때문에 그 책임이 중과실과 같다는 견해(예견가능성설)가 있다. 예견가능성설이 다수설. 업무상과실은 업무의 개념, 사회생활상의 지위, 업무의 계속성, 사람의 생명 및 신체에 대한 위험이 수반되는 업무인지를 고려하여 판단한다.

결과발생에 대한 예견가능성이 크다고 본다. 이 경우 업무란 사람의 사회생활면에 있어서의 하나의 지위로서 계속적으로 종사하는 사무를 말하고, 여기에는 수행하는 직무 자체가 위험성을 갖기 때문에 사람의 생명·신체의 위험을 방지하는 것을 내용으로 하는 업무도 포함한다.21)

c) 업무는 상당한 횟수를 반복하거나 계속·반복할 의사로 행한 것이어야 한다. 따라서 우연히 호기심으로 업무를 한 것은 업무로 볼 수 없다. 흔히 위험작업을 우연히 돕는 행위는 업무로 볼 수 없다. 그러나 계속·반복할 의사가 있으면 단 1회의 행위라도 업무로 본다.

d) 업무상과실이란 업무상 요구되는 필요한 주의를 태만히 하는 것을 말한다. 업무상 요구되는 주의의무의 범위는 법령에 규정이 있는 경우뿐만 아니라 업무의 성격과 구체적 사정을 고려하여 관습상·조리상 요구되는 일체의 주의의무에 의하여 판단한다. 다만, 신뢰의 원칙이 적용되는 경우에는 과실이 부정된다.

e) 이때 업무상의 과실은 업무와 관련한 일반적·추상적인 주의의무의 위반만으로는 부족하고, 그 업무와 관련하여 다해야 할 구체적·직접적인 주의의무가 있음에도 과실로 이를 하지 아니한 경우를 뜻한다.22)

f) 안전보건관리책임자나 관리감독자, 안전관리자, 보건관리자 등은 자신의 업무를 태만히 하여 종사자가 사망하거나 부상, 직업성 질병에 걸린 경우 형법 제268조의 적용대상이 된다. 안전보건관리를 대행하는 전문기관의 종사자도 업무를 태만히 하여 중대재해 등 산업재해를 유발한 경우 인과관계가 인정되면 형법 제268조의 적용이 가능하다.

g) 사업주 또는 경영책임자가 안전보건관리체계의 구축 및 이행점검을 태

---

21) 대판 1988. 10. 11, 88도1273 : 대판 2007. 5. 31, 2006도3493 : 대판 2009. 5. 28, 2009도1040 : 대판 2017. 12. 5, 2016도16738

22) 대판 2010. 11. 11. 2010도2887 : 대판 1994. 5. 24. 94도660. : 형법이 업무상과실치사상죄를 규정하고 있는 것은 사람의 생명·신체에 대하여 위험성이 있는 업무에 종사하는 자에게 일반 예방적 목적에서 통상인과 달리 각별한 주의의무를 이행하도록 요구하고, 이들 사무에 종사하는 자에 대하여는 구체적 결과의 예견가능성이 있다고 판단될 개연성이 크며 그 때문에 미리 예상된 그러한 종류의 결과가 발생한 때에는 용이하게 주의의무의 위반이 있다고 인정하기 위함이다. 24. 선고 94도660 판결 등 참조)

만히 하여 중대재해가 발생하였으나, 고의범에 해당되지 않는 경우 산업안전보건법의 위반죄를 적용할 수 없으므로 형법 제268조에 의한 범죄요건과 인과관계에 따라 형사처벌의 대상이 된다.

6) 안전보건확보의무위반죄와 업무상과실치사상죄의 경합   a) 중대재해처벌법의 제정으로 인하여 사업주 또는 경영책임자는 업무상과실을 인정하기 위한 주의의무의 범위가 종전과 달리 확대되었다고 해석된다. 따라서 사업주 또는 경영책임자등은 안전보건관리체계를 구축하고 안전보건관리책임자, 관리감독자 등이 구체적인 재해예방조치를 하였는지를 관리하는 안전경영책임을 이행하여야 한다.

b) 안전보건확보의무위반과 업무상과실치사죄의 관계는 학설상 견해가 대립된다. 안전보건확보의무는 업무상과실치사상죄의 주의의무를 구성할 수 있으므로 하나의 의무위반행위로 인하여 동일한 법익을 침해한 수죄로 보아 두 죄가 각각 성립할 수 있다는 견해이다(상상적 경합관계설).23) 그러나 학설의 대립에도 불구하고24) 대법원(대판 2023. 12. 28, 2023도12316)은 상상적 경합

---

23) 권창영 대표집필/길소나, 중대재해처벌법 연구(1), 법문사, 2022, 299면 이하.

24) 상상적 경합이란 1개의 행위가 수개의 형법법규 또는 동일한 형법법규를 수차 침해하는 경우를 말한다. 상상적 경합은 인정하는 취지는 1개의 행위에 복수의 행위불법을 인정하게 되면 형을 정하는 과정에서 실체가 동일한 행위가 여러 번 등장하게 되어 이중평가금지의 원칙에 반하기 때문이다. 이 경우 행위나 의사결정은 하나이므로 실체상 일죄라는 견해(행위표준설과 의사표준설)와 상상적 경합은 외적으로 하나의 행위이지만 결과가 수개이므로 실체법상 수죄가 된다는 견해(구성요건표준설과 법익표준설)가 있다. 상상적 경합은 한 개의 행위(행위의 단일성, 행위의 동일성)로 수개의 죄에 해당하는지에 따라 법적 요건의 충족 여부를 판단한다. 상상적 경합은 형사처벌을 할 경우 가장 중한 죄에 정한 형을 처벌한다(형법 제40조). 여기서 '가장 중한 형'이란 법정형을 의미하며, 형의 경중은 형법 제50조에 따라 결정한다. 상상적 경합범은 여러 개의 구성요건을 동시에 충족하는 하나의 실행행위라 할지라도, 법정형은 "가장 중한 죄"에 의하여 단일한 형을 선고받게 된다. 실체적 경합범은 동일인이 수개의 행위로 수개의 범죄를 저지른 경우를 말한다. 실체적 경합이란 "판결이 확정되지 아니한 수개의 죄 또는 금고 이상의 형에 처한 확정판결 후 그 판결확정 이전에 범한 죄"를 말한다(형법 제37조). 실체적 경합은 두 개 이상의 범죄를 의미하므로 하나의 행위마다 별개의 범죄로 인정한다. 따라서 각 행위마다 별도의 구성요건이 충족되고, 외관상 복수의 죄가 아니라 진정으로 복수의 범죄가 성립하는 경우에 한하여 인정된다. 범죄의 수는 실체법상 다수이지만, 소송법에서는 일죄로 다루는 범죄, 즉 과형상의 일죄(처분상의 일죄)인 상상적 경합범과 실체적 경험

으로 본다.

 c) 또한 고의범인 안전보건확보의무위반죄가 성립할 경우 과실범인 업무상과실치사상죄는 흡수되어 하나의 죄만 성립한다는 견해이다(법조경합설).[25] 안전보건확보의무는 고의나 과실이든 무관하다는 입장이라면, 형법의 대원칙상 원칙적으로 처벌하지 않는 과실범에 대하여 형을 과도하게 부과한다는 점에서 위험성이 있다.[26]

> **관련판례**

 1) 피고인 A는 사업주 피고인 B회사의 대표이사이자 안전보건총괄책임자로서 관계수급인 소속 근로자의 산업재해를 예방하기 위하여 중량물 취급작업에 관한 작업계획서를 작성하고 그 계획에 따라 작업을 하도록 할 업무상 주의의무를 게일리하여 2022. 3. 16. 근러자인 피해자가 공소외인이 방열판 보수작업을 하던 중 빙열판이 낙하하면서 피해자를 덮쳐 피해자의 왼쪽 다리가 방열판과 바닥사이에 협착되도록 하여 사망에 이르게 함과 동시에 산업재해를 예방하기 위하여 필요한 안전조치를 하지 아니하여 사망에 이르게 하였다.

 2) 또한 피고인 A는 피고인 B회사의 대표이사이자 경영책임자로서 회사가 실질적으로 지배·운영·관리하는 사업장에서 안전보건관리책임자 등이 업무를 충시히 수행할 수 있도록 평가하는 기준을 마련하거나, 도급 등을 받은 자의 산업재해 예방을 위반 조치능력과 기술에 관한 평가기준 절차를 마련하는 능 송사자의 안전·보건상의 유해 또는 위험을 방지하기 위한 안전보건관리체계의 구축 및 이행에 관한 조치를 하지 아니하여 종사자가 사망하는 중대산업재해에 이르게 하였다.

 3) 상상적 경합은 1개의 행위가 수개의 죄에 해당하는 경우를 말한다(형법 제40조). 여기에서 1개의 행위라 함은 법적 평가를 떠나 사회관념상 행위가 사물자연의 상태로서 1개로 평가되는 것을 의미한다(대판 1987. 2. 24, 86도2731, 대판 2017. 9. 21, 2017도11687). 중대재해처벌법과 산업안전보건법의 목적, 보호법익,

---

범이 있다.

25) 권오성, 중대재해처벌법의 체계, 도서출판 새빛, 202022, 201면.
26) 권창영 대표집필/길소나, 중대재해처벌법 연구(1), 법문사, 2022, 286면.

행위태양 등에 비추어 보면, 이 사건에서 중대재해처벌법위반(산업재해치사)죄와 근로자 사망으로 인한 산업안전보건법위반죄 및 업무상 과실치사죄는 상호간 사회관념상 1개의 행위가 수개의 죄에 해당하는 경우로서 형법 제40조의 상상적 경합관계에 있다.

4) 위 각 법의 목적이 동일하지 않지만, 산업재해 또는 중대재해를 예방하고 노무를 제공하는 사람 또는 종사자의 안전을 유지증진하거나 생명과 신체를 보호하는 것을 목적으로 함으로써 궁극적으로 사람의 생명신체의 보전을 그 보호목적으로 하는 점에서 공통점이 있다. 이는 사람의 생명신체의 보전을 보호법익으로 하는 형법상 업무상과실치사상죄도 마찬가지다.

5) 피고인 A는 안전보건총괄책임자로서 작업계획서 작성에 관한 조치를 하지 않은 산업안전보건법 위반행위와 경영책임자로서 안전보건관리체계의 구축 및 그 이행에 관한 조치를 하지 않은 중대재해처벌법위반행위는 모두 같은 일시 장소에서 같은 피해자의 사망이라는 결과발생을 방지하지 못한 부작위에 의한 범행에 해당하여 각 법적 평가를 떠나 사회관념상 1개의 행위로 평가할 수 있다. 따라서 중대재해처벌법위반(산업재해치사)죄와 근로자 사망으로 인한 산업안전보건법위반죄는 상상적 경합관계에 있다.

6) 근로자 사망으로 인한 산업안전보건법위반죄와 업무상과실치사죄는 그 업무상 주의의무가 일치하여 상상적 경합관계에 있다(대판 1991. 12. 10, 91도2642, 2015. 10. 29, 2015도5545). 이 사건에서 피고인 A에게 중대재해처벌법 제4조에 따라 부과된 안전보건확보의무는 산업안전보건법 제63조에 따라 부과된 안전조치의무와 마찬가지로 업무상과실치사죄의 주의의무를 구성할 수 있다. 따라서 중대재해처벌법위반(산업재해치사)죄와 업무상과실치사죄 역시 행위의 동일성이 인정되어 상상적 경합관계에 있다(대판 2023. 12. 28, 2023도12316).

(3) 결과범과 결과적 가중범

1) **결과범의 정의**   a) 결과범은 일정한 결과가 발생하여야 성립하는 범죄유형을 말한다. 결과범은 구성요건에 의한 결과의 발생을 요건으로 하는 실질범으로서, 결과범에 대하여만 인과관계를 판단한다. 결과범은 행위뿐만

아니라 결과의 발생도 구성요건에 속하는 범죄유형을 의미한다.

b) 결과범은 구성요건의 내용이 행위와 시간적·공간적으로 구별되는 침해 또는 위험의 결과발생을 필요로 하는 범죄를 의미한다. 결과범은 침해범과 위험범으로 구분하며, 범죄의 기수·미수의 시기를 결정·구별하는 기능을 한다.

c) 범죄유형은 법익의 침해 여부에 따라 추상적 위험범 또는 결과범으로 구분한다.27) 중대재해처벌법은 구성요건에 해당하는 법익침해가 있을 때 범죄가 성립한다. 따라서 안전보건관리체계를 구축하지 않은 채 실질적으로 종사자의 사망이나 부상이 발생할 때 침해범으로 해석된다. 중대재해처벌법에 따른 범죄유형은 실질범이며 침해범이고 신분범에 해당된다.28) 중대재해처벌법의 범죄유형은 결과범과 결과적 가중범의 논란이 있다.

2) 거동범과의 구별　　a) 거동범은 구성요건에 해당하는 일정한 행위가 있으면 결과의 발생에 관계없이 그 자체로 기수가 되는 범죄유형을 말한다. 거동범은 법률에 규정된 구성요건에 해당하는 행위가 있으면 충족되므로 형식범이라고도 한다.

b) 거동범은 재해발생의 전단계에서 위험을 통제하기 위하여 범죄행위로 인정한다. 타인에게 돌을 던지는 행위는 그 자체가 위협적인 유형력으로서 돌에 맞아 상해를 입은 결과와 구별된다. 그러나 어떠한 부작위를 행위로 볼 것인지에 대하여 의문이 제기된다. 판례(대판 2015. 11. 12, 2015도6809)는 적극적으로 행위를 하지 않은 무실행도 범죄행위에 해당된다고 본다.

c) 산업안전보건법은 안전보건조치의 위반위반에 따른 기본범죄를 거동범

---

27) 추상적 위험범이란 어떠한 결과의 발생 없이 법률의 위반행위가 있으면, 곧바로 처벌할 수 있는 범죄형태를 말한다. 법익의 침해 여부에 따라 침해범과 위험범으로 구분된다. 중대재해처벌법에 의한 안전보건확보의무의 위반은 곧바로 처벌대상이 되는 것이 아니라, 중대재해가 발생해야 비로소 법률을 위반한 행위로 보아 처벌대상이 되는 결과범에 해당된다.

28) 형법은 전통적으로 법적으로 금지된 결과가 발생한 후에 이를 근거로 행위자를 처벌하는 방식이 원칙이다. 예외적으로 그 결과가 중한 경우 결과발생에 근접한 미수범을 처벌한다. 사안이 워낙 중대하고 공공성을 지닌 경우에는 특별히 예외적인 입법형태로서 결과발생에 앞서 준비단계까지도 예비범으로 처벌하는 입법형태를 채택하기도 한다. 그러나 중대재해처벌법은 미수범 처벌규정을 두지 않고 있다.

으로 보아 인과관계를 따질 필요가 없다. 그러나 중대재해처벌법은 실체적 거동범을 인정할 수 없다. 실체적 진실성이 없는 유사한 행태로서 "부진정거동범" 또는 특수한 거동범으로 해석할 수 있다.

3) **결과적 가중범**   a) 결과적 가중범이란 고의에 의한 기본범죄로 인하여 행위자가 예견하지 못한 중한 결과가 발생한 경우에 그 중한 결과를 이유로 형이 가중되는 범죄형태를 말한다. 결과적 가중범은 결과범의 특수한 형태에 속한다.

b) 결과적 가중범은 기본범죄를 실행하지 않은 위반행위의 범죄와 중대한 결과를 초래한 범죄를 하나의 범죄로 보아 형이 가중된 범죄유형을 말한다. 기본범죄를 기본구성요건이라 하고, 무거운 결과부분의 범죄를 결과구성요건이라 한다. 전자는 고의범이고 후자는 과실범이다. 진정결과적 가중범은 고의적인 기본범죄와 과실에 의한 중한 결과발생을 야기한 결과를 말하며, 부진정결과적 가중범은 고의적인 기본범죄와 중한 결과라는 과실범뿐만 아니라 고의범까지 포함하는 경우를 말한다.[29]

c) 산업안전보건법은 근로자의 생명이나 신체에 치명적인 손상에 이를 정도로 중한 결과를 인식 내지 인식할 수 있었음에도 고의적인 기본범죄에 해당하는 전형적인 위험을 실현하였다는 점, 기본범죄와 중한 결과 사이에 인과관계(조건적 인과관계설 또는 고의·과실결합설 등)가 있다는 점에서 결과적 가중점에 해당된다.

d) 추락할 위험이 있는 장소에 작업발판을 설치하지 않은 것은 기본범죄를 구성하고, 작업발판에서 추락하여 사망재해가 발생한 것은 중대한 결과의 가중범에 해당된다. 산업안전보건법은 기본범죄를 고의범, 사망이나 부상 등 중대재해가 발생한 경우에 결과적 가중범으로 본다.

e) 중대재해처벌법 제4조 및 제5조에 대한 위반행위자체를 처벌하는 규정을 두고 있지 않으므로 결과범으로 보아야 한다는 견해가 있다.[30] 이 경우 중대재해처벌법의 위반을 결과적 가중범과 유사하게 안전보건확보의무위반에 대하여 고의 이외에 종사자의 사망 등 결과발생이나 인과관계에 대한 고

---

29) 박상기·전지연, 형법학(제4판), 집현제, 2018, 196면.
30) 권오성, 중대재해처벌법의 체계, 도서출판 새빛, 2024, 181면. :

의까지 요구하는 것은 아니라는 점에서 실제상 차이가 없다고 한다.

f) 그러나 단순히 결과가 중하다고 하여 결과책임을 모두 행위자에게 귀속시키는 것은 형법의 책임주의원칙에 반한다며 비판하는 견해가 있다.[31] 이러한 견해에 따르면, 안전보건확보의무의 위반행위는 위반죄를 처벌하지 않으나, 특수한 행태의 기본범죄로 보아 결과발생에 대한 결과적 가중범으로 해석한다(다수설).[32]

g) 중대재해처벌법의 위반죄는 정책적 결단에 의하여 기본범죄는 처벌하지 않으나, 중한 결과가 발생한 경우에는 가중처벌을 하는 입법구조라고 해석한다.[33] 중대재해처벌법의 위반은 결과적 가중범의 구성요건에 해당하는 요소로서 기본행위(의무불이행, 부작위)와 중한 결과(중대산업재해) 사이에 인과관계가 있어야 한다.[34] 안전보건확보의무의 위반은 형사처벌을 하지 않더라도 규범성을 부인할 수 없다.

(4) 인과관계

1) 인과관계의 정의와 판단 a) 형법 제17조는 "어떤 행위라도 죄의 요소되는 위험발생에 연결되지 아니한 때에는 그 결과로 인하여 벌하지 아니한다."고 규정하고 있다. 인과관계는 발생된 결과를 행위자의 행위에 의한 것으로 귀속시키는 데 필요로 하는 행위와 결과 사이의 관련성을 말한다.

b) 인과관계는 주장하는 자가 입증을 해야 힌다. 중대산업재해가 발생한 경우 위법행위를 하지 않았다는 주장은 사업주 또는 경영책임자가 입증해야 하며, 책임적 요소로서 구체적인 사실에 대한 정당성을 주장하여야 한다. 또는 피해자의 사망이나 부상 등 생명침해와 사업주 또는 경영책임자의 작위의무 사이에 인과관계가 없다는 사실의 입증도 해야 한다.

---

31) 방준식, "중대재해처벌법 위반에 대한 법원판결사례의 동향과 분석", 한국비교노동법학회(2024. 10), 36면.
32) 권영창/길소나, 중대재해처벌법(1), 법문사, 2024, 286면.
33) 대검찰청, 중대재해처벌법 벌칙해설, 2022, 14면.
34) 김영규(대표집필), 중대재해처벌법 해설(중대산업재해 쟁점과 사례), 법문사, 2024, 266면.

c) 인과관계는 사실적 인과관계와 규범적 인과관계로 구분하며, 해석방법에 따라 학설이 대립된다. 학설은 조건설, 원인설, 상당인과관계설(주관적 상당인과관계설, 객관적 상당인과 관계설, 절충적 상당인과관계설), 합법칙적 조건설으로 구분된다. 판례는 조건설에 의한 무제한적 인과관계를 구성요건의 단계에서 제한하고 상당인과관계설을 지지한다(다수설).35)

d) 산업안전보건법은 사업장의 안전보건조치 및 관리감독책임을 중심으로 범죄요건의 충족 여부를 판단한다. 그러나 중대재해처벌법의 범죄요건은 안전보건확보의무라는 작위의무위반(불법행위유형)과 결과발생의 사이에 인과관계에 따라 판단해야 한다. 산업안전보건법과 연계성이 있더라도 중대재해처벌법의 범죄요건과 인과관계를 동일하게 해석해서는 아니 된다.

e) 대법원(대판 2014. 5. 29, 2014도78)은 밀폐공간의 하수관공사 내 사망사건에 대하여 "부검결과 익사 또는 산소결핍을 시사하는 소견이 발견되지 않은 점, 피해자에게 간질병력이 있었고 간질병력은 부검을 통한 조직검사에서 확인되지 않은 경우가 대부분인 점, 사고발생 3일 후 사고장소에서 측정된 산

---

35) 조건설은 일정한 선행사실이 없었다면 결과도 발생되지 않았으리라는 절대적 제약의 공식에 따라 형식논리적인 조건관계만 있으면 인과관계를 인정하려는 견해이다. 원인설은 어떠한 행위로 결과의 발생에 영향을 준 모든 조건 중에서 단순한 조건과 중대한 영향을 준 조건을 구별하여 후자를 원인이라고 하고, 원인이 된 조건에 대하여 결과에 대한 인과관계를 인정하는 견해를 말한다. 상당인과관계설은 결과발생에 대한 여러 가지 조건 중에서 사회생활상의 경험에 비추어 행위가 결과를 발생시키는 것이 상당하다고 인정될 때 그 행위와 결과 사이에 인과관계를 인정하려는 견해이다. 여기서 상당성이란 고도의 가능성, 즉 개연성을 의미하므로 일정한 행위가 있으면 일정한 결과가 발생할 개연성(probability)이 인정되는 경우에는 인과관계를 인정하며, 구성요건의 단계에서 제한하고자 하는 이론이다. 상당인과관계설은 다시 주관적 상당인과관계설, 객관적 상당인과관계설, 절충적 인과관계설로 구분한다. 판례(2021도3394 : 2002도4315)는 행위 당시에 통찰력이 있는 일반인이라면 인식할 수 있었던 사정과 일반인이 인식할 수 없었던 사정도 행위자가 특별히 인식하고 있는 사정을 대상으로 결과발생의 상당성을 판단하는 절충적 상당인과관계설을 지지한다. 합법칙적 조건설은 구성요건적 결과가 이를 선행하는 행위에 시간적으로 뒤따르면서 그 행위에 대해 일상경험칙적으로 연관되어 있는 합법칙적 연관이 있는 경우에만 그 결과에 대하여 인과관계가 있는 견해를 말한다. 이 견해는 부정적 가정의 방법이 아니라 실제로 원인을 준 행위와 결과 사이에 합법칙적 관계가 있느냐에 따라 인과관계를 판단한다. 합법칙적이란 절대적 제약의 공식에 의한 형식논리적인 조건관계(조건설)가 아니라 그 전제로서 과학적 인과법칙에 따른다는 것을 의미한다.

소농도가 양호하였던 점, 사고당시 기온이 낮았던 점 등을 종합하여 간질로 인하여 사망하였을 가능성을 배제할 수 없어 피고인(현장소장)의 보건조치 의무위반과 사망의 결과 사이에 인과관계가 인정되지 않는다.”고 판시하였다. 이 판결은 산업현장을 중심으로 인과관계를 판단한 사례이다.

f) 중대재해는 산업재해를 전제로 하므로 산업안전보건법에 의한 안전보건조치가 직접적인 원인이 된다는 견해와 중대재해처벌법은 산업안전보건법 이외의 사각지대에서 발생하는 재해도 인과관계를 인정해야 한다는 견해가 있다.36) 그러나 산업재해 중 중대재해를 전제로 하는 점, 안전보건확보의무가 지나치게 확대될 가능성이 있다는 점에서 전자에 찬성한다.

2) 수사절차와 인과관계의 입증   a) 수사란 범죄의 혐의 여부를 명백히 하여 공소의 제기 및 유지 여부를 결정하기 위하여 범인의 발견·확보하고 증거를 수집·보전하는 수사기관의 활동을 말한다. 수사활동이 연속적으로 이루어지는 일련의 과정을 수사절차라고 한다.

b) 수사는 수사기관의 활동이라는 점에서 행정기관에 의한 조사활동과 구별된다. 예를 들어 사업장에서 사망재해가 발생한 경우 현행범의 체포, 피의자에 대한 각종 증거의 수집활동과 행정관청이 특정한 행정처분을 위한 준비로서 각종 법령에 의한 법령위반사실을 조사하는 것은 구별해야 한다.37)

c) 중대재해의 수사대상 여부는 종합적인 관점에서 범죄요건을 판단해야 한다. 따라서 산업재해의 발생경위, 안전보건관리체계의 구축 및 법규범성을 충족하는지, 부작위의 행위와 인과관계를 검토해야 한다. 범인을 특정한 경우 범행의 동기, 피해상황 및 그 회복 여부, 범인의 소행·경력·전과 등은 물론이고 수추조건, 처벌가치, 형의 가중·감경·면제사유의 유무, 사회에 미치는 영향을 판단해야 한다.

d) 수사절차는 형벌법규의 구체적 실현을 목적으로 하는 형사소송절차에 해당되나, 원칙적으로 공소제기 전 수사기관의 활동으로서 엄격한 의미에서

---

36) 김대근, 권오성, 김영중, 유이경, “중대재해처벌법상 인과관계 판단기준 연구”, 한국형사법무정책연구원(2022, 11), 103면.
37) 피의자는 수사기관에 의하여 범죄혐의를 받고 수사의 대상으로 되어 있는 자를 말한다. 수사기관은 피의자에 대하여 수사를 할 수 있으며, 체포·구속의 객체가 되고, 압수·수색·검증을 받는 등 조사의 객체가 된다.

소송절차에 해당되지 않는다. 수사는 수사기관이 재량권을 가지고 법에 명시적으로 금지하지 아니한 이상 모든 방법을 이용하여 할 수 있다.

e) 수사기관은 범죄의 혐의가 있다고 판단될 때 수사를 해야 하며, 수사의 목적은 범죄의 인적요소(범인)과 물적 요소(증거)를 확보하여야 한다. 수사결과 범죄의 객관적 혐의가 충분하고 소송조건을 구비하여 유죄판결을 받을 수 있다고 인정할 때 공소는 검사가 제기한다(형사소송법 제246조).

f) 수사는 공소의 제기수행을 준비하기 위한 절차로써 형사소송의 전단계에 해당되므로 적법절차를 벗어날 수 없고 피의자는 잠재된 피고인으로 본다. 이 경우 피의자는 방어권의 지위를 인정하며, 당사자평등의 원칙에 따라 진술거부권(묵비권)을 행사할 수 있다(형사소송법 제283조의2).

3) **중대재해의 발생과 인과관계의 입증**　　a) 중대재해의 발생결과 중대산업재해에 해당된다는 이유만으로 곧바로 중대재해처벌법위반죄에 해당된다고 단정할 수 없다(인과관계). 따라서 경영책임자등의 지시를 받는 조직의 구성원에 대한 관리상의 조치, 관리체계상의 조치기준에 따른 구체적인 행위와 예견가능성, 범죄성립요건(객관적·주관적 구성요건)의 충족 여부 등을 종합적으로 고려하여 인과관계의 여부를 판단해야 한다.

b) 중대산업재해는 단순히 근로자 개인의 부주의 또는 현장관리자의 불법행위 등에서 기인한 것이라기보다는 기업 내 부실한 안전관리체계, 위험관리 시스템 부재 등 제도적·구조적 문제에서 비롯될 수 있다.[38] 이 경우 중대산업재해의 발생은 2단계의 인과관계 구조가 성립한다. 따라서 규범적으로 동일하고 단일한 행위와 결과 사이의 인과관계는 다른 중간원인의 개입 없이 기본행위로부터 직접 초래되어야 한다는 "직접성 원칙"을 고려하여 판단해야 한다.[39]

c) 사업주 또는 경영책임자가 시간적·공간적으로 생산현장에서 발생하는 유해·위험요인을 직접 위험통제를 할 수 없다. 이 경우 사업주 또는 경영책임자의 의무위반행위와 결과발생의 사이에 시간적·공간적 간격이 크므로

---

38) 창원지판 2023. 11. 23, 2022고단1429
39) 김영규(대표집필), 중대재해처벌법 해설(중대산업재해 쟁점과 해설), 법문사, 2024, 264면.

형법 제17조에 의한 "직접성의 원칙"을 적용하기 곤란하다. 이러한 인과관계의 단절문제를 해결하기 위하여 필요한 이론이 "인접효과의 법칙"이다.

d) 인접효과의 법칙이란 인접효과의 법칙이란 시간적·공간적으로 멀리 떨어져 있는 것과 다른 운동법칙적으로 직접 연결할 수 있는 현상변화가 가능하다는 전제 아래 인과관계를 인정하고자 하는 이론이다.[40] 따라서 사업주 또는 경영책임자의 의무사항과 안전보건관계자의 업무는 인과사슬로 상호연계성을 지닌다.

e) 중대재해의 원인이 된 관련 행위자 즉, 현장책임자 등의 특정행위를 전제로 하여 산업안전보건법의 위반과 구별해 사업주 또는 경영책임자등의 부작위가 중대재해처벌법의 위반에 해당되는지 인과관계를 검토해야 한다.

f) 사업주 또는 경영책임자가 중대재해처벌법에 따른 핵심의무를 이행하였다면 위험이 창출되었거나 증대되었다고 보기 어려워 객관적 귀속이 부정되어야 한다(객관적 귀속론).[41] 그러나 근로자의 안전수칙위반 등을 방치하거나 묵인하는 행위는 안전보건관리체계의 구축 및 이행의 결함으로 보아, 중대산업재해와의 인과관계를 긍정해야 한다.

(5) 부작위범의 범죄유형

1) **진정부작위범의 특징**　　a) 작위범은 적극적인 행위(동작)에 의해 범하여지는 행위자를 말한다. 작위범은 진정작위범과 부진정작위범으로 구분한다. 형법상 범죄는 살인을 하지 말라고 했는데, 사람을 칼로 찌르는 적극적인 행위를 할 때 진정작위범으로 보아 형사처벌을 한다. 이러한 금지규범을 위반하여 적극적인 행위를 한 범죄유형을 진정작위범이라 한다.

b) 형법 제18조는 "위험의 발생을 방지할 의무가 있거나 자기의 행위로 인하여 위험발생의 원인을 야기한 자가 그 위험발생을 방지하지 아니한 때에는 그 행위된 결과에 의하여 처벌한다."고 규정하고 있다. 이 규정은 요구

---

40) 시간적·공간적으로 멀리 떨어져 있는 합법칙적 변화는 시간적·공간적으로 상호 인접한 다른 합법칙적 변화를 통하여 언제나 연결될 수 있다는 것을 의미한다. : 김영규, 중대재해처벌법해설, 법문사, 2024, 276면.
41) 김영규(대표집필), 전게서, 271면.

규범을 위반한 진정부작위범을 말한다.

c) 진정부작위범은 부작위 자체를 처벌하는 범죄(형식범)이지만, 부진정부작위범은 부작위 이외에 구성요건적 결과가 있어야 처벌되는 범죄(결과범)를 의미한다. 이와 같은 범죄의 유형은 그 내용과 성질에 따라 구분하는 실질설이 있으나, 실정법의 규정형식에 따라 구별하는 형식설이 있다(통설). 진정부작위범은 주체, 객체, 행위만 있으면 성립하는 거동범을 의미한다.

2) **부진정부작위범의 성립요건**   a) 부진정부작위범은 부작위로 요구규범을 위반하는 범죄유형을 말한다. 부진정부작위범은 본래 형벌법규상 작위에 의하여 범할 것을 내용으로 하는 범죄를 부작위에 의하여 범하는 범죄를 의미한다. 부진정부작위범은 대부분 결과범이며, 폭행죄와 같이 작위범은 물론 부진정부작위범이 성립할 수 있다.

b) 부진정부작위범은 형법 제18조에 합당한 주체로서 신분범을 전제로 판단하며, 결과발생에 대하여 책임을 진다. 부진정부작위법은 요구된 부작위 이외에 구성요건적 결과의 발생이 있어야 범죄로 인정된다. 부진정부작위범은 구성요건적 상황속에서 요구된 부작위, 행위가능성(개별적 행위가능성), 구성요건적 결과발생, 인과관계 및 객관적 귀속이 있어야 성립한다.

c) 부진정부작위범은 작위범과 다른 규범적 가치판단의 기준을 요구한다. 규범적 가치는 작위범와 같은 처벌을 위해서는 작위와 같은 동가치성을 지녀야 한다는 의미이다. 동가치성은 보증인적 지위와 행위정형의 동치성이 있어야 한다.42)

d) 보증인적 지위란 일정한 법익과 특수하고 밀접한 관계를 맺고 있어서 그 법익이 침해되지 않도록 방지해야 할 지위로서 기술되지 아니한 구성요건요소이자 객관적 행위자표지를 말한다. 이 경우 작위의무, 이행가능성, 부작위의 동가치성이라는 요건을 충족하면 작위범과 동일하게 취급한다.

e) 부진정부작위범의 고의는 반드시 구성요건적 결과발생에 대한 목적이나 계획적인 범행의도가 있어야 하는 것은 아니고, 법익침해의 결과발생을 방지할 법적 작위의무를 가지고 있는 사람이 이행함으로써 결과발생을 쉽게

---

42) 부작위의 동가치성은 부작위에 의한 범죄유형이나 작위에 의한 범죄유형이 마찬가지라면 법익침해가 같아야 한다.

방지할 수 있었음을 예견하고도 결과발생을 용인하고 이를 방관한 채 의무를 이행하지 아니한다는 인식을 하면 족하며, 이러한 작위의무자의 예견 또는 인식등은 확정적인 경우는 물론 불확정적인 경우이더라도 미필적 고의로 인정할 수 있다.[43]

  3) **중대재해처벌법의 범죄유형**　a) 중대재해처벌법은 제4조와 제5조, 제9조에서 사업주 또는 경영책임자에게 안전보건확보의무를 규정하고 있다. 따라서 적극적인 행위를 하면 범죄에 해당되지 않으나, 아무런 조치를 하지 않으면 부작위로서 범죄에 해당된다. 이러한 작위의 형식으로 규정된 구성요건에 대하여 범죄유형을 진정부작위범으로 볼 것인지 논란이 제기된다.[44]

  b) 형법상의 부작위범은 부작위 자체만으로 처벌이 가능한 진정부작위범(거동범)이나, 중대재해처벌법은 안전보건확보의무의 위반이라는 부작위만으로 처벌을 할 수 없다(결과범). 안전보건확보의무의 규범성을 전제로 하는 중대재해라는 결과발생에 따른 중대재해처벌법위반죄는 작위의무를 태양으로 하는 점에서 부진정부작위범으로 판단된다.[45]

(6) 부작위범의 성립과 인과관계

  1) **부작위범과 가설적 인과관계**　a) 부작위범의 인과관계는 부작위의 방식으로 결과를 범한 범죄유형과 관련하여 문제가 된다. 그런데, 존재론적으로 무(無)인 부작위와 결과의 발생 시이에 현실적·자연적 인과관계를 긍정하는 것은 무리가 있으므로, 규범적 관점에서 규범이 요구하는 의무를 이행하였다면 결과가 발생하지 않았을 것이라는 '작위와 결과의 부발생(不發生)

---

43) 대판 2015. 11. 12, 2015도6809

44) 부진정부작위범은 행위자에게 결과가 생기는 것을 방지하여야 하는 법적 의무가 있음이 요구된다. 이러한 부작위의 위반은 부진정부작위범의 위법성을 기초로 한다. 학자에 따라서는 부작위자체에 의해 실현되는 범죄를 진정부작위범, 결과와 결부된 부작위에 의해 실현되는 범죄를 부진정부작위범이라고 한다. 부진정부작위범은 착수가 있었는지에 따라 견해를 달리할 수 있다. 그러나 중대재해처벌법은 금지규범을 위반한 것과 달리 착수가 필요 없다.

45) 권오성, 중대재해처벌법의 체계, 도서출판 새빛, 2022, 190면-191면.: 권오성교수는 작위의무를 행위의 태양으로 하는 점, 작위의무의 위반으로 결과가 발생한 경우에 가벌성이 인정되는 점을 이유로 진정부작위범에 가깝다고 한다.

사이의 가설적 인과관계' 또는 '유사인과성'의 문제로 부작위범의 인과관계를 접근하는 이론이 지지를 받고 있다.46)

　b) 작위의무인 '안전·보건 확보의무'의 해태라는 부작위는 존재론적으로는 무(無)이므로 이러한 부작위와 '중대산업재해의 발생'이라는 결과 사이에 현실적·자연적 인과관계를 긍정할 수는 없다.47) 그러나 규범적 관점에서 절대적 제약관계(conditio sine qua non) 공식을 적용하여 '법적으로 요구되는 작위행위가 있었다면 구성요건적 결과가 발생하지 않았을 것'이라고 판단되면 그 부작위가 결과에 대한 원인이 된다고 보는 본다.48)

　c) 작위범에서 인과관계의 판단은 구성요건에 해당하는 작위행위(A)와 구체적으로 발생한 결과(B) 사이의 관계가 문제되므로 결국 작위범의 인과관계는 물리적으로 존재하는 A와 B 사이의 인과적 관련을 검토하는 것인 반면, 부작위범의 경우에는 물리적으로 존재하지 않는 부작위행위(not A)와 구체적으로 발생한 결과(B) 사이의 관계를 파악해야 하는데, 이러한 판단의 용이성을 위해 행위가 있는 것으로 가정하여(A) A와 B의 부발생(not B) 사이의 관계를 파악하는 것이다. 부작위(not A)가 아니라 작위(A)를 가정한다는 점에서 부작위범의 인과관계는 본질적으로 규범적인 평가가 될 수밖에 없다.

　d) 최근 대법원(대판 2015. 11. 12, 2015도6809)은 '작위의무를 이행하였다면 결과가 발생하지 않았을 것이라는 관계가 인정될 경우에는 작위를 하지 않은 부작위와 사망의 결과 사이에 인과관계가 있다'고 판시하여 (부진정) 부작위범의 성립요건을 동일한 가치로 인정하였다.

　e) 최근 세월호 사건에서 대법원은 선장에게 '부작위에 의한 살인죄'의 성립을 긍정하면서 「선박침몰 등과 같은 조난사고로 승객이나 다른 승무원들이 스스로 생명에 대한 위협에 대처할 수 없는 급박한 상황이 발생한 경우에는 선박의 운항을 지배하고 있는 선장이나 갑판 또는 선내에서 구체적인

---

46) 윤종행, ″부작위의 인과성″, 법학연구13, no.3, 2003, 157-174면.
47) 이하 권오성교수(연세대학교법학전문대학원, 변호사)의 동의를 얻어 인용하였다. : 권오성, 중대재해처벌법의 체계, 도서출판 새빛, 2022, 190면.
48) 다만, 이러한 유사인과성 개념을 활용하여 부작위범의 인과관계를 인정하는 접근에 대하여는 작위범에서 결과 귀속을 인정하기 위해서는 개연성만으로는 불충분하고 확실성이 요구된다면, 확실성을 필요로 하는 작위와 개연성으로만 충족되는 부작위가 동가치적이라고 할 수 있는가라는 반론이 있다(Ibid).

구조행위를 지배하고 있는 선원들은 적극적인 구호활동을 통해 보호능력이 없는 승객이나 다른 승무원의 사망 결과를 방지하여야 할 작위의무가 있으므로, 법익침해의 태양과 정도 등에 따라 요구되는 개별적·구체적인 구호의무를 이행함으로써 사망의 결과를 쉽게 방지할 수 있음에도 그에 이르는 사태의 핵심적 경과를 그대로 방관하여 사망의 결과를 초래하였다면, 부작위는 작위에 의한 살인행위와 동등한 형법적 가치를 가지고, 작위의무를 이행하였다면 결과가 발생하지 않았을 것이라는 관계가 인정될 경우에는 작위를 하지 않은 부작위와 사망의 결과 사이에 인과관계가 있다.」고 판시하였다.[49]

2) 중대재해처벌법의 위반죄와 인과관계의 판단   a) 일반적인 형사법은 금지의무를 위반한 작위범을 형사처벌을 한다. 예외적으로 형법 제18조와 같이 작위의무를 규정한 경우에는 진정부작위범으로 보아 형사처벌을 한다. 따라서 진정부작위범은 인과관계와 관련하여 논란의 여지가 없다.

b) 그러나 중대재해처벌법의 위반죄는 안전보건확보의무라는 작위의무를 위반한 경우 부작위에 대한 처벌규정이 없어 거동범으로 해석할 것인지 논란이 제기된다. 안전보건확보의무의 위반에 대한 규범적 효력의 인정 여부에 따라 결과범의 범죄유형이 달라지기 때문이다.

c) 그래서 중대재해처벌법위반죄의 인과관계는 본질적으로 안전·보건 확보의무의 위반으로 중대산업재해가 발생하였는지에 관한 규범적 평가일 수밖에 없다. 따라서 어떠한 기준으로 이러한 규범적 평가를 수행해야 하는지가 문제의 핵심이라고 본다.

d) 중대재해처벌법의 위반죄의 인과관계는 안전보건확보의무에 대하여 규범적 평가를 할 수밖에 없다. 이 경우 결과범으로 보는 경우 행위와 결과 사이에 인과관계가 있어야 한다. 인과관계는 안전보건확보의무 이외에 다른 요인이 개입되거나 산업재해 이외에 다른 요인이 개입되었다고 하여 단절되지 않는다.

e) 중대재해처벌법위반죄는 동법 제4조 또는 제5조에 법정(法定)된 작위의무(안전보건 확보의무)의 위반을 행위의 태양으로 한다는 점에서 부작위에 의한 작위범, 즉 부진정부작위범이 아니라 진정부작위범에 가깝다.[50] 중대재해처벌

---

49) 대판 2015. 11. 12, 2015도6809 전원합의체.

법위반죄는 작위의무의 위반으로 인하여 '중대산업재해'라는 결과가 발생한 경우에 가벌성이 발생하는 결과범이라는 점에서 인과관계가 요구된다.51)

f) 중대재해처벌법 제4조와 제5조 및 이들의 위임을 받은 동법 시행령 제4조 및 제5조에서 따른 안전보건 확보의무는 그 내용이 매우 다양하고 포괄적인바, 이러한 '안전보건 확보의무가 이행되었다면 중대산업재해가 발생하지 않았을 것이다'라는 가정적 판단으로 안전·보건 확보의무 위반행위와 중대산업재해의 발생 사이의 인과관계를 판단할 때 평가자에 따라 그 결론이 달라질 가능성이 있으며, 이는 형사법에서 특히 강하게 요구되는 '법적 안정성'을 해할 우려가 있다.

4. 안전보건 관련 용어의 이해

(1) 안전과 보건 등 용어

1) **안전과 보건의 정의** a) 중대재해처벌법은 사업주 또는 경영책임자에게 안전보건확보의무를 부과하고 있다. 안전보건확보의무는 중대재해처벌법의 행위규범으로서, 안전 및 보건을 규범적인 관점에서 판단한다. 일반적으로 안전이란 의미는 학문에 따라 사회안전, 교통안전, 해양안전, 항공안전 등 업종에 따라 다양하게 표현된다.

b) 안전은 부상이나 사망의 재해와 개연성을 지니며, 작업장소에서 접촉하는 물질이나 환경과의 상호관계를 고려한 대책을 말한다. 따라서 위험을 대체, 통제, 회피하는 행위를 안전조치라고 한다. 규범적인 관점에서 안전이란 위험요인에 따른 위협으로부터 생명을 보호하기 위한 대책을 의미한다.

c) 보건이란 유해물질, 독성물질, 바이러스 등 유해요인에 따른 건강장해를 예방하기 위한 대책을 말한다. 근로자가 접촉하는 유해물질 등에 따른 유해성을 예방하기 위한 제거, 통제, 회피하는 행위를 보건조치라고 한다. 규범적인 관점에서 보건이란 건강장해로부터 종사자의 생명과 건강을 보호하기

---

50) 권오성, 전게서, 191면.
51) 권오성, 전게서, 191면.

위한 대책이라고 해석된다.

 2) **리스크(risk)와 해저드(hazard)의 구별**   a) 리스크의 용어는 각종 산업에서 부동산리스크, 금융리스크 등 다양하게 사용된다. 영어로 danger 또는 risk는 우리말은 위험 또는 위험성, 위험도로 번역하고 있다. 영어 risk 는 불확실성에 노출(exposure to uncertainty)되는 정도를 의미하며, 부정적인 상황과 긍정적인 상황을 모두 표현하는 의미로 사용한다. 즉 미래의 상황이 좋거나 나쁠 수도 있다는 의미에서 리스크라고 한다.

 b) 따라서 산업재해에서 "리스크가 있다"는 말은 사고를 당하거나 부상을 당할 가능성이나 확률을 의미한다. ISO/IEC51에서는 리스크를 "위해의 발생확률과 중대성의 조합"이라고 정의하고 있다.[52] 해저드(hazard)는 위험요소, 유해위험요인 등으로 번역되며, 잠재적 근원으로서 위해·위험요인을 의미한다.

 c) 해저드에는 부상 및 건강상의 장해를 가져올 수 있는 잠재요인(source) 또는 부상과 건강상의 장해에 이르게 하는 노출가능성의 상황을 포함한다. 해저드는 작업환경에 따라 가스를 제조하거나 운송하는 경우에 폭발할 위험성, 사람이 노출되는 경우 질식이나 중독이 될 유해·위험성이 있을 때 사용한다. danger은 부정적인 결과를 의미할 때 주로 사용한다. 어떠한 상황에서 악화되거나 사망하거나 부상을 당할 수 있는 위험이 있다면 danger로 표현

---

52) ISO/IEC Guide 51: 2014, ISO(1nternational Organization for Standardization)는 기계등의 국제표순을 검토하고 작성하는 국제기구를 말한다. ISO는 물자 빛 서비스의 국제간 교류를 용이하게 하고, 지적·과학적 기술적 및 경제적 분야에서 국제간의 협력을 도모하기 위해 세계적인 표준화 및 국제간의 협력을 위한 표준화 및 그 관련 활동을 발전·개발을 목적으로 1947년 2월 23일 설립된 비정부기구이다. 전기 및 통신을 제외한 모든 분야의 규격을 제정하는 국제표준화 기구로서 ISO중앙사무국은 스위스에 있다. ISO회원단체는 그 나라의 대표적인 표준화 기관으로 존재하며, 1개국에 1기관만 회원단체의 자격이 있다. 오늘날 영국 규격협회(BSI). 독일 규격협회(DIN), 미국 규격협회(ANSI), 일본 규격협회(JISC) 등이 영구이사 회원단체로 국제적인 활동을 하고 있다. 국제적인 표순화는 1906년 설립된 국제전기표준화회의(IEC)가 시초이다. ISO와 IEC (International Electrotechnical Commission)는 각각 독립된 조직으로서 근래에 이르러 두 기관의 연대가 촉구되어 ISO/IEC JTC1(정보기술)가 발족되었다. 1987년 최초로 ISO9000시리즈를 제정하였고, 이후 광범위한 분야에서 국제표준을 제정하여 공표하였다. 그러나 우리나라의 법령에 의한 규범적 기준과 ISO기준은 차이가 있어 적합하지 않다.

한다.

　d) 그러나 법규범적인 관점에서 보면, 위험이란 어떠한 상태나 행위가 거의 객관적으로 예상될 수 있는 진행이 저지되지 않는다면 보호법익의 손해를 입힐 개연성이 있는 경우를 의미한다. 규범적인 관점에서 유해·위험요인에 대하여 안전과 보건은 예견이 가능한 위험통제의 대상으로 인식한다.

　e) 그러나 잠재된 유해·위험요인(hazard)을 모두 파악할 수 없으며, 통상적인 방법으로 발견하지 못한 행위까지 위반책임을 부과할 수 없다. 따라서 위험의 예견가능성 및 통제가능성 등을 고려할 때 노출된 위험(danger)만을 규범적 통제대상으로 해야 한다. 단순한 산업재해가 아닌 재해의 정도가 치명적인 수준에 이르는 중대한 위험에 대비한 형사책임을 부과하기 때문에 죄형법정주의의 관점에서 해석해야 한다.

　3) **재해예방조치와 관리체계**　　a) 중대재해는 산업재해 중 중대재해로서, 중대산업재해와 중대시민재해로 구분한다. 사업장의 중대재해는 중대산업재해에 해당된다. 중대재해처벌법 제2조제2호는 산업안전보건법 제2조제1호에 의한 산업재해를 준용한다. 중대재해처벌법은 관리체계를 통해 재해예방조치를 하도록 하며, 행위위반의 결과책임을 묻는다.

　b) 재해예방조치는 기계·기구·설비 등에 대한 유해·위험요인을 제거·통제·회피를 하는 기준과 방법, 절차를 정한 행위규범을 말한다. 중대재해를 예방하기 위해서는 기계·기구·설비의 하자, 관리소홀 등을 사전에 확인하여 재해예방조치를 해야 한다. 예를 들어 유해·위험요인을 파악하여 안전장치나 방호장치를 하는 행위는 재해예방조치에 해당된다.

　c) 관리체계는 유해·위험요인을 파악하여 조직적·체계적으로 관리하는 행위규범을 말한다.53) 여기서 관리란 유해위험요인을 확인·점검하고 인력, 기술, 비용을 지원하여 재해예방을 위한 위험통제를 하는 행위를 의미한다. 따라서 재해예방조치를 하고 관리하지 않으면 재해발생 시 결과책임을 물을 수 있다. 관리체계는 주체, 객체, 행위, 결과에 대한 범죄의 구성요건과 관련된 행위규범을 의미한다.

---

53) 유해위험요인은 유해·위험을 일으킬 잠재적 가능성이 있는 것의 고유한 특징이나 속성을 말한다(위험성평가지침 제3조제1항제1호)

d) 사업주 또는 경영책임자의 역할로서 기대되는 행위가 규범적 관리체계로서 평가된다. 그러나 사업주나 경영책임자가 사전적 재해예방조치를 하지 아니한 경우 중대재해처벌법은 위반책임을 묻지 않는다. 중대재해처벌법은 일정한 기준과 절차를 마련하는 관리체계를 구축하도록 강제하고, 그 위반행위에 대하여 반가치의 부정적 평가를 한다.

(2) 사고와 사건의 규범성 판단

1) **사고의 정의**　　a) 산업재해는 언제 어디서나 발생할 수 있고, 그 사고의 원인도 다양하다.54) 사고는 내부적 요인이나 외부적 요인에 따른 상황(손해발생)을 의미하므로 그 요인의 속성을 이해하여야 한다. 사고의 외부적 요인은 사건의 구성요소로서 외부 기상상태나 온도, 습도 또는 설비의 하자 등 다양하다.

b) 사고의 유형은 인적 사고와 물적 사고로 구분된다. 인적 사고는 사고의 발생이 직접 사람에게 상해를 입히며, 물적 사고는 상해가 아닌 생산시설의 파괴, 폭발, 화재 등을 의미한다. 사고는 학문의 영역에 따라 공학적, 사회학적, 법률적 관점에서 정의를 달리한다.

c) 하인리히(H.W. Heinrich)에 의하면, 사고(accident)는 "물체, 물질, 사람 또는 복사(radiation)의 작용 또는 반작용으로 인하여 사람에게 상해를 초래하거나 초래할 개연성(probability)이 있는 계획되지도 않고 제어되지도 않은 사상"을 말한다.

d) 이 견해에 따르면, 당장 피해가 발생하지 않았더라도 같은 사상이 되풀이되면 언제든지 피해가 발생할 여지가 있는 상태를 사고라고 한다. 하인리히의 이론에 따르면, 상해의 원인이 되는 변형된 사상(strained event)을 사고로 해석한다.

---

54) 산업재해는 뜻하지 않은 사고로 인하여 인적 상해나 사망이 발생하는 것을 말한다. 산업재해의 정의는 학문적 접근방법에 따라 다양하게 정의할 수 있다. 그러나 단순히 물적 피해가 일어난 사실만 전제로 산업재해라고 하지 않으며, 인적 피해가 수반된 경우에 산업재해라고 정의함에는 별다른 이견이 없다. 산업재해는 재해예방조치의 대상이라는 규범적인 관점에서 해석한다.

e) 영국의 HSE(HSE : Health and Safety Executive)는 ⅰ) 부상 또는 질병을 초래한 재해사고를 accident, ⅱ) 아차사고(near miss) 또는 바람직하지 않은 상태(undesired circumstance)를 사건(incident)으로 구별하고 있다.55) 아차사고는 현출되지 않았지만, 사건으로 해석한다.

2) 사고와 사건의 규범적 판단   a) 사고는 예기치 않은 불행한 일을 말한다. 사고(accident)는 원하지 않으며 변형적이고 예측불허의 사태를 유발하거나 통제를 벗어난 사상(event)을 말한다(예견불가능성, 통제불가능성). 이러한 사고는 사실적 존재로서의 사고를 말하며, 규범적 가치의 평가대상으로 볼 수 없다.

b) 사고는 순간성·폭발성을 지니며, 당면한 현상의 정상적인 진행을 방해한다. 사고의 관념은 일시적·순간적인 결과의 발생을 유발한 이상상태를 의미한다. 그러나 사고는 시간적·공간적으로 통제가능한 대상이라면 예방책임 등 규범적 가치를 부여할 수 있다. 이 경우 사고는 사건을 유발하는 원인이 된다.

c) 사건(incident)은 불완전한 행동이나 조건이 선행되어 작업능률을 저하시켜 직접적 또는 간접적으로 인명이나 재산상의 손실을 초래할 수 있는 바람직하지 않은 사상을 말한다. 그러나 규범적으로 사건은 보호법익의 침해, 행위불법의 유형과 인과관계 등에 따라 판단한다. 따라서 중대재해에 해당되지 않으면 규범적 통제대상에서 제외한 비규범적 사건(사실행위)으로 본다.

d) 형사규범적인 의미로서의 사건은 수사, 기소, 재판 등 사법작용의 대상이 되는 것을 말한다. 따라서 형사사건은 범죄성립요건, 법적 의무와 법익침해 여부, 인과관계 등을 고려하여 형사처벌의 대상으로 판단한다. 사건은 유해·위험요인의 통제가능성, 책임주체와 지배·운영·관리의 행위 등을 규범적 가치평가의 요소로 고려해야 한다.

---

55) 하인리히(heinrich)는 본인의 저서(industrial accident prevention, 1931)에서 accident라는 개념에 대하여 accident의 정의에는 실제로 발생하는 것뿐만 아니라 발생할 가능성에 관한 개념을 말하므로 상해를 수반하는 accident (injury accident)뿐만 아니라 상해를 수반하지 않는 accident(noninjury accident)를 포함한다고 하였다. 이 경우 incident에 대해서는 "업무활동의 능률을 저하시킬 수 있는 바람직하지 않은 사건이다."라고 정의하였다(정진우, 안전관리론, 청문각, 2018, 4면).

5. 중대재해처벌법의 적용범위

(1) 중대재해와 중대산업재해

1) 중대재해 a) "중대재해"란 "중대산업재해"와 "중대시민재해"를 말한다(중대재해처벌법 제2조제1호). 중대재해는 사망이나 부상 및 질병에 의한 치명적인 재해(Fatal Accident)로서 인적 손실을 의미하며, 물적 손실은 포함하지 않는다. 사업주 또는 경영책임자는 중대재해와 안전경영책임 사이의 인과관계를 고려하여 형사처벌 여부를 판단해야 한다.

 b) 용어의 정의는 목적과 더불어 논리적·체계적 해석의 기능을 하므로 매우 중요하다. 중대재해는 산업안전보건법과 중대재해처벌법에서 용어에 대한 설명을 달리한다. 해당 법률에서 하나의 사망사고로 근로자 등 노무를 제공하는 자 또는 종사자가 사망한 경우 적용법률에 따라 중대재해 또는 중대산업재해로 구분한다. 또한 하나의 사망재해로 둘 이상의 적용법규에 위반되는 경우 상상적 경합의 범죄를 구성할 수 있다.

[표1-1] 중대재해처벌법과 산업안전보건법의 용어 비교

용어의 명칭	중대재해처벌법	산업안전보건법
산업재해	용어 없음	노무를 제공하는 자가 업무에 관계되는 건설물·설비·원재료·가스·증기·분진 등에 의하거나 작업 또는 그 업무로 인하여 사망 또는 부상하거나 질병에 걸리는 것
도급	도급의 용어를 사용하나 정의 없음(민법, 건설산업기본법 등 다양하게 해석)	명칭에 관계없이 물건의 제조·건설·수리 또는 서비스의 제공, 그 밖의 업무를 타인에게 맡기는 계약(법 제2조제6호)
용역, 위탁	용어를 사용하나 정의 없음(법 제5조)	용역, 위탁 등의 용어를 사용하지 않음

2) 중대산업재해

① 중대산업재해의 정의와 유형　　a) "중대산업재해"란 「산업안전보건법」 제2조제1호에 따른 산업재해 중 다음 각 목의 어느 하나에 해당하는 결과를 야기한 재해를 말한다(중대재해처벌법 제2조제2호).

> 가. 사망자가 1명 이상 발생
> 나. 동일한 사고로 6개월 이상 치료가 필요한 부상자가 2명 이상 발생
> 다. 동일한 유해요인으로 급성중독 등 대통령령으로 정하는 직업성 질병자
> 　　가 1년 이내에 3명 이상 발생

b) 한편 산업안전보건법에서 중대재해란 산업재해 중 사망 등 재해정도가 심하거나 다수의 재해가 발생한 경우로서 고용노동부령으로 정하는 재해를 말한다(산업안전보건법 제2조제2호). 중대재해처벌법 제2조제2호(중대산업재해) 와 산업안전보건법 시행규칙 제3조(중대재해)를 비교하면 다음과 같다.

[표1-2] 중대산업재해와 중대재해

중대재해처벌법 제2조제2호	산업안전보건법시행규칙 제3조
1. 사망자가 1명 이상 발생 2. 동일한 사고로 6개월 이상 치료가 필요한 부상자가 2명 이상 발생 3. 동일한 유해요인으로 급성중독 등 대통령령으로 정하는 직업성 질병자가 1년 이내에 3명 이상 발생한 재해	1. 사망자가 1명 이상 발생한 재해 2. 3개월 이상의 요양이 필요한 부상자가 동시에 2명 이상 발생한 재해 3. 부상자 또는 직업성 질병자가 동시에 10명 이상 발생한 재해

c) 중대산업재해는 산업안전보건법의 산업재해를 전제로 인정한다. 산업안전보건법 제2조제1호에서 산업재해란 노무를 제공하는 사람이 업무에 관계되는 건설물·설비·원재료·가스·증기·분진 등에 의하거나 작업 또는 그 밖의 업무로 인하여 사망 또는 부상하거나 질병에 걸리는 것을 말한다. 즉 산업재해는 업무와 관련성을 지니는 ⅰ) 작업환경, 작업내용, 작업방식 등에 따른 위험, ⅱ) 업무 그 자체에 내재하는 유해위험 등으로 인한 노무제공자

에게 발생한 사망, 부상, 질병을 의미한다.

d) 사망자가 1명 이상 발생하면 중대산업재해로 본다. 이 경우 사망은 그 원인 등 다른 요건이 규정되어 있지 않으므로 산업안전보건법상 산업재해에 해당하는 사망과 동일하다. 직업성 질병에 의한 사망도 중대산업재해에 포함한다. 산업재해로 인한 사망은 부상 또는 질병이 발생한 날로부터 일정한 시간이 경과한 이후에 발생하는 경우 중대산업재해는 '종사자의 사망 시'에 사망재해로 보아야 한다.56)

② **동일한 사고의 해석**   a) 중대재해처벌법 제2조제2호나목은 「동일한 사고로 6개월 이상 치료가 필요한 부상자가 2명 이상 발생」한 경우 중대산업재해로 본다. 여기에서 '동일한 사고'의 표현에서 동일성은 둘 이상의 사상이나 사물이 같은 성격을 지니는 것을 의미한다. 동일성은 법리적으로 "동일한 것은 같게, 다른 것은 다르게 판단을 해야 한다."는 법해석의 원칙에 비추어 판단해야 한다.

b) 동일성은 하나의 사고 또는 장소적·시간적으로 근접성을 갖는 일련의 과정에서 발생한 사고로 6개월 이상의 치료가 필요한 부상자가 2명 이상 발생한 경우 동일한 재해로 보아야 한다.57) 만약 사고가 발생한 유해·위험요인 등 그 원인이 같은 경우라도 시간적·장소적으로 근접성이 없는 경우에는 각각의 사고가 별개의 사고에 해당될 뿐 동일한 사고로 볼 수 없다.58)

c) 예를 들어 건설공사 중 오전 10시에 구조물의 일부가 붕괴되어 근로자가 1명이 다친 결과 작업중지를 하고, 작업현장을 육안으로 점검한 후 작업을 시작하였으나, 오후 4시간에 추가붕괴로 인해 근로자 1명이 추락해 사망하였다면, 시간적 간격뿐만 아니라 사고의 원인이 같은 성격(동일한 유해·위험요인, 관리상의 하자 등)을 지니는 경우 동일한 사고로 판단함이 타당하다.

d) 이 경우 시간적 간격은 동시성으로 한정해 해석하는 견해(협의설)가 아닌 중대재해의 위반책임을 강화하는 취지로 해석할 필요가 있다. 그러나 시

---

56) 고용노동부, "중대재해처벌법 해설-중대산업재해 관련", 2021. 6면.
57) 고용노동부, "중대재해처벌법 해설-중대산업재해 관련", 2021. 7면. : 같은 업체로부터 매매, 임대차 등을 한 기계, 기구, 설비 등의 동일한 결함으로 발생한 사고라 하더라도 그 원인이 동일한 것일 뿐 동일한 사고로 볼 수 없다.
58) 중대재해산업감독과-599, 2022. 2. 17.

간적 간격은 지나치게 확장하는 경우 엄격해석의 원칙에 위반되므로 동일한 사고원인에 의해 24시간 이내로 해석할 필요가 있다(독일학설).

③ **6개월 이상의 치료** a) 중대재해처벌법 제2조제2호나목은 "6개월 이상 치료"를 어느 시기부터 기산해야 할지 명시하지 않고 있다. 치료기간의 판단은 사고가 발생할 당시를 기준으로 하나, 치료기간은 의료기관에서 진료를 받은 날부터 기간을 기산하여야 한다.

b) 치료기간은 산업재해의 경우 의사의 진단에 의하여 기재된 날을 기준으로 산정함이 타당하다. 산업재해의 발생 시 중대산업재해의 기산일은 사업주가 산업재해의 발생을 인지한 날이 아닌 중대산업재해가 발생한 날로 구분해야 한다.

c) 예를 들어 ⅰ) 직업성 질환은 노출 시기, 잠복기간, 업무관련성(업무수행성, 업무기인성)이나 발생시점을 특정하기 어려워 근로복지공단이 업무상 질병의 승인한 날, 치료기간을 언제부터 승인하였는지를 기준으로 치료기간이 6개월 이상인지를 판단하여야 한다.

d) 6개월 이상의 치료에서 '치료'의 개념은 산업안전보건법 또는 산업재해보상보험법에 의한 요양과 구별할 필요가 있다. 산업재해보상보험법 제40조에 의한 요양급여의 범위에는 "진찰 및 검사, 약제 및 진료재료와 의지 그 밖의 보조기의 지급, 처치 수술, 그 밖의 치료, 재활치료 등"을 규정하고 있다. 이 경우 치료의 개념은 상처나 질병을 낫게 하는 일로서 물리치료, 약물치료, 화학치료 등 포괄적인 의미로 사용된다.

e) 그러나 중대재해처벌법에서 치료의 개념은 형사제재를 전제로 하므로 광의로 해석할 수 없다. 산업재해보상보험법에서 질병의 경우에 진찰 및 검사에 이어 재활치료까지 포함하면 중대재해의 발생시 피고인에게 불리한 형사책임까지 확대되기 때문이다.

f) 이 법에 의한 치료는 산업재해보상보험법에 의한 요양급여의 입법취지와 달리 환자의 건강을 회복·개선하기 위한 직접적 치료행위로 국한하는 것이 타당하다. 따라서 상병상태가 고정된 치유 이후 재활치료기간은 제외하여야 한다. 여기서 치유란 부상 또는 질병이 완치되거나 치료의 효과를 더 이상 기대할 수 없고 그 증상이 고정된 상태에 이른 것을 말한다.

g) 업무상 재해로 신체의 일부가 절단된 경우 처치, 수술을 통해 부상 부위의 상처가 더 이상 악화되지 아니하고 아물면 치유로 본다. 그러나 원칙적으로 재활에 필요한 기간 등은 포함하지 않으며, 일반적으로 물리치료는 치료기간에 포함하지 않는다.[59] 따라서 의사의 진단서에 "물리치료 6개월"이라고 기재되었다는 사실만으로 중대산업재해에 해당된다고 판단할 수 없다.

③ **동일한 유해요인**   a) 직업성 질병자가 동일한 유해요인으로 1년 이내에 3명 이상 발생한 경우에 중대산업재해로 본다. 이 경우 질병의 발병시기를 어느 시점으로 판단할 것인지에 관한 명시규정이 없다. 1년 이내를 판단하는 기산점은 세 번째 직업성 질병자가 발생한 시점부터 역산하여 산정한다.[60]

b) 동일한 법인의 서로 다른 현장에서 동일한 유해·유험요인으로 급성중독이 발생하였다면 법인이 관리하는 여러 현장이 구조적으로 안전확보의무가 이행되지 않고 있다는 징표이므로 전체현장을 합산하여 판단한다.[61] 그러나 중대재해가 발생한 사업에서 1년 내에 경영책임자등이 교체된 경우 새로운 경영책임자에게 종전 안전보건확보의무위반에 대한 위반책임을 물을 수 없다.

c) 동일한 유해요인이란 노출된 각 유해인자와 유해물질의 성분, 작업의 양태 등의 측면에서 객관적 동일성이 인정되는 경우를 말한다. 동일한 유해요인이란 직업성 질병의 원인이 된 유해인자가 같음을 의미한다.[62] 객관적 동일성이 인정된다면 해당물질의 사용기간은 중대산업재해 여부의 판단에 영향을 주지 않는다.[63]

d) 중대재해처벌법 제2조제2호다목에서는 동일한 유해요인 이외에 다른

---

59) 중대재해산업감독과-1277, 2022. 4. 14.

60) 중대산업재해감독과-128, 2022. 1. 12.

61) 중대산업재해감독과-2544, 2022. 7. 1.

62) 그런데 같은 화학물질을 사용했더라도 질병자가 발생한 장소(사업장), 시간이 다른 상이한 경우까지 "동일한 유해요인"으로 판단될 경우 중대재해처벌법에 따른 처벌대상이 될 수 있다. 예를 들어 질병자가 A공장, B공장, C공장에서 각각 1명씩 발생하였고 질병의 발생시점이 서로 다른 경우에도 동일한 유해요인으로 해석하는 것은 불합리하다. 그러나 경영책임자의 특별지시에 의하여 서로 다른 사업장이 동시에 작업을 하던 중 재해가 발생하였다면 장소적 이유만으로 동일성을 부정할 수 없다.

63) 중대산업재해감독과-140, 2022. 1. 13.

구별징표를 나타내지 아니하여 시간이나 장소를 달리하여 급성중독 등이 발생하였더라도 동일성이 인정된다. 그러나 첫 번째 노출은 벤젠의 경우 2명, 두 번째 노출은 부타디엔의 경우 2명이 되었다면, 노출된 유해인자가 달라 동일한 유해요인으로 볼 수 없다.64)

  e) 동일한 유해요인으로 직업성 질병이 발생한 종사자들이 하나의 사업 또는 사업장 내에 소속되어 있다면 구체적인 사업장을 달리하거나 발생 시점을 달리하는 경우라도 중대재해처벌법의 적용대상인 중대산업재해에 해당된다고 보아야 한다.65)

(2) 직업성 질병의 종류와 건강장해

1) 직업성 질병자
① **직업성 질병자**   a) 동일한 유해요인으로 급성중독 등 대통령령으로 정하는 직업성 질병자가 3명 이상 발생한 재해는 중대산업재해에 해당된다(중대재해처벌법 제2조제2호다목). 여기서 "대통령령으로 정하는 직업성 질병자"란 [별표 1]에서 정하는 질병에 걸린 사람을 말한다(중대재해처벌법 시행령 제2조).

[별표 1] 중대재해 처벌 등에 관한 법률 시행령

<u>직업성 질병</u>(제2조 관련)

1. 염화비닐·유기주석·메틸브로마이드(bromomethane)·일산화탄소에 노출되어 발생한 중추신경계장해 등의 급성중독
2. 납이나 그 화합물(유기납은 제외한다)에 노출되어 발생한 납 창백(蒼白), 복부 산통(産痛), 관절통 등의 급성중독
3. 수은이나 그 화합물에 노출되어 발생한 급성중독
4. 크롬이나 그 화합물에 노출되어 발생한 세뇨관 기능 손상, 급성 세뇨관 괴사, 급

---

64) 중대산업재해감독과-599, 2022. 2. 17.
65) 사업장이 여러 곳에 분포되었더라도 같은 날 각 사업장에서 폭염에 노출되는 옥외 장소에서 작업을 하는 경우, 사업장이 여러 곳에 분포하였더라도 각 사업장에서 용광로에 의해 광물을 제련하는 동일·유사한 공정의 고열작업을 하는 경우도 동일한 유해요인에 해당된다. : 고용노동부, "중대재해처벌법 해석-중대산업재해 관련", 2021. 10면.

성신부전 등의 급성중독

5. 벤젠에 노출되어 발생한 경련, 급성 기질성 뇌증후군, 혼수상태 등의 급성중독

6. 톨루엔(toluene)·크실렌(xylene)·스티렌(styrene)·시클로헥산(cyclohexane)·노말헥산(n-hexane)·트리클로로에틸렌(trichloroethylene) 등 유기화합물에 노출되어 발생한 의식장해, 경련, 급성 기질성 뇌증후군, 부정맥 등의 급성중독

7. 이산화질소에 노출되어 발생한 메트헤모글로빈혈증(methemoglobinemia), 청색증(靑色症) 등의 급성중독

8. 황화수소에 노출되어 발생한 의식 소실(消失), 무호흡, 폐부종, 후각신경마비 등의 급성중독

9. 시안화수소나 그 화합물에 노출되어 발생한 급성중독

10. 불화수소·불산에 노출되어 발생한 화학적 화상, 청색증, 폐수종, 부정맥 등의 급성중독

11. 인[백린(白燐), 황린(黃燐) 등 금지물질에 해당하는 동소체(同素體)로 한정한다]이나 그 화합물에 노출되어 발생한 급성중독

12. 카드뮴이나 그 화합물에 노출되어 발생한 급성중독

13. 다음 각 목의 화학적 인자에 노출되어 발생한 급성중독

   가. 「산업안전보건법」 제125조제1항에 따른 작업환경측정 대상 유해인자 중 화학적 인자

   나. 「산업안전보건법」 제130조제1항제1호에 따른 특수건강진단 대상 유해인자 중 화학적 인자

14. 디이소시아네이트(diisocyanate), 염소, 염화수소 또는 염산에 노출되어 발생한 반응성 기도과민증후군

15. 트리클로로에틸렌에 노출(해당 물질에 노출되는 업무에 종사하지 않게 된 후 3개월이 지난 경우는 제외한다)되어 발생한 스티븐스존슨 증후군(ste vens-johnson syndrome). 다만, 약물, 감염, 후천성면역결핍증, 악성 종양 등 다른 원인으로 발생한 스티븐스존슨 증후군은 제외한다.

16. 트리클로로에틸렌 또는 디메틸포름아미드(dimethylformamide)에 노출(해당 물질에 노출되는 업무에 종사하지 않게 된 후 3개월이 지난 경우는 제외한다)되어 발생한 독성 간염. 다만, 약물, 알코올, 과체중, 당뇨병 등 다른 원인으로 발생하거나 다른 질병이 원인이 되어 발생한 간염은 제외한다.

17. 보건의료 종사자에게 발생한 B형 간염, C형 간염, 매독 또는 후천성면역결핍증의 혈액전파성 질병

18. 근로자에게 건강장해를 일으킬 수 있는 습한 상태에서 하는 작업으로 발생한 렙토스피라증(leptospirosis)

19. 동물이나 그 사체, 짐승의 털·가죽, 그 밖의 동물성 물체를 취급하여 발생한 탄저, 단독(erysipelas) 또는 브루셀라증(brucellosis)

20. 오염된 냉각수로 발생한 레지오넬라증(legionellosis)
21. 고기압 또는 저기압에 노출되거나 중추신경계 산소 독성으로 발생한 건강장해, 감 압병(잠수병) 또는 공기색전증(기포가 동맥이나 정맥을 따라 순환하다가 혈 관을 막는 것)
22. 공기 중 산소농도가 부족한 장소에서 발생한 산소결핍증
23. 전리방사선(물질을 통과할 때 이온화를 일으키는 방사선)에 노출되어 발생한 급 성 방사선증 또는 무형성 빈혈
24. 고열작업 또는 폭염에 노출되는 장소에서 하는 작업으로 발생한 심부체온상승을 동반하는 열사병

b) 직업성 질병이란 작업환경 및 일과 관련된 활동에 기인한 건강장해를 말한다. 직업성 질병은 작업환경 및 일과 관련된 활동이 유일한 발병원인이거나, 그 원인이 되었을 유력한 질병으로서 ⅰ) 중금속·유기용제 중독, ⅱ) 기온·기압 등에 기인한 질병, ⅲ) 생물체에 의한 감염질환 등이 있다.

c) 광의의 직업성 질병에는 직업적 요인이 개인적 소인(素因)에 부가되어 발생하는 작업관련성 질병이 포함될 수 있으나 인과관계, 예방가능성 등을 종합적으로 고려할 때, "동일한 유해요인으로 급성중독 등 대통령령으로 정하는 직업성 질병"에 포함하기 어렵다.[66]

d) 직업성 질병의 범위는 형사책임이 수반되므로 그 판단에서 형벌적용의 예견가능성이 담보되고 논란의 여지가 없어야 한다. 급성중독 등 직업성 질병의 범위는 대통령령으로 위임한 입법취지를 고려하여 시행령은 제2조[별표1]에서 인과관계의 명확성과 사업주의 예방가능성, 피해의 심각성을 주된 규범적 요소로 보아 직업성 질병을 24가지로 규정하였다.

e) 직업성 질병은 급성중독과 유사하여 직업성 질병 여부 및 인과관계의 판단이 상대적으로 용이한 질병이므로 ⅰ) 유해·위험요인에 노출된 날을 "특정할 수 있는 경우"에는 노출된 날을 그 발생일로, ⅱ) "특정할 수 없는 경우"에는 의사의 최초 소견일(진단일)을 발생일로 판단한다.[67]

② **업무상 질병과의 구별**   a) 업무상 질병은 산업재해보상보험법 제37

---

66) 고용노동부, 중대재해처벌법 해설-중대산업재해 관련", 2021. 9면.
67) 고용노동부, 전게서, 10면.

조제1항제2호가목에서 "업무수행과정에서 물리적 인자, 화학물질, 분진, 병원체, 신체에 부담을 주는 업무 등 근로자의 건강에 장해를 일으킬 수 있는 요인을 취급하거나 그에 노출되어 발생한 질병"이라고 규정하고 있다.

b) 뇌심혈관계질환은 고혈압 또는 당뇨 등 기초질환이나 스트레스 등 정신적 긴장상태로 인하여 발병하는 속성을 지닌다. 고혈압 또는 당뇨의 기초질환이 있더라도 업무상 과로나 스트레스와 질병 간에 상당인과관계가 인정된다면 업무상 질병으로 본다. 그러나 중대재해처벌법 시행령 제2조 관련 [별표1]에서는 유해물질에 노출된 직업병을 의미하므로 뇌심혈관질환은 제외하고 있다.

c) 근골격계질환이나 소음성 난청, 직업성암은 급성중독이나 감염성질병, 작업환경을 고려하여 제외한 것으로 해석된다. 따라서 중대재해처벌법 시행령 별표1에 의한 질병은 열거규정으로 해석된다. 여기에 명시한 질병 이외에 다른 질병은 업무와 인과관계가 있더라도 직업성 질병으로 인정할 수 없다.

d) 그러나 고음성 난청은 짧은 순간노출에 의하여 속발하는 경향이 있다. 다만, 사고성 질병으로 판단되지 않는 경우에는 입증이 곤란한 문제점이 있다. 따라서 산업재해보상보험법에 따른 업무상 질병으로 인정되었다는 사실만으로 중대재해처벌법의 위반으로 볼 수 없다.[68]

2) 염화비닐   a) 염화비닐은 분자식 C_2H_2Cl이며, 향긋한 냄새가 나는 무색의 가연성 기체를 말한다. 염화비닐의 합성, PVC 수지 제조 및 관련 공정에서 노출될 가능성이 있으며, 유기약품, 화상품제조, 냉장고냉매, 에어로솔 추진제 등으로 사용된다.

b) 염화비닐에 노출되는 경우 초기에는 피부·눈·상기도에 자극증상을 유발하고, 피부염·출혈·콧물·재채기 등을 호소할 수 있다. 노출 시에는 중추신경장해 등의 급성중독의 증상이 나타날 수 있다. 급성중독이 되면 두통·어지러움증·구역과 구토·졸리움 등이 생기다가, 심한 경우 정신혼란이나 의식소실 등이 유발될 수 있다.

c) 이러한 증상은 최소 800ppm에 수 분 내지 수 시간 동안 노출될 경우 발생하며, 노출 후 24시간 이내에 발생하기도 한다. 염화비닐에 고농도로 노

---

68) 중대산업재해감독과-2284, 2022. 6. 13.

출될 경우 마취제와 유사한 작용을 하여 심장박동의 이상 및 심한 호흡부전에 이를 수 있다. 노출기준은 시간가중평균농도 1ppm이다.

  3) **메틸브로마이드**   a) 메틸브로마이드(bromomethane)의 화학식은 CH_3Br이며, 무색무취의 기체로써 호흡기계, 신장, 신경계에 영향을 미친다. 수출입 농산물이나 임산물(원목, 쌀, 모재, 과실류, 종자류 및 곡류 등)에 대한 검역과정에서 사용하는 대표적인 농약(훈증제)으로 무색투명한 액체 또는 기체 상의 훈증소독을 하는 과정에서 노출될 수 있다. 노출 시에는 중추신경장해 등의 급성중독의 증상이 나타날 수 있다.

  b) 메틸브로마이드(bromomethane)에 노출되면 일시적으로 초기에 눈의 자극과 충혈을 유발할 수 있다. 심한 경우 기침·흉통·호흡곤란이 생기고 노출 24시간 이내 폐렴의 소견이 나타날 수 있으며, 노출수준에 따라 폐부종이나 신장 손상을 일으킬 수 있다. 사람은 8,000ppm에 2~3시간, 60,000ppm과 같이 고농도에서 잠시라도 노출되면 사망한다. 중독증상은 천천히 나타나고 30분 내지 5~6시간의 잠복기간이 있다. 노출기준은 시간가중평균농도 1ppm이다.

  4) **톨루엔**   a) 톨루엔의 분자식은 $C_6H_5CH_3$이며, 벤젠의 수소 1개가 메틸기(CH3-)로 치환된 방향족 수소로써 무색투명한 휘발성 액체이며 달콤하지만 자극적인 냄새가 나는 특징이 있다. 예방조치로써 노출기준은 시간가중평균농도 50ppm, 단시간노출기준 150ppm이다.

  b) 톨루엔은 ⅰ) 벤젠에 비해 조혈장해는 유발하지 않지만, 지용성이 높고 중추신경계에 미치는 일반 독성도 강하며, ⅱ) 가격이 저렴하여 용매로 폭넓게 사용된다.[69] 톨루엔은 벤젠의 대체제로써 주로 사용하며, 공업용 혼합유기용제인 시너에 많이 사용된다.

[표1-3] 톨루엔의 노출농도와 급성중독 증상

농도(ppm)	급성중독 증상
-	2.5ppm부터 냄새를 맡을 수 있음. 노출 농도에 따라 다르나 보통 수 분에서 수 시간 노출 후 24시간 안에 증상이 나타나는 것이 일반적임

---

69) 대한직업환경의학회, 직업환경의학, 계측문화사, 2014, 172~173면.

100	8시간 노출 시 가벼운 두통, 대부분 아무 증상 없음
200	8시간 노출시 가벼운 자극증상
400	8시간 노출시 불안과 운동 실조(동작이 서투르고 협조가 안 됨)
800	3시간 노출시 메스꺼움 증상이 두드러짐
4000	1시간 노출시 혼수상태 가능

c) 톨루엔은 시너(thinner), 잉크, 향수, 염료, 온도계 등에 용제 또는 원료로 화학, 고무, 페인트, 제약산업 등 분야에서 사용된다. 또한 오일, 합성수지, 페인트 등의 용제로 이용될 뿐만 아니라 페놀, 톨루엔 이소사이네이트, 트리니트로 톨루엔, 염료, 약품, 사카린 같은 화합물 제조에도 사용되는 등 산업 현장에서 가장 널리 사용되는 유기용제 중의 하나이다.

d) 톨루엔을 사용하는 취급 공정(페이트, 락카, 코팅, 염료, 페인트 제거제, 살충제 등), 화학물질 제조(인조 고무제조), 직물·종이 코팅, 자동차 및 항공기 연료 취급공정 등에서 노출될 수 있다.

e) 자극증상은 피부, 눈, 호흡기 등에 나타난다. 두통·메스꺼움·졸리움·허약감·혼란·의식소실까지 나타나며, 기억 소실·청력이나 시력 이상도 가능하다. 다량의 톨루엔과 크실렌은 중추신경계의 기능을 저하시키며, 카테콜아민의 심근 감수성을 증가시켜 부정맥유발도 가능하다.[70] 톨루엔에 고농도로 노출시에는 산 손상 및 회문근 융해증도 발생할 수 있으나, 벤젠같이 조혈계에 영향을 미치지는 않는다.

5) **시안화수소와 그 화합물**　a) 시안화수소의 분자식은 HCN이며, 무색이면서 아몬드 향이 나는 맹독성 화합물로써 물에 잘 녹는 성질이 있다. 물에 녹으면서 발생하는 시안화이온(CN^-)은 탄소와질소로만 이루어진 일가(一價)의 음이론으로써, 세포호흡을 방해하면서 인체에 치명적인 영향을 끼친다. 시안화염의 제조, 전기 도금, 금·은 등 광물의 제련 및 보석가공, 사진

---

70) 크실렌은 페인트, 락카, 니스, 잉크, 염료, 접착제, 세척제의 용제로써 사용되므로, 화학 합성제 및 플라스틱, 향료, 구충제, 에폭시수지, 의약품, 피혁 제조업장에서 노출 가능하다. 크실렌은 톨루엔과 증상이 유사하지만, 노출농도에 따라 보통 수분에서 노출 후 24시간 안에 증상을 나타낸다.

현상, 합성고무, 플라스틱의 합성, 훈증 소독제, 의약품의 첨가제 등에 사용된다.

 b) 시안화염의 제조, 전기 도금, 보석가공, 사진 현상, 합성고무의 생산, 플라스틱의 합성과 제조, 곤충과 쥐 등에 대한 훈증소독, 짐승 가죽의 털 제거 등에 종사하며 시안화물을 취급하는 작업에서 노출된다. 노출기준은 최고노출기준(C)은 4.7ppm이다.

 c) 시안화합물은 일명 "청산(prussic acid)"으로 알려져 있다. 시안화합물은 해충이나 설치류 제거를 위한 훈증제, 전기도금이나 금속제련 및 나일론제조를 하는 과정에서 발생한다.71) 또한 화재시 합성물질의 열분해에 의해 생성되어 소방관에게 자주 노출되며, 삼키거나 호흡 또는 피부를 통해 흡수된다.

 d) 자극증상은 피부, 눈, 호흡기 자극이 가능하며 지속적 노출시 비중격 궤양, 비출혈이 나타난다. 어지러움, 호흡곤란, 불안정감, 두통, 메스꺼움, 갑작스런 의식소실 후 국소적 또는 전신적인 간질 발작과 유사한 경련, 혼수, 불수의적 배뇨 및 배변, 회복 후 주변시(peripheral vision)의 약한 소실, 그리고 사망 등이 발생할 수 있다. 수 분 내지 수 시간 노출 후 24시간 내에 증상이 발현하며 심박수 증가, 협심증, 대사성 산증, 혼수상태가 발생한 후 사망할 수 있다.

 6) **트리클로로에틸렌**   a) 트리클로로에틸렌의 분자식은 C_2HCl_3이며, 무색의 불연성 액체로 냄새가 나며, 휘발성 물질로 지방에 녹는 성질이 있다. 트리클로로에틸렌은 용매, 희석제, 탈지제, 추출제, 살충제 등으로 다양하게 사용된다. 금속의 탈지, 페인트의 신나 등 다양한 용도의 용제, 염색, 드리이클리닝, 냉매 및 열교환액, 훈증제, 화학생산품의 중간산물, 전자제품의 청소 및 건조, 식품가공업의 추출제, 수술용 마취제 및 진통제 등의 원료로 사용된다.

 b) 드라이클리닝 및 염색, 금속 탈지 및 세척작업, 살충제, 접착제, 왁스, 수지, 타르, 페인트, 고무, 니스, 클레르아세트산 제조의 화학적 중간 공정, 도장 작업 등에서 트리클로로에틸렌에 노출될 수 있다. 트리클로로에틸렌에 노출될 경우 피부와 점막 자극 증상이 있으며, 중추신경계로는 두통·어지러

---

71) 대한직업환경의학회, 직업환경의학, 계측문화사, 2014, 167면.

움·메스꺼움·졸리움·허약감·혼란·의식소실이 있다. 카테콜아민에 대한 작용에 변화를 주어 부정맥 유발이 가능하다.

[표1-4] 트리클로로에틸렌의 노출농도와 증상

농도(ppm)	급성중독 증상
–	20ppm부터 냄새를 맡을 수 있음
110	반응시간 지연
1000	2시간 노출시 시각 운동 능력 이상
1280	6분 정도 후에 마취 전 상태
2500	마취 상태와 유사

c) 고농도에 노출되면 간염, 황달, 간 비대 및 간조직의 괴사 등의 급성 간독성과 전격성 간부전으로 사망할 수 있다. 또한 비알콜성 지방간염을 유발할 수 있다. 콩팥에 대한 영향으로 급성신부전 및 급성요관괴사가 발생할 수 있다고 하나, 아직 역학적 증거는 충분하지 않다. 심혈관계질환으로는 고농도로 노출되는 경우 부정맥과 심장마비로 사망할 수 있으며, 심비대, 심부전이 발생할 수 있다.[72]

d) 농도별 증상은 노출 수준에 따라 다르지만 수 분에서 수 시간 노출 후 24시간 안에 증상이 나타난다. 트리클로로에틸렌에 노출(해당 물질에 노출되는 업무에 종시히지 않게 된 후 3개월이 지난 경우는 제외한다)되어 발생한 독성간염에 대하여는 중대재해처벌법이 적용된다. 다만, 약물, 알코올, 과체중, 당뇨병 등 다른 원인으로 발생하거나 다른 질병이 원인이 되어 발생한 감염은 제외한다.

7) **화학적 인자에 의한 노출과 급성중독** a) 중대재해처벌법 시행령 제2조에 따라 [별표 1]에서 직업병의 종류를 24개의 유형으로 열거하고 있다. 이 경우 급성중독은 가) 산업안전보건법 제125조제1항에 따른 작업환경측정 대상 유해인자 중 화학적 인자, 나) 산업안전보건법 제130조제1항제1호에 따른 특수건강진단 대상 유해인자 중 화학적 인자로 정하고 있다.

---

72) 대한직업환경의학회, 직업환경의학, 계측문화사, 2014, 180~181면.

b) 특수건강진단 유해인자 중 화학적 인자는 유기화합물(109종), 금속류(20종), 산 및 알칼리류(8종), 가스상태 물질류(14종), 허가대상 유해물질(12종)을 말한다. 유기화합물 중 유기용제는 화학적 성상에 따라 ⅰ) 지방족 탄화수소 및 방향족 탄화수소, ⅱ) 알콜류, ⅲ) 에스텔·아세테이트류, ⅳ) 알데히드류, ⅴ) 케톤류, ⅵ) 글리콜류, ⅶ) 에텔류, ⅷ) 아미드·아민류 등과 같이 8가지로 분류할 수 있다.

c) 유기용제는 다른 물질을 녹이는 용해능력을 지닌 유기화합물을 말한다. 유기용제는 각종 제품의 도장, 인쇄, 표면코팅 이외에 금속제품에 묻어있는 이물질을 세척하는데 많이 이용된다. 유기용제는 용질과 잘 작용하여 용액을 형성하며, 용제에 잘 녹는 성질을 지닌다. 유기용제는 액체로써 상온에서 증발하기 때문에 근로자가 노출되기 쉽다.

d) 유기용제는 다른 물질을 녹이는 특성 때문에 신체조직 중 지방이나 지질부위에 많이 축적되어 중추신경계의 정상적인 신경전달을 방해한다. 유기용제의 건강장해는 ⅰ) 신경계 독성, ⅱ) 신장·간·피부·생식기·조혈기계의 독성, ⅲ) 발암성이 있다. 유기용제에 노출되면 뇌와 척수의 작용이 억제되고, 외부의 자극에 민감하게 작용할 수 없으며 의식을 잃거나 혼수상태에 빠질 수 있다.

(3) 종사자의 정의와 범위

1) 종사자의 정의와 범위   a) "종사자"란 다음 각 목의 어느 하나에 해당하는 자를 말한다(중대재해처벌법 제2조제7호). 이 규정은 중대재해처벌법의 보호대상인 근로자, 노무제공자 등을 포괄하여 종사자로 표현하여 보호하고자 하는 취지이다.

> 가. 「근로기준법」상의 근로자
> 나. 도급, 용역, 위탁 등 계약의 형식에 관계 없이 그 사업의 수행을 위하여 대가를 목적으로 노무를 제공하는 자
> 다. 사업이 여러 차례의 도급에 따라 행하여지는 경우에는 각 단계의 수급

b) 여기서 종사자의 범위는 근로기준법상의 근로자뿐만 아니라 당해 사업 또는 사업장에서 노무를 제공하는 사람까지 안전보건확보의무의 대상으로 한다. 따라서 도급인은 도급계약이 여러 단계에 걸쳐 체결된 경우 각 단계별 모든 수급인과 수급인의 종사자에 대하여도 안전보건확보를 이행하여야 한다.73) 그러나 사업주 또는 경영책임자등은 위험통제의 가능성, 예견가능성이 있는 범위 내에서 위반책임을 부담한다고 해석된다.

2) 근로자성의 판단과 중대재해처벌법의 적용 여부

① **근로기준법상의 근로자**   a) 근로자란 직업의 종류에 관계 없이 임금을 목적으로 사업 또는 사업장에 근로를 제공하는 사람을 말한다(근로기준법 제2조제1항제1호). 산업발달에 따라 고용형태가 다양해지고 보수의 지급방법도 변화함에 따라 근로자성을 판단하기가 쉽지 않다. 그러나 근로자는 고용계약, 도급계약인지 관계없이 그 실질에 있어 근로자가 사업 또는 사업장에 임금을 목적으로 종속적인 관계에서 사용자에게 근로를 제공하였는지 여부에 따라 판단하여야 한다.74)

b) 공무원도 임금을 목적으로 근로를 제공하는 사람으로서 근로기준법에 의한 근로자성이 인정되므로 중대재해처벌법 제2조제7호가목의 종사자에 해당된다. 따라서 중앙행정기관의 장, 지방자치단체의 장은 경영책임자로서 공무원의 생명과 신체를 보호하기 위하여 안전·보건조치를 하여야 한다. 중대재해처벌법은 상시 근로자 수가 5명 이상인 사업 또는 사업장에 적용하며, 공무원뿐만 아니라 현업종사자를 근로기준법상의 근로자로 본다.

② **골프장의 캐디**   a) 골프장에서 근무하는 경기보조원(캐디)는 ⅰ) 사용종속관계의 속성인 지휘명령을 받는지, ⅱ) 경기보조원 자치내규에 의한 규범 및 제재 여부, ⅲ) 규정복장의 착용, 무단결근 및 규정된 봉사료의 초과 요구 시 제재를 받는지, ⅳ) 회사가 캐디교육 및 휴가권의 사용 여부, 징계권을 행사하는 경우 근로자성을 인정한다.75)

---

73) 중대산업재해감독과-605, 2022. 2. 17.
74) 대판 2006. 12. 7. 2004도29736.

b) 그러나 골프장에서 직접·비밀·무기명 투표로 선출된 조장회의에서 자율근무규정을 제정하여 캐디의 관리 및 사실상의 통제는 조장회의를 통하여 자율적인 통제를 하며, 근무태만·무단결근 등 근무태만에 대해서는 조장회의에서 당사자를 출석시켜 소명을 들은 후 자율근무규정에서 정한 제재의 방법에 따라 자율적으로 시행하며, 캐디피는 조장회의를 통하여 결정하는 경우에는 근로자성을 인정할 수 없다.76)

c) 캐디에 대한 판례(대판 1996. 7. 30, 95누13432)의 입장도 대부분 근로자성을 부정하고 있다. 그러나 근로기준법에 의한 근로자에 해당되지 않는다고 하더라도 산업안전보건법 제77조제1항 및 같은 법 시행령 제67조제4호에 해당하는 골프장캐디는 특수형태근로종사자에 해당된다. 또한 골프장캐디는 중대재해처벌법 제2조제7호나목에 의한 "도급, 용역, 위탁 등 계약의 형식에 관계없이 그 사업의 수행을 위하여 대가를 목적으로 노무를 제공하는 자"로서 보호대상에 해당된다.

③ **레미콘차량 운전기사**　　a) 레미콘운송기사는 레미콘제조회사와 레미콘운반 도급계약을 체결하고 위 회사가 제조한 레미콘을 수요자에게 운반하는 업무를 담당하는 차주겸 운송기사로서, 사용종속관계에서 노무를 제공하고 그 대가로 임금 등을 받아 생활하는 자로 볼 수 없다.77)

b) 그러나 레미콘차량의 근로자성을 부정되지만, 도급인과의 관계에서는 노무를 제공하는 자로 해석된다. 산업안전보건법 제77조제1항 및 시행령 제67조제13호나목에 해당하는 특수형태근로종사자에 해당된다. 특수형태근로종사자는 중대재해처벌법 제2조제7호나목에 의한 "도급, 용역, 위탁 등 계약의 형식에 관계없이 그 사업의 수행을 위하여 대가를 목적으로 노무를 제공하는 자"에 해당된다.

④ **물량팀종사자**　　a) 조선업의 업종에서 선박의 건조를 위하여 재하도급의 형태로 물량을 받아 노무를 제공하는 자는 개인사업자등록으로 하고, 수주한 물량의 완성에 따라 보수를 받는 점 등을 고려할 때, 근로자로 볼 수

---

75) 근기 68207-1448, 2000. 5. 13
76) 근기 68207-1449, 2000. 5. 13
77) 대판 2006. 5. 11, 2005다20910 : 대판 2006. 9. 8, 2003두3871.

없다. 그러나 물량팀장이 수급인과 재하급계약을 체결하고 다른 사람을 물량팀에 합류시켜 노무를 제공하는 경우 그 소속 종사자들이 개별적으로 사업자등록증을 소유하였더라도 지휘명령 여부, 무단결근 시 계약해지 등 제재 여부 등을 고려하여 근로자성 여부를 판단하여야 한다.

b) 물량팀종사자는 도급인과의 관계에서 계약당사자에 해당되지 아니하지만, 도급인의 사업장에서 노무를 제공하는 자에 해당되므로 중대재해처벌법 제2조제7호에 의한 "도급, 용역, 위탁 등 계약의 형식에 관계 없이 그 사업의 수행을 위하여 대가를 목적으로 노무를 제공하는 자"에 해당된다. 따라서 도급인은 중대재해를 예방하기 위하여 물량팀종사자를 보호하기 위한 안전 및 보건 확보의무를 부담한다.

⑤ **타워크레인조종사** a) 타워크레인의 조종사가 일반근로자와 같이 회사로부터 지휘명령을 받으며, 근로시간 및 휴게시간, 임금, 무단결근 시 징계처분을 받는 경우에는 근로자로 해석한다. 그러나 타워크레인조종사가 타워크레인을 소유하고 건설기계장비업체에 지입한 후 건설현장에서 직접 조종업무에 종사하는 경우에는 근로자로 볼 수 없다.

b) 타워크레인 조종사는 고용형태에 따라 산업안전보건법 상 특수형태근로종사자의 요건에 해당하는 경우 중대재해처벌법 제2조제7호나목의 노무를 제공하는 사람으로 본다. 타워크레인조종사는 산업안전보건법 제77조제1항 및 같은 법 시행령 제67조제2호에 의한 특수형태근로종사자로 해석한다. 이 경우 제2호에서 "건설기계관리법 제3조제1항에 따라 등록된 건설기계를 직접 운전하는 사람"이란 건설기계의 소유자로서 대통령령으로 정하는 바에 따라 등록한 사람을 말한다.

3) 도급·용역·위탁 등 계약의 노무를 제공하는 자

① **노무를 제공하는 자의 정의** a) 중대재해처벌법 제2조제7호나목은 도급·용역·위탁 등 계약의 형식에 관계 없이 ㄱ 사업의 수행을 위하여 대가를 목적으로 노무를 제공하는 자를 종사자로 규정하고 있다. 따라서 노무를 제공하는 자는 사업수행의 목적을 위한 행위관련성, 대가성을 기준으로 종사자 여부를 판단해야 한다.

b) 노무를 제공하는 자는 노동의 종류(노예노동, 종속노동, 자율노동, 자유노

동) 중 종속노동을 제외한 자율노동과 자유노동에 해당하는 사람을 의미한
다. 따라서 중대재해처벌법에서 노무를 제공하는 사람은 특수형태근로종사자
와[78] 순수한 의미의 노무를 제공하는 사람을 모두 포함한다.

c) 그러나 노무를 제공하더라도 '대가를 목적으로' 하지 않고 단순히 호기
심이나 도움을 주고자 협력하는 사람은 노무를 제공하는 자로 볼 수 없다.
중대재해처벌법은 행위관련성, 대가성 이외에 노무를 제공하는 자에 대한 다
른 구별기준의 언급이 없다.

d) 따라서 노무를 제공하는 사람은 시간의 장단에 관계없이 종사자의 범
위에 포함된다. 일시적으로 방문한 사람도 납품의 물품을 상·하차하는 작업
을 위해 해당 사업장의 장비를 사용해야 하는 등 사업수행의 목적 관련 행
위성과 노무의 대가성에 따라 종사자로 해석된다.

e) 상시적으로 노무를 제공하거나 일시적인 사람이라도 종사자로 보아 보
호해야 한다. 따라서 생수통을 납품하고자 거래처를 일시적으로 방문한 사람
이 계단에서 넘어져 부상을 당한 경우 이러한 단순한 행위라도 행위관련성,
대가성이 있다면 종사자로 해석해야 한다.

② **노무를 제공하는 수급인**　　a) 민법 제664조에 의하면 「도급은 당사자
일방이 어느 일을 완성할 것을 약정하고 상대방이 그 일의 결과에 대하여
보수를 지급할 것을 약정」하는 것이므로 근로의 제공과 달리 도급관계에 있
는 자는 근로자로 인정하지 않는다. 따라서 수급인은 계약관계에 있는 거래
관계의 당사자로 본다.

b) 도급계약의 형식을 갖추고 있더라도 계약의 내용이 수급인에 대하여
특정한 노무제공만을 목적으로 하고, 능률급 내지 성과급을 지급하는 경우에
는 사용종속관계가 인정되므로 근로자에 해당된다.[79] 수급인은 중대재해처
벌법 제2조제7호나목에 해당하는 "도급, 용역, 위탁 등 계약의 형식에 관계
없이 그 사업의 수행을 위하여 대가를 목적으로 노무를 제공하는 자"에 해
당하는 경우 종사자로 볼 수 있다.

---

78) 예를 들어 특수형태근로종사자는 건설기계관리법 시행령 제2조[별표1]에 해당하
　　는 지게차, 굴착기 등의 기계를 소유하고 사업자등록을 한 후 직접 노동력을 제
　　공하는 사람을 의미한다.
79) 대판 1991. 10. 25, 91도1685

c) 또한 중대재해처벌법 제2조제7호다목에는 "사업이 여러 차례의 도급으로 이루어지는 경우에 각 단계의 수급인 및 수급인과 가목 또는 나목에 관계가 있는 자"로 규정하고 있다. 여기서 각 단계의 수급인은 종사자로서 보호대상자의 범위에 포함된다.

d) 행정해석은 근로자로 볼 수 없는 수급인이라도 중대재해처벌법의 보호대상으로 본다.[80] 그러나 수급인의 행위가 행위 관련성이 없는 경우에도 종사자로 보아야 하는지 의문이 든다. 수급인은 신분을 전제로 종사자 여부를 판단하지만 행위 관련성이 없다면 그 지위를 부정할 수 있다.

e) 그러나 수급인의 신분만을 이유로 중대재해처벌법의 종사자로 해석하는 것은 불합리하다. 수급인이 계약조건의 협의, 설명회 참여, 견학 등의 목적으로 방문하던 중 사고를 당한 경우 중대재해처벌법 제2조제7호다목후단의 입법취지와 관계없이 확장해석을 해서는 아니 된다.

③ **물류센터 협력업체 설치기사** a) 도급인(물류회사)와 수급인(협력업체)이 물류센터 운영에 관한 도급계약을 체결하고 수급인은 개인사업자인 설치기사와 시설설치에 관한 하도급계약을 체결한 경우 5명 이상의 물류센터에서 설치기사가 사망하였다면 도급인에게 중대재해처벌법이 적용된다.

b) 사업주 또는 경영책임자등은 중대재해처벌법 제2조제7호다목에서 "사업이 여러 차례의 도급이 행하여지는 경우에는 각 단계의 수급인 및 수급인과 가목 또는 나목의 관계에 있는 자"에 대하여 법 제4조 및 제5조에 따른 안전보건확보의무를 이행하여야 한다.

c) 따라서 설치기사는 수급인(협력업체)뿐만 아니라 도급인(물류회사)와 관계에서두 종사자에 해당하므로 물류회사는 안전보건확보의무를 이행하여야 한다. 이 경우 물류회사의 경영책임자등이 안전 및 보건 확보의무를 불이행으로 인하여 설치기사가 사망하였다면 중대재해처벌법에 따라 형사처벌이 받게 된다.[81]

④ **지입형태의 화물운수차주** a) 화물운송자동차를 소유한 개인사업자가 운송회사에 지입한 후 전적으로 자신의 책임 아래 차주겸 운전자로서 그

---

80) 중대산업재해감독과-1761, 2022. 5. 17.
81) 중대산업재해감독과-140, 2022. 1. 13.

자동차의 운전업무에 종사하는 경우 지입회사로부터 급여를 받더라도 임금을 목적으로 근로를 제공하는 근로자로 볼 수 없다.

b) 행정해석은 화물운송차주가 건설자재를 싣고 와서 하역작업을 하다가 사고를 당한 경우 당해 사업장과의 관계에서 중대재해처벌법 제2조제7호나목의 "도급, 용역, 위탁 등 계약의 형식에 관계없이 그 사업의 수행을 위하여 대가를 목적으로 노무를 제공하는 자"로 보아 종사자로 해석한다.[82] 이 경우 노무를 제공하는 자와 동일한 법리에 따라 적용 여부를 판단해야 한다.

⑤ **특수형태근로종사자**　　　a) 특수형태근로종사자란 근로자와 유사하게 노무를 제공하면서 사업주와 유사한 사용자성을 지닌 자를 말한다. 계약의 형식에 관계 없이 근로자와 유사하게 노무를 제공하여 업무상의 재해로부터 보호할 필요가 있음에도 「근로기준법」 등이 적용되지 아니하는 사람으로서 다음 각 호의 요건을 모두 충족하는 사람(이하 "특수형태근로종사자"라 한다)의 노무를 제공받는 자는 특수형태근로종사자의 산업재해 예방을 위하여 필요한 안전조치 및 보건조치를 하여야 한다(산업안전보건법 제77조제1항).

> 1. 대통령령으로 정하는 직종에 종사할 것
> 2. 주로 하나의 사업에 노무를 상시적으로 제공하고 보수를 받아 생활할 것
> 3. 노무를 제공할 때 타인을 사용하지 아니할 것

b) 산업안전보건법 제77조제1항제1호에 따른 요건을 충족하는 사람은 다음 각 호의 어느 하나에 해당하는 사람으로 한다(산업안전보건법 시행령 제67조). 이 경우 제2호에서 "건설기계관리법 제3조제1항에 따라 등록된 건설기계를 직접 운전하는 사람"이란 건설기계의 소유자로서 대통령령으로 정하는 바에 따라 등록한 사람을 말한다. 건설공사에서 사용할 수 있는 건설기계는 건설기계관리법 시행령 제2조[별표 1]에 27개의 종류로 규정하고 있다.[83]

---

82) 중대산업재해감독과-2448, 2022. 6. 23.
83) 건설기계란 불도저, 굴착기, 로더, 지게차, 스크레이퍼, 덤프트럭, 기중기, 모터그레이더, 롤러, 노상안정기, 콘크리트 뱃칭플랜트, 콘크리트피니셔, 콘크리트 살포

1. 보험을 모집하는 사람으로서 다음 각 목의 어느 하나에 해당하는 사람
   가. 「보험업법」제83조제1항제1호에 따른 보험설계사
   나. 「우체국 예금·보험에 관한 법률」에 따른 우체국보험의 모집을 전업으로 하는 사람
2. 「건설기계관리법」 제3조제1항에 따라 등록된 건설기계를 직접 운전하는 사람
3. 「통계법」 제22조에 따라 통계청장이 고시하는 직업에 관한 표준분류(이하 "한국 표준직업분류표"라 한다)의 세세분류에 따른 학습지 방문강사, 교육 교구 방문강사, 그 밖에 회원의 가정 등을 직접 방문하여 아동이나 학생 등을 가르치는 사람
4. 「체육시설의 설치·이용에 관한 법률」 제7조에 따라 직장체육시설로 설치된 골프장 또는 같은 법 제19조에 따라 체육시설업의 등록을 한 골프장에서 골프경기를 보조하는 골프장 캐디
5. 한국표준직업분류표의 세분류에 따른 택배원인 사람으로서 택배사업(소화물을 집화·수송과정을 거쳐 배송하는 사업을 말한다)에서 집화 또는 배송 업무를 하는 사람
6. 한국표준직업분류표의 세분류에 따른 택배원인 사람으로서 고용노동부장관이 정하는 기준에 따라 주로 하나의 퀵서비스업자로부터 업무를 의뢰받아 배송 업무를 하는 사람
7. 「대부업 등의 등록 및 금융이용자 보호에 관한 법률」 제3조제1항 단서에 따른 대출모집인
8. 「여신전문금융업법」 제14조의2제1항제2호에 따른 신용카드회원 모집인
9. 고용노동부장관이 정하는 기준에 따라 주로 하나의 대리운전업자로부터 업무를 의뢰받아 대리운전 업무를 하는 사람
10. 「방문판매 등에 관한 법률」 제2조제2호 또는 제8호의 방문판매원이나 후원방문판매원으로서 고용노동부장관이 정하는 기준에 따라 상시적으로 방문판매업무를 하는 사람

기, 콘크리트 믹서트럭, 콘크리트펌프, 아스팔트 믹싱플랜트, 아스팔트 피니셔, 아스팔트 살포기, 골재살포기, 쇄석기, 공기압축기, 천공기, 항타기 및 항발기, 자갈채취기, 준설선, 특수건설기계, 타워크레인의 27종을 말한다(건설기계관리법 시행령 제2조 별표1).

11. 한국표준직업분류표의 세세분류에 따른 대여 제품 방문점검원

12. 한국표준직업분류표의 세분류에 따른 가전제품 설치 및 수리원으로서 가전제품을 배송, 설치 및 시운전하여 작동상태를 확인하는 사람

13. 「화물자동차 운수사업법」에 따른 화물차주로서 다음 각 목의 어느 하나에 해당하는 사람

가. 「자동차관리법」 제3조제1항제4호의 특수자동차로 수출입 컨테이너를 운송하는 사람

나. 「자동차관리법」 제3조제1항제4호의 특수자동차로 시멘트를 운송하는 사람

다. 「자동차관리법」 제2조제1호 본문의 피견인자동차나 「자동차관리법」 제3조제1항제3호의 일반형 화물자동차로 철강재를 운송하는 사람

라. 「자동차관리법」 제3조제1항제3호의 일반형 화물자동차나 특수용도형 화물자동차로 「물류정책기본법」 제29조제1항 각 호의 위험물질을 운송하는 사람

14. 「소프트웨어 진흥법」에 따른 소프트웨어사업에서 노무를 제공하는 소프트웨어기술자

c) 산업안전보건법 제77조제2항에서 "대통령령으로 정하는 특수형태근로종사자"란 제67조제2호, 제4호부터 제6호까지 및 제9호부터 제13호까지의 규정에 따른 사람을 말한다(산업안전보건법 시행령 제68조). 특수형태근로종사자가 중대재해를 입은 경우 산업안전보건법에 의한 산업재해에 해당되며, 중대재해처벌법 제2조제2호에 의한 중대산업재해에 해당된다. 중대재해처벌법 제2조나목에 의한 노무를 제공하는 자에 특수형태근로종사자도 포함된다. 따라서 중대재해처벌법 제2조제7호를 지나치게 좁게 해석하지 않아야 한다.

⑥ **현장실습생**   a) 중대재해처벌법은 현장실습생에 대하여 아무런 규정을 하지 않고 있다. 그래서 현장실습생이 사업장에서 사망, 부상 또는 질병에 걸린 경우에 중대재해처벌법 제2조제7호에 의한 종사자의 범위에 포함되는지 해석상 논란이 제기된다. 현장실습생은 직업교육훈련촉진법 제7조제1항에 따라 산업체에서 현장실습을 받도록 규정하고 있다.

b) 직업교육훈련촉진법 제24조는 현장실습생의 노동력은 학습의 연장에

해당하는 "현장실습"으로 본다고 규정하고 있다. 또한 현장실습산업체의 장은 산업안전보건법 제166조의2(현장실습생에 대한 특례)에 따라 현장실습훈련생과 현장실습계약을 체결하며, 안전보건조치의무를 부담한다. 그러나 현장실습생의 노동력은 법적 성질상 대가성을 인정할 수 없다.

c) 산업안전보건법은 현장실습생에 대하여 제5조, 제29조, 제38조부터 제41조까지, 제51조부터 제57조까지, 제63조, 제114조제3항, 제131조, 제138조제1항, 제140조, 제155조부터 제157조까지를 준용한다. 현장실습생은 산업안전보건법의 보호대상이므로 산업안전보건법의 위반죄를 적용한다.

d) 그러나 현장실습생은 산업안전보건법의 특례규정에도 불구하고 중대재해처벌법의 종사자로 볼 수 없다. 다만, 실습계약상 근무시간, 실제작업의 성격과 내용, 보수의 지급 여부, 사용종속관계에 있는지, 취업을 목적으로 하는지를 고려하여 근로자성이 인정된다면 종사자로 볼 수 있다.

(4) 사업주와 경영책임자등

1) **사업주**　　a) "사업주"란 자신의 사업을 영위하는 자, 타인의 노무를 제공받아 사업을 하는 자를 말한다(중대재해처벌법 제2조제8호). 여기서 '자신의 사업을 영위하는 자'는 손익의 귀속주체를 의미한다. 특수형태근로종사자는 자신의 사업을 영위하는 동시에 타인에게 노무를 제공하는 이중적인 성격을 지니므로 여기에서 말하는 사업주의 범위에는 헤당되지 않는디.[84]

b) 자신의 사업을 영위하는 자가 사업의 수행을 위하여 수급인과 계약을 체결하였다면, ⅰ) 이때 수급인이 스스로 노무를 제공하는 경우뿐만 아니라 비록 수급인이 노무를 제공하지 않으나 수급인의 종사자가 노무를 제공하는 경우에 해당하면 ⅱ) '자신의 사업을 영위하는 자'는 소속근로자가 없더라도 중대재해처벌법의 사업주에 해당된다.[85]

c) 중대재해처벌법은 사업주와 경영책임자등을 책임주체로 규정하고 있으며, 사업주는 개인사업주를 의미한다. 법인의 범죄능력을 인정하지 않는 우

---

84) 고용노동부, 전게서, 16면.
85) 고용노동부, "중대재해처벌법 해설-중대산업재해 관련", 2021. 16면.

리나라의 형법체계에서 사업주는 자연인을 의미하며, 법인 또는 기관의 경우 경영책임자를 책임주체로 본다. 산업안전보건법은 사업주를 개인사업주와 법인 자체를 의미하는 것과 차이가 있다.

d) 중대재해처벌법은 사업주를 경영책임의 귀속주체로 보아 형사책임과 민사책임을 인정한다. 그러나 상시 근로자가 5명 미만인 사업 또는 사업장의 사업주(개인사업주에 한정한다)에게는 중대재해처벌법을 적용하지 않는다. 사업주의 범위를 형식적 또는 사실적으로 판단할 것인지 법률에 명확히 정하지 않았으나, 사실상 경영권을 지배하며 총괄하여 관리하는지에 따라 판단함이 타당하다.

2) 경영책임자등

① **경영책임자의 정의와 범위**   a) "경영책임자등"이란 다음 각 목의 어느 하나에 해당하는 자를 말한다(중대재해처벌법 제2조제9호). 이 규정은 사업을 총괄책임자 또는 안전보건을 총괄하여 관리하는 책임자에게 안전 및 보건 확보의무를 부과하고자 하는 취지이다.[86]

가. 사업을 대표하고 사업을 총괄하는 권한과 책임이 있는 사람 또는 이에 준하여 안전보건에 관한 업무를 담당하는 사람
나. 중앙행정기관의 장, 지방자치단체의 장, 「지방공기업법」에 따른 지방공기업의 장, 「공공기관의 운영에 관한 법률」 제4조부터 제6조까지의 규정에 따라 지정된 공공기관의 장

b) 중대재해처벌법은 사업주와 경영책임자 등 자연인을 중대재해처벌법 위반죄의 구성요건적 수범자로 한다. 사업을 대표하고 총괄하는 권한과 책임이 있는 사람은 법인의 대표이사, 단체 등의 이사장, 기관장, 개인사업의 대표인 사업주를 의미한다.

c) 경영책임자 등은 통상적으로 상법 제389조에 따라 이사회의 결의로 선

---

86) 중대재해처벌법은 국가행정사무의 체계적이고 능률적인 수행을 위하여 정부조직법에 의하여 설치된 중앙행정기관에도 적용하며, 중앙행정기관의 하부조직(중앙행정기관의 보조기관, 중앙행정기관의 보좌기관), 중앙행정기관의 소속기관(특별지방행정기관, 부속기관), 소속위원회에는 적용되지 아니한다.

임된 대표이사를 말하며, 중앙행정기관의 장이나 공공기관의 경우 해당기관의 장을 의미한다. 그러나 헌법기관, 법원, 국회에 대하여는 제2조제9호나목에 언급이 없다. 다만, 중대재해처벌법 제2조제9호가목에 따라 헌법기관이나 공법인 등이 영위하는 사업을 대표하고 총괄하는 권한과 책임이 있는 사람을 경영책임자로 봄이 타당하다.[87]

 d) 형식상의 명칭에 관계없이 실질적으로 사업을 대표하고, 전체사업을 총괄하는 권한과 책임이 있는 사람이 안전보건 확보의무의 이행에 관한 최종적인 의사결정권을 가진 경우에는 그가 경영책임자에 해당할 수 있다.[88] 경영책임자에 해당하는지는 해당사업에서의 직무, 책임과 권한, 기업의 의사결정구조 등을 종합적으로 고려하여 판단하여야 한다. 따라서 공장장, 현장소장 등 개별사업장을 대표하는 자와는 구별해야 한다.

 e) 수급인의 사업주 또는 경영책임자에 대하여도 중대재해처벌법 제4조가 적용되며, 도급인의 경우 자신의 종사자 및 제3자의 종사자에 대하여 같은 법 제4조 및 제5조가 적용된다. 수급인의 종사자가 사망한 경우 도급인의 경영책임자등이 안전 및 보건 확보의무를 이행하였는지 수사결과에 따라 처벌대상이 될 수 있다.[89]

 ② **이에 준하여 안전보건에 관한 업무를 담당하는 사람**   a) 중대재해처벌법 제2조제9호가목에서 「이에 준하여 안전보건에 관한 업무를 담당하는 사람」은 사업 전반의 안전 및 보건 확보의무 이행에 관하여 총괄하여 권한과 책임을 지니며, 최종적인 의사결정권을 가진 안전경영책임자(CSO : Chief Safety Officer)를 말한다.

 b) 안전경영책임자는 대표이사 등 경영책임자에 준하여 최종 결정권을 가진 사람으로서, 부사장, 전무이사, 상무이사 등의 직위에 있는 사람 중 안전담당의 직책을 맡은 자를 의미한다. 안전경영책임자는 위임된 권한의 범위 내에서 선량한 관리자로서 주의의무를 부담한다.

 c) 상법 제564조제1항은 주식회사가 그 지배인을 선임 또는 해임하는 경

---

87) 권오성, 중대재해처벌법의 체계, 도서출판 새빛, 2022, 86면.
88) 고용노동부, "중대재해처벌법 해설-중대산업재해 관련", 2021. 18면.
89) 중대산업재해감독과-1966, 2021. 12. 16.

우 이사 과반수의 결의에 의하여야 한다고 규정하고 있으므로, 안전경영책임
자를 선임할 경우에는 이사회의 결의가 있어야 한다. 따라서 본사에서 분리
된 공장이나 건설현장의 소장, 공기업의 지역본부장은 중대재해처벌법의 적
용대상으로서 사업을 총괄하는 지위에 준하는 사람으로 볼 수 없다.

d) 중대재해처벌법상의 책임주체는 사업을 대표하고 총괄하는 책임이 있는
자를 의미한다(의무주체). 또한 사업을 대표하고 총괄하는 자 외에 안전 및 보
건을 담당하면서 최고의사결정권을 행사할 수 있는 사람도 사업을 대표하고
총괄하는 사람과 함께 책임주체에 해당된다(이행주체).

e) 중대재해처벌법 제2조제9호가목에서 문언상 "또는"의 의미는 양자택일
의 선택적 의미가 아니며, 경영책임자와 안전경영책임자를 둘 다 포함한다는
의미로 해석된다. 경영책임자와 안전경영책임자는 제4조 또는 제5조의 안전
및 보건 확보의무에 대한 의무불이행에 대하여 법적 책임을 부담한다.[90]

f) 경영책임자가 안전보건에 관한 권한을 안전경영책임자에게 위임한 경우
경영책임자의 형사책임을 면할 수 있는지 견해가 대립된다. 구체적으로 살펴
보면, ⅰ) 긍정설은 실질적으로 권한을 위임하였는지에 따라 면책하여야 한
다는 견해, ⅱ) 부정설은 중대재해처벌법의 입법취지, 선임 여부의 권한을
고려할 때 면책할 수 없다는 견해, ⅲ) 절충설은 중요한 업무는 경영책임자
가 결정하고 그 외에 통상적인 업무는 안전경영책임자에게 위임이 가능하다
는 견해가 있다.[91]

g) 그러나 책임의 귀속주체는 원칙적으로 사업을 대표하고 총괄하는 권한
과 책임이 있는 자로 보아야 한다.[92] 형사책임은 엄격한 해석이 원칙이고
실질적인 권한의 여부에 따라 판단해야 하는 점(실질설), 경영책임자의 영향
력을 배제할 수 없는 점 등을 고려하여 판단함이 타당하다.

h) 공기업이 신생사업을 위하여 특수목적법인을 설립하고 일정기간 사업
추진을 위하여 대표이사 또는 사업단장을 임명하고 독자적인 권한과 자원을
배분하였다면 경영책임자와 동일하게 중대재해처벌법 제2조제9호가목에 해

---

90) 고용노동부, "중대재해처벌법 해설-중대산업재해 관련", 2021. 19면.
91) 김영규, 중대재해처벌법 해설(중대산업재해 쟁점과 해설), 법문사, 2024, 58면.
92) 고용노동부, "중대재해처벌법 해설-중대산업재해 관련", 2021. 23면.

당된다. 이 경우 공기업의 기관장은 중대재해처벌법에 의한 형사책임을 면하고, 특수목적법인의 대표자를 형사책임을 주체로 보아야 한다.

③ **건설공사발주자** a) 건설공사발주자란 공사를 도급인(공사업자)에게 처음 맡기는 자를 말한다. 그러나 중대재해처벌법은 건설공사발주자에 대한 용어를 명시하지 않고 있다. 건설공사와 관련하여 발주자의 용어는 건설산업기본법 제2조제10호, 전기공사업법 제2조제4호, 정보통신공사업법 제2조제11호에서 규정하고 있다.

b) 건설산업기본법 제2조제10호에서 "발주자"란 건설공사를 건설사업자에게 도급하는 자를 말한다. 다만, 수급인으로서 도급받은 건설공사를 하도급하는 자는 제외한다. 건설기술진흥법은 발주자에 대한 명시규정이 없이 제2조제6호에서 "발주청"을 명시하고 있다.

c) 또한 산업안전보건법 제2조제10호에서 "건설공사발주자란 건설공사를 도급하는 자로서 건설공사의 시공을 주도하여 총괄·관리하는 자를 말한다. 다만, 도급받은 건설공사를 다시 도급하는 자는 제외한다"고 규정하고 있다. 이 경우 "시공을 주도하였는지"를 기준으로 판단하므로 다른 법률과 차이가 있다. 산업안전보건법 제2조제11호의 건설공사는 건설산업기본법 및 건설기술진흥법과 달리 분리발주를 인정하지 않고 일반공사와 정보통신공사 등 모든 공사를 포함하는 의미로 해석된다.

d) 중대재해처벌법은 건설공사발주자에 대한 언급이 없어 수범자로 볼 수 있는지 논란의 여지가 있다.[93) 중대재해처벌법은 산업재해를 전제로 중대산업재해를 중대재해로 명시한 점을 고려할 때 건설공사발주자는 산업안전보건법의 정의를 준용함이 타당하다.

e) 발주공사의 경우 공사의 감리자, 발주자의 업무대행자는 경영책임자로 볼 수 없다. 따라서 해당 공사기간동안 건설공사 현장을 실질적으로 지배·운영·관리하는 시공사의 대표이사 등이 경영책임자에 해당된다. 건설공사발주자가 건설공사의 시공을 주도하여 총괄·관리하는 경우에는 그 행위와 관련된 사업의 지위는 도급인으로 보아야 한다.

---

93) 이에 대하여는 국회법률안 심사과정에서 발주는 도급에 포함된다는 점을 고려하여 제외시킨 것으로 보인다 : 국회 법제사업소위원회 제5차 회의록, 53~54면.

f) 산업안전보건법 제2조제10호에서는 시공을 주도하여 총괄·관리하는지 여부는 지배·관리 등 지배개입의 행태를 고려하여 판단하나, 중대재해처벌법은 실질적인 지배·관리·운영 여부를 기준으로 구분하는 점에서 차이가 있다. 따라서 건설공사발주자라는 이유만으로 중대재해처벌법에 의한 안전보건확보의무를 부담하지 않는다고 일률적으로 단언할 수 없다.[94)]

g) 건설공사발주자는 시설·장비·장소 등에 대하여 '실질적으로 지배·운영·관리하는 책임이 있는 경우'로 볼만한 사정이 없는 한 해당 건설공사에 대하여 중대재해처벌법 제4조 및 제5조의 안전보건확보의무에 대한 책임을 부담하지 않는다. 건설공사발주자는 시공에 참여하지 아니하는 한 실질적으로 위험을 통제할 수 있는 지위에 있다고 볼 수 없기 때문이다.

h) 그러나 사업주 또는 경영책임자가 자신의 사업장 내에서 건설공사를 발주한 경우로서, 비록 시공을 주도하여 총괄·관리하지 아니하더라도 통상적인 유지·운영에 해당하여 그 시설·장비·장소에 대하여 실질적으로 지배·운영·관리하는 경우에는 안전보건 확보의무를 면할 수 없다.

④ **경영책임자가 복수인 경우**   a) 경영책임자에 해당하는 사람이 여러 명이 있는 경우 개별 사안마다 안전 및 보건 확보의무의 불이행에 관한 최종적인 의사결정권의 행사나 그 결정에 관여한 정도를 구체적으로 고려하여 형사책임을 인정해야 한다.

b) 사업을 대표하고 총괄하는 권한과 책임이 있는 사람이 2명 이상 있다면 2명 모두 경영책임자가 될 수 있으며, 안전 및 보건 확보의무도 역시 공동으로 부여된 것으로 볼 수 있다.[95)] 특히 복수의 대표이사가 있는 경우 회사 내에서의 직무, 권한과 책임, 기업의 의사결정구조 등을 종합적으로 고려하여 실질적으로 해당사업에서 최종 경영책임자가 누구인지 판단해야 한다.

c) 또한 하나의 법인에 두 개 이상의 사업이 있고, 각각의 사업을 대표하고 총괄하는 권한과 책임이 있는 자가 있으며, 각 사업부문이 독립성을 가지고 분리되어 별개의 사업으로 평가될 수 있는 경우에는 각 사업을 대표하고 총괄하는 권한과 책임이 있는 사람이 해당 사업부문의 경영책임자에 해당된

---

94) 권창영/이효은, 중대재해처벌법 연구(1), 법문사, 2022, 509면.
95) 고용노동부, "중대재해처벌법 해설-중대산업재해 관련", 20면.

다.96)

  d) 복수의 사업 부문에 대표가 있으면서 법인을 대표하고 사업 전체를 총괄하는 대표가 별도로 있는 경우, 사업부문별 대표가 각 사업 부문의 조직, 인력, 예산 등 경영의 독립성을 가지고 별개의 사업으로 운영되는 경우에 원칙적으로 각 사업 부문별 대표가 경영책임자에 해당된다.

  e) 그러나 여러 사업부문을 총괄하는 차원에서 해당 사업부문의 경영상의 중요한 의사결정을 총괄하여 대표하거나 부문별 대표와 공동으로 하는 경우에는 법인 내에서의 직위나 직무, 해당 사업부문에서의 실질적으로 권한행사, 기업의 의사결정구조에 따른 영향력 등을 종합적으로 고려하여 경영책임자에 해당하는지를 판단해야 한다. 따라서 둘 이상의 경영책임자가 업무를 수행하는 경우 해당사업에 대한 위험통제권 등을 고려하여 형사책임의 귀속 주체로 판단해야 한다.

  ⑤ **공동도급사업의 경영책임자**   a) 주관사 A와 비주관사 B가 공동이행방식 또는 분담이행방식으로 공동도급을 받을 수 있다. 여기서 공동이행방식이란 공동수급업체 구성원이 미리 정한 출자비율에 따라 자금, 인원, 기재 등을 출연하여 전체공사를 공동으로 시행하고 이익배분 및 손실분담도 일정비율로 산정하여 구성원이 일체가 되어 시공하고 시공책임도 연대하여 부담하는 방식을 의미한다.

  b) 이 경우 공동수급업체 구성원 전원이 공동으로 의사를 결정하고 업무를 집행하는 등 해당 건설공사를 공동으로 이행하는 것이므로 모든 기업의 경영책임자가 중대재해처벌법의 적용대상이 된다. 다만, 공동수급업체 내 특정기업이 공사이행에 전혀 관여하지 않고 해당공사를 실질적으로 지배·운영·관리하지 않았다면 중대재해처벌법의 의무를 부담하지 않을 수 있다.

  c) 분담이행방식은 공동도급의 구성원이 각자 전체공사의 일부를 분담하여 시공하는 형태로 건설공사발주자에 대하여 분담한 부분에 대하여만 책임을 진다. 따라서 각자 부담한 공사만 시공하며, 현장소장을 별도로 두고 현장소장이 소속된 사업주의 지휘감독을 받는 점 등을 고려하여 사업주 및 경영책임자는 담당한 공사에 대하여 중대재해처벌법에 따른 안전 및 보

---

96) 중대산업재해감독과-2445, 2022. 6. 23.

건 확보의무를 부담한다.97)

⑥ **공공부문의 경영책임자**　　a) 중앙행정기관은 정부조직법(제2조제2항)에 따라 설치된 부처·청과 방송통신위원회, 공정거래위원회, 국민권익위원회, 금융위원회, 개인정보보호위원회, 원자력위원회 등 행정기관을 말한다. 정부조직법에서 중앙행정기관으로 포괄하지 않는 대법원, 국회 등 국가기관의 경우에는 제2조제9호가목에 따라 경영책임자를 판단하여야 한다.

b) 지방자치단체의 장은 지방자치법 제2조제1항의 특별시, 광역시, 특별자치시, 도, 특별자치도 및 시, 군, 구의 장을 의미한다. 공공기관의 경우 지방공기업에 따른 지방공기업의 장, 「공공기관의 운영에 관한 법률」 제4조부터 제6조까지의 규정에 따라 지정된 공공기관의 장이 경영책임자에 해당된다.

⑦ **지방직영기업의 상수도사업소장**　　a) 지방공기업은 지방공기업법에 따라 지방공사, 지방공단, 지방직영기업으로 구분되며, 상수도사업소는 지방직영기업에 해당된다. 지방직영기업은 지방자치단체 소속기관으로서 공무원들로 조직이 구성되고, 지방공기업법 제7조에 따라 지방자치단체의 장이 지방자치단체의 공무원을 관리자로 임명하는 등 지방공사, 지방공단과 일부 운영상 차이가 있다.

b) 지방직영기업은 ⅰ) 일반적인 행정업무와 달리 지방공기업법 제2조에서 정하고 있는 독립성·특수성이 있는 사업을 추진하기 위해 설치하는 점, ⅱ) 지방공기업법상 관리자의 업무범위를 고려할 때 안전보건에 관한 실질적인 조치는 지방직영기업의 관리자의 권한과 책임으로 가능한 점, ⅲ) 중대재해처벌법 제2조제9호나목에 지방공기업의 장을 경영책임자라고 명시하고 있는 점을 종합적으로 검토하면, 상수도사업소장을 경영책임자로 판단하여야 한다.98)

⑧ **국립학교의 경영책임자**　　a) 학교의 경우 고등교육법 제3조(국립·공립·사립학교의 구분)에 대하여도 중대재해처벌법이 적용된다. 따라서 국가가 설립·경영하는 국립학교 등 국립대학의 경우, 국립대학을 대표하며 국립대학의 경영을 총괄하는 권한과 책임이 있는 총장이 경영책임자에 해당된다.

---

97) 중대산업재해감독과-2449, 2022. 6. 23.
98) 중대산업재해감독과-4359, 2022. 11. 27.

서울대학교 등 법률에 따라 각 법인으로 설립된 국립대학법인의 경우 학교의 장으로서 총장이 국립대학법인을 대표하며, 국립대학법인의 업무를 총괄하므로 국립대학의 총장이 경영책임자에 해당된다.

b) 그러나 서울맹학교, 서울농학교, 한국경진학교, 한국선진학교, 한국우진학교 등 국립학교는 학교교육을 관장하는 중앙행정기관의 장인 교육부장관이 사업을 대표하고 사업을 총괄하는 권한과 책임이 있는 사람이므로 교육부장관이 경영책임자에 해당된다.[99]

⑨ **공립학교의 교육감** 지방자치단체의 교육·과학·기술·체육 그 밖의 학예에 관한 사무는 특별시·광역시 및 도의 자치사무이다(교육자치법 제2조). 교육자치법은 지방자치단체의 교육·학예에 관한 자치사무의 집행기관으로 교육감을 두고 있으며, 지방자치단체의 장이 지방자치단체를 대표하고, 그 사무를 총괄하듯이, 교육·학예에 관한 사항에 대해서는 교육감이 지방자치단체를 대표하고, 그 사무를 총괄하는 자에 해당한다(지방자치법 제114조, 교육자치법 제3조). 따라서 지방자치단체의 교육·학예에 관한 사무(공립학교)를 대표하고 해당 사무를 총괄하는 권한과 책임이 있는 교육감이 경영책임자에 해당한다.

⑩ **사립학교법인의 이사장** a) "사립학교"란 학교법인, 공공단체 외의 법인 또는 그 밖의 사인이 설치하는 유아교육법 제2조제2호, 초·중등교육법 제2조 및 고등교육법 제2조에 따른 학교를 말한다(사립학교법 제2조제1호). "학교법인"이란 사립학교만을 설치·경영할 목적으로 이 법에 따라 설립되는 법인을 말하며, 학교법인이 아닌 자는 사립학교를 설치·운영할 수 없다.

b) 사립학교의 경우 이사장이 학교법인을 대표하고, 사립학교법과 각 법인의 정관에 따라 규정된 직무를 수행하며, 학교법인 내부의 사무를 총괄하므로 대표자의 지위에 있는 경영책임자에 해당한다. 사립학교법인의 부속기관인 유치원을 실질적으로 지배·운영·관리하는 경우 학교법인의 이사장을 경영책임자로 본다.

⑪ **국립대학병원의 원장** 서울대학교를 제외한 국립대학병원은 법인으로 설치하도록 하고, 대학병원에 원장 1명을 두고, 원장이 대학병원을 대표

---

99) 고용노동부, "중대재해처벌법 해설-중대산업재해 관련", 2021, 24면.

하며 대학병원의 업무를 총괄하도록 규정하고 있다(국립대학병원설치법 제2조, 제14조). 따라서 국립대학병원의 경우 병원장이 사업을 대표하고 사업을 총괄하는 권한과 책임이 있는 사람으로서 경영책임자에 해당한다.

⑫ **학교안전공제회의 경영책임자**　　a) 학교안전공제회는 「학교안전사고 예방 및 보상에 관한 법률(이하 학교안전법이라 한다)」에 따라 학교사고의 보상사업을 위해 설립된 특수법인을 말한다. 학교안전법에 따라 교육감은 공제회이사장을 임명하고 이사장은 법률 및 정관에 따라 공제회를 대표하며 공제회의 업무를 총괄하도록 규정하고 있다.

b) 이 경우 공제회는 학교안전법 제15조에 따라 교육청과 별도의 법인으로 설립되므로 특별한 사정이 없는 한 해당 교육청과 공제회는 별개의 사업 또는 사업장으로 판단되므로, 같은 법 제19조에 따라 공제회를 대표하고 사업을 총괄하는 권한과 책임이 있는 이사장을 경영책임자로 보아야 한다.100)

⑬ **국유재산의 사용허가와 경영책임자**　　국가재산법에 따른 행정재산의 사용허가는 그 내용만으로 해당 국가기관이 사용허가를 받은 사업주와 도급, 용역, 위탁 등의 계약을 체결한 것으로 볼 수 없다. 해당 사업주가 사용허가를 받은 국유재산에서 자신의 사업을 수행하고 있지만 사용허가를 한 기관으로부터 별도의 도급등을 받은 것이 아니라면, 해당 사업주나 법인 또는 기관의 경영책임자가 자신의 종사자에 대해 안전 및 보건 확보의무를 이행하여야 한다.101)

⑭ **지방의회의 의장**　　지방자치법 제4조(지방자치단체의 기관구성형태의 특례)에 따라 지방자치단체는 지방의회와 집행기관으로 구성되어 각 사업부문별 대표(지방의회 의장, 지방자치단체의 장)가 해당 사무부문을 대표하고 총괄하는 권한과 책임이 있고 독립성을 가지고 분리된 별개의 사업으로 평가할 수 있는 점, 지방자치법 제58조(의장의 직무)에 따라 지방의회 의장이 의회를 대표하는 점, 지방자치법 제103조 및 제104조, 지방공무원법 제6조에 따라 지방의회 의장은 지방의회 사무직원을 지휘·감독하고 임면권은 지방의회 의장에게 있는 점 등을 고려할 때 지방의회의 경영책임자는 지방의회의 의

---

100) 중대산업재해감독과-2116, 2022. 6. 7.
101) 중대산업재해감독과-2442, 2022. 6. 23.

장으로 판단된다.102)

  3) **자연인과 법인의 형사책임**   a) 중대재해처벌법은 형사책임의 귀속주체로서 사업주 또는 경영책임자(법인의 대표이사), 공무원, 기관의 장를 규정하고 있다. 우리나라의 입법체계는 자연인과 법인을 구별하고, 형사책임의 경우 자연을 대상으로 하는 개인책임주의를 원칙으로 한다.

  b) 따라서 법인책임을 부정하는 입장에서는 법인의 대표기관에게 형사책임을 묻기 곤란하다는 논란이 생긴다. 그 결과 학설(긍정설, 부정설, 부분적 긍정설)의 대립이 있으나, 법인자체는 범죄행위의 주체로 볼 수 없다는 견해가 지배적이다(다수설). 반면에 긍정설은 형사책임의 귀속주체를 자연인으로 한정할 이유가 없으며, 법인의 반사회적 불법활동에 대하여 책임을 부담시킬 수 있다고 한다.

  c) 중대재해처벌법은 자연인으로서 사업주 및 경영책임자를 수규자로 규정하고 법인에 대하여는 양벌규정이 필요하다. 이 경우 법인은 기관인 자연인을 통하여 행위를 하게 되는 점을 고려할 때 대표이사를 경영책임자로 보는 것이 합당하다. 경영책임자와 법인 간에 어떠한 연관성이 있다면 위험을 창출한 법인에 대하여도 결과를 귀속시켜 책임을 물을 수 있다.

  d) 따라서 법률이 목적을 달성하기 위하여 자연인을 행위자로 보아 처벌하는 외에 법률효과가 귀속되는 법인에 대하여 벌금형을 부과해야 한다.103) 오늘날 법인이 기업활동의 과정에서 사회에 미치는 부정적인 영향력을 고려할 때, 양벌규정을 정해 형사책임을 묻는 것이 합당하다.

(5) 상시 근로자

1) 상시 근로자의 정의와 공사금액

① **상시 근로자의 정의**   a) 중대재해처벌법은 상시 근로자가 5명 미만인 사업 또는 사업장의 사업주(개인사업주에 한정한다. 이하 같다) 또는 경영책임자 등에게 이 장의 규정을 적용하지 아니한다(중대재해처벌법 제3조). 따라서 상시

---

102) 중대산업재해감독과-5060, 2022. 12. 29.
103) 대판 1994. 2. 8, 93도1483

근로자가 5명 미만인 사업 또는 사업장에서 사망사고 등이 발생하더라도 중대산업재해로 볼 수 없다. 그러나 중대시민재해는 상시 근로자가 아닌 원료나 제조물, 공중이용수단, 공중교통수단을 기준으로 중대재해처벌법의 적용 여부를 판단한다.104)

b) 상시 근로자는 때때로 근로자 수의 변동이 있더라도 상태적으로 보아 일정기간 동안 유지되는 평균 인원수를 말한다. 중대재해처벌법의 적용범위는 사업 또는 사업장의 상시 근로자를 기준으로 판단한다. 이 경우 상시 근로자의 산정 시 소속으로 달리하는 근로자는 제외한다. 따라서 도급, 용역, 위탁의 경우 같은 사업장에서 종사하더라도 상시근로자를 산정할 때 포함하지 않는다.

② **공사금액과의 관계**　　a) 중대재해처벌법은 2024. 1. 27.까지 공사금액 50억원 미만의 공사는 법적용을 유예하였으나, 그 이후에는 공사금액에 관계없이 전면적으로 확대·적용되었다. 따라서 중대재해처벌법에 의한 상시 근로자와 공사금액으로 구별해 중대재해처벌법의 적용 여부를 달리 판단할 필요가 없다.

b) 그러나 중대재해처벌법에 의한 안전보건관리체계의 구축은 산업안전보건법령과 연계되어 있으며, 건설공사의 경우 안전보건관리책임자, 관리감독자, 안전보건관리자 및 보건관리자의 지정 또는 선임은 해당법령의 공사금액에 따라 판단할 수밖에 없다.

2) 상시 근로자의 산정방법

① **상시 근로자의 산정방법**　　a) 중대재해처벌법은 제2조제7호에서 종사자에 대하여 규정하고 책임주체로서 제8호(사업주) 및 제9조(경영책임자등)을 명시하고 있다. 그러나 중대재해처벌법은 제3조(적용범위)에서 중대산업재해에 대하여 상시 근로자를 기준으로 적용제외를 규정하고 있다.

---

104) 다만, 중대재해처벌법 부칙 제1조(시행일)제1항에 따라 개인 사업주 또는 상시 근로자가 50명 미만인 사업 또는 사업장(건설공사의 경우 50억원 미만의 공사)에 대해서는 공포 후 3년이 경과한 날부터 시행한다. 건설업의 경우 예외적으로 사업 또는 사업장에 갈음하여 개별 건설공사를 단위로 시행일을 규정하였으며, 상시 근로자(5명 이상인 경우)에 관계없이 50억원 이상인 건설공사에 대해서는 2022.1.27, 50억원 미만인 건설공사는 2024.1.27.일부터 이 법이 적용된다.

b) 상시 근로자를 기준으로 중대재해처벌법의 적용 여부를 판단함에 있어서는 노무를 제공하는 사람은 포함하지 않는다. 중대재해처벌법의 대상 여부는 사업장별 인원이 아니라 경영상 일체를 이루는 하나의 기업이 속하는 모든 사업장과 본사의 상시 근로자를 합산하여 판단한다.

c) 상시 근로자는 정규직·비정규직·상용직·임시직·일용직 근로자 여부를 구별하지 않고 모두 포함하여 산정한다.105) 따라서 정규직 근로자만을 기준으로 산정해서는 아니 된다. 본사의 직원은 현장근무를 하는 경우 지휘명령을 받는 사업장의 상시 근로자에 포함하며, 출장근무라면 본사의 상시 근로자로 포함해야 한다.

d) 상시 근로자가 5명 이상인 경우 사업주 및 경영책임자의 의사와 관계없이 중대재해처벌법의 적용대상이 된다(강제적용). 상시 근로자의 산정기간은 근로기준법 시행령 제7조의2(상시 사용하는 근로자 수의 산정방법)에 따라 해당 사업 또는 사업장에 법 적용 사유가 생긴 날 전 1개월 동안 사용한 근로자의 연인원을 같은 기간의 가동일수로 나누어 산정한다.

e) 상시 근로자는 사업개시 후 사유발생일까지의 연인원을 가동일수로 나누어 산정한다. 상시 근로자는 사업을 개시한 시점부터 산정하며, 사업도중에 휴업 등 사업의 정지사유가 없는 한 사업기간은 계속되는 것으로 본다.

f) 가동일수는 근로제공이 이루어지지 않았거나 사업주가 가동하지 아니한 휴무일은 포함되지 않고 근로자가 실제로 근로를 한 일수로 산정한다. 이 경우 상시 근로자가 5명 이상이 되면, 최초 5명이 되는 해당기간의 그 첫날에 상시 근로자가 5명 이상이 되는 것으로 본다.

g) 따라서 상시 근로자를 산정한 결과 법이 적용되는 사업 또는 사업장에 해당하지 않더라도 그 산정기간에 속하는 일별로 근로자 수를 파악했을 때, 5명에 미달하는 일수가 2분의 1 미만인 경우에는 법적용 사업 또는 사업장으로 본다. 반대로 법이 적용되는 사업장에 해당하더라도 그 산정기간에 속하는 일별로 근로자 수를 파악했을 때 법 적용기준에 미달한 일수가 2분의

---

105) 그러나 상시 근로자 수의 산정 시 골프장 캐디 등 특수형태근로종사자는 포함되지 않는다(중대산업재해감독과-2003, 2022. 5. 27). 일반적으로 당해 사업 또는 사업장의 소속 근로자가 아니라면 노무를 제공하는자라도 포함할 수 없다. 특수형태근로종사자는 보호대상이 되나, 상시 근로자의 산정이 제외한다.

1 이상인 경우에는 법 적용 사업 또는 사업장으로 보지 않는다(근로기준법 시행령 제7조의2제2항).

  ② **서로 다른 법인의 상시 근로자**   중대재해처벌법 제3조에서 "사업 또는 사업장"이란 경영상 일체를 이루면서 유기적으로 운영하는 기업 등 조직 그 자체를 의미하며, 통상적으로 법인이 다른 경우 각각의 조직으로 판단한다. 따라서 각 법인의 경영책임자등이 각자 중대재해처벌법에 따른 안전 및 보건 확보의무를 이행해야 한다. 다만, 2개의 법인의 대표이사가 동일하게 인사·조직·예산 등의 분야에서 두 회사를 실질적으로 하나의 회사라고 볼 수 있는 경우라면 상시 근로자를 합산하여 산정해야 한다.106)

  ③ **도급사업의 상시 근로자**   a) 상시 근로자에는 사업주나 법인 또는 기관과 기간의 정함이 없는 근로계약을 체결한 근로자, 기간제 근로자뿐만 아니라 일용근로자도 포함된다. 다만, ⅰ) 도급·용역·위탁 등 계약의 형식에 관계 없이 그 사업의 수행을 위하여 대가를 목적으로 노무를 제공하는 자, ⅱ) 도급·용역·위탁 등을 행한 제3자의 근로자는 안전 및 보건 확보의무 대상은 되지만 해당 사업 또는 사업장의 상시 근로자에 포함되지 않는다.

  b) 상시 근로자가 5명 미만인 사업주나 법인 또는 기관에서 노무를 제공하는 특수형태근로종사자, 플랫폼종사자 등이 5명 이상인 경우에도 해당 사업 또는 사업장은 법의 적용대상이 아니다. 상시 근로자는 고용관계에 있는 근로자를 기준으로 산정하며, 수급인의 근로자는 제외한다.107)

  c) 중대산업재해가 발생한 도급사(A사업주)와 수급인(B사업주)은 각각 자신의 소속 상시 근로자에 따라 법 적용 여부를 판단한다. 상시 근로자가 5명 이상인 도급인의 사업장에서 작업을 하는 수급인의 근로자에게 중대산업재해가 발생하였다면, 수급인의 상시 근로자가 5명 미만이라도 도급인(경영책임

---

106) 중대산업감독과-2335, 2022. 6. 16.
107) 그러나 산업안전보건법의 경우 상시 근로자는 당해 사업장에서 근로하거나 노무를 제공하는 자를 모두 포함하여 산정한다. 산업안전보건법은 국가지방자치단체를 포함하여 모든 사업 또는 사업장에 적용되며, 공공행정의 경우 일부 규정을 적용하지 않는다. 따라서 상시 근로자의 산정을 필요로 하는 경우 해당 법적 용단위를 기초로 판단하여야 한다. 현업종사자를 대상으로 하는 적용단위는 현업종사자만을 기준으로 상시 근로자를 산정하되, 현업업무의 관리 및 집행행정 사무담당자는 공공행정에 해당하는 상시 근로자에서 제외하여야 한다.

자)에게 중대재해처벌법이 적용된다.108)

d) 반대로 도급인 소속 상시 근로자는 5명 미만이지만 수급인 소속 근로자는 5명 이상인 경우에는 도급인인 사업주나 법인 또는 기관은 법의 적용대상이 아니지만 수급인은 법의 적용대상이다. 중대산업재해가 발생한 경우 도급인과 수급인은 각각 자신의 소속 상시 근로자 수에 따라 법 적용 여부를 판단한다.

④ **파견사업의 파견근로자**　파견근로자는 '파견 중인 근로자의 파견근로에 관하여는 사용사업주를 「산업안전보건법」 제2조제4호의 사업주'로 보며 (파견법 제35조), 도급·용역·위탁 등의 법위에는 근로자파견도 포함된다. 따라서 중대재해처벌법 제5조에서 안전 및 보건 확보의무를 별도로 규정하고 있는 입법체계를 고려할 때, 파견근로자는 사용사업주가 지휘명령을 하므로 상시 근로자의 산정 시 포함하는 것이 타당하다.

⑤ **사무직 종사자**　사무직 근로자는 직무의 종류에 따른 법의 적용 제외 여부를 규정하고 있지 않으므로 해당 사업 또는 사업장의 상시 근로자가 모두 사무직인 사업 또는 사업장에도 중대재해처벌법이 적용된다.109) 산업안전보건법에서는 사무직 종사자의 경우 유해·위험성이 없는 직종이지만 안전보건교육의 대상에 포함하는 등 사안에 따라 판단한다. 그러나 중대재해처벌법에서는 사무직, 행정직 등의 구분 없이 상시 근로자의 산정 시 모두 포함해야 한다.

⑥ **공무원과 현업종사자**　a) 공무원의 경우 공무원이라는 사정만으로 근로자성을 부정할 수 없으므로 법에서 적용을 배제하는 규정이 없는 한 상시 근로자 수에 포함된다. 따라서 상시 근로자 수를 산정하는 경우 현업종사자인지 여부에 관계없이 모든 공무원을 포함한다.

b) 대법원판례(대판 1996. 4. 23, 94다446 : 대판 1998. 8. 21, 98두9714)에서는 "공무원도 임금을 목적으로 근로를 제공하는 근로기준법 소정의 근로자이어서 공무원연금법, 공무원보수규정에 특별한 규정이 없는 경우 공무원에 대해서도 그 성격에 반하지 않는 한 원칙적으로 근로기준법이 적용되어야 한다."고 판시

---

108) 중대산업감독과-2335, 2022. 6. 16.
109) 고용노동부, "중대재해처벌법 해설-중대산업재해 관련", 2021, 29면.

하였다.

c) 따라서 산업안전보건법은 상시 근로자수의 산정 시 공공행정의 현업종사자만을 포함하고 있으나, 공무원법 등에서 공무원에 대한 중대재해처벌법의 적용 여부에 규정하지 않고 있으므로 사무직 여부에 관계 없이 모든 공무원을 포함해야 한다.110)

⑦ **외국인근로자** a) 외국인근로자는 우리나라 사업 또는 사업장에서 종사하는 한 국적이나 신분 등을 불문하고 상시 근로자를 산정할 때 포함한다. 이 경우 외국인 근로자가 불법으로 입국하였거나, 체류자격이 만료된 불법체류자인지 여부는 상시 근로자 여부 판단과 관계가 없다.

b) 외국인 유학생의 신분으로 학업과 노동을 병행하는 경우에도 상시 근로자 수에 포함해야 한다. 외국인근로자가 국내의 사업 또는 사업장에 고용되어 노동력을 제공하는 한 외국법인의 지사라도 속지주의의 원칙에 따라 국내법의 적용대상으로 보아 상시근로자를 산정해야 한다.

3) 사업 또는 사업장의 판단 a) 사업이란 서로 관련성을 가지고 업으로서 계속되는 경영조직체의 유기적인 활동을 말한다. 사업은 경영상의 일체를 이루는 유기적인 조직체로서 기능을 하는 독립단위를 의미한다. 사업은 동일하거나 유사한 성격의 업종을 하나로 보아 영리성 여부에 상관없이 중대재해처벌법의 목적과 입법취지에 따라 판단한다. 사업의 종류, 영리·비영리의 여부를 불문하며, 사업기간이 일시적인 경우에도 적용대상이 된다.111)

b) 따라서 본사, 지점, 공장 등의 개별 조직이 장소적으로 분리되어 있더라도, 그 인사 및 노무관리, 재무 회계 처리 등이 독립적으로 운영되지 아니한 채 '경영상의 일체를 이루면서 유기적으로 운영되는 경제적, 사회적 활동단위'의 한 부분에 불과하다면, 개별 조직 중 한 곳에서 중대산업재해가 발생한 경우에도 다른 특별한 사정이 없는 한 그 경제적, 사회적 활동단위를 구성하는 조직들 전부의 상시 근로자 수를 모두 합산하여 중대재해처벌법의 적용 여부를 결정하여야 한다.112)

---

110) 고용노동부, 「중대재해처벌법령 FAQ-중대산업재해 부문(2022.1)」, 8면.
111) 대판 1994. 10. 25, 94다21979.
112) 대판 2026. 1. 29, 2025도15060

c) 우정사업본부 산하에 우정정보센터를 설치·운영하는 경우 「중대재해처벌 등에 관한 법률」은 개별 사업장이 아닌 경영상 일체를 이루면서 유기적으로 운영되는 기업 등 조직 그 자체를 적용대상으로 하므로, 사업장인 우정사업정보센터를 포괄하는 우정사업본부(사업체)를 기준으로 적용한다. 따라서 「중대재해처벌 등에 관한 법률 시행령」 제4조에 따른 각종 의무는 우정사업정보센터를 포함한 우정사업본부 전체 조직차원에서 적용 여부를 판단하여야 한다.113)

d) 사업장이란 사업이 이루어지는 인적·물적 시설이 존재하는 장소적 범위를 말한다. 사업장은 하나의 사업이 시간적·공간적으로 유기적인 관련성을 가지고 작업이 이루어지는 장소를 의미한다. 사업장은 공장, 사업소, 대리점, 점포 등 특정한 장소만으로 국한하여 해석해서는 아니 된다.

e) 사업장은 작업이 유기적·일체적으로 이루어지는 연속적인 공간이라는 단위개념을 의미하며, 행정구역에 따라 구분하지 아니한다. 하나의 기업 또는 법인체에는 여러 개의 사업장이 있을 수 있으며, 당해 사업의 명칭 또는 기업주체는 문제가 되지 않는다.

f) 사업장은 원칙적으로 물리적인 장소를 기준으로 구분하나, 유기적으로 연속성 또는 일체성을 지니는 경우 하나의 장소로 본다. 행정구역을 달리하는 다른 현장에서 해당 구조물을 조립하더라도 시간적 또는 공간적으로 유기적 일체성을 지닌다면 하나의 사업장으로 해석한다.

4) 해외사업 또는 사업장　　a) 중대재해처벌법은 대한민국의 영토 내에 있는 외국인의 사업 및 법인에 대하여도 적용됨을 원칙으로 한다. 따라서 특별한 규정을 두어 그의 적용범위를 일부 지역에 한정하지 않는 한 대한민국의 영토 내에 있는 모든 사업 또는 사업장에 대하여 적용한다(속지주의).

b) 국내 법인 또는 기관이 출자한 경우라도 해외소재 법인은 중대재해처벌법이 적용되는 사업 또는 사업장으로 볼 수 없다(속지주의). 다만, 근로자가 파견 또는 출장으로 업무를 수행하는 경우, 국내법인이 해당 사업 또는 사업장을 실질적으로 지배·운영·관리한다면 중대재해처벌법이 적용된다.114) 전

---

113) 산업안전보건정책과-579, 2022. 1. 28.
114) 중대산업재해감독과-2453, 2022. 06. 23.

적의 경우 재적 전적과 이적 전적을 구분하여 전자는 속인주의가 적용된다.

c) 중대재해처벌법은 대한민국 영역 외에서 동법 위반의 죄를 범한 내국인에게도 적용한다(형법 제3조). 따라서 국내의 건설업체가 대한민국 영역 외에서 건설공사를 하던 중 중대산업재해가 발생한 경우 중대재해처벌법의 위반죄가 성립한다(속인주의).

d) 중대재해처벌법은 경영책임자의 형사처벌을 규정하고 있고, 해외 사업장에 대한 법적용 여부에 관하여 다른 특별규정이 없으므로 '내국인의 국외범 처벌원칙'등 형법 총칙상 기본원칙에 따라 판단하여야 한다.

e) 그러나 외국법에 의하여 설립된 해외법인은 국가 간 조약 등에 의해 속인주의를 인정하는 특별한 규정이 없는 한 내국인을 고용하였더라도 국내법이 적용되지 않는다. 또한 외국의 법인이 국내에 한국지사를 설치한 경우에는 해당지사에 대하여 국내법이 적용된다. 다만, 외국의 본사에 있는 사업주 또는 경영책임자등은 형사처벌을 할 수 없다.

제 2 절
중대재해처벌법의 지위

1. 중대재해처벌법과 다른 법률 간의 지위

(1) 중대재해처벌법의 법률관계와 법적 지위

1) **중대재해처벌법의 법률관계**　a) 중대재해처벌법의 법률관계는 종사자의 생명과 건강을 보호하기 위하여 법률과 명령에 의하여 강제되는 권력관계에 해당된다. 중대재해처벌법의 법률관계는 법규명령으로서 공법적 성격을 지닌다.

b) 중대재해처벌법은 사업주 또는 경영책임자에게 안전보건확보의무(안전보건관리체계의 구축 및 이행점검)를 부과하여 이행을 강제하는 특별한 권력관계를 형성한다. 따라서 중대재해처벌법은 일반근로자로서의 안전보건관리책임자, 관리감독자, 안전관리자, 보건관리자, 산업보건의, 안전보건관리담당자에게 이 법에 따른 위반책임을 묻지 않는다.

c) 중대재해처벌법의 법률관계는 행위규범을 위반한 경우에 벌칙을 적용하는 형사특별법의 성격을 지닌다. 따라서 중대재해처벌법의 법률관계는 업종이나 작업공정, 재해원인, 재해유형, 책임주체의 사실상 지배·운영·관리 등을 고려하여 행위규범의 정당성과 적합성을 판단해야 한다.

2) **중대재해처벌법의 지위**　a) 중대재해처벌법의 법적 지위는 다른 법률과의 관련성, 규율대상의 차이점을 비교하고, 우선적 효력관계를 규명해야 한다. 따라서 안전보건확보의무의 위반책임, 다른 법률과의 특별법적 관계, 범죄의 성립요건과 인과관계의 여부를 규명하여 법적 지위를 구별할 필요가 있다. 중대재해처벌법, 산업안전보건법, 항만안전특별법, 형법 등에 따른 법적용의 관계분석을 해야 한다.

b) 따라서 동일한 중대재해라도 중대재해처벌법과 다른 법률과의 관계에서

위반행위에 따라 책임주체와 적용 근거, 처벌기준을 구별해야 한다. 같은 사업장에서 안전사고가 발생한 경우 ⅰ) 산업안전보건법은 안전보건관리책임자, 관리감독자등을 행위자로 보나, ⅱ) 중대재해처벌법은 사업주와 경영책임자를 행위자로 해석한다.

c) 또한 하나의 안전사고로 중대산업재해 또는 중대시민재해가 발생한 경우라도 각각의 법률에 따라 경합 여부를 판단해야 한다. 사업주 또는 경영책임자가 중대재해처벌법의 위반과 동시에 산업안전보건법을 위반한 경우 행위의 동일성, 보호법익의 공동성이 있다면 형법 제40조(상상적 경합)에 해당된다. 근로자의 사망재해에 대한 안전보건확보의무위반과 업무상과실치사가 경합되는 경우 특별법적 지위를 검토해야 한다.

(2) 산업안전보건법의 법률관계와 법적 지위

1) **산업안전보건법의 법률관계** a) 산업안전보건법은 사업장을 중심으로 안전보건에 관한 기준과 방법, 절차를 정하여 책임주체(의무주체, 이행주체)에게 이행을 강제하는 공법적 법률관계를 형성한다. 산업안전보건법을 재해예방조치 및 관리감독체계를 형성하여 근로자등을 보호하도록 강제하며, 위반시 형사책임과 행정책임을 부과한다.

b) 산업안전보건법은 책임주체로 하여금 근로자등을 보호하기 위하여 행위규범(위험성평가, 안전조치 및 보건조치, 안전보건진단, 안전점검 및 시정조치, 작업중지, 안전검사, 방호조치, 안전인증, 작업환경측정, 석면조사 등)을 이행할 것을 강제한다.

2) **산업안전보건법의 지위** a) 산업안전보건법과 중대재해처벌법은 범죄사실과 구성요건에 서로 차이가 있으며, 특별법적 지위 여부를 판단한다. 일반적으로 경영책임자와 안전보건관리(총괄)책임자는 서로 일치하는 경우가 거의 없고, 규제대상과 방법이 달라 중대재해처벌법과 산업안전보건법은 특별법적 지위를 인정할 수 없다.

b) 만약 산업안전보건법의 안전보건총괄책임자가 중대재해처벌법에 의한 경영책임자가 서로 동일한 사람이라면 행위규범에 따라 판단해야 한다. 추락

사망의 원인을 조사한 결과 동일한 사람이라도 ⅰ) 관리감독책임의 문제라면 산업안전보건법을 적용하고, ⅱ) 지배·관리·운영에 의한 안전경영책임의 문제라면 중대재해처벌법이 적용된다. 이 경우 보호법익의 공통성, 행위의 동일성이 있다면 경합범죄로 인정할 수 있다.

(3) 형법의 법률관계와 법적 지위

1) **형법의 법률관계**　　a) 형법이란 어떠한 행위가 범죄이고 그에 대한 법적 효과로서 어떠한 형벌 또는 보안처분을 과할 것인지를 규정한 법규범의 총체를 말한다. 중대재해에 대한 형벌은 범죄이론을 전제로 판단한다. 그러나 중대재해는 형법상 명시된 전형적인 범죄유형이 아니라 특별법에 의한 범죄유형에 해당된다. 중대재해처벌법은 특별형법의 하나로서 중대재해라는 기업범죄를 규율하며, 일반 형법과 다른 범죄의 성립요건을 정하고 있다.

　b) 형법은 형벌과 보안처분을 주요내용으로 하며, 일반적으로 형벌에 의한 제재를 그 법적 효과로 하는 모든 국가적 법규범을 형법이라고 한다(광의의 개념). 통상 형법은 총칙과 각칙으로 구성되며, ⅰ) 국가적 법익에 관한 죄, ⅱ) 공공의 안녕과 질서 등을 보호하는 사회법익에 관한 죄, ⅲ) 사람의 생명·자유·명예·재산 등을 보호하는 개인적 법익에 관한 죄로 구분된다.

　c) 형법은 사회에서 보호하고자 하는 가치질서를 위해 제정하는 것으로서 가설적 규범이며, 행위규범 및 평가규범으로서의 성격을 지닌다. 형법은 일정한 범죄행위를 전제조건으로 형벌이라는 법률효과를 가하는 가설적 규범이다. 또한 어떠한 행위등을 금지시키거나 강제하는 명령을 내리는 행위규범이다. 형법은 사람의 행위가 가치에 반하여 위법하다고 평가(행위반가치)를 하는 규범이다. 이외에 재판규범, 의사결정규범, 강제규범의 성격을 지닌다.

　d) 형법은 고의범의 처벌을 원칙으로 하며, 예외적으로 과실범을 처벌한다. 형법 제14조는 "정상적으로 기울여야 할 주의를 게을리하여 죄의 성립요소인 사실을 인식하지 못한 행위는 특별한 규정이 있는 경우에만 처벌한다."고 규정하고 있다. 형법상 고의 또는 과실의 요건에서 과실을 주관적 예견가능성으로 보며, 여기에 부주의의 내용도 포함된다.

e) 중대재해처벌법 제4조 및 제5조, 제9조의 안전보건확보의무를 불이행한 경우에는 부작위범으로서 고의범에 해당된다. 부작위범의 구성요건은 구성요건적 상황, 부작위, 행위의 가능성이라는 3가지 요소로 설명한다. 또한 중대재해처벌법은 법인의 상당한 주의와 감독을 의무위반으로 해석한다.

2) **형법의 지위**　　a) 일반적으로 범죄요건은 구성요건해당성, 위법성, 책임을 말하지만, 중대재해는 일반 형법상의 범죄요건과 다른 특성이 있다. 피해자로서 종사자의 신분, 구성요건의 차이, 위법성의 판단기준, 책임의 크기에 따라 범죄의 양형이 다르다. 따라서 중대재해처벌법과 형법의 경합 여부를 고려해 범죄성립 여부를 판단한다.

b) 중대재해처벌법과 형법는 구성요건에 차이가 있고, 법률상 의무도 일치하지 않아 특별법의 지위를 인정할 수 없다. 따라서 각각의 죄를 구성하나 피해자의 생명을 보호한다는 일련의 행위는 규범적으로 동일하다고 보아야 한다. 중대재해처벌법의 위반죄와 업무상과실치사상죄(형법 제268조 등)는 행위의 동일성이 있어 형법 제40조의 상상적 경합에 해당된다.

c) 예를 들어 사업장의 시설물을 철거하던 중 지나가던 시민이 깔려서 사망하였다면 해당 사업주 및 경영책임자에 대하여 중대재해처벌법과 형법의 경합범죄에 해당될 수 있다. 이 경우 중대재해처벌법의 위반죄가 무죄가 된다면 확정된 판결에 따른 기판력이 다른 죄에도 영향을 준다고 보아 형법의 위반죄로 처벌할 수 없다고 보아야 한다.

d) 중대재해처벌법에도 형법 제3조(내국인의 국외범)이 적용되므로 대한민국 영역 외에서 중대산업재해를 발생시킨 경우 내국인인 사업주와 경영책임자 등에 대하여도 적용된다(속인주의).

(4) 민법의 법률관계와 법적 지위

1) **민법의 법률관계**　　a) 민법은 개인과 개인 사이에 권리의무를 정한 법률관계를 규정하는 것을 내용으로 하는 사법이다. 민법은 사인의 재산상 또는 신분상의 권리의무를 규율한다. 민법은 ⅰ) 법률관계에 따라 재산관계와 신분관계, ⅱ) 성격에 따라 물권관계와 채권관계로 구분한다.

b) 민법은 개인의 자유의사에 의한 의사표시를 본질로 사적 자치를 인정한다. 민법은 당사자의 권리의무를 규정하는 실체법에 속하며, 절차법은 민사소송법, 민사집행법 등의 절차법이 별도로 제정되어 있다. 그러나 계약자유의 원칙은 중대재해처벌법에 적용할 수 없다. 국가가 법률에 의한 공권적 의무사항을 정하고 있을 뿐이다.

c) 민법과 중대재해처벌법은 손해배상의 산정방법에서 관련성을 지닌다. 민법에서 불법행위가 성립한 경우 중대재해처벌법은 고의 또는 중대한 과실을 이유로 징벌적 손해배상책임을 부과할 수 있다. 그러나 손해배상의 산정방법 등 구체적인 내용은 중대재해처벌법에 명시하지 않고 있다. 따라서 민법상 손해배상이론에 의해 산정할 수밖에 없다. 민법에서 손해배상은 불법행위책임과 채무불이행책임을 근간으로 인정한다.

2) **민법의 지위**　　a) 중대재해처벌법에 의한 손해배상은 실질손해가 아닌 징벌적 손해배상이라는 점에서 민법과 차이가 있다. 중대재해처벌법은 민법에 의한 손해배상과 다른 독자적인 입법체계를 구성하고 있다. 민법상 손해배상은 대부분 불법행위의 구성요건, 손해의 발생과 인과관계를 고려하여 산정한다. 이 경우 손해배상은 실질적인 손해를 배상하는 원칙에 따라 과실상계, 손익상계, 중간수입의 공제, 일실소득 등 배상이론을 적용한다.

b) 실질적인 손해는 통상적인 방법에 따라 손해배상액을 산정하되, 민법 제390조의 채무불이행 또는 민법 제750조의 불법행위를 근거로 한다. 이 경우 손배해상액의 청구 및 집행에 관하여는 민사소송법에 의한 재판관할에 따른다. 중대재해처벌법은 고의 또는 중대한 과실을 이유로 통상적·실질적 손해를 산정한 후 이를 기초로 5배 이하의 손해배상액을 인정하는 징벌법 손해배상을 인정하고 있다.

2. 영국의 법인과실치사 및 법인살인법

(1) 영국의 법령체계와 관리체계

1) **영국의 법령체계**　　a) 영국의 법령체계는 법(Act), 시행규칙(Regulation),

명령(Order)으로 구성되고, 실무에 필요한 집행기준을 정한 행위준칙(ACoPs, Approved Codes of Practice)과 지침(Guidance)을 제정해 사용한다. 행위준칙 (ACoPs, Approved Codes of Practice)은 1974년 사업장보건안전법 제16조에 근거하여 산업보건안전위원회가 내각 장관의 동의를 받아 제정한다.

b) 이 행위준칙은 사업주가 준수하지 않는다고 하여 곧바로 민·형사책임을 인정하는 것은 아니다. 지침은 사업장보건안전법의 해석 및 기술지침으로 강제성이 없다. 또한 법규에 해당되지 않으나 법해석 시에 참조하는 표준기준(standards)을 운용한다.

[표 1-6] 영국의 보건안전법령체계

구 분	법령의 적용	
법(Acts)	The Health and Safety at Work etc. Acts, 1974	
시행규칙 (Regulations)	HSW Acts 하위 각종 Regulation	The Management of Health and Safety at Work Regulations 1999
		Workplace (Health, Safety and Welfare) Regulations 1992
		The Health and Safety (Display Screen Equipment) Regulations 1992
		The Personal Protective Equipment at Work Regulations 1992
		The Provision and Use of Work Equipment Regulations 1998
		The Manual Handling Operations Regulations 1992
		The Health and Safety (First-Aid) Regulations 1981
		The Control of Substances Hazardous to Health Regulations 2002
명령(Order)	HSW Acts 하위 각종 Order	

승인실무 규범 (ACoPs)	Approved Codes of Practice, Guidance
기준/표준 (Standards)	European Legislation, British Standards

c) 영국은 산업혁명 이후 광산법(1860년) 등 9개의 법령을 제정하여 5개 부처와 9개의 감독기관에서 실행하였으나, 1960년대부터 1970년대에 산업재해가 급속히 증가하면서 입법체계는 중복성 및 전문성의 한계를 나타내었다. 그래서 각 부처에 산재되어 있던 안전보건법령으로 유사한 감독기능을 하나로 통합하여 강력한 행정력 하에 정책 및 집행을 목적으로 1972년 사업장보건안전법(HSWA : Health and Safety at Work ect. Act, 1974)을 제정하였다. 그 후 1974년 법률개정을 하여 산업보건안전청을 설립하고, 2008년 4월 1일 보건안전위원회(HSC)와 산업보건안전청(HSE)을 통합하여 산업안전보건기능과 권한을 일원화 하였다.

d) 영국은 산업보건안전관리의 행정제도로서 노사정에 의한 산업보건안전위원회(HSC : Health Safety Commission)를 정부에 설치하고 보건안전에 관한 정책을 결정한다. HSC에서 합의된 사업장 보건안전 관련 조치 및 기준은 산업보건안전청(HSE : Health Safety Executives)에서 집행한다. 영국의 사업장 보건안전법은 작입장에서 빌생하는 모든 유해·위험요인으로부터 근로자뿐만 아니라 업무와 관련된 일반인도 보호대상으로 한다. 이 법은 근로자, 자영업자, 공공주민을 포함한 모든 사람에 대하여 적용한다.

2) **영국의 보건안전관리체계**   a) 영국의 사업장보건안전법(HSWA)은 9장 85개 조문으로서, 총칙, 일반적 의무, 보건안전위원회 및 보건안전사무국, 보건안전시행령 및 공인직무규칙, 시행책임, 정보수집 및 공시, 농업관련특별규정, 벌칙, 재정규정, 보칙으로 구성되어 있다. 보건안전위원회(Health and Safety Committee)는 비정부공공기관으로서 사업장보건안전법 제15조제1항에 따라 명령을 제정하는 역할을 한다.

b) 사업장보건안전법에서 우리나라와 유사한 내용은 ⅰ) 보건안전관리규

정, ⅱ) 사업장의 보건안전조직과 그 기능, ⅲ) 담당자의 책임, ⅳ) 안전대표 (Safety Representatives)의 선임절차 및 업무, 책임한계, ⅴ) 직장의 보건안전 위원회의 구성과 기능·권한·응급조치에 관한 사항, ⅵ) 개인보호구에 관한 사항 등이다. 안전대표(Safety Representatives)는 부서장이나 작업반장급에서 안전보건에 관한 지식이나 경험이 있는 자를 선출하며, 노동조합의 대표 (Shop Steward)가 겸임하는 경우에 많다. 사업주는 안전보건에 관하여 안전 대표자와 협의해야 할 의무를 부담한다(사업장보건안전법 제2조제4항, 제6항).

c) 직장의 안전위원회(Safety Committee)는 우리나라의 산업안전보건위원회와 같은 기능을 한다. 안전위원회는 안전대표자(근로자대표)와 협의하여 사업장규 모에 따라 6~8명 정도로 구성하며, 안전위원회 운영규정을 제정한다. 이 경우 목적, 회원자격(사용자대표, 근로자대표, 상호선택하는 관련자), 회의일정 및 규칙, 회의결과의 고지 등에 관한 행위준칙(approved code of practice)에서 구성할 때 유의해야 할 점에 대하여 일정한 기준을 HSE에서 가이드라인으로 제시하고 있다.115) 2명 이상의 안전대표자(Safety Representatives)가 요청 시 안전위원회 를 둘 수 있고, 산업보건안전청(HSE)의 가이드라인에 따라 자율적으로 운영한 다. 그러나 보건안전법규를 위반한 경우 정부의 산업안전감독관에 의하여 제재 를 받게 된다.

d) 작업장 안전점검은 노동조합이 지명한 안전대표자가 작업장을 안전점 검할 수 있으며, 사전에 안전점검 실시에 대하여 서면으로 공지하여야 한다. 안전점검의 종류는 ⅰ) 일반적인 안전점검으로써 안전시찰(Safety Tour), ⅱ) 특별한 위험작업이나 공정, 지역에 대한 표본조사(Safety Sampling), ⅲ) 사고 발생 시 점검하는 사고검사(Incident Inspections)로 구분된다.

e) 산업보건안전관리규칙(Management of Health and Safety at Work Regula- tions 1992) 제6조에 따라 사업주는 사업장의 규모와 위험을 고려하여 안전보건 관계자 1명 이상을 선임하여야 하며, 이는 산업보건안전청이 감독한다.116) 영

---

115) HSE, Consulting workers on health and safety(L146), 2014, P.35.
116) 보건안전감독관은 수사권으로써 건물출입권, 경찰동행권, 건물출입시 조력자 및 장비휴대권, 검사 및 수사권, 방해배제권, 측정 및 촬영·기록권, 샘플수집권, 검사를 위한 위험물품이나 물질의 해체 또는 검사, 압수 및 보관권, 심문권, 장 부나 문서의 제작 또는 복사요구권, 설비등의 요구권, 긴급위험대체권 등의 권

국은 자율안전보건의 원칙에 따라 안전관리책임자, 안전관리자, 보건관리자, 관리감독자에 대한 명시규정을 두지 않고 있으나, 보건관리자는 선임의무를 부과한다.

f) 따라서 관리감독자의 안전업무 소홀이나 사고발생에 대한 책임을 벌칙으로 명시한 규정은 없으며, 안전보건에 관한 법규위반 시 연방정부의 감독관이 경고 또는 지도, 개선지시, 구속하는 제재를 하고 있다. 국가법령에 의하여 형사책임을 부과하고 있으나, 개별회사의 사규에 따라 민사상 책임이 인정된다.

g) 그러나 사업장보건안전법(Health and Safety at Work etc. Act 1974) 제7조(작업 중 근로자의 일반적 의무) 제1항에서 "작업 중 자신의 작위 또는 부작위에 의해 영향을 받을 수 있는 다른 사람의 건강과 안전을 위해 합리적인 주의의무를 부담한다"고 규정하고 있다. 이 경우 같은 법 제33조에 따라 근로자가 주의의무를 위반한 경우에는 5000파운드 이하 또는 2년 이하의 징역 또는 상한이 없는 벌금의 부과대상이 된다.

3) 영국의 분권형 근로감독체계와 지방정부의 기능 a) 영국의 근로감독체계는 1833년 공장법(factory act)에 의해 근로감독관을 처음 도입한 후 상시 근로자 50명 이상의 사업장으로 확대하고, 50명 미만은 지방정부가 관할하는 방식으로 이원화 되었다. 그러나 소규모 영세사업장의 열악한 노동환경을 개선하기 어렵다는 판단에 따라 다시 중앙으로 일원화하였다.117)

b) 1878년 공장법에서는 대부분 제조업을 대상으로 근로감독을 실시하였으며, 1898년 보건감독관, 1892년 방직감독관, 1899년 엔지니어링 감독관,

---

한을 행사한다. 또한 감독관은 개선통지권과 금지통지권을 행사한다. 개선통지권은 영국의 사업장보건안전법 제21조에 따라 개인이 관련법규를 위반하고 있는 경우, 그 위반이 계속되거나 반복될 것 같은 경우에 행사된다. 금지통지권은 사업장보건안전법 제22조에 따라 어떠한 행위가 심각한 부상의 위험이 있거나 있을 것으로 예상되는 경우에 감독관이 행사한다. 감독관은 영국의 사업장보건안전법령의 위반사건에 대하여 자신의 이름으로 기소권을 행사하며, 검찰총장과 함께 제기될 수 있다. 형사소송은 감독관의 이름으로 제기되며, 기소권한은 변호사에게 위임할 수 없다.

117) 김기선·전형배·권오성·김선혜, "해외 산업안전감독 제도분석", 산업안전보건연구원, 2022, 95-96면.

1902년 전기감독관을 순차적으로 도입하였다. 이후 1972년 로벤스보고서에 따라 산업보건법령과 조직이 개혁으로 산업보건안전청을 설립하였다.

c) 영국은 산업보건안전청(HSE : Health and Safety Executive)을 주축으로 지방정부와 연계하여 감독권한의 기능을 분배한 분권형감독체계를 형성하고 있다. 산업보건안전청은 사업장에서의 법규준수를 감독하고, 사업장에 대하여 정보를 제공한다.

d) 영국의 감독관은 안전기준에 따라 산업보건안전청이 조기개입을 통해 안전보건법령의 준수를 독려하고, 경미한 위반사항은 구두경고를 먼저하고, 개선처분과 금지처분을 하며, 법령위반자에 대하여는 증거가 부족하거나 수범자가 범죄사실을 인정하지 않으면 형사절차로 이행된다.118)

e) 영국의 산업보건안전청은 보건안전위원회의 기능을 흡수해 근로자·사용자·공무원 및 전문직 종사자로 구성하고, 안전보건에 관한 정책과제와 실행프로그램을 개발하며, 정책의 계획과정에 지방자치단체를 참여시킨다. 산업보건안전청의 감독관은 사법권을 행사하며, 지방자치단체의 감독공무원은 사업장에 행정감독권을 행사한다.119) 이 경우 지방자치단체는 소규모 지방밀착형 비제조업을 담당하며, 안전보건의 개선을 위한 프로그램의 개발 및 실행에 관하여 산업보건안전청의 승인을 받는다.

(2) 법인과실치사 및 법인살인법의 주요 내용

1) 법인과실치사법의 특징　　a) 영국의 법인과실치사 및 법인살인법(Corporate Mansulaughter and Corporate Homicide act)은 2007년 경영층의 범죄를

---

118) 개선처분은 우리나라의 산업안전보건법에 의한 시정명령에 가깝고, 금지처분은 작업중지명령에 가깝다. 그러나 영국은 양자 모두 사고발생 전에 발령하는 행정처분이라는 성격이 강하다. : 김기선 외 3인, 전제 연구보고서, 110-111면.

119) 지방자치단체는 도소매, 사무실, 여가, 급식과 관련된 건물들에 대한 안전과 보건에 관한 법적 책임을 맡고 있다. 건물의 경우 산업관련 건물은 산업보건안전청이 담당하고, 상업성 건물은 지방자치단체가 담당한다. 지방자치단체는 산업보건안전청의 지침에 따라 협력해야 하며, 산업보건안전청과 지방자치단체 사이에는 보건안전집행위원회가 구성되어 있다. 이 위원회는 1975년 지방자치단체와 산업보건안전청 간에 안전보건에 관한 사항을 일관된 집행업무를 보장하기 위하여 설립되었다.

이유로 법인에 대하여 처벌을 하고자 제정한 법률이다. 우리나라와 달리 영국은 법인의 독자적인 범죄능력을 인정하며, 법인의 범죄성립은 개인의 범죄에 종속하지 않고 법인의 구성과 운영에 있어서 의무위반이라는 독립적인 구성요건을 충족하면 그 자체로 인정한다.

b) 영국은 1944년 판례를 통해 '동일성의 원리(principle of identification)'가 채택되기 시작했다. 그 결과 주관적 불법구성요건(mens rea)으로 하는 범죄에 대하여도 기업에게 형사책임을 묻는 것이 가능해졌다. 당시에는 특정의 자연인의 행위가 법인의 행위와 동일시 되어야 한다는 '동일성의 원칙'에 따라 법인과실치사죄를 그대로 적용해왔다. 그러나 동일성의 원칙 때문에 과실치사죄로 대규모의 기업이 처벌되는 것은 거의 불가능에 가까웠다.120)

c) 예를 들어 영국에서는 대형철도사고, 여객선사고에도 불구하고 법인의 고위책임자가 직접 사건에 관여하는 경우가 매우 드물어 동일성의 원리(ind-entification principle)에 따라 해당법인의 이사 등 경영책임자에게 보통법으로 중과실치사죄를 묻기가 곤란했다.

d) 그 결과 영국의 1997년 노동당 정권이 집권한 후 10년이 경과된 2007년 「법인과실치사 및 법인살인법」을 제정하였다.121) 이 법은 사망재해가 발생한 경우 그 발생을 의도하지 않는 범죄로 보아 처벌하는 것을 목적으로 하므로 법률의 'Manslaughter'는 고의적 살인이 아닌 '과실치사죄'로 번역해야 한다.122)

e) 이 법은 보통법상의 법인과실치사죄를 폐시하고, 개인과실치사죄와 달리 특정한 개인의 행위를 문제로 삼은 것이 아니라 "조직의 활동이 관리되거나 조직되는 방식"을 범죄의 구성요건으로 하고 있다. 경영자등을 기소하여 재판을 하되, 유죄판결 시 형사책임은 법인이나 기관에 대하여 책임을 묻

---

120) 권영창, "영국의 법인과실치사법", 중대재해처벌법 연구(1), 법문사, 2022, 161면.
121) 1997년 정권을 잡은 노동당은 같은 해 10월 당대회에서 관련법 제를 개혁할 것이라고 발표하였다. 그 후 2000년 5월에 정부는 '비고의살(非故意殺)에 관한 법률의 개혁(Reforming the Law on Involun tary Manslaughter' : the Goverment's Proposals)'을 발표하였다. : 권영창, "영국의 법인과실치사법", 중대재해처벌법 연구(1), 법문사, 2022, 165면.
122) 이동명, "과실범처벌의 현대적 과제-기업범죄와 관련하여," 「법과 정책 제21집 제2호(2015, 8, 30)」, 청주대학교 법과정책연구원, 100면.

는다. 말 그대로 법인자체에 대하여 책임을 묻는 입법체계를 구성한다.

f) 이 법은 단체에 대하여 주의의무위반을 규정하고, 공동불법행위를 이유로 주의의무를 면제하지 않는다. 배심원은 사망재해의 경우 심각한 주의의무로 규정하고, 중대한 위반(gross breach)으로 결정함에 있어서는 단체의 태도, 정책, 시스템, 안전보건지침을 고려한다.

g) 영국의 법인과실치사법은 법인에 대한 벌금형, 구제명령, 공표명령으로 구분한다. 구제명령은 사망원인으로 지목되는 기업의 각종 정책이나 지침 등에 대한 문언의 자구수정을 하도록 강제하는 법원의 처분을 의미한다. 구제명령은 과실치사의 유죄가 확정된 단체가 이 법의 위반, 위반이나 사망의 원인이 되는 문제, 단체의 정책이나 체계, 관행의 문제점을 개선하도록 하는 명령이다.123) 이 구제명령은 검찰이 명령의 내용을 특정하여 신청해야만 발령할 수 있다.

2) **중대재해발생 시 형사책임의 부과방식** a) 영국의 법인과실치사법은 사업주나 경영책임자에게 벌금이나 징역형을 부과하지 않으며, 이들의 중대한 의무위반(gross breach)에 대한 입증이 있으면 법인에게 책임을 묻는다. 법원은 유죄판결을 할 경우 법인에 대하여 벌금을 부과한다.

b) 법인과실치사법에 의한 벌금은 액수에 제한이 없으며,124) 벌금산정사유, 가중사유, 감경사유, 단체의 규모 및 성격, 재정상황, 재정적 결과의 예측을 고려하여 결정한다. 이 경우 경영진의 도덕적 해이를 방지하기 위하여 벌금의 비용을 보험에 의해 충당하는 것을 금지한다.

c) 법인과실치사법은 법인의 작위의무로서 안전감시체계와 위험관리체계를 구축하지 않는 경우 법인의 과실치사죄를 적용한다. 법인의 범죄는 사망자의 고의 또는 과실과 상관 없이 법인의 중대한 의무위반에 대하여 형사처벌을 인정한다. 이 경우 합리적인 주의의무는 안전장치가 사망자에 의하여 실제로 준수하였는지 확인하는 조치를 할 것도 포함한다.

d) 사망재해가 발생한 법인에 대하여는 법인과실치사법에 의한 법인책임을 적용한다.125) 또한 보통법에 의하여 개인에게 중과실치사죄를 적용할 수

---

123) 권영창, "영국의 법인과실치사법", 중대재해처벌법 연구(1), 법문사, 2022, 173면.
124) 그 결과 회사의 1년간 매출액 기준 2.5%~10%를 벌금으로 부과할 수 있다.

있다. 이 경우 보통법은 회사의 관련 의무와 경영진의 의무는 별개로 판단한다. 이사와 경영진의 관련의무는 개인에게 적극적으로 부과된 법적 의무로 보며, 해당의무위반에 중대한 과실이 있을 때 위반으로 판단한다.

  e) 개인과 법인은 사업장보건안전법에 의해 형사처벌이 가능하다. 사업장보건안전법 제37조는 "법인에 의하여 범해진 관련 법령 조항에 따른 범죄가 그 단체의 이사, 관리자, 비서 또는 기타 유사한 임원 또는 그러한 자격으로 행동한다고 주장한 자의 동의 또는 묵인에 의해 저질러졌다거나 이들의 태만으로 원인을 돌릴 수 있는 경우 당사자뿐만 아니라 법인도 범법행위의 유죄가 되며 그에 따라 제기되는 법적 절차에 책임을 지고 처벌을 받는다."고 규정하고 있다.

  f) 영국은 당사자주의를 인정하며, 유죄를 인정하는 유죄인정협상(Guilty Plea)에 의하여 형벌을 낮추는 제도로 운영된다. 그 결과 대부분의 형사사건은 초심에서 약 95%가 해결되며, 항소심은 경우 1년에 서너 건에 불과하다.[126] 2008년 4월 6일 법인과실치사법이 시행된 후 아직도 대법원판결사례가 없다.

  3) **법인과실치사법의 주요내용**　　a) 법인과실치사법은 29개 조문으로서, ⅰ) 범죄의 성립, ⅱ) 주의의무, ⅲ) 중대한 위반, ⅳ) 구제명령 및 공표명령,

---

125) 영국에서 산재사고로 사망재해가 발생한 경우에 산업보건안전청의 감독관이 보건안전범죄의 가능성을 조사하며, 과실치사 및 법인과실치사를 확인한 경우 당해 사건을 경찰로 이송한다. 이 경우 경찰 또는 검찰이 과실치사나 법인과실치사의 사건을 조사하지 않기로 한 경우 보건안전감독관이 기소 여부를 결정한다.

126) 그래서 2008년 시행 이후 중대재해처벌법의 위반사건은 대법원의 판결사례가 없다. 영국은 2008년 4월 6일부터 2017년 3월까지 법인과실치사법의 위반으로 기소된 42건 중 29건이 유죄판결을 받았다. 영국에서 2020년부터 2021년의 1년간 업무상 사망자수는 약 142명이다. 2017년 Koseoglu Metal Works Ltd사건은 건물지붕의 수리작업 중 근로자 1명이 추락해 사망건에 대하여, 회사와 이사들이 산업안전보건청으로부터 시정명령을 받았음에도 불구하고 위험성 평가, 서류작업, 비계, 주행라인, 하네스 및 안전망을 제공하지 않았음을 고려하여, 산업안전보건법의 위반으로 이사들에게 징역형 및 10년간 이사자격을 박탈하였다. 오늘날 영국의 법인과실치사법은 기업살인에 대한 책임을 인정한 반면, 동법 제18조(Individual Liability)는 개인면책을 함에 따라 사망재해에 대한 경영진의 책임을 약화시켰다는 비판을 받고 있다. : 김혜경·이진국·도중진·차종진, "해외 중대재해처벌에 관한 사례분석", 산업안전보건공단, 2022, 23면-63면 참조

ⅴ) 특정 단체에의 적용, ⅵ) 일반사항 및 보칙으로 구성되어 있다. 이 경우 단체의 조직 또는 관리하는 방식이 (a) 어떤 사람을 사망에 이르게 하고, (b) 사망한 사람에 대하여 단체의 주의의무의 중대한 위반에 이른 때, 그 행위는 범죄를 구성한다(법인과실치사법 제1조제1항). 법인과실치사법은 (a) 법인, (b) 부칙1에 명시된 부처 및 그 밖의 기관, (c) 경찰, (d) 사용자의 지위에 있는 합명·합자회사, (e) 노동조합 및 경영자단체에 대하여 적용한다(법인과실치사법 제1조제2항).

b) 최고경영진에 의하여 관리 또는 조직된 활동의 방식이 제1항에서 규정한 위반행위의 실질적 요소가 되는 경우에만 해당 단체를 유죄로 본다(법인과실치사법 제1조제3항). 여기서 최고경영진이란 ⅰ) 경영하거나 조직되는 활동의 전부 또는 핵심적 부분에 관한 의사결정, ⅱ) 그러한 활동의 전부 또는 핵심적 부분의 실제적인 경영 또는 조직의 중요한 역할을 하는 자를 말한다(법인과실치사법 제1조제4항c호).

c) 주의의무는 제2조에서 정하고 있으며, 제3조 내지 제7조에 적용한다. 단체의 행위가 해당 상황에서 그 단체에 합리적으로 기대되는 수준에 상당히 미달하는 주의의무위반에 이른 경우에는 단체가 부담하는 주의의무위반은 중대한 위반에 해당된다(법인과실치사법 제1조제1항b호).127) 이 경우 주의의무는 고의가 아닌 과실주의의 관점에서 유책성을 판단한다.

d) 단체의 주의의무란 과실법(Law of Negligence)에서 정한 (a) 단체의 근로자 또는 단체를 위하여 노무를 제공하는 자, 단체를 위하여 용역을 제공하는 자에 대한 의무, (b) 작업장 점유자로서의 의무, (c) 단체에 의한 물건 및 서비스의 제공, 단체의 의한 건축 또는 유지보수 업무의 수행, 단체에 의한 설비, 차량 또는 그 밖의 것의 사용 또는 유지의 의무를 말한다(법인과실치사법 제2조제1항). 작업장의 점유자는 소유권, 임대권 등에 의해 사실상 지배·운영·관리하는 경우 재해를 예방하기 위한 주의의무를 부담한다.

e) 이 법의 목적을 위해 특정단체가 특정 개인에 대하여 의무를 부담하는

---

127) 배심원이 관련 주의의무의 중대한 위반에 대하여 판단한 경우 당해 법인이 위반행위와 관련된 안전보건법령에 위반하였다는 사실이 입증되는지, 입증된다면 그 위반이 얼마나 심각한지, 얼마나 많은 사망위험을 야기하였는지를 고려하여야 한다(법인과실치사법 제8조제2항).

지 여부는 법률문제로 본다. 이 문제를 결정하기 위하여 판사는 필요한 사실을 인정하여야 한다(법인과실치사법 제2조제5항). 그러나 이 법의 목적을 위하여 (a) 공동불법행위를 같이 하였다는 이유로 다른 이에 대한 주의의무를 면제하는 효과가 있는 보통법의 법리(rule), (b) 위험을 감수하였다는 이유로 주의의무를 면제하는 법리를 고려하지 아니한다(법인과실치사법 제2조제6항).

  f) 법원은 법인과실치사죄 또는 법인살인죄의 유죄판결을 선고하기 전이라도 해당 단체에 대하여 ⅰ) 유죄판결을 받은 사실, ⅱ) 자세한 위반사항, ⅲ) 부과된 벌금액수, ⅳ) 개선명령사항을 결정할 때 공표하도록 명령할 수 있다(법인과실치사법 제10조제1항). 법인과실치사법은 법인과실치사행위를 지원, 교사, 원조 또는 주선한 행위에 대하여 형사처벌을 받지 아니하는 형사면책을 규정하고 있다(법인과실치사법 제18조). 이 규정은 개인면책을 인정함에 따라 경영진의 책임을 약화시켰다는 비판을 받고 있다.

(3) 호주의 경영책임자와 산업재해예방의무

  1) 산업보건안전법과 SWA   a) 1972년 영국의 로벤스보고서(Report at the Committee on Safety and Health at Work)에 의한 산업별·지역별 분권형 감시체계를 참조하여 권한을 분배하는 모델을 구축하였다. 그 결과 호주는 로벤스모델을 구축하고, 산업안전과 산재보험을 통합한 연방안전청(SWA : Safety Work Australia)를 설치하였다.

  b) SWA는 「Safe Work Australia Act 2008」에 근거하여 산업안전감독, 산업보건안전모델법을 제정 및 개정하며, 모델법 실행규범(Code of Practice) 제정, 주정부의 일관된 업무를 처리하기 위한 활동을 지원한다. 산업안전보건에 관한 사항은 SWA가 총괄하며, 그 실행은 지방자치단체에 일부 사무를 위임하고 있다. 이러한 활동을 위해 연방정부와 주정부 간 "산업보건안전에 있어 규제와 관리개혁에 관한 협약(Intergovernmental Agreement for Regulatory and Operational Reform in Occupational Health and Safety)"을 체결하였다.

  c) SWA가 연구하는 모델법의 공식명칭은 산업보건안전모델법안(Model Work Health and Safety Bill)이다. 이 모델법은 주요사항을 산업보건안전모델규

정집(Model Work Health and Safety Regulations)을 제정하고 매년 개정하며 발행하고 있다. 모델법은 총 14장, 55개절, 276개의 조문으로 구성된다.

d) 호주에서 산업재해 예방의무의 주체는 '사업 또는 사업체를 운영하는 사람(PCBU : a Person Conducting a Business or Undertaking)'을 말한다(모델법 제5조). PCBU는 법인, 비법인이나 개인을 모두 포함한다. PCBU는 호주의 모델법상 의무주체로서 근로자를 직접 고용한 사업주에 국한하지 않으며, 하도급계약관계 등에서 사업주의 역할을 하는 사람을 모두 포함한다.

e) PCBU는 합리적으로 실행가능한 범위에서 다른 사람들의 보건 및 안전이 그와 같은 사업 또는 사업체 운영의 일환으로 수행되는 업무로 인하여 위험에 처해 지지 않도록 하여야 한다(모델법 제19조제2항). 이 규정은 선관주의의무를 명시한 것이다.128) 법인의 이사나 법인의 사업 전체 내지 상당한 영역에 직접 영향을 주는 결정에 참여하는 임원은 형사책임을 부담한다. 임원은 PCBU의 책임범위에 속하는 의무사항에 관하여 상당한 주의를 해야 한다.129)

f) 호주의 산업보건안전모델법(SWA)은 총 14장으로 구성하고, 제2장제4절에서 임원, 근로자 및 기타 관련자의 의무를 규정하고 있다.130) PCBU가

---

128) 호주는 영국과 같은 입법형태는 취하고 있는데, 산업보건안전보건법은 당사자주의를 채택하여 근로자의 권리로 명시하고 있다. 따라서 사업주는 근로자에 대하여 의무를 이행하여야 하며, 근로자는 권리를 주장할 수 있다. 그 결과 사업주는 안전배려의무를 갖게 된다. 그러나 우리나라의 산업안전보건법은 당사자주의를 채택하지 않고 있는 점에서 차이가 있다.

129) 산업보건안전모델법 제2장(산업안전의무)의 제2절 내지 제4절에 규정된 위무는 위반정도에 따라 제1단계(심각한 위반), 제2단계(중한 의무위반), 제3단계(의무위반)으로 구분한다. 제1단계에 해당하는 제재는 PCBU 내지 임원 등 보건안전의무를 부담하는 자가 합리적인 이유 없이 사망 내지 심각한 부상 및 질병의 위험에 대하여 근로자등을 노출시키는 행위에 관여하고 그 결과 개인의 사망이나 심각한 부상 또는 질병이 발생하여 이에 대하여 고의 및 중과실을 인정할 수 있는 경우를 말한다. 제2단계는 보건안전의무를 부담하는 자가 그 의무를 준수하지 않아서 그 불이행으로 인하여 사망이나 심각한 부상 또는 질병에 개인이 노출시킨 경우를 말한다. 이 경우 고의 또는 중과실, 작위 또는 부작위의 행태에 따라 책임 여부에 차이가 난다. : 윤준현 외 5인, 전게연구보고서, 125면.

130) 모델법 ① 제1장 총칙, ② 제2장 산업안전의무, ③ 제3장 산재사고통지, ④ 제4장 인가, ⑤ 제5장 협의, 대표와 참여, ⑥ 제6장 차별적, 강압적, 오도적 행위, ⑦ 제7장 산업보건안전 출입권한자에 대한 사업장 출입, ⑧ 제8장 규제관, ⑨ 제9장 이행준수의 확보, ⑩ 제10장 강제이행수단, ⑪ 제11장 이행강제가 가능한

산업재해 예방의무를 이행하지 않으면 벌금을 부과한다(모델법 제33조).

  2) **산업재해과실치사죄와 제재방법**   a) 호주는 중대재해처벌법을 별도로 제정하지 않고 있다. 호주는 6개의 주(state)와 2개의 준주(territory)로 구성되고 있으며, 연방법에는 법인과실치사 및 산업재해과실치사죄를 규정하지 않았다.131)

  b) 현재 6개 주(퀸즈랜드, 빅토리아, 서호주, 남호주, 수도준주, 북부준주)는 각 주법에서 산업재해과실치사죄를 규정하여 시행하고 있다. 서호주(Western Australia)의 경우 산업재해과실치사죄를 입법(2022. 3. 31)하여 개인에 대하여는 최대 20년 징역형과 벌금 5천만불, 법인에 대하여는 벌금 1천만불을 처하도록 규정하였다.

  c) 호주는 산업보건안전법과 형법에 의하여 처벌하는 방식을 채택한다. 호주의 연방체제의 국가로서 수도 준주(準州)는 유일하게 형법에 의하여 법인과 고위경영진을 처벌한다. 산업보건안전법은 퀸즈랜드 주, 노던준주, 빅토리아 주에서 산업보건안전법에 의한 처벌규정을 두고 있으나, 형법의 규율방법과 크게 차이가 없다.132)

  d) 빅토리아주 산업보건안전법(Occupational Health and Safety Act 2004)은 사업장의 과실치사(Workplace manslaughter, Part 5A)에 관한 사항을 규정하고 있다. 각주의 벌칙은 차이가 있으나, 산업재해과실치사죄가 인정되는 경우 자연인의 경우 최대 무기징역, 대체적으로 최대 20년 이상의 징역형을 규정하고 있다.

  e) 퀸즈랜드주 지방법원(Queensland District Court)은 BAR폐차장의 산업보건안전법위반(법인과실치사)죄에 대하여, ⅰ) 사업장에 명문의 안전관리지침이

    사업,⑫ 제12장 재심, ⑬ 제13장 법정절차, ⑭ 제14장 일반론을 규정하고 있다. 호주의 모델법은 5년 이하의 징역형과 벌금형으로 정하고 병과할 수 있으나 일반적으로 벌금형을 부과하고 있다. 호주 수도 준주는 2004년 형법 제2A장에 기업의 업무상 과실치사에 따른 법인과 고위경영진을 처벌할 수 있는 근거를 마련하였다.

131) 그러나 2023년 9월에 산업보건안전법(Work Health and Safe Work Australia Ac 2011)을 개정하여 연방차원에서 산업재해과실치사죄를 처벌할 수 있도록 규정하였다.

132) 윤준현·김근주·김기선·전형배·박수경·강련승, "중대재해처벌법상 안전 및 보건확보의무의 구체화 방안연구", 안전보건공단, 2021. 113면.

없었던 점, ii) 사업에 지속적인 차량통행이 있음에도 교통지도를 전혀 하지 않은 점, iii) 근로자들의 면허소지 여부, 업무수행능력 등을 제대로 확인하지 않고 현장에 투입한 점, iv) 산재보험에 가입하지 않고 산재보험에 필수적으로 가입해야 한다는 사실을 알지 못했던 점을 근거로 BAR폐차장과 그 대표들에 대하여 벌금 3백만 달러 또는 징역 10개월에 집행유예 20개월을 선고하였다.133)

f) 또한 퀸즈랜드주 지방법원은 화물차에서 지게차를 이용하여 발전기를 하역하던 중 해당 작업을 돕던 피고인의 친구를 충격하여 사망한 사건에 대하여, i) 피고인이 지게차의 운전면허가 없었던 점, ii) 특히 지게차를 이용한 무거운 설비의 하역과 관련하여 어떠한 작업장안전절차를 문서화하지 아니한 점, iii) 지게차를 이용하여 하역하기에 적당한 무게를 초과한 점, iv) 발전기가 지게차를 이용한 하역작업에 형태상 적합하지 않았다는 점, v) 발전기의 하역구역에 보행자의 접근을 금지하는 어떠한 조치도 취하지 아니한 점, vi) 피고인이 발전기의 하역에 있어서 타인의 안전거리 확보에 대하여 적절한 지시를 하지 않았고, 이를 감독하거나 적절한 교육 및 훈련을 하지 않은 점, vii) 지게차를 이용한 하역이 적절하지 않다는 점을 하역 중 인지하였음에도 피해자가 지게차에 근접한 동안 작업을 수행한 점, viii) 사고를 야기한 작업이 비교적 적은 비용소모를 통하여 안전한 대체작업이 가능했던 점을 이유로 검사는 피고인이 부주의를 하였다며 산업보건안전법 제34조위반을 이유로 기소하였다.

g) 또한 법원은 피해자와 피고인은 친구 사이로 피해자가 자발적으로 돕기 위하여 작업을 수행했다는 점이 인정되지만 이러한 점이 피고인의 책임을 경감하지 않는다고 판시하였다.134) 이 사건에서 법원은 객관적으로 나타난 법익침해의 중대성, 범죄자의 전력, 양심의 가책 및 기타 개인적 사정등을 고려하여야 한다고 설시하였다.

---

133) 권창영 외 16명, 중대재해처벌법 연구(1), 법문사, 2022, 209면 이하.
134) 퀸즈랜드 홈페이지 참조(First conviction of an individual for industrial manslaug hter in Queensland://www.owhsp.qld.gov. au/court-report/first-conviction-individu al-manslaughter-queensland.

3. 중대재해처벌법과 산업안전보건법의 비교

(1) 산업재해와 중대산업재해

1) 산업재해와 중대재해   a) 산업재해는 부상, 질병, 장해 또는 사망의 다양한 형태로 발생하여 상해의 정도에 따라 생명에 미치는 영향이 심각한 수준에 이른다. 중대재해처벌법은 산업재해 중 재해의 정도가 치명적인 수준에 이를 때 중대재해로 보아 규율한다.

b) 중대재해처벌법 제2조제1호에 따른 중대재해는 산업안전보건법 제2조제2호에서 명시한 중대재해와 차이가 있다. 중대재해는 산업재해 중 사망 등 재해정도가 심하거나 다수의 재해자가 발생한 경우로서 고용노동부령으로 정하는 재해를 말한다(산업안전보건법 제2조제2호).

c) 중대재해처벌법에 의한 중대재해는 중대산업재해와 중대시민재해로 구분하며, 산업안전보건법보다 보호대상이 광범위하다. 산업안전보건법은 사업장을 중심으로 사업주에게 고용되어 있거나 노무를 제공하는 사람, 특수형태근로종사자를 포함하여 중대재해를 인정한다. 반면에 중대재해처벌법은 사업장에서 사업까지 확대하고 사용종속관계에 있지 아니한 수급인도 규율한다.

2) 중대재해의 비교   a) 중대재해처벌법에 의한 사망재해는 동일하게 판단하나, 부상이나 질병은 산업안전보건법의 기준과 달리 규정하고 있다. 예를 들어 부상의 경우 중대재해처벌법은 동일성의 원칙에 따라 판단하지만, 산업안전보건법은 동시성의 원칙에 따른다.

b) 근로자 2명이 사업장에서 3개월 이상의 부상을 당하였다면 산업안전보건법에 의한 중대재해가 된다. 이 경우 중대재해처벌법 제2조제2호에 따라 6개월 이상에 해당되지 않아 사업주 또는 경영책임자는 중대재해처벌법의 적용대상이 되지 않는다. 그러나 형법 제268조(업무상과실치사상죄)에 따른 형사처벌의 대상은 주의의무를 이유로 사업주 또는 경영책임자에 대하여 적용할 수 있다.

c) 중대재해처벌법의 중대재해는 산업재해 중 중대재해를 의미하나, 중대

시민재해는 산업재해와 관련성이 없다. 따라서 중대재해처벌법 제2조제1호
(중대재해)와 제3호(중대시민재해)는 중대재해의 유형을 구분하는 의미에 불과
하다. 산업안전보건법의 중대재해와 중대재해처벌법의 중대산업재해 등에 대
하여 비교하면 다음과 같다.

[표1-7] 사망·부상·질병의 비교

유 형	중대재해처벌법	산업안전보건법
명칭	중대산업재해	중대재해
근거	법 제2조제2호	법 제2조제2호 및 시행규칙 제3조
사망	1명 이상 발생	1명 이상 발생
부상	동일한 사고로 6개월 이상 치료가 필요한 부상자가 2명 이상 발생	3개월 이상 부상자가 동시에 2명 이상 발생
질병·기타	동일한 유해요인으로 급성중독등 대통령령으로 정하는 직업성질병자가 1년 이내 3명 이상 발생	부상자 또는 직업성 질병자가 동시에 10명 이상 발생

(2) 중대재해처벌법과 산업안전보건법의 특성비교

중대재해처벌법과 산업안전보건법은 중대재해의 예방과 근로자의 보호라
는 법익의 측면에서 공통점이 있다. 그러나 입법체계상 목적, 적용범위, 책임
주체(의무주체와 이행주체), 규율방법(규율대상과 절차, 방법 등), 범죄유형, 법률
효과(형사처벌) 등에서 차이가 있다.

[표1-8] 중대재해처벌법과 산업안전보건법의 비교

항목	중대재해처벌법	산업안전보건법
목적	1. 중대재해의 예방 2. 시민과 종사자의 생명과 신체를 보호	1. 산업재해의 예방 2. 노무를 제공하는 사람의 안전과 보건을 유지·증진
적용범위	상시 근로자 5인 이상 사업 또는 사업장	유해위험의 정도, 사업의 종류, 사업장의 상시 근로자수

보호대상	근로자, 수급인, 노무를 제공하는 사람(특수형태근로종사자 포함)	근로자, 특수형태근로종사자, 노무를 제공하는 자
행위자	사업주 또는 경영책임자	안전보건관리책임자, 안전관리자, 보건관리자, 관리감독자 등
처벌대상	법인, 사업주, 경영책임자, 공무원	사업주와 안전보건관계자
의무사항	안전 및 보건 확보의무 -법 제4조 및 제5조, 제6조, 제9조	안전조치 및 보건조치 의무 -법 제38조 및 제39조, 제63조 및 제64조 등
범죄요건	구성요건해당성, 위법성, 책임	구성요건해당성, 위법성, 책임성
범죄유형	결과범 또는 결과적 가중범	기본범죄+결과적 가중범
법인책임 면책규정	상당한 주의와 감독을 게을리하지 않은 경우(양벌규정)	상당한 주의와 감독을 게을리하지 않은 경우(양벌규정)
판단기준	지배·운영·관리하는 장소	지배·관리하는 장소
책임 성격	안전경영책임	관리감독책임
법적 책임	상당한 주의 또는 감독	상당한 주의 또는 감독
중대시민재해	1. 사망자가 1명 이상 발생한 재해 2. 동일한 사고로 2개월 이상 치료가 필요한 부상자가 10명 이상 발생한 재해 3. 동일한 원인으로 3개월 이상 치료가 필요한 질병자가 10명 이상 발생	규정 없음
손해배상	징벌적 손해배상	규정 없음, 통상적 손해배상

제 2 장
중대산업재해

제 1 절 안전보건확보의무

제 2 절 중대산업재해의 예방대책

제 3 절 중대산업재해의 사례와 법적 책임

제 1 절
안전보건확보의무

1. 일반사업의 안전보건확보의무

(1) 사업주와 경영책임자등의 안전보건확보의무

1) 사업주와 경영책임자등의 안전보건확보의무 　사업주 또는 경영책임자등은 사업주나 법인 또는 기관이 실질적으로 지배·운영·관리하는 사업 또는 사업장에서 종사자의 안전·보건상 유해 또는 위험을 방지하기 위하여 그 사업 또는 사업장의 특성 및 규모 등을 고려하여 다음 각 호에 따른 조치를 하여야 한다(중대재해처벌법 제4조제1항). 이 규정은 사업주 및 경영책임자의 안전보건확보의무를 범죄의 구성요건으로 명시한 것이다.

> 1. 재해예방에 필요한 인력 및 예산 등 안전보건관리체계의 구축 및 그 이행에 관한 조치
> 2. 재해 발생 시 재발방지 대책의 수립 및 그 이행에 관한 조치
> 3. 중앙행정기관·지방자치단체가 관계 법령에 따라 개선, 시정 등을 명한 사항의 이행에 관한 조치
> 4. 안전·보건 관계 법령에 따른 의무이행에 필요한 관리상의 조치

2) 지배·운영·관리 　a) 여기서 "실질적으로 지배·운영·관리"란 하나의 사업 목적 하에 사업 또는 사업장의 조직, 인력, 예산 등에 대한 결정을 총괄하여 행사하는 행위를 발한다. 지배·운영·관리는 의무주체 이외에 다양한 지배개입의 행태와 위험통제의 가능성, 인정범위의 확대가능성을 고려하여 개별적·종합적으로 해석함이 타당하다.

　b) 지배·운영·관리의 판단은 구체적인 사업장에 그치지 않고 사실상 영향을 미치는 사업범위를 고려해야 한다. 사업주가 고용한 근로자가 타인의

사업장에서 근로를 제공하는 경우 그 작업장을 사업주가 직접 관리·통제하지 아니한다는 사정만으로 사업주의 재해발생 방지의무가 당연히 부정되는 것은 아니다.[1] 지배·운영·관리는 우월적 지위에서 장소 등에 대하여 의사결정을 하거나 행위를 통제하는 실질적인 영향을 미치는 개념으로 해석된다.

c) 중대재해처벌법 제4조제1항의 지배·운영·관리는 사업주의 위험통제 가능성(작업의 출입통제, 지휘체계, 안전경영책임자의 여부, 작업에 대한 허가절차 및 승인 여부 등)과 개입행태(보고, SNS 가입·운영 등), 사업 또는 사업장의 조직·인력·예산을 결정할 수 있는 권한을 기준으로 판단하되, 계약의 형식을 불문한다.

d) 또한 지배·운영·관리의 여부는 우선 위험의 통제가능성을 확인하고 ⅰ) 사업 또는 사업장에 대하여 사업주 또는 경영책임자의 지시권이 미치는지, ⅱ) 해당장소에서 일어나는 업무 및 비상상황에 대하여 보고체계를 갖추고 있는지, ⅲ) 일상적 또는 비일상적인 작업이나 업무에 대하여 사업주 또는 경영책임자가 관여하는지, ⅳ) 기계·기구·설비의 소유권이 누구인지, ⅴ) 사업운영에 필요한 예산의 편성 및 집행권한이 누구에게 있는지를 기준으로 판단할 수 있다.[2]

3) **특성 및 규모 등 고려** a) 안전보건확보의무는 "사업 또는 사업장의 특성 및 규모 등"을 고려하여 재해예방조치를 하여야 한다. 사업 또는 사업장의 특성 및 규모, 장소, 기계기구의 사용 등에 따라 유해 또는 위험이 다를 수 있다. 이 경우 재해예방조치의 대상, 방법, 절차에 차이가 있는 점을 고려해야 한다.

b) 중대재해처벌법 제4조제1항제1호·제4호의 조치에 관한 구체적인 사항은 대통령령으로 정한다(중대재해처벌법 제4조제2항). 이러한 위임규정에 따라 안전보건관리체계의 구축 및 이행, 안전보건법령의 이행 및 관리상 조치는 중대재해처벌법 시행령 제4조 및 제5조에 정하고 있다.

（2） 안전보건관리체계의 구축 및 이행에 관한 조치

---

1) 대판 2020. 4. 9, 2016도14559.
2) 대검찰청, 중대재해처벌법 해설, 2022, 159면.

1) **안전보건관리체계의 구축 및 이행**   a) 법 제4조제1항제1호에 따른 "안전보건관리체계의 구축 및 그 이행에 관한 조치"의 구체적인 사항은 다음 각 호를 말한다(중대재해처벌법 시행령 제4조). 여기서 안전보건관리체계란 중대재해처벌법 제4조제1항에 따른 안전보건확보의무를 이행하기 위한 행위규범의 관리체계를 말한다.3)

1. 사업 및 각 사업장의 안전보건에 관한 목표와 경영방침을 설정할 것
2. 「산업안전보건법」 제17조부터 제19조까지 및 제22조에 따라 두어야 하는 인력이 총 3명 이상이고 다음 각 목의 어느 하나에 해당하는 사업 또는 사업장인 경우에는 안전·보건에 관한 업무를 총괄·관리하는 전담 조직을 둘 것. 이 경우 나목에 해당하지 않던 건설사업자가 나목에 해당하게 된 경우에는 공시한 연도의 다음 연도 1월 1일까지 해당 조직을 두어야 한다.
   가. 상시 근로자 수가 500명 이상인 사업 또는 사업장
   나. 「건설산업기본법」 제8조 및 같은 법 시행령 별표 1에 따른 토목건축공사업에 대해 같은 법 제23조에 따라 평가하여 공시된 시공능력의 순위가 상위 200위 이내인 건설사업자
3. 사업 또는 사업장의 특성에 따른 유해·위험요인을 확인하여 개선하는 업무절차를 마련하고, 해당 업무절차에 따라 유해·위험요인의 확인 및 개선이 이루어지는지를 반기 1회 이상 점검한 후 필요한 조치를 할 것. 다만, 「산업안전보건법」 제36조에 따른 위험성평가를 하는 절차를 마련하고, 그 절차에 따라 위험성평가를 직접 실시하거나 실시하도록 하여 실시 결과를 보고받은 경우에는 해당 업무절차에 따라 유해·위험요인의 확인 및 개선에 대한 점검을 한 것으로 본다.
4. 다음 각 목의 사항을 이행하는 데 필요한 예산을 편성하고 그 편성된

---

3) 관리체계란 학문에 따라 다양한 관점에서 설명할 수 있다. 유기적 관리체계와 기계적 관리체계, 권위형 관리체계와 참여형 관리체계 등으로 구분할 수 있다. 그러나 중대재해처벌법은 단순한 사회학적 접근방법이 아닌 규범론적 접근방법에 따라 해석한다. 관리체계의 형태는 일방적 지시형이 아닌 참여형이 바람직하나 이런 관점은 규범적으로 강제하는 사항으로 볼 수 없다. 관리체계의 형태와 수단, 한계를 어떻게 설정할 것인지는 입법자의 결단이다. 즉 입법자가 재해예방조치와 관리감독의 규율방법, 강제하는 방법과 범위의 한계를 정할 수 있다.

용도에 맞게 집행하도록 할 것

　가. 재해예방을 위해 필요한 안전·보건에 관한 인력, 시설 및 장비의
　　　구비

　나. 제3호에서 정한 유해·위험요인의 개선

　다. 그 밖에 안전보건관리체계 구축 등을 위해 필요한 사항으로서 고용
　　　노동부장관이 정하여 고시하는 사항

5.「산업안전보건법」제15조, 제16조 및 제62조에 따른 안전보건관리책임
　자, 관리감독자 및 안전보건총괄책임자(이하 이 조에서 "안전보건관리책
　임자등"이라 한다)가 같은 조에서 규정한 각각의 업무를 각 사업장에서
　충실히 수행할 수 있도록 다음 각 목의 조치를 할 것

　가. 안전보건관리책임자등에게 해당 업무수행에 필요한 권한과 예산을
　　　줄 것

　나. 안전보건관리책임자등이 해당 업무를 충실하게 수행하는지를 평가
　　　하는 기준을 마련하고, 그 기준에 따라 반기 1회 이상 평가·관리
　　　할 것

6.「산업안전보건법」제17조부터 제19조까지 및 제22조에 따라 정해진 수
　이상의 안전관리자, 보건관리자, 안전보건관리담당자 및 산업보건의를
　배치할 것. 다만, 다른 법령에서 해당 인력의 배치에 대해 달리 정하고
　있는 경우에는 그에 따르고, 배치해야 할 인력이 다른 업무를 겸직하는
　경우에는 고용노동부장관이 정하여 고시하는 기준에 따라 안전·보건에
　관한 업무 수행시간을 보장해야 한다.

7.사업 또는 사업장의 안전·보건에 관한 사항에 대해 종사자의 의견을
　듣는 절차를 마련하고, 그 절차에 따라 의견을 들어 재해예방에 필요하
　다고 인정하는 경우에는 그에 대한 개선방안을 마련하여 이행하는지를
　반기 1회 이상 점검한 후 필요한 조치를 할 것. 다만,「산업안전보건법」
　제24조에 따른 산업안전보건위원회 및 같은 법 제64조·제75조에 따른
　안전 및 보건에 관한 협의체에서 사업 또는 사업장의 안전·보건에 관
　하여 논의하거나 심의·의결한 경우에는 해당 종사자의 의견을 들은 것
　으로 본다.

8.사업 또는 사업장에 중대산업재해가 발생하거나 발생할 급박한 위험이
　있을 경우를 대비하여 다음 각 목의 조치에 관한 매뉴얼을 마련하고,

> 해당 매뉴얼에 따라 조치하는지를 반기 1회 이상 점검할 것
>
> 　가. 작업 중지, 근로자 대피, 위험요인 제거 등 대응조치
>
> 　나. 중대산업재해를 입은 사람에 대한 구호조치
>
> 　다. 추가 피해방지를 위한 조치
>
> 9. 제3자에게 업무의 도급, 용역, 위탁 등을 하는 경우에는 종사자의 안전·보건을 확보하기 위해 다음 각 목의 기준과 절차를 마련하고, 그 기준과 절차에 따라 도급, 용역, 위탁 등이 이루어지는지를 반기 1회 이상 점검할 것
>
> 　가. 도급, 용역, 위탁 등을 받는 자의 산업재해 예방을 위한 조치 능력과 기술에 관한 평가기준·절차
>
> 　나. 도급, 용역, 위탁 등을 받는 자의 안전·보건을 위한 관리비용에 관한 기준
>
> 　다. 건설업 및 조선업의 경우 도급, 용역, 위탁 등을 받는 자의 안전·보건을 위한 공사기간 또는 건조기간에 관한 기준

b) 안전보건관리체계의 구축은 최고경영자의 방침과 목표에 따라 실행되도록 그 범위가 사업뿐만 아니라 사업장까지 방향성을 지니고 확대된다. 그러나 중대재해처벌법 시행령 제4조의 각 호의 규정은 열거규정으로 보아야 한다. 예시규정으로 보면 안전보건관리체계의 구축의무가 지나치게 확대되어 죄형법정주의의 원칙에 위반되기 때문이다.[4]

2) 안전보건관리체계의 구축방법과 규범성의 판단　　a) 사업주 또는 경영책임자가 안전보건관리체계를 구축하지 아니하거나 부실하게 구축한 경우에는 법규범성을 위반한 것으로 본다. 안전보건관리체계의 구축이 적합한지는 규범적인 관점에서 평가해야 한다. 여기서 규범이란 보호법익을 위한 정당성과 당위성을 지닌 가치기준을 의미한다. 규범성이 없는 내용을 수용하는 경우 죄형법정주의의 원칙에 위반된다.

b) 그러나 중대재해처벌법은 안전보건관리체계의 구축방법에 대한 언급이 없다. 그 결과 관리체계의 구축방법은 시스템적인 관점에서 전체와 구성요인

---

4) 대검찰청, 중대재해처벌법해설, 2022, 165면.

이 유기적인 관계에서 작용하도록 하는 관리론적 관점에서 주장하는 견해가 있다. 그러나 시스템적 관점의 PDCA(Plan, Do, Check, Action)는 순환과정을 의미하는 기능적인 측면만 강조할 뿐 규범성을 간과하고 있다.

c) 안전보건경영시스템(KOSHA-MS)는 기업이 자율적으로 시스템을 구축하고 산업안전보건공단의 인증을 받아 적정성을 확인하는 제도로서, 중대재해처벌법의 관리체계로서의 작위의무에 해당하는 법규범적 판단요건과 차이가 있다. 안전보건경영시스템의 인증을 받았다 하더라도 중대재해처벌법상 안전보건관리체계의 의무를 이행하였는지 여부를 판단할 때 참조사항에 불과하다.[5] 따라서 안전보건경영시스템인증이 곧바로 중대재해처벌법에서 정한 안전 및 보건 확보의무를 이행한 것으로 간주되지 않는다.[6]

관련판례 ···

1) 피고인은 피고인 주식회사 온○○의 경영책임자로서 사업장의 특성에 따른 유해·위험 요인을 확인하여 개선하는 업무절차와 안전보건관리책임자 등이 해당 업무를 충실하게 수행하는지 평가하는 기준을 전혀 마련하지 아니하여, 안전보건관리책임자 등이 이 사건 공사현장에서 중량물을 인양하는 작업과 관련하여 추락, 낙하 위험을 적절히 평가하여 안전사고를 방지하기 위한 작업계획을 수립하지 못하게 하였으며 그에 따라 안전대의 지급 및 부착설비가 설치되지 못하도록 하였다.

2) 또한 피고인은 사업 또는 사업장에 중대산업재해가 발생하거나 발생할 급박한 위험이 있을 경우를 대비하여 작업중지, 근로자 대피, 위험요인 제거 등 대응 조치에 관한 매뉴얼을 마련하지 아니하여, 이 사건 공사 현장 병원 건물 내부에서 개구부를 통해 중량물을 인양함에 있어 안전난간을 해체하여 작업이 이루어짐에도 안전대가 지급되지 않았을 뿐만 아니라 안전대를 연결할 수 있는 부착설비가 전혀 설치되지 않아 언제든지 추락에 의한 중대산업재해가 발생할 수 있는 급박한 위험이 있음에도 안전보

---

5) 대검찰정, 중대재해처벌법해설, 2022, 168면.
6) 중대산업재해감독과-4297, 2022. 11. 4.

건관리책임자 등으로 하여금 작업을 중지하거나 즉시 그 추락위험을 제거하도록 하지 못하였다.

　3) 이에 따라 피고인은 2022. 5. 14. 13:46경 제1항 기재와 같이 수급인인 피고인 주식회사 아○○○ 소속 근로자인 종사자 김○수로 하여금 위 건물 5층 내부 개구부에서 약 16.5m 아래 바닥에 떨어지게 하여 같은 날 14:24경 일산병원 응급실에서 머리부위, 몸통 등 둔력 손상으로 사망에 이르게 하였다. 이로써 피고인은 재해예방에 필요한 안전보건관리체계의 구축 및 그 이행에 관한 조치를 취하지 아니하여 종사자가 사망하는 중대산업재해에 이르게 하였다(의정부지방법원 고양지원 2023. 4. 6, 2022고단3254).

d) 중대재해처벌법에서 관리체계는 특정한 목적을 위한 행위규범을 의미한다. 관리체계는 책임주체를 정하고 무엇이 불법의 유형에 해당되고, 기준, 방법, 절차를 강제하기 위한 규범적 가치판단을 의미한다. 이 경우 방법과 절차는 적정성을 지녀야 하며, 재해예방조치 및 관리감독체계 등 법원칙에 적합한 규범적 요소를 갖추어야 한다.

e) 관리체계는 구조와 조건의 관계를 규범적인 관점에서 평가하고, 법정의무로 설정하여 위반책임을 묻는다. 그래서 안전보건관리체계는 규범체계로서 범죄요건의 성립요건, 책임주체(의무주체 및 이행주체), 행위규범을 고려하여 평가하고, 실행체계, 보고체계와 전달체계의 관점에서 구축해야 한다.

f) 안전보건관리체계는 수규자(사업주 또는 경영책임자)가 무엇을 해야 할지 직위의무를 정한 규범체계를 의미한다. 이 경우 관리체계는 규범적 구성요소에 따라 그 효력이 달라진다. 규범체계의 구성요소는 사회학적 조건이나 기술적인 조건과 달리 규범적인 가치평가의 의미를 지닌다.

g) 해야 할 일과 하지 않아야 할 일은 반가치를 판단힐 때 귀책사유를 묻는 기본적인 구별기준이 된다. 안전보건관리체계의 규범적 요소는 중대재해처벌법의 위임근거, 반가치성의 평가, 행위규범과 규제방법의 적합성, 절차적 합리성 등에 의하여 판단한다.

h) 그러나 안전보건관리체계의 구축에 관한 방법과 절차는 절차서나 지침

서의 규범적 판단요소를 구체화해야 적합성을 판단할 수 있다. 절차서 및 지침서의 내용은 안전보건관리체계의 문언과 입법취지 등을 고려하여야 한다. 안전보건관리체계를 구축하지 않은 채 안전보건관리책임자의 업무이기에 몰랐다는 주장은 법의 무지를 주장하는 것과 같다.

  3) **안전보건관리체계의 구축 대상과 이행점검**   a) 사업주 또는 경영책임자는 안전보건관리체계를 구축하여야 한다. 안전보건관리체계의 구축대상은 중대재해처벌법 제4조제1항에서 관한 3가지 조치사항과 같은 법 시행령 제4조에서 9가지 사항을 정하고 있다.

  b) 안전보건확보의무는 13가지 행위규범으로 하되, 사업 및 사업장의 규모, 유해위험성, 조직형태 등 특성에 따라 구축할 수 있다. 그러나 사업 또는 사업장의 특성을 고려하여 임의로 누락하거나 줄일 수 있나는 의미는 아니다. 따라서 유해위험한 시설이나 장비, 작업공정이 있음에도 이를 누락하고 안전보건관리체계를 구축해서는 아니 된다.

  c) 이행점검은 중대재해처벌법 제4조(사업주와 경영책임자등의 안전 및 보건 확보의무) 및 시행령 제4조(안전보건관리계의 구축 및 이행조치)에 관한 사항을 확인하고 점검하는 행위를 말한다. 이행점검은 안전보건관리체계의 형식적인 구축이 아니라 중대재해의 예방을 위하여 실질적으로 실행되고 관리되는지를 파악하고 개선하기 위한 취지이다.

  d) 중대재해처벌법 시행령 제4조에 따라 9가지 유형의 안전보건관리체계를 구축하였더라도 이행점검의 대상은 제3호, 제8호, 제9호에 대하여만 명시 규정을 두고 있다. 이 경우 이행점검의 대상은 3가지 유형에만 국한된다는 견해(협의설)과 이행조치에 관한 사항은 모두 포함해야 한다는 견해(광의설)이 주장되나,7) 중대재해를 예방하고자 하는 입법취지를 고려할 때 광의설이 타당하자도 해석된다.

  e) 중대재해처벌법 제4조제4호에 따른 관리상의 조치로서, 같은 법 시행령 제5조(안전보건법령의 의무이행에 필요한 관리상의 조치)에 대하여도 이행점검의 대상

---

7) 이 경우 제1호(안전보건에 관한 목표나 방침의 설정), 제4호(예산의 편성 및 집행), 제5호(안전보건관리책임자 등의 업무수행평가), 제6호(안전관리자 등의 배치), 제7호(종사자의 의견청취)을 이행점검이 대상에서 제외된다.

이 된다. 중대산업재해의 경우 중대재해처벌법 제2조제1호(중대재해)에 따라 산업재해 중 중대재해에 해당하므로 안전보건법령은 산업안전보건법령을 의미하며, 항만안전특별법 및 연구실안전법은 산안전보건법의 편면적용이 되므로 안전보건법령에 포함된다.

(3) 안전보건에 관한 목표와 방침

1) 안전보건 목표의 설정 및 측정　　a) 중대재해처벌법 시행령 제4조제1항제1호는 목표를 정하도록 규정하고 있다. 안전보건목표(occupational health and safety objective)는 향후 도달하고자 하는 바람직한 상태로서, 가치판단의 기준이 된다. 안전보건에 관한 목표는 중대재해의 예방, 종사자의 생명과 신체를 보호하기 위한 규범적 가치판단의 간접적인 영향요소에 해당된다.

b) 안전보건확보의무로서 안전보건관리체계를 총체적으로 해석하는 견해에 따르면, 안전보건목표의 설정 등 하나라도 이행하지 않으면 중대재해처벌법에 위반된다고 해석한다. 그러나 안전보건목표를 설정하지 않은 행위는 불법행위이지만, 중대재해의 발생과 직접적인 인과관계를 인정할 수 없어 전체 법질서의 관점에서 위법으로 판단할 수 없다.

c) 또한 안전보건목표의 내용은 사업의 특성과 규모를 반영하고 있어야 한다. 따라서 안전보건을 실질적으로 확보하기 위한 실질적이고 구체적인 방인이 포함되이 있지 않아 명목상의 것에 불괴한 경우에는 중대재해처벌법이 요구하는 목표로 볼 수 없다.8) 이 경우 안전보건목표는 그 중대재해처벌법 시행령 제4조 제2호 내지 제9호에 관한 것과 연계성을 지녀야 한다.

d) 안전보건목표는 특정한 결과를 달성하기 위해 방향성과 실행성을 고려하여 조직적 차원에서 설정해야 하는 행위규범에 해당된다. 이 경우 설정된 목표는 얼마나 도달하였는지 측정한다면 목표지향성을 지니므로 입법취에 부합된다. 안전보건목표는 중대재해의 예방을 위하여 이행의 가능성과 노력의 결과를 판단할 수 있는 지표를 정해야 한다.

e) 안전보건목표는 지속·가능하고 성장할 수 있으며, 실현가능한 합리성

---

8) 창원지방법원마산지원 2023. 8. 25, 2023고합8

이 요구된다. 안전보건목표를 달성하기 위해서는 목표의 장애요인을 시정하는 조치를 해야 하고, 지속되도록 확인하는 실행조치를 해야 한다. 여기서 실행조치(corrective action)란 부적합한 위험요인을 제거하여 재해발생을 방지하기 위한 행위를 말한다.

[표2-1] 안전보건 목표 및 추진계획서

작 성 팀		안전보건 목표 및 추진계획서															
작 성 자																	
작성일자																	

중요 목표	세부 목표(Target)																소요 예산	담당 부서
	세부 항목	추진 계획	성과 지표	목 표	구분	추진일정(月)												
						1	2	3	4	5	6	7	8	9	10	11	12		
위험성 평가체 계의 구축 및 교육실 시	평가 체계	평가 항목			계획														
					실적														
		평가 기준			계획														
					실적														
	교육 전파	관리 감독 자			계획														
					실적														
		수급 인업 체			계획														
					실적														
	종류 및 교육 실시	최초			계획														
					실적														
		정기			계획														
					실적														
		수시			계획														
					실적														
안전보 건협의 체	노사 협의 체	건설 현장			계획														
					실적														

	사업주협의체				계획											
					실적											
안전점검	합동점검	도급인,수급인			계획											
					실적											
	자체점검				계획											
					실적											
안전보건활동	TBM	기록,전파			계획											
					실적											
	비상훈련	구호활동			계획											
					실적											
	위험장비점검	작업계획서			계획											
					실적											
	수급업체	평가,지원			계획											
					실적											

f) 안전목표의 달성은 성과의 측정에 따른 결과를 의미한다. 성과(performance)는 정량적 또는 정성적 방법으로 결정하고 평가한다. 안전보건목표의 성과는 종사자의 부상 및 건강장해를 방지하거나 감축하는 효과와 관련된 목표의 달성도를 의미한다. 안전보건목표를 수립하는 경우 다음 사항을 고려할 수 있다.9)

1. 사업 또는 사업장의 유해·위험요인 등 특성과 규모에 적합하도록 목표를 정해야 한다.
2. 달성 가능한 내용으로서 측정이나 성과평가가 가능하도록 수립하여야 한다.
3. 안전보건목표와 안전보건방침 간에는 일관성이 있어야 한다.

---

9) 고용노동부, "중대재해처벌법 해설-중대산업재해 관련", 중대산업재해감독과 (2021. 7. 17), 42면.

4. 종사자 및 이해관계자 등이 공감할 수 있도록 협의를 하되, 종사자가 인식하도록 한다.
5. 목표를 수정할 필요가 생겼을 때는 필요에 따라 목표를 수정하여 추진하는 것이 합리적이다.

g) 안전보건목표와 관련한 성과의 측정은 법령에 명시된 규정이 없어 강제적 의무가 아니며 재량행위에 해당된다. 따라서 목표를 설정하였으나, 성과측정을 하지 아니한 행위를 이유로 중대재해처벌법의 위반으로 볼 수 없다. 성과측정은 사업주 또는 경영책임자가 관리체계를 구축하고 성실히 이행하기 위한 재량적 평가요소로 해석된다. 안전보건목표의 설정은 규범성을 인정하되, 강행성이 없어 형사처벌의 대상으로 할 수 없다.

2) **안전보건방침** a) 안전보건방침은 앞으로 일을 해야 할 방향과 계획을 정한 것을 말한다. 안전보건방침은 사업주 또는 경영책임자의 철학과 이념을 반영하고 전사적으로 실행하기 위해 정해야 한다. 안전보건방침은 모든 조직의 구성원들이 안전보건의 가치를 공유하며 활용하는 방안이 필요하다.

b) 중대재해처벌법 시행령 제4조제1항에서 '사업 또는 사업장의 안전보건에 관한 경영방침'에 따른 안전보건방침은 사업주와 경영책임자의 행위규범에 해당된다. 그러나 중대재해와 직접적 인과관계를 인정할 수 없고, 구체성이 부족해 그 자체만으로 위법성을 구성한다고 볼 수 없다. 안전보건방침의 미제정은 행위불법이지만, 강행적 효력을 인정하기 곤란하다.

c) 사업주 또는 경영책임자등은 실질적으로 지배·운영·관리하는 사업 또는 사업장의 특성 및 규모 등을 고려하여 안전보건방침을 설정하여야 한다. 안전보건방침의 설정은 다른 법령에 의한 안전보건의 계획과 중복될 수도 있으나,10) 중대재해의 예방수단이라면 이해충돌의 여지가 없으므로 규제할 필요가 없다.

d) 안전보건방침은 전사차원의 기본방침과 부문별 사업방침으로 구분해 제정할 수 있다. 사업장 규모와 도급사업의 추진, 이해당사자 등을 고려하여

---

10) 고용노동부, "중대재해처벌법 해설-중대산업재해 관련", 중대산업재해감독과 (2021. 7. 17), 37면.

사업관리에 적합한 부문별 방침을 정할 수 있다. 여기서 이해당사자(stakeholder)란 의사결정 또는 활동에 영향을 주거나 받는 사람을 말한다.

e) 부문별 안전보건방침은 기본방침과 일관성이 있어야 한다. 안전보건방침은 일관성, 실현가능성, 적합성의 관점에서 종사자를 보호하는 가치관념에 따라 방향성을 제시하여야 한다. 안전보건방침은 효과적인 실행방법, 유해·위험요인의 체계적인 관리, 실현가능성을 위한 적합성이 요구된다.

f) 안전보건방침의 내용은 재량행위에 해당되나 입법취지를 고려하여 구체적이고 실현가능한 방법으로 설정해야 한다. 안전보건방침의 내용은 안전보건의 계획 및 원칙을 정하되, 안전보건목표와 구분해야 한다. 안전보건목표는 안전보건방침보다 구체적이고 실현가능성이 높다. 실현가능성을 고려할 때, '무재해달성'은 목표, '중대재해예방'은 안전보건방침으로 정함이 합당하다.

③ **안전보건 목표와 방침의 상호관련성** a) 사업주 또는 경영책임자는 중대재해처벌법 시행령 제4조제1호에 따라 안전경영목표와 방침을 설정해야 한다. 이 경우 안전보건에 관한 목표와 방침은 상호관련성을 지닌다. 목표와 방침의 수립 및 실행, 평가의 방법은 법령의 취지와 방향성이 적합해야 한다.

b) 목표와 방침의 설정행위는 구체성, 실현가능성, 인식가능성을 규범적 판단요소로 한다. 따라서 목표와 방침은 추상성을 배제하여 행위의 적합성, 달성가능한 실현가능성, 의견청취는 인식가능성을 갖추도록 해야 한다. 목표와 방침을 게시하는 행위는 인식가능성을 강화하는 행위에 해당된다.

c) 안전보건방침 및 목표를 설정할 경우 중대재해처벌법 시행령 제4조제1호와 제7호의 관계를 동시에 충족해야 하는지 불명확하다. 중대재해처벌법 시행령 제4조제7호에서 "사업 또는 사업장의 안전보건에 관한 사항에 대하여 종사자의 의견을 듣는 절차를 마련"하도록 규정하고 있을 뿐, 제1호에 명시한 "안전·보건에 관한 목표와 경영방침"을 설정할 경우에 적용할지 구체적으로 명시하지 않고 있다(불명확성).

d) 따라서 목표와 방침을 설정할 경우 종사자의 의견청취를 듣지 않는 행위를 불법의 행위로 볼 수 없다. 이 경우 의견청취는 재량행위로 해석함이 타당하다. 그러나 사업주 또는 경영책임자의 일방에 의한 설정보다, 실현가능성을 고려할 때 의견을 청취할 필요가 있다. 행정해석도 목표와 경영방침

의 수립과정에서 구성원들과 협의 등 의견수렴을 해야 한다는 입장이다.11)

(4) 안전보건의 전담조직

1) **전담조직의 정의**　　a) 전담조직이란 중대재해의 예방을 위한 업무를 총괄하여 전담하며, 사업주 또는 경영책임자를 보좌하는 조직체를 말한다. 사업주나 법인 또는 기관이 ⅰ) 모든 사업장에 두어야 하는 안전관리자, 보건관리자, 안전보건관리담당자, 산업보건의의 수는 총 3명 이상이고, ⅱ) 상시 근로자 수가 500명 이상인 사업 또는 사업장이거나 시공능력순위가 상위 200위 이내인 건설사업자의 경우에는 안전보건에 관한 업무를 총괄·관리하는 전담조직을 두어야 한다(중대재해처벌법 시행령 제4조제2호).

b) 산업안전보건법 제17조제5항에 따라 안전관리전문기관에 위탁하거나 기업활동규제완화법 제29조에 따라 안전관리자를 채용한 것으로 간주한 경우와 같이 해당 사업 또는 사업장에 실제로 전문인력을 두지 않은 경우라도 중대재해처벌법상 전담조직을 설치하여야 한다.12)

c) 전담조직의 설치는 법규명령으로서 강행성을 지니며, 이를 위반한 경우 범죄요건에 해당된다. 서로 다른 두 개 법인을 한 명의 대표이사가 겸직하더라도 각 법인을 하나로 보아 전담조직을 구성하여야 한다.13) 그러나 산업안전보건법에 의한 안전관리자, 보건관리자 등을 선임하여야 할 의무가 없다면 중대재해처벌법에 의한 전담조직을 설치할 의무가 없다.14)

d) 하나의 법인에 독립성을 가진 복수의 사업부문을 두고 별개의 사업을 평가할 수 있는 경우 각 사업을 대표하고 총괄하는 권한과 책임이 있는 사람이 각자 해당사업부문의 경영책임자에 해당된다. 따라서 본원과 분원의 운영형태 및 인사, 예산, 조직운영의 독립성, 각 병원장의 직무, 책임과 권한 및 의사결정구조 등을 종합적으로 검토하여 본원과 분원의 병원장이 각각 경영책임자에 해당된다면 각각의 법령상 의무를 이행하여야 하므로 전담조

---

11) 고용노동부, 전게서, 41면
12) 중대산업재해감독과-2237, 2022. 6. 13.
13) 중대산업재해감독과-600, 2022. 2. 17.
14) 중대산업재해감독과-1512, 2022. 5. 2.

직설치도 그에 따라야 한다.15)

  2) **전담조직의 설치장소 및 구성방법**   a) 전담조직 구성원의 자격 및 인원에 대하여는 법령에 명시규정이 없다. 그러나 전담조직의 구성원은 2명 이상이어야 하되, 사업 또는 사업장의 특성, 규모 등을 고려하여 법 제4조 및 제5조에 따른 안전보건에 관한 업무를 총괄·관리할 수 있는 합리적인 인원으로 구성된 조직을 두어야 한다.16)

  b) 중대재해처벌법 시행령 제4조제2호는 전담조직의 인원, 자격 등 구성방법에 관하여 규정하고 있지 아니하므로 그룹 내 계열사로터 전출받아 전담조직을 구성하고 이들로 하여금 지주회사의 안전보건에 관한 업무를 총괄·관리토록 하는 것도 가능하다.17)

  c) 그룹 내 지주회사가 각기 다른 법인을 주식회사의 형태로 설립하고 하나의 정관에서 주주로 구성하고 법인의 등기부에 계열회사를 지점의 형태로 등록을 하고, 인사회계를 형식상 분리하였더라도 지주회사가 계열사의 임원을 임명하고, 지주회사의 주주와 동시에 계열사의 대표를 겸직하는 등 실질적으로 지배·운영·관리의 형태를 지닌다면, 종속관계에 있는 지배구조라고 보아야 한다.

  d) 따라서 지주회사를 본사로 보아 경영책임자를 보좌하는 전담조직의 구성할 수 있다. 그러나 통상적으로 법인이 다른 경우 각각의 법인을 하나의 조직으로 본다. 따라서 두 회사를 하나의 전담조직으로 구성하여서는 아니되며, 전담조직은 각 법인별로 구성하여 운영하여야 한다.18)중대재해처벌법의 적용 여부는 개별 사업장 단위가 아니라 사업 또는 사업장 전체를 의미한다.19)

  e) 금융 및 보험업, 사회복지 서비스업 등과 같이 안전관리자, 보건관리자 등 전문인력의 배치의무가 없는 사업 또는 사업장인 경우에는 중대재해처벌법에 의한 전담조직을 두지 않아도 된다. 그러나 전담조직은 경영책임자를 보

---

15) 중대산업재해감독과-1026, 2022. 3. 24.
16) 고용노동부, 「중대재해처벌법 해설-중대산업재해」, 2021. 49면.
17) 중대산업재해감독-3227, 2022. 8. 18
18) 중대산업재해감독과-600, 2022. 2. 17.
19) 중대산업재해감독과-1512, 2022. 5. 2.

좌하여 여러 개의 사업장 전체에 대한 안전 및 보건에 관한 업무를 총괄·관리하는 기능을 수행하므로 경영책임자가 업무를 수행하는 본사에 설치함이 타당하다.[20]

 f) 사업주 또는 경영책임자등은 사업장이 여러 곳에 분산되어 있는 경우에 사업장 단위가 아닌, 사업주나 법인 또는 기관 단위에서 사업장 현장별로 두어야 하는 안전관리자 등 전문인력 외에 별도의 인력으로 조직을 구성하여야 한다.[21] 그러나 하나의 사업장만 있는 경우에는 본사 안전관리자 등을 전담조직의 구성원으로 포함할 수 있다.[22] 본사와 공장이 동일한 장소에 있어 경영책임자등을 수시로 보좌할 수 있다고 보기 때문이다.

 g) 사업 또는 사업장에 안전관리자 등 전문인력을 둘 것인지 여부는 해당 사업 또는 사업장의 규모와 위험도를 고려하되, 안전관리자의 업무를 안전관리전문기관에 위탁한 경우 등과 같이 실제 배치 여부와는 상관없이 안전관리자등을 배치하여야 하는 기준에 따라 판단하여야 한다.

 h) 도급인이 관계수급인 근로자의 전담 안전관리자를 선임한 경우 수급인이 해당 사업장에 대해 안전관리자를 별도로 둘 필요가 없으나, 수급인의 안전관리 배치의무가 없는 것은 아니므로 수급인의 전담조직 설치의무를 결정하는 전문인력의 수 산정요건에는 포함된다.

 i) 특히 산업안전보건법에 따라 배치해야 할 안전관리자 등 전문인력의 수와 실제 배치한 전문인력의 수가 다른 경우에도 중대재해처벌법 시행령 제4조제2호는 같은 조 제6조와 다르게 「다른 법령에 달리 정한 경우에는 이에 따른다.」는 내용을 규정하지 않았으므로, 모든 사업장에 두어야 하는 안전관리자 등의 수의 합이 3명 이상인 경우에는 전담조직을 두어야 한다.[23] 따라서 기업활동규제완화법에 따라 '배치한 것으로 간주되는 산업안전보건법에 따른 안전관리자 등 전문인력'도 사업주나 법인 또는 기관이 모든 사업장에

---

20) 중대산업재해감독과-1945, 2021. 12. 15.
21) 고용노동부, "중대재해처벌법 해설-중대산업재해 관련", 중대산업재해감독과
    (2021. 7. 17), 44면.
22) 고용노동부, 「중대재해처벌법령 FAQ-중대산업재해 부문(2022.1)」, 22면.
23) 고용노동부, "중대재해처벌법 해설-중대산업재해 관련", 중대산업재해감독과
    (2021. 7. 17), 47면.

두어야 하는 전문인력의 수 산정 시 포함하여야 한다.

 3) **전담조직의 업무권한과 위임범위**   a) 전담조직은 중대재해처벌법 시행령 제4조제2호의 입법취지에 따라 사업주 또는 경영책임자를 보좌하며, 사업 또는 사업장을 총괄하여 관리하는 업무를 수행하여야 한다. 전담조직은 중대재해처벌법 제4조 및 제5조, 제9조, 제10조에 관한 업무, 중대재해처벌법 시행령 제4조 내지 제11조에 관한 업무를 총괄하여 관리할 수 있다(업무권한).

 b) 여기서 "총괄·관리"는 의미는 중대재해처벌법령 및 안전보건 관계 법령에 따른 종사자의 유해·위험방지 정책의 수립이나 안전보건 전문인력의 배치, 안전보건 관련 예산의 편성·집행관리 등 법령상 필요한 조치의 이행이 이루어지도록 하는 등 사업 또는 사업장의 안전 및 보건 확보의무를 수행하는 행위를 말한다. 다만, 사업장의 모든 안전조치 및 보건조치 등 안전 및 보건에 관한 업무를 전담조직에서 직접적으로 수행하는 뜻은 아니다.[24]

 c) 전담조직은 경영책임자의 안전 및 보건 확보의무를 이행하기 위하여 사업 또는 사업장의 안전보건관리체계를 구축하고, 관리체계에 따른 조치사항의 이행 여부를 관리·감독해야 한다. 또한 경영책임자의 의사결정을 사업장에 전달하고 안전보건에 관한 사항에 대하여 사업장을 지원하는 역할을 해야 한다.

 d) 전담조직은 안전보건관리체계의 구축 및 이행, 재발방지대책의 수립 및 이행 등 중대재해처벌법 제4조 및 제5조에 명시한 각종 의무를 계획하고 이행하며, 점검 및 평가하는 업무를 수행하여야 한다. 전담조직의 업무권한은 사업주 또는 경영책임자가 수행하여야 할 각종 의무에 대한 위임의 성격을 지닌다. 사업주 또는 경영책임자는 권한의 일부를 위임하지 아니하고 직접 수행하여도 무방하다.

 e) 사업주 또는 경영책임자는 각종 의무를 전담조직에 위임하더라도 그 법률효과는 위임자에게 귀속되므로 법적 책임이 면제되지 않는다. 따라서 전담조직의 장은 사업주 또는 경영책임자에 해당되지 아니하므로 중대재해처벌법에 의한 형사처벌의 대상이 되지 않는다.[25]

---

24) 고용노동부, "중소기업을 위한 안전관리 자율점검표", 2021, 44면.

f) 전담조직은 특정 사업장의 안전보건이 아닌 전체 사업 또는 사업장을 총괄·관리하여야 한다. 전담조직은 안전보건관리책임자 등이 안전조치 및 보건조치 등 각 사업장의 안전보건관리를 제대로 하고 있는지 확인하고 평가하며, 이를 지원하는 등 총괄하고 관리하는 역할을 수행하여야 한다.

g) 전담조직은 소방, 시설관리, 전기등에 관한 업무를 수행하는 것이 아니라 중대재해처벌법에 의한 유해·위험요인의 개선 여부를 점검하는 등 안전보건상의 관리업무를 총괄한다.26) 전담조직의 종사자는 중대재해처벌법에 따라 해당법령에 관한 사항, 안전보건에 관한 업무만 총괄·관리하여야 하며, 안전보건과 무관하거나 생산관리, 일반행정 등 안전보건과 목표의 상충이 일어날 수 있는 업무를 함께 수행해서는 아니 된다.27)

h) 따라서 EHS본부가 환경업무와 함께 안전보건에 관한 업무를 수행하는 경우 산업안전팀과 환경팀을 구분하여야 한다.28) 전담조직을 본사에 설치하는 경우 중대재해예방팀 또는 중대재해예방부 등의 공식명칭을 사용하여 조직도에 직제기구로 표시함이 합당하다. 이 경우 각 사업장과 연계하여 실행할 수 있도록 사업장에는 중대재해담당자를 지정해 둘 필요가 있다.

4) **사업장 규모의 판단**   a) 상시 근로자 수가 500명인 사업 또는 사업장의 여부는 사업주나 법인 또는 기관이 여러 사업장으로 구성된 경우 모든 사업장의 상시 근로자 수를 합하여 판단해야 한다. 이 경우 상시근로자와 종사자이 산정방법은 차이가 있다. 따라서 도급·용역·위탁 등을 하는 경우 소속을 달리하는 자는 상시 근로자에 포함되지 않는다.

b) 건설산업기본법 제8조 및 같은 법 시행령 [별표 1]에 따른 토목공사업에 대해 같은 법 제23조에 따라 평가하여 공시된 시공능력의 순위가 상위 200위 이내인 건설업자에 해당되는 경우 안전보건관리를 총괄하여 관리하는 전담조직을 구성하여야 한다(중대재해처벌법 시행령 제4조제2호나목).

c) 다만, 건설사업자의 경우 전년도 시공능력순위가 200위 범위 밖에 있다가 200위 이내로 평가된 경우에는 시공능력순위를 공시한 연도의 다음연도

---

25) 중대산업재해감독과-640, 2022. 2. 21.
26) 고용노동부, 「중대재해처벌법령 FAQ-중대산업재해 부문(2022.1)」, 23면.
27) 고용노동부, "중대재해처벌법 해설-중대산업재해 관련", 45면.
28) 중대산업재해감독과-2839, 2022.7.22.

1월 1일까지 전담조직을 두어야 한다. 시공능력순위가 상위 200위가 되지 않는 건설사업자의 경우에도 해당 건설회사의 상시 근로자 수가 500명 이상인 경우에는 전담조직을 두어야 한다.

(5) 유해·위험요인의 확인 및 개선

1) 유해·위험요인을 확인 및 개선하는 업무절차　　a) 중대재해처벌법 시행령 제4조제3호에서는 「사업 또는 사업장의 특성에 따른 유해·위험요인을 확인하여 개선하는 업무절차를 마련하고, 해당 업무절차에 따라 유해·위험요인의 확인 및 개선이 이루어지는지를 반기 1회 이상 점검한 후 필요한 조치를 할 것」을 규정하고 있다.

b) 여기서 '유해·위험요인을 확인·개선하는 업무절차'란 사업 또는 사업장의 특성에 따른 확인 및 개선대책의 구축·이행까지 이르는 일련의 절차를 말한다. 이러한 업무절차는 법규명령으로서 강행성을 지닌다. 업무절차를 제정하지 않는 부작위는 그 자체로 중대재해처벌법 제4조 및 제5조와 관련하여 범죄요건에 해당된다(구성요건해당성).

c) 그러나 중대재해처벌법 시행령 제4조제3호는 유해·위험요인의 확인 및 개선하는 구체적인 시기, 방법과 절차를 구체적으로 정하지 않고 있다. 유해·위험요인의 확인은 다음과 같이 i) 기계·기구, 설비, 원재료 등의 신규 도입 또는 변경, ii) 건설물·기계·기구·설비 등의 정비·보수 시, iii) 작업방법·절차의 변경 등이 실행되기 전에 이행할 수 있다.

[표2-2] 유해·위험요인을 찾는 포인트

분 류	중점 체크사항
1. 신설 또는 변경사항	• 건설물을 설치·이전·변경할 때 • 시설을 새로 도입하거나 변경할 때 • 원재료를 새로 구입하거나 변경할 때 • 작업방법 또는 절차를 새로 신설하거나 변경할 때
2. 과거의 재해사례	• 과거에 산업재해가 발생한 작업

	• 아차사고가 발생한 사례 • 안전사고가 있었던 설비를 사용하는 작업
3. 사람·설비의 변화	• 기계설비 등의 경년 열화·손상 • 근로자의 교체
4. 잔류리스크 정보	• 기계제조업체의 리스크평가에 의한 잔류리스크 정보 • 도급인이 실시한 리스크평가에 의한 잔류리스크 정보
5. 현재의 결함	• 안전규칙이나 규칙이 현장실태와 맞지 않는 작업 • 안전수칙 등 개선이 필요한 사항

d) 유해·위험요인의 확인방법은 유해·위험요인 관리대장, 안전점검, 위험성평가의 방법을 의미하며, 중대재해처벌법의 입법취지에 부합되도록 다음과 같이 방법과 절차를 정해 적정하게 이행해야 한다.29)

첫째, 사업장 내 모든 기계·기구·설비 현황을 파악하고 기계·기구·설비의 분류에 따라 위험요소를 세부적으로 확인하여야 한다. 기계·기구·설비의 보유현황 및 종류, 안전검사 및 장비관리대장, 사용내역, 부품의 교체 등 수리내역, 관리책임자 및 확인자 등을 확인해야 한다. 안전보건관리체계로서 "유해·위험요인 확인 및 개선에 관한 절차"를 정할 경우 실행체계·보고체계·전달체계의 관점에서 기능성을 고려하면 입법취지와 부합된다.

[표2-3] 기계·기구·설비의 현황 및 분류

현장명	기계	기구	설비
A	리프트, 지게차	압력용기	코팅부스, 컨베이어
B	시터, 제단기, 지게차, 핸드카	반자동포장기, 벤딩기, 에어콤프레샤	호이스트크레인, 코팅머신
C	리프트, 지게차	압력용기	컨베이어
D	레이저커팅기, 절단기, 절곡기, 지게차	용접기	호이스트크레인

---

29) 고용노동부, "중대재해처벌법 해설-중대산업재해 관련", 중대산업재해감독과 (2021. 7. 17), 52면.

E	사출성형기, 취출로봇, 연마기, 밀링기	압력용기	천장크레인,
F	레이저커팅기, 절단기, 절곡기, 지게차	롤러벤딩기, 용접기,	호이스트크레인
G	레이저커팅기, 프레스, 선반기, 절곡기, 절단기, 지게차	용접기	호이스트크레인
H	절단기, 가공기, 드릴링머신	그라인더	
I	절단기, 원형절단기, 지게차	세척기, 랩핑기	
J	육절기, 배합기, 민지기, 성형기, 지게차	계량기, 실링기	건조기, 제습기, 컨베이어

둘째, 화재·폭발·누출의 위험이 있는 화학물질과 건강에 유해화학물질, 물리적 인자 등을 확인하여야 한다. 화학물질은 위험성이 높아 중대재해의 예방 및 피해확산을 방지하기 위한 안전보건관리체계의 대상이 된다. 따라서 제조·수입자가 제공하는 물질안전보건자료(MSDS)에 있는 화학물질의 명칭, 유해·위험성 정보, 번호 등을 확인하는 절차를 포함하여야 하며, 화학제품에 함유된 물질이 고용노동부 고시 「화학물질 및 물리적 인자의 노출 기준」 [별표 1]에 해당한다면 유해인자로 분류하여야 한다.30)

---

30) 이 고시에는 가솔린 등 731종의 유해인자에 대한 노출기준을 정하고 발암성 정보물질의 표기, 생식세포 변이원성 정보물질의 표기, 생식독성 정보물질의 표기, 발암성, 생식세포 변이원성 및 생식독성 물질의 정의, 화학물질이 IARC(International Agency for Research on Cancer, 국립암연구소) 등의 발암성 등급과 NTP(National Toxicology Program)의 R등급을 모두 갖는 경우, 혼합용매추출, 노출기준이 설정되지 않은 물질의 경우 관리 등에 대하여 설명하고 있다. 또한 소음과 충격소음의 노출기준, 고온의 노출기준, 라돈의 노출기준에 대하여 명시하고 있다. 이 경우 산업안전보건법에 의한 노출기준만으로 부족하고 중대재해처벌법 시행령 제4조제3호와 관련하여 유해인자를 관리하기 위한 관점에서 확인·개선하는 절차를 마련해야 한다.

[표2-4] 유해·위험물질 목록 작성 예시

화학물질	CAS No	분자식	폭발한계(%)		노출기준	독성치	인화점(℃)	발화점(℃)	증기압(20℃, mmHg)	부식성 유무	이상반응 유무	일일사용량	저장량	비고
			하한	상한										
메틸알코올	67-56-1	CH3OH	5.5	44	200 ppm	LD50 6200mg/kg Rat, LD50 15800mg/kg Rabbit, LC 50 64000ppm /4hr Rat	9.7	464	127	X	고인화성, 자극성·부식성·독성가스	0.2㎥	1㎥	

주) ① 유해·위험물질은 제출대상 설비에서 제조 또는 취급하는 모든 화학물질을 기재
② 증기압은 상온에서 증기압을 말함
③ 부식성 유무는 있으면 ○, 없으면 ×로 표시
④ 이상반응 여부는 그 물질과 이상반응을 일으키는 물질과 그 조건(금수성 등)을 표시하고 필요시 별도로 작성
⑤ 노출기준에는 시간가중평균노출기준(TWA)을 기재
⑥ 독성치에는 LD50(경구, 쥐), LD50(경피, 쥐 또는 토끼) 또는 LC50(흡입, 4시간 쥐)을 기재

셋째, 기계·기구·설비, 유해인자 및 재해 유형과 연계하여 위험개소(risk site)와 위험작업의 현황을 잘 아는 작업자를 참여시켜 확인해야 한다. 유해·위험요인을 제대로 확인하기 위해서는 기계·기구·설비등의 구조와 상태, 작동원리, 점검상태 등 정보를 많이 보유한 사람이 필요하다. 도급인 또는 수급인의 신분에 관계 없이 유해·위험요인에 노출될 수 있는 경우 해당 작업을 잘 아는 종사자로부터 설명을 들어도 무방하다.

[표2-5] 위험기계·기구·설비의 목록작성 예시

순번	기계·기구·설비명(관리번호)	용량	단위작업장소	수량	검사대상	방호장치	점검주기	발생가능 재해형태

1	프레스(P-1~5)	10ton	1공장	5	산안법 안전검사	광전자식	3개월	끼임
2	프레스(P-5~8)	30ton	2공장	5	산안법 안전검사	광전자식	3개월	끼임
3	지게차(A-1, 2)	5ton	외부	2	건설기계 관리법검사	법정방호장치	1개월	부딪힘, 넘어짐
4	크레인(C-1,2,3)	20ton	1공장	3	산안법 안전검사	과부하방지, 훅해지장치, 권고방지장치	3개월	부딪힘, 끼임
5	크레인(C-4,5,6)	10ton	2공장	3	산안법 안전검사	과부하방지, 훅해지장치, 권과방지장치	3개월	부딪힘, 끼임

2) 유해·위험요인을 확인하고 개선하는 절차와 규범성　　　a) 중대재해처벌법 시행령 제4조제3호에 따라 유해·위험요인을 확인하고 개선하는 업무절차는 규범성을 지닌다. 유해·위험요인을 확인할 때에는 산업안전보건법에서 정하는 각종 의무사항과 연계성이 있는지, 산업현장에서 재해발생의 위험성이 있는지를 고려하여 확인·개선하지 않으면 범죄요건에 해당된다.

b) 유해·위험요인은 산업안전보건법령, 「산업안전보건기준에 관한 규칙」 등을 참고하여 위험 기계·기구·설비, 유해인자, 위험장소 및 작업 방법에 대한 안전조치 및 보건조치에 관한 사항도 포함한다. 이 경우 각 위험요소에 대해 육안검사, 장비를 이용한 검사 등 적절한 방법을 확인할 수 있다.

c) 건설현장에서 고소작업을 하는 경우 추락위험이 있는지, 제조공장에서 유해가스에 노출될 위험이 있는지 확인하고 개선하지 않으면 중대재해처벌법 시행령 제4조제3호에 위반된다. 유해·위험작업을 할 때에는 작업시작 전 및 사업중에 수시로 확인을 해야 하는데, 이러한 행위는 반기마다 이행점검을 하는 이행점검과 구별된다.

d) 사업주 또는 경영책임자등은 유해·위험요인을 확인하여 개선하는 업무절차에 따라 반기 1회 이상 점검을 하고 필요한 조치를 하여야 한다. 여기서 "반기 1회 이상 점검"은 사업장 현장의 유해·위험요인의 확인 및 개선조치가 실질적으로 이루어졌는지 등을 점검하여야 한다.[31] 안전보건관리체계의 구축만으로 중대재해를 예방할 수 없으므로 반기 1회 이상 적절한 시기에 이행점검을 하여 미흡한 점을 개선해야 한다.

e) 유해·위험요인을 확인하는 행위는 위험작업 시마다 해야 하는 법정의무에 해당되므로 그 결과를 문서로 기록해 보존해야 한다. 위험성평가로 갈음할 경우 최초, 정기, 수시, 상시가 있으나, 작업현장의 위험환경이 수시로 변경되는 경우에는 수시로 할 것인지, 크게 변하지 않으면 상시로 할 것인지 선택해야 한다.

f) 그러나 산업안전보건법에서 정한 위험성평가를 시행하였으나 사무행정의 내용만 있었을 뿐, 선박부품 및 철제제품 제조판매업 등과 관련된 유해·위험요인을 확인하여 개선하는 내용이 없었고, 수급인이 위험성평가를 충실하 진행했는지 확인·점검하지 않았다면 중대재해처벌법에 위반된다.[32]

g) 이 경우 중대재해처벌법에 따른 안전보건관리체계의 구축의무는 사업장 내에서 통상적으로 예견되는 유해·위험요인을 파악하고 이에 대응할 체계를 마련할 것을 요구하는 것이지, 사고발생 여부가 극히 이례적이거나 위험성평가 과정에서 도출되지 않은 위험요인까지 사전에 포괄하여 대비할 것을 요구하는 취지가 아니다.[33]

3) 돌발적이고 일시적인 작업의 확인 및 개선   a) 간헐적으로 발생하는 돌발성 작업 또는 공사성 작업으로서 1주일 내에 불과한 경우라면 복잡한 위험성평가보다 유해·위험요인을 확인·개선하는 방법이 더 효과적이다. 중대재해처벌법 시행령 제4조제3호는 유해·위험요인을 실질적으로 확인·개선하는 행위라면 적법행위로 인정할 수 있다. 따라서 위험성평가가 아닌 안전점검의 방법으로 이행하는 것도 가능하다.

---

31) 중대산업재해감독과-1996, 2022. 5. 27.
32) 대구지방법원포항지원 2025. 10. 15, 2025고단531
33) 울산지법법원 2025. 12. 11, 2025노288

b) 실제 작업현장에서는 공사규모, 공사시기, 투입인력 및 안전보건관계자의 선임 여부 등을 고려할 때 위험성평가를 하기가 곤란한 사정이 발생하기도 한다. 그러나 아무리 짧은 기간의 단순작업이라도 유해·위험요인을 확인·개선하는 절차를 생략할 수 없다.

c) 사업장에서 유해·위험요인을 확인해야 할 대상은 너무나 다양하고 복잡하다. 그러나 유해·위험요인을 제대로 확인하지 않거나 누락 또는 방치를 하게 되면 중대재해발생 시 형사책임이 발생한다. 유해·위험요인을 모두 확인할 수 없다면, 사망 또는 6개월 이상의 부상, 직업병을 유발할 수 있는 고위험작업을 선정하여 집중적으로 확인하고 개선할 필요가 있다.

4) 확인 및 개선하는 절차와 상시감시체계의 적정성 여부　a) 중대재해가 발생하면 수사를 할 때 사망 등 재해원인이 된 유해·위험요인을 왜 확인하고 개선하지 않았는지, 확인하고 개선하는 절차가 중대재해처벌법의 입법취지에 구체적으로 부합되는지 묻지 않을 수 없다. 그러나 사업주 또는 경영책임자가 직접 유해·위험요인을 확인·개선하는 행위를 할 수 없다.

b) 따라서 사업주 또는 경영책임자는 유해위험요인을 확인하고 개선하는 절차를 안전보건관리체계로 구축하되, 절차서 또는 지침서로 정해 현장에서 위험요인을 제거·대체·통제하도록 적정한 관리기준을 마련해야 한다. 절차서나 지침서 등을 제정해 관리하도록 조치방안을 마련하고 이행 여부를 점검하는 것은 위험책임을 단절하는 행위로서 중요하다.

c) 공사현장에서 공사현장에서 감시용카메라(CCTV)를 설치하고 안내방송, 무전기를 사용하는 등 위험통제를 하는 상시감시체계를 구축하더라도 유해·위험요인을 확인·개선하는 절차로 볼 수 없다. 유해·위험요인을 확인·개선하는 절차는 법령의 요구규범에 따른 적정성을 갖추어야 한다.

d) 여기서 적정성이라 확인·개선하는 절차를 판단하기 위한 합리성과 적합성의 규범적 요소를 의미한다. 따라서 CCTV의 설치 및 무전기의 사용 등을 하는 상시감시체계는 위험통제수단으로 유용하지만, 중대재해처벌법 시행령 제4조제3호에서 요구하는 규범적 절차와 부합되지 않는다.

e) 달리 말해, 유해·위험요인을 확인·개선하는 절차서를 적정성의 관점에서 제정하고 운영해야 한다. 이 경우 유해·위험요인을 확인·개선하는 절

차의 기준과 방법 등에 대하여 사업주 또는 경영책임자에게 보고를 하는 절차를 적정하게 정해야 한다.

f) 따라서 "유해·위험요인의 확인·개선에 관한 절차서"를 제정하고, 행위주체, 확인 대상작업, 확인시기, 확인방법, 확인후 개선조치 사항, 위험성 평가와의 관계, 보고기준 및 절차, 보고자료의 보존 등을 정 할 필요가 있다. 위험작업의 경우 확인하고 개선하였다는 증명을 해야 중대재해 발생 시 형사면책이 가능하다. 그래서 유해·위험요인을 확인하고 개선을 하였는지 기록하는 것이 중요하다.

5) 유해·위험요인의 제거·대체·통제와 개선대책   a) 중대재해처벌법 시행령 제4조제3호는 유해·위험요인을 확인하여 개선하는 절차를 마련하도록 규정하고 있는데, 업무절차로서 유해·위험요인의 통제방법을 구체적으로 정할 필요가 있다.

b) 개선대책은 ⅰ) 공학적 통제방안 등 복수의 방안을 마련하고, ⅱ) 개선시기, 예산·인력 배정방안, 담당자 지정을 포함한 종합적인 대책을 마련하며, ⅲ) 모든 구성원에게 공유하도록 교육하고 이행해야 한다. 이러한 업무절차는 유해·위험요인을 확인하고 종사자들이 준수하도록 하는 업무절차를 의미한다.

c) 업무절차에는 ⅰ) 확인된 유해·위험요인을 체계적으로 분류·관리하고 유해·위험요인별로 제거·대체·통제하는 방안, ⅱ) 현장작업자, 관리감독자, 안전보건담당자와 함께 관리체계를 구축하는 방안, ⅲ) 작업장의 출입통제, 불안전한 행동의 감시체계구축에 관한 절차도 고려해야 한다.

d) 유해위험요인이 확인 및 개선하는 업무절차는 체계적으로 분류·관리하고 유해·위험요인별로 제거·대체·통제하는 방안을 의미한다.[34] 따라서 법규준수 체크리스트는 유해위험요인을 찾아내어 위험성의 크기를 평가하고 그 시정방법을 모색하는 것이 아니라면 형식적인 것에 불과하다.[35] 유해·위험요인을 확인·개선하는 절차는 구체적인 방법을 특정하지 않고 있으나, 유해·위험요인의 제거·대체 및 통제하는 방법을 소개하면 다음과 같다.

---

34) 창원지방법원 2023. 11. 03, 2022고1429
35) 의정부지방법원 2024. 08. 27, 2023고단1464

[표2-6] 유해·위험요인의 관리통제방법

대상	제거·대체	공학적 통제	관리적 통제	PPE방안
개구부	설계·시공시 개구부 최소화	안전난간, 덮개설치	추락위험표지판 설치	안전모·안전대·안전화
끼임위험기계·기구	끼임위험이 없는 기계·기구 도입	덮개 등 방호조치	• Lock Out, Tag Out • 작업계획서	작업복 등 착용유의
화학물질	유해물질 제거 또는 저독성물질로 대체	• 국소배기장치 • 누출방지조치 등	• 작업절차서 • 작업환경측정	방독마스크, 내화학장갑, 보안경 등
인화성가스	인화성 완화	• 전기설비방폭조치 • 가스검지기·긴급차단장치 연동설치 • 환기·배기장치	• 작업절차서 • 작업환경측정 • 작업허가서	제전작업복, 가스검지기, 방폭공구
밀폐공간	밀폐공간 내부 기계·기구 제거	• 환기·배기장치 • 유해가스경보기	출입금지표지판 설치 감시인배치	송기마스크

e) 첫째, 제거(elimination)는 위험을 완전히 통제할 수 있으며, 잠재적 위험요소의 물리적 제거를 포함한다. 이 방법에는 ⅰ) 고소작업을 위해 연장이 가능한 도구(extendable tools)의 사용, ⅱ) 칼날(blades)의 사용을 제거하기 위해 크기에 맞게 절단된 자재 제공, ⅲ) 후행 케이블을 제거하는 무선장비의 사용 등이 있다.

f) 대체(substitution)는 두 번째로 효과적인 통제방법이다. 위험을 완전히 제거할 수는 없지만(종종 그렇듯이 : as is often the case), 재료·물질 또는 프로세스를 덜 위험한 것으로 교체하여 위험을 줄일 수 있다. 위험을 대체하는 예로서, ⅰ) 사다리를 타워발판(tower scaffolds)으로 교체, ⅱ) 위험한 화학물질을 더 안전한 대안으로 대체, ⅲ) 진동 노출이 적은 고수준 진동장비

(vibration equipment)를 최신 장비로 교체하는 것을 들 수 있다.

g) 공학적 통제(engineering controls)는 세 번째로 사용할 수 있는 통제방법이다. 일반적으로 임시 또는 영구 제어의 방법으로 고려해야 한다. 공학적 제어는 집단적(모든 작업자 보호, 예: 고소작업 시 가장자리 보호) 또는 개별적(단독 사용자 보호, 예: 로프로 연결하기 위한 anchor points) 방법일 수 있다. 공학적 제어의 예는 ⅰ) 유해한 먼지나 연기를 공기에서 제거하는 추출기계의 사용, ⅱ) 위험한 기계류 또는 움직이는 부품을 에워싸는 것, ⅲ) 추락위험을 대비한 가드레일의 설치를 들 수 있다.

h) 관리적 통제(administrative controls)는 우선순위가 낮지만 필수적인 통제방법에 해당된다. 관리적 통제는 ⅰ) 노출 조치 값 미만의 진동장비 사용 제한, ⅱ) 고소작업 금지 및 악천후 시 인양작업금지, ⅲ) 현장 일방통행제 시행, ⅳ) 개인 보호복 및 장비(PPE : Personal protective clothing and equipment) 등이 있다.

ⅰ) PPE는 위험에 대한 최후의 방어선으로 선택해야 하며, 앞에서 설명한 순위에 따라 위험관리가 곤란한 경우에 추가적 보호를 위해 이용된다. PPE의 방법은 ⅰ) 시끄러운 장비를 사용할 때 귀마개, ⅱ) 낙상 위험을 완전히 제거할 수 없는 경우 벨트(Harness) 및 로프(lanyards), ⅲ) 공구나 자재가 머리 위로 떨어질 경우 안전모의 사용 등이 있다. 이 경우 제거·대체·통제의 순서에 따라 하위수준에 통제방법을 선택할수록 안전성이 떨어진다.

[표2-7] 재해유형별 예방조치방안

재해 유형	위험요인	관리방안	제거·대체	통 제	개인보호구
추락	추락위험이 있는 모든 장소	교육·주의 등 비재정적인 방법을 포함하여 가능한 방법을 선택적으로 활용하여 함	설계·시공 시 개구부 최소화, 작업계획 수립단계에서 위험성 평가 실시를 통한 추락 위	1. 공학적 : 추락 위험 장소에 안전난간, 덮개, 추락방호망(Safety net) 등 추락방지 설비를 설치, 강관비계 아닌 시스템비계 사용	모든 작업자는 언제나 안전모·안전대 등 보호구 착용

		리적으로 요구되는 수준으로 관리	험 장소 최소화	2. 행정적 : 작업 전 관리감독자의 안전대 부착 설비와 추락 방호망 점검 및 작업자들의 안전대 착용 지시, 추락위험 표지판 설치	
끼임	끼임 위험이 있는 기계·기구를 사용하는 작업	교육·주의 등 비재정적인 방법을 포함하여 가능한 방법을 선택적으로 활용하여 합리적으로 요구되는 수준으로 관리	끼임 위험이 없는 자동화 기계 도입 또는 작업 방법, 동선 고려	1. 공학적 : 기계·설비의 작업점에 센서, 덮개 등 방호장치 설치, 기어·롤러의 말림점이나 벨트·체인 등 동력전달부에 방호덮개 설치 2. 행정적 : 방호조치와 안전인증(자율안전확인신고) 및 안전검사 여부 확인, 위험기계·기구의 정비·수리 등 비정형작업 전 운전 정지, 기동스위치 삼금 조치 및 표지판(조작금지) 설치 (Lock Out, Tag Out), 작업허가제 등	말려 들어갈 위험이 없는 작업복 착용
화재·폭발	화재·폭발 위험이 있는 물질이나 작업	교육·주의 등 비재정적인 방법을 포함하여 가능한 방법을 선택적으로 활용하여 합	화기작업 시 내부 인화성 물질 제거 및 인근 가연물 제거, 건설공사 시 비가연성 자재로 대	1. 공학적 : 용적작업 시 용절불티 비산방지덮개 또는 용접방화포 설치 2. 행정적 : 화재·폭발 위험 장소에서 화기작업 시 작업장	제전작업복 착용, 가스검지기휴대, 방폭공구 사용

		리적으로 요구되는 수준으로 관리	체	내 위험물 현황을 파악하는 절차 수립, 화기작업 시 가스 및 분진 농도 측정 및 주기적 확인, 작업 중 화재감시인 배치	
질식	밀폐공간 등 질식위험이 있는 모든 장소	교육·주의 등 비재정적인 방법을 포함하여 가능한 방법을 선택적으로 활용하여 합리적으로 요구되는 수준으로 관리	설계단계부터 사업장 내 밀폐공간이 발생하지 않도록 작업장 조성, 밀폐공간 내부의 기계·기구 제거 (예; 내부모터→외부모터)	1. 공학적 : 환기·배기장치 설치, 유해가스 경보기 설치 2. 행정적 : 출입금지 표지판 설치, 작업허가제 도입, 작업 전 산소 및 유해가스 농도 측정 등 작업수칙 규정, 감시인 배치	송기마스크 착용

6) **위험성평가와 법규위반성 검토**   a) 산업안전보건법 제36조에 따른 위험성평가를 하는 절차를 마련하고 그 절차에 따라 위험성평가를 직접 실시하거나 실시하도록 하여 실시결과를 보고받은 경우에는 해당 업무절차에 따라 유해·위험요인의 확인 및 개선에 관한 점검을 한 것으로 본다(중대재해처벌법 시행령 제4조제3호 단서).

b) 위험성평가(Risk Assessment)란 재해발생의 가능성이 있는 건설물, 기계·기구·설비, 화학물질, 생산방법이나 공법 등에 따른 산업재해를 예방하기 위하여 유해·위험요인을 사전에 파악하고 적절한 조치를 마련하고자 평가하는 행위를 말한다.

c) 중대재해처벌법 시행령 제4조제3호 단서는 유해·위험요인을 확인하고 개선하는 절차를 마련하는 대신 산업안전보건법 제36조에 따른 위험성평가로 갈음할 수 있다고 규정하고 있다. 그러나 "갈음한다"는 표현을 이유로 사업주 또는 경영책임자의 관리업무가 면제된다고 오해해서는 아니 된다. 위험

성평가의 종류는 최초 위험성평가, 정기 위험성평가, 수시 위험성평가, 상시 위험성평가로 구분한다.

[표2-8] 위험성평가의 종류

구분	최초 위험성평가	정기 위험성평가	수시 위험성평가	상시 위험성평가
실시 시기	사업장 설립일부터 1개월 이내 실시	최초평가 후 매년 정기적으로 실시	다음 각호의 어느 하나에 해당하는 계획이 있는 경우에는 해당 계획의 실행을 착수하기 전에 실시하여야 한다. 1. 사업장 건설물의 설치·이전·변경 또는 해체 2. 기계·기구, 설비, 원재료 등의 신규도입 또는 해체 3. 건설물, 기계·기구, 설비 등의 정비 또는 보수(주기적·반복적 작업으로서 정기평가를 실시한 경우에는 제외) 4. 작업방법 또는 작업절차의 신규도입 또는 변경 5. 중대산업사고 또는 산업재해(휴업 이상의 요양을 요하는 경우에 한정한다)발생 6. 그 밖에 사업주가 필요하다고 판단	1. 매월 1회 이상 근로자 제안제도 활용, 아차사고 확인, 작업과 관련된 근로자를 포함한 사업장 순회점검 등을 통해 사업장 내 유해·위험요인을 발굴하여 위험성결정 및 위험성 감소대책 수립·실행을 할 것 2. 매주 안전보건관리책임자, 안전관리자, 보건관리자, 관리감독자 등(도급사업주의 경우 수급사업장의 안전·보건 관련 관리자 등을 포함한다)을 중심으로 제1호의 결과 등을 논의·공유하고 이행상황을 점검할 것 3. 매 작업일마다 제1호와 제2호의 실시결과에 따라 근로자가 준수하여야 할 사항 및 주의하

			한 경우	여야 할 사항을 작업 전 안전점검회의 등을 통해 공유·주지할 것

d) 위험성평가의 절차는 마련하지 않으면 불법행위에 해당된다. 위험성평가의 업무절차는 위험성평가의 실시계획(평가항목, 평가기준 등), 사전준비, 평가대상, 평가 후 조치사항 등 구체성을 지녀야 하며, 관리체계(실행체계, 보고체계, 전달체계)를 구성해야 한다.

e) 따라서 위험성평가를 실시하여 유해위험요인을 확인하고도 경영책임자에게 그 위험성평가보고서나 외부 기관의 안전관리상태보고서 등을 제대로 보고하지 않아서 지속적인 위험성 지적에도 개선하지 않은 채 장기간 방치하였다면 중대재해처벌법시행령 제4조제3호에 위반된다.[36]

f) 위험성평가의 절차는 책임주체, 평가항목과 평가기준, 감소대책 이외에 경영책임자의 역할가능성이 중요한 규범적 판단요소가 된다. 따라서 사업주 또는 경영책임자가 위험성평가에 관하여 무엇을 할 것인지 행위규범을 정하는 관리체계가 필요하다.

g) 그러나 여러 곳에 분산되어 있는 사업 또는 사업장에서 일부 사업장에 대해서만 위험성평가를 한 경우에는 모든 사업장을 대상으로 유해·위험요인의 확인 및 개선한 것으로 볼 수 없다.[37] 유해·위험요인을 확인할 수 있었음에도 중대재해처벌법 시행령 제4조제3호를 위반한 경우 미필적 고의에 해당된다. 따라서 위험성평가의 관리체계를 구축하지 않은 채 위험성평가의 실시하지 않는 등 부작위로 중대재해발생 시 인과관계가 인정된다면 형사책임을 질 수 있다.[38]

h) 위험성평가를 형식적으로 이행하여 제대로 된 개선조치가 이루어지지 않아 중대산업재해를 야기하였다면 유해·위험요인에 대한 확인 및 개선에

---

36) 울산지방법원 2025. 01. 09, 2023고단1687
37) 고용노동부, "중대재해처벌법 해설-중대산업재해 관련", 중대산업재해감독과(2021. 7. 17), 57면.
38) 고용노동부, 「중대재해처벌법령 FAQ-중대산업재해 부문(2022.1)」, 28면.

관한 의무위반으로 해석된다.39) 위험성평가 결과를 받은 후 사업장에서 유해·위험요인의 개선조치를 제대로 이행하지 않은 경우에는 해당 의무를 이행한 것으로 볼 수 없다.40)

 i) 안전보건관계자로서 안전관리책임자나 관리감독자, 안전관리자나 보건관리자 등이 위험성평가를 계획 및 실시하지 않은 결과 중대재해가 발생하였더라도 중대재해처벌법 또는 산업안전보건법에 의한 형사처벌을 할 수 없다.41) 다만, 산업안전보건법에 의한 과태료의 부과대상 또는 형법 제268조(업무상과실치사상죄)가 적용된다.

(6) 재해예방의 예산편성 및 집행

 1) 인력·시설·장비의 구비   a) 사업주 또는 경영책임자등은 i) 재해예방을 위해 필요한 안전보건에 관한 인력·시설 및 장비의 구비, ii) 제3호에서 정한 유해·위험요인의 개선, 그 밖에 안전보건관리체계 구축 등을 위해 필요한 사항으로서 고용노동부장관이 정하여 고시하는 사항을 이행하는데 필요한 예산을 편성하고 그 편성에 맞게 집행하도록 해야 한다(중대재해처벌법 시행령 제4조제4호).

 b) 재해예방을 위한 인력은 직접적인 명시규정이 없으나, 중대재해처벌법 시행령 제4조제5호 및 제6호에서 산업안전보건법 제15조(안전보건관리책임자),

---

39) 중대산업재해감독과-2542, 2022. 7. 1.

40) 고용노동부, "중대재해처벌법 해설-중대산업재해 관련", 59면.

41) 영국의 경우 2017년 Koseoglu Metal works Ltd 사건에서 하나의 사건으로 두 기업에 대한 처벌을 인정하였다. 건물지붕의 수리작업 중 근로자 1명이 추락해 심각한 머리부상을 입고 병원으로 이송되었으나, 사망하였다. 당시 검찰은 사망 건에 대하여, 회사는 법인과실치사 및 법인살인법을 적용하고 동시에 이사들은 산업보건안전법의 위반으로 기소하였다. 그 결과 법원은 회사와 이사들이 산업보건안전청으로부터 시정명령을 받았음에도 불구하고 위험성평가, 서류작업, 비계, 주행라인, 하네스 및 안전망을 제공하지 않았음을 고려하여, 산업안전보건법의 위반으로 이사들에게 징역 12개월, 징역 10개월, 징역형 8개월을 선고하고, 10년간 이사의 자격을 박탈하였다. : Health and Safety Executive v Koseoglu Metal works Ltd, 19 May 2017[Crown Ct (Chelmsford)] : 김혜경·이진국·도중진·차종진, "해외 중대재해처벌에 관한 사례분석", 산업안전보건연구원, 2022, 61-63면.

제16호(관리감독자), 제17조(안전관리자), 제18조(보건관리자), 제19조(안전보건관리담당자), 제22조(산업보건의)를 의미한다. 여기에는 안전보건 관계법령에 따른 필요한 인력을 포함한다.

 c) 시설 및 장비는 위험작업별 유해·위험요인을 고려하여 사업 또는 사업장에서 유해·위험요인을 제거·대체·통제하기 위하여 필요한 것으로, 안전보건표지, 추락방지망·안전장치·방호울·개인보호구·작업발판 및 사다리 등 다양하다.

[표2-9] 재해유형별 방호시설 및 장비

위험작업	유해·위험요인	시설 또는 장비
추락	건축물·구조물·가설물·수목·사다리 등	추락방지망, 안전대
전도·전복	경사면·층계·꺼짐의 우려가 있는 장소	방호벽, 무너짐방지벽
붕괴·도괴	토사, 적재물, 구조물, 건축물, 가설물 등이 허물어져 내리거나 꺾여져 무너질 위험	붕괴방지시설 등
충돌·접촉	기인물에의 접촉, 부딪힘, 불규칙적 움직임	방호조치, 안전장치
낙하·비래	구조물, 기계 등에 고정되어 있는 물체, 중력·원심력·관성력 등에 의하여 고정부에서 이탈할 위험	원격장치, 이격시설
협착·감김	직진운동·회전운동·왕복운동 등에 의한 물체 사이의 협착, 회전체와 고정체 사이의 끼임, 회전체·돌기부에 의한 감김	방호장치, 방호울, 급제동 장치 등
압박·진동	물체의 취급과정에서 신체의 특정부위에 대한 과도한 힘의 편중·집중·눌려짐, 마찰접촉 또는 진동	장비나 시설의 교체 또는 개선
반복적 동작	신체의 일부에 지속적·반복적으로 부담을 주는 행위나 동작	작업방법 개선, 대체방법 마련
이상 온도	고온이나 저온에의 노출, 급격한 온도의 변화가 있는 장소, 물체의 접촉	방한복 등 보호장구
소음	소음의 노출수준·노출시간·순간음 등	보호구

유해광선	방사선, 용접작업의 가시광선 등	보안면 등 보호구
산소결핍 · 질식	유해가스 · 밀폐공간 · 맨홀작업 등	공기마스크
유해위험 물질 화재 · 폭발	유해물질에의 노출, 접촉, 유해화학물질 등	방폭방독시설, 보호구
전류 감전	전기설비의 충전부 · 특별고압 · 누전 등	절연보호구

2) 재해예방을 위한 예산의 편성 및 집행   a) 사업주 또는 겨영책임자는 중대재해처벌법 시행령 제4조제4호에 따른 예산의 편성을 편성하고 그 편성된 용도에 맞게 집행하여야 한다. 이 규정은 국가기관, 지방자치단체뿐만 아니라 제조업이나 발전업, 서비스업, 유통업 등 모든 업종에 적용된다.

b) 예산은 유해 · 위험요인의 개선, 안전보건관리체계의 구축 등을 위하여 필요한 비용을 말한다. 여기에는 시설 · 장비 이외에 안전보건교육에 필요한 비용도 포함한다. 또한 상시적인 업무수행을 위한 정규예산 이외에 예산편성 시에 예측하지 못한 긴급시설투자, 재해예방 등에 사용될 예비비를 편성하는 것도 가능하다.[42]

c) 중대재해처벌법 시행령 제4조제3호에 따른 예산은 업종의 제한 없이 편성해야 한다. 따라서 건설공사가 아니라도 생활폐기물 등 환경위생사업, 가스생산 및 공급사업, 제조업, 선박건조업, 발전사업, 운송업, 철도업, 여객선업, 항공업, 경마사업, 농축산업 등 유해 · 위험요인이 있는 각종 사업에 대하여 안전보건예산을 편성하여 집행헤야 한다.

d) 중대재해처벌법 시행령 제4조제4호에 따른 예산의 범위에는 인력 · 시설 · 장비를 구비하기 위한 필요한 예산뿐만 아니라 본사의 안전전담기구의 인건비, 노급이나 용역 · 위탁 등을 하는 경우 노무를 제공히는 종사자들에 대한 안전 및 보건 확보의무 등을 위하여 추가적인 비용도 포함해야 한다.

e) 따라서 예산의 편성은 산업안전보건관리비의 계상의무보다 폭넓은 예산편성의무를 부담하므로 관계법령에 따라 의무적으로 갖추어야 할 인력, 시

---

42) 중대산업재해감독과-2293, 2022. 6. 13.

설, 장비의 구입에 필요한 비용을 모두 포함해야 한다.[43] 특히 인력뿐만 아니라 사업장 및 작업의 특성을 고려하여 시설과 장비도 안전·보건 관계법령에 맞게 안전조치 및 방호장치 등이 제대로 갖추어야 한다.[44]

[표2-10] 안전보건예산현황표　　　　　　(단위 : 백만원)

구 분		2021	2022
인력 및 시설분야	• 위험시설 정비 및 개보수		
	• 안전검사 실시		
	• 안전시설 신규 설치 및 투자		
	• 안전보건조직 노무관리		
안전분야	• 안전인력 육성 및 교육		
	• 안전보건 진단 및 컨설팅		
	• 위험성평가 실시		
	• 안전보호구 구입		
보건분야	• 작업환경측정 실시		
	• 특수건강검진 실시		
	• 근골격계질환 예방		
	• 휴게·위생시설 관리		
기타	• 협력사 안전관리 역량 지원 　- 교육 지원 　- 시설 지원		
	• 안전보건 캠페인 추진		
예비	• 예비비		

 f) 인력·시설·장비에 관한 예산을 편성하여 집행하지 아니한 경우에는

---

43) 창원지방법원마산지원 2023. 8. 25, 2023고합8
44) 고용노동부, "중대재해처벌법 해설-중대산업재해 관련", 중대산업재해감독과
　　(2021. 7. 17), 64면. :

중대재해처벌법 제4조 및 같은 법 시행령 제4조제4호에 따라 사업주 또는 경영책임자등은 작위의무위반으로 위반책임을 물을 수 있다. 따라서 예산을 편성하지 않아 안전관리자를 선임하지 아니하였거나 부족한 결과 중대재해의 발생 시 인과관계가 인정되면 중대재해처벌법 제6조(중대산업재해 사업주와 경영책임자의 처벌)에 형사책임을 질 수 있다.

 g) 중대재해처벌법 시행령 제4조제4호에 따른 안전보건예산은 산업안전보건법 제72조에 의한 산업안전보건관리비의 계상과 구별된다.[45] 따라서 산업안전보건법 제72조 「건설업 산업안전보건관리비 계상 및 사용기준(고용노동부고시 제2024-53호)」에 따른 '산업안전보건관리비상 기준'이 재해예방을 위한 필요한 인력, 시설 및 장비의 구입에 필요한 예산도 편성하여야 한다.

 h) 산업안전보건관리비는 산업안전보건법 제72조에 근거한 건설공사발주자의 의무사항으로서 사업장을 중심으로 편성하므로, 중대재해처벌법 시행령 제4조제4호에 따른 사업주나 경영책임자등의 "재해예방을 위해 필요한 안전·보건에 관한 인력, 시설 및 장비 구입에 필요한 예산편성"과 구별된다.

(7) 안전보건관리책임자등을 위한 업무수행 조치

 1) **업무수행을 위한 조치**　　a) 사업주 또는 경영책임자등은 산업안전보건법 제15조, 제16조, 제62조에 따른 안전보건관리책임자, 관리감독자 및 안전보건총괄책임자(이하 "안전보건관리책임사등"이라 함)가 같은 조에서 규정한 각각의 업무를 각 사업장에서 충실히 수행할 수 있도록 다음 각호의 조치를 하여야 한다(중대재해처벌법 시행령 제4조제5호).

> 1. 안전보건관리책임자등에게 업무수행에 필요한 권한과 예산을 줄 것
> 2. 안전보건관리책임자등이 해당업무를 충실하게 수행하는지를 평가하는 기준을 마련하고 그 기준에 따라 반기 1회 이상 평가·관리할 것

 b) 권한과 예산을 주거나 업무수행을 평가하는 기준은 규범적 사항에 해

---

45) 중대산업재해감독과-1946, 2021. 12. 15.

당되나, 구체적인 내용과 방법은 재량행위에 해당된다. 그러나 사업주 또는
경영책임자는 권한과 예산의 부여, 업무수행을 평가기준을 입법취지에 부합
되도록 정해 시행해야 한다.

  2) 안전보건관리책임자등의 권한과 예산   a) "안전보건관리책임자"는
사업장을 실질적으로 총괄하여 관리하는 사람으로 통상적으로 사업장의 현
장소장, 공장장 등을 말한다. 안전보건관리책임자는 사업장을 실질적으로 총
괄·관리하는 사람으로서 사업장의 산업재해 예방 계획의 수립 등 안전 및
보건에 관한 업무를 총괄·관리하며 안전관리자와 보건관리자를 지휘·감독
한다(산업안전보건법 제15조제1항 및 제2항).

  b) 사업주 또는 경영책임자등은 안전보건관리책임자가 사업장에서 업무를
수행하고 안전관리자와 보건관리자를 지휘·감독하는데 필요한 권한과 예산
을 주어야 한다. 이 경우 권한은 위임된 범위 내에서 이루어진 행위만이 적
법하게 그 효력이 발생하고, 그 효과는 위임자에게 귀속된다.

  c) 사업주 또는 경영책임자로부터 위임을 받지 않은 경우 권한을 초과하
거나 권한 없이 이루어진 행위는 권한남용 또는 무권행위로서 무효가 된다.
따라서 본사로부터 안전관리자 등의 채용에 필요한 권한과 예산을 받았음에
도 안전보건관리책임자가 이를 이행하지 아니한 경우에는 사업주 또는 경영
책임자의 귀책사유로 볼 수 없다.

  3) 안전보건총괄책임자의 권한과 예산   a) "안전보건총괄책임자"는 중
층적인 도급관계에서 산업재해를 예방하기 위하여 공동사업장 및 지정사업
장의 안전보건관리를 총괄하여 관리하는 자를 말한다. 사업주 또는 경영책임
자는 안전보건총괄책임자에게 필요한 권한과 예산을 주어야 한다. 이 경우
예산의 범위는 법률로 정하고 있지 않으나 해당업무의 범위와 특성을 고려
하여 자율적으로 정할 수 있다.

  b) 안전보건총괄책임자는 일반적으로 안전관리책임자가 겸직을 하나, 도급
인이 안전보건관리책임자를 두지 아니하여도 되는 사업장에서는 그 사업장
에서 사업을 총괄하여 관리하는 사람을 안전보건총괄책임자로 지정하여야
한다. 안전보건총괄책임자는 건설공사 등 도급사업에서 하도급을 하거나 공
동도급을 하는 경우에도 지정해야 한다.

c) 공동도급의 경우에는 지분참여율, 독립적인 사업수행방식, 주간사의 결정 등을 고려하여 안전보건총괄책임자를 지정할 수 있다. 안전보건총괄책임자는 안전보건관리책임자로서의 업무 외에 산업안전보건법 제64조에 따른 도급 시 산업재해 예방조치, 산업안전보건관리비의 관계수급인 간의 사용에 관한 협의·조정 및 그 집행의 감독 등 산업안전보건법 시행령 제53조에 따른 업무를 수행한다.

4) **관리감독자의 권한과 예산** a) "관리감독자"는 사업장의 생산과 관련되는 업무와 그 소속 직원을 직접 지휘·감독하는 직위에 있는 사람을 의미한다. 관리감독자는 사업장 내 부서 단위에서의 소속 직원을 직접 지휘·감독하는 사람으로서 ⅰ) 해당 작업과 관련된 기계·기구 또는 설비의 안전·보건 점검, ⅱ) 자신에게 소속된 근로자의 작업복, 보호구 착용 등 점검, ⅲ) 작업 전 안전미팅 등 작업과 관련하여 종사자와 가장 밀접하게 안전·보건에 관한 업무를 수행한다(산업안전보건법 제16조제1항, 시행령 제15조).

b) 사업주 또는 경영책임자등은 관리감독자로 하여금 안전·보건과 관련한 자신의 역할을 충실히 할 수 있도록 권한과 예산을 주어야 한다(중대재해처벌법 시행령 제4조제5호). 이 규정은 관리감독자에게 사업장의 재해예방조치 및 관리감독에 필요한 권한과 예산을 부여하고자 하는 취지이다.

c) 따라서 관리감독자에게 자신이 지휘·감독하는 작업과 관련한 기계·기구 또는 설비의 안전·보건 점검 및 이상 유무의 확인, 소속된 근로자의 작업복·보호구 및 방호장치의 점검과 그 착용·사용에 관한 교육·지도 등에 필요한 시간, 비용 지원 등 업무수행을 위한 권한과 예산을 주어야 한다. 이 경우 예산은 개인별 예산이 아니라 해당 업무를 수행하는데 필요한 비용을 지원하기 위한 예산을 의미한다.

5) **업무수행의 평가 및 관리** a) "해당 업무를 충실하게 수행하는지를 평가하는 기준"은 안전보건관리책임자등이 해당 법령에 의해 정해진 의무를 제대로 수행하고 있는지에 대한 평가항목을 말한다. 평가기준은 사업주 또는 경영책임자가 산업안전보건법 제15조(안전보건관리책임자의 업무) 및 시행령 제15조제1항(관리감독자의 업무)에 명시한 업무를 고려하여 정할 수 있다.

b) 평가기준에는 산업안전보건법에서 정한 업무내용과 같은 법규명령에

해당하는 사항을 반영해야 한다. 업무수행의 평가기준은 산업재해 예방조치 및 관리감독에 관한 사항을 중심으로 한다. 업무수행의 평가기준은 법령에 따라 정하되, 리더쉽, 안전문화 등은 규범적 평가요소로 볼 수 없다.

c) 업무수행평가는 지휘명령을 위한 관리감독체계에 있는 자를 대상으로 평가하며, 관리감독책임의 성질을 고려하여 안전관리자와 보건관리자는 제외한다. 업무수행평가는 개별적으로 하지 않고 작업반별로 평가하는 것은 인정할 수 없다.[46]

d) 업무수행의 평가는 피평가자 스스로 평가하는 것이 아니라 사업주 또는는 경영책임자에 의한 평가를 의미한다. 사업주 또는 경영책임자는 업무수행평가이 업무를 중대재해전담부서 또는 제3자에 위임하여 실시할 수 있다. 안전보건관리책임자 등을 평가하기 위해서는 평가항목, 평가자 및 피평가자, 평가항목 및 평가결과의 활용에 대하여 정해야 적정하다.

e) 그러나 적정성의 원칙에 따라 절차서나 지침서를 제정하는 경우 재량행위를 무제한적으로 허용하는 것이 아니라 중대재해처벌법의 입법취지, 사망이나 부상 등 보호법익으로부터 종사자를 보호하고자 하는 보호법익, 위험통제의 필요성과 합리성을 고려하여 판단해야 한다.

f) 안전보건관리책임자등이 다른 업무를 겸직하여 수행하는 경우 평가 시에 이를 제외하고 평가하여야 하며, 중대재해처벌법에 의한 규범성의 관점에서 평가를 해야 한다. 따라서 업무수행과 관련한 평가결과가 현저히 낮은 경우에는 다른 업무수행 능력이 뛰어난 경우라도 평가결과에 따른 상응한 조치를 하여야 한다.

g) 예를 들어 유해·위험성이 높은 작업공정이나 위험작업일수록 관리감독자의 수를 더 많이 배치하여야 한다. 그러나 모든 현장반장을 관리감독자 또는 작업지휘자로 지정하여 업무를 수행할 때 일부 업무의 부담으로 사고 시점에 작업지휘가 이루어지지 않았다고 하여 작업지휘 등 업무수행을 하지 못하였다고 단정할 수 없다.[47] 안전보건관리책임자등에 대한 평가표의 작성 사례를 소개하면 다음과 같다.[48]

---

46) 동일한 취지 : 대전지방법원서산지원 2025. 2. 28, 2024고단736
47) 대판 2021. 9. 30, 2020도3996

[표2-11] 안전보건관리책임자 등 평가표의 작성 예시

<table>
<tr><td colspan="6">1. 평가기준</td></tr>
<tr><td colspan="2">우수</td><td colspan="4">법령에 따른 업무수행으로 수립된 안전보건목표를 달성하고 재해예방에 기여함</td></tr>
<tr><td colspan="2">보통</td><td colspan="4">법령에 따른 업무를 적정하게 수행함</td></tr>
<tr><td colspan="2">미흡</td><td colspan="4">법령에 따른 업무를 일부 수행하지 않음</td></tr>
<tr><td colspan="6">2. 평가표(안)</td></tr>
<tr><td rowspan="2">직책</td><td rowspan="2">성명</td><td rowspan="2">담당업무</td><td colspan="3">평 가</td></tr>
<tr><td>우수</td><td>보통</td><td>미흡</td></tr>
<tr><td rowspan="10">안전
보건관
리
책임자</td><td rowspan="10"></td><td>1. 사업장의 산재예방계획 수립에 관한 사항</td><td></td><td></td><td></td></tr>
<tr><td>2. 안전보건관리규정(산안법 제25조, 제26조)의 작성 및 변경에 관한 사항</td><td></td><td></td><td></td></tr>
<tr><td>3. 근로자에 대한 안전보건교육(산안법 제29조)에 관한 사항</td><td></td><td></td><td></td></tr>
<tr><td>4. 작업환경의 점검 및 개선에 관한 사항</td><td></td><td></td><td></td></tr>
<tr><td>5. 근로자의 건강진단 등 건강관리에 관한 사항</td><td></td><td></td><td></td></tr>
<tr><td>6. 산업재해의 원인 조사 및 재발 방지대책 수립에 관한 사항</td><td></td><td></td><td></td></tr>
<tr><td>7. 산업재해에 관한 통계의 기록 및 유지관리에 관한 사항</td><td></td><td></td><td></td></tr>
<tr><td>8. 안전장치 및 보호구 구입 시 적격품 여부 확인에 관한 사항</td><td></td><td></td><td></td></tr>
<tr><td>9. 위험성평가의 실시에 관한 사항</td><td></td><td></td><td></td></tr>
<tr><td>10. 안전보건규칙에서 정하는 근로자의 위험 또는 건강장해의 방지에 관한 사항</td><td></td><td></td><td></td></tr>
<tr><td rowspan="2">관리
감독자</td><td rowspan="2"></td><td>1. 사업장 내 관리감독자가 지휘·감독하는 작업과 관련된 기계·기구 또는 설비의 안전·보건 점검 및 이상 유무의 확인</td><td></td><td></td><td></td></tr>
<tr><td>2. 관리감독자에게 소속된 근로자의 작업복·보호구 및 방호장치의 점검과 그 착용·사용에 관한 교육·지도</td><td></td><td></td><td></td></tr>
</table>

---

48) 고용노동부, "중대재해처벌법 따라하기", 2022, 99면.

		3. 해당 작업에서 발생한 산업재해에 관한 보고 및 이에 대한 응급조치			
		4. 해당 작업의 작업장 정리·정돈 및 통로 확보에 대한 확인·감독			
		5. 안전관리자, 보건관리자, 안전보건관리담당자, 산업보건의의 지도·조언에 대한 협조			
		6. 위험성평가를 위한 유해·위험요인의 파악 및 개선조치 시행에 참여			
안전보건총괄책임자		1. 위험성평가의 실시에 관한 사항			
		2. 산업재해가 발생할 급박한 위험이 있는 경우 및 중대재해 발생 시 작업의 중지			
		3. 도급 시 산업재해 예방조치			
		4. 산업안전보건관리비의 관계수급인 간의 사용에 관한 협의·조정 및 그 집행의 감독			
		5. 안전인증대상기계 등과 자율안전확인대상기계 등의 사용 여부 확인			

h) 관리감독자의 평가는 산업안전보건법 제16조 및 시행령 제15조제1항, 「산업안전보건기준에 관한 규칙」 제35조 등 안전보건법령에서 정하는 사항에 대하여 실시하여야 한다. 이 경우 관리감독자의 업무는 위험작업공정, 신규작업자의 지도, 위험의 창출·증대, 위험통제가능성을 고려하여야 한다. 또한 관리감독자가 순환업무를 수행하더라도 관리감독자로서 업무를 수행한 부분에 대하여 평가를 배제해서는 아니 된다.[49]

i) 안전관리책임자와 관리감독자는 안전보건에 관한 산업재해 예방조치와 관리감독의 업무와 관련한 사항의 수행 여부가 평가대상이 된다. 안전보건관리책임자등은 평상 시 안전보건에 관한 업무를 충실히 수행하였는지 입증할 수 있도록 안전감독일지를 작성하여 보존할 필요가 있다. 안전감독일지를 작성하기 위해서는 법령이 요구하는 규범적 사항을 반영해야 한다.

---

49) 중대산업재해감독과-1917, 2022. 5. 24.

[표2-12] 안전보건관리책임자 등 안전감독일지

<table>
<tr><td rowspan="2" colspan="2">

안 전 감 독 일 지

20   년   월   일 (   )요일, 날씨 :</td><td>작성자
(관리감독자)</td><td>안전보건관
리책임자</td></tr>
<tr><td></td><td></td></tr>
<tr><td rowspan="9">감독
업무</td><td colspan="2">점검내용</td><td>점검 결과 및 조치 사항</td></tr>
<tr><td colspan="2">작업장 기계·기구·설비 이상유무</td><td></td></tr>
<tr><td colspan="2">근로자 작업복,보호구,방호장치 점검</td><td></td></tr>
<tr><td colspan="2">산업재해에 대한 보고 및 응급조치</td><td></td></tr>
<tr><td colspan="2">작업장 정리정돈, 통로확보 확인감독</td><td></td></tr>
<tr><td colspan="2">안전,보건관리자등의 지도조언에 협조</td><td></td></tr>
<tr><td colspan="2">위험성평가의 참여 및 개선조치</td><td></td></tr>
<tr><td colspan="2">기타 조치사항</td><td></td></tr>
<tr><td colspan="2"></td><td></td></tr>
<tr><td rowspan="4">위험
성평
가
이행
확인</td><td colspan="2">금일 주요 유해·위험요인</td><td>이행확인 결과 및 조치사항</td></tr>
<tr><td colspan="2"></td><td></td></tr>
<tr><td colspan="2"></td><td></td></tr>
<tr><td colspan="2"></td><td></td></tr>
<tr><td rowspan="4">협조
사항
사항</td><td colspan="2">안전관리자</td><td>보건관리자</td></tr>
<tr><td colspan="2"></td><td></td></tr>
<tr><td colspan="2"></td><td></td></tr>
<tr><td colspan="2"></td><td></td></tr>
<tr><td rowspan="3">지시
사항</td><td colspan="2">본사 특별 지시사항</td><td>안전보건관리책임자</td></tr>
<tr><td colspan="2"></td><td></td></tr>
<tr><td colspan="2"></td><td></td></tr>
</table>

	안전조치	보건조치
의견 청취		

(8) 안전관리자·보건관리자 등의 배치

1) 안전·보건관리자의 배치   a) 사업주나 경영책임자등은 산업안전보건법 제17조, 제18조, 제19조, 제22조에 따라 정해진 수 이상의 안전관리자, 보건관리자, 안전보건관리담당자 및 산업보건의를 배치하여야 한다.[50] 다만, 다른 법령에서 해당 인력의 배치를 달리 정하고 있는 경우에는 그에 따르고, 배치해야 할 인력이 다른 업무를 겸직하는 경우에는 고용노동부장관이 정하여 고시하는 기준에 따라 안전·보건에 관한 업무의 수행시간을 보장해야 한다(중대재해처벌법 시행령 제4조제6호).

[표2-13] 안전보건관계자의 선임기준

유형	적용 및 선임기준		규모
안전보건 관리책임자	화학물질제조업	상시 근로자 50명 이상	1명
	기타업종	상시 근로자 100명 이상	1명
	건설업	공사금액 20억 이상	1명
안전보건 총괄책임자	도급인의 사업장	상시 근로자(수급인의 근로자 포함) 100명 이상	1명
	선박 및 보트 건조업, 1차 금속제조업 등	상시 근로자 50명 이상	1명
	건설업	공사금액 20억 이상	1명

---

[50] 안전보건관리자등에 대하여는 산업안전보건법 제15조(안전관리책임자), 제16조(관리감독자), 제17조(안전관리자), 제18조(보건관리자), 제19조(안전보건관리담당자), 제22조(산업보건의), 제62조(안전보건총괄책임자)를 규정하고 있다.

관리감독자	모든 사업	상시 근로자 5명 이상	1명 이상
안전관리자	의료용 물질 및 의약품제조업	상시 근로자 20명 이상 50명 미만	1명 이상
	식료품제조업, 음료제조업	상시 근로자 500명 이상	2명 이상
	수도, 하수 및 폐기물 처리, 원료재생업	상시 근로자 1,000명 이상	2명 이상
	공공행정(청소, 시설관리, 조리 등 현업업무)	상시 근로자 50명 이상 1천명 미만	1명 이상
	건설업	50억 이상(관계수급인 100억 이상) 120억 미만(토목 150억 미만)	1명 이상
보건관리자	화학물질 및 화학제품제조업 등	상시 근로자 50명 이상 5천명 미만	1명 이상
	육상운송 및 파이프라인 운송업	상시 근로자 50명 이상	1명 이상
	기타 제조업	상시 근로자 50명 이상 1천명 미만	1명 이상
	공공행정(청소, 시설관리, 조리 등 현업업무)	상시 근로자 50명 이상 5천명 미만	1명 이상
	건설업	공사금액 800억 이상 또는 상시 근로자 600명 이상	1명 이상
안전보건 관리담당자	제조업, 임업, 하수·폐수 및 분뇨처리업 등	상시 근로자 20명 이상 50명 미만	1명 이상
산업보건의	보건관리자를 두는 사업	상시 근로자 50명 이상 1만 미만	1명

b) 안전관리자는 안전조치 등 기술적인 사항에 관하여 사업주 또는 안전
관리책임자를 보좌하고 관리감독자에게 지도·조언하는 업무를 수행하는 사

람을 말한다. 상시 근로자 50명 이상 사업장 또는 공사금액 50억원 이상인 건설공사부터 안전관리자를 두어야 하며, 사업의 종류와 사업장의 상시 근로자의 수에 따라 배치하는 안전관리자의 수가 달라진다(산업안전보건법 제17조). 이 경우 위법성의 판단은 산업안전보건법령과 인과관계가 있다.

　c) 보건관리자는 보건조치 등 기술적인 사항에 관하여 사업주 또는 안전보건관리책임자를 보좌하고 관리감독자에게 지도·조언하는 업무를 수행하는 사람을 말한다. 상시근로자 50명 이상 사업장 또는 공사금액 800억원 이상인 건설업 사업장부터 보건관리자를 두어야 하며, 사업의 종류와 사업장의 상시 근로자의 수에 따라 배치하는 보건관리자의 수가 달라진다(산업안전보건법 제18조).

　d) 안전보건관리담당자는 안전 및 보건에 관하여 사업주를 보좌하고 관리감독자에게 지도·조언하는 업무를 수행하는 사람을 말한다. 이 경우 ⅰ) 제조업, 임업, 하수·폐수 및 분뇨 처리업, 폐기물 수집·운반·처리 및 원료재생업, 환경정화 및 복원업에 해당하고, ⅱ) 안전관리자와 보건관리자가 없으며, ⅲ) 상시 근로자가 20명 이상 50명 미만인 사업장의 경우 안전보건관리담당자 1명 이상을 선임하여야 한다(산업안전보건법 제19조).

　e) 산업보건의는 근로자의 건강관리나 그 밖에 보건관리자의 업무를 지도하는 사람을 말한다. 상시 근로자 수가 50명 이상으로 보건관리자를 두어야 하는 사업장에 해당하는 경우 산업보건의를 두어야 하지만 ⅰ) 의사를 보건관리자로 선임하였거나, ⅱ) 보건관리전문기관에 보건관리자의 업무를 위탁한 경우(건설업을 제외한 상시 근로자 수 300명 미만인 사업장만 가능)는 산업보건의를 별도로 두지 않을 수 있다. 또한 산업보건의는 외부에서 위촉할 수 있으며, 근로자 2천명당 1명의 산업보건의를 위촉하여야 한다.

　f) 안전관리자와 보건관리자의 업무는 건설업을 제외한 상시 근로자 수 300명 미만인 사업장의 경우 각각 안전관리전문기관 및 보건관리전문기관에 위탁이 가능하다. 안전보건관리담당자를 두어야 하는 사업장의 경우에는 상시 근로자 수에 관계 없이 안전·보건관리전문기관에 업무를 위탁할 수 있다.

　g) 전문인력은 산업안전보건법령 및 다른 법령에 따라 정해진 수를 고려하여 배치해야 한다. 다만, 중대재해가 반복 발생하는 사업장 등의 경우 정

부의 증원명령에 따르거나 고위험작업, 과업량의 증가 등 사업 또는 사업장의 특성에 따라 안전관리자 등을 추가로 배치할 필요가 있는지를 고려하여야 한다.

 2) **다른 법령 및 겸직 여부**　　a) 안전관리자, 보건관리자, 안전보건담당자 및 산업보건의를 배치하되, 다른 법령에서 해당 인력의 배치에 대해 달리 정하고 있는 경우에는 그에 따라야 한다. 만약 배치해야 할 인력이 다른 업무를 겸직하는 경우에는 고용노동부장관이 정하여 고시하는 기준에 따라 안전보건에 관한 업무 수행시간을 보장하여야 한다.

 b) 여기서 "다른 업무를 겸직하는 경우"란 중대재해처벌법에 의한 전담조직의 구성원이 아닌 종사자가 다른 법령에 의한 업무를 겸직하는 것을 말한다. 전담조직을 구성해야 하는 규모의 기업의 경우에는 겸직을 할 수 없다. 이 경우 안전관리자나 보건관리자, 안전보건관리담당자가 소방이나 인사총무 등 다른 겸직을 허용하는 것이 아니라, 산업안전보건법령에서 정한 업무로서 사업장의 안전보건관리에 관한 사항을 의미한다.

 c) 상시 근로자 300명 미만을 사용하는 사업장, 건설공사금액 120억원 미만인 사업장(토목공사업의 경우에는 150억원 미만 사업장)의 경우(안전관리자에 한함)에 안전관리자, 보건관리자 및 안전보건관리담당자는 다른 업무와의 겸직이 가능하다. 다만, 업무를 겸직하는 경우에도 고용노동부의 별도 고시에 따라 일정 기준상의 시간을 안전 또는 보건 업무를 수행할 수 있도록 보장하여야 한다.

 d) 따라서 「기업활동규제완화에 관한 특별조치법」에서 안전관리자 또는 보건관리자의 배치 의무를 면제하거나 안전관리자 또는 보건관리자를 채용한 것으로 간주하는 요건을 충족한 경우에는 해당 전문인력을 배치하지 않은 경우에도 중대재해처벌법 시행령 제4조제5호에 따른 전문인력 배치 의무를 이행한 것으로 본다. 이 경우 안전관리자 또는 보건관리자의 배치를 면제하더라도 안전보건전문기관에 의해 안전 및 보건에 관한 관리업무를 수행하여야 한다.

 e) 한편 「안전보건에 관한 업무 수행시간의 기준(고용노동부 고시 제2024-7호, 2024. 1. 23)」 제3조제1항에 따라 안전관리자, 보건관리자 및 안전보건관리

담당자는 각각의 안전·보건에 관한 업무수행을 위한 최소기간은 연간 585 시간 이상이 되도록 하여야 한다.

f) 재해위험이 높은 업종(「고용보험 및 산업재해보상보험의 보험료징수 등에 관한 법률」 제14조제3항 및 같은 법 시행규칙 제12조에 따라 분류되어 해당 사업장이 가입된 산업재해보상보험상 세부업종을 말한다)에 속하는 사업장의 경우 제1항에도 불구하고 사업장의 안전관리자, 보건관리자 및 안전보건관리담당자 각각의 안전·보건에 관한 업무수행의 최소시간은 702시간 이상으로 한다. 재해위험이 높은 업종은 [별표 1]과 같다(고시 제3조제2항).

[별표1] 재해위험이 높은 업종

대분류	세부업종
광업	무연탄광업
	금속광업
	암석채굴·채취업
	석탄선별업
	기타 광물채굴·채취업
	석회석(백운석,대리석포함)광업
	토사채굴·채취업
	쇄석채취업
제조업	연탄 및 응집고체연료생산업
	석재 및 석공품제조업
	석회제조업
	일반제재 및 목재약품처리업
	기타 비금속광물 제품제조업
	철강 및 합금철제품제조업
	비철금속의 제련 또는 정련업
	콘크리트 또는 플라스틱 선박건조 및 수리업
	동·식물유지제조업
	철근콘크리트제품제조업
	시멘트제조업

	코크스 및 석탄가스제조업
	철강 또는 비철금속주물제조업
건설업	건축건설공사
운수·창고 및 통신업	퀵서비스업
	항만운송부대사업

g) 고시기준 제1항 제2항에도 불구하고 사업장의 상시 근로자 수(「산업안전보건법 시행령」[별표 3] 및 [별표 5]의 "사업장의 상시 근로자의 수"와 동일한 방법으로 산출한다)가 100명 이상인 경우에는 사업장의 안전관리자, 보건관리자 및 안전보건관리담당자 각각의 안전·보건에 관한 업무수행의 최소시간에 ⅰ) 100명 이상 200명 미만인 사업장의 경우에는 100시간을, ⅱ) 200명 이상 300명 미만인 사업장의 경우에는 200시간을 추가하여야 한다(고시 제3조제3항).

3) 안전관리자의 업무와 중대재해처벌법의 안전관리 업무 병행 여부

a) 중대재해처벌법에 의한 중대산업재해와 중대시민재해의 업무는 누가 수행해야 하는지 법령에 정하지 않고 있다. 또한 중대재해처벌법 시행령 제4조제2호에서 중대재해 전담조직을 두도록 규정할 뿐 종사자의 자격을 제한하지 않고 있다.

b) 산업안전보건법 제17조제2항에 따라 안전관리의 업무만을 전담하는 안전관리자가 중대재해처벌법에 의한 중대산업재해와 중대시민재해에 대한 안전관리 업무를 수행하는 경우 안전관리자의 업무와 중대산업재해의 업무가 동일하므로 가능하다. 다만, 중대시민재해를 예방하기 위한 조치는 안전관리자의 업무에 해당되지 않는다.51)

(9) 종사자의 의견청취 절차 및 개선

1) **종사자의 의견청취**   a) 사업주 또는 경영책임자등은 사업 또는 사업장의 안전·보건에 관한 의견청취절차를 마련하여, 각 사업장에서 그 절차에

---

51) 산업안전기준과-990, 2021. 10. 22.

따라 종사자 의견을 청취하고 개선이 필요한 경우에는 개선방안을 마련하여 이행하는지를 반기 1회 이상 점검한 후 필요한 조치를 하여야 한다(중대재해처벌법 시행령 제4조제7호).

b) 종사자의 의견청취는 해당 사업장의 근로자만이 아닌 중대재해처벌법 제2조제3호에 해당하는 종사자를 대상으로 한다. 수급인이라도 의견청취의 당시에 종사자라면 포함해야 한다. 그러나 산업안전보건위원회에서 심의·의결을 한 경우에는 모든 종사자의 의견을 청취한 것으로 볼 수 없고, 해당 사업장에 대해서만 의견청취를 한 것으로 본다.52)

c) 종사자의 의견청취는 본사에서 안전보건관리체계를 구축할 당시에 이행하여야 한다는 견해(협의설), 사업장에서 위험작업을 할 경우 개선할 사항에 있는지에 대하여도 의견을 청취하여야 한다는 견해(광의설)로 구분된다.53) 안전보건관리체계를 구축하고 이행점검을 하는 취지가 사업장의 중대재해를 예방하고자 하는 취지라는 점을 고려할 때 광의설이 타당하다.

2) **의견청취의 절차와 내용의 적정성**   a) 의견청취의 절차를 정하는 것은 규범적 사항이나 그 방법은 재량행위에 해당된다. 의견청취의 방법은 조직 전체 모든 종사자라면 누구나 자유롭게 유해·위험요인등을 포함하여 안전보건에 관한 의견을 개진할 수 있도록 사업장 규모, 특성에 따라 절차를 마련하고 해당절차에 따라 의견을 청취해야 한다.54)

b) 따라서 사내 온라인 시스템이나 건의함을 활용, 사업장 단위 또는 팀 단위로 주기적인 회의, 작업 전 안전미팅(TBM), 안전제안활동, 노사협의체, 제안함, 신고제, 인터뷰 등 다양한 방법으로 의견을 청취할 수 있다. 종사자의 의견이 재해예방을 위해 필요한 조치가 명백함에도 개선방안 마련 및 이행이 되지 않은 채 중대산업재해가 발생하였다면 중대재해처벌법이 위반죄와 인과관계를 인정할 수 있다.

c) 의견청취의 내용이 ⅰ) 기업의 경영상 비밀을 해할 우려가 있는 경우, ⅱ) 비합리적으로 과도한 예산을 요구하는 경우, ⅲ) 특정업체의 기계·기

---

52) 고용노동부,「중대재해처벌법령 FAQ-중대산업재해 부문(2022.1)」, 32면.
53) 의정부지판 2024. 8. 27, 2024고단4
54) 중대산업재해감독과-2000, 2022. 5. 27.

구·장비 등의 구입을 요구하는 경우, ⅳ) 안전보건의 목적이 아닌 근로조건의 변경을 요구하는 경우 등 안전보건에 관한 사항이 아닌 경우에는 청취된 의견을 반영하지 않아도 무방하다.[55]

[표2-14] 종사자 의견청취서

의견청취서			
청취일자	2022. 4. 25.	장소	청주 공장
청취사항	1. 안전보건경영방침과 목표		
	2. 사업장 내 위험기계·기구 및 물질의 인지 여부		
	3. 산업재해발생 시 사업장 내 공개 여부		
종사자의 성명	김 ○ ○	소속 및 직위	생산관리 1팀장
종사자의 의견	1. 안전보건 경영방침이 지나치게 추상적이므로 현장안전관리의 방향을 구체적으로 제시하지 못해 개선이 필요함 2. 안전보건목표가 성과측정을 하기가 곤란하므로 보다 구체적인 지표를 개발함이 바람직함		
작성자		확인자	

(10) 중대산업재해 대응조치

1) 중대재해의 대응조치방안　　a) 사업주 또는 경영책임자등은 중대산업재해가 발생하거나 발생할 급박한 위험이 있을 경우를 대비하여 ⅰ) 작업중지, 근로자 대피, 위험요인 제거 등 대응조치, ⅱ) 중대산업재해를 입은 사람에 대한 구호조치, ⅲ) 추가 피해방지를 위한 조치에 관한 매뉴얼을 마련하고, 그에 따라 현장에서 잘 조치되고 있는지를 반기 1회 이상 점검하여야 한다(중대재해처벌법 시행령 제4조제8호).

---

55) 대검찰청, 중대재해처벌법해설, 2022, 199면.

b) 또한 중대재해의 발생에 대비하여 사업주와 경영책임자등은 자신이 고용한 근로자와 도급, 용역, 위탁 등 제3자를 보호하기 위한 방안을 수립해야 한다. 따라서 사업의 종류와 작업방법, 작업환경, 유해·위험요인조사 등 실태조사를 하고 이를 기초로 수립해야 한다. 관리실태조사는 사전에 유해·위험요인의 파악, 관리체제의 구성, 조직능력, 미비하거나 잘된 사항, 향후 해야 할 일 등을 반영하는 체계적인 관찰역량이 요구된다.

2) 중대재해 대응매뉴얼의 작성방법과 내용   a) 매뉴얼은 작업공정이나 기계·기구·설비를 사용할 때 유해·위험요인의 파악, 유해화학물질의 성분 및 취급상 유의해야 할 점 등 준수해야 할 사항을 안내하는 설명이나 이유, 실행방법을 그림이나 도표, 서식을 이용해 알기 쉽게 작성한 문서를 말한다.

b) 대응매뉴얼의 내용에는 특히 중대재해의 발생위험이 있는 추락이나 붕괴, 화재나 폭발 등 고위험작업을 포함해야 한다. 중대재해처벌법 시행령 제4조제8호는 중대산업재해를 예방하는 것이 입법취지라고 해석된다. 재해가 발생할 때 사망재해가 아닌 부상이나 직업병은 즉시 중대재해에 해당하는지 판단이 곤란할 수 있다. 따라서 대응매뉴얼에는 중대재해가 아니라도 인명을 신속히 구호조치를 해야 할 필요성이 있다면 조치대상을 확대할 수 있다.

c) 매뉴얼의 작성방법은 실행가능성, 효율성과 신속성의 원칙에 따라 작성하되, 상급자나 관리감독자의 역할도 명시해야 한다. 공장별·현장별 위험성이 높은 위험요인에 대해 재해발생 현황을 가정하여 조치계획을 사전에 작성해야 한다. 대응조치, 구호조치 및 추가 피해방지 조치에 관한 매뉴얼은 긴급상황에서 체계적으로 대응하고 해당 조치에 응할 수 있도록 역할을 정해 종사자 전원에게 공유되어야 한다.

d) 대응매뉴얼은 중대산업재해의 발생 시 종사자의 생명을 신속히 구호하기 위하여 구성원의 역할, 행동수칙을 관리체계로 수립해야 한다. 이 경우 행동수칙은 긴급상황을 보고한 후 조치하는 등 번거로운 절차를 생략하고, 현장상황에 따라 임기응변으로 예외적 처리를 할 수 있는 권한도 필요하다.

[표2-15] 안전보건관리체계와 비상조치계획 수립

자가진단 항목	네	아니요	비고
1. 위험요인별로 어떤 재해가 발생할 수 있는지를 검토하여 중대재해로 이어질 수 있는 재해요인을 파악한다.			
2. 발생 가능한 사고의 유형 및 형태, 사고발생 시 초래될 결과 등을 확인·예측한다.			
3. 공장별·현장별 위험성이 높은 위험요인에 대해 재해 발생 시나리오를 작성한다.			
4. 재해 발생 시나리오별 조치계획을 작성하여 관계 부서, 공정, 유해·위험물질, 재해유형, 원인, 피해범위 등을 목록화하여 관리한다.			
5. 비상조치계획에는 필요한 인력 및 시설·장비(인적·물적 자원)가 적절히 포함되어 있다.			
6. 비상조치계획에 작업중지·근로자 대피·위험요인 제거 등 대응조치, 재해자 구호조치, 추가피해 방지를 위한 조치가 포함되어 있다.			
7. 비상조치계획에 상황보고 및 전파체계, 조치별 대응조직 및 담당자의 역할이 적절히 구분되어 있다.			
8. 비상 시 즉각 탈출할 수 있는 비상구가 충분히 마련되었고, 즉각 알아볼 수 있는 형태로 표시되어 있다.			
9. 비상상황에 대비한 병원, 소방서 등 유관기관과의 협조체계가 마련되어 있다.			
10. 비상조치계획에 따라 주기적으로 훈련하고 적정성을 검토한다(반기 1회 이상).			
11. 훈련과정에서 발견된 문제점을 검토하여 조치계획을 개선한다.			

e) 매뉴얼의 내용에는 시나리오별 조치계획과 비상조치계획, 대피훈련을 포함해야 한다. 특히 시나리오별 조치계획은 관계 부서, 공정, 유해·위험물질, 재해유형, 원인, 피해범위 등을 목록화하여 관리해야 한다.56) 시나리오에는 유해·위험요인에 따른 재해발생 상황개요, 사망 등 중대재해의 종류, 사

고발생 시 대응팀의 구성 및 구성원의 역할, 구호절차 및 시간대별 역할활동, 대응훈련 및 결과의 평가 등을 포함해야 한다.

f) 같은 사업장이라도 재해유형과 원인의 특성, 위험성이 높은 유해·위험요인을 고려해 시나리오를 작성해야 한다. 따라서 가상상황을 구성하여 모의훈련을 실시하거나 직원교육을 하는 등 다양한 방법을 매뉴얼로 마련하는 것도 가능하다.[57]

g) 그러나 중대재해처벌법 시행령 제4조제8호는 구체적으로 시나리오의 작성 및 훈련까지 명시하지 않고 있다. 따라서 시나리오의 내용이 미흡하거나 모의훈련을 하지 않은 사유가 있더라도 이를 이유로 곧바로 중대재해처벌법의 위반이라고 단절할 수 없다. 이 경우 해당 훈련을 어떻게 실시할지는 사업 또는 사업장에서 자율적으로 정할 수 있으며, 반드시 모든 훈련을 반기 1회 이상 실시하여야 하는 것은 아니다.[58]

[표2-16] 추락사고 대응시나리오 작성 예시

시간 및 상황	조치사항	담당	비고
00:00～00:01 추락사고 발생 /환자 발생	• 비계에서 고소작업 중 몸의 균형을 잃고 직원이 추락 • 사내 방송 또는 비상경보로 비상상황을 전파하고 지원 요청		
00:01～00:06 환자 구조	• 동료 직원 등이 호흡 정지 여부를 확인하고 인공호흡과 심폐소생술 실시 • 출혈이 심하면 지혈하고, 쇼크를 막기 위해 담요 등으로 보온 조치		
119 구조대 신고	• 119 구조대에 추락사고 발생상황을 신고		
환자 응급조치	• 골절이 있으면 그 부위를 부목으로 움직이지 못하도록 고정		

---

56) 고용노동부, "중소기업을 위한 안전관리 자율점검표", 2021, 18면.
57) 중대산업재해감독과-4369, 2022. 11. 7.
58) 중대산업재해감독과-3334, 2022. 8. 22.

	• 외상이 있으면 소독 및 필요한 연고 약을 상처에 바르고 거즈 또는 붕대로 상처부위를 보호 • 119 구조대 도착 시 현장으로 안내하고 필요 시 지원 • 2차 재해가 발생치 않도록 현장에 출입 통제하고 표지판을 게시하는 등 필요한 안전조치 실시		
00:06~00:10 상황 보고	• 관계기관 등 상황 보고 "△△공장. 비계에서 고소작업 중 몸의 균형을 잃고 직원이 추락하는 사고가 발생함. 119 구조 대에 구조를 요청하고 현재 직원이 외상 임시 치료 및 심폐소생술 등 필요한 응급조치를 함"		
현장 보존	• 현장 보존 조치 사고 현장 주위에 아무도 출입하지 못하도록 울타리를 치고 재해 발생 원인 조사 종료 시까지 현장을 보존		
00:10 환자 병원 후송	• 119 구조대 도착하여 응급조치 후 병원으로 후송		

3) **작업중지, 근로자의 대피 등 대응조치**   a) 사업주 또는 경영책임자는 중대재해처벌법 시행령 제4조제8호에 따라 중대산업재해가 발생하거나 발생할 급박한 위험에 대비하여 작업중지 및 근로자를 대피하도록 매뉴얼을 마련해야 한다. 이 경우 근로자의 작업중지 및 대피는 강행규정이며, 산업안전보건법 제52조제1항에 따른 작업중지권의 행사와 동일한 성격을 지닌다.

 b) 그러나 산업안전보건법은 안전보건관계자에게 위반책임을 물을 수 있는 반면, 중대재해처벌법은 사업주 또는 경영책임자에게 관리책임을 묻는 점에서 차이가 있다. 중대재해 대응매뉴얼에 작업중지 및 근로자의 대피에 관한 사항이 관리체계에 반영되고 적정하게 실행되는지 이행점검을 하지 않으면 위반책임이 발생한다.

 c) 사업주(개인사업주나 법인 또는 기관)는 중대산업재해가 발생한 경우 산업

안전보건법에 따라 즉시 해당 작업을 중지시키고 근로자를 작업장소에서 대피시켜야 하며, 지체 없이 발생개요, 피해상황, 조치 및 전망 등을 지방고용노동관서에 보고하여야 한다(산업안전보건법 제54조).

d) 도급인은 작업장소에서 발파작업을 하는 경우 작업장소에서 화재·폭발, 토사·구축물 등의 붕괴 또는 지진 등이 발생한 경우에 대비한 경보체계 운영과 대피방법 등에 관한 훈련을 하여야 한다(산업안전보건법 제64조제1항제5호). 이외에 고용노동부장관에 의한 작업중지권(산업안전보건법 제43조, 제53조, 제55조, 제119조)도 이행하여야 한다.

4) **구호조치 및 피해방지조치**   a) 구호조치는 사전에 지휘책임자와 관리감독자, 구조요원 등의 역할과 책임을 명확히 정해 안전보건관리체계로 구축해야 한다. 구호조치 및 피해방지조치에 관한 방법과 절차는 재량행위에 해당되나, 입법취지에 부합되도록 실시해야 한다.

b) 구호조치는 재해자에 대한 구조팀의 구성, 장비의 사용 등 신속한 협력체계를 구축해야 한다. 또한 긴급상황의 발생 시 보고체계, 소방서 및 119구급차 등 연락 및 후송, 재해유형별 시나리오 및 추가피해의 방지대책을 수립하고 구호조치의 훈련을 해야 한다.

c) 또한 건축물의 붕괴 등으로 인해 추가 피해가 예상되는 경우 직접적인 구호조치의 중지, 현장 출입통제, 해당 사업장 이외에 유사 작업이 이루어지는 사업장 등 전체 사업 또는 사업장에 해당 사항의 정보를 공유하는 등 재발방지대책 마련해야 한다.

[표2-17] 중대산업재해의 발생과 구호조치

구분	주요 내용
재해구조팀의 인력구성	응급처치요원 : 의사 또는 보건관리자, 응급처치훈련을 받은 근로자로서 공장 또는 현장별 각 1명 이상 배치 구조요원 : 관리감독자 등 2명 이상 관리요원 : 안전관리자, 비상연락 담당자, 현장관리요원
역할분담	지휘책임자 : 재해발생 시 현장구조 및 응급처치활동 지휘 관리감독자 : 산업재해발생에 대한 보고 및 응급조치

	안전관리자 : 사고원인 파악 및 재발방지 조치 보건관리자 : 의사 등과 협력하여 응급처치 및 이송 등
응급의료체 계의 구축	의료기관의 치료능력, 위치, 이송거리, 전화번호 등 정보파악 의료기관 및 119구급대의 협력체계 구축
행동계획 수립	재해발생의 가능성이 있는 재해의 종류파악 재해발생 시 인력활동계획, 근로자 현황 등 파악 재해발생 시 탈출요령, 비상등 및 소화기 등 사용방법 교육 응급처치함, 응급구조장비 및 의약품목록, 기구 등 관리원칙 수립
구호활동	현장조사, 재해발생 상황 파악 우선순위에 의한 처치 응급처치(의식확인, 구조요청, 기도개방, 호흡확인, 맥박확인, 인공 호흡, 심폐소생술, 출혈지압 등)의 시행 및 환자이송 구조요청 및 연락, 협력요청, 재해자의 이송 등

(11) 도급·용역·위탁 시 안전보건 기준 및 절차 등

1) **도급·용역·위탁 시 기준 및 절차의 정의**   a) 사업주 또는 경영책임자는 제3자에게 업무의 도급, 용역, 위탁 등을 하는 경우에는 ⅰ) 종사자의 안전보건을 확보하기 위해 산업재해 예방을 위한 조치능력과 기술에 관한 평가기준·절차, ⅱ) 안전·보건을 위한 관리비용에 관한 기준, ⅲ) 안전보건을 위한 공사기간 또는 건조기간에 관한 기준과 절차를 마련하고, 그 기준과 절차에 따라 도급용역, 위탁 등이 이루어지는지를 반기 1회 이상 점검하여야 한다(중대재해처벌법 시행령 제4조제9호).

b) 이 규정은 사업 또는 사업장에 대한 산업재해예방의 조치능력과 기술을 평가하기 위한 취지로서 계약금액이나 사업종류 등에 따라 달리 취급하는 것은 아니다. 산업재해 예방을 위한 조치능력과 기술에 대한 평가기준·절차마련에 따라 사업주 또는 경영책임자가 이를 직접 수행하거나 소속 근로자나 조직 등을 통해 해당업무를 수행하도록 하고 보고를 받을 수 있다.[59]

---

59) 중대산업재해감독과-4290, 2022. 11. 04.

c) 여기서 도급의 정의는 해당법률의 정의에 따라 판단해야 한다. 도급인 민법 제664조 이외에 건설산업기본법 제2조제1호, 전기공사업법 제2조제5호, 정보통신공사업법 제2조제12호, 산업안전보건법 제2조제6호의 규정이 있다.

2) 산업재해 예방의 조치능력 및 기술의 평가기준 및 절차   a) 중대재해처벌법 시행령 제4조제9호가목에 의한 평가가준 및 절차는 도급·용역·위탁 등에 대한 안전보건관리체계의 구축에 대한 의무이행을 의미한다. 이 경우 계약기간 또는 공사금액 등에 관하여는 따로 예외를 두지 않으므로 단기 또는 소액 유지·보수공사라 하더라도 종사자의 생명과 신체를 보호하기 위하여 수급업체에 대한 적격성 및 안전평가를 이행하여야 한다.60)

b) 평가기준과 절차는 사업장의 특성, 규모, 개별 업무의 내용과 속성, 장소 등 구체적인 사정 등을 종합적으로 고려하여 자율적으로 정하되, 우수업체에 대한 인센티브를 부여하고 계약별 평가방식으로 별도로 정해 운영할 수 있다.61) 평가기준과 절차를 정하지 않은 것은 규범적으로 위반이나, 그 내용과 방법은 재량행위에 해당된다. 중대재해처벌법 시행령 제4조제9호에서 의한 규범적 평가에 관한 사항을 소개하면 다음과 같다.62)

[표2-18] 도급·용역·위탁 시 안전보건 수준평가표 작성 예시

평가항목	평 가 기 준	배점	점수
Ⅰ. 안전보건관리체계	도급·용역·위탁받는 자의 안전보건관리 체계 구축 수준	40	
- 경영방침 및 자원	- 경영방침, 인력·시설·장비 등 자원 배정의 적정성 등	10	
- 근로자 참여	- 종사자 의견수렴 절차 및 이행 적정성	10	
- 위험요인 파악 및 제거·대체·통제	- 위험요인 파악 및 개선절차 및 수준의 적정성	10	

---

60) 중대산업재해감독과-4346, 2022. 11. 7.
61) 중대산업재해감독과-4290, 2022. 11. 4.
62) 고용노동부, "중대재해처벌법 따라하기", 2022, 110면.

- 비상조치계획	- 비상조치계획 적정성	10	
Ⅱ. 도급·용역·위탁 안전보건 관리계획	도급·용역·위탁받는 업무에 대한 안전보건관리계획 적정성	60	
- 위험요인 파악 및 제거·대체·통제	- 도급·용역·위탁받는 업무에 대한 위험요인 파악, 제거·대체 및 통제 방법의 적정성(위험성평가 및 감소대책)	15	
- 자원 배정(시설·장비)	- 도급·용역·위탁받는 업무의 위험요인 관리에 적합한 시설·장비 배정 및 운영 - 사용 기계·기구 및 설비의 종류 및 관리계획	15	
- 자원 배정(인력)	- 도급·용역·위탁받는 업무의 위험요인 관리에 적합한 인력 배정 및 운영 - 도급·용역·위탁받는 업무 관련 실적, 작업자 이력·자격·경력 현황	15	
- 비상조치계획	- 도급·용역·위탁받는 업무 시 발생 가능한 비상상황 및 대처에 적합한 비상조치계획	15	

c) 사업주 또는 경영책임자는 도급·용역·위탁 시 산업재해 예방의 조치능력이나 기술수준이 우수한 업체를 선정할 수 있도록 평가기준과 절차를 마련해야 한다. 산업안전보건법 제61조(적격수급인의 선정의무)는 사전에 역량평가를 하여 적정수준에 미달하는 경우 도급계약을 거절할 수 있다.

d) 그러나 중대재해처벌법 시행령 제4조제9호는 도급, 용역, 위탁을 한 후에도 반기 1회 이상 산업재해예방을 위한 조치능력 및 기술에 대하여 평가기준 및 절차를 마련해야 한다. 이 경우 사업주 또는 경영책임자는 안전보건총괄전담부서에게 평가를 하도록 하거나 제3자에게 위탁하여 평가를 실시하도록 할 수 있다. 그 결과 안전보건관리체계가 미비하거나 미흡한 경우 이를 시정하도록 조치하여야 한다.

3) 안전보건을 위한 관리비용   a) 사업주 또는 경영책임자등은 제3자에게 업무의 도급, 용역, 위탁 등을 하는 경우 중대재해처벌법 시행령 제4조제9호나목에 따라 해당 사업의 규모와 특성을 고려하여 안전보건을 위한 관리비용에 관한 기준을 마련하여야 한다. 이 규정은 산업안전보건법 제72조(산업안전보건관리비)와 구별되므로, 안전·보건관리비용의 절차서나 지침서를 제정해 운영할 필요가 있다.

b) 안전·보건을 위한 관리비용은 ⅰ) 수급인이 사용하는 시설, 설비, 장비 등에 대한 안전조치, 보건조치에 필요한 비용, ⅱ) 종사자의 개인 보호구 등 안전 및 보건 확보를 위한 금액으로 정하되, 총금액이 아닌 항목별로 구체적인 기준을 제시하여야 한다. 이 경우 관리비용이 현저히 부족하여 중대재해를 유발한 원인이 되었다면 이 법에 의한 위반으로 볼 수 있다.

c) 도급·용역·위탁 등에 대한 안전·보건의 관리비용은 해당작업의 수행과정에서 필요한 금액이며, 도급금액 외에 별도로 지급하여야 하는 비용은 아니다. 따라서 도급인등은 해당기준을 설정하고 그에 따른 관리비용을 도급계약에 반영하여야 하며, 수급인등은 이를 종사자의 안전 및 보건 확보를 위해 사용하여야 한다.63)

4) 공사기간 또는 건조기간에 관한 기준   a) 중대재해처벌법 시행령 제4조제9호다목에 따라 건설업 및 조선업의 경우 도급·용역·위탁을 받은 자의 안전보건을 위하여 공사기간 또는 건조기간에 관한 기준을 마련하여야 한다. 특히 건설업, 조선업의 경우에는 비용절감 등을 목적으로 안전·보건에 관한 사항을 고려하지 않은 채 공사기간 또는 건조기간을 정해서는 아니 되며, 기상상황, 중대재해가 발생할 급박한 위험상황 및 돌발사태 등을 고려하여 기간에 관한 기준을 마련하여야 한다.64)

b) 공사기간이나 건조기간은 안전·보건에 관한 별도의 기간을 정하는 것이 아니라 중대재해 예방을 위해 안전하게 작업할 수 있는 작업기간을 의미한다. 따라서 건설업 및 조선업의 경우 도급, 용역, 위탁 등에 대한 안전보건

---

63) 중대산업재해감독과-1719, 2021. 11. 22.
64) 고용노동부, "중대재해처벌법 해설-중대산업재해 관련", 중대산업재해감독과(2021. 7. 17), 89면.

기준은 법규명령에 해당된다. 공사기간 및 건조기간에 관한 기준은 시행단계의 위험성을 고려하여야 한다.

5) **도급·용역·위탁 시 반기 1회 이상 이행점검** a) 사업주나 경영책임자등은 안전·보건 확보를 위해 마련한 기준과 절차에 따라 도급·용역·위탁 등이 이루어지는지 반기 1회 이상 점검하여야 한다(중대재해처벌법 시행령 제4조제9호).

b) 따라서 유해·위험요인, 고위험작업의 실태를 파악하여 제거·대체·통제 등 안전보건확보기준과 절차를 마련하여야 한다. 도급·용역·위탁 등을 한 경우에는 거래 상대방에 대하여 안전보건확보를 하였는지, 안전보건관리체계가 적합한지, 방법과 절차가 적합한지 등에 대하여 확인하고 점검하며, 이행점검의 결과에 따라 시정조치를 요청해야 한다.

(12) 재발방지대책의 수립 및 이행조치

1) **재해발생 시 재발방지대책의 수립 및 이행조치** a) 사업주 또는 경영책임자등은 재해발생 시 사업 또는 사업장의 특성 및 규모 등을 고려하여 재발방지대책을 수립하고 이행에 관한 조치를 하여야 한다(중대재해처벌법 제4조제1항제2호). 이 경우 중대재해처벌법 시행령 제4조제3호의 유해·위험요인의 확인·개선 절차 등에 반영될 수 있도록 설계되어야 한다.

b) 중대재해처벌법 제4조제1항제2호에서 "재해발생 시"와 관련하여 재해는 중대산업재해뿐만 아니라 경미한 재해까지 포함한다는 견해(광의설)과 중대재해만을 의미한다는 견해(협의설)가 대립된다. 고용노동부는 경미한 재해가 발생한 사업 또는 사업장이라도 추후 중대재해가 발생할 여지가 있다고 보아 재발방지대책을 수립해야 한다는 입장이다(광의설).

c) 광의설에 따르면, 산업재해가 반복적으로 발생하였음에도 적절한 조치를 하지 않았고, 그 결과 중대재해가 발생하였다면 중대재해처벌법 제4조제1항제2호는 "재해발생 시 재발방지대책의 수립 및 그 이행에 관한 조치"를 위반한 것으로 해석된다.

d) 그러나 "재해발생 시"라는 상황을 가정하여 사전에 재발방지대책을 수

립해야 한다는 견해(사전대책설)와 재해발생 후 재발방지대책을 해야 한다는 견해(사후대책설)가 대립된다. 처음 재해가 발생한 경우 문언대로 해석한다면 "재발방지대책"을 이유로 위법성을 판단하기 곤란하다. 따라서 죄형법정주의의 원칙에 합당하므로 사후대책설이 타당하다.

e) 재발방지 대책수립은 재해발생 시 사후조치를 전제로 하는 것으로서, 재해의 유형 및 원인분석,65) 재해발생 시 보고체계의 수립, 동종 재해 및 유사재해의 사례분석 및 예방교육, 재해조사팀의 구성 및 책임자의 지정, 피해의 범위와 비상조치 등을 고려하여 종합적인 개선대책을 마련해야 한다.

f) 사업주 또는 경영책임자등은 사업 또는 사업장의 재해원인을 조사함은 물론 향후 재발방지를 위한 현장실무자와 안전·보건에 관한 전문가 등의 의견을 듣는 등의 절차를 거쳐 재해원인의 해소를 위한 체계적 대응조치를 마련하여 실행하여야 한다.66) 그러나 중대재해처벌법 제4조제2항제2호는 재발방지대책의 방법까지 명시한 것이 아니므로 이를 이유로 위반이라고 단정할 수 없다.

2) 고위험작업의 분류 및 관리대책

① **고위험작업의 분류방법**　　a) 사업주 또는 경영책임자는 중대재해를 예방하기 위하여 유해·위험요인을 확인하고, 고위험작업을 분류해 집중적인 관리를 해야 한다. 이 경우 재해의 발생원인, 메커니즘의 구성요소, 취급물질 및 작업공정 등을 고려하여 관리대책을 마련해야 한다.

b) 고위험작업은 위험성평가, 현장조사을 하고 위험통제의 가능성, 접근의 곤란성, 높은 강도의 유해·위험성을 고려하여 분류해야 한다. 예를 들어, 건

---

65) '재해원인의 분석방법에는 개별적 원인분석, 통계적 원인분석, 문답방식에 의한 원인분석이 있다. 개별적 원인분석은 하나의 재해마다 상세히 원인을 분석하며, 간헐적으로 발생하는 특수재해나 중대재해에 적합하다. 통계적 원인분석은 ⅰ) 사고의 유형, 기인물 등 분류항목을 큰 순서대로 도표화하고, 중점관리대상을 선정하는데 유리하며, 원인의 크기비중의 확인이 가능한 파레토도 방식(Pareto Diagram), ⅱ) 재해의 특성과 여기에 영향을 주는 원인의 관계를 생선뼈 형태(Fish bone Diagram)로 표기하는 특성요인도(Cause and Effect Diagram) 방식, ⅲ) 재해발생 위험도가 큰 조합을 발견하는 크로스도(Cross Diagram) 방식, ⅳ) 월별 재해발생건수를 그래프화 하여 관리선을 설정하는 관리도(Control Chart) 방식, ⅴ) 파이도표(Pyplot) 등이 있다.

66) 중대산업재해감독과-3228, 2022. 8. 22.

축공사현장의 개구부는 추락의 위험성이 높아 위험성평가의 결과에 관계없이 위험개소(risk site)로 분류해야 한다. 또한 용광로의 고열작업은 반드시 고위험작업으로 분류해야 한다.

② **고위험작업의 관리대책**　　a) 고위험작업은 작업공정, 위험개소, 노출가능성, 위험강도를 고려하여 위험등급을 결정해야 한다. 고위험작업은 위험지수에 따른 위험등급과 위험통제의 가능성을 고려하여 위험의 가중치를 결정하고 관리대책을 수립해야 한다.

b) 고위험작업의 위험등급은 3등급(주의, 경계, 심각) 등으로 구분하는 경우 가장 위험성이 높은 작업을 할 때, 집중적이고 체계적인 관리대책을 수립해야 한다. 근본적인 개선(제거·대체)이 불가할 경우 관련 작업에 대한 안전절차서(SOP : Standard Operating Procedures) 등을 작성하고, 공학적·관리적 통제 및 개인보호구의 순으로 대책을 마련해야 한다.

c) 중대재해처벌법 제4조제1항제2호는 "재해발생 시 재발방지대책의 수립 및 그 이행에 관한 조치"를 규정하였으나, 구체적인 기준과 방법, 절차에 대한 언급이 없다. 그러나 고위험작업을 하는 경우 중대재해를 예방하기 위하여 위험작업장의 출입통제, 근로자의 접근통제 및 행동수칙, 작업의 개시통보, 작업 시 2인1조 근무조의 편성, 긴급구조장비의 구비, 작업감시용 CCTV의 설치, 관리책임자의 지정 등 다양한 관리대책이 필요하다.

③ **SIF평가표의 활용과 다중통제방식**　　a) 중상해 이상의 고위험요인은 SIF(Serious Injury & Fatality)평가표를 활용하여 파악할 수 있나. 이 방법은 위험작업의 상황과 재해유발요인(Precursor)이 중첩될 때 중대재해의 가능성을 고려한 재해예방조치의 수단이다.

b) 고위험을 파악하기 위해서는 ⅰ) 사업장면담자를 통해 위험작업의 여부를 우선 파악하고, ⅱ) 현장방문 시 작업환경 및 작업내용을 기반으로 추가확인, ⅲ) 잠재적인 위험작업의 가능성을 사업장에서 확인해야 한다. 체크포인트 활용방법을 소개하면 다음과 같다.

[표2-19] 고위험작업의 분류와 체크포인트

고위험작업의	재해유발요인	현재의	위험성

상황		안전조치	감소 대책
종류	점검항목		
1. 크레인 취급 작업(이동식 크레인 포함	1-1. 중량물, 시설 등에 의하여 크레인 조작자 시야 미확보		
	1-2. 작업자(작업지휘자와 크레인 조작자 등) 간 신호방법 지정·실시 미흡		
	1-3. 중량물 운반경로에 근로자 통행금지 미실시		
	1-4. 인양 하물 위에 올라가는 등 추락위험 방지조치 미실시		
	1-5. 파손, 마모, 부식, 노후 등에 대한 설비 유지·관리 및 점검 미실시		
	1-6. 중량물의 형태 또는 중량에 적합하지 않은 보조 달기구(클램프, 아이볼트 등) 사용		
	1-7. 중량물의 형상에 적합한 줄걸이방법 준수 미흡		
	1-8. 중량물 권상방법(사선/당기기)		
2. 차량계 하역 운반, 건설기 계작업(지게 차 등) 이용 작업	2-1. 급경사, 급회전 등으로 인한 차량 전도 위험방지를 위한 제한속도 지정, 안전통로확보 등 예방조치 미실시		
	2-2. 차량계 하역 운반기계 이동통로와 보행자통로 미구분에 따른 충돌위험		
	2-3. 주변 적재물, 설비와 부딪히는 등 작업공간 미확보로 인한 충돌, 깔림 위험방지조치 미실시		
	2-4. 운반 중량물, 설비하부에서 작업시 중량물 미고정, 안전블록 미설치 등에 따른 깔림 위험 예방조치 미실시		

2-5. 지게차를 적재·하역 등 주용도 외 사용(고소작업 등) 제한조치 미실시		
2-6. 적재된 중량물이 한쪽으로 치우치지 않게 적재하는 등 차량전도, 중량낙하위험 방지조치 미실시		

c) 고위험요인을 파악할 경우에는 위험가중상황을 고려하여야 한다. 위험가중상황은 ⅰ) 설비·공정 이상(이상상황), ⅱ) 설비·물질·절차·생산량의 위험상황(설비노무화, 설비나 공정변경 등, 작업량 또는 작업조건 변경 등), ⅲ) 수급업체의 위험작업(위험물질 취급이나 위험설비 사용작업의 외주화, 도급 및 수급업체의 혼합작업 등), ⅳ) 기타 작업환경 및 내용변경을 들 수 있다.

d) SIF고위험요인평가표에 따라 파악된 고위험요인은 위험상황 가중요인을 고려한 통제방안을 수립할 때 고려해야 한다. 따라서 재해유발요인과 위험상황 가중요인에 모두 해당하는 경우 위험요인을 다양한 방법으로 통제하는 관리대책을 수립해야 한다. 위험상황의 가중요인에 대한 통제를 하지 않으면 언제든지 중대재해가 발생할 수 있기 때문이다.

e) 고위험작업에 대한 SIF평가결과는 중대재해처벌법 시행령 제4조제1항제2호에 적합한 재발방지대책의 수단이 된다. 시업장에서 가용할 수 있는 자원을 우선적으로 고려하고 10대 위험작업을 선정하는 등의 방법으로 특별관리를 해야 한다. 사고의 개연성이 높은 고위험개소(high risk site)에 대하여는 근로감독의 대상이 된다.

(13) 중앙행정기관 및 지방자치단체의 개선·시정명령

1) 중앙행정기관 등 개선·시정 명령 a) 사업주 또는 경영책임자등은 중앙행정기관, 지방자치단체가 관계법령에 따라 개선, 시정 등을 명한 사항의 이행에 관한 조치를 하여야 한다(중대재해처벌법 제4조제1항제3호). 이 규정은 법규명령을 위반한 중대산업재해에 대한 제재조치를 의미한다.

b) 중앙행정기관 또는 지방자치단체가 관계법령에 따라 시행한 개선·시

정명령은 원칙적으로 서면으로 시행되어야 한다. 개선 또는 시정명령은 행정처분을 의미하고, 행정지도나 권고·조언은 포함되지 않는다.67) 아울러 중앙행정기관 또는 지방자치단체가 안전 및 보건 확보와 무관한 내용에 대해 개선, 시정 등을 명한 사항도 중대재해처벌법의 규율대상으로 보기 어렵다.

c) 중앙행정기관, 지방자치단체의 행정처분이 이루어진다면, 그 사실을 물론 그 구체적인 내용에 대하여 사업주 또는 경영책임자등에게 보고하는 관리체계를 구축하여야 한다. 이 경우 위법 또는 부당한 시정명령에 대한 불복절차는 마련되어 있지 아니하여 사업주 또는 경영책임자의 기본권을 지나치게 제한하는 것이라는 비판이 제기된다(과잉금지의 원칙). 따라서 행정심판 또는 행정소송과는 별개로 일단 개선 또는 시정명령에 따라야 한다.

2) 지방자치단체의 행정지도 등　　a) 산업안전보건법의 개정(2021. 5. 18)에 따라 지방자치단체도 산업재해 예방활동이 가능해졌다. 산업안전보건법 제4조의2(지방자치단체의 책무)와 같은 법 제4조의3(지방자치단체의 산업재해예방조치)에서 권한위임의 근거를 규정하고 있다. 지방자치단체는 제4조제1항에 따른 정부의 책무에 적극 협조하고, 관할지역의 산업재해를 예방하기 위한 대책을 수립·시행하여야 한다.

b) 그러나 중대재해처벌법에는 지방자치단체가 "개선, 시정 등을 명한 이행조치에 관한 사항"이 무엇인지 구체적으로 명시하지 않고 있다. 산업안전보건법 제4조의2(지방자치단체의 책무)에서는 정부의 정책에 적극 협조하고 관할 지역의 산업재해예방을 위한 대책을 수립·시행하도록 규정하고 있다.

c) 또한 같은 법 제4조의3(지방자치단체의 산업재해예방활동 등)에서는 ⅰ) 관할지역 내 산업재해예방을 위한 자체 계획의 수립, 교육, 홍보 및 안전한 작업환경 조성을 지원하기 위한 사업장 지도 등 필요한 조치, ⅱ) 정부의 지방자치단에 대한 행정적·재정적 지원, ⅲ) 산업재해예방활동에 필요한 지방자치단체의 조례제정을 할 수 있도록 규정했다. 이 경우 필요한 사항은 지방자치단체가 조례로 정할 수 있다(산업안전보건법 제4조의3제3항).

d) 지방자치단체의 장은 관할지역 내에서의 산업재해 예방활동을 위하여

---

67) 고용노동부, "중대재해처벌법 해설-중대산업재해 관련", 중대산업재해감독과(2021. 7. 17), 92면.

자체 계획의 수립, 교육, 홍보 및 안전한 작업환경 조성을 지원하기 위한 사업장 지도 등 필요한 조치를 할 수 있다(산업안전보건법 제4조의3제1항). 이 경우 교육은 지방자치단체가 주최 또는 주관하여 산업재해의 예방교육을 실시할 수 있다는 의미로 해석된다.[68]

　e) 그러나 지방자치단체는 사업주 및 안전관리책임자, 관리감독자에 대하여 행정지도[69] 이외에 위반사항을 발견하더라도 시정조치, 이행을 강제할 수 있는 권한이 없다. 조례의 제정 및 개정은 지방자치입법에 속하는 사항으로서 법령이 위임한 범위 내에서 그 사무에 관하여 권리의 제한 또는 의무부과에 관한 사항이나 벌칙을 제정할 때에는 법률의 위임이 있어야 한다(지방자치법 제22조). 이 규정은 지방자치사무에 주로 적용하며, 산업안전보건법령에 의한 국가사무에 대하여는 적용대상이 되지 않는다.

(14) 안전·보건 관계법령의 이행 및 관리상의 조치

　1) 중대산업재해 관련 안전보건법령의 범위　　a) 법 제4조제1항제4호에 따른 "안전·보건 관계 법령"이란 해당 사업 또는 사업장에 적용되는 것으로서 종사자의 안전보건에 관련되는 법령을 말한다(중대재해처벌법 시행령 제5조제1항). 법 제4조제1항제4호에 따른 조치에 관한 구체적인 사항은 다음 각 호와 같다(중대재해처벌법 시행령 제5조제2항).

---

68) 이상국, "지방정부의 근로감독권한 공유협력모델 도입 및 효과성 연구-산업안전보건정책과 지방자치단체의 역할", 경기도(아주대학교 산학협력단·공공노무법인), 2021, 597면.

69) 행정지도는 행정기관이 일정한 행정목적을 실현하기 위하여 특정한 개인 또는 법인, 기타 단체에 대하여 협력적 행위를 요청하는 의사표시로써 비강제적인 사실행위를 말한다. 행정기관이 그 소관사무의 범위 안에서 일정한 행정목적을 실현하기 위하여 일정한 행위를 하거나 하지 아니하도록 지도, 권고, 조정 등을 하는 행정작용을 행정지도라고 한다(행정절차법 제2조제3호). 행정지도는 법령이 흠결된 분야에서 새로운 행정수요에 능동적으로 대처하여 법령의 시행을 원활하게 하는 기능을 한다. 행정지도는 비권력적이며, 법률효과를 발생하지 않는 사실행위이다. 행정지도는 상대방에 대하여 일정한 작위 또는 부작위를 적극적으로 요청하는 행정기관 자체의 의사가 존재하여야 한다. 행정지도는 성격에 따라 ⅰ) 법규상 지도 및 비법규상 지도, ⅱ) 조성적 지도, ⅲ) 규제적 지도, ⅳ) 조정적 지도, ⅴ) 사인 또는 행정주체에 대한 지도로 구분할 수 있다.

> 1. 안전·보건 관계 법령에 따른 의무를 이행했는지를 반기 1회 이상 점검(해당 안전·보건 관계 법령에 따라 중앙행정기관의 장이 지정한 기관 등에 위탁하여 점검하는 경우를 포함한다. 이하 이 호에서 같다)하고, 직접 점검하지 않은 경우에는 점검이 끝난 후 지체 없이 점검 결과를 보고받을 것
> 2. 제1호에 따른 점검 또는 보고 결과 안전·보건 관계 법령에 따른 의무가 이행되지 않은 사실이 확인되는 경우에는 인력을 배치하거나 예산을 추가로 편성·집행하도록 하는 등 해당 의무이행에 필요한 조치를 할 것
> 3. 안전·보건 관계 법령에 따라 의무적으로 실시해야 하는 유해·위험한 작업에 관한 안전·보건에 관한 교육이 실시되었는지를 반기 1회 이상 점검하고, 직접 점검하지 않은 경우에는 점검이 끝난 후 지체 없이 점검 결과를 보고받을 것
> 4. 제3호에 따른 점검 또는 보고 결과 실시되지 않은 교육에 대해서는 지체 없이 그 이행의 지시, 예산의 확보 등 교육 실시에 필요한 조치를 할 것

b) 안전보건법령은 그 범위를 구체적으로 정하지 아니하였으나, 종사자의 보호, 사업주 또는 경영책임자의 안전보건확보의무, 중대산업재해의 종류와 연계성, 재해예방조치 및 관리감독체계의 구축 등 입법체계를 고려하여 점검 대상 여부를 판단해야 한다.

c) 중대재해처벌법 제2조제2호에 따라 산업안전보건법 제2조제1호에 따른 산업재해 중에서 사망·부상·직업성 질병으로 정한 산업안전보건법 및 시행령, 시행규칙, 「산업안전보건기준에 관한 규칙」, 「유해·위험작업의 취업제한에 관한 규칙」은 안전보건법령으로 본다. 산업안전보건법은 중대재해처벌법과의 연계성을 지니므로 중대재해처벌법 시행령 제5조제2항에 의한 이행 점검 및 관리상의 조치대상으로 해야 한다.

d) 항만안전특별법 및 「연구실 안전환경조성에 관한 법률(이하 "연구실안전법"이라 한다)」은 경합되는 사항에 대하여 산업안전보건법을 우선하여 적

용(偏面適用)하는 특별법적 지위를 인정하므로 안전보건법령에 해당된다. 산업안전보건법을 우선적으로 적용되는 범위 내에서 산업재해로 볼 수 있기 때문이다.

e) 그러나 광산안전법, 선원법, 폐기물관리법 등은 근로자등의 보호 여부, 적용범위, 관계체계의 구축 등에 관한 방법에 차이가 있어 안전보건법령으로 볼 수 없다. 또한 「화재의 예방 및 안전관리에 관한 법률」은 화재로부터 국민의 생명·신체 및 재산을 보호하고자 하는 법률로서 목적 및 규율대상, 방법과 절차의 특성을 고려할 때 안전보건법령으로 볼 수 없다.

f) 행정안전부의 「재난 및 안전관리기본법」은 입법취지와 목적, 재난의 종류와 범위, 절차가 달라 안전보건법령으로 볼 수 없다. 이 법은 국민의 생명·신체 및 재산을 보호하기 위한 국가 및 지방자치단체의 재난 및 안전관리체계를 확립하도록 하고 있다.

g) 건설기술진흥법은 건설기술의 연구개발을 촉진하는 등 건설공사의 품질을 높이는데 주된 목적이 있고, 같은 법 제2조제2호 단서에 "산업안전보건법에서 근로자의 안전에 관하여 따로 정하고 있는 사항은 제외한다."고 한 점 등을 고려하면 종사자의 안전보건을 확보하는데 관련되는 법령으로 보기 어렵다.[70] 건설기술진흥법에 위반되어 발생한 사망이나 상해는 산업안전보건법 및 중대재해처벌법에 의한 중대재해로 해석할 수 없다.

[표2-20] 안전보건실태의 점검 및 안전보건법규의 위반사항

번호	현상명	안전보건실태의 점검 및 안전보건법규의 위반사항										위반건수
		관리담당자	관리감독자선임	위험성평가	안전보건교육	지게차운전자격	안전보건표지부착	뉴해위험물질관리	보호구등안전관리	근골격계질환	작업환경측정	
1	A	○	○	○	○	×	○	○	○	×	○	2
2	B	○	○	○	○	○	○	○	○	×	○	1

---

70) 중대산업재해감독과-4423, 2022. 11. 10.

3	C	○	○	○	○	○	○	○	×	×	○	2
4	D	×	×	×	×	×	○	×	○	×	×	8
5	E	○	○	○	○	○	○	○	×	○	○	1
6	F	×	×	×	×	×	×	○	×	×	×	9
7	G	○	○	○	○	×	×	○	○	×	×	4
8	H	×	×	×	×	○	×	×	×	×	×	9
9	I	×	×	×	×	×	×	○	○	×	×	8
10	J	×	○	×	×	×	×	○	×	×	×	8
계		5	4	5	5	6	5	2	5	9	6	52
비율		50%	40%	50%	50%	60%	50%	20%	50%	90%	60%	52%

2) 이행점검 및 조치사항

① **이행점검 및 관리상의 조치**　　a) 사업주 또는 경영책임자 등은 중대재해를 예방하기 위하여 안전보건에 관한 법령에 따른 의무를 이행했는지 반기(6개월) 1회 이상 점검(해당 안전·보건 관계 법령에 따라 중앙행정기관의 장이 지정한 기관 등에 위탁하여 점검하는 경우를 포함한다. 이하 이 호에서 같다)하고, 직접 점검하지 않은 경우에는 점검이 끝난 후 지체없이 점검결과를 보고받아야 한다(중대재해처벌법 시행령 제5조제2항제1호).

b) 중대재해처벌법은 사업 또는 사업장을 적용대상으로 한다. 이행점검은 ⅰ) 중대재해처벌법의 관점에서 본사와 사업장, ⅱ) 안전보건법령의 관점에서 모든 사업장을 대상으로 이행점검을 해야 한다. 각 사업장의 안전·보건 관계법령에 따른 법정의무 이행과정을 전반적으로 점검(모니터링)하고, 그 결과를 평가하는 별도의 조직 등을 두어 경영책임자가 그 조직을 통해 사업장의 법적 의무이행 여부와 문제점을 보고받고 개선조치를 하도록 하는 등 법령에 따른 의무를 게을리하지 않아야 한다.71)

c) 따라서 해당점검 및 보고가 형식적으로 이루어지는 부실점검을 하거나

---

71) 고용노동부, "중대재해처벌법 해설-중대산업재해 관련", 중대산업재해감독과(2021. 7. 17), 95면.

사업주 또는 경영책임자등이 점검의 지시를 하였으나 점검 또는 보고가 이루어지지 않은 경우에는 의무가 이행된 것으로 볼 수 없고, 불이행에 따른 최종책임은 사업주 또는 경영책임자등에게 귀속된다.[72]

② **이행점검의 항목과 법규범성의 판단**   a) 이행점검의 항목은 중대재해처벌법 시행령 제5조에 의한 안전보건법령의 이행은 법규명령에 해당하는 강제적이고 의무적인 사항을 말한다. 사업주 또는 경영책임자가 안전보건법령에 관한 사항을 위반하여 이행점점을 하지 아니한 결과 중대재해가 발생한 경우에는 형사처벌의 대상이 된다.

b) 이행점검은 "안전보건법령에 의한 의무를 이해하였는지"를 점검하는 행위로서 평기기준과 평가항목(점검항목)을 정할 때, 입법취지에 따라 규범성을 고려하여야 한다. 따라서 산업안전보건법, 시행령, 시행규칙, 산업안전보건기준에 관한 규칙에서 안전조치 및 보건조치 등 재해예방조치 및 관리감독에 관한 사항을 포함해야 한다.

c) 이행점검은 관리체계의 구축에 따른 책임주체와 행위규범에 대하여 적합성을 평가할 수 있다. 중대재해처벌법에 따른 안전보건관리체계를 구축할 경우 책임주체(의무주체와 이행주체)의 행위규범으로 적합한지, 위반책임이 무엇인지 검토하여 개선조치를 할 수 있도록 점검해야 한다. 어떻게 해야 중대재해처벌법의 입법취지에 부합되는 적법한 행위인지 항상 고려해야 한다.

d) 이행점검의 대상은 중대재해처벌법의 규범성, 죄형법정주의의 원칙을 고려하여 자의적으로 그 범위를 확대해서는 아니 된다. 산업안전보건법 제64조제1항제2호에 의한 순회점검, 제64조제2항에 의한 합동안전·보건점검, 산업안전보건법 제82조제2항에 의한 정기안전점검은 안전보건법령에 명시한 것이므로 이행점검의 필수사항에 해당된다.

e) 작업허가서는 산업안전보건법 시행규칙 제50조제1항에 따른 공정안전보고서를 제외하고 법적 근거가 없어 이행점검의 대상이 아니다. 따라서 추락사고나 감전사고 등 고위험작업이라도 법적 근거가 없는 작업허가는 규범적 통제대상으로 볼 수 없다. 건설기술진흥법 등 다른 법률에 근거를 둔 작업허가는 적법한 행위이지만 안전보건법령에 해당되지 아니하여 이행점검의

---

72) 고용노동부, 전게서, 98면.

대상에서 제외해야 한다.

f) 또한 이행점검의 대상과 항목은 법규범적 관점에서 합목적성 및 합리적 규제성 등을 고려하여 설정해야 한다. 이행점검의 내용은 경영책임자등의 안전보건관리체계와 안전보건법령의 재해예방조치 등의 관점에서 목적과 주체, 객체, 행위와 절차의 적합성을 점검하여야 한다.

[표2-21] 이행점검의 항목과 검토사항

구분	이행점검의 항목	검토사항
안전보건관리체계 진단, 개선 및 이행방안	1. 안전보건관리체계의 구축 관련 절차서, 지침서 등 자료수집 및 적합성 검토	
	2. 안전보건방침 및 목표 설정, 평가항목 등 조사 분석, 수립방안	
	3. 안전보건관리체계의 유해위험요인의 확임 치 개선절차 또는 위험성평가의 관리여부	
	4. 종사자 의견청취 대상, 절차, 방식, 과정 등 제시	
	5. 중대재해 예방을 위한 예산편성 및 집행확인을 위한 내부 업무절차 마련	
	6. 안전보건관리책임자, 관리감독자 등 업무수행평가 기준 마련	
	7. 중대산업재해 발생 대응 매뉴얼 검토(상황별 시나리오 작성 포함)	
	8. 각 사업장 및 업무별 자체 안전점검 매뉴얼, 유해위험요인 확인점검을 위한 평가표 및 평가방법, 프로세스 등	
	9. 중대재해처벌법 등 관련 법령 교육자료 제공 및 설명회 실시	
	10. 경영책임자의 안전보건확보의무 이행으로 평가될 수 있는 수준의 보고 범위, 보고 방식, 문서 생성 등 보고체계 확립 방안 검토	
재해발생 시	1. 재해 발생 시 인명 및 재산상의 피해 방지를 최	

재발방지대책 수립 및 이행조치	소화하기 위한 구호대책 등 마련
	2. 재해 발생에 따른 안전·보건 확보의 취약 부분 보완 점검 및 개선 사항 검토
	3. 집중 관리 위험요소에 의한 중대재해 재발방지 방안에 대한 개별 현장의 이행 여부 및 점검체계 수립 방향 검토
	4. 개선·시정 사항의 이행 방안 및 보고체계 확립 / 제도 구축방안 검토
안전보건법령상 의무이행에 필요한 관리 조치	1. 안전·보건확보 의무이행에 필요한 관계법령 및 조치사항 검토
	2. 사업장 실태조사에 적합한 안전·보건 관계법령상의 요구 사항 이행 여부 분석
	3. 사업 또는 사업장별 안전·보건 관계법령에 따른 유해·위험작업의 안전·보건교육의 범위, 교육자료 제시 및 미이행 시 조치사항 검토
	4. 분야별 교육실태 확인 및 관련 법령에 적합한 교육체계 정립
도급·용역·위탁 등 관계에서의 안전 및 보건 확보의무 이행방안	1. 「도급·용역·위탁사업 안전·보건확보 업무추진 매뉴얼」 검토·보완
	2. 도급·용역·위탁 등을 받는 자의 안전·보건 관리역량 평가를 위한 평가 요소와 기준을 망라하는 점검표의 제시
	3. 현행 계약 관련 법령을 준수하여 표준 (하)도급 계약서 문안 검토 및 제3자에 대한 안전 및 보건 확보 의무를 담보하기 위한 계약 문언 개정 방향 검토
	4. 개별 현장에 있어서 관계수급인의 근로자 안전, 보건 관련 규정 준수 여부를 확인할 수 있는 제도 검토 및 개선방안 제시
	5. 실제 현장의 표본조사를 통하여 수급인과의 협

력 현황 검토 및 개선사항 점검	
6. 도급·용역·위탁 등을 받는 자의 안전·보건을 위한 관리비용에 관한 기준	
7. 건설업의 경우 도급·용역·위탁 등을 받는 자의 안전·보건을 위한 공사기간에 관한 기준	
8. 중대재해처벌법 제4조 및 산업안전보건법에 따른 도급인의 의무를 부담하는 도급·용역·위탁의 범위 및 적용대상 제시	
9. 중대재해처벌법 제4조 및 산업안전보건법에 따른 건설공사발주자의 의무를 부담하는 공사의 범위 및 적용대상 제시	
10. 도급인과 수급인의 안전·보건 관계법령 의무사항 제시	
11. 건설공사발주자의 안전·보건 관계법령 의무사항 제시	

③ **이행점검의 대상과 점검방법**　　a) 이행점검은 유해·위험요인을 파악하고 개선조치를 하는 행위가 아니라 중대재해를 예방할 수 있도록 실행체계, 보고체계, 전달체계로서 안전보건관리체계가 실행되는지를 확인하고 평가하는 행위를 말한다. 이 경우 위험작업의 대상, 기계·기구·설비의 사용 등에 관한 작업작업의 방법과 절차에 대하여 이행점검을 해야 한다.

b) 이행점검의 대상은 중대재해처벌법뿐만 아니라 안전보건법령을 포함한다. 그러나 산업안전보건법령, 「산업안전보건기준에 관한 규칙」 등 안전보건법령과 중대재해처벌법의 이행점검은 평가항목과 준수사항에 차이가 있어 구별해야 한다. 산업안전보건법은 사업장을 중심으로 재해예방조치와 관리감독체계를 점검해야 하지만, 중대재해처벌법은 사업주 또는 경영책임자의 입장에서 사업 또는 사업장의 관리체계를 점검해야 한다.

c) 이행점검은 산업장의 유해물질을 특별히 취급하지 않거나 작업방법의 위험성, 유해·위험요인의 존재 여부나 노출수준을 점검하는 것이 아니라, 안전보건조치의 기준이나 절차, 역할과 책임 등 관리체계의 관점에서 확인하

고 평가해야 한다.

d) 따라서 리더쉽, 안전문화 등의 항목은 규범적 구성요소로 볼 수 없다. 이행점검은 중대재해처벌법과 안전보건법령에서 규정한 조치사항을 관리체계의 관점에서 확인하고 점검하였는지를 규범적으로 판단한다. 따라서 유해·위험요인을 관리하기 위한 대책을 마련하고 관리하는지를 규범적인 관점에서 판단하므로 안전점검과 구별해야 한다.

e) 안전점검이란 사고가 발생하기 전에 적절한 예방대책을 마련하기 위하여 불안전한 작업방법 및 행동, 유해·위험한 물질, 기계·기구 등의 상태를 조사하여 위험의 정도와 범위를 발견하는 행위를 말한다. 안전점검은 산업안전보건법 또는 중대재해처벌법에서 명시하지 않아 이행점검의 대상에서 제외한다.

f) 안전조치 및 보건조치가 미흡한 사실이 발견되어 현장에서 즉시 시정조치를 하더라도 이행점검의 평가에 반영해서는 아니 된다. 이행점검은 미흡한 상태가 발견된 경우 재해예방조치 및 관리감독체계의 관점에서 이행 여부를 확인하는 것이므로 지적사항을 시정하는 조치행위와 구별해야 한다.

g) 작업계획서를 작성해야 하는 중량물 취급작업, 지게차 운전작업 등의 이행 여부, 부실하거나 형식적으로 작성했는지에 대하여는 이행점검의 대상이 된다. 이 경우 "어떻게 하면 더 안전하지 않을까?" 하는 관점이라면 안전점검의 대상에 해당되므로 구별해야 한다.

h) 따라서 「산업안전보건기준에 관한 규칙」 제38조세1항에 의한 "해당작업, 작업장의 지형·지반 및 지층상태 등에 대한 사전조사를 하고 그 결과를 기록·보존하여야 한다."는 규정과 제2항에서 "작업계획서의 내용을 해당 근로자에게 알려야 한다."의 문언을 형식적으로 점검하지 말고 중대재해처벌법의 입법취지를 고려하여 규범적으로 표현해야 한다.

i) 예를 들어 지게차의 경우 안전보건관리체계로서 ⅰ) 운전자의 신분 및 자격요건, ⅱ) 안전관리의 책임주체(역할과 책임), ⅲ) 재해예방조치 및 관리감독 여부, ⅳ) 발생 시 법적 책임 등을 반영하고 있는지를 점검해야 한다. 지게차의 이행점검 시 규범적 관점에서 고려해야 할 사항은 다음과 같다.

1. 지게차운전자가 제조업체 또는 건설업체와 도급계약을 체결한 경우 수급인이며, 특수형태근로종사자의 신분에 해당되는지?

2. 특수형태근로종사자의 지게차운전자가 사망한 경우 도급인에게 중대재해처벌법의 위반죄를 물을 수 있는지?

3. 지게차운전자가 작업 중 안전사고를 당한 경우 도급인에게 안전관리의 소홀, 태만, 부족을 이유로 산업안전보건법의 위반책임을 물을 수 있는지?

4. 안전띠의 착용, 경보등, 적재하중, 시야확보, 급회전금지, 과속금지 등 안전수칙의 제정 여부 및 위반 시 책임자는?

5. 무자격 운전자의 운전 중 재해발생 시 운전자와 사업주의 법적 책임은?

6. 지게차운전자의 안전사고로 본인 또는 타인의 재해가 발생한 경우 안전관리책임자와 관리감독자의 감독책임은?

7. 도급인이 지게차운전자의 작업 시 구체적인 지시가 있으면 근로자파견, 사용자책임 등 법적 책임이 인정되는가?

8. 장비업체의 소속 근로자로서 지게차운전자의 고의 또는 과실로 타인을 사망하게 한 경우 도급인과 수급인의 중대재해처벌법 위반 여부는?

9. 지게차운전자가 실수로 다른 근로자를 치어 사망하게 한 경우 가해자로서 중대재해처벌법 또는 산업안전보건법의 위반죄가 인정되는가?

10. 장비업체의 사업주가 수급인의 신분을 지닌 채 일시적으로 노무를 제공하다 작업 중 사망사고를 당한 경우 도급인은 중대재해처벌법의 적용대상인가?

11. 지게차운전자의 과실로 사망재해를 유발한 경우 피해자가 산재보상을 받았다면, 징벌적 손해배상의 대상인가?

12. 지게차운전자가 특수형태근로종사자인 경우 개인적으로 피해자와 손해배상의 합의를 하였다면, 도급인은 징벌적 손해배상책임이 면책되는가?

13. 지게차운전자가 장비업체의 소속 근로자라면 작업 중 운전자의 사망 시 도급인과 장비업체간의 손해배상책임은?

14. 장비업체의 소속근로자로서 지게차운전자의 과실로 타인을 사망하게 한 경우 장비업체와 도급인의 산업안전보건법의 위반 여부는?

15. 지게차운전자가 다른 근로자를 부상하게 한 형법 제268조에 의한 업무

상과실치상죄는 반의사불법죄에 해당하는지?

16. 지게차의 운행관련 「산업안전보건기준에 관한 규칙」을 위반한 경우 누구에게 형사책임을 물을 수 있는가?

17. 건설장비업체의 정비소홀로 중대재해가 발생한 경우 도급인과 수급인의 입장에서 부담하는 의무위반과 법적 책임은?

18. 하수급인이 하도급공사를 수주한 후 장비업체에 지게차작업을 재하도급을 하면서 도급인의 승인을 하였다면 각 사업주는 지배·운영·관리에 따른 책임이 인정되는지?

j) 사업주 및 경영책임자등은 안전·보건 관계법령에 따른 의무가 이행되지 않은 사실이 확인된 경우에는 인력의 배치, 예산의 추가 편성·집행 등 안전·보건 관계법령에 따른 의무이행에 필요한 조치를 하여야 한다. 이행점검의 범위는 중대재해처벌법의 규범성을 고려하여 그 범위를 한정할 필요가 있다.

④ **도급·용역·위탁 시 이행점검의 대상과 위험성평가**   a) 사업주 또는 경영책임자는 중대재해처벌법 시행령 제4조제3호에 따라 유해·위험요인을 확인하거나 개선하는 절차를 마련하거나 위험성평가를 실시할 수 있다. 이 규정은 중대재해처벌법 제5조(도급·용역·위탁 등 관계에서의 안전 및 보건 확보의무)의 경우에도 적용된다.

b) 사업주 또는 경영책임자는 도급·용역·위탁 시에 관계수급인에 대하여 위험성평가를 실행하는지 이행점검을 해야 한다. 따라서 도급인은 반기 1회 이상 관계수급인이 위험성평가를 실시하는지 이행점검을 해야 한다. 이 경우 이행점검의 대상은 도급인이 지배·운영·관리하였는지를 고려하여 판단해야 한다.

c) 이행점검의 대상은 공동사업장과 지정사업장으로서 도급인의 개입행위를 기준으로 판단한다. 지정된 사업장은 도급, 용역, 위탁사업과 관련한 밀접성, 도급인의 지배·운영·관리의 행위 등을 고려하여 판단해야 한다. 따라서, 관계수급인이 분리된 장소에서 독자적인 시설과 장비를 갖추고 하는 작업은 제외함이 타당하다.

d) 도급인과 수급인은 각각 위험성평가를 하여야 한다. 위험성평가는 산업안전보건법 제36조, 사업장위험성평가에 관한 지침(고용노동부 고시)에 명시하고 있다. 이러한 위험성평가의 규정에도 불구하고 중대재해처벌법은 사업주 또는 경영책임자에게 위험성평가에 대한 이행점검 등 안전보건관리체계를 구축하도록 의무를 부과하고 있다.

e) 안전보건관리체계는 위험성평가에 대한 확인 및 점검, 개선조치를 하였는지에 관한 이행점검의 주최, 시기, 방법과 절차, 결과보고를 포함한다. 중대재해처벌법 시행령 제4조제3호의 위반효과는 형사처벌이지만, 산업안전보건법 제36조의 위반효과는 과태료를 부과한다. 위험성평가에 관한 자세한 설명은 제3절에서 후술한다.

⑤ **이행점검의 결과와 법적 책임**　a) 안전보건법령의 이행점검 시 점검항목 및 평가기준은 안전보건확보의무와 종사자의 보호, 책임주체의 위반책임이라는 관점을 고려하여 설정해야 한다. 이행점검표의 점검항목은 자의적으로 표현하거나 변경하면 규범성의 해석이 달라질 수 있다.

b) 점검항목의 평가기준은 우수, 보통, 미흡 등 다양한 방법으로 정해 평가할 수 있으며, 재량행위로 해석된다. 이행수준에 따른 충실도는 규범적 사항이나, 평가방법은 주관적이므로 규범적 판단기준으로 삼을 수 없다. 따라서 이행점검은 안전보건관리체계로서의 이행 및 기준(절차서, 지침서 등)에 대한 적합성을 확인하면 족하다.

c) 이행점검은 사업주 또는 경영책임자등을 수범자로 하므로 관련 점검 및 보고가 형식적으로 이루어지거나, 사업주 또는 경영책임자등이 점검을 지시하였으나 점검 또는 결과의 보고가 이루어지지 않은 경우에는 의무를 이행한 것으로 볼 수 없다. 이 경우 불이행에 따른 최종책임은 사업주 또는 경영책임자에게 귀속된다.[73] 이행점검을 하지 않거나 부실한 이행점검은 중대재해처벌법의 위반으로서 형사처벌의 대상이 된다.

⑥ **법령의 이행 여부 점검 및 위탁**　a) 사업주 또는 경영책임자등은 안전·보건 관계법령에 따른 의무이행이 실질적으로 이행되도록 점검해야 한

---

73) 고용노동부, "중대재해처벌법 해설-중대산업재해 관련", 중대산업재해감독과(2021. 7. 17), 102면. : 권오성, 중대재해처벌법의 체계, 도서출판 새빛, 2022, 160면.

다. 사업주 또는 경영책임자는 모든 사업 또는 사업장을 대상으로 이행점검 계획을 수립하고, 그 결과를 평가하는 기준과 절차 등 관리체계를 마련하고 점검결과를 보고받아야 한다.

b) 안전보건관리체계의 이행점검은 산업안전보건법령에 따른 안전 및 보건업무의 위탁과 구별되므로 안전보건업무 위탁이 허용되지 않는 상시 근로자 300명 이상의 사업장도 점검위탁이 가능하다. 그러나 안전보건관리체계의 구축 및 이행점검의 위탁행위에 대한 명시규정이 없다. 다만, 공인노무사법 시행령 제2조[별표1]에 따라 중대재해처벌법에 의한 관리체계의 구축 및 이행점검은 공인노무사의 직무에 해당된다.[74]

c) 중대재해처벌법 시행령 제5조제2항제1호에서 「해당 안전보건법령에 따라 중앙행정기관의 장이 지정한 기관 등에 위탁하여 점검하는 경우를 포함한다.」고 규정하고 있다. 여기서 중앙행정기관의 장이 지정한 기관이란 안전·보건전문기관, 건설재해예방전문기관을 말하며, 위탁할 수 있는 사항은 안전전보건법령에 따라 해당기관의 업무로 규정된 사항으로 제한된다.[75] 이러한 이행점검의 위탁은 산업안전보건법에 의한 안전보건의 업무위탁과 구별해야 한다. 그러나 산업안전보건법에서 제한하는 상시 근로자 300명 이상의 사업장은 이행점검의 위탁이 가능하다.[76]

d) 사업주 또는 경영책임자는 안전보건법령의 의무이행을 점검한 결과 안전보건관련법령에 따른 의무가 이행되지 않은 사실이 확인된 경우에는 인력을 배치하거나 예산을 추가·편성하여 집행하여야 한다. 안전보건교육에 관한 사항도 반기 1회 이상 점검한 결과 누락자가 있거나 실시하지 않은 경우에는 안전보건교육을 실시해야 한다.

e) 이행조치의 방법은 이행점검의 범위에 해당되지 않는다. 사업주 또는 경영책임자는 이행점검의 결과에 따라 지적된 사항에 대하여 이행조치 또는

---

74) 여기에는 산업안전지도사 및 산업보건지도사, 공인노무사를 포함한다. 공인노무사의 경우 공인노무사법 시행령 제2조에 의한 [별표1]에 산업안전보건법과 「중대재해처벌등에 관한 법률」등 노동관계법령을 직무범위로 정하고 있다. 변호사는 변호사법 제3조에 "소송에 관한 행위 및 행정처분의 청구에 관한 대리행위와 일반 법률사무"로 정하고 있어 이행점검은 대상직무에 해당되지 않는다.
75) 고용노동부, 중대재해처벌법해설-중대산업재해 관련, 2021, 102면.
76) 고용노동부, 전게서, 102면.

개선조치를 해야 한다. 이 경우 사업장의 특성, 규모, 인력, 예산, 시설 및 장비의 사용방법을 고려하여 대책을 마련해야 한다.

(15) 안전보건교육의 점검 및 결과보고

1) **안전보건교육의 범위**   a) 사업주 또는 경영책임자등은 안전·보건 관계법령에 따라 의무적으로 실시해야 하는 유해·위험한 작업에 관한 안전·보건에 관한 교육이 실시되었는지를 반기 1회 이상 점검하고 직접 점검하지 않은 경우에는 점검이 끝난 후 지체 없이 점검결과를 보고받아야 한다(중대재해처벌법 시행령 제5조제2항제3호).

b) 또한 유해·위험한 작업에 관한 안전·보건에 관한 교육의 실시 여부에 대한 점검 또는 보고를 받은 결과, 실시되지 않은 교육에 대해서는 지체 없이 그 이행의 지시, 예산의 확보 등 교육실시에 필요한 조치를 하여야 한다(중대재해처벌법 시행령 제5조제2항제4호).

c) 안전보건교육은 유해·위험작업에 종사하는 사람의 안전·보건 확보와 밀접한 관련이 있는 내용을 충분히 습득할 수 있도록 해야 한다. 안전·보건 관계 법령의 교육은 산업안전보건법의 유해·위험 작업에 따른 안전보건교육뿐만 아니라 다른 법령에 의한 교육도 포함된다.

d) 따라서 사업의 종류와 특성에 따라 다른 법령에서 정한 항공안전법에 의한 위험물취급교육에 관한 규정(항공안전법 제72조), 선박안전법상 위험물안전운송교육(선박안전법 제412의2) 등도 실시하였는지 점검대상에 포함된다. 산업안전보건법 시행규칙 제26조에 의한 근로자의 교육시간은 다음과 같다.

[표2-22] 산업안전보건법령에 의한 안전보건교육

교육과정	교육대상		교육시간
가. 정기교육	1) 사무직 종사 근로자		매반기 6시간 이상
	2) 그 밖의 근로자	가) 판매업무에 직접 종사하는 근로자	매반기 6시간 이상
		나) 판매업무에 직접 종	매반기 12시간 이상

		사하는 근로자 외의 근로자
나. 채용시의 교육	1) 일용근로자 및 근로계약기간이 1주일 이하인 기간제근로자	1시간 이상
	2) 근로계약기간이 1주일 초과 1개월 이하인 기간제근로자	4시간 이상
	3) 그 밖의 근로자	8시간 이상
다. 작업내용 변경시의 교육	1) 일용근로자 및 근로계약기간이 1주일 이하인 기간제근로자	1시간 이상
	2) 그 밖의 근로자	2시간 이상
라. 특별교육	1) 일용근로자 및 근로계약기간이 1주일 이하인 기간제근로자 : [별표 5] 제1호라목 각 호(제39호는 제외한다)에 해당하는 작업에 종사하는 근로자에 한정한다.	2시간 이상
	2) 일용근로자 및 근로계약기간이 1주일 이하인 기간제근로자 : [별표 5] 제1호라목제39호에 해당하는 작업에 종사하는 근로자에 한정한다.	8시간 이상
	3) 일용근로자 및 근로계약기간이 1주일 이하인 기간제근로자를 제외한 근로자 :[별표 5] 제1호라목에 해당하는 작업에 종사하는 근로자에 한정한다.	가) 16시간 이상(최초 작업에 종사하기 전 4시간 이상 실시하고 12시간은 3개월 이내에서 분할하여 실시가능) 나) 단기간 작업 또는 간헐적 작업인 경우에는 2시간 이상

e) 중대재해처벌법 시행령 제5조제2항제3호는 안전보건교육을 실시하였는 지를 점검하는 것을 말하지만, 이것을 이유로 중대재해의 발생 시 인과관계

를 판단하는 근거로 삼을 수 없다. 다만, 특별안전보건교육의 미실시를 이유로 형법 제268조와 관련한 업무상 주의의무의 인과관계를 검토할 수 있다. 따라서 사업주 또는 경영책임자는 안전보건교육의 이행점검에 관한 관리체계를 수립하여 시행하여야 한다.

2) 안전보건교육의 실시 점검 및 미 이수자의 작업배제　　a) 사업주 또는 경영책임자는 중대재해처벌법 시행령 제5조제2항제4호에 따라 안전보건교육의 실시 여부를 확인·점검하고 수급인 등 제3자인 경우 해당 교육을 실시하도록 필요한 조치를 하여야 한다.

b) 사업주 또는 경영책임자는 안전보건법령의 이행점검을 전문기관 등에 위탁하여 점검하는 내용에 중대재해처벌법 시행령 제5조제2항제3호의 안전·보건에 관한 교육실시에 관한 내용이 포함되더라도,77) 실제로 점검하지 않았다면 사업 또는 사업장 내에서 자체 점검을 해야 한다. 이 경우자체 점검완료 후 지체 없이 결과를 보고를 받아야 하며, 실시하지 않은 교육에 대해서는 지체 없이 이행을 지시하고 예산확보 등 필요한 조치를 하여야 한다.

c) 도급·용역·위탁 등의 경우 안전보건교육에 대한 이행점검의 대상은 지배·운영·관리를 고려하여 판단하여야 한다. 도급인은 관계수급인에 대한 조치를 교육실시에 관한 조치를 하도록 통보하여야 한다. 이 경우 필요한 조치의 하나로 교육을 받지 않은 종사자는 해당 작업에서 배제하는 조치 등을 취할 수 있다.78)

d) 따라서 ⅰ) 건설현장이나 공장 등에서 수급인과 근로계약을 체결한 경우, ⅱ) 도급인의 사업장에서 노무를 제공하는 경우, ⅲ) 발전소의 시설보수를 위하여 통신복구공사 또는 전기시설공사를 하는 사람이 노무를 제공하는 자에 해당되면 안전보건교육의 대상이 된다.

e) 안전보건교육은 불안전행동을 유발하는 간접적 원인으로서 중대재해처

---

77) 이 경우 안전·보건 관련 정보, 교육, 인식부족으로 사고가 발생하는 것을 방지하기 위해 교육이 중요하므로 특별히 강조하기 위해 제3호 및 제4호를 규정한 것이라고 한다. : 고용노동부, "중대재해처벌법 해설-중대산업재해 관련", 중대산업재해감독과(2021. 7. 17), 99면.

78) 고용노동부, "중대재해처벌법 해설-중대산업재해 관련", 중대산업재해감독과(2021. 7. 17), 102면.

벌법에 의한 형사책임이 인정되지 않는다. 따라서 사업주 또는 경영책임자가 일용근로자의 안전보건교육을 실시하지 아니하여 중상을 입었더라도 직접적인 인과관계를 인정하기 어렵다. 그러나 특별안전보건교육의 대상인 중대한 위험작업은 이행점검을 이유로 중대재해처벌법 시행령 제5조제2항3호 또는 형법 제268조(업무상 과실치사상죄)의 위반죄를 물을 수 있다(경합범죄).

2. 도급·용역·위탁 등 안전보건확보의무

(1) 도급의 정의와 구별

1) **중대재해처벌법 상 도급의 정의**   a) 중대재해처벌법 제5조의 도급·용역·위탁은 산업안전보건법 제2조제6호의 용어와 구분해야 한다. 도급의 개념은 민법 제664조, 건설산업기본법 제2조제11호, 전기공사업법 제2조제5호 및 정보통신공사업법 제2조제16호에서 각각 정의하고 있다. 이러한 도급의 정의는 민법 제664조와 별다른 차이가 없다.

b) 그러나 중대재해처벌법 제5조(도급, 용역, 위탁 등 관계에서의 안전보건확보의무)는 산업안전보건법과 달리 구분하고 있어 해석상 논란이 되고 있다. 중대재해처벌법 제5조에서 도급의 개념은 ⅰ) 산업안전보건법에 의한 도급의 개념과 동일하다는 견해(광의설), ⅱ) 민법에 의한 도급의 개념과 동일하다는 견해(협의설)의 의견대립이 있다.[79]

c) 광의설은 산업안전보건법 제2조제6호와 같이 계약명칭이나 형식에 관계없이 자신의 업무를 타인에게 맡기는 계약이라는 해석이다.[80] 이 견해는 중대재해처벌법이 중대산업재해 등 안전에 관한 법률이므로 동일해야 한다는 주장이다.

d) 협의설은 중대재해처벌법에서 도급에 관한 용어의 정의가 없는 점, 중대재해처벌법 제5조에서 도급·용역·위탁을 구분하는 점을 근거로 민법 제664조에 해당된다는 견해이다(다수설). 따라서 도급의 개념은 건설산업기본

---

79) 김영규, 중대재해처벌법 해설(중대산업재해와 쟁점해설), 법문사, 2024, 91면.
80) 대검찰청, 중대재해처벌법 벌칙해설, 2022, 233-234면.

법 등 각종 법률에 명시한 점을 고려할 때 구분할 필요가 있다.

2) 산업안전보건법 상 도급의 정의   a) 산업안전보건법 제2조제6호에서 "도급이란 명칭에 관계 없이 물건의 제조·건설·수리 또는 서비스의 제공, 그 밖의 업무를 타인에게 맡기는 계약을 말한다"고 규정하고 있다. 산업안전보건법의 도급은 모든 계약을 포함하는 포괄적인 정의를 하고 있다.

b) 산업안전보건법의 도급은 일반적인 도급정의와 달리 "일의 완성과 보수의 지급"이라는 쌍무적 채권관계로 표현하지 않고 있다. 민법이나 건설산업기본법 등은 대가를 지불하는 거래관계를 규율하는 반면,[81] 산업안전보건법은 유해위험요인을 포괄적으로 파악하여 재해예방조치 및 관리감독체계를 규율한다. 산업안전보건법은 거래당사자의 보호가 아니라 유해·위험요인에 노출되는 근로자등을 보호하는 점에서 차이가 있다.

3) 민법 상 도급의 정의   a) 민법 제664조에서 도급이란 당사자의 일방 (수급인)이 어느 일을 완성할 것을 약정하고 상대방(도급인)이 그 일의 결과에 대하여 보수를 지급할 것을 약정하는 계약을 말한다. 도급은 당사자의 계약형식, 도급인의 고유한 사업영역, 수급인의 전문성과 기술성, 완성할 일의

---

81) 도급은 낙성계약으로서 당사자의 합의에 의하여 도급계약을 체결해야 하며, 합의의 내용에는 일의 완성과 보수지급을 포함해야 한다. 일의 완성에는 건물축조와 송수관로의 매설과 같은 유형의 것, 이외에 연구용역을 하는 무형의 것을 포함할 수 있다. 그러나 구체적인 결과를 목적으로 한다면 도급으로 보나, 그 행위 자체를 목적으로 한다면 위임으로 보아야 한다. 따라서 질병의 치료나 강의와 같은 것은 결과채무가 아니라 수단채무라고 하여 위임계약으로 보아야 한다. 도급은 계약행위로서 성립하며, 완성의 지체 시 해제, 손해배상 및 지체상환금의 책임이 따른다. 이러한 계약의 내용과 성격에 따라 도급 여부를 판단한다. 판례 (대판 1983. 4. 26, 82누92)가 인정하는 도급계약은 건축공사가 대부분이며, 물건의 운송계약도 도급계약으로 본다. 도급인이 의욕하는 공사목적물의 설치목적으로 이해한 후 그 설치목적에 맞는 설계도서를 작성하고 이를 토대로 스스로 공사를 시행하며, 그 성능을 보장하여 결과적으로 도급인이 의욕한 공사목적으로 이루게 하여야 하는 계약은 도급으로 본다(대판 1996. 8. 23, 96다16 650). 공사도급계약에 있어 수급인의 공사중단이나 공사지연으로 인하여 약정된 공사기한 내에 공사완공이 불가능하다는 것이 명백해진 경우 도급인은 그 공사기한의 도래하기 전이라도 계약을 해제할 수 있지만, 그에 앞서 수급인에 대하여 상당한 기한 내에 완성할 것을 최고하여야 한다. 다만 예외적으로 수급인이 미리 이행하지 아니할 의사를 표시한 때에는 위와 같은 최고 없이도 계약을 해제할 수 있다(대판 1996. 10. 25, 96다21393).

특정가능성, 보수지급의 기준, 작업현장에서의 지휘감독, 노무관리와 업무수행의 독립성, 사업영역의 독립성 등을 종합적으로 고려하여 판단해야 한다.

b) 그러나 중대재해처벌법은 유해·위험요인을 통제하여 재해예방조치 및 관리감독체계를 규율해야 하므로 거래관념에 기초한 민법 상 도급으로 해석하는 것은 비판의 여지가 있다. 이 경우 중대재해처벌법의 도급과 산업안전보건법의 도급은 정의가 불일치하여 통일적 법해석이 곤란하다.

c) 민법 제664조에 따른 도급의 정의는 추상적으로 정의할 뿐, 본질적으로 도급의 형태를 어떻게 구별해야 할지 기준을 정하지 않고 있다. 도급은 업무수행방법상 장소적으로 결합되거나 시간적으로 중복되어 있는 경우 지휘명령관계와 사업의 독립성(회계상의 독립성, 법률상의 독립성, 업무상의 독립성)으로 구별하고 있으나, 통일된 구별기준을 정하기가 쉽지 않다.

d) 예를 들어 시설이나 장소, 장비의 제공은 도급인의 징표를 설명하나, 사실상 지배·운영·관리를 하지 않는다면 도급인의 위험관리책임을 인정할 수 없다. 단순한 사무실, 장비 등의 임대차가 아니라 지배·운영·관리를 하는지를 동시에 고려하여 규범성을 판단해야 한다.

e) 민법의 이론상 도급은 완성된 업무결과에 대하여 대가를 지불하며, 일반적인 노무비의 계산은 도급의 취지에 반하므로 대가로써 일정한 금액을 견적하여 산출하는 형태로 지급한다. 따라서 대가의 지급은 기술수준의 시간단가 또는 작업공정별 단가로 산정하여 지급한다. 도급은 일의 완성을 목적으로 하므로 시기가 정해져 있고, 완성된 목적물에 하자가 있으면 하자담보책임을 물을 수 있다.

f) 도급인은 기계·설비·전문기술 등에 대하여 수급인이 독립적으로 업무를 수행하는 방식으로 과업을 수행하도록 해야 한다. 구체적으로 ⅰ) 자기의 책임과 부담으로 준비하고 조달하는 기자재(업무상 필요한 간이공구는 제외), ⅱ) 자신의 기술·경험에 의한 업무처리(독자적인 기획·노하우·지식·경험 등에 의한 전문성)에 따라 독립성이 있으면 도급으로 판단한다.

g) 또한 사업주가 민법, 상법 기타의 법률에 의하여 독자적으로 모든 책임을 져야 하는 사업이라면 도급으로 보아야 한다. 이 경우 재정상 또는 관리상의 안정성 및 자립성이 요구된다. 건설공사의 경우 단순히 일을 맡기는 것

이 아니라 시공에 참여하는 지위에 있는 경우 도급으로 해석한다. 도급의 범위는 전부 도급뿐만 아니라 일부의 도급을 포함한다.

(2). 도급사업 등의 안전보건확보의무

1) 도급 등 종사자의 보호와 안전보건확보의무

① **도급 등 종사자의 보호**   a) 사업주 또는 경영책임자등은 사업주나 법인 또는 기관이 제3자에게 도급, 용역, 위탁 등을 행한 경우에는 제3자의 종사자에게 중대산업재해가 발생하지 아니하도록 제4조의 조치를 하여야 한다. 다만, 사업주나 법인 또는 기관이 그 시설·장비·장소 등에 대하여 실질적으로 지배·운영·관리하는 책임이 있는 경우에 한정한다(중대재해처벌법 제5조).

b) 여기서 사업주나 경영책임자등은 중대재해처벌법에 의한 의무주체를 말하며, 중대재해처벌법 제5조에는 "법인 또는 기관"을 이행주체로 규정하고 있다. 이 규정은 귀속책임의 주체를 자연인 이외에 법인까지 확대하여 위반 책임을 묻고자 하는 취지이다.

c) 또한 "제3자에게 도급·용역·위탁등을 행한 경우"란 일반적으로 계약 관계의 당사자를 의미하는데, "제3자에게"라는 표현을 두고 해석상 논란이 되고 있다. 이 경우 "제3자"라는 표현은 직접 계약의 당사자를 제외한다는 견해(배제설) 또는 하도급의 당사자까지 포함한다는 견해(포함설)이다.

d) 전자의 경우에는 직접 계약당사자가 아닌 경우 제3자까지 보호해야 한다는 의무를 확장하게 된다. 예를 들어 발전소에서 스크루를 철거해 폐기하도록 도급을 주었으나, 수급인이 다시 운송업체에 재하도급을 준 결과 도급인과 재하수급인은 제3자로서 간접적인 법률관계를 형성한다.

e) 발전소 내에서 스크루를 상차하던 중 낙하물에 맞아서 재하수급인이 사망한 경우 당사자는 직접적인 계약관계가 아닌 사실관계에 불과하다. 이 경우 재하수급인은 중대재해처벌법 제2조제7호다목에 따라 행위관련성, 노무의 대가성을 고려하여 종사자 여부를 판단해야 한다.

f) 재하수급인이 발전소 스크루의 폐기를 위한 운송을 목적으로 상하는 행

위는 도급과 관련된 목적의 범위내에서 행위관련성이 있고, 대가를 목적으로 도급인에게 노무를 제공하는 것으로 해석된다. 따라서 도급인과 계약을 한 당사자가 아니더라도 사업장에서 노무를 제공한 경우 종사자로 해석된다. 따라서 재하수급인은 제3자의 지위에 있더라도 종사자로 보아 중대산업재해가 발생하지 아니하도록 중대재해처벌법 제4조에 따라 조치를 하여야 한다.

② **실질적으로 지배·운영·관리하는 시설·장비·장소 등**   a) 사업주나 법인 또는 기관은 도급·용역·위탁 등을 하는 경우 실질적으로 지배·운영·관리하는 시설, 장비, 장소에 대하여 중대재해가 발생하지 아니하도록 제4조의 조치를 하여야 한다(중대재해처벌법 제5조단서).

b) 따라서 도급인이 실질적인 지배·운영·관리를 하지 않음에도 안전보건관리체계의 위반책임을 묻는 것은 죄형법정주의의 원칙에 위반된다.[82] 여기서 "실질적으로 지배·운영·관리"란 해당 시설이나 장비, 장소에 대한 소유권, 임차권, 그 밖에 사실상 지배력을 가지고 위험에 대한 제어력(통제가능성)을 행사하는 행위를 말한다.[83]

c) 지배·운영·관리의 개념을 어떻게 볼 것인지는 형사책임의 범위와 관련하여 논란이 있다. 이 경우 지배·운영·관리는 모두 충족하는 의미로 해석한다면 책임의 인정범위가 좁아진다. 그래서 지배·운영·관리를 각각 개별적으로 판단해야 한다.[84] 도급인의 지배·운영·관리 중 하나의 행위가 있었다면 위반책임의 범위가 지나치게 확대될 수 있는 문제점이 있다.

---

82) 최근에 중대재해처벌법위반사건에 대한 법원의 판결사례는 제3자에 대한 명확한 구분을 하지 않은 채, 도급인에 대한 형사책임을 인정하고 있다. 그러나 입법상의 하자에도 불구하고 법리적 규명을 명확히 하지 않는 채 판결하는 태도는 비판의 여지가 있다.

83) 따라서 ① S메트로는 Y회사 정비원의 작업장소인 지하철 역사에 대한 운영관리 주체이자 스크린도어 및 스크린도어와 연동되어 작동하는 열차에 대한 운영관리 주체인 점, ② S메트로는 용역계약을 통해 Y회사에게 스크린도어 점검 및 수리를 일임한 것이 아니라 용역계약에 부수된 과업시시서를 통해 용역수행의 구체적인 방법과 절차 등을 정하고 지속적으로 용역수행내용을 통제하고 관리하는 지위에 있었던 점 등이 있었다. 이에 더하여 S메트로는 지하철역사 운영사업의 조직·인력·예산 등에 있어 전체적인 결정권을 행사하고 있는 것으로 볼 수 있다는 점에서 경영적 관점에서 실질적으로 지하철 역사운영사업을 지배·운영·관리하였다고 볼 수 있다. : 대검찰청, 중대재해처벌법 벌칙해설, 2022, 404면.

84) 권창영 집필대표/이효은, 중대재해처벌법 연구(1), 법문사, 2022, 512면.

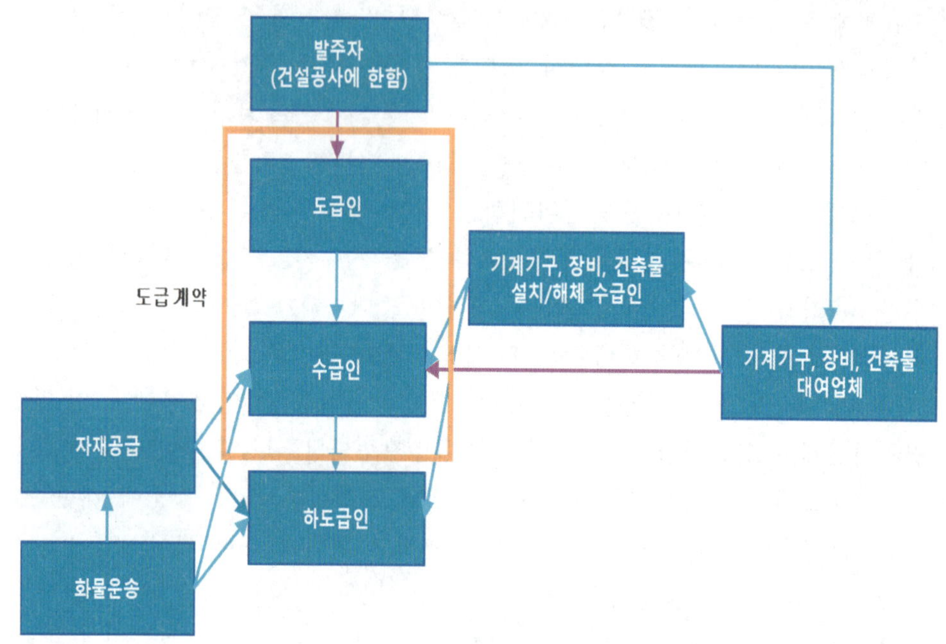

<그림 2-1> 지배·운영·관리와 도급인의 위험관리영역

  d) 지배·운영·관리의 판단은 ⅰ) 도급인이 작업장소를 제공 또는 지정하고 지배·관리하는 장소(산업안전보건법 시행령 제11조에 따른 21개 위험장소)에서 작업하는 경우,[85] ⅱ) 해당 작업과 관련한 시설·장비·장소 등에 대하여 소유권, 임차권 그밖에 사실상의 지배력을 행사하는 경우, ⅲ) 제3자에게 소유권 등이 있더라도 도급인이 그 사용방식 자체에 관여하거나 도급인의 지

---

85) 도급인의 책임을 확대하는 범위는 ⅰ) 도급인의 사업과 밀접하게 연결되어 수급인의 안전보건에 영향을 주는 경우, ⅱ) 도급사업의 특수성으로 인해 도급인의 도움이 없이는 수급인 혼자 안전보건을 확보할 수 없는 경우, ⅲ) 도급인의 사업운영을 위해 지배·관리하는 장소와 시설물을 수급인이 인정하는 경우, ⅳ) 도급인과 수급인의 작업공정 간에 충돌 등의 사고예방을 위해 도급인이 총괄적으로 관리가 필요한 경우, ⅴ) 수급인이 독립적으로 작업을 수행할 역량이 없는 경우를 들 수 있다. : 나민오·양승엽·윤조덕·정진우, 산업안전보건법상 산재예방책임주체 확대와 역할 분담방안, 산업안전보건연구원, 2023, 요약문 5면.

배하에 있는 특수한 위험요소가 있어 해당사업에 수반되는 유해·위험요인을 도급인이 직접 통제하는 경우, ⅳ) 사업을 하기 위하여 상시적으로 관리하는 생산시설, 기계, 설비 등에 대한 유지보수공사 등의 업무를 도급 준 경우에는 중대재해처벌법의 적용대상으로 보아야 한다.[86]

e) 여기서 "그 밖에 사실상의 지배력을 행사하는 경우"란 ⅰ) 사업장의 출입을 통제하는 경우, ⅱ) 건설기계·장비의 사용에 대하여 도급인의 승낙을 받아야 하는 경우, ⅲ) 작업일정의 변경 및 작업자의 인력교체에 대하여 승낙을 받아야 하는 경우, ⅳ) 작업허가를 받아야 하는 경우를 말한다.

f) 또한 ⅰ) 인력수급계획을 수립하여 통보하는 행위, ⅱ) 작업량과 작업방법·작업순서를 결정하는 행위, ⅲ) 일반적인 작업배치권과 변경결정권을 행사하는 행위, ⅳ) 결원배치 시 허가나 승인을 받도록 하는 행위, ⅴ) 작업지시서나 표준작업서를 제시하고 이행하도록 지시하는 행위, ⅵ) 근로형태와 인력현황을 파악하여 관리하는 행위, ⅶ) 업무수행도와 근무실적을 평가하는 행위는 모두 지배·운영·관리의 징표에 해당된다.

g) 산업안전보건법 제10조(산업재해발생건수 등의 공표)에서는 도급인이 지배·관리하는 대통령령이 정하는 장소를 명시하고 있는데, 산업안전보건법 시행령 제11조(도급인이 지배·관리하는 장소)에 의한 15개의 장소, 산업안전보건법 시행규칙 제6조(도급인의 안전·보건 조치장소)에 의한 7개의 장소도 중대재해처벌법 제4조의 적용대상에 해당된다. 중대재해처벌법은 산업재해 중 중대재해로서 산업안전보건법과 연계성을 지니며, 도급인의 지배·관리하는 장소는 중대재해처벌법 제4조제1항의 행위와 동일한 성격을 지니기 때문이다.

> 1. 토사·구축물·인공구조물 등이 붕괴될 우려가 있는 장소
> 2. 기계·기구 등이 넘어지거나 무너질 우려가 있는 장소
> 3. 안전난간의 설치가 필요한 장소
> 4. 비계(飛階) 또는 거푸집을 설치하거나 해체하는 장소
> 5. 건설용 리프트를 운행하는 장소
> 6. 지반(地盤)을 굴착하거나 발파작업을 하는 장소

---

86) 고용노동부, 중대재해처벌법 중대산업재해질의회시집, 2023, 2007-208면.

7. 엘리베이터홀 등 근로자가 추락할 위험이 있는 장소

8. 석면이 붙어 있는 물질을 파쇄 또는 해체하는 작업을 하는 장소

9. 공중 전선에 가까운 장소로서 시설물의 설치·해체·점검 및 수리 등의 작업을 할 때 감전의 위험이 있는 장소[87]

10. 물체가 떨어지거나 날아올 위험이 있는 장소

11. 프레스 또는 전단기(剪斷機)를 사용하여 작업을 하는 장소

12. 차량계 하역운반기계 또는 차량계 건설기계를 사용하여 작업하는 장소

13. 전기 기계·기구를 사용하여 감전의 위험이 있는 작업을 하는 장소

14. 「철도산업발전기본법」 제3조제4호에 따른 철도차량(「도시철도법」에 따른 도시철도차량을 포함한다)에 의한 충돌 또는 협착의 위험이 있는 작업을 하는 장소

15. 그 밖에 화재·폭발 등 사고발생 위험이 높은 장소로서 고용노동부령으로 정하는 장소

③ **지배·운영·관리와 위험통제가능성**　　a) 도급·용역·위탁 등 계약의 형식에 불문하고 실질적인 지배·운영·관리하는 행위를 전제로 중대재해처벌법 제5조의 적용 여부를 판단해야 한다. 이 경우 지배·운영·관리는 위험의 창출증대나 위험통제의 가능성을 1차적인 판단기준으로 하고 구체적인 행위 등을 종합적으로 고려하여 판단해야 한다.

b) 또한 건설공사의 경우 수급인의 작업이 도급인의 사업장에서 진행되더라도 전문기술, 작업시간 및 작업공간 등을 고려할 때 도급인이 사실상 위험통제를 할 수 없다면 해당사업에 대하여 실질적으로 지배·운영·관리하는 행위로 볼 수 없다.[88]

---

87) 여기에서 공중전선이란 사업장 내·외를 불문하고 나무기둥, 콘크리트기둥, 철탑 등의 지지물을 이용하여 공중에 가설된 가공전선(overhead wire)을 말한다. : 산안(건안) 68307-10617, 2001. 12. 18.

88) 예를 들어 약품제조회사인 도급인이 자신의 사업장 내에 있는 공장의 지붕 보수공사를 건설업체에 도급을 준 경우, 그 공장 지붕에 도급인만이 파악할 수 있는 특수한 위험요소가 있지 아니하고, 단지 도급인으로서는 수급인이 공장지붕에 출입하면서 안전발판 등 설비를 반입하고 안전대 부착설비를 설치하는 것을 허용하고 수급인의 요청에 따라 추락방지망 설치를 위해 필요한 위치에 놓여 있던 자재들을 치워주는 등의 일반적 협조를 하는 정도로 충분하다면 도급인이 시설,

c) 위험통제의 가능성은 위험을 예견가능하고 제어할 수 있는 능력이 있어야 하며, 그러한 행위를 기대할 수 있는 상황이어야 한다. 따라서 사업장 밖에 설치되어 있는 안전시설이나 주요 설비의 경우 수급인이 임의로 설치·해체 및 변경할 수 없거나 도급인과 협의하여야 가능한 경우에는 도급인이 사실상 위험을 통제할 수 있는 지위에 있다고 해석된다.

d) 대법원은 「철강업체의 대표이사를 경영책임자 겸 안전보건총괄책임자로서 작업계획서를 작성하지 않은 산업안전보건법위반행위와 경영책임자로서 실질적으로 지배·운영·관리하는 사업장에서 안전보건관리책임자 등이 업무를 충실히 수행할 수 있도록 평가하는 기준을 마련하거나, 도급 등을 받는 자의 산업재해 예방을 위한 조치능력과 기술에 관한 평가기준·절차를 마련하는 등 종사자의 안전·보건상 유해 또는 위험을 방지하기 위한 안전보건관리체계의 구축 및 그 이행에 관한 조치를 해야 하는데 이를 하지 아니하여 사망재해가 발생하였고, 이 경우 중대재해처벌법의 위반행위는 모두 같은 일시·장소에서 같은 피해자의 사망이라는 결과의 발생을 방지하지 못한 부작위에 의한 범행에 해당한다.」고 판시하였다.[89]

2) **중간수급인의 안전보건확보의무**   a) 도급사업은 도급인-수급인-재하수급인의 형태로 중층적 구조를 구성할 수 있다. 수급인은 하도급을 받은 사업의 전부 또는 일부를 재하도급을 하는 경우 중간수급인에 해당된다. 중간수급인은 자신의 근로자를 투입하여 사업을 수행하여야 하지만, 근로자를 투입하지 아니한 채 사업의 전부를 재하도급하는 사례가 있다.

b) 산업안전보건법 제63조(도급인의 안전조치 및 보건조치) 및 제64조(도급인의 산업재해예방활동)는 두급인에게 대하여만 재해예방조치를 하도록 규정할 뿐 중간수급인과 관계수급인에 대하여는 언급이 없다. 중간수급인과 재하수급인은 산업안전보건법 제38조(사업주의 안전조치) 및 제38조(사업주의 보건조치)가 적용된다.

c) 중간수급인의 사업도 도급에 해당되나. 산업안전보건법에 의한 안전보

장비, 장소 등을 실질적으로 지배·운영·관리하는 책임이 있다고 단언하기 어렵다. : 대검찰청, 중대재해처벌법해설, 2022, 243면.
89) 대판 2023. 12. 28, 2023도12316

건조치의무를 인정할 수 없다. 따라서 도급인이 지배·운영·관리하는 사업장에서 중간수급인의 역할이 없으면, 재하수급인에 대한 중대재해처벌법 제5조에 따른 안전보건확보의무를 할 수 없는 상황이 발생한다. 이 경우 중간수급인에게 중대해처벌법 제5조의 위반책임을 물을 수 없다.

  3) 합작회사의 안전 및 보건 확보의무　　a) 합작회사는 공동사업을 위하여 둘 이상의 회사가 별도의 형태로 설립하는 법인(SPC : 특수목적법인)을 말한다. 이 경우 공동사업의 협정을 체결하고, 각 회사의 사업주가 개별성을 떠나 하나의 사업조직체로 독립성을 강하게 갖는 형태로 구성한다. 합작회사는 '둘 이상의 회사가 출자(자금, 노무, 노하우 등을 불문)하여 영리를 목적으로 하는 단일의 공동사업을 영위하는 단체'라고 할 수 있다.

  b) 공동사업은 목적의 영리성, 공동목적의 존재, 사업의 단일성과 일시성, 목적달성을 위한 재산·노무·자금의 공동관리, 대표자(스폰서)를 중심으로 하는 독립적 경영관리, 회계의 독립성 등에서 단순히 연명으로 공동도급을 하는 것이 아닌 민법 제703조의 조합계약의 일종으로 해석된다.

  c) 합작회사의 경우 통상의 법인과 다른 특성을 지닌다. 예를 들어 형식적으로 법인의 형태를 지니고 있지만 독립적인 지위를 인정하기 어려운 경우 구체적인 사실관계를 고려해 누구를 경영책임자를 보아야 할지 정해야 한다. 따라서 A사와 B사가 50 : 50으로 출자를 하였음에도 A사의 승인 없이 B사가 조직과 인력에 관한 결정권 및 예산투자 등을 할 수 없다면 A사가 실질적으로 지배·운영·관리하는 것으로 보아야 한다.[90]

  d) 특수목적법인의 경우 해당법인의 대표이사를 경영책임자로 보아 안전보건확보의무를 부과한다. 따라서 특수목적법인을 설립한 경우 본래의 목적사업을 추진하는 과정에 있더라도 유해위험요인이 있는지를 고려하여 안전보건관리체계의 구축 및 이행점검의 시기를 결정할 수 있다. 이 경우 사업을 개시한 후 상당기간이 경과하였다는 사정만으로 중대재해처벌법의 위반으로 단정해서는 아니 된다.[91]

---

90) 중대산업재해감독과-3880, 2022. 10. 4.
91) 안전보건관리체계의 구축 및 이행점검의 위반책임은 특정시기만을 이유로 판단
　　할 수 없다. 특수목적법인의 종사자가 유해위험작업을 하는 등 유해·위험요인
　　에 노출될 여지가 없다면 사업개시 후 상당기간이 경과하였더라도 중대재해처

4) 집합투자자산에 대한 안전 및 보건 확보의무   a) 부동산투자신탁이란 자본시장법상 집합투자업자가 부동산신탁계약에 따라 신탁업자에게 자산을 신탁하고 신탁업자로 하여금 그 집합투자업자의 지시에 따라 투자·운용하게 하는 것을 말한다. 집합투자업자는 부동산의 개발, 관리 및 개량, 임대 등(이하 "부동산 개발등"이라 한다)의 방법으로 운용하고 신탁업자에게 그에 대한 운용지시 업무를 하는 것을 의미한다.

b) 신탁업자는 집합투자재산에 대한 소유권을 취득하고 집합투자업자의 지시에 따라 자신의 명의로 이를 처분하는 등 법률상 처분권한을 행사한다. 신탁업자는 집합투자업자의 지시에 따라 자산운용을 하고 투자신탁업무에 따른 보수를 취득할 뿐 도급한 부동산 개발업무에 대하여 수급인인 건설사나 건축물의 유지관리에 대하여 직접적인 지휘감독을 하지 않는다.

c) 이 경우 신탁업자는 집합재산의 명목상 소유권취득에 불과하고 사실상 지배력을 가지고 위험에 대한 제어능력을 가진다고 보기 어렵다. 따라서 중대재해처벌법 제5조에 따른 도급인의 지위에서 안전 및 보건 확보의무를 부담하지 않는다.[92] 다만, 신탁회사가 건설공사를 계획하고 자금을 집행하며, 시공회사를 선정하는 경우 발주자로서 지위에 해당된다.

　　벌법의 위반책임을 물을 수 없다. 중대재해처벌법의 위반죄는 안전보건관 리체계의 구축 및 이행점검을 구성요건으로 하지만, 산업재해가 인정되고 중대산업재해에 해당하는 인과관계가 성립하지 않으면 구성요건을 충족할 수 없다. 특수복적법인의 종사자가 산업재해가 발생할 여지가 없었다면 해당시기까지 안전보건관리체계의 구축 및 이행점검의 미실시에 대한 부작위의 위반죄를 묻기가 곤란하다. 따라서 사업을 개시한 후 6개월 이상 경과하도록 안전보건관리체계를 구축하지 아니하거나 이행점검을 하지 않았다는 사정만으로 중대재해처벌법의 위반으로 단정할 수 없다. 사업장밖에서 발생한 재해, 출장 중 재해는 사업주 또는 경영책임자가 위험통제를 할 수 없어 산업안전보건법의 산업재해로 볼 수 없다. 이러한 재해는 중대재해처벌법의 위반죄를 구성하지 않는다. 중대재해처벌법위반죄는 유해위험요인의 유무, 종사자의 노출가능성, 재해발생의 예견가능성, 위험통제의 가능성을 종합적으로 고려하여 판단해야 한다. 사무직 종사자만으로 구성되었더라도 건설현장 등 사업장을 출입하며 위험에 노출되어 발생한 재해는 산업재해, 즉 중대산업재해로 인정된다. 발주자의 입장에서는 안전보건관리확보 의무가 없으나, 자신의 근로자가 위험에 노출될 가능성이 있다면 안전보건관리체 계를 구축하고 이행점검을 해야 한다. 위험작업에 따른 재해발생의 예견가능성이 있다면 중대재해발생 시 위반책임을 물을 수 있다.

92) 중대산업재해감독과-2895, 2022. 7. 26.

5) BTL(Build Transfer Lease)사업의 안전 및 보건확보의무   a) 임대형 민자투자사업(BTL)은 시행사업자에게 관리운영권을 설정하되, 주무관청은 해당사업을 사업시행자로부터 임차하여 사용하며, 그 시설의 유지관리 및 운영은 사업시행자가 전문운영회사인 민간사업자에게 위탁하기도 한다.

b) 이 경우 해당시설의 준공과 동시에 그 소유권은 국가 또는 지방자치단체에 귀속되며, 사업시행자에게 일정기간의 시설관리운영권을 인정하되, 그 시설을 국가 또는 지방자차단체 등이 협약에서 정한 기간동안 임차하여 사용·수익한다. 따라서 사업시행자는 실시협약에 따라 그 시설을 유지관리 및 운영·관리하는 책임이 있으므로 중대재해처벌법 제4조 및 제5조에 따라 자신과 수급인의 종사자에 대한 안전 및 보건 확보의무를 이행하여야 한다.93)

(3) 용역·위탁 등 안전보건확보의무

1) 용역 등 이용형태와 안전 및 보건 확보의무   a) 최근 기술혁신, 산업구조의 고도화 및 근로자의 욕구변화로 인하여 용역 등 사업형태가 다양해졌다. 그 결과 상시 고용형태에서 비정규직 고용, 유연적·탄력적 고용형태로 변화하고 계약방식도 다양해졌다.94)

b) 노동력(종속노동, 자율노동, 자유노동)의 이용형태는 직접적 근로관계 이외에 간접적 근로관계를 형성하고, 유해·위험요인의 증가로 인하여 입법적 규제도 강화되고 있다. 중대재해처벌법은 전통적인 종속노동관계의 고용형태 이외에 도급, 용역, 근로자파견 등 노무를 제공하는 다양한 노동력의 이용형태에도 적용된다.

[표 2-23] 타인의 노동력제공형태와 다양성

도급	용역	위임 위탁	고용	전출	점원 파견	근로자공급 근로자파견

---

93) 중대산업재해감독과-2794, 2022. 7. 21.
94) 이상국·최영우, 「근로자파견의 법률지식」, 청림출판, 1998, 51면.

c) 용역이란 물질적 재화의 생산 이외에 소비에 필요한 노무를 제공하는 것을 말한다. 용역은 가치를 지닌 역무 또는 서비스를 의미하며, 경제적 가치를 지닌 행위에 해당된다. 용역은 재화에 대비되는 용어로서 생산이나 소비에 필요한 비물질적 활동으로써, 부가가치세법 제2조제2호에서는 재화 이외에 재산가치가 있는 모든 역무와 그 밖의 행위로 규정하고 있다.95) 따라서 용역은 인간의 만족을 충족시켜주는 무형의 노무를 제공하는 행위를 말한다.

d) 용역은 청소나 경비등의 업종에서 주로 나타난다. 용역이나 근로자파견은 통상적인 고용형태와 다른 간접적인 고용관계를 형성한다. 공중위생법 제2조제2호나목에 해당하는 "위생관리용역"이나 경비업법 제2조에 해당하는 "용역경비업"이 여기에 해당된다. 이외에 안전보건에 관한 진단, 점검, 컨설팅, 연구과제의 수행도 법적 성질상 용역의 종류에 해당된다.

e) 사업주 또는 경영책임자는 용역계약을 체결한 후 소속을 달리하는 사람이라도 당해 사업장의 종사자로 보아 안전보건확보를 해야 한다. 따라서 A사업체는 소속을 달리하는 B청소업체의 청소직 근로자 3명이 종사하더라도 안전보건확보를 해야 한다.

f) A사업체는 자신의 사업 또는 사업장에서 종사하는 B사업체의 근로자를 보호하기 위하여 중대재해처벌법 제5조에 따라 안전보건관리체계를 구축하고 이행점검을 해야 한다. 그러나 실질적으로 장소, 시설, 장비를 지배·운영·관리하지 않는 경우에는 안전보건확보의무가 면제된다.

2) 위탁 관련 안전 및 보건 확보의무   a) 사업주 또는 경영책임자등은 중대재해처벌법 제5조에 따라 제3자에게 위탁을 하는 경우 종사자에게 중대산업재해가 발생하지 아니하도록 제4조의 조치를 하여야 한다(중대재해처벌법 제5조 본문).

b) 여기서 위탁은 법률행위 또는 사실행위를 타인에게 의뢰하는 행위를

---

95) 재화란 재산가치가 있는 물건 및 권리를 말한다(부가가치세법 제2조제1호), 물건과 권리의 범위에 관하여는 부가가치세법 시행령 제2조에서 정의하고 있다. 이 경우 물건은 상품, 제품, 원료, 기계, 건물 등 모든 자연력을 말하며(부가가치세법 시행령 제2조제1항제1호), 전기, 가스, 열 등 관리할 수 있는 모든 유체물(부가가치세법 시행령 제2조제1항제2호)를 말한다. 광업권, 특허권, 저작권 등 재산적 가치가 있는 모든 것은 재화로 본다(부가가치세법 시행령 제2조제2항).

말한다. 위탁자와 수탁자의 사이에는 계약에 의한 법률관계가 형성된다. 사업주 또는 경영책임자가 각종 업무를 위탁한 경우 수탁자의 근로자를 보호하기 위하여 안전보건관리체계의 구축 및 이행점검을 하여야 한다.

b) 모회사는 경영전략상 컴퓨터 부분이나 빌딩관리부문, 홍보관, 전산실의 운영을 검수·관리·보수하기 위한 인력이 없거나 전문성이 부족해 자회사에 위탁할 수 있다. 이 경우 모기업이 소유권만 가지며, 사실상 지배·운영·관리를 하지 않는 경우에는 안전보건확보의무가 없다(중대재해처벌법 제5조 단서). 자회사는 위탁업무를 수행하게 되므로 자신의 근로자를 보호하기 위하여 안전보건관리체계를 구축하고 이행점검을 하여야 한다.

3) 위임 등 계약유형과 안전 및 보건 확보의무   a) 민법은 고용(민법 제655조) 이외에 도급·현상광고96)·위임 및 임치97)가 있는데, 이를 통칭해 "노무공급계약"이라 한다. 이러한 전형계약은 노동력의 공급 또는 이용을 목적으로 하는 계약유형을 말한다.

b) 위임은 당사자의 일방이 상대방에 대하여 사무의 처리를 위탁하고 상대방이 이를 승낙함으로써 성립하는 계약을 말한다(민법 제680조). 위임은 특정의 소송사건 처리, 변호사 또는 공인노무사에게 사건의 해결을 맡기는 것과 같이 일정한 사무의 처리를 위한 목적으로 체결한다.

c) 위임도 노무제공의 일종이나 일정한 사무의 처리라는 동일한 사무를 제공하는 점에서 특색이 있다. 따라서 다수의 범위 내에서 자유재량의 여지가 있고, 위임인과의 사이에 일종의 위임관계가 생긴다. 이 경우 수임인은 위임사무처리를 위하여 위임인의 대리인이 되는 권한이 주어진다.98)

---

96) 현상광고도 노무에 의하여 이루어진 결과인 일정한 행위, 즉 광고로 지정된 행위의 완료를 목적으로 하는 점에서 도급과 비슷하며, 지정행위의 완료를 위하여 어떠한 노무를 어느 정도로 사용하느냐는 노무자에게 맡겨지고, 또한 지정행위가 완료된 때까지의 사이에 일어나는 위험도 노무자가 부담한다. 다만, 그 청약은 불특정 다수인에 대한 광고의 방법으로 하는 점이 특이하다. 이러한 현상광고의 특성에도 불구하고 사업 또는 사업장에서 안전사고가 발생하는 경우 중대재해처벌법 제2조제7나목에 의한 종사자의 범위에 해당된다고 해석된다. : 이상국·최영우, 근로자파견의 법률지식, 청림출판, 1999, 528면.

97) 임치는 타인을 물건을 보관한다는 의미에서 특수한 형태의 노무를 제공하는 계약이다(민법 제693조).

98) 이상국·최영우, 「근로자파견의 법률지식」, 청림출판, 1998, 52면.

4) **전출관련 관련 안전 및 보건 확보의무** a) 전출이란 기업 간의 인사 이동형태로써 회사 간의 계약에 의하여 고용계약을 유지하면서 상대방의 회사에 부임하여 그 회사의 업무를 수행하는 형태를 말한다. 전출로 인한 근로자의 신분, 근무장소, 지휘명령 등 법률관계가 변경되는 경우 누구에게 중대재해처벌법에 의한 안전보건확보의무를 부과할 것인지 논란이 될 수 있다.

b) 통상 전출은 전출사업주가 이익을 얻는 것을 목적으로 하는 것이 아니라 전출근로자의 능력향상이나, 연수, 전출사용사업주의 업무지원 등을 위한 행위로써 대가를 목적으로 하는 것이 아니므로 근로자공급사업으로 볼 수 없다. 근로자공급사업에 해당하는 근로형태는 직업안정법 제2조의2제7호의 행위로 보아 법적 요건을 갖추어야 한다.

c) 전출이 본래의 취지와 달리 대가를 목적으로 하는 경우, 근로자파견으로 간주된다. 보통 그룹사에서 계열사간의 전출을 하는 경우, ⅰ) 원래 기업의 신분을 유지하는 형태를 "재적전출"이라 하고, ⅱ) 원래의 신분을 상실하고 전출하는 경우를 "이적전출"이라고 한다. 소위 재적전출은 통상적으로 직업안정법 제33조에서 금지하는 근로자공급사업에 해당되지 않는다. 그러나 재적전출을 업으로 하는 경우에는 직업안정법 제33조에 의한 근로자공급사업으로 해석된다.

d) 직업안정법 제33조의 근로자공급사업이나 「파견근로자보호등에 관한 법률」 제5조에서 파견대상업무 이외에 전출을 업으로서 하는 것이 아닌 한 금지되지 않는다. 재적전출자에 대한 안전보건확보의무는 전출사업장의 유해위험요인과 위험통제권을 기준으로 책임주체를 판단해야 한다. 전출과 근로자파견의 차이점을 정리하면 다음과 같다.

[표2-24] 전출과 근로자파견의 차이

구 분	전 출	근로자파견
근로자의 지위	전출사업주와 전출사용사업주 쌍방	파견사업주
노무제공의무	전출사용사업주	사용사업주
임금지불의무	전출사업주 또는 전출사용사업주	파견사업주

신의칙 기타 근로자의 의무	전출사업주 또는 전출사용사업주	파견사업주, 사용사업주
취업규칙의 적용	전출사용사업주(원칙)	파견사업주, 사용사업주
기간외·휴일근로	전출사용사업주	사용사업주
지휘명령	전출사용사업주	사용사업주
노무관리권한	전출사업주 또는 전출사용사업주	사용사업주
징계처분권한	상동(징계해고권은 전출사업주)	파견사업주
해고·정년	전출사업주	파견사업주

  5) **점원파견 또는 주재원파견 관련 관련 안전 및 보건 확보의무**　a) 점원파견은 자사의 지휘명령을 받으며 다른 회사의 사업장에서 업무를 수행하는 행위를 말한다. 보통 '대리점파견'을 중심으로 하는 소위 기업 내 인사이동의 형태로 '직영파견'를 한다. 따라서 파견사업주와 사용사업주 간에 근로자파견계약에 의하여 근로자를 파견하고 사용사업주의 지휘명령을 받으며 사용되고 노무를 제공하는 '근로자파견'과 구별된다.

  b) 기업 내 파견의 경우 지휘명령자가 고용주이며, 고용주와 사용주가 일치하는 점에서도 근로자파견과 명백히 구별된다. 이러한 '기업내 파견'은 일반적으로 점원파견이나 주재원파견의 유형이 있으며, 자사의 업무를 위하여 파견된다. 기업 내 파견의 경우 근로자는 파견처의 사용사업주에 의한 지휘명령을 받지 않는 점에서 차이가 있다.99)

  c) 예를 들어 ⅰ) 자사제품의 판매촉진을 위하여 도매상이나 백화점, 판매점에 점원을 판매하는 경우, ⅱ) 제조사가 자사제품의 설명이나 판매기계의 수리, 부품교환 등의 서비스나 크레임처리를 위해 서비스센터에 주재원을 파견하는 경우 지휘명령이나 취업규칙의 적용 및 통제 등을 고려하여 고용주체를 중심으로 산업안전보건법, 중대재해처벌법의 적용 여부를 판단한다.

  d) 따라서 백화점의 소유자가 건물 및 장소, 시설을 제공하고 지배·운

---

99) 이상국·최영우, 「근로자파견의 법률지식」, 117면.

영·관리를 한다면, 백화점에서 종사하는 사람이 소속을 달리한다고 하더라도 중대재해처벌법에 의한 안전보건관리체계를 구축하고 이행점검을 하여야 한다. 이 경우 고용형태에 관계없이 실질적으로 유해·위험한 건물이나 시설 등에 대하여 지배·운영·관리를 하는 자를 책임주체로 보아 안전보건관리체계를 구축해야 한다.

e) '도급 등'의 경우에는 타인의 지휘명령을 받으며 노무를 제공하는 것이 아니므로 파견법상의 '근로자파견'과 구별된다. 그러나 다른 회사의 시설에 자사의 사업장이 혼재되어 있다면 시설·장비·장소를 사실상 지배·운영·관리하는 사업주 또는 경영책임자에게 안전보건확보의무가 인정된다.

6) 근로자파견 관련 안전 및 보건 확보의무   a) 중대재해처벌법 제5조는 도급·용역·위탁 등을 행한 경우에 안전보건 확보의무를 명시하고 있다. 따라서 용역·위탁·근로자파견 등 명칭에 관계없이 근로자, 노무자를 보호할 필요가 있다면 중대재해처벌법 제5조의 적용대상이 된다.

b) 근로자파견은 「파견근로자보호등에 관한 법률(이하 "근로자파견법"이라 한다)」에 따라 파견사업주가 근로자를 고용한 후 그 고용관계를 유지하면서 근로자파견계약의 내용에 따라 사용사업주의 지휘명령을 받아 사용사업주를 위한 근로에 종사하는 것을 말한다(근로자파견법 제2조제1호). 근로자파견법의 도급은 민법의 도급, 기타의 계약과 유사하지만 구별해야 한다.

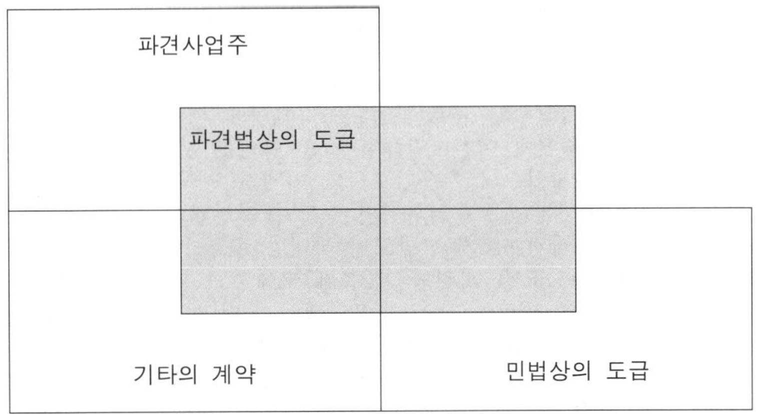

<그림 2-2> 근로자파견, 도급, 위임 등의 유형

c) 미국, 독일, 일본 등 다른 나라는 다양한 근로자파견형태를 운영하고 있다. 근로자파견의 유형은 파견사업주와 파견근로자 간의 고용형태에 따라 상용형, 등록형, 모집형으로 구분된다.100) 근로자파견은 사용사업주와 직접적인 근로관계를 형성하지 아니하면서 노무를 제공하는 관계이므로 사실관계와 법률관계가 존재한다.

d) 근로자파견계약은 고용관계와 사용관계가 분리된 계약형태로써 종래의 전형계약과 구분된다. 이 경우 자신의 근로자를 타인에게 사용하도록 하는 계약에 따른 법률관계는 어떠한 성격을 갖는지에 대하여 학설의 대립이 있다.101) 근로자파견계약은 파견사업주와 근로자 간의 고용계약에 기초한 파견사업주의 지휘명령권을 사용사업주에게 이전·귀속할 것을 합의한 것으로 보는 양도설, 지휘명령권의 위임설, 임대차와 유사한 무명계약설이 있다.102)

---

100) 상용형은 파견근로자를 상시 고용하고 있다가 구인요청이 오면 사용사업주와 파견사업주가 근로자파견계약을 체결하고 일정기간 근로자를 파견하여 근무시키는 고용형태를 말한다. 유럽 각국에서 허용되고 있는 전형적인 근로자파견형태로써 미국에서는 temporary help라고 한다. 등록형은 파견근로자를 등록해 두고 사용사업체가 요청하면 파견대상근로자와 고용계약을 체결하고 사용사업주와는 근로자파견을 체결한 후 사용사업주에게 근로자를 파견하여 근무시키는 고용형태를 말한다. 모집형은 사용사업체에서 근로자를 요청받은 후 파견근로자를 일시에 모집하여 파견사업자와 파견근로자 사이에는 파견근로계약을 체결하고, 파견사업주와 사용사업주 사이에는 근로자파견계약이라는 거래계약을 체결하여 근무시키는 고용형태를 말한다. : 이상국·최영우, 「근로자파견의 법률지식」, 청림출판, 1998, 129~133면. :

101) 國武輝久, "勞働者派遣法と勞働法上の使用者概念", 季刊勞働法(제142호), 1987, 45면.

102) 근로자파견계약의 법적 성격은 다음과 같이 견해가 대립되고 있다. 첫째, 근로자파견계약을 파견사업주와 근로자간의 고용계약에 기초한 파견사업주의 지휘명령권을 사용사업주에게 이전·귀속할 것을 합의한 것으로 보는 견해(양도설)이다. 이 경우 파견사업주의 사용자로서의 일체의 권리가 양도되는 것이 아니라 단순히 근로자에 대한 노무지휘권의 양도가 인정된다. 사용자로서의 일체의 권리가 양도된다면 파견근로자는 양도된 상대방, 즉, 사용사업주의 근로자가 되어 버리기 때문이다. 또한, 파견법 제2조제1호에는 '고용관계를 당해 타인에게 양도시킬 것을 약정한다'라는 내용이 포함되어 있다고 볼 수 없으므로, 사용사업주와 파견근로자간의 고용관계는 발생하지 않는다. 따라서 양도설을 주장하는 견해는 지휘명령권만의 양도라고 해석하는 견해가 지배적이다. 그러나 사용사업주가 단지 사실상의 지휘명령만을 할 수 있을 뿐이지, 그에 수반되는 징계처분권한 및 훈계권한까지 양도되었다고 볼 수 없어 해석상 난점이 있다. 둘째, 파견근로자는 파견사업주와의 근로계약관계에서 완전히 이탈한 것이 아니고 지

휘명령권만 사용사업주에게 이전하였으므로, 지휘명령권의 양도가 아니고 위임
이라는 견해이다. 사용자는 파견사업주이며, 단지 지휘명령권만을 사용사업주에
게 위임한 것이라는 입장이다. 그러나 민법상 위임은 당사자의 일방이 상대방
에 대하여 사무의 처리하는 통일된 노무의 제공과 법률효과의 귀속을 목적으로
한다. 위임은 위임인의 사무를 수임인이 처리하는 것이므로, 위임설에 의하면
파견근로관계에서 파견사업주가 그의 지휘명령권을 수임인에 해당하는 사용사
업주에게 처리하도록 위임하였다고 보아야 한다. 그러나 파견근로는 파견사업
주가 타인을 위하여 자기와의 고용관계 하에 있는 파견근로자를 사용사업주에
게 파견하는 것이나, 실질적으로 위임효과도 파견사업주에 귀속되는 것으로 간
주하는 견해에서 본질적 위임이론에 비추어 논란의 여지가 있다. 따라서 위임
설은 파견근로의 실체에 잘 맞지 않는다. 셋째, 이 견해는 근로자파견계약은 파
견사업주 자신이 고용하는 근로자의 노동력을 제3자인 사용사업주에게 임대하
는 임대차유사의 무명계약이라는 견해이다. 즉, 파견사업주가 사용사업주에게
자기가 고용하는 근로자의 노동력을 임대하여 사용한 후 반환할 것을 약정하
고, 그 대가로써 상대방이 이에 대한 임금을 지불할 것을 약정한 계약이라고
본다. 근로자파견계약을 고용계약상의 권리의 양도로 해석한다면 파견근로자는
사용사업주에게 고용되는 것이므로 근로자파견의 개념과 상치될 뿐만 아니라,
사용사업주에게는 징계처분권한 없이 단지 노동력을 사용ㆍ수익하는 권한밖에
없기 때문에 이를 지휘명령권한의 양도로 볼 수 없고, 일종의 노동력 이용의
임대차라고 보는 입장이다. 이러한 노동력의 임대차(지휘명령권)계약은 민법에
규정되어 있지 않으므로, 소위 "임대차와 유사한 무명계약"이라고 본다. 또한,
임대차계약에 있어서 임차기간이 만료되면 임차물을 반환하듯이, 근로자파견에
서도 사용사업주는 정해진 시기가 도래하면 파견사업주에게 파견근로자를 반환
해야 한다. 따라서 근로자파견계약은 노동력 임대차계약이라고 해석하는 것이
더욱 현실에 부합한다고 본다. 결론적으로 양도설과 위임설, 임대차 유사의 무
명계약설은 근로자파견의 실체와 법적 성격을 분석해 법률효과를 귀속시키고자
하는데 의미가 있다. 그럼에도 다양한 학설이 제기되는 이유는 어느 하나의 견
해만으로 온전히 설명할 수 없기 때문이다. '양도설'은 파견사업주의 지휘명령
권이 사용사업주에게 양도되어 이전되었다는 점에서, 파견근로의 실제를 정확
히 파악하고 있다. 그러나 파견사업주의 파견근로자에 대한 권한의 일부가 양
도되었다는 이론구성에서, 명령위반에 대한 징계처분권한과 지도교육상의 조치
권한 등이 이전되었다고 볼 수 없기 때문에 난점이 있다. 또한, '위임설'의 입장
은 파견근로관계에서 지휘명령권의 이전이 사용사업주를 위한 것이므로, 파견
사업주를 위임인으로 하고 사용사업주를 수임인으로 하는 법리구성은 앞뒤가
맞지 않게 된다. 따라서 '양도설'과 '위임설'은 택하기 어렵다. 이에 반해 '임대
차유사의 무명계약설'은 이러한 문제점들을 잘 해소하고 있다. 독일법의 입법태
도 역시 이러한 노동력의 임대차관계로 보고 있다. 이렇게 임대차관계로 볼 때
원칙적인 사용자는 파견사업주가 되며, 예외적으로 사용ㆍ수익하는 범위 내에
서 사용사업주가 된다. 따라서 사용사업주는 단순히 파견근로자의 노동력을 사
용ㆍ수익할 수 있고, 그 범위 내에서만 권한을 가지며, 그 이상의 노동력 처분
권한을 일체 갖고 있다고 볼 수 없다. : 이상국ㆍ최영우, 근로자파견의 법률지

e) 근로자파견에서 사용사업주는 파견근로자를 지휘명령을 하며, 노무제공에 따른 이익은 자신에게 귀속시킨다. 이러한 근로자파견은 ⅰ) 파견근로자와 파견사업주 사이에는 고용관계, ⅱ) 파견근로자와 사용사업주 사이에는 사용관계, ⅲ) 파견사업주와 사용사업주 상에는 근로자파견계약이라는 법률관계를 형성한다.

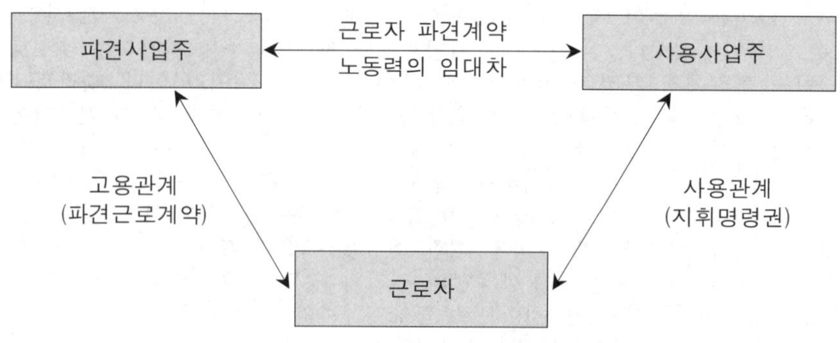

<그림 2-3> 고용관계와 사용관계의 분리

f) 그 결과 파견근로자에 대하여 파견사업주와 사용사업주는 산업안전보건법에 따른 안전조치 및 보건조치를 누가 해야 하는지 복잡해진다.[103] 그러나 파견근로자는 사용사업주의 작업현장에서 근로를 제공하며, 유해·위험요인에 노출된다. 이 경우 해당 사업장을 소유하거나 점유한 사용사업주가 실질적으로 위험통제를 해야 할 지위에 있다고 보아야 한다.

g) 파견사업에 해당하는지는 ⅰ) 당사자가 붙인 계약의 명칭이나 형식에 구애할 것이 아니라 제3자가 그 근로자에 대하여 직·간접적으로 업무수행 자체에 관한 구속력 있는 지시 등 지휘명령을 하는지, ⅱ) 그 근로자가 제3자 소속 근로자와 하나의 작업집단에 투입되어 직접 공동작업을 하는 등 제3자의 사업체에 실질적으로 편입되는지, ⅲ) 계약의 목적이 구체적으로 범위

식, 청림출판, 1999, 139-142면.
103) 안전관리자의 선임의무는 원칙적으로 사용사업주에게 있으며, 사업의 종류 및 근로자 수(파견근로자를 포함)에 따라 산업안전보건법 제15조에 의한 선임 여부를 판단해야 한다(산안 68320-86, 2001. 2. 12).

가 한정된 업무의 이행으로 확정되고 제3자 소속근로자의 업무와 구별되면 그러한 업무에 전문성·기술성이 있는지 등의 요소를 바탕으로 그 근로관계의 실질에 따라 판단하여야 한다.104)

h) 이 경우 ⅰ) 산업안전보건법 제58조에 의한 유해·위험한 업무, ⅱ) 「진폐의 예방 및 진폐근로자의 보호등에 관한 법률」 제2조제3호에 따른 분진작업을 하는 업무, ⅲ) 산업안전보건법 제137조에 따른 건강관리카드의 교부대상 업무에는 근로자파견을 할 수 없다. 또한 사용사업주는 안전관리자 및 보건관리자, 산업보건의는 근로자파견을 받을 수 없다.

ⅰ) 그러나 단순·반복적인 업무를 수행하며, 자동차생산공정에 따라 작업량, 작업순서, 작업속도, 작업시간 등에 결정되어 독립적인 결정권한이 없었더라고 파견법 제5조제1항 및 시행령 제2조제1항 별표1에서 명시한 근로자파견대상에 해당하지 아니하므로 생산관리와 부품포장의 업무는 근로자파견 금지대상업무에 해당되지 않는다.105)

ⅰ) 사업주 또는 경영책임자는 사용사업주로서 파견근로자를 지휘명령을 하므로 중대재해를 예방하기 위한 안전보건관리체계를 구축하여 재해예방조치 및 관리감독을 해야 한다. 사용사업주가 안전보건관리체계를 구축하지 아니한 경우 위험통제의 가능한 범위 내에서 중대재해처벌법에 의한 위반책임을 질 수 있다.

k) 그래서 안전보건에 관한 사업주의 의무는 산업안전보건법이 아닌 파견법 제35조에서 다음과 같이 특례규정을 정하고 있다. 파견근로자가 중대재해로 사망한 경우에는 사용사업주가 유해위험요인을 지배·운영·관리하는 지위에 있다고 보아야 한다. 따라서 사용사업주는 유해·위험요인을 발굴하고 예방조치, 위험성평가, 안전보건교육을 실시하는 등 중대재해처벌법 제5조에 의한 안전보건관리체계를 구축하고 이행점검을 판단해야 한다.

[표2-25] 근로자파견과 산업안전보건법의 적용특례

제 목	산업안전보건법의 근거	파견사업주	사용

---

104) 대판 2015. 2. 26, 2010다106436
105) 대판 2024. 7. 25, 2020다273298 : 2020다273304

			사업주
사업주	제2조제5호(근로자대표)	적용	적용
산재예방조치	제64조(도급에 따른 산업재해 예방조치)	미적용	적용
작업변경 시 사업주의 의무	제5조(사업주 등의 의무), 제132조제2항(건강진단에 대한 사업주의 의무)	적용	적용
근로자의 신고	제157조제3항(감독기관에 대한 신고)	적용	적용
건강진단	제129조(일반건강진단), 제130조(특수건강진단), 제131조(임시건강진단 명령 등)	적용 (일부 미적용)	적용

7) 프로젝트형 사업 관련 안전 및 보건 확보의무   a) 프로젝트형 사업은 민법 제703조에 의한 조합의 일종으로서, 공동기업체보다 구성원에 대한 구속력이나 조직성이 약하고 규모가 적은 형태로 공동도급적인 성격을 띤다. 프로젝트형 사업의 경우 자금의 출자 및 사업의 관리주체, 노무의 제공형태, 종사자에 대한 지휘명령권을 중심으로 책임주체를 판단한다.

b) 도급이나 위탁의 형태로 컴퓨터부문에서 각 회사의 파견근로자들로 프로젝트팀을 구성하거나, 발주자로부터 직접 지휘명령을 받는 형태의 경우 누구를 책임주체로 보아야 할지 논란이 될 수 있다. 이 경우 프로젝트형 사업에서는 해당 사업장의 유해·위험성과 지배·운영·관리의 주체를 고려하여 판단해야 한다.

c) 예를 들어 프로젝트팀 자체에 1차 파견되어 그 대표자로부터 지휘명령을 받고 또 그 대표자의 명령에 따라 2차 주문자에게 파견되는 형태도 있다. 이 경우 각 회사의 구성원에서 프로젝트팀에 파견되고, 다시 주문자에 재파견되는 것이므로 이중근로자파견의 형태와 관련된다. 회사에서 1차파견을 한 경우 지휘명령권을 보유하고 있다면 근로자파견으로 볼 수 없다.

d) 그러나 1차파견의 경우 각 회사에서 지휘명령을 한다면, 안전보건관리체계는 회사별로 구축해야 한다. 그러나 파견처에서 지휘명령을 한다면 파견처의 대표자를 사용사업주로 보아 안전보건확보의무를 부담한다. 2차파견을 하는 경우에는 해당사업에 대한 지휘명령, 유해위험요인의 통제가능성을 고

려하여 안전보건확보의무의 책임주체를 판단해야 한다.

  e) 2차파견은 다수의 회사에서 근로자를 파견하여 프로젝트팀을 구성하므로, 공동연대의 근로자파견으로 볼 수 있다. 이 경우 각 구성원인 기업(고용사업주)과 노무를 수령하는 지위에 있는 주문자(사용사업주)의 사이에 중대재해처벌법의 적용대상이 된다. 주문자는 직접적인 계약관계에 있지 아니하더라도 사실상 지휘명령을 하는 등 지배·관리·운영을 하는 지위에 있다면 중대산업재해의 예방을 위한 안전보건확보의무를 부담한다.

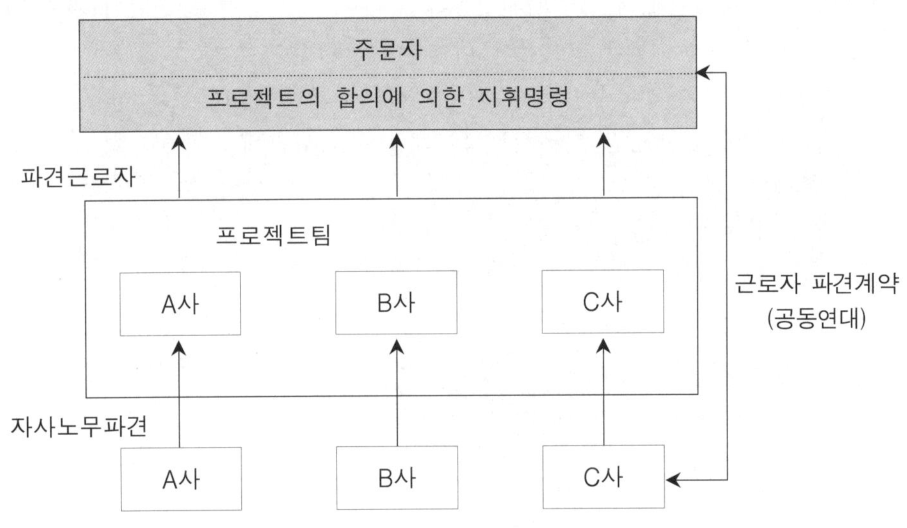

<그림 2-4> 프로젝트형 사업과 근로자파견

(4) 건설공사발주자와 도급인의 구별

  1) 건설공사발주자의 권한과 사업관리의 범위   a) 건설공사발주자는 도급인에게 처음 건설공사를 맡기는 자를 말한다. 건설공사발주자는 도급인에게 주문한 목적물이 제대로 시공되는지, 확인하고 관리할 권한을 가진다. 특히 건설공사의 작업공정을 수시로 확인하거나 부실공사로 목적물의 완성에 하자가 발생하지 않도록 품질관리를 해야 한다.

  b) 건설공사발주자의 사업관리는 건설기술진흥법에 따른 권한으로서, 안전

관리를 포함한다. 건설공사발주자의 사업관리는 법률에 따른 허용된 행위로서 중대재해처벌법에 의한 지배·운영·관리로 보지 않는다. 발주청 또는 발주자의 사업관리의 범위는 다음과 같다.

> 1. 발주청 또는 건설엔지니어링사업자에 의한 사업관리의 사유 : 건진법 제39조제1항
>   가. 설계·시공 관리의 난이도가 높아 특별한 관리가 필요한 건설공사
>   나. 발주청의 기술인력이 부족하여 원활한 공사관리가 어려운 건설공사
>   다. 제1호 및 제2호 외의 건설공사로서 그 건설공사의 원활한 수행을 위하여 발주청이 필요하다고 인정하는 건설공사
> 2. 사업관리 시 건설기술인의 업무수행 범위 : 건진법 제39조제6항
>   가. 시공이 설계도면 및 시방서의 내용에 적합하게 이루어지고 있는지에 대한 확인
>   나. 제55조제2항에 따른 품질시험 및 검사를 하였는지 여부의 확인
>   다. 건설자재·부재의 적합성에 대한 확인
> 3. 건설사업관리의 업무범위 : 건진법시행령 제59조제1항
>   가. 설계 전 단계
>   나. 기본설계 단계
>   다. 실시설계 단계
>   라. 구매조달 단계
>   마. 시공 단계
>   바. 시공 후 단계
> 4. 건설사업관리의 업무내용 : 건진법시행령 제59조제2항
>   가. 건설공사의 계획, 운영 및 조정 등 사업관리 일반
>   나. 건설공사의 계약관리
>   다. 삭제 <2017. 12. 29.>
>   라. 건설공사의 사업비 관리
>   마. 건설공사의 공정관리
>   바. 건설공사의 품질관리
>   사. 건설공사의 안전관리

아. 건설공사의 환경관리

자. 건설공사의 사업정보 관리

차. 건설공사의 사업비, 공정, 품질, 안전 등에 관련되는 위험요소 관리

카. 그 밖에 건설공사의 원활한 관리를 위하여 필요한 사항

2) 건설기술진흥법상 건설공사도급인의 안전관리사항   a) 건설공사도급인은 처음 공사를 맡아 시공하는 사업자를 말한다. 건설기술진흥법에는 건설사업자 및 주택사업자의 안전관리의 의무사항을 다음과 같이 규정하고 있다.

1. 안전관리계획의 수립에 관한 안전관리계획서 : 발주자에게 제출
2. 소규모안전관리계획 : 건설기술진흥법 시행령 제101조의5
   가. 연면적 1,000제곱미터 이상인 공동주택
   나. 연면적 1,000제곱미터 이상인 제1종 근린생활시설 및 제2종 근린생활시설
   다. 연면적 1,000제곱미터 이상 공장
   라. 연면적 5,000제곱미터 이상인건축법시행령 별표1제8호가목의 창고
3. 안전점검에 관한 종합보고서 : 발주청 또는 인허가기관에 제출
4. 가설구조물의 설치 시 안전성(구조안전성 등) 확인
5. 스마트안전관리 및 안전관리시스템의 구축
6. 안전관리비 : 건설기술진흥법 시행규칙 제60조
   가. 안전관리계획의 작성 및 검토 비용 또는 소규모안전관리계획의 작성 비용
   나. 영 제100조제1항제1호 및 제3호에 따른 안전점검 비용
   다. 발파·굴착 등의 건설공사로 인한 주변 건축물 등의 피해방지대책 비용
   라. 공사장 주변의 통행안전관리대책 비용
   마. 계측장비, 폐쇄회로 텔레비전 등 안전 모니터링 장치의 설치·운용 비용
   바. 법 제62조제11항에 따른 가설구조물의 구조적 안전성 확인에 필요한 비용

   사.「전파법」제2조제1항제5호 및 제5호의2에 따른 무선설비 및 무선통
    신을 이용한 건설공사 현장의 안전관리체계 구축·운용 비용
 7. 안전관리조직의 구성 :　안전총괄책임자, 안전관리책임자, 안전관리담당
  자
 8. 건설공사의 안전교육

b) 건설기술진흥법에 의한 건설공사는 발주자의 공사관리관, 건설사업기술인, 시공사로 구분해 해당 업무를 수행하여야 한다. 건설기술진흥법에 의한 품질관리와 안전관리를 벌률에 따른 허용된 행위로 해석된다. 건설공사발주자의 역할과 관련한 3자 간 업무의 관련성을 정리하면 다음과 같다.

[표2-26] 건설공사 발주관련 당사자의 업무내용과 역할

업무 내용	공사 관리관	건설사업 관리인	시공사	근거
안전관리계획서(국토부)	심의요청/ 통보	검토/확인	제출	건진법 62조
소규모 안전관리계획서	심의/통보	검토/확인	제출	건진법 62조의2
안전점검수행기관	지정/통보	–	계약	건진법 62조
일요일 건설공사 작업	승인	검토/승인	요청	건진법 2조 건진법65조의2
건설현장 사고조사	실시	협조	협조	건진법 67조 국토부 고시
시공부실 방지 또는 안전 확보를 위한 현장 안전 점검·지도 ※ 부실방지, 안전사고 예방 필요 시 또는 중대 결함 발생 시 다음의 조치 • 공사중지 • 진단 및 이에 따른 시정조치	실시/통보	확인	시정 조치	건진법 54조

• 현장 출입구에 표지 판 설치				

  3) **건설공사발주자와 감리인의 행위**   a) 감리인은 건설공사발주자의 사업관리로서 품질관리, 공정관리 등을 위하여 법령에 의한 기술자격을 갖추어야 한다. 감리인의 업무권한은 위임의 성격을 지니며, 그 업무수행의 결과는 건설공사발주자에게 귀속된다.

  b) 감리인은 ⅰ) 당해 공사의 설계도서, 기타 관계서류의 내용대로 시공되는지를 확인하고, ⅱ) 시공관리, 공정관리, 안전 및 환경관리 등에 대하여 기술지도를 하며, ⅲ) 관계법령에 따라 건설공사발주자의 감독권한을 대행한다. 감리인의 업무권한에는 건설기술진흥법에 의한 안전관리를 포함한다.

  c) 이 경우 건설공사발주자가 책임감리를 두거나 발주자 소속 직원이 직접 감리업무를 수행하는 사실만으로 해당공사를 실질적으로 지배·운영·관리한다고 보기 어렵다.[106] 건설공사발주자의 감리업무는 산업안전보건법에 의한 건설공사에 해당되지 않는 점, 건설기술진흥법에 의한 법률로 허용한 점을 고려할 때 지배개입으로 볼 수 없다.

  d) 그러나 감리인의 업무는 건설기술진흥법에 정한 범위로 한정되며, 산업안전보건에 관한 사항을 지적하는 고시규정은 위임입법의 한계를 일탈한 것이므로 해석된다. 따라서 감리인의 업무범위를 넘어서는 행위는 중대재해처벌법에 의한 지배·운영·관리에 해당되어 법적 책임이 발생한다.

  4) **산업안전보건법상 건설공사발주자의 역할한계**   a) 산업안전보건법 제2조제10호에서 건설공사발주자는 건설공사를 도급하는 자로서 시공을 주도하여 총괄·관리하지 아니하는 자를 말한다. 이 경우 건설공사발주자는 건설공사만 의미하며, 그 외에는 모두 도급으로 해석한다.

  b) 산업안전보건법에 따른 건설공사발주자는 ⅰ) 안전보건대장의 작성 및 확인(법 제67조), ⅱ) 공사기간의 단축이나 공법의 변경금지(법 제69조), ⅲ) 공사기간의 연장(법 제70조), ⅳ) 안전보건조정자의 선임(법 제68조), ⅴ) 산업안전보건관리비의 계상(법 제72조), ⅵ) 건설재해예방전문지도기관과의 재해예

---

106) 중대산업재해감독과-2051, 2022. 5. 31.

방지도계약의 체결(법 제73조)을 해야 한다.

c) 건설공사발주자는 직접 시공에 참여하는 사람이 아니므로 위험을 통제할 수 있는 위치에 있지 않다. 그러나 건설공사발주자의 행위가 재해발생의 원인에 기여한 경우 인과관계를 고려하여 다른 법률의 적용이 가능하다. 즉, 건설공사발주자가 업무상과실 또는 중대한 과실로 사람을 사망이나 상해에 이르게 한 경우 형법 제268조(업무상과실치사상죄)가 적용된다.

5) **건설공사발주자와 도급인의 구별기준**   a) 중대재해처벌법은 건설공사발주자에 대한 언급이 없다. 중대재해처벌법 제5조는 도급, 용역, 위탁의 경우에 안전보건확보의무를 명시할 뿐이다. 따라서 건설공사발주자에게 중대재해처벌법위반죄를 물을 수 없다. 그러나 건설공사발주자가 시공에 지배개입을 하는 경우 그 지위를 상실한다고 보아 안전보건확보의무를 인정해야 한다는 주장이 제기된다.

b) 중대재해처벌법의 입법취지와 재해예방능력, 위험통제능력에 따라 건설공사발주자의 책임을 인정해야 한다는 견해가 있다.107) 그러나 건설공사발주자가 해당 공사 또는 시설·장비·장소 등에 대하여 실질적으로 지배·운영·관리를 하지 않으면 중대재해처벌법 제4조(사업주 및 경영책임자등의 안전 및 보건 확보의무) 또는 제5조(도급, 용역, 위탁 등 관계에서의 안전 및 보건 확보의무)에 따른 법적 책임을 지지 않는다.108)

c) 또한 건설공사발주자가 법령에 의한 허용범위를 넘어 시공을 주도하여

---

107) 그러나 도급인과 수급인의 통제권이 존재하는 경우에 중대재해처벌법 제4조의 의무주체선정에 관한 지배력의 총체적 비교형량설이 타당하다. 따라서 수급인(점유자)가 1차적인 의무주체에 해당되고 발주자는 간접적 관리책임이 있으므로 예외적으로 안전보건확보의무를 부담해야 한다. : 김영규(대표집필), 전게서, 169면.

108) 건설공사발주자가 도급인으로 전환되는지는 사실상 지배·운영·관리를 하는지, 해당 사업장에 대하여 작업 또는 시공을 총괄하여 관리하는지, 해당 사업장에 대한 노동력을 제공하는 사람(종사자)에 대하여 지휘명령을 하는지, 종사자가 노출되는 작업환경과 유해·위험요인에 대하여 실질적인 위험통제를 하는지에 따라 판단하여야 한다. 전문적인 기술이 부족하더라도 해당작업을 계획하고 반복적으로 수행하였다면 위험통제의 가능성이 있다고 보아야 한다. 단순히 해당작업의 기술적인 내용이나 공법을 잘 알지 못해 위험통제를 할 수 없다는 견해는 타당하지 않다. 구체적인 기술성 이외에 건설발주자가 작업방법, 취급물질, 작업방법, 작업장소나 작업위치 등에 따른 위험성을 인지할 수 있었다면 위험통제가능성을 인정해야 한다.

총괄·관리를 하는 경우 도급인으로 해석한다.109) 건설공사발주자가 부분적으로 시공에 참여하더라도 도급인의 지위에 있는 것으로 본다. 건설공사발주자가 발전소의 신축공사를 위한 사업관리를 하던 중 완성단계의 6개월 전부터 시운전에 소속근로자를 참여시켰다면, 이 순간부터 실질적인 지배·운영·관리의 행위에 해당된다.

d) 시공을 주도하여 총괄·관리하는지 여부는 i) 당해 건설공사가 사업의 유지 또는 운영에 필수적인 업무인지, ii) 상시적으로 발생하거나 이를 관리하는 부서 등 조직을 갖추었는지, iii) 예측가능한 업무인지 등 다양한 요인을 종합적으로 고려하여 판단하여야 한다.110)

e) 법원은 i) 사업의 본질적이고 필수적인 일부에 해당하는 주요 생산기계의 유지보수공사 등을 사내 하도급한 경우, ii) 시공을 주도하여 총괄·관리해야만 제거할 수 있는 지배하의 특수한 위험이 있는 경우, iii) 도급인과 수급인의 각 전문성, 규모, 도급계약의 내용 등에 비추어볼 때 도급인에게는 건설공사의 시공을 주도하여 총괄·관리할 능력이 있는 반면 수급인에게는 산업안전보건법이 정한 안전보건조치를 스스로 이행할 능력이 없음이 도급인의 입장에서 명백한 경우 도급인에 해당된다고 판시하였다.111)

f) 따라서 ① 사업의 주목적을 수행함에 있어 필수불가결한 업무를 수행하기 위한 공사이거나, 예산, 인력, 기술적 측면 등을 종합적으로 고려할 때 상당한 전문성을 보유하고 있음에도 예산 절감 또는 위험의 회피 등을 이유로 도급하는 경우(이른바 '위험의 외주화'), ② 사업의 일부를 분리하여 도급함으로써 사업의 전체적 진행과정을 총괄하고 조율할 능력이나 의무가 있는 경우, ③ 작업상 유해·위험 요소에 대한 실질적인 관리 권한이 있고 관계수급인이 임의로 유해·위험 요소를 쉽게 제거할 수 없는 경우 등의 어느 하나에 해당한다면, 산업안전보건법에 의하여 도급사업주로서의 책임을 부담하는 건설공사 도급인으로 볼 수 있다.112)

---

109) 중대산업재해감독과-2051, 2022. 5. 31.
110) 고용노동부, 「개정 산업안전보건법 시행에 따른 도급 시 산업재해예방 운영지침(2020. 3)」, 15면
111) 울산지판 2021. 11.11, 2021고단1782 : 김영규(대표집필), 중대재해처벌법 해설(중대산업재해 쟁점사례와 해설), 법문사, 2024, 151-152면.

g) 도급사업주가 자신의 사업장에서 시행하는 건설공사 과정에서 발생할 수 있는 산업재해 예방과 관련된 유해·위험요소에 대하여 실질적인 지배·관리 권한을 가지고 있었는지를 중심으로, 해당 건설공사에 대하여 행사한 실질적 영향력의 정도, 해당 공사에 대한 전문성, 시공능력 등을 종합적으로 고려하여 규범적으로 판단하여야 한다.113)

3. 벌칙의 적용과 수강명령

(1) 중대산업재해의 벌칙 적용

1) 중대산업재해 사업주와 경영책임자등의 처벌

① **책임주체와 공동정범의 처벌 여부**   a) 제4조 또는 제5조를 위반하여 제2조제2호가목의 중대산업재해에 이르게 한 사업주 또는 경영책임자등은 1년 이상의 징역 또는 10억원 이하의 벌금에 처한다. 이 경우 징역과 벌금을 병과할 수 있다(중대재해처벌법 제6조제1항). 이 규정은 사업주 및 경영책임자

---

112) 대전지방법원 2024. 4. 4, 2022노2555 : 구체적 사안에서 위와 같은 기준을 적용함에 있어서는, 당사자 사이의 계약의 명칭이나 형식, 계약 조항의 형식적 문구에 얽매일 것이 아니라 그 실질에 따라 계약의 진정한 목적 및 당사자의 의사, 계약의 전체적인 내용 및 실제 수행방법, 실행형태 등을 면밀히 고찰하여 도급하는 사업주가 사업장을 실질적으로 지배·관리하면서 시공을 주도하여 총괄·관리하는지를 규범적으로 판단하여야 한다.

113) 인천항만공사는 ① 항만 핵심시설인 갑문의 유지 및 관리는 피고인 공사의 주된 설립목적 중 하나로, 갑문 보수공사의 설계, 시공, 감리 등 준공까지의 전과정을 기획하고 설계도면을 직접 작성하였으며, 수급업체의 보수공사 공정률을 매주 점검하면서 수급인의 공정상황을 고려하여 직접 변경한 점, ② 시공에 필요한 철강구조공사업 등록을 하지 않았지만 갑문시설물의 유지보수를 주 업무로 하는 전담부서를 두고 있는 점, ③ 갑문설비파트 직원 6명을 두고 갑문의 일상점검, 주간점검, 분기별 점검, 반기별 점검을 수행한 점, ④ 피고인 공사는 자본금이 5조원에 달하는 거대 공기업인 반면 시공사는 자본금 10억원, 상시근로자수 약 10명에 불과한 점, ⑤ 공사의 위험성평가표에는 사고 이전부터 중량물취급과 관련된 사고위험이 지적되어 있는 점, ⑥ 공사는 사고지점 인근 갑문 상부에 단부와 약 1.2m 거리를 두고 철제 안전난간을 설치하였으나, 작업장소에는 설치되어 있는 않은 점 등의 사실관계를 법리에 비추어볼 때, 안전보건조치의무위반과 추락, 사망사이에 인과관계가 인정된다. : 대판 2024. 11. 14, 2023도14674.

를 행위자로 보아 형사처벌을 하기 위한 취지이다. 여기서 중대재해처벌법 제2조제2호가목은 사망자가 1명 이상 발생한 중대산업재해를 말한다.

b) 중대산업재해의 행위자는 자연인으로서 사업주와 경영책임자를 형사처벌의 대상으로 본다. 중대재해처벌법은 개인책임주의의 원칙에 따라 자연인을 형사책임의 주체로 명시하고 있다. 또한 "경영책임자등"에는 경영책임자 이외에 안전경영책임자(CSO)를 포함하여 위반책임의 주체로 본다.

c) 상법 제201조의2에 따른 소정의 업무집행지시자 등 권한이 없음에도 이사에게 업무집행을 지시하거나 회사의 업무를 집행한 사람(회장, 명예회장 등)은 구체적인 사실관계에 따라 형법 제30조의 공동정범이나 제31조제1항에 따른 교사범으로 처벌될 수 있다.114)

d) 형법 제33조 본문은 "신분이 있어야 성립되는 범죄에 신분이 없는 사람이 가담한 경우에는 그 신분 없는 사람에게도 제30조부터 제32조까지의 규정을 적용한다."고 규정하고 있다. 따라서 안전보건전담조직의 종사자가 공모하거나 교사하여 공동정범 또는 교사범의 행위에 해당되면 형사처벌의 대상이 된다.

e) 제4조 또는 제5조를 위반하여 제2조제2호나목 또는 다목의 중대산업재해에 이르게 한 사업주 또는 경영책임자등은 7년 이하의 징역 또는 1억원 이하의 벌금에 처한다(중대재해처벌법 제6조제2항). 이 경우 사업주 또는 경영책임자등을 처벌하기 위해서는 안전 및 보건확보의무 위반에 관한 고의가

---

114) 공동정범이란 2인 이상이 공동의 범죄계획에 따라 각각 실행의 단계에서 본질적인 기능을 분담하여 이행함으로써 성립하는 정범형태를 말한다. 형법 제30조는 「2인 이상이 공동으로 죄를 범한 때에는 각 자를 그 죄의 정범으로 처벌한다」고 규정하고 있다. 공동정범은 공동실행의 의사 또는 공동의 범행의사가 있어야 하며, 기능적 행위지배를 한다는 점에서 의사지배를 하는 간접정범과 구별된다. 간접정범은 타인을 생명 또는 도구로 이용하여 범죄를 실행하는 것을 말한다. 간접정범은 타인을 이용하여 죄를 범한 점에서 교사범과 유사하며, 의사지배를 한다는 점에서 직접정범과 유사하다. 교사범이란 타인으로 하여금 범의를 결의하여 이를 실행하게 하는 자를 말한다. 형법 제31조제1항은 「타인을 교사하여 죄를 범하게 한 자는 죄를 실행한 자와 동일한 형으로 처벌한다」고 규정하고 있다. 교사범은 실행행위를 분담하지 않은 점에서 공동정범과 구별되며, 타인에게 범의를 결의하게 한다는 점에서 이미 범죄실행을 결의하고 있는 자의 실행을 방조하거나 범의를 강화시키는 종범과 구별된다.

있어야 한다.115)

f) 제1항 또는 제2항의 죄로 형을 선고받고 그 형이 확정된 후 5년 이내에 다시 제1항 또는 제2항의 죄를 저지른 자는 각 항에서 정한 형의 2분의 1까지 가중한다(중대재해처벌법 제6조제3항). 여기서 재범의 판단 시점은 해당 범죄의 성립시기인 사망, 부상, 또는 직업병이 발생한 날로 본다.

② **안전보건확보의무와 결과적 가중범**　a) 중대재해처벌법 제4조 및 제5조는 안전보건관리체계를 구축하도록 의무로 부과하고 있으나. 사전적 예방조치의무를 불이행하더라도 형사처벌을 할 수 없다. 안전보건관리체계를 구축하지 않았거나 미흡하더라도 그 위반행위 자체만으로 형사처벌을 하지 않는다.

b) 그러나 중대재해처벌법을 위반하여 안전보건관리체계를 구축하지 않은 행위에 대하여 특수한 형태의 기본범죄로 보아 중한 범죄에 대하여 결과적 가중범으로 해석하는 견해가 있다. 사후적인 책임을 확대해석할 우려가 있으므로 엄격한 제한해석을 해야 한다는 입장이다.

c) 따라서 결과적 가중범은 의무위반에 대한 고의, 부작위의 결과와 상당인과관계, 중한 결과에 대한 주관적·객관적 예견가능성을 이유로 한다.116) 그 결과 특수한 형태의 결과적 가중범으로 해석한다. 반대의 견해는 기본범죄를 인정하지 않고 결과범으로 해석하는 입장이다.

d) 중대재해처벌법 제4조 또는 제5조의 의무위반은 고의범처벌주의의 원칙에 따른다. 이 경우 고의는 안전조치를 취하지 않은 상태에서 사고의 일어날 사정을 인식하고 방치한 것으로 보아 대부분 미필적 고의로 인정한다.117) 중대산업재해의 범죄요건은 다음 사항을 종합적으로 검토하여야 한다.

[표2-27] 중대산업재해의 범죄 성립요건 판단

판단 요건	판단기준	비　고

---

115) 창원지방법원 2023. 11. 3, 2022초기1795(위헌심판제청사건).

116) 김영규(대표저자), 중대재해처벌법 해설(중대산업재해 쟁점과 사례), 법문사, 2024, 240면.

117) 대판 2010. 11. 25, 2009도11906

중대산업재해의 유형	산업안전보건법 제2조제1호에 따른 산업재해 중 다음 각목의 어느 하나에 해당하는 재해 가. 사망자가 1명 이상 발생 나. 동일한 재해로 6개월 이상 치료가 필요한 부상자가 2명 이상 발생 다. 동일한 유해요인으로 급성중독 등 대통령령으로 정하는 질병자가 3명 이상 발생한 재해	산업안전보건법과 중대재해처벌법의 차이(중대재해)
동일성	시간적으로 동시에 일어나는 사고뿐만 아니라 사고의 원인이 같은 성격을 지니는 것	
6개월 이상 치료	1. 사고가 발생할 당시를 기준으로 하나, 치료기간은 의료기관에서 진료를 받은 날부터 기간을 기산 2. 근로복지공단이 업무상 질병의 승인한 날 및 치료기간을 기준으로 판단	질병은 확인을 받은 기간을 기준
종사자의 범위	1. 근로기준법에 의한 근로자 2. 노무를 제공하는 자	노무를 제공하는 사람에는 특수형태근로종사자를 포함
실질적인 지배·운영·관리	1. 사업주의 위험통제 가능성을 기준으로 판단(작업의 출입통제, 지휘체계, 안전경영책임자의 여부, 작업에 대한 허가절차 및 승인 여부 등) 2. 사업장에서 이루어지는 작업의 전체적인 진행과정을 총괄하고 조율하며, 작업환경과 관련하여 근로조건을 결정할 수 있는 능력이나 의무가 있는지를 고려하여 판단	사업주가 직접 통제·관리하는 것이 아니라도 인정(대판 2020. 4. 9, 2016도14559)

③ **중대재해처벌법의 위반죄와 양형기준**　　e) 사업주 또는 경영책임자의 중대재해처벌법위반죄의 형량은 양형기준에 따라 결정한다. 따라서 중대재해가 발생한 경우 ⅰ) 압연공정라인, 통행로, 점검장소등에 방호덮개 및 안전펜스를 설치하고 근로자가 압연라인 안으로 들어가는 압연라닌을 멈추도록 하는 인터락 등 방호시설을 설치한 점, ⅱ) 위험성평가 및 압연공정 작업매뉴얼에 코블현상 및 그로 인한 소재이탈 위험성을 추가하고 산업안전보건법령 및 중대재해처벌법령의 내용을 중심으로 한 업무평가, 법규준수평가 등

조치를 한 점, iii) 피해자의 유족에게 산재보상금과 별도로 7억원의 합의금을 지급하여 처벌불원의사를 표시하였고, 동점전과가 없는 점 등 양형조건을 종합하여 형을 결정한다.118)

2) 안전보건확보의무와 중대산업재해의 인과관계

① 산업안전보건법이 매개된 경우   a) 중대산업재해는 산업안전보건법 제2조제1호에 따른 산업재해 중 사망재해가 1명 이상 발생 등 결과를 야기한 재해를 말한다(중대재해처벌법 제2조제2호). 따라서 산업안전보건법에 의한 산업재해가 아닌 경우 중대산업재해가 인정될 수 없다.

b) 따라서 i) 사업장에서 발생한 재해가 산업재해에 해당되는지, ii) 산업재해의 상해정도가 중대산업재해에 해당되는지, iii) 사업주 또는 경영책임자의 안전보건관리체계와 관련성이 있는지를 고려하여 인과관계를 판단해야 한다. 산업안전보건법에 의한 산업재해는 1차적인 인과관계를 형성하며, 중대재해처벌법에 의한 중대산업재해는 2차적인 인과관계를 구성한다.

② 산업안전보건법이 매개되지 아니한 경우   a) 중대산업재해는 대부분 산업재해와 연계성을 지닌다. 그러나 중대재해처벌법에 의한 중대산업재해는 산업안전보건법 제2조제1호와 일치하지 않으므로 독자적으로 판단해야 한다는 견해가 있다. 그 결과 중대재해처벌법의 중대산업재해는 산업안전보건법과 연계성이 없는 경우에도 존재할 수 있다는 주장이다.

b) 그러나 산업재해를 전제로 하지 않는다는 주장은 그 사례를 찾기 어렵다. 예를 들어 항만안전특별법, 연구실안전법의 경우 편면적용을 하므로 산업재해와 관련성을 지닌다. 따라서 항만안전특별법 등 다른 법률의 경우 산업재해로 인정된다면 인과관계를 긍정해야 한다.

3) 죄명 및 죄수   a) 중대재해처벌법의 위반으로 중대산업재해가 발생한 사건에 대하여는 죄명 및 죄수를 명확히 정해야 한다. 통상 한 사람이 하나의 범죄를 범하는 경우가 있으나, 1개의 행위로 여러 사람에게 범죄행위를 하거나 서로 다른 사람에게 여러 개의 행위를 하는 경우 몇 개의 범죄가 성립하고 어떻게 해결해야 할지에 관한 죄수이론이 적용된다.

b) 중대재해처벌법 제6조에 따른 범죄는 구성요건 자체에서 피해자가 수

---

118) 대전지방법원서산지원 2025. 2. 28, 2024고단736

인의 경우를 하나로 범죄구성요건을 규정한 것이므로 안전보건확보의무의 위반으로 여러 명의 사망자가 발생하였더라도 하나의 중대재해처벌법위반죄(산업재해치사죄)가 성립한다.119)

c) 따라서 동일한 사고로 1명이 사망하고 2명이 6개월 이상 치료가 필요한 부상을 당한 경우에는 각 죄가 성립하고, 다른 법률과의 관계에서 상상적 경합관계가 인정될 수 있다. 중대재해처벌법 제2조제3호단서의 "다만, 중대산업재해에 해당하는 재해는 제외한다."고 규정하고 있다. 종사자와 일반시민이 동시에 재해를 당한 경우에는 중대산업재해와 중대시민재해에 모두 해당되므로 하나의 행위에 의한 상상적 경합관계가 인정된다.120)

d) 대법원은 ⅰ) 목적이 완전히 동일하지 않지만, 궁극적으로 사람의 생명·신체의 보전을 보호법익으로 한다는 공통점이 있고, 이는 사람의 생명·신체의 보전을 보호법익으로 하는 형법상 업무상과실치사상죄도 마찬가지인 점(보호법익의 공통성), ⅱ) 안전보건총괄책임자로서 작업계획서 작성에 관한 조치를 하지 않은 산업안전보건법 위반행위와 경영책임자로서 안전보건관리체계의 구축 및 그 이행에 관한 조치를 하지 않은 중대재해처벌법 위반행위는 모두 같은 일시·장소에서 같은 피해자의 사망이라는 결과 발생을 방지하지 못한 부작위에 의한 범행에 해당하는 점(행위의 동일성), ⅲ) 중대재해처벌법 제4조에 따라 부과된 안전확보의무는 산업안전보건법 제63조에 따라 부과된 안전조치의무와 마찬가지로 업무상과실치사죄의 주의의무를 구성할 수 있고 행위의 동일성이 인정되는 섬(주의의무의 동일성) 등을 이유로 중대재해처벌법 위반(산업재해치사)죄와 산업안전보건법 위반죄 및 업무상과실치사죄는 상호 간 사회관념상 1개의 행위가 수 개의 죄에 해당하는 형법 제40조의 상상적 경합 관계에 있다고 판시하였다.121)

4) **중대산업재해의 양벌규정** a) 법인 또는 기관의 경영책임자등이 그 법인 또는 기관의 업무에 관하여 제6조에 해당하는 위반행위를 하면 그 행위자를 벌하는 외에 그 법인 또는 기관에 다음 각 호의 구분에 따른 벌금형

---

119) 대검찰청, 중대재해처벌법해설, 2022, 266면.
120) 대검찰청, 중대재해처벌법해설, 2022, 267면.
121) 대판 2023. 12. 28, 2023도12316 : 창원지방법원 마산지원, 2023. 4. 26, 2022고합
     95.

을 과(科)한다. 다만, 법인 또는 기관이 그 위반행위를 방지하기 위하여 해당 업무에 관하여 상당한 주의와 감독을 게을리하지 아니한 경우에는 그러하지 아니하다(중대재해처벌법 제7조).

> 1. 제6조제1항의 경우: 50억원 이하의 벌금
> 2. 제6조제2항의 경우: 10억원 이하의 벌금

b) 여기에서 "제6조에 의한 위반행위"는 중대재해처벌법 제4조 및 제5조에 의한 안전보건확보의무를 위반한 행위를 의미한다. 중대재해처벌법은 기업범죄에 대한 규제로써, 사업주와 경영책임자등이라는 자연인과 법인을 동시에 처벌하는 양벌규정을 두고 있다. 여기서 경영책임자등에는 경영책임자 이외에 이에 준하는 사람으로서 안전경영책임자(CSO)도 포함한다.

c) 법인의 범죄능력에 대하여는 범죄행위의 주체가 될 수 없다는 견해와 법인의 처벌규정에 대한 견해(무과실책임설, 과실추정설, 과실책임설, 부작위 감독책임설)의 대립이 있다. 일반적으로 법인의 범죄능력을 부정하지만, 양벌규정을 적용해 예외적으로 법인을 처벌할 수 있다.[122] 따라서 법인의 범죄능력을 부정하지만,[123] 양벌규정이 있는 경우 그 성격과 관련하여 형사처벌을 긍정해야 한다.[124]

---

[122] 독일은 법인의 범죄능력을 부정하므로 법인자체를 형사처벌의 대상으로 볼 수 없다. 독일은 법인의 배후에 있는 자연인의 형사처벌을 위하여 형법 제14조를 규정하고 있다. 독일 형법 제14조(타인을 위한 행위)를 통해 경영책임자등에게 형사책임을 물을 수 있고, 사망사건에 대하여 과실치사죄를 적용한다. 과실치사죄는 법정형 5년 이하의 징역 또는 벌금형을 과한다. 독일 형법 제14조는 법인의 대표기관 또는 그 기관의 구성원, 법인능력 있는 인적 회사의 대표권이 있는 사원, 타인의 법정대리인에 대하여 적용한다. 사업주 또는 기타 사업권한을 가진 자로부터 사업소의 전부 또는 일부의 경영에 관한 위임, 사업주의 책임에 속한 임무를 자기책임으로 임무를 담당하도록 하기 위한 명시적 위임이 있는 경우에도 적용한다. 따라서 법인의 기관에 해당하는 자연인이 기관으로서 행위를 하거나 타인의 위임을 받은 사람이 그 위임에 기초하여 행위를 한 경우에 인적 요소를 근거로 형벌을 과하는 입법체계를 구성한다.
[123] 대판 1992. 8. 18, 92도1395
[124] 이동명, "과실범처벌의 현대적 과제-기업범죄와 관련하여,"「법과 정책 제21집 제2호(2015. 8. 30)」, 청주대학교 법과 정책연구원, 105면.

d) 사업주는 사업주와 법인을 의미하는데, 법인이 아닌 단체나 민법상 조합, 익명조합, 상법상 합자조합이 사업을 영위하는 경우 그러한 단체자체도 사업주로 보아야 한다. 또한 비법인 단체등이 영위하는 사업의 경우 그러한 단체의 경영책임자등도 중대재해처벌법의 수범자로 보아야 한다.[125] 그러나 죄형법정주의의 원칙상 법인격이 없는 사단 등 단체를 처벌한다는 명시적인 규정이 없는 한 법인격이 없는 단체까지 처벌하기는 어렵다.[126]

e) 국가는 형벌권의 주체로서 양벌규정에 의한 처벌대상이 될 수 없다. 그러나 대법원은 "국가가 본래 그의 사무를 일부를 지방자치단체의 장에게 위임하여 그 사무를 처리하는 기관위임사무의 경우에는 지방자치단체는 국가기관의 일부로 볼 수 있고, 지방자치단체가 그 고유의 자치사무를 처리하는 경우에는 국가기관의 일부가 아니라 별도의 독립된 공법인으로 양벌규정에 의한 처벌대상이 된다."고 판시하고 있다.[127]

f) 따라서 국가공무원이 법위반의 행위를 한 경우에는 ⅰ) 국가는 입건대상이 아니며 해당 공무원만을 피의자로 입건하고, ⅱ) 지방자치단체의 경우 지방자치단체는 법인으로, 해당 공무원은 행위자로 보아 각각 입건할 수 있다.[128]

5) 상당한 주의와 감독의 판단기준   a) 중대재해처벌법 제7조 단서는 "법인 또는 기관이 그 위반행위를 방지하기 위하여 해당 업무에 관하여 상당한 주의와 감독을 게을리하지 아니한 경우에는 그러하지 아니하다."고 명시하고 있다.

b) 법인 또는 기관이 상당한 주의 또는 감독의무를 게을리 하였는지 여부는 ⅰ) 당해 위반행위와 관련된 모든 사정, 즉 당해 법률의 입법취지, ⅱ) 처벌조항 위반으로 예상되는 법익침해의 정도, ⅲ) 그 위반행위에 관하여 양벌규정을 마련한 취지 등은 물론 ⅳ) 위반행위의 구체적인 모습과 그로 인하여 실제 야기된 피해 또는 결과의 정도, ⅴ) 법인의 영업 규모 및 행위자에 대한 감독가능성 또는 구체적인 지휘감독관계, ⅵ) 법인이 위반행위 방지를

---

125) 권오성, 중대재해처벌법의 체계, 도서출판 새빛, 2022, 212면.
126) 같은 취지 : 대법원 1995. 7. 28, 94도3325
127) 대판 1995. 7. 28, 94도3325
128) 대전지판 2013. 2. 14, 2012노1404 : 대검찰청, 중대재해처벌법 벌칙해설, 2022, 271면.

위하여 실제 행한 조치 등을 전체적으로 종합하여 판단해야 한다.129)

c) 회사가 '이동식 사다리 안전사용 지침'을 업무지침으로 하달하고 또한 매월 실시하는 법규준수 체크리스트에서 관련 내용을 확인하여 온 사실이 있더라도 현장에서는 위 지침에 부합하지 않는 사다리를 이용한 고소작업이 계속하여 이루어져 왔고 이를 특별히 제지하거나 문제삼지 않은 것으로 보일 뿐 아니라, 회사 차원에서 각 아파트 관리사무소장의 안전조치의무 해태 등을 감시하고 적절하게 시정을 요구할 수 있는 절차가 제대로 구비되어 있지도 않았다면 회사는 상당한 주의나 감독을 하였다고 보기도 어렵다.130)

(2) 과태료의 부과

1) **과태료의 정의와 법적 성격** a) 과태료는 국가 또는 지방자치단체가 일정한 행정상의 질서위반행위에 대하여 과하는 금전벌을 말한다. 과태료는 어떤 위반행위에 대하여 간접적으로 행정목적에 장애를 줄 위험성이 있는 행위로 보아 금전적 제재를 하는 수단을 말한다.

b) 과태료는 i) 행정목적을 달성하기 위하여 객관적 의무위반이 있으면 부과할 수 있고, ii) 행위자의 주관적 요건 즉 고의·과실은 문제되지 않으므로 자연인·법인을 막론하고 그 부과대상으로 할 수 있다. 중대재해처벌법 제8조(안전보건교육의 수강)는 중대산업재해가 발생한 법인 또는 기관의 경영책임자등이 안전보건교육을 정당한 사유 없이 이행하지 아니한 경우에는 과태료를 부과할 수 있다.

c) 과태료의 부과는 행정행위에 해당되며, 법률유보의 원칙에 따라 법률에 근거가 있어야 한다. 따라서 국민의 자유와 권리를 침해 또는 제한하거나 새로운 의무를 부과하는 행정작용은 반드시 법률의 근거가 있어야 한다. 질서위반행위규제법 제6조에서는 "법률에 따르지 아니하고는 어떤 행위도 질서위반행위로 과태료를 부과하지 아니 한다."고 규정하고 있다.

d) 과태료처분은 신고나 등록 등 의무이행을 태만히 하는 것과 같이 간접적

---

129) 대판 2009. 5. 28, 2008도7030 : 대판 2010. 2. 25, 2009도5824 : 대판 2010. 9. 9, 2008도734
130) 의정부지판 2024. 8. 27, 2024고단4

으로 행정질서에 영향을 미치는 의무위반에 대한 제재조치로써, 형벌에 해당되지 않는다. 과태료처분에 대하여는 형법의 총칙이나 과벌절차의 형사소송법이 적용되지 아니하며, 행정청이 직접 부과하는 금전적 제재수단이다.[131]

e) 질서위반행위규제법에 따르면, ⅰ) 과태료의 1차 부과처분은 행정청이 하고, ⅱ) 이의제기는 질서위반행위규제법에 따라 재판을 회부한다. 따라서 과태료처분의 당부는 최종적으로 질서위반행위규제법에 의한 절차에 의하여만 판단되어야 하므로, 그 과태료처분은 행정소송의 대상이 되는 행정처분이라고 볼 수 없다.[132]

f) 여기서 이의제기란 행정청의 과태료부과에 불복하여 그 과태료부과의 재심사를 청구하는 것을 말한다. 과태료부과에 불복하는 당사자는 ⅰ) 과태료부과통지를 받은 날부터 60일 이내에 행정청에 이의제기를 할 수 있고, ⅱ) 이의제기가 있는 경우 행정청의 과태료부과처분은 효력을 상실한다(질서위반행위규제법 제20조제2항). 과태료부과처분은 항고소송의 적격대상이 되지 아니하여 처분성을 인정할 수 없기에 행정소송의 대상이 되지 않는다.

2) 과태료의 부과   제1항의 안전보건교육을 정당한 사유 없이 이행하지 아니한 경우에는 5천만원 이하의 과태료를 부과한다(중대재해처벌법 제8조제2항). 이 경우 과태료는 대통령령으로 정하는 바에 따라 고용노동부장관이 부과·징수한다(중대재해처벌법 제8조제3항). 법 제8조제2항에 따른 과태료의 부과기준은 [별표 4]와 같다(중대재해처벌법 시행령 제7조).

[별표 4] 중대재해 처벌 등에 관한 법률 시행령(제7조 관련)
과태료의 부과기준

1. 일반기준
   가. 위반행위의 횟수에 따른 과태료의 가중된 부과기준은 최근 1년간 같은 위반행위로 과태료 부과처분을 받은 경우에 적용한다. 이 경우 기간의 계산은 위반행위에 대해 과태료 부과처분을 받은 날과 그 처분 후 다시 같은 위반행위를 하여 적발된 날을 기준으로 한다.
   나. 가목에 따라 가중된 부과처분을 하는 경우 가중처분의 적용 차수는 그 위반

---

131) 석종현·송동수, 일반 행정법(상), 삼영사, 2013, 487면.
132) 김향기, 행정법연습, 대명출판사, 2017, 334면. : 권오성, 전게서, 227면

행위 전 부과처분 차수(가목에 따른 기간 내에 과태료 부과처분이 둘 이상 있었던 경우에는 높은 차수를 말한다)의 다음 차수로 한다.

다. 부과권자는 다음의 어느 하나에 해당하는 경우에는 제3호의 개별기준에 따른 과태료(제2호에 따라 과태료 감경기준이 적용되는 사업 또는 사업장의 경우에는 같은 호에 따른 감경기준에 따라 산출한 금액을 말한다)의 2분의 1 범위에서 그 금액 을 줄여 부과할 수 있다. 다만, 과태료를 체납하고 있는 위반행위자에 대해서는 그렇지 않다.

1) 위반행위자가 자연재해·화재 등으로 재산에 현저한 손실을 입었거나 사업여건의 악화로 사업이 중대한 위기에 처하는 등의 사정이 있는 경우

2) 위반행위가 사소한 부주의나 오류로 인한 것으로 인정되는 경우

3) 위반행위자가 법 위반상태를 시정하거나 해소하기 위해 노력한 것이 인정되는 경우

4) 그 밖에 위반행위의 정도, 위반행위의 동기와 그 결과 등을 고려하여 과태료 금액을 줄일 필요가 있다고 인정되는 경우

2. 사업·사업장의 규모나 공사 규모에 따른 과태료 감경기준

상시 근로자 수가 50명 미만인 사업 또는 사업장이거나 공사금액이 50억원 미만인 건설공사의 사업 또는 사업장인 경우에는 제3호의 개별기준에도 불구하고 그 과태료의 2분의 1 범위에서 감경할 수 있다.

3. 개별기준

위반행위	근거 법조문	과태료		
		1차 위반	2차 위반	3차 이상 위반
법 제8조제1항을 위반하여 경영책임자등이 안전보건교육을 정당한 사유없이 이행하지 않은 경우	법 제8조제2항	1천만원	3천만원	5천만원

(3) 안전보건교육의 수강명령

1) **안전보건교육의 수강**　　a) 수강명령이란 유죄가 인정된 범죄자에 대하여 교화의 목적으로 일정시간의 안전보건 등 교육을 받도록 명하는 것을 말한다. 수강명령은 교도소에 구금하는 대신 자유로운 생활을 허용하면서 일정시간 보호관찰소 또는 보호관찰소에서 지정한 전문교육기관에서 교육을 받

도록 명하는 것을 의미한다.

b) 중대산업재해가 발생한 법인 또는 기관의 경영책임자등은 대통령령으로 정하는 바에 따라 안전보건교육을 이수하여야 한다(중대재해처벌법 제8조제1항). 따라서 개인회사의 사업주는 수강명령의 대상에서 제외된다.

c) 법 제8조제1항에 따른 안전보건교육(이하 "안전보건교육"이라 한다)은 총 20시간의 범위 내에서 고용노동부장관이 정하는 바에 따라 이수하여야 한다(중대재해처벌법 시행령 제6조제1항). 안전보건교육에는 다음 각 호의 사항이 포함되어야 한다(중대재해처벌법 시행령 제6조제2항).

> 1. 안전보건관리체계의 구축 등 안전보건에 관한 경영 방안
> 2. 중대산업재해의 원인분석과 재발방지 방안

d) 수강명령에 관하여 이 법에서 규정한 사항 외의 사항에 대해서는 「보호관찰 등에 관한 법률」을 적용한다. 보호관찰대상자는 ⅰ)「형법」제59조의2에 따라 보호관찰을 조건으로 형의 선고유예를 받은 사람, ⅱ)「형법」제62조의2에 따라 보호관찰을 조건으로 형의 집행유예를 선고받은 사람,[133] ⅲ)「형법」제73조의2 또는 이 법 제25조에 따라 보호관찰을 조건으로 가석방되거나 임시 퇴원된 사람, ⅳ)「소년법」제32조제1항제4호 및 제5호의 보호처분을 받은 사람, ⅴ) 다른 법률에서 이 법에 따른 보호관찰을 받도록 규정된 사람으로 규정하고 있다(보호관찰법 제3조제1항). 이 경우 사회봉사 또는 수강을 하여야 할 사람(이하 "사회봉사·수강명령 대상자"라 한다)은 다음 각 호와 같다(보호관찰법 제3조제2항).

---

133) 여기서 집행유예란 선고한 형의 집행을 일정기간 유예하고 이 유예기간을 경과하면 형의 선고효력을 잃게 하는 것을 말한다(형법 제63조). 집행유예는 단기자유형의 집행으로 폐해를 방지하고 형의 집행을 받지 않으면서 스스로 사회에 복귀할 수 있는 길을 열어 주고자 하는 제도를 말한다. 법원은 다음과 같은 요건이 구비되면 1년 이상 5년 이하의 기간 형의 집행을 유예할 수 있다(형법 제62조제1항). 첫째, 선고할 징역 또는 금고의 형은 3년 이하일 것을 요한다. 둘째 집행유예를 하기 위해서는 정상에 참작할만한 사유가 있어야 한다. 셋째 금고 이상의 형을 선고한 판결이 확정된 때부터 그 집행이 종료되거나 면제된 후 3년까지의 기간에 범한 죄가 없어야 한다. : 이재상·장영민·강동범, 형법총론, 박영사, 2023, 634-638면.

> 1.「형법」제62조의2에 따라 사회봉사 또는 수강을 조건으로 형의 집행유
>   예를 선고받은 사람
> 2.「소년법」제32조에 따라 사회봉사명령 또는 수강명령을 받은 사람
> 3. 다른 법률에서 이 법에 따른 사회봉사 또는 수강을 받도록 규정된 사람

2) 수강명령의 시간 및 시기 a) 안전보건교육은 집합교육과 통신교육, 인터넷교육이 있으나, 교육방법을 특정하지 않고 있다. 그러나 교육효과를 높이고 실효성이 있도록 진행하기 위해서는 집합교육이 바람직하다. 총 교육 시간이 20시간의 범위 이내로 정하였으므로 1일 단위로 분할하여 진행하더라도 상기의 교육내용을 포함하여 20시간을 충족해야 한다.

b) 수강명령의 시기에 대하여 ⅰ) 법원에서 유죄확정판결을 받은 경영책임자등으로 한정해야 한다는 견해, ⅱ) 안전사고가 발생한 시기와 확정판결의 시기 사이에 시간적 격차가 크기 때문에 중대재해가 발생하면 즉시 수강명령을 해야 한다는 견해가 대립되고 있다.[134]

c) 그러나 중대재해처벌법 제8조(안전보건교육의 수강)이 위임에 따라 같은 법 시행령 제6조에서 고용노동부장관이 정하도록 하고 있어 「보호관찰 등에 관한 법률」의 적용대상이 아니라고 해석된다. 이 경우 고용노동부장관은 법원의 판결과 관계없이 중대산업재해가 발생한 사실만으로 해당 법인 또는 기관의 경영책임자등에 안전보건교육을 이수하도록 명령할 수 있다.

3) 안전보건교육의 시행방법 및 비용의 부담 a) 고용노동부장관은 「한국산업안전공단법」에 따른 산업안전보건공단이나 「산업안전보건법」 제33조에 따라 등록된 안전보건교육기관(이하 "안전보건교육기관등"이라 한다)에 안전보건교육을 의뢰하여 실시할 수 있다(중대재해처벌법 시행령 제6조제3항).

b) 고용노동부장관은 분기별로 중대산업재해가 발생한 법인 또는 기관을 대상으로 안전보건교육을 이수해야 할 교육대상자를 확정하고 안전보건교육 실시일 30일 전까지 다음 각 호의 사항을 해당 교육대상자에게 통보하여야 한다(중대재해처벌법 시행령 제6조제4항).

---

134) 경제단체, "중대재해처벌 등에 관한 법률 시행령 제정건의서(2021. 4. 13)", 9면.

> 1. 안전보건교육을 실시하는 안전보건교육기관등
> 2. 교육일정
> 3. 그 밖에 안전보건교육의 실시에 필요한 사항

c) 제4항에 따라 통보를 받은 교육대상자는 해당 교육일정에 참여할 수 없는 정당한 사유가 있는 경우에는 안전보건교육실시일 7일 전까지 고용노동부장관에게 교육일정의 연기를 한 번만 요청할 수 있다(중대재해처벌법 시행령 제6조제5항). 고용노동부장관은 제5항에 따른 연기요청을 받은 날부터 3일 이내에 연기가능 여부를 교육대상자에게 통보하여야 한다(중대재해처벌법 시행령 제6조제6항). 안전보건교육을 연기하는 경우 교육일정 등의 통보에 관해서는 제4항을 준용한다(중대재해처벌법 시행령 제6조제7항).

d) 안전보건교육에 드는 비용은 안전보건교육기관등에서 수강하는 교육대상자가 부담한다(중대재해처벌법 시행령 제6조제8항). 안전보건교육기관등은 안전보건교육을 실시한 경우에는 지체 없이 안전보건교육 이수자명단을 고용노동부장관에게 통보하여야 한다(중대재해처벌법 시행령 제6조제9항).

e) 안전보건교육을 이수한 교육대상자는 필요한 경우 안전보건교육이수자확인서를 발급해 줄 것을 고용노동부장관에게 요청할 수 있다(중대재해처벌법 시행령 제6조제10항). 이 경우 요청을 받은 고용노동부장관은 고용노동부령이 정하는 바에 따라 안전보건교육이수확인서를 시체 없이 내주어야 한다(중대재해처벌법 시행령 제6조제11항).

제 2 절
중대산업재해의 예방대책

1. 사업주와 경영책임자등의 역할

(1) 최고경영자의 역할과 책임

1) 최고경영자의 안전보건활동과 역할   a) 중대산업재해를 예방하기 위해서는 최고경영자의 안전보건활동이 중요하다. 최고경영자의 역할과 의지, 경영방침과 목표, 활동평가에 따라 종사자의 태도가 달라진다. 그래서 사업주 또는 경영책임자는 방침을 명확히 하고 목표를 정해 달성하도록 독려해야 한다. 사업주 또는 경영책임자는 중대재해예방을 위하여 필요한 경영자원을 적절히 배분하고 이행 여부를 확인하여야 한다.

b) 일본의 나카무라 교수는 미쓰이 화학 이와쿠니 오타카공장의 폭발화재사고의 원인을 조사한 결과 ⅰ) 리스크 평가부족, ⅱ) 기술의 노하우 등 전수부족, ⅲ) 규칙의 경시(규칙준수 및 검토부족), ⅳ) 현장관리능력의 저하(안전확보에 대한 과신), ⅴ) 당사자의 의식부족(긴장감과 위기감의 부족)을 문제점으로 지적했다.135) 나카무라교수는 사고의 원인을 규명하면서 안전을 우선으로 하는 명확한 철학과 솔선수범하는 리더쉽의 발휘가 중요하다고 강조하였다.

c) 최고경영자가 안전관리를 실천하고 활동하는 항목과 안전실적은 밀접한 상관성이 있다고 한다.136) 최고경영자의 활동은 사업장에서 경영자원을 안전관리에 어떻게 배분하는지, 어떤 인재를 안전관리에 배치하는지에 따라 긍정적인 평가를 하는 것으로 나타났다.

d) 최고경영자가 근로자의 안전의식을 고취시키고 안전한 작업환경을 조

---

135) 나카무라 마사요시, 「안전의식과 안전공학적 실천방안」, 시그마프레스, 2016, 38면.
136) 나카무라 마사요시, 전게서, 157면.

성하기 위해서는 자신의 역할과 책임을 알고 인적자원 및 설비자원을 적절히 배분하는 등 실천을 해야 한다. 나카무라교수는 경영자의 역할과 책임을 다음과 같이 소개하고 있다.[137)

[표2-28] 최고경영자의 역할과 책임

최고경영자의 역할	최고경영자의 책임
1. 기업경영의 중요한 사항 중 하나로서 안전관리를 설정	·안전에 관한 경영자의 의지를 명확하게 표명 ·안전제일 및 규칙준수를 철저히 강조
2. 최고경영자가 안전관리활동을 솔선수범하여 실천	·조직의 계층별 책임과 권한을 명확히 배분(라인조직의 각 계층 담당자와 안전관리자의 책임과 권한을 명확히 해야 함) ·경영자가 사업장을 방문하여 분위기를 조성
3. 리스크평가의 추진	·리스크의 평가 등에 기반한 안전관리 추진 ·사업장 책임자에게 리스크 평가책임 부여
4. 인적자원·설비자원의 적절한 배분	·안전중시 경영실천 ·적절한 인력, 시설, 장비, 예산 등을 배분
5. 관계수급인을 포함한 종합적인 안전보건관리체계의 구축	·협력회사를 포함한 안전보건관리 협력체계 구축 ·정보제공, 작업 간의 연락조정 등

  e) 최고경영진의 안전보건활동은 ⅰ) 안전방침의 수립, ⅱ) 현장의 규칙준수, ⅲ) 근로자의 참여와 의사소통, ⅳ) 현장 위험수준 및 리스크관리, ⅴ) 안전보건전문인력의 양성, ⅵ) 안전문화의 정착, ⅶ) 조직구성원의 역할과 책임, 공식화, 계층화 등 다양한 활동이 필요하다고 한다.

  f) 또한 안전보건관리를 체계적으로 하기 위해서는 조직구성원의 역할과 책임의 명확히 하고 권한을 적절히 부여하며, 상시적으로 작동할 수 있도록 공식화해야 한다. 이러한 최고경영자의 안전보건활동은 법률로 강제하지 않는 한 재량행위에 해당된다.

---

137) 나카무라교수가 강조하는 역할과 책임은 법규범적인 관점에서 그대로 수용할 수 없다. 그래서 중대재해처벌법의 입법취지에 부합되도록 재해석하여 작성했다.

[표2-29] 조직구성원의 역할과 책임

역할 (Roles)	1. 조직이 존립할 수 있도록 조직구성원들이 참여하는 것 2. 역할(role)이란 조직의 성과창출을 위해 일정 기간의 '해야 할 일' 또는 '과제'를 의미 3. 조직의 성과창출을 위해 해당 직책과 기능에서 반드시 실행해야 할 '기간별 역할'의 개념
책임 (Responsibility)	1. 업무수행을 통해 창출해야 할 성과를 의미 2. 책임이란 일을 통해 이뤄내고자 하는 결과물, 그 결과물을 이뤄내겠다는 강한 의지 3. 자기 역할에 대한 실천적 행동력의 온전한 결합에 의해 이루어지며, 이 조건이 갖춰져야 진정한 책임이라 할 수 있음 4. 책임감 있는 리더와 구성원이 되려면, 자신에게 주어진 역할 수행을 통하여 책임져야 할 결과물이 무엇인지 직책별로 기능별로 기간별로 구체적으로 잘 알고 있어야 함
권한 (Authority)	1. 조직 역할을 위해서는 조직구성원은 조직 내에서 자신의 지위에 맞게 공식적인 힘(권력) 2. 권한은 조직의 규모, 사안의 중요성, 과업의 복잡성, 하급자의 자질, 조직문화에 따라서 달라지며, 이는 다음의 특징이 있음. - 권한은 합법적 권력 - 개인보다는 개인의 지위를 바탕으로 함 - 하급자에 의해 인정되어야 함 - 위에서 아래로의 수직적 흐름
공식화 (Formalization)	조직 내의 직무가 표준화되어 있는 정도나 구성원의 역할이 공식적인 문서에 따라 규정되어 있는 정도를 가리키는데, 다음의 이유로 중요 시 됨 - 공식화를 통해 구성원의 행동을 규제 - 표준화는 조정 활동(coordination)을 촉진 시킴 - 관리비용을 절감시킴
계층화 (Hierarchy)	1. 조직은 권한과 책임의 정도에 따라 직무를 등급화 하는 것을 의미하며, 상하 조직단위 사이에 직무상 지휘·감독 관계를 설정 2. 최고 경영층, 중간 경영층, 일선 라인 층으로 계층화

g) 나카무라(中村) 교수에 의하면, 재해발생율이 낮은 사업장의 경우 최고경영자의 책임, 정보전달과 의사소통, 위험을 사전에 예방하기 위한 리스크평가를 강조한다.138) 일본 후생노동성 노동기준국에서 기업의 안전관리실태를 파악하기 위하여 대규모 제조업 사업장을 점검한 결과 재해발생률이 낮은 기업에서 나타낸 특징은 다음과 같다.139)

1. 사업장 최고책임자에 의한 적극적인 안전관리활동이 실시되고 있다.
2. 안전관리 담당인원의 충족과 직원의 지식·경험이 잘 유지되고 있다.
3. 안전관리에 필요한 비용이 준비되어 있다.
4. 협력회사와의 협력과 정보교환이 잘 되고 있다.
5. 설비·작업 위험성의 규모를 평가(리스크평가)하고 있다.

2) 최고경영자의 역할과 책임에 대한 규범성 평가   a) 중대재해의 예방을 위해서는 최고경영자의 역할이 매우 중요하다. 이 경우 최고경영자에 의한 안전경영과 관련된 계획의 수립과 실행을 위한 사항은 정책적이고 추상적이며 거시적인 성격을 지닌다. 따라서 최고경영자의 역할과 책임은 법률로 강제하기 이전에 스스로 결정하고 실천하도록 해야 한다.

b) 그러나 최고경영자가 스스로 자율적인 안전보건관리를 하지 않거나 게을리 하는 경우에는 법령에 의한 규제가 불가피하다. 그래서 중대재해처벌법은 종사자의 생명과 건강을 위한 법익을 보호하기 위하여 입법적 강제를 하며, 이를 위한 행위규범을 정해 강제한다. 사업주 또는 경영책임자의 행위는 규범성(형사처벌가능성, 강제성, 유책성)의 관점에서 가치평가를 한다.

(2) 법규범의 이해와 자치규범의 설정방법

---

138) 나카무라 마사요시, 「안전의식과 안전공학적 실천방안」, 시그마프레스, 2016, 27
면.
139) 일본 후생노동성 노동기준국에서 개규모 제조사업장에 대한 안전관리에 관하여
점검한 결과(2004년 2월)이다. : 나카무라 마사요시, 「안전의식과 안전공학적 실
천방안」, 시그마프레스, 2016, 23면.

1) **법규범의 정의와 구별**   a) 규범이란 사람이 사회생활이나 조직생활을 하면서 지켜야 할 행동양식이나 행동규칙, 가치판단의 기준을 말한다. 어떤 이상이나 목적을 이루기 위하여 지켜야 할 법칙이나 원칙도 규범이라고 한다. 규범의 정의는 종교적 규범이나 윤리적 규범 등 집단의 성격에 따라 다양하게 분류한다.

b) 또한 사회적 규범은 강도에 따라 관습규범, 도덕규범 또는 법규범으로 구별한다. 법학의 연구대상은 법규범이다. 이는 규범적 의미로서 법을 연구하는 특수성을 의미한다. 법규범은 법령에 근거를 두고 법규명령을 준수하도록 강제하고, 이를 위반하면 불이익의 제재를 하게 된다.

c) 어떤 자연적 행위가 법적 현상으로 규정된다는 것은 규범의 효력이 주장된다는 것이고, 이 규범의 내용이 사실상의 사건과 특정한 상응관계에 있다는 의미다.140) 인간의 행위를 규율하는 규범의 효력, 특히 법규범의 효력은 어떤 공간과 시간 속에서 효력을 갖는다. 어떤 사안이 특수한 법적 의미, 즉 독특한 법적 의미를 얻게 되는 것은 규범을 통해 가능하게 된다.

2) **규범적 행위의 규율과 당위성의 구별**   a) 법규범은 국가에 의해 강제되며, 사법부의 재판에 의해 보장된다. 규범은 관습이나 도덕과 같이 인간의 행위를 규율한다. 그러나 이성을 가진 존재의 행위만이 엄격한 의미에서 명령 또는 금지의 대상이 될 수 있다.

b) 그래서 사무엘(Samuel Pufendorf)은 「행위는 단순한 인과과정이 아니라 인간은 그의 의사결정에 따라 여러 개의 서로 다른 방향과 행위를 할 능력을 지니고 있다. 이러한 의사결정에서는 의무가 인간에게 동기를 부여할 수 있다.」고 하며, 법률은 자연과학적 고찰의 대상이 아니라고 주장했다.141)

c) 법학의 대상은 법규범이지 존재하는 사실이 아니다. 따라서 단순히 존재하는 실제적 현상이 아니라 마땅히 해야 할 일, 즉 당위성을 규범대상으로 한다. 이 견해는 칸트(Kant)가 행위와 존재를 구별한 이원론적 해석방법으로서 신Kant 학파의 법철학과 일치한다.142)

---

140) Hans Kelsen(윤재왕 역), 순수법학, 박영사, 2021, 22면.
141) De jure naturae et gentium, 16 §6 und 8 : 라인홀트 치펠리우스(김형배 역), 법학방법론, 삼영사, 1993, 14면.
142) 칸트는 인간이 지닌 이성을 순수이성과 실천이성으로 구별한다. 순수이성은 자

d) 독일은 19세기 후반에 신칸트학파가 사실성을 대변하는 존재영역과 규범성 또는 가치관련성을 대변하는 당위영역을 엄격하게 구별하는 법학방법론(방법이원론)을 제시하였다. 법규범은 명령과 금지의 구조, 즉 당위규범의 구조로서, 가치판단을 구성요소로 한다. 산업안전보건법, 중대재해처벌법 등의 법률규정도 이러한 성격을 반영하고 강제한다.

3) **삼단논법의 활용과 규범적 접근방법**   a) 올바른 해석을 위한 ㄴ논리전개의 방법에는 귀납법과 연역법이 있다. 그러나 규범과학인 법학에서는 귀납뻐을 사용하지 않는 점에서 자연과학이나 경험과학(법사회학, 법정책학)과 구별되며 삼단논봅을 사용하는 점에서 철학(법철학, 법이론)과 일치한다.

b) 여기서 삼단논법이란 대전제와 소전제가 있을 때 그로부터 결론을 도출하는 것을 말한다. 삼단논법은 철학적 삼단논법을 수용하여 ⅰ) 사실확정, ⅱ) 법규범의 탐색 및 해석, ⅲ) 사안의 적용 및 결론으로 구성되는 규범적·법학적 접근방법을 말한다.

c) 삼단논법은 일정한 대전제로부터 어떤 사안에 대한 판단을 연역적으로 이끌어 내는 것이며, 개별사실로부터 결론을 도출해 내는 귀납적(자연과학적) 논리학과 차이가 있다. 대전제는 일반명제의 형태로, 소전제는 구체적 조건의 형태로, 결론은 개별명제의 형태로 구성된다. 따라서 대전제에 해당하는 법률이 있고, 소전제로서 사안이 주어지고, 그에 대한 결론으로서 판결이 나온다.

d) 삼단논법에 따르면, 법적 언어로서 개념과 그 의미를 발견하는 과성이 중요하다. 구체적으로 법적 분쟁이 발생하면 이와 관련된 법적 구성요건을 찾아야 하며, 당해 사안에 적용할 수 있는 법적 의미내용을 구체화해야 한다. 이러한 과장에서 존재사실과 가치판단을 구별할 수 있다.

e) 그러나 삼단논법은 연역적 사고를 그 특징으로 하므로 대전제인 법적 구성요건을 경험과 무관하게 확정할 수 있어야 한다. 규범의 목적은 선험적

연과학적 이설을 말하며, 실천이성은 도덕적·규범적 이성을 말한다. 그런데 순수이성은 인과적 법칙과 검증가능성이 인정되지만, 실천이성은 그렇지 않다. 이 경우 실천이성에서는 이율배반이 나타난다. 그래서 순수이성을 대변하는 자연과학과 실천이성을 대변하는 규범과학은 그 방법적 기초라는 점에서 서로 구별된다.

으로 주어지는 것이 아니라 개별적·구체적인 사물로부터 획득되기 때문이다.143) 이러한 과정을 통해 규범적 가치판단의 요소를 발견하고, 규범적 행위규범의 설정할 수 있다.

4) **규범적 요소와 적정성의 원칙**　a) 중대재해처벌법은 작위명령으로서 규범성을 지니므로 죄형법정주의에 부합되도록 안전보건관리체계를 구축해야 한다.144) 따라서 사업주 또는 경영책임자는 사업장의 규모, 유해위험요인의 특성, 재해의 유형과 보호법익의 침해, 위법행위로 인한 형사책임 등을 종합적으로 고려하여 안전보건관리체계를 구축해야 한다.

b) 안전보건관리체계를 구축할 경우 각종 절차서나 지침서, 매뉴얼에 규범적 요소를 반영해야 한다. 규범적 요소는 ⅰ) 목적 및 대상, ⅱ) 제정권한, ⅲ) 책임주체(의무주체와 이행주체), ⅳ) 권한의 근거 및 위임, ⅴ) 우선적 효력, ⅵ) 작성내용의 합리성, ⅶ) 이해관계당사자의 권한과 책임, ⅷ) 이행절차, ⅸ) 위반 시 효력 및 효력기간, ⅹ) 제재수단 등을 갖추어야 한다.

c) 또한 규범성을 고려하여 ⅰ) 재해예방조치 및 관리감독체계를 위한 기준, 방법, 절차를 정하고, ⅱ) 권한의 위임과 인용근거를 명확히 해야 한다. 안전보건관리체계는 안전보건절차서(민간기업은 "기준서"로 표현한다), 지침서,

---

143) 삼단논법의 장점에도 불구하고 이를 비판하며 근대인식론은 방법다원주의를 주장한다. 그 결과 삼단논법과 사비니의 네 가지 해석방법을 주장하고 있으나, 구체적으로 무엇을 선택해야 할지, 이러한 방법론이 과연 정당하고 참된 해석결과를 이끌어 낼 수 있는지 의문을 남기고 있다. : 양천수 법해석학, 한국문화사, 2018, 144면 이하

144) 죄형법정주의의 원칙에는 명확성의 원칙, 적정성의 원칙이라는 파생원칙이 적용된다. 명확성의 원칙이 주로 법적 안정성의 요청을 중시하는 반면, 적정성의 원칙은 당해 형법법규에 의한 행위를 처벌할 실질적인 필요성과 합리성을 문제로 삼은 점에서 차이가 있다. 중대재해처벌법은 죄형법정주의에 따라 명확성의 원칙을 적용하기 곤란한 사정이 있다. 명확성의 원칙은 범죄 여부를 판단할 때 중요한 징표가 되지만, 종사자의 생명침해를 예방하기 위해서는 적정한 방법이 더 중요하다고 판단된다. 중대재해처벌법의 안전보건관리체계를 구축할 때도 이러한 법원칙이 적용된다. 그래서 안전보건관리체계를 위한 절차서나 지침서를 중대재해처벌법에 부합되지 않으면 위반행위로 평가할 수밖에 없다. 절차서, 지침서, 중대재해 대응매뉴얼은 중대재해처벌법과 시행령에서 요구하는 규범의 범위 내에서 적정성이 인정된다. 절차서는 적정성의 관점에서 필요성이나 합리성을 고려하여야 한다.

매뉴얼의 3종 세트로 구성할 수 있다.

d) 이 경우 사업 또는 사업장의 규모, 유해·위험요인과 관리대상, 산업안전보건보건법과 중대재해처벌법의 관계분석을 해야 역할과 책임을 명확히 할 수 있다. 절차서와 지침서는 중대재해처벌법에 의한 요구규범과 적정성(필요성과 합리성), 예견가능성 등에 따라 작성 또는 변경해야 한다.

e) 관리체계는 사업주 또는 경영책임자의 행위규범이며, 절차서나 지침서를 작성하는 근거가 된다. 그러나 절차서나 지침서를 제정하였다는 이유만으로 형사책임이 면제되는 것은 아니다. 따라서 사업주 또는 경영책임자가 안전보건관리체계와 관련하여 이행하는지 확인하고 점검하지 않으면 형식적 관리체계로 평가한다.

5) 원칙과 규칙, 기준과 요소의 구별　a) 원칙은 일관되게 지켜야 하는 규범적인 법칙을 말한다. 원칙은 단계적 충족가능성과 최적화 명령으로서의 성격을 갖는 반면, 규칙은 조건과 결과의 구조를 갖는다. 원칙은 규칙을 정당화하는 차원(근거 제시와 논증의 차원)에 속하는 규범이라면, 규칙은 행위차원에 속하는 규범에 해당한다.

b) 독일의 법학자 울푸리드 노이만(Ulfrid Neumann)은 그의 저서 "구조와 논증으로서의 법"에서 정당화 차원과 규칙 차원은 개념적 차이와 효력을 전제로 구별할 수 있다고 주장했다.145) 그는 이러한 개념을 구별하기 위해서는 요소라는 개념을 도입하면 차이를 분명히 할 수 있다고 한다.

c) 따라서 규칙과 요소가 조합을 하면 원칙의 위상을 확인할 수 있는 조율체계를 형성한다. 규칙은 어떠한 경우든 행위지침으로 이해할 수 있으나, 요소는 전적으로 행위지침을 정당화 차원에서 규범력을 발휘한다. 그래서 구성요소를 어떻게 정하느냐에 따라 효력이 달라진다. 요소는 전반적으로 규범과 규범구성요건의 한 부분으로서의 성격을 가지며, 규율차원(행위차원)에서 규범적으로 기능하는 독자적인 규범요소라고 볼 수 없다.

d) 요소는 정당화 차원 및 행위 차원에서 서로 합치되기도 한다. 원칙과 규칙, 요소는 최소한의 공통분모로서 "규범적 중요성"이 요구된다. 원칙과 규칙, 요소는 그 기능과 역할에 따라 개념적 정의가 결정된다. 원칙의 효력

---

145) 울프리드 노이만(윤재왕 옮김), 세창출판사, 2013, 174면 이하 참조

은 특정한 경향을 지닌 규칙을 형성할 때 정당성을 의미하며, 규칙의 효력은 행위 차원에서의 구속력을 뜻한다. 원칙과 규칙의 차이는 구속력의 정도에 따른 양적 차이가 아니라 효력과 관련된 차이를 의미한다.

e) 규칙들과 원칙들이 서로 충돌할 때는 서로 다른 효력을 나타낸다. 규칙은 충돌성이 강하여 규범들 가운데 어느 하나가 효력을 상실시켜 문제를 해결한다. 그러나 원칙이 충돌할 때에는 한 원칙이 다른 원칙에게 자리를 양보할 뿐이다. 따라서 양보한 원칙의 효력 자체가 부정되거나 어떤 예외조항을 추가할 필요가 없다.

f) 원칙은 규범형성의 근거로서 단지 특정한 관점에서 적절히 고려하라고 요구할 뿐이기 때문에 충돌성이 약하다. 원칙은 구별되는 개념이지만 규칙의 요소로 고려하여 반영할 수 있다. 규칙은 행위차원의 규범을 설명하는 중요한 개념으로 해석된다. 규범충돌의 차원에서 원칙과 규칙이 서로 다른 행동을 보인다는 점은 서로 다른 차원에 속하므로 효력구조의 차원에서 설명이 가능하다.

g) 예를 들어 "사업장 내를 운행하는 차량은 시속 10km으로 운행하여야 한다."는 금지 또는 효력규정은 행위 차원의 규칙이라면 이를 위반하면 구속력이 생긴다. 그러나 근로자의 추락사고 등 긴급상황이 발생한 경우에는 규칙을 위반하여 운행할 상황이 발생하므로 규칙의 효력을 부정하게 된다. 이 경우 내재된 원칙을 수정하여 예외조항을 추가할 수 있다.

h) 규칙(rule)은 일정한 한계를 정하는 명확한 규정을 말하며, 명확성 때문에 어떤 특정사건에 적용되거나 적용되지 않는 성격의 일관성이 있다. 만일 2개의 규칙이 서로 상충된다면 그 중 하나는 효력이 상실된다. 규칙은 필연적인 불변의 관계로서 예외를 인정하지 않는 원칙에 대응하는 개념이다.

i) 기준(standard)은 일반적으로 인정되는 표준으로서 합리적인 수준을 제한하는 불명확한 성격을 지닌다. 기준은 어떤 방향으로 판단하도록 유도하지만 고정적이지 않으며, 상황에 따라 적용되지 않을 수 있다(불명확성). 예를 들어 "택지조성공사의 작업구간 내 10km/h 이상은 금지한다. 다만, 급박한 사유가 있을 때에는 예외로 한다."로 표현한다면 급박한 사유가 무엇인지 불명확하다. 이 경우 규칙이라기보다 기준에 가깝다.

  j) 기준은 불명확성을 지니지만, 합리적이라고 판단되면 원칙만 규정하거나 예외를 인정할 수 있다. 그 결과 작업발판에서 추락한 사건사고에 대하여 쌍줄이 아닌 외줄로 해야 하는 합리적인 사유가 무엇인지 조사해야 하며, 재판 시 위법성을 판단하는 근거가 된다.

  6) **자치규범의 설정범위와 효력**   a) 규범력은 제정권자, 권력자, 국가기관에 의해 보장된다. 그러나 안전보건관리체계는 조건과 구조의 관계를 분석하여 절차서나 지침서, 매뉴얼로 정하고 이를 이행하도록 강제하지 않으면 규범력이 없다. 중대재해처벌법은 안전보건관리체계의 구축대상을 요구하였을 뿐 구체적인 기준이나 방법과 절차는 정하지 않고 있다.

  b) 그러나 사업주 또는 경영책임자의 행위차원, 유해·위험성의 연계성 등을 고려할 때 절차서나 지침서의 내용은 요구규범의 한도에서 허용된다. 따라서 절차서나 지침서의 내용을 자의적으로 확장하면 규제법의 허용한계를 일탈·초과하는 행위로 해석된다. 중대재해처벌법 및 시행령에 따른 요구규범의 범위를 벗어난 절차서나 지침서는 안전보건관리체계로 볼 수 없다.

[표2-30] 안전·보건관리체계의 구축대상 목록

연번	안전보건관리체계 구축 목록
1	안전보건관리체계의 구축 및 이행점검 절차
2	안전보건 경영방침 및 목표관리 절차
3	중대재해 전담부서 설치 및 운영절차서
4	위험성평가 체계 및 운영
5	안전보건관리비 예산편성 및 집행
6	안전보건관리책임자 등 업무수행평가 절차
7	종사자 의견청취 절차
8	중대재해 대응조치 및 재발방지대책
9	도급·용역·위탁 등 안전보건 기준 및 절차
10	안전보건법령 의무이행 관리 절차

| 11 | 건설공사발주자 및 도급인의 안전관리 절차 |
| 12 | 작업중지권 행사지침 |

c) 중대재해처벌법의 안전보건관리체계에 따른 절차서, 지침서 등은 수권적 자치규범의 성격을 지닌다. 자치규범은 조직이 지켜야 할 행위준칙으로서 이행을 강제하고, 자치적인 방법으로 위반행위자를 제재할 수 있다.146) 사업주의 행위적합성은 절차서나 지침서에 따라 판단한다. 그래서 절차서나 지침서는 행위준칙의 성질을 지닌다.

d) 특히 법률과 명령으로 요구한 사항은 그 자체로 규범성을 지니며, 이를 보충하는 기준이나 방법, 절차도 동일한 성질을 지닌다고 보아야 한다. 따라서 절차서나 지침서에서 기준, 방법, 절차의 내용을 설정하는 범위는 안전보건관리체계로서 적정성의 한계 내에서 인정함이 타당하다.

e) 절차서는 지침서보다 상위의 효력을 지니는 규범으로 설정하고, 지침서는 절차서에 의하여 위임된 사항이나 미비사항을 보완하는 규범으로 구분해야 이해충돌이 되지 않는다.

2. 재해예방대책과 재해이론 검토

(1) 재해원인의 메커니즘 이해

1) 재해원인의 메커니즘   a) 메커니즘(Mechanism)은 재해발생의 원인과 유해·위험요인의 영향관계 등 발생기전을 의미한다. 각종 재해는 현장안전관리의 문제점(규칙미준수, 관리자의 업무부담증가 등), 업무관련 전문지식의 부족, 근로자의 안전의식 부재 등 다양한 원인이 결합되거나 매개요인이 되어 발생한다.

b) 따라서 재해예방대책을 수립하기 위해서는 산업재해의 발생원인과 영

---

146) 이 경우 제재수단은 법률에 의한 형사처벌, 행정제재, 손해배상을 의미하는 것이 아니라, 회사의 취업규칙과 같이 징계규정에 따라 해고, 휴직, 정직, 감급의 제재와 같은 불이익을 주는 행위를 의미한다.

향요소, 직접원인과 간접원인, 유해·위험요인에 대한 노출가능성, 위험통제의 방식과 가용자원, 안전보건관리의 주체와 역할, 당사자의 영향관계와 상호작용의 메커니즘을 이해하여야 한다. 재해의 재해발생원인부터 발생까지 체계적으로 과정을 이해하고 분석해야 위험통제의 적합성과 효율성을 도모할 수 있다.

2) 재해원인의 메커니즘 구성요소 a) 재해원인에 관한 메커니즘은 인적 요소와 물적 요소로 구성된다. 인적 요소는 사람으로서 근로자의 심리, 태도, 성격 등에 따른 근로자의 불안전행동을 고려해야 한다. 유해위험한 작업환경에서 근로자의 불안전행동은 재해발생의 원인이 된다.

b) 물적 요소는 근로자의 작업환경, 사용하는 기계·기구·설비나 장비, 화학물질의 반응 등이 있다. 장시간 근로나 교대근로 등 물리적 환경도 산업재해를 유발하는 메커니즘이 된다. 위험한 작업환경에 따른 중대재해는 ⅰ) 건축분야의 아파트와 상업·공공시설이 전체 시설물 중에서 가장 많이 발생하며, ⅱ) 토목분야에서는 도로, 지하철·전철시설에서, ⅲ) 산업설비분야에서는 석유화학플랜트. 폐기물처리시설에서 많이 발생한다.147)

c) 재해원인은 직접원인과 간접원인을 구분하며, 가해물과 기인물로 구분한다. 가해물은 안전사고를 직접 유발하는 제1차적 원인물을 말하며, 기인물이란 안전사고를 간접적으로 유발하는 2차적 원인물을 말한다. 재해원인이 성격과 발생과정의 특성을 고려한 재해예방대책이 필요하다.

3) 재해의 발생형태와 규범성의 검토 a) 재해예방대책을 수립하기 위해서는 여러 요소가 복잡하게 결합하여 발생하는 재해원인의 원인과 형태를 알아야 한다. 재해요인은 여러 가지 요소를 동일한 가치로 보아 취급해야 하며, 하나라도 소홀히 하거나 누락하면 재해가 발생한다는 이론(등치성이론)을 고려하여 분석하여야 한다.148)

---

147) 건설공사의 작업공정별로는 ⅰ) 운반작업과 거푸집작업에서 재해가 많이 발생하며, ⅱ) 형틀작업과 철근작업에서도 비교적 많이 발생한다. 공종별로 비교하여 보면, ⅰ) 철근콘크리트공사에서 가장 재해가 많이 발생하고 있으며, ⅱ) 그 다음으로 목공사, 철강철골공사, 전기공사, 미장공사의 순으로 위험빈도가 높게 나타난다. 작업공정률의 경우 골조공사가 한창인 11~40%와 마감공정인 71~90%에서 재해발생빈도가 높고, 산업설비분야는 대체로 마감공정 단계에서 재해가 많이 발생한다.

[표2-31] 재해발생의 형태

구 분	내 용
집중형	각 요소가 각각 독립적으로 결합하는 형태
연쇄형	어떤 요소가 원인이 되어 다른 요소를 일으키고 또 그것이 다른 요소를 일으키는 것과 같이 요소가 연쇄적·순차적으로 발전하는 형태
복합형	집중형과 연쇄형이 서로 혼합되는 형태

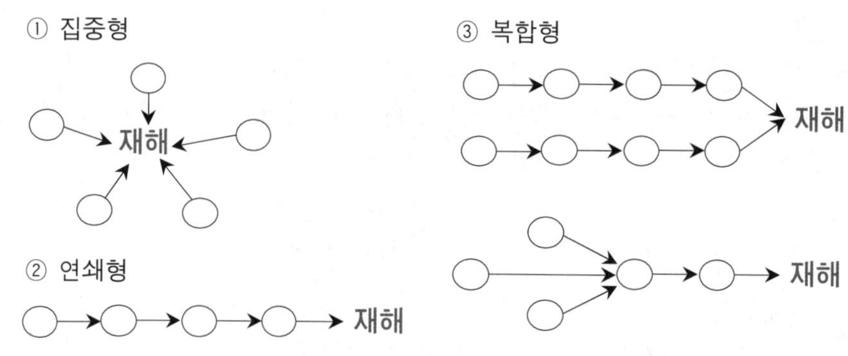

<그림2-5> 재해의 발생형태

b) 재해의 원인은 독립적인 요소에 의한 발생하는 경우가 매우 드물다. 일반적으로 산업재해는 여러 요소가 서로 작용해 복합형의 발생형태를 나타낸다. 예를 들어 사람이 기둥에 부딪치거나 낙하물에 머리를 맞는 등 서로 다른 상황과 위험요소에 의해 재해가 발생한다. 따라서 인적 또는 물적 요인 중 어느 하나의 원인으로 발생하는 재해는 드물다. 재해의 발생과 요소와의 관계를 구분할 때, 물건과 사람을 1차 요소라고 한다면, 다시 요소 간에 서로 영향을 주는 관계를 2차 요소로 구분할 수 있다.

c) 규범적인 관점에서는 재해발생의 원인과 예방대책으로서 무엇을 해야 하고, 종사자의 업무와 사망 등 법익침해 사이에 인과관계가 있는지, 위험요

---

148) 이근희, 안전관리학, 창지사, 1994, 37면.

소의 결합형태와 통제가능성을 구체적으로 판단해야 한다. 따라서 1차 요소의 단계에서 사람과 물건이 위험반경에서 결합하여 재해가 발생한다면 통제가능성이 형성한다.

d) 그러나 2차요소의 관계에서 물건 상호 간의 충돌이나, 사람들끼리 상호간 충돌하는 문제는 매개요인으로서 업무와 결합되지 않으면 중대재해의 관점에서 관리책임의 규범성을 논할 가치가 없다. 중대재해처벌법은 사업주 또는 경영책임자의 예견가능성, 위험통제의 가능성을 고려하여 관리책임의 인정 여부를 규범적으로 판단한다.

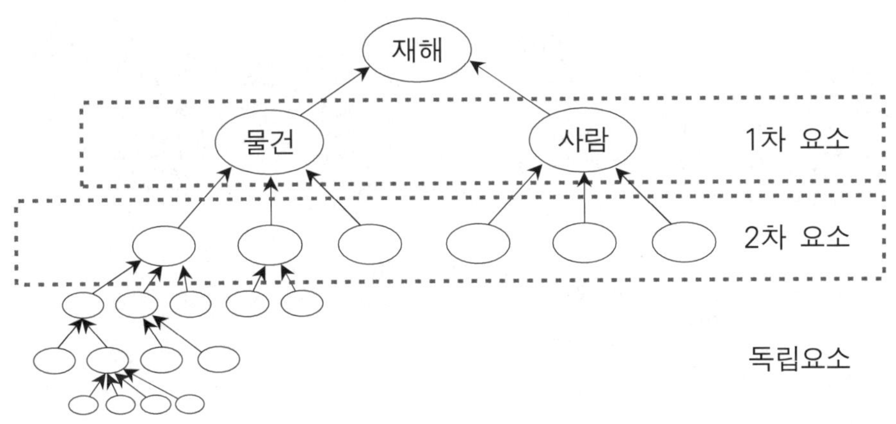

<그림2-6> 재해의 발생과 각 요소간의 관계

e) 재해원인을 구분할 때 최초의 원인을 독립요소라고 한다면, 재해의 발생과 각 요소간의 관계는 각각 독립된 요소의 결합이 일정한 순서라든가 형태로 결합될 때 유해·위험요인이 된다. 이러한 결합은 상당한 부분이 확률적이긴 하지만 우연성이 지배되기도 한다. 그러나 독립요소의 관계에서는 사람과 물건의 충돌 등에 의한 위험반경에 포섭되기 이전의 단계에 불과하여 중대재해처벌법에 의한 규범통제의 범위에 해당되지 않는다.

4) **기인물과 가해물의 관계**   a) 재해는 사람이 물건과 직접 접촉하거나 유해환경에 노출되어 발생한다. 재해는 사람과 물건과의 접촉현상에 따른 사고의 결과를 의미한다. 사고의 형태는 인적 피해 및 물적 피해를 유발하는

가해물에 의한 현상을 말한다.

b) 가해물은 재해를 일으킨 직접적인 물건을 말한다. 사고의 형태 등과 관련하여 ⅰ) 불안전 상태의 기인물, ⅱ) 사람에게만 불안전한 요인이 있는 경우로서 특히 기인물 또는 가해물이 될 수 없는 경우, ⅲ) 사람에게만 불안전한 요인이 있는 가해물, ⅳ) 사람에게만 불안전한 요인이 있는 기인물, ⅴ) 바람·벼락 등 자연현상에 의한 것과 같이 사람에게는 불안전한 요소와 불안전한 상태가 없는 기인물로 구분된다.149)

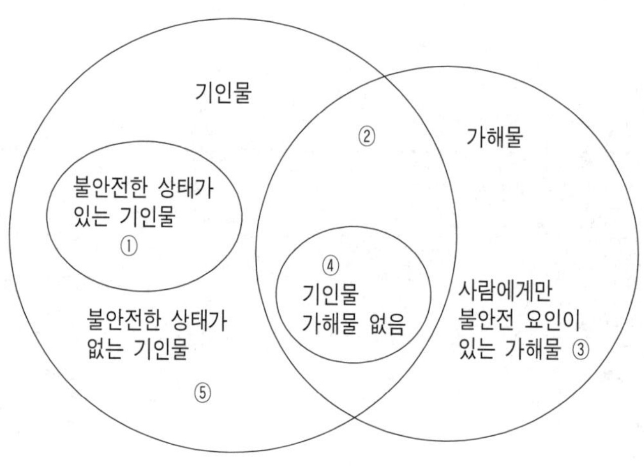

<그림2-7> 기인물과 다른 요소와의 관련성

c) 여기서 기인물이란 재해를 일으키게 한 기계, 장치 또는 물건, 환경 등을 말한다. 기인물은 위험통제의 대상이 되지만, 재해의 직접원인이 되는 것은 아니다. 생산현장에서 컨베이어 작업을 하다 끼인 물건을 제거하는 순간 갑자기 작동하여 근로자가 넘어져 머리를 물건에 부딪쳐 사망사고가 발생하기도 한다. 기인물은 1차적 판단으로 간접원인이며, 가해물은 2차적 판단기준으로서 직접적인 원인으로 해석된다.

d) 예를 들어 근로자가 석공작업을 위해 망치로 정을 내리치는 순간 돌파편이 튀어 다른 근로자에게 부상을 입혔다면 정이 기인물이 되고 돌파편이

---

149) 이근희, 안전관리학, 창지사, 1994, 40면.

가해물이 된다. 지붕위에 있는 콘크리트 블럭이 떨어지면서 근로자의 머리를 충격하였다면 지붕이 기인물이 되며, 콘크리트 블럭이 가해물이 된다.

e) 컨베이어벨트는 기인물로써 사고원인 및 안전조치 여부, 관리책임의 인과관계를 판단하는 중요한 단서가 된다. 이 경우 재해발생에 따른 법적 책임은 재해예방조치의 가능성과 안전경영책임의 관점에서 규범론적으로 판단해야 한다. 기인물과 가해물은 위험통제의 가능성을 고려하여 규범적으로 인과관계를 판단해야 한다.

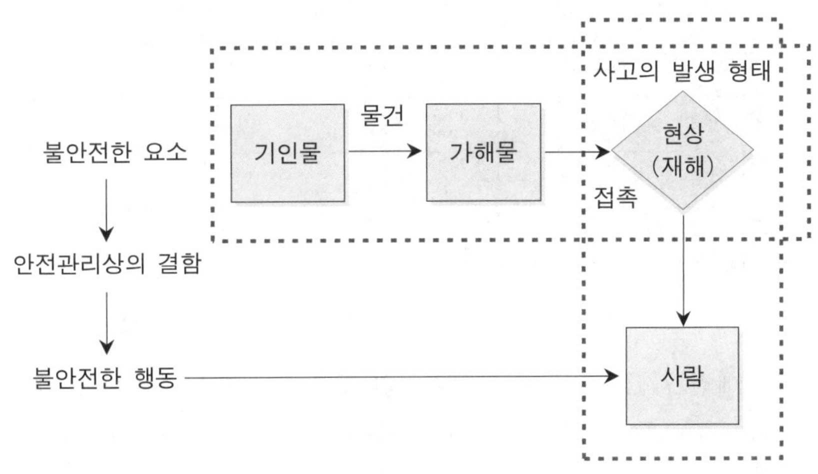

<그림2-8> 재해발생의 기본적 모델

5) **휴먼에러와 시스템적 에러의 원인**   a) 휴먼에러(human error)는 의도되지 않은 결과를 발생시키는 사람의 행동을 말한다. 휴먼에러는 부주의, 착각, 판단·결정의 오류, 조작·동작의 잘못, 인지·확인의 오류로 나타난다. 휴먼에러는 전조증상이 있으며, 배경요인이 있으므로 이를 줄이거나 제거하는 재해예방조치를 해야 한다

b) 일본의 오소사키 미야(大關親)가 재해발생업체를 대상으로 조사결과에 의하면, 시스템적 에러가 64%, 휴먼 에러가 36%라고 한다.[150) 근로자 개인

---

150) 大關親, 「新しい時代の安全管理のすべて 第2版」, 中央勞働災害防止協會, 2004, 361面.

의 불안전행동을 체계적인 방법으로 관리하고자 시스템적 관점에서 접근하는 재해이론은 재해예방을 위한 중요한 과제로 고려해야 한다.

[표2-32] 시스템적 에러와 인적 에러의 비율

시스템적 에러		인적 에러	
내용	건수	내용	건수
작업기준의 불량	81	인지·확인의 미스	21
점검불량	62	오판단	28
지휘명령의 불량	44	오조작	55
작업정보의 제공 미스	25	기능미숙	19
보수 불량	6		
소계	218	소계	123
비율	64%	비율	36%

c) 휴먼에러는 근로자의 불안전행동의 유형에 해당된다. 불안전행동은 휴먼에러(human error)와 위반행동(violation behave)으로 구분된다. 일본의 노동재해통계에 의하면 4일 이상의 휴업에 대한 원인은 ⅰ) 불안전행동이 약 90%, ⅱ) 불안전상태가 약 80%라고 한다.[151] 휴먼애러는 재해발생의 원인과 과정을 이해하는데 도움이 되나, 법령 등에 의한 위험통제의 수단으로 규정하지 않고 있다.

5) 직접적 원인

① **불안전상태의 정의와 유형**   a) 불안전상태는 사고나 질병을 유발할 수 있는 이상상태 또는 환경을 말한다. 사업장의 시설상 안전시설이 부족하거나 붕괴의 위험성이 있는 상태, 소음이나 분진, 진동·습도 등 객관적으로 불안전한 상태를 들 수 있다.

b) 따라서 ⅰ) 작업공구와 취급물질이 정리정돈이 되지 않은 채 방치하는

---

151) 정진우, 안전관리론, 청문각, 2021. 148면.

경우, ii) 가설재의 설치 시 클램프의 조임상태가 불량인 경우 등은 불안전한 이상상태로 본다. 시설물의 불비로 인한 안전조치가 취해지지 아니한 상태나 주변의 소음·진동·분진 등은 불안전한 환경에 해당된다.

　c) 불안전상태는 기능적으로 불안전하고, 작업 시 운동에너지와 접촉하면 부품의 파손, 탈락에 의하여 안전사고를 유발할 수 있다. 조임상태가 불량하면 연결재의 이탈로 인하여 하중을 지탱하지 못하여 무너짐사고, 낙하물사고, 추락사고의 원인이 된다. 또한 가스패킹의 조임상태가 불량하면 폭발사고의 원인이 된다. 그래서 불안전상태는 위험성평가의 대상이 된다.

[표2-33] 사업장의 불안전한 상태

구 분	불안전 상태의 유형	비 고
1. 물 자체의 결함	1. 표면이 거칠거나 매끄러움, 뾰족함 2. 물 자체의 상태가 조잡하고, 품질이 불량함	
2. 방호장치등의 결함	1. 안전방호장치를 미설치하거나 미배치함 2. 안전방호장치의 기준에 부적합함 3. 가설재의 설치 시 클램프의 조임상태 불량	방호장치설치 기준
3. 복장 및 보호구의 미비	1. 복장의 착용상태가 불량함 2. 보호구의 용도, 성능의 부족, 미배치	보호구의 기준
4. 물의 배치 및 작업장소의 부적합	1. 기계장치의 배열상태가 부적합(작업공정 등 미고려) 2. 작업장소의 공간부족, 통로의 공간확보 불량 3. 전도위험 등 작업상면 불량 4. 작업도구, 재료의 상태, 취급물품의 정리정돈	행동장애
5. 작업환경의 불량	1. 조명불량, 온도 및 습도의 부적당 2. 소음발산 및 차단상태, 소음관리상태 불량 3. 분진, 가스 등 배기장치 불량, 용량 및 설치상태 불량	
6. 생산공정의 부적합	1. 생산공정의 위험구분 미불리 2. 생산공정의 위험작업 시 안전장치 미비, 불안전 작업순서의 잘못 3. 부적당한 기계·기구·설비의 사용	

7. 경계표시 및 설비의 결함	1. 경계구역의 표시 및 구분 불명확 2. 경계표시 및 잠금장치 등 미비, 관리상태불량	

d) 사업장의 불안전상태, 작업환경은 중대재해처벌법 시행령 제4조제3호에 의한 유해위험요인에 해당된다. 따라서 사업주 또는 경영책임자는 불안전상태를 확인하여 개선하는 절차를 마련해야 한다. 또한 중대재해처벌법 제4조제1항제2호에 따른 재발방지대책의 수립 시 고려해야 한다.

② **불안전행동의 유형과 규범성 검토**　　a) 불안전행동이란 사고나 질병을 유발하는 원인이 된 작업자의 행위를 말한다. 불안전한 행동은 작업자의 행동, 태도, 작업자세, 보호구의 착용 여부에 의하여 파악한다.152) 작업과정에서 허리를 구부리거나 쪼그려 앉는 자세, 추락위험이 있는 장소에서 보호구나 지지대를 이용하지 않는 자세도 불안전한 행동에 해당된다.

b) 근로자의 주의력이 부족하거나 의욕감퇴, 조급함, 불안, 초조에 의한 정신적 상태도 불안전한 인적 요소에 해당된다. 또한 근로자의 과로나 수면부족, 피로의 누적은 신체적 결함요소로 나타난다. 불안전한 행동에 의한 재해를 예방하기 위해서는 이를 제거하거나 회피하는 관리대책이 필요하다.

[표2-34] 작업자의 불안전 행동

구　분	불안전 행동의 유형	비　고
1. 위험한 장소의 접근	1. 추락위험이 있는 장소 접근 2. 낙하물, 비래물의 위험이 있는 장소의 접근 3. 매몰위험이 있는 장소, 폐쇄물 내부의 진입 4. 협착위험이 있는 공간에의 진입	
2. 안전장치, 방호	1. 안전장치의 해체 및 조립 불량	제조업,

---

152) 불안전한 행동은 작업절차나 작업방법 등 작업자의 행동이나 기인물 또는 가해물과의 접촉현상으로 파악할 수 있다. 또한 복장과 보호구의 착용상태불량, 작업표준의 결함, 상사의 지시가 부적절한 경우에 나타날 수 있다. 역시 ⅰ) 위험장소에 접근하거나 안전장치의 기능제거, ⅱ) 기계·기구등의 잘못 사용, 운전 중 기계장치의 손질, ⅲ) 불안전한 속도 조작, ⅳ) 불안전한 상태방치, ⅴ) 불안전한 작업자세 등이 불안정한 행동에 속한다. : 김병석, 산업재해분석론, 형설출판사, 2010, 81~83면.

시설의 기능제거	2. 안전장치의 임의 변경, 원상복귀 미이행 3. 추락방지망의 미설치, 일시적인 해체 후 방치	건설업, 조선업 등
3. 기계·기구의 잘못 사용	1. 기계·기구의 부적절한 사용 2. 기계·기구의 안전상태 미점검	
4. 가동 중인 기계 장치의 수리 등	1. 기계장치의 운전 중 주유, 수리, 청소, 용접 등 2. 가압, 가열, 폭발의 위험물 대한 취급부주의 3. 위험물의 가동상태에서의 청소, 용접 등의 행위	
5. 불안전한 속도 조작	1. 기계장치 등의 과속, 저속 등 급격한 변화 2. 안정적인 속도의 유지상태 등 미확인	
6. 위험물취급 부주의	1. 화기, 가연물, 압력용기, 폭발위험성이 있는 물질의 취급부주의 2. 중량물의 취급시 위험반경, 접촉금지	
7. 불안전한 자세	1. 무리한 육체적인 방법의 작업 2. 몸을 비틀거나 구부린 상태에서의 작업 등	
8. 안전수칙의 위반	1. 산업안전보건기준에 관한 규칙의 위반 2. 사업장의 안전보건기준에 관한 규칙의 위반	

c) 불안전한 행동은 재해를 유발하는 원인으로서 어떤 일을 하는 동작을 말하며, 규범적 관점에서의 인식과 의사를 지닌 행위와 구별된다. 불안전행동은 그 자체가 규범성을 지니지 아니하나, 중대재해처벌법 시행령 제4조제3호에 의한 유해위험요인에 해당된다.

d) 따라서 불안전한 행동은 이를 통제하기 위한 기준과 방법, 절차를 정해야 한다. 또한 중대재해처벌법 제4조제1항제1호에 따른 재발방지대책이 수립시 고려해야 한다. 그러나 돌발적인 행동, 예기치 않은 행동은 예견가능성 및 위험통제의 가능성이 없어 규범성이 부인된다.

6) **간접적 원인**   a) 재해발생의 간접적 원인은 i) 기술적 원인, ii) 교육적 원인, iii) 정신적 원인, iv) 신체적 원인, v) 작업관리의 원인으로 구분된다. 기술적 원인은 기계장치의 설계불량이나 생산방법의 부적당, 정비·점검의 불량 등이 있다. 교육적 원인은 안전지식의 부족이나 안전수칙의 오

해, 경험이나 훈련의 부족, 작업방법의 교육불충분 등이 있다.

b) 정신적 원인은 주의력 결핍, 안전의식의 부재, 지식·기술·경험의 자격조건 등이 있다. 정신적인 원인은 작업 중 주의의 집중과 배분이 있다. 부주의를 방지하기 위해서는 작업환경조건의 정비와 근로조건(근로시간, 휴식, 교대제 등)의 개선, 인간의 능력이나 특성에 적합한 기계·설비류의 제공 등이 필요하다. 신체적 원인은 과로나 스트레스, 장시간 노동에 의한 피로, 부적절한 교대제, 건강상태의 이상을 들 수 있다.

c) 작업관리의 원인은 안전보건관리조직의 결함, 안전수칙의 미제정, 작업준비의 불충분, 인원배치의 부적당, 작업지시의 부적절성, 관리감독자의 역량 부족 등을 들 수 있다. 안전수칙은 표준안전작업, 작업허가서, 작업계획서 등 안전보건관리기준과 작업수행절차 등 위험방지를 위한 행동수칙을 포함한다.

d) 이러한 간접적인 원인은 중대재해의 발생과 직접적인 인과관계가 인정되지 않아 중대재해처벌법위반죄를 물을 수 없다. 그러나 일률적으로 안전보건관리체계와의 연계성을 부정할 수 없다. 중대재해처벌법 시행령 제5조제2항제3호에 따른 안전보건교육의 이행점검은 규범적 사항에 해당된다.

표2-35] 재해발생의 간접원인

구 분	간접원인의 유형
기술적 원인	기계장치의 설계불량 생산방법의 부적당 구조·재료의 부적합 정비·점검의 불량
교육적 원인	안전지식의 부족 안전수칙의 오해 경험이나 훈련의 부족 작업방법의 교육 불충분
정신적 원인	주의력의 집중과 배분 안전의식의 부재 작업환경조건의 정비와 근로조건의 개선 지식·기술·경험의 자격조건

신체적 원인	과로, 스트레스 장시간노동에 의한 피로의 축적 부적절한 교대제 건강상태의 이상
작업관리상 원인	안전보건관리조직의 결함 안전수칙의 미제정 인원배치의 부적당 작업지시의 부적절성 관리감독자의 역량부족

7) 재해형태의 분류와 규범성 검토   a) 재해발생의 원인과 형태는 안전보건관리체계의 구축대상을 결정하는 단서가 된다. 떨어짐의 사고원인은 안전시설이나 장치의 미설치에 대한 유해위험요인, 위험성평가의 대상으로 파악된다. 따라서 재해발생의 형태와 원인을 고려하여 안전보건관리체계이 적합성, 통제가능성 및 예견가능성을 판단해야 한다.

[표2-36] 재해의 분류와 발생원인

분류	발생원인
떨어짐	높이가 있는 곳에서 사람이 인력(중력)에 의하여 건축물, 구조물, 가설물, 사다리 등의 높은 장소에서 떨어짐
넘어짐	사람이 미끄러지거나 넘어지거나 경사면, 층계 등에서 구르거나 넘어짐
깔림·뒤집힘	• 물체의 쓰러짐이나 뒤집힘 • 물체 등이 쓰러지거나 건설기계 등이 운행 중 뒤집어짐
부딪힘·접촉	재해자 자신의 동작으로 인하여 부딪히거나, 물체가 고정부에서 이탈하지 않은 상태로 움직임에 의해 접촉함
맞음	날아오거나 떨어진 물체에 맞음
끼임	두 물체 사이의 끼이거나 회전부와 고정체 사이의 끼임.
무너짐	건축물이나 쌓여진 물체가 무너짐

감전	충전부 등에 신체의 일부가 직접 접촉하거나 유도전류의 통전 등에 의해 신체의 근육수축, 심실세동 등이 발생함
이상온도 노출·접촉	고·저온 환경 또는 물체에 노출·접촉된 경우
유해·위험물질 노출·접촉	유해·위험물질에 노출·접촉 또는 흡입하였거나 독성동물에 쏘이거나 물림
산소결핍·질식	유해물질과 관련 없이 산소가 부족한 상태·환경에 노출되었거나 이물질 등에 의하여 기도가 막혀 호흡기능이 곤란해짐
소음노출	폭발음을 제외한 일시적·장기적인 소음에 노출됨
이상기압 노출	고·저기압 등의 환경에 노출된 경우
유해광선 노출	전리 또는 비전리 방사선에 노출된 경우
폭발	물질의 화학적, 물리적 변화가 급격히 진행되어 열, 폭음, 폭발압이 동반하여 발생하는 현상
화재	가연물에 점화원이 가해져 비의도적으로 불이 일어남
부자연스러운 자세	작업환경, 설비의 부적절한 설계, 배치로 작업자가 특정한 자세·동작을 장시간 취하여 신체의 일부에 부담을 줌
과도한 힘·동작	물체의 취급과 관련하여 밀기, 당기기, 지탱하기, 들어올리기, 돌리기, 잡기, 운반하기 등과 같은 행위·동작
반복적 동작	특정부위의 근육을 지속적 또는 반복적으로 사용하여 신체의 일부에 부담을 주는 행위·동작
신체반작용	일시적이고 급격한 행위·동작, 균형 상실에 따른 반사적 행위 또는 놀람, 정신적 충격, 스트레스 등을 유발
압박·진동	신체의 특정부위에 과도한 힘이 편중·집중·눌려지거나 마찰접촉 또는 진동 등으로 신체에 부담을 줌
폭력행위	자신 또는 타인에게 상해를 입히는 폭력·폭행을 말하며, 협박·언어·성폭력 및 동물에 의한 상해 등도 포함

 b) 재해발생에 따른 인적 손실은 상해부위별로 분류할 수 있다. 이 경우 상해부위별 재해의 명칭은 급격성, 우연성, 외래성에 의하여 판단하며, 개인

의 질병이나 체질적 원인에 의하여 발병한 질병은 제외한다. 상해부위별 재해의 정도는 민사상 손해배상이나 산재보상액의 결정에 영향을 미친다.

c) 각종 사고로 인한 부상, 질병, 사망은 중대재해처벌법에서 보호하고자 하는 법익침해에 해당되며, 중대재해처벌법의 위반죄를 구성한다. 특히 부상의 경우 사업주 또는 경영책임자의 고의 또는 중대한 과실이 인정되면 징벌적 손해배상의 대상이 될 수 있다.

[표2-37] 상해종류별 재해분류

분류항목	세부기준
① 골절	뼈가 부러진 경우
② 동상	저온물 접촉으로 생긴 동상 상해
③ 부종	국부의 혈액순환의 이상으로 몸이 퉁퉁 부어오르는 상해
④ 찔림(자상)	칼날 등 날카로운 물건에 찔린 상해
⑤ 타박상(뼘)(좌상)	타박·충돌·추락 등으로 피부표면보다는 피하조직 또는 근육부를 다친 상태
⑥ 절단(절상)	신체 부위가 절단된 상해
⑦ 중독·질식	음식물·약물·가스 등에 의한 중독이나 질식된 상해
⑧ 찰과상	스치거나 문질러서 피부가 벗겨진 상해
⑨ 베임(창상)	창·칼 등에 베인 상해
⑩ 화상	화재 또는 고온물 접촉으로 인한 상해
⑪ 뇌진탕	머리를 세게 맞았을 때 장해로 일어나 상해
⑫ 익사	물 속에 추락하여 익사한 상해
⑬ 피부병	직업과 관련하여 발생 또는 악화되는 모든 피부질환
⑭ 청력장해	청력이 감퇴 또는 난청이 된 상태
⑮ 시력장해	시력이 감퇴 또는 실명된 상해

(2) 재해이론의 활용과 규범성 검토

1) 하인리히 재해이론

① **하인리히 법칙**   a) 하인리히(H.W.Heinrich)는 과학과 기술의 체계를 안전에 도입한 학자로서, 도미노이론에 의한 사고발생단계를 5단계로 구분하였다. 1920년 하인리히는 75,000건의 산업재해를 분석한 결과 중상 또는 사망 1건이 발생할 때 경상해가 29건, 무상해 사고가 300건이 발생한다고 주장하였다. 하인리히는 산업재해자료를 분석하고 300건의 무상해, 즉 많은 사고가 반복될 때 경상해 또는 사망사고가 발생할 우려가 있다는 사실을 최초로 발표했다.[153]

---

153) 하인리히는 폴란드 출신인 부친의 미국이민에 따라 1886년 10월 6일 미국 버몬트 주 베닝턴 가운티(Benningston County)의 작은 마을 포널(pownal)에서 태어났다. 하인리히는 초등교육 6년을 마치고 지역 채석장과 목공소에서 일했으며, 그후 매세추세츠 보스턴 지역에 있던 American Tool & Mechine Company에서 기계견습공으로 근무하였다. 1901년에 이르러 기계공이 되었고 도구제작과 전기제품 설계의 요소를 배웠다. 1903년이 되지 그는 극동을 향해 가는 증기선의 엔지니어부서에서 근무를 하였고, 1904년 Ocean STEAMERS 엔지니어 시험에 합격하였다. 이러한 과정에서 수학, 기계공학, 열역학의 지식을 습득했다. 하인리히는 1913년 Arrow를 떠나 The Travelers 보험회사에 입사하여 보일러와 산업플랜트 검사관 직책을 맡게 되었다. The Travelers 보험회사는 1853년 미국 미네소타 세인트폴에 설립된 보험회사로서 1864년에 공식적인 보험업무를 개시하였다. 이 회사의 창립자는 James G. Batterson이었다. 미국은 1908년 연방정부의 차원에서 근로자보상을 시작하였으며, 1911년 위스콘신주를 시작으로 1948년 33개주로 확산되었다. 당시 근로자 보상과 관련하여 사업주가 보험료를 부담해야 하므로, 사고예방에 관심을 갖기 시작하였다. 사고율이 높을수록 보험료율이 높아질 수밖에 없다. 보험회사는 회사별, 업종별, 규모별 재해 발생건수를 통계적으로 분석하고, 발생확률을 예측해야 적정한 보험료율을 결정해야 했다. 그래서 발생빈도와 강도를 분석하는 것이 중요하며, 대수의 법칙에 따라 위험률을 분산한다. 대수의 법칙은 재해의 발생확률이 통계적으로 일정한 규칙성을 갖는다는 것을 분석하고 위험을 분산시키고자 하는 원리이다. 즉, 경험적 확률과 수학적 확률과의 관계를 정리한 것이다. 이 경우 관찰기간을 늘릴수록 보험사업의 안전성이 높아지게 된다. 보험회사는 사업장에서 안전사고가 발생하면 보험료를 지불해야 하는데, 6개월 또는 1년에 따라 몇 건의 사고가 발생하였는지, 재해의 정도가 어느 수준인지에 대하여 빈도와 강도 등을 고려한 확률을 산정한다. 경험칙상 확률을 기초로 보험가입기간과 보험료의 납입액을 결정하기 위해 재해율을 분석해 위험을 분산시킨다. 그래서 The Travelers 보험회사는 미국에서 전문안전 엔지니어링 집단을 최초로 조직하고, 1915년까지 엔지니어링 및 검사부서에

b) 1931년에 허버트 윌리암 하인리히(Herbert William Heinrich : 1886. 10 .6-1962. 6. 22)는 「Industrial Accident Prevention, A Scientific Approach(산업재해 예방, 과학적 접근방법)」이라는 저서를 출간했다. 하인리히는 산업재해의 발생확률을 예측하기 위하여 통계적인 분석을 한 결과 일정한 규칙성을 발견하였다. 하인리히가 분석한 통계결과는 산업재해의 빈도와 강도, 불안전한 행동 등 사고원인을 규명하였다는 점에서 시사하는 바가 크다.

c) 대형사고가 발생하기 전에 그와 관련된 수많은 징후와 경미한 사고가 발생한다는 것은 예측가능성을 의미한다. 하인리히가 발견한 통계적 규칙성은 피라미드에 비유해 설명하기도 하며, 1(0.3%) : 29(8.8%) : 300(90.9%)으로 표현된다. 사망이나 중상이 발생할 확률은 0.3%에 해당하며, 99.7%가 경미하거나 무상해사고 등에 해당된다.

339명의 직원을 채용하였다. 그 중 203명은 현장검사관이었고, 90명은 본사 전문직원이었다. 하인리히는 The Travelers 보험회사에 입사한 후 본사직원으로 근무하면서 화학자이자 안전학자의 Allan Risteen박사의 지도를 받아 각종 보험관련 보고서를 면밀히 조사하는 업무를 수행했다. 제1차 세계대전에 따라 군복무를 마치고 다시 The Travelers 보험회사에 입사한 후 엔지니어링 및 검사부서에서 보상업무를 담당하였고, 다양한 안전관련 보호와 기준을 작성하여 발간하였다. 하인리히는 2023년 11월 Bedford(Indiana) Stone Club(HWH1923b)에서 안전강연을 했다. 이 당사 강의주제는 안전보건관리지침과 사고의 간접비용에 관한 것이었다. 그 후 하인리히는 1025년 12월 2일 뉴욕주 Syracuse에서 안전회의에 숨겨진 사고비용(hidden costs of accidents) 비율에 대한 연구를 발표하였다. 그 내용은 "무삭위로 선택된 100건의 경미한 사고에 대하여 계약자기 직접 지불한 평균사고비용은 보험이 적용되는 손실비용의 4배 이상"이라는 것이었다. 하인리히의 숨겨진 사고비용원칙은 안전을 위한 중요한 동인이 되었고, 상당한 관심을 끌었다. 그 후 하인리히는 75,000건의 사고원인을 연구하는 프로젝트를 시작했고, 1928년 3월 Origin of Accidents에 게재되었다. 연구결과 사고를 일으키는 원인으로 불안전한 행동이 88%, 불안전한 상태가 10%, 천제지변과 같은 예방하기 어려운 것이 2%를 차지한다고 주장했다. 드디어 하인리히는 2028년 12월 6일 Syracuse에서 열린 제12차 뉴욕 산업안전회의에 참석해 1 : 29 : 300 비율을 발표하였다. 하인리히는 1931년 McGrawHill 출판사에서 처음 「Industrial Accident Prevention, A Scientific Approach」라는 도서를 발간하였고 이 도서는 1959년까지 4판을 출간하였다. 이 도서를 집필하는데 핵심자료인 자료는 "Incidental Cost, Origin of Accidents and Foundation of a Major Injury"이었다. 하인리히가 발표한 산업재해의 사고에 대한 통계상 수치의 분석결과는 보험회사의 입장에서는 매우 중요한 의미를 지닐뿐안 아니라 안전이론에도 크게 기여하게 되었다.

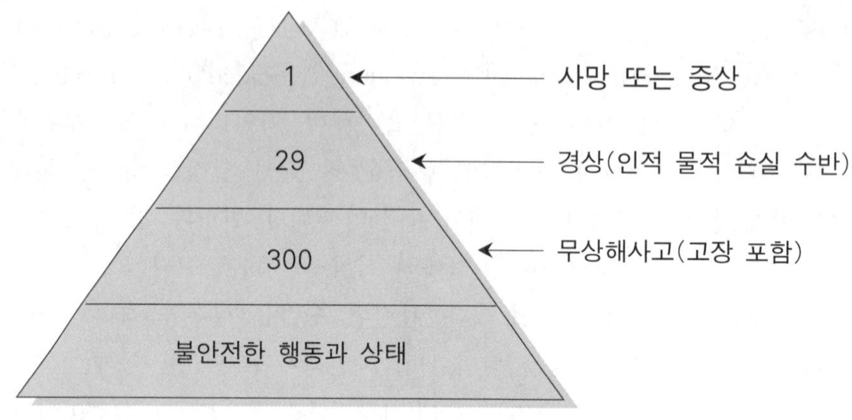

<그림2-9> 하인리히의 재해구성비율

d) 다시 말하면, 99.7%의 각종 사고를 예방하지 못하면 중대재해가 발생할 수 있다는 의미이기도 하다. 하인리히는 이러한 통계적 규칙성을 발견하는데 그치지 않고, 보험회사의 통계분석업무의 경험을 살려 왜 산업재해가 반복되는지 원인을 밝히고자 했다.

② **하인리히의 도미노이론**   a) 하인리히가 안전관리의 측면에서 기여한 업적은 당시로서는 최초로 통계적인 방법으로 재해확률을 규명한 것이며, 나아가 사고의 발생과정을 5단계로 구분해 재해이론을 주장하였다. 이러한 재해이론은 재해발생의 5단계를 골패에 비유해 "도미노이론"이라고 부른다.

제1단계 : 사회적 환경과 유전의 요소
제2단계 : 개인의 결함
제3단계 : 불안전한 행동과 상태(인적 원인과 물적 원인)
제4단계 : 사고
제5단계 : 재해

b) 도미노이론은 개인의 결함이나 불안전한 행동이 순차적으로 사고와 재해를 유발한다는 연쇄성을 나타내고 있다. 이중에서 사고예방의 핵심이 불안전 행동과 상태이므로 개인의 행동에 주목하였다. 여기서 제3단계를 제거하면 사고로 인한 재해를 줄일 수 있다고 한다.

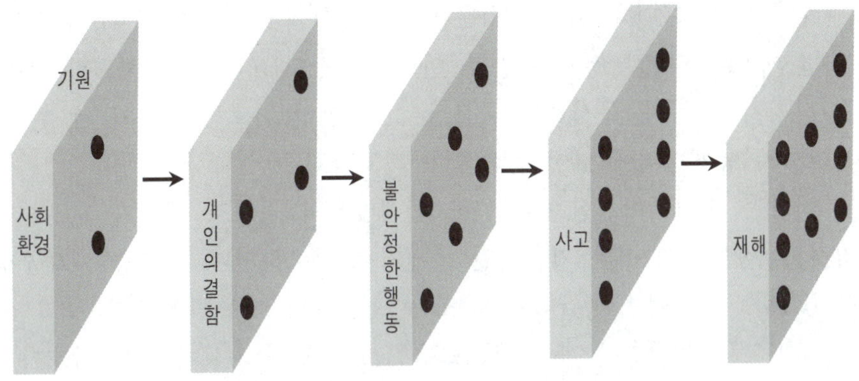

<그림2-10> 하인리히의 도미노이론

2) 버드 주니어의 사고연쇄반응이론

① **프랭크 버드 주니어의 사고연쇄반응이론**　a) 프랭크 버드 주니어 (Frank Bird Jr.)는 하인리히의 노미노이론을 기초로 5가지 연쇄반응요인을 체계적으로 관리하여 안전사고에 따른 손실을 통제할 수 있다고 주장했다. 사고연쇄반응이론은 사고의 원인이 어떻게 연쇄반응을 일으키는지를 노미노 (domino)의 골패에 비유하여 설명한다.

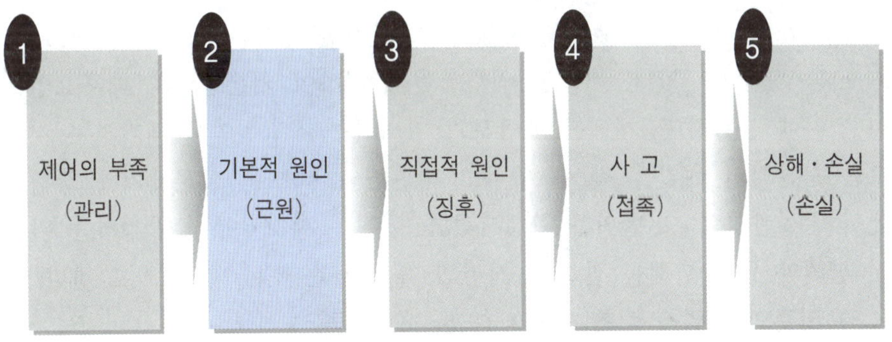

<그림2-11> 버드의 수정도미노이론

b) 버드의 사고연쇄반응이론은 하인리히의 이론을 수정한 신도미노이론으로서 경영자의 책임론을 체계화한 것이 특징이다. 버드는 ⅰ) 1단계 제어부

족(관리부재), ii) 2단계 기본원인(근원), iii) 3단계 직접원인(징후), iv) 4단계 사고(접촉), v) 5단계 상해(손실)로 연쇄성이론(5단계)을 주장하였다. 하인리히는 사망자, 경상자, 무상해로 구분한 것과 달리 버드는 사고가 날 뻔한 아차사고까지 통계범위에 넣어 분석했다.

c) 버드는 손실제어결함으로 인한 연쇄반응의 결과로 재해가 발생한다고 주장하고, 철저한 관리와 기본원인의 제거를 강조하였다. 버드는 재해구성비율을 641회 사고 가운데 i) 사망 또는 중상 1회, ii) 경상(물적·인적 손실) 10회, iii) 무상해사고(물적 손실) 30회, iv) 상해나 손실이 없는 사고가 600회의 비율로 발생한다고 주장했다.

② **수정 도미노이론의 시사점**   a) 버드는 재해예방을 위한 가장 중요한 요소로서 통제·관리에 관한 경영자의 부족을 강조했다. 위험을 통제 또는 제어하려는 경영자의 의지가 없으면 기본원인이 발생되고 그 결과 사고가 난다는 것이다.

b) 여기서 제어는 경영자의 계획·조직·지휘·감독을 의미한다. 기본원인 (basic cause)은 작업자와 환경의 결함, 즉 안전교육의 미비와 부적당한 기준을 말하며, 개인적 요인 및 업무적 요인을 포함한다. 개인적 요인은 지식, 기능의 부족, 동기부여의 부족, 육체적 또는 정신적 문제가 있다. 업무적 요인은 기계·설비 결함, 부적절한 작업기준 등이 있다.

c) 또한 직접원인(immediate cause)은 불안전한 행동과 상황에서 징조(symptoms)를 찾을 수 있다. 버드는 직접원인에 대하여 기본원인의 배후요인으로서 징후에 불과하며, 재해를 예방하기 위해서는 직접원인을 제거하는 것만으로는 근본적인 해결을 할 수 없다고 비판했다. 버드는 이론체계를 상해관리에서 손실관리로 그 범위를 확대시켰다. 손실은 사고로부터 발생하는 결과로서 상해와 물적 피해를 말하며, 사람의 육체적 손상을 의미하기도 한다.

3) **리즌의 스위스 치즈(Swiss Cheese) 이론**

① **스위스 치즈모델의 정의**   a) 영국의 심리학자인 제임스 리즌(James Reason)이 1990년에 주장한 "스위스 치즈이론"은 '사고'의 발생원인과 결과에 대한 모형이론으로서 제2세대 재해이론에 해당된다. 스위스 치즈이론은 이상적 상황은 구멍이 하나도 없는 완벽한 상황이지만 실제 상황에서는 결함 없

는 완벽한 상황은 있을 수 없으므로 결함을 사전에 탐색해서 손실을 최소화하기 위한 관리체계(control system)를 갖추어야 한다는 것이다.154)

 b) 스위스치즈이론에 따르면, 실제 직접적인 원인을 제외하고, 스위스 치즈의 구멍과 같이 늘 사고가 날 수 있는 잠재적 결함들이 존재하다가 이 결함들이 동시에 나타날 때 대형사고가 발생하게 되는 것을 의미한다. 스위스치즈이론모델은 심리학적인 측면에서 인간이 오류를 범할 수 있는 발생요인에 대하여 크게 4가지(조직의 문제, 감독의 문제, 불안전한 행동의 유발조건, 불안전한 행동)로 구분해 체계적인 접근방법을 제안하였고, 여기서 다시 '불안전한 행동'를 4가지(실수, 망각, 착오, 위반)로 분류하였다.155)

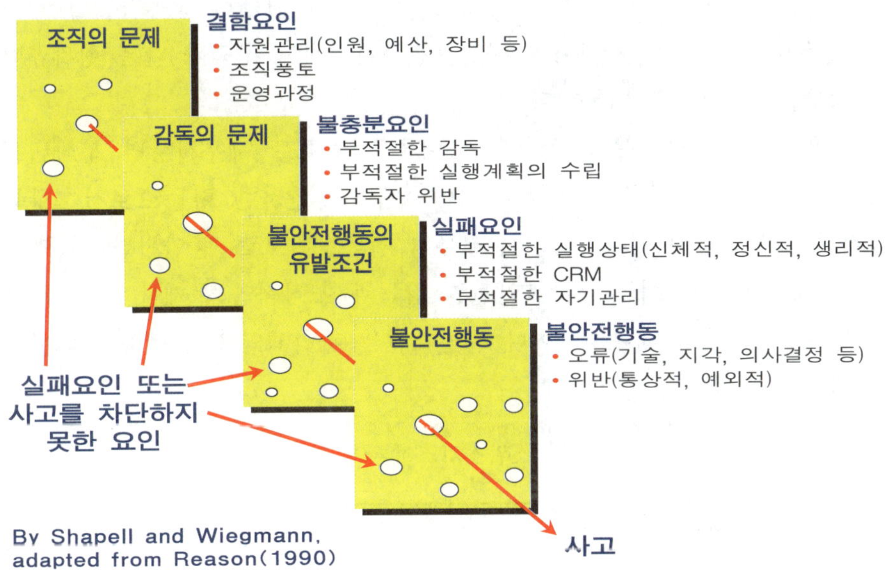

<그림2-12> 제임스 리즌의 스위스치즈 이론모델

154) Project Safbuild – EEC Note No. 13/06(Revisting The « Swiss Cheese » Model of Accidents, Project Safbuild) : Korea Railroad Corporation Human Error Research Committee (2nd), 2014, Research report of error analysis section.
155) J. Reason (for Dedale) E. Hollnagel (for Dedale) J Paries (Dedale), "Revisiting The « Swiss Cheese » Model of Accidents," European Organisation for The Safety of Air Navigation, issued: October 2006, p.6

c) 스위스치즈이론은 개인의 불안전행동 뿐만 아니라 감독자의 행동, 조직의 문제까지 하나의 통일된 관리론적 관점에서 체계적인 안전보건관리의 중요성을 일깨웠다. 이러한 이론은 사업주와 경영책임자의 재해예방대책을 강조하는 이론적 근거로 활용된다. 이러한 접근방법은 재해예방대책의 수립 및 관리체계의 구축방안을 시사한다.156)

d) 스위스 치즈이론은 규범론적 관점에서 보면, ⅰ) 재해발생의 원인(예측가능성이 아닌 예견가능성)을 판단하고, ⅱ) 누가 위험통제를 하고(책임주체) 어떻게 예방대책을 해야 하며(행위준칙), ⅲ) 관리책임의 범위(규율대상), ⅳ) 행위와 결과의 인과관계가 성립하는지를 판단하는 단서를 제공한다.

e) 조직과 감독의 문제는 관리체계를 뒷받침하는 행위규범의 단계적 충족가능성을 정당화시키는 이론적 근거를 제시한다. 단계적 충족가능성은 규범의 구조에 따른 결과가 아니라 안전보건관리체계의 구축과 같은 행위규범을 정당화시키는 차원의 이론이다.

f) 아래의 [표2-28]은 스위스 치즈이론을 기초로 세부사항별 분석내용을 보여준다. 인간이 오류를 범할 수밖에 없는 '불안전한 행동'으로서 4항목을 직접적 요인으로 보았다. 또한 관리론적 접근방법으로 '불안전한 행동의 전제조건'을 직·간접적 요인, 불안전한 감독과 조직적인 문제를 잠재적 요인으로 보았다. 불안전한 행동이나 유발조건은 관리책임을 인정하는 위험통제의 대상으로 삼을 수 있다.

[표2-38] 스위스치즈이론의 기반분석

구 분		내 용
잠재적 요인	조직적인 문제	1. 자원관리 미흡, 조직사회 분위기 2. 운영·과정의 문제, 조직의 영향
	불안전한 감독	1. 부적절한 실행계획의 수립

---

156) 불안전한 행동을 불안전한 행위로 표기하기도 한다. 안전보건관리의 학문에서는 행동이나 행위의 구별에 큰 의미를 두지 않는다. 그러나 법학적인 관점에서는 의사표시 등 법률행위의 주체로서 행동보다 "행위"라는 표현을 주로 사용한다.

		2. 감독자의 규정 위반
직·간접 요인	불안전한 행동의 유발조건	1. 육체적·기술적 해로운 정신상태 또는 신체상태 2. 신체·정신적 한계, 부족한 의사소통, 피로누적
직접요인	불안전한 행동	1. 오류(결정오류, 기술기반오류, 지각오류) 2. 불안전 행위자의 통상적 예외적 규정 위반

② **인적 오류와 불안전한 행동**   a) 인적 오류는 "사람 자신이 의도한 목적을 이루기 위해 계획한 어떤 행위가 실패하여 의도하지 않은 결과를 야기한 것"을 말한다. 따라서 '어떤 유형'의 인적 오류가 발생하였는지 밝히는 것은 해당 인적 오류의 원인분석뿐만 아니라 재발방지대책을 마련하기 위해 매우 중요하다.

b) 리즌(Reason)은 인적 오류의 원인을 분류하여 '불안전한 행동 분류체계'라고 한다. 원인은 사건이 성립하는 조건을 의미한다. 스위스치즈이론에 의한 불안전행동의 주체는 근로자로 의미한다. 이 경우 근로자의 불안전행동을 체계적으로 관리하기 위한 예방대책을 안전보건관리체계의 관점에서 검토할 필요가 있다.

c) 리즌(Reason)은 사람이 저지를 수 있는 불안전한 행동(Unsafe act)을 크게 오류(Error)와 위반(Violation)으로 나누고, 그 오류를 다시 실수(Slip), 망각(Lapse), 착오(Mistake)로 구분하였다.157) 여기서 실수(slip)란 주의력의 부족에 의한 실패(Attention Failure)로서 작업의 일부를 빠뜨리거나 잘못된 순서로 작업을 수행하는 경우, 타이밍을 제대로 맞추지 못한 행동을 말한다. 망각(Lapse)은 기억상의 실패로서 계획한 일을 잊거나 규정이 기억나지 않아 에러가 발생하는 행위를 의미한다.

d) 착오(Mistake)는 현재 상황에 적합한 규칙을 적용하지 못하거나 잘못된 규칙을 적용하는 등 제대로 인식하지 못하는 착오(Rule based Mistakes)와 다양하거나 복잡한 지식에 근거를 둔 착오(Knowledge based Mistakes)로 구분한다. 고의적 행동의 위반은 일상적인 위반(Routine Violations), 상황적 위반(Situation Violations), 극히 예외적인 위반(Exeptional Violations)을 들 수 있다.

---

157) Reason James, 2016, human error, Book publishing Young

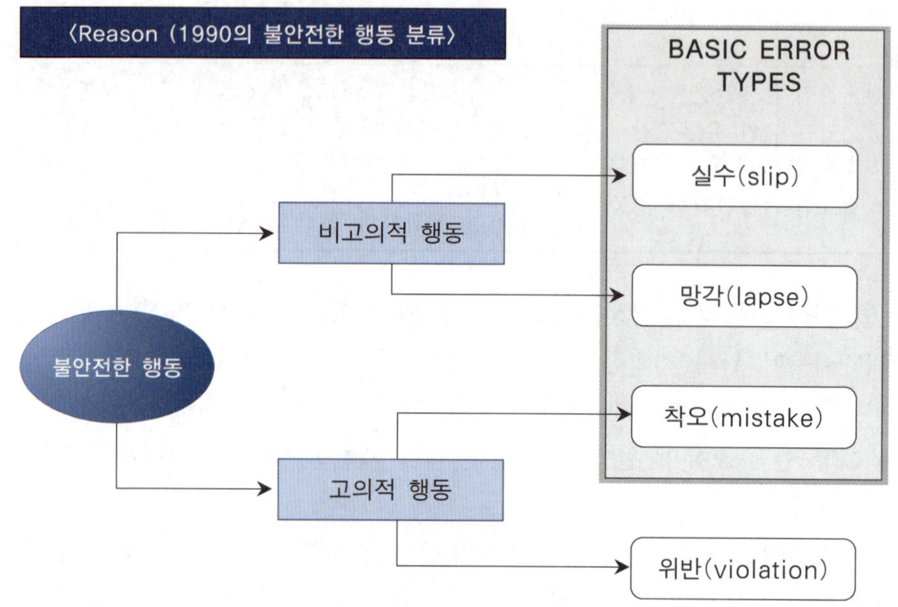

<그림2-13> 리즌의 불안전행동 구별

4) 도우허티의 재해원인구조

① **재해원인구조의 정의** 　a) 도우허티(Tomas M. Dougherty)는 재해원인을 구조적인 관점에서 분석하였다.[158] 도우허티는 재해원인을 ⅰ) 근본적인 원인, ⅱ) 기본원인, ⅲ) 직접원인, ⅳ) 재해발생의 4단계로 구성하고 체계적인 관리를 강조했다. 여기서 근본적인 원인은 안전보건관리체계의 미흡이라고 보았다. 기본적 원인은 ⅰ) 지식의 부족, 능력의 부족, 동기부여의 부족은 불안전한 행동을 유발하고, ⅱ) 설계의 부적절, 유지관리의 불량, 타인의 잘못된 행동은 불안전한 상태를 유발한다고 하였다.

b) 또한 직접적 원인은 불안전한 행동과 불안전한 상태이며, 이를 예방하지 못하면 재해가 발생한다고 하였다. 불안전한 행동은 안전규칙이나 절차를 무시하는 행위, 유해·위험요인을 인식하지 못하거나 주의사항을 위반하는 행동 등이 있다. 작업자의 직무수행능력이나 기술능력이 부족한 경우, 정신

---

158) Louis J. Diberadinis(ed), Handbook of Occupational Safety and Health, 2th ed., Wiley Interscience, 1998, p.111

적·육체적 능력이 부족한 경우에는 불안전한 행동으로 나타난다.

  c) 불안전한 상태는 안전장치가 부적절하거나 작업방법이 잘못된 경우 등에 의하여 나타난다. 도우허티의 이론은 근본적 원인과 기본적 원인, 직접적인 원인을 4단계로 구분해 체계적인 관점에서 상호작용, 연계성을 파악해 관리해야 한다는 점을 강조한다. 그러나 도우허티의 재해원인구조론은 형식적으로 체계적인 접근방법을 시도하였으나, 변동적 상황조건을 고려하지 못하였고, 간접적 원인을 구분하지 아니한 문제점이 있다.

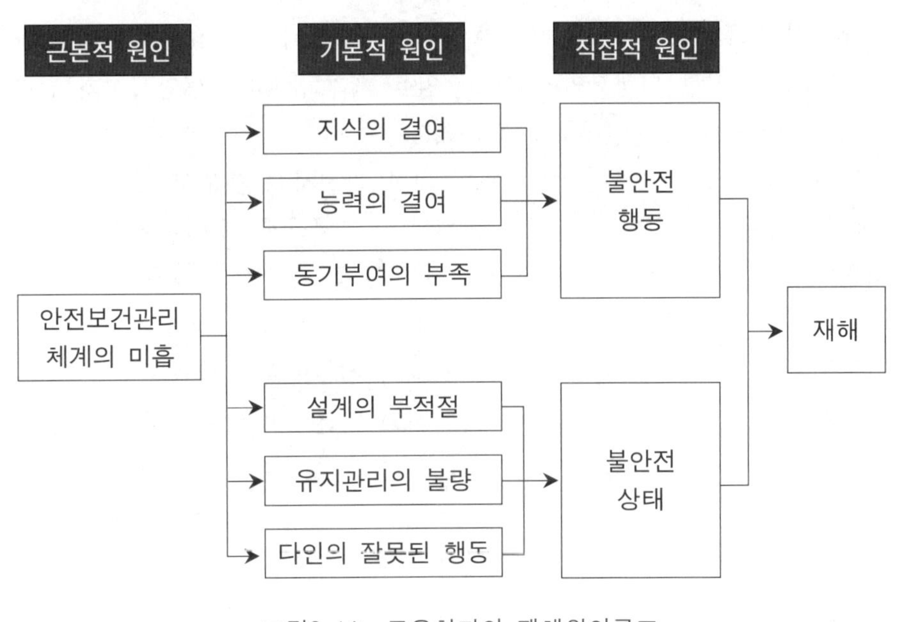

<그림2-14> 도우허티의 재해원인구조

  ② **재해원인구조의 시사점**   도우허티의 재해구조이론은 산업재해의 발생원인을 4단계의 구조로 구분하고, 재해원인을 구성하는 요소에 대한 관리방안을 제시한 것으로 평가된다. 도우허티는 도미노이론와 같이 불안전한 행동이나 상태의 해소방안을 중요하게 고려하여, 유형별 재해원인을 체계화하였다. 규범론적 관점에서는 재해원인을 규명하고 있으나, 근로자의 행위를 규명할 뿐 행위규범의 통제방법과 관리책임의 주체를 특정하지 못하였다.

  5) 시스템적 사고분석방법

① **시스템적 사고분석방법론**　　a) 세계적으로 사고의 이해와 그 분석방법은 1세대의 도미노 이론 모형, 2세대의 역학적 모형(스위스 치즈 모형)을 거쳐 현재 3세대인 시스템적 사고모형이 활용되고 있다. 시스템적 사고분석은 폭넓은 영향요인 발견과 시스템의 접근방법을 통하여 유사 사고발생을 감소시킨다. 최근에는 3세대 사고분석방법으로 FRAM(Functional Resonance Analysis Method), STAMP(Systems Theoretic Accident Model and Process), FMEA (Failure Mode and Effects Analysis) 등이 거론되고 있다.

b) 전통적으로 안전사고의 분석모델은 성공과 실패라는 이분법적 관점에서 접근하고 실패의 원인을 찾고자 하였다. 그러나 에릭홀라겔(Erik Hollnagel) 교수는 이러한 위험요인과 실패요인을 제거하더라도 안전사고가 발생하지 않는 보장을 할 수 없다고 주장하였다.

c) 에릭홀라겔 교수는 인적 오류에 의한 안전사고를 분석하고 새로운 시각에서 접근을 위한 ETTO원리를 소개하였다. 따라서 개인과 조직은 효율성(efficiency)과 완전성(throughness) 사이에서 절충점을 찾는 적응적 전략을 선택하는데, 이 행위의 결과가 어떤 경우에는 성공하거나 실패할 수 있다는 것이다.159) 이와 같은 사고는 다양한 시스템적 접근법을 의미한다.

② **시스템적 분석방법의 발전**　　a) 시스템 분석방법은 잠재적 안전 취약성을 발견하는 것에서 출발한다. 과거의 위험성평가는 유해위험요인의 요소를 중심으로 하는 환원주의적인 전제에 갇혀 시스템적인 상호작용의 문제를 충분히 반영하지 못하는 한계가 있었다.

b) 그러나 이전보다 폭넓은 실제적 위험성을 발견하고 외부 충격 또는 내부에서의 과실 등의 고위험 시나리오를 발견하여 그 파급효과에 의한 시스템의 안전 취약성을 진단하는 과정을 수립하면, 이를 통해 선제적이고 능동적인 안전유지 능력을 확보할 수 있다.

c) 아직도 우리나라는 과거의 사고-안전 인식에 머물면서, 안전선진국에서 이미 상식화된 ⅰ) 스위스 치즈 모형의 잠복적 요인 발견과 제어, ⅱ) 휴먼에러 영향요인의 발견과 제어, ⅲ) 성공-실패 이분법을 극복한 변동성 개념 등 사고에 대한 기본이해가 부족한 실정이다.160)

---

159) 윤석준 외 5인, 안전문화 이해와 적용, 국안에듀, 2018, 62면.

d) 20세기 이후 안전과 사고에 대한 이해방식은 대략 3시대, 즉 ⅰ) 기술 위주의 시대, ⅱ) 인간 요소의 시대, ⅲ) 안전관리의 시대로 나누어진다는 것은 1998년 앤드류 헤일(Andrew Hale)과 얀호브덴드(JanHovdend)에 의해 제시되었다.161) 이미 안전선진국은 이러한 제3시대론을 근간으로 하여 다시 레질리언스(resilience)의 시대를 넣어 제4시대론으로 확장된다고 보는 것이 지배적인 견해가 되었다.162)

e) 규범적으로 시스템적 사고모형은 상황변동적 특성상 객관적 통제대상으로 하기 곤란하다. 위험요소과 상호작용, 통제가능성과 변수의 조작 등에 관한 문제는 확정적 조건으로 정하기 곤란하고 행위결과에 따른 인과관계의 인정하기에 부적합하다. 그 결과 상황이 불확정적이고 객관성이 없어 중대재해처벌법의 규범적 통제대상으로 하기에는 부적합하다.

6) FRAM 분석기법   a) Hollnagel교수의 기능공명분석(FRAM : Functional Resonance Analysis Method)은 안전사고가 발생하는 시스템 기능들을 비선형적 상호작용 모형을 통해 이해하고 예측하는 방법이다. 시스템운영에서 변동성(vari ability)은 필연적이며, 동일 프로세스와 전략적 행위를 하여도 성공과 실패를 할 수 있다고 본다.163) FRAM은 시간(time), 통제(control), 산출(output), 자원(resource), 사전조건(precondition), 투입(input)의 6가지 구성요소로 이루어진다.

b) 기능공명분석(FRAM)에서 기능적 공진(functional resonance)은 바람직하지 않은 사상(event)을 암시한다. 이 개념은 감지할 수 없는 여러 신호의 약한 변동성 요인들이 의도하지 않은 상호작용을 해서 어떻게 감지 가능한 사

---

160) 윤완철·양정열, "산업안전 패러다임의 전환을 위한 연구", 안전보건연구원, 2019, 1면.
161) Hale A. R. and Hovden, J. (198), Management and Culture: the third age of safety. A review of aproaches to organizational aspects of safety, health and environment. Ocupational Injury: Risk, Prevention And Intervention 1998, 129-27
162) 윤완철·양정열, 전게보고서, 9면. : . 그러나 사회학적 관점이 아닌 실용도구의 관점에서 ⅰ) 제1세대: 선형적 모형(기계론적 모형)의 세대(1930년 이후) ⅱ) 제2세대: 역병적 모형(사회기술학적 모형)의 세대(1980년대 중반 이후) ⅲ) 제3세대: 시스템적 모형의 세대(200년대 중반 이후, 진행형)로 구분하기도 한다.
163) 윤석준 외 5인, 안전문화 이해와 적용, 국안에듀, 2018, 66면.

건의 신호로 발전해 가는지를 설명한다.164) FRAM은 의도하지 않은 변동성을 억제하기 위해 4단계로 구분해 설명한다. 제1단계는 시스템의 필수적인 기능을 파악하고 이 기능을 6개 요인(시간, 통제, 투입, 산출, 자원, 사전조건)으로 특성화한다.

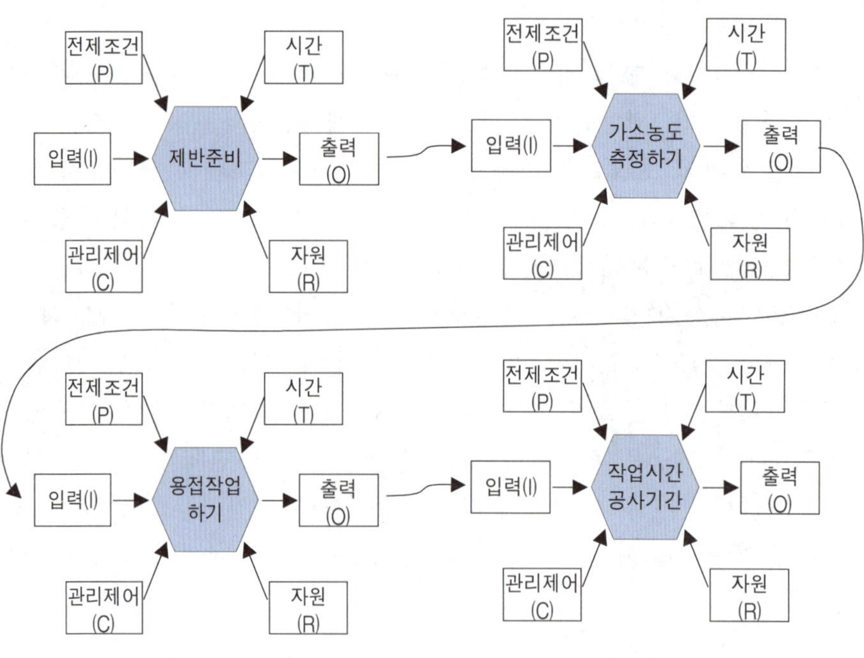

<그림2-15> 용접작업의 FRAM분석

c) 2단계는 공통수행조건(common performance conditions : CPC)과 변동성의 현상적 형태(variability phenotypes)를 활용해서 상황의존적인 수행변동성을 파악한다. 구체적으로 11개의 CPC는 ① 인력 및 장비의 이용가능성, ② 훈련, 핵심역량, 사전준비성, ③ 의사소통수준, ④ 설비 및 운영지원, ⑤ 사전조

---

164) Heinrich 의 도미노이론과 Frank Bird의 손실이론등을 단순선형적 모델(Simple Linear Model)이라고 하면, James Reason의 Swiss Cheese 이론을 복합선형적 모델(Complex Linear Model)이라고 한다. 또한 Hollnagel의 FRAM, Nancy Leveson의 STAMP 등의 이론은 복잡비선형모델(Complex Nonlinear Model)이라고 한다.

건의 이용 가능성, ⑥ 작업조건, ⑦ 목표와 갈등, ⑧ 이용 가능시간, ⑨ 스트레스, ⑩ 팀협동, ⑪ 조직수준을 활용하는 것을 의미한다. 3단계는 의존성과 유기적 관계에 근거하여 기능적 공진을 정의한다.

d) FRAM은 시간, 통제, 산출, 자원, 사전조건, 투입이라는 6가지 요인들이 상호작용을 하는 다양한 관계를 이해하고, 공통적인 성공조건과 변동성의 현상적 행태를 고려하여 기능적 공진을 예측해야 한다. 안전에 위협을 받을 수 있는 4단계의 변동성 장벽(barriers)을 파악하고 수행을 모니터링할 수 있는 척도와 요건을 개발한다. 4단계의 변동성 장벽은 ① 물리적 장벽(physical barrier system), ② 기능적 장벽(functional barrier system), ③ 상징적 장벽(symbolic barrier system), ④ 무형의 장벽(incorporeal barrier system)을 의미한다.

e) Hollnagel교수의 기능공명분석(FRAM : Functional Resonancd Analy sis Method)은 함수의 출력에 영향을 미치는 몇 가지 매개변수(입력, 자원, 제어, 시간, 전제조건)와 사건을 유발하는 기능 간의 상호작용을 가진 함수를 이용한다. 사건은 기능의 출력이고, 그 변동성을 때때로 공명으로 인해 서로를 강화시켜 원하지 않는 결과를 발생시킨다.

f) 건설공사의 작업수행과 관련하여 다양한 시스템내 구성요소(인간, 조직, 기술, 정보, 규제, 자원 등) 사이의 상호작용을 분석하는 시스템안전분석도구 FRAM(Functional Resonance Analysis Method)을 활용한다. 이 경우 시스템안전관리를 위한 기능의 변동성을 파악하기 위한 수행조건과 고려할 사항에 대한 평가체계를 정립해야 한다.

[표2-39] 시스템의 공통수행조건과 고려사항

번호	공통수행조건	기능의 변동성 파악 시 고려할 사항
1	자원의 존재와 가용성	인력, 재료, 장비, 기기의 공급 장비의 사용 여부
2	수행능력 (지식, 경험, 훈련)	훈련이나 경험 해당 업무지식, 안전지식
3	의사소통의 질	의사소통기구 다른 업체와의 의사소통채널

		도급인과 수급인 간의 의사소통
4	절차와 계획의 준비	안전작업절차 작업허가절차 등
5	작업환경	작업환경의 소음, 공기, 습도 등 위험작업의 장소에 대한 통제 작업장소의 정리정돈
6	감독자의 역할과 책임	안전관리를 위한 관리감독자의 선임자 수 관리감독자의 안전관리 수행업무 관리감독자의 리더쉽
7	허용시간과 시간의 압박	공사일정을 맞추기 위한 무리한 작업공정 초과근로, 야간근로, 우천시작업 여부
8	생체리듬과 스트레스	적정한 작업시간, 휴식과 수면 여부 작업공정에 부적합한 건강상태 점검 여부
9	팀협력의 질	소속이 다른 건설근로자들간의 협력 여부 역할과 책임, 감독자의 확인 여부
10	조직의 유효성과 지원	소속이 다른 회사의 안전보건교육 여부 현장적합성이 있는 교육의 실시 여부 신규작업자, 고령자, 중년자의 관리 및 지원 여부

g) 시스템안전관리를 위한 점검이나 사고원인을 분석하는 경우 공통수행도와 인간, 기술, 조직적인 측면에서의 위험성을 분석하여 정리해야 한다. 이 모델은 시스템요소의 동적 연계성, 기능적 공명을 파악하는 것을 중요시한다. 따라서 근접연결과 복잡한 상호작용을 파악하여 수행가변성관리(perfomance variablity management)를 어떻게 할 것인지가 중요한 요소가 된다.

[표2-40] 시스템의 공통수행조건과 MTO

번호	공통수행도 조건	인간(M)	기술(T)	조직(O)
1	자원의 존재와 가용성	○	○	
2	수행능력(지식, 경험, 훈련)	○		

3	의사소통의 질	○		○
4	절차와 계획의 준비	○		
5	작업환경	○	○	
6	감독자의 역할과 책임	○		○
7	허용시간과 시간의 압박	○		○
8	생체리듬과 스트레스	○		
9	팀협력의 질	○		
10	조직의 유효성과 지원			○

h) 예를 들어 점검결과를 기초로 변동성요인이 어떻게 기능을 하는지를 파악하기 위하여 10가지 공통조건을 정해 분석하고, 다음과 같이 평가결과를 정리할 수 있다. 변동된 요인은 사업의 특성, 규모, 조직형태, 작업환경 등 조건을 파악하여 적합성을 평가해야 한다.

[표2-41] 시스템의 공통수행조건과 변동성 요인의 적합성

번호	공통수행도 조건	적절	부적절	예측불가
1	자원의 존재와 가용성(M, T)	낮음	감지됨	높음
2	수행능력(M)			
3	의사소통의 질(M, O)			
4	절차와 계획의 준비(M)			
5	작업환경(T, O)			
6	감독자의 역할과 책임(M, O)			
7	허용시간과 시간의 압박(M, O)			
8	생체리듬과 스트레스(M)			
9	팀협력의 질(M)			
10	조직의 유효성과 지원(O)			

7) STAMP 분석기법   a) STAMP(System Theoretic Accident Model and Processes)는 사고원인 모델과 분석과정으로 미국 MIT대학의 낸시 레비슨(Nancy Leveson) 교수가 2004년에 발표하였다. 그녀는 우주선 등 복잡한 시스템의 이론에 입각하여 시스템역학기법을 안전사고에 적용한 STAMP모형을 개발해 여러 안전사고의 원인분석에 적용하였다.165)

b) STAMP는 ⅰ) 안전제약사항(safety constraints), ⅱ) 적절한 계층적 구조화(hierachical safety control structure), ⅲ) 프로세스모델(process model)이라는 세 가지 개념에 기반을 둔 안전사고분석모델을 말한다.166) 이 모델은 시스템의 개발과 운영에 관여하는 모든 요소를 포함하고, 요소 전체가 상호작용하는 하나의 커다란 시스템으로 표현한다.

c) STAMP에서는 사고는 설계·개발 및 운영단계에서 상호 작용하는 시스템의 구성요소 사이에서 시스템 안전제약 조건을 부적절하게 시행한 결과라는 개념을 도입하고 있다. STAMP에서는 안전을 실패(failure)의 예방문제가 아닌 제어의 문제로 보고 있으며, 환경적 또는 재정적 조건, 규칙, 절차, 장비, 기술 설계 등을 제약조건으로 본다.167)

7) STPA 분석기법   a) STPA(System Theoretic Process and Analy sis)은 STAMP모델의 안전성분석을 위해 개발하였다. STPA는 시스템 생명주기의 모든 과정에 걸쳐 존재하는 잠재적인 위험과 발생원인을 시스템의 상위수준에서 분석하는 기법이다.

b) STPA는 시스템을 위험원인을 밝히고자 4단계의 절차를 통해 분석한다. 제1단계는 시스템의 위험이 구체적으로 무엇인지 명확히 정의하는 과정이다. 제2단계는 시스템의 통제구조를 도출하는 과정으로, 이 단계를 통해 시스템 요구사항, 시스템 관련 위험, 안전제약사항 등이 규명된다.

c) 제3단계는 시스템을 위험으로 이끄는 부적절한 제어를 밝히는 과정으로 실질적인 분석단계에 해당된다. 이 단계에서는 ⅰ) 안전통제가 controller에 의해 실행이 아니 되는 경우로서 ① 안전을 위해 필요한 제어가 제공되

---

165) 윤석준 외 5인, 안전문화 이해와 적용, 국안에듀, 2018, 63~64면.
166) 윤석준, 전게서, 64면.
167) 윤완철·양정열 외 7인, 한국산업안전보건연구원, 2019, 6면.

지 않는 경우, ② 필요한 제어가 제공되었으나 적절한 시기가 아니거나 멈춰
버린 경우, ③ 불안한 제어행동이 제공되는 경우, ⅱ) 적절한 제어행동이 제
공되었으나 반응이 없는 경우로서 분류된다.

　d) 마지막 4단계는 STPA의 실질적인 두 번째 단계로서 위험한 제어를 일
으킬 수 있는 원인을 발견하는 과정이다.168) 따라서 제3단계와 제4단계가 실
질적이고 본질적인 분석단계라고 정의할 수 있다.

3. 재해예방기법과 규범성 검토

(1) 안전보건실태의 점검

　1) 안전보건실태의 점검　　a) 사업주 또는 경영책임자는 재해예방조치를
위하여 우선적으로 안전보건실태를 점검하여야 한다. 안전보건실태의 점검은
사업장의 유해·위험물질, 불안전한 상태나 환경, 정리정돈, 안전표지의 부착
등을 파악하는 것을 말한다. 안전보건실태의 점검은 자체적으로 직접 실시하
거나, 전문가를 활용할 수 있다.

　b) 안전보건실태의 점검은 기초현장조사를 사전에 실시하고 자료를 수집
하고 분석하여야 하며, 이행점검의 계획, 이행점검의 항목 및 평가방법, 평가
시 고려해야 할 사항에 반영해야 한다. 안전보건실태의 점검대상은 사업의
특성과 작업공정, 유해·위험요인 등을 파악하여 안전보건관리체세의 구축이
나 재해예방조치에 활용할 수 있다. 사업장의 안전보건실태는 다음과 같은
산업안전보건법 관련 사항을 고려하여 점검해야 한다.169)

[표2-42] 산업안전보건법에 의한 안전·보건 관련 점검사항

사업장 안전보건현황 체크			
구 분	업 무	내 용	해당분야

---

168) 윤석준, 전게서, 65면.
169) 이상국·이건우·정병국, "경기도 중소제조기업의 산업재해 예방 및 정책적 지
　　원방안 연구", 경기도의회(2021. 03), 92면.

안전보건관리체제	안전보건관리체제에 관한 사항	안전보건관리책임자, 관리감독자, 안전관리자, 보건관리자 선임에 관한 사항 (문서보관)	안전보건
법령요지게시	산업안전보건법령의 요지 게시	회사 내 근로자들이 잘 볼 수 있는 곳에 산업안전보건법령의 요지 비치 여부	안전관리
산업안전보건위원회	산업안전보건위원회 개최 여부	분기에 1회 산업안전보건위원회 정기회의 실시 여부	안전관리
	회의록 게시 여부	산업안전보건위원회 회의록 게시 여부	안전관리
안전보건관리규정	안전보건관리규정 제정 및 개정	안전보건관리규정 제정 현황 및 개정 실시 여부(산업안전보건위원회 개최를 하여 제정, 개정 여부)	안전관리
산업재해 관련 사항	산업재해조사표 및 산업재해 재발방지	재해발생시 노동부에 산업재해조사표 (재해발생원인등, 기록·보존문서보관)	안전보건
교육 실시에 관한 사항	정기안전교육 실시	매월 근로자 정기교육을 월 2시간 이상 실시하기 위한 교육자료수집 및 교육일지를 작성(문서보관)	안전관리
	신규 채용자 교육에 관한 문서 관리	신입 근로자 채용시 8시간이상 신규채용자 교육 실시(문서보관)	안전관리
	관리책임자교육, 관리감독자 교육 실시 관리	관리책임자 및 관리감독자의 경우 해당 교육을 이수하도록 함	안전관리
	특별 안전 교육에 관한 문서 관리	특별 안전보건교육 대상 작업에 관한 업무를 실시하는 근로자를 대상으로 16시간 이상 특별교육을 실시(문서보관)	안전관리
업무 수행 일지	관리감독자 업무 수행관리	관리감독자로 선임된 근로자의 경우 해당 부서에 대한 정기적인 안전보건점검을 실시 (실시 후 문서보관)	안전관리

	안전관리자, 보건관리자 업무수행 관리	안전관리자, 보건관리자 안전보건 업무 수행 (실시 후 문서보관)	안전보건
도급 사업 시 안전보 건조치	협의체 회의록	도급사업 시 수급인과 정기적인 안전보건회의 실시(실시 후 문서보관)	안전관리
	순회점검 실시	수급인에 대한 안전보건순회점검을 정기적으로 실시(실시 후 문서보관)	안전관리
	회의록 문서관리	수급인과 분기에 1회 현장에 대한 합동 안전보건점검 실시(실시 후 문서보관)	안전보건
위험성 평가 실시	위험성평가 실시 계획 (문서관리)	위험성평가 추진계획서에 의거하여 교육 및 각 공정별 위험성평가 관리	안전보건
	위험성평가 점검에 관한 사항(문서관리)	위험성평가 관련하여 안전보건공단 및 노동부 점검 대비 문서관리 (수시점검)	안전보건
	위험성평가 관련 실시	1) 년 1회이상 정기위험성평가 실시 2) 새로운 공정 및 작업추가시 위험성 평가실시 3) 사고발생시 사고발생 작업에 대한 위험성평가 수시로 실시	안전보건
	위험성평가 개선 사항 (문서관리)	정기 및 수시 위험성평가로 인한 위험성을 개선 계획 수립 및 개선실시(문서보관)	안전보건
물질 안전 보건 자료	MSDS GHS 자료 정리 및 현장 배포	물질안전보건자료(MSDS)는 각 회사에서 취급하는 물질들의 자료를 수집하고 교육을 실시(문서보관)	보건관리
	MSDS 유해물질 관리	현장에서 사용하는 유해화학물질 점검 및 MSDS 비치 점검과 해당작업에 맞는 안전보호구 착용상태 점검	보건관리
	MSDS물질 변경 사항 관리	현장에 추가로 사용되는 MSDS물질 확인 및 매년 MSDS변경사항 최신화 실	보건관리

구분	항목	내용	담당
		시(문서 현장 비치)	
안전 보호구	안전보호구 선정	안전보호구 구입시 사전에 적합한 안전보호구 선정 및 안전 보호구 인증서문서관리	안전보건
	안전보호구 관리	안전보호구의 경우 지급 후 지급대장에 서명 관리(실시 후 문서보관)	안전보건
안전 보건 표지	안전보건표지 부착 관리	유해·위험장소에 대한 안전보건표지 부착 여부	안전보건
건강 진단	배치전 건강진단 신청 및 실시에 관한 문서관리	채용시 건강검진을 실시하고 결과지를 보관	보건관리
	배치후 건강진단 신청 및 실시에 관한 문서관리	신입근로자 배치 후 6개월 이내 건강검진을 받도록 신청하고 결과지를 보관	보건관리
	정기(특수) 건강진단 신청 및 실시에 관한 문서 관리	모든 근로자 정기 건강검진을 받도록 신청실시 및 진행 이후 기록관리	보건관리
	건강검진결과에 따른 사후관리에 관한 문서 관리	건강검진 실시 이후 유소견자 개인 건강상태 체크 및 사후관리 실시	보건관리
작업 환경 측정	작업환경 측정 실시 및 문서 관리	사업장내 유해인자 작업환경 측정을 실시(반기별 진행)	보건관리
	작업환경 측정 사후관리	작업환경 측정결과 근로자에게 전파 및 초과한 작업의 경우 개선대책 수립 및 사후관리 실시	보건관리
	작업환경측정 결과 배포 및 교육	작업환경측정결과 사업장내 근로자에게 교육 및 게시	보건관리
근골 격계	근골격계 부담 작업에 관한 문서 관	근골격계 유해요인 기본조사표, 근골격계질환 증상조사표, 근골격계질환 예방 관	안전보건

	리	리 프로그램(문서보관)- 3년마다 진행	
질환 예방	근골격계 부담 작업에 관한 개선사항 추진	근골격계 부담작업 선정작업에 대하여 개선실시 및 개선사항 관리	안전보건
특별 관리 대상 물질	특별관리 대상물질 취급일지	특별관리대상물질에 해당되는 물질은 물질명, 사용량 및 작업내용을 포함한 취급일지를 작성함	보건관리
	특별관리 대상물질의 고지	특별관리대상물질의 경우 해당 물질의 특성을 게시판등을 통하여 내용을 고지	보건관리
기타 산업 보건에 관한 사항	호흡기 보호프로그램	분진의 작업환경측정 결과 노출기준을 초과하는 사업장 또는 분진작업으로 인하여 건강장해가 발생한 사업장	보건관리
	청력보존프로그램	소음의 작업환경측정 결과 소음수준이 85데시벨을 초과하는 사업장 또는 소음으로 인하여 근로자에게 건강장해가 발생한 사업장	보건관리
	직무스트레스평가	장시간 근로, 야간작업을 포함한 교대작업, 차량운전 및 정밀기계 조작작업 등 신체적 피로와 정신적 스트레스 등이 높은 작업을 하는 경우 직무스트레스로 인한 건강장해 예방조치	보건관리
	밀폐공간 안전보건작업 프로그램 수립및시행	현장 작업을 수행하는데 지정된 밀폐공간에서 작업을 할 때는 프로그램에 의해 현장 업무를 수행(문서보관)	보건관리
	밀폐공간 작업시 안전조치 점검	밀폐공간작업 시 안전조치 실행여부 점검실시(환풍기 설치, 감시자 배치, 가스농도측정 기록유지, 공기호흡기 비치)	보건관리
	고객응대 근로자 건강보호 조치	회사 내 고객응대 근로자가 있는 경우 필요한 보건조치를 하여야 함(안내문구 게시, 매뉴얼 작성 및 교육, 음성안내 등)	보건관리

(2) 유해·위험요인의 확인 및 관리

1) 유해·위험요인의 확인　a) 유해·위험요인은 부상이나 질병, 사망의 원인이 되는 유해하거나 위험한 요소를 말한다. 중대재해처벌법 시행령 제4조제3호에 따라 유해·위험요인을 확인하고 개선대책을 마련해야 하는 작위의무로서 법규명령에 해당된다.

b) 유해·위험요인의 확인은 대상별 특성, 시기, 수준 등을 분석해 재해예방조치 및 관리계획, 개선대책 등을 수립하기 위한 선행절차에 해당된다. 이 경우 종사자의 작업환경과 작업방법에 대한 예방대책의 적정성을 평가할 수 있다. 유해·위험요인의 확인방법은 공학지식, 관리적 및 법학적 지식, 보건위생학의 지식을 종합적으로 활용할 수 있는 재량적 사항이다.

c) 유해·위험요인과 유해인자는 구별해야 한다. 유해·위험요인(hazards)은 기계·기구·설비 등 안전사고의 원인이 되는 위험요소(risk factors)와 작업자세, 직업병, 근골격계질환 등 보건에 관한 유해요소(harmful factors)를 말한다. 유해인자는 발암성물질 등 근로자에게 해로운 건강장해를 유발하는 원인이나 조건이 되는 요소를 말한다.

2) 유해·위험요인의 점검대장　a) 중대재해처벌법 시행령 제4조제3호는 안전보건관리체계를 구축하기 위하여 유해·위험요인을 확인하도록 규정하고 있다. 그러나 확인하여 개선하는 업무절차를 마련하도록 하였을 뿐 구체적인 방법은 언급이 없다.

b) 이 경우 유해·위험요인을 확인하여 개선하기 위한 문서가 필요하다. 유해·위험요인의 점검대장은 취급물질, 원재료, 기계·기구·설비의 종류와 배치, 안전장치 및 방호장치의 여부, 작업공정별 유해·위험요인을 점검하여 개선대책을 작성한 문서를 말한다. 이러한 점검대장은 소규모 작업, 기간이 짧은 일시적인 작업, 돌발적인 위험작업을 점검할 때 필요하다.

c) 유해·위험요인의 확인 및 개선하는 절차는 안전점검 또는 위험성평가의 방법을 활용할 수 있다. 점검대장의 항목은 필요한 경우 수시로 변경하거나 보완할 수 있다. 특히 i) 어떤 작업이 위험한지, ii) 기계·기구·설비의

가동상태, iii) 안전검사의 여부 및 일자, iv) 기계종류별 부품의 사용 및 교체내역, v) 취급물질의 유해성, vi) 제품가공과정에서의 위험성 및 안전장치의 여부 등을 평상시 체계적으로 기록하여 관리할 수 있다.

[표2-43] 유해요인의 노출기준 및 건강장해

유해요인	노출기준	건강장해
소음	1일 8시간 작업을 기준으로 85db 이상 -90db 이상의소음이 1일 8시간 이상 발생하는 작업 -95db 이상의소음이 1일 4시간 이상 발생하는 작업 -100db 이상의소음이 1일 2시간 이상 발생하는 작업 -105db 이상의소음이 1일 1시간 이상 발생하는 작업	수면방해, 스트레스, 심혈관계질환, 신경계, 내분기계 질환, 청력손실
분진	분진은 연마, 분쇄, 절삭, 천공 등의 작업공정에서 발생하나, 노출기준이 없이 판단 : 성분에 따라 토석, 광물, 석탄, 곡물가루 등이 있음	진폐증, COPD 등
가스	사람의 건강을 해치는 자극성이나 질식성을 가지는 성분의 기체, 암모니아, 연소, 불화수소, 질소산화물, 아황산가스, 일산화탄소 등	피부병, 폐질환, 가스중독증등
석면	섬유상 마그네슘이 많이 함유된 함수규산염의 광물, 백석면, 갈석면, 청석면으로 분류 : 입방미터딩 0.01개의 입자기 노출금지	1급 발암물질, 만성기관지염, 심부전, 악성중피종, 폐기종 등
진동	진동의 노출기준은 고용노동부의 산업안전보건법에 명시하지 아니함	
악취	황화수소, 메르캅탄류, 아민류, 그 밖에 자극성이 있는 가스기체의 물질	후신경이나 중추신경 자극, 식욕감퇴, 수면장해, 두통, 구토감

3) 기계·기구·설비 점검대장의 작성방법   a) 점검대장은 유해·위험요인의 종류에 따라 다양한 명칭을 사용할 수 있다. 기계·기구·설비의 경우 구입일자, 검사일자, 점검사항을 작성하고, 기계·기구의 고장, 오작동, 고속회전 중 부품파손의 우려가 있거나 부품을 교체해야 하는지 확인하고 개선조치를 하였는지 기록하는 관리가 필요하다.

b) 기계·기구·설비는 작업자가 직접 작성하고, 관리감독자가 작성내용을 중복확인(더블체크)을 하는 절차도 중요하다. 안전검사를 받은 기계·기구라도 수시로 확인하여 유해·위험원인을 확인해야 한다. 위험성이 있는 기계·기구·설비의 종류와 합격번호, 검사주기(크레인 2년) 등을 기록하고 누락이 없도록 작성하여야 한다.

[표2-44] 기계·기구·설비 점검대장의 작성서식

대상분류	기계·기구·설비		작성자		
기계종류	제조일자	합격번호	검사일자	설치장소	차기검사
크레인	2 0 0 2 . 11.21.	20-BC-51 -C-51077	2023. 11. 22.	가열로 추출	2024. 11. 22.
기중기					
사상연마기					
프레스					
전단기					
덕트설비					
커터기					
쇼트기					
연삭기					
세척기					
용접기					
드릴머신					

CNC선반				
레이저마킹기				
분체실				
공기압축기(공기저장탱크)				
특이사항			확인자	

4) 유해·위험요인 점검대장의 기록 및 관리   a) 유해·위험요인 점검대장은 사업장의 유해·위험요인을 조사하고 분류원칙에 정해 기록할 필요가 있다. 유해·위험요인을 확인할 경우 고위험작업, 위험한 기계·기구로 정해 작성할 수 있다.

b) 유해·위험요인 점검대장에는 ⅰ) 작업 또는 공사의 종류, ⅱ) 사용하는 기계·기구 등의 명칭, ⅲ) 취급물질, ⅳ) 화학물질 등 유기용제의 사용 여부, ⅴ) 작업공정별 위험요소, ⅵ) 분진·소음 등의 여부, ⅶ) 조치해야 할 사항, ⅷ) 적용법규의 기준 등을 반영하여 기록해야 한다. 이 경우 다음 각 호의 유해·위험요인을 확인하는 문서를 작성하여야 한다.

1. 취급하는 재료, 원료
2. 사용하는 기계·기구·설비 의 종류, 인증 또는 검사내역
3. 화학물질 등 유기용제의 사용 여부
4. 분진·소음 등의 발생 여부
5. 설비이력카드(설비명, 고유번호, 설지위치, 설비사진, 보수입제, 보수내역 등)
6. 기타 유해·위험관리를 위해 필요한 사항

(3) 위험성평가의 실시와 평가체계

1) 위험성평가의 정의   a) 중대재해처벌법 시행령 제4조제3호는 "유해위험요인을 확인하여 개선하는 업무절차를 마련하고 해당 업무절치에 따라

유해·위험요인을 확인 및 개선이 이루어지는지 반기 1회 이상 점검한 후 필요한 조치를 할 것. 다만, 산업안전보건법 제36조에 다른 위험성평가를 하는 경우 절차를 마련하고 그 절차에 따라 위험성평가를 직접하거나 실시하도록 하여 실시결과를 보고받는 경우에는 해당 업무절치에 따라 유해·위험요인을 확인한 것으로 본다."고 규정하고 있다.

b) 중대재해처벌법 시행령 제4조제3호의 요구규범은 위험성평가에 관한 절차를 마련하여 시행하는 것을 말한다. 이 경우 위험성평가에 관한 절차는 산업안전보건법 제36조와 고용노동부고시(제2023-19호, 2023. 5. 22)로 "사업장 위험성평가에 관한 지침"과 다른 절차서 등 자치규범을 의미한다.

c) 위험성평가는 사업장의 건설물, 기계·기구·설비, 원재료, 가스, 중기, 분진, 근로자의 작업행동 또는 그 밖의 업무로 인한 유해·위험요인을 찾아내어 사망 또는 부상 및 질병으로 이어질 수 있는 위험성이 허용가능한 수준인지 평가하고, 그 결과에 따라 감소대책을 수립하여 실행하는 일련의 과정을 말한다.

d) 위험성평가는 모든 사업장에서 실시해야 하며, 상시 근로자 5명 미만(건설공사 1억원 미만의 공사)의 사업장은 위험성평가의 절차 중 사전준비를 생략할 수 있다(위험성평가지침 제8조제1호). 따라서 위험성평가를 실시하기 위해서는 위험성평가의 주체, 실시절차, 평가기법, 평가결과의 분석, 위험성감축계획에 대한 교육이 필요하다.

2) **위험성평가와 기계·기구·설비등의 보유현황 파악**　　a) 위험성평가를 위해서는 먼저 유해·위험요인을 파악해야 한다. 유해·위험요인은 원재료 등 취급물질, 업종별 작업공정, 사용하는 기계·기구·설비, 작업방법 등에 따라 다양하다. 유해·위험요인을 파악하기 위해서는 사전에 기계·기구·설비의 보유현황을 검토하여야 한다.

[표2-45] A사의 기계·기구·설비의 보유현황

번호	기계·기구·설비 목록	필요공정	수량
1	지게차(2ton, 전동)	원자재 입출고	1
2	머시인센터	가공(프레스 및 드릴링 등)	5

3	CNC선반	가공(프레스 및 드릴링 등)	3
4	몸체홀가공기	가공(프레스 및 드릴링 등)	1
5	프레스(1ton)	가공(프레스 및 드릴링 등)	2
6	자동드릴머신	가공(프레스 및 드릴링 등)	2
7	드릴&탭핑머신	가공(프레스 및 드릴링 등)	1
8	커터기	가공(프레스 및 드릴링 등)	1
9	쇼트기	가공(프레스 및 드릴링 등)	1
10	몸체버니싱기	가공(프레스 및 드릴링 등)	2
11	힌지축 절삭기	가공(프레스 및 드릴링 등)	1
12	모체자동조립기	조립	1
13	피스톤 핀조립기	조립	1
14	오일주입기	조립	1
15	세척기	세척	1
16	사상용 모터(7.7kw)	사상/연마	1
17	연삭기	사상/연마	1
18	사상연마기	사상/연마	1
19	레이저마킹기	포장	1
20	분체실	도장	1
21	알곤용접기(350A)	용접	1
22	공기입축기(공기저장탱크)	기다	1

b) 유해·위험요인을 확인하기 위해서는 작업단위와 작업공정을 조사해야
한다. 작업공정의 조사는 작업공정사진 및 공정설명, 근무인원과 작업시간,
작업형태(단독작업, 협동작업), 기계·기구·설비의 사용 여부, 취급물질, 유
해·위험요인의 특성 등을 반영해야 한다. 제조업의 작업공정과 유해·위험
요인을 파악한 사례를 소개하면 다음과 같다.

[표2-46] B사의 작업공정조사표

작업공정조사표1				
공정 명	원지 입고	케미칼 조제	코팅공정	제단공정
공정 사진				
공정 설명	특수코팅 진행을 위해 원지를 입고하는 공정	특수코팅을 위해 화학물질을 혼합 조제하는 공정	특수코팅을 원지에 입하는 코팅 공정	제품의 특성 및 크기에 따라 코팅된 종이를 제단하는 공정
근무 인원	2명	1명	3명	2명
작업 시간				
단독/ 협동 작업	협동작업	단독작업	협동작업	협동작업
주요 기계 기구	지게차	저장탱크 혼합탱크	코팅기	제단기
취급 물질		알루미늄 규소		
유해 위험 요인 특성	(작업환경요인) 차량이동 시 작업장 통로가 협소해 이동 중	(화학적요인) 화학물질 조제 과정상 약품 누출 및 노출에	(기계적요인) 기계결함, 정리정돈 시 롤러 접합 부분에 끼	(기계적요인) 기계결함 확인, 정리정돈 시 절단기에 베임사

	충돌 등의 사고 발생 우려 있음	따른 사고발생 우려 있음	임, 협착이 발생할 위험이 있음	고가 발생할 수 있음

c) 유해·위험요인은 작업공정과 작업단위에 따라 기계(설비)적 요인, 전기적 요인, 화학(물질)적 요인, 생물학적 요인, 작업특성요인, 작업환경요인을 파악하여야 한다.[170) 작업단위는 위험수준과 통제가능성, 생산관리단위, 관리감독자의 관리책임의 범위를 고려하여 파악해야 한다. 건축공사에서 갱폼작업에 대한 유해·위험요인의 사례를 소개하면 다음과 같다.

[표2-47] 작업단위별 유해·위험요인 파악

평가항목		유해·위험요인
공종명	작업단위	
갱폼 작업	자재반입	지게차를 이용한 하역작업 시 후방근로자 접근 충돌위험
	지상조립	전동공구로 자재가공 및 조립시 누전으로 인한 감전 등
	인양 및 설치작업	인양작업 중 슬링벨트 파단으로 인한 갱폼낙하
		갱폼인양시 인양고리 용접부 탈락하여 낙하
	인양고리체결 작업	인양고리 체결 중 단부에서 추락
	타이볼트 및 핀해체작업	타이볼트 해체작업 중 발판에서 추락
	앤커볼트 해체작업	슬라브의 해체강도 미확인, 콘크리트 압축강도(5Mpa 이상) 불량으로 해체·조립 작업시 갱폼낙하
	탈형 및 인양작업	무리하게 폼을 밀어 탈형 중 하부로 탈락
		갱폼탈형 중 갱폼에 탑승한 근로자 추락

---

170) 이상국·이건우·정병국, "경기도 중소제조기업의 산업재해 예방 및 정책적 지원방안 연구", 경기도의회(2021. 03), 38면.

하부고정작업	갱폼고정작업 시 공구를 이용하던 중 협착	
전도방지작업	갱폼작업대 상부에 로프를 체결하려고 이동 중 추락	
갱폼해체 및 반출작업	지게차로 상차작업 중 후진하는 지게차에 충돌	
	인양 중 인양로프의 파단에 의한 낙하	
	하역 시 T/C 인양로프 슬링벨트 사용	

3) 위험성평가체계의 절차

① **준비단계**(1단계)　　a) 위험성평가는 사전에 계획을 수립하여 개시하기 전 다음과 같이 준비사항을 정해야 한다. 위험성평가의 계획을 수립하는 단계부터 근로자를 참여시키는 것은 규범적 사항이다. 이러한 절차는 산업안전보건법 제36조의 위반 시 과태료를 부과하므로 절차적 강행성을 지닌다.

> 1. 평가의 목적 및 방법
> 2. 평가담당자 및 책임자의 역할
> 3. 평가시기 및 절차
> 4. 근로자에 대한 참여·공유방법 및 유의사항
> 5. 결과의 기록·보존

　b) 사업주는 다음 각 호의 사업장 안전정보를 사전에 조사하여 위험성평가에 활용할 수 있다(위험성평가지침 제9조제3항). 제조업의 경우 생산완제품 또는 생산원료를 공장으로 입고 또는 출고하는 과정에서 상하차, 적재작업 등 작업공정 및 유해물질의 유무 등 작업상황을 사전에 조사해야 한다.

> 1. 작업표준, 작업절차 등에 관한 정보
> 2. 기계·기구·설비 등의 사양서, 물질안전보건자료(MSDS) 등 유해위험 요인에 관한 정보
> 3. 기계·기구·설비 등의 공정 흐름과 작업 주변의 환경에 관한 정보
> 4. 도급작업이 있는 경우 혼재작업의 위험성 및 작업 상황 등에 관한 정보

> 5. 재해사례, 재해통계 등에 관한 정보
> 6. 작업환경측정 결과, 근로자 건강진단 결과에 관한 정보
> 7. 그 밖에 위험성평가에 참고가 되는 자료 등

c) 또한 과거에 산업재해가 발생한 작업, 돌발적이거나 비정상적인 작업은 고소작업은 반드시 조사대상에 포함해야 한다. 조사대상은 기계·기구·설비나 취급물질 등에 대한 분류, 작업공정에 따른 유해·위험요인을 구분해 파악할 필요가 있다. 제조물의 운반작업 중 원재료나 완제품의 상하차 작업공정을 설명하면 다음과 같다.

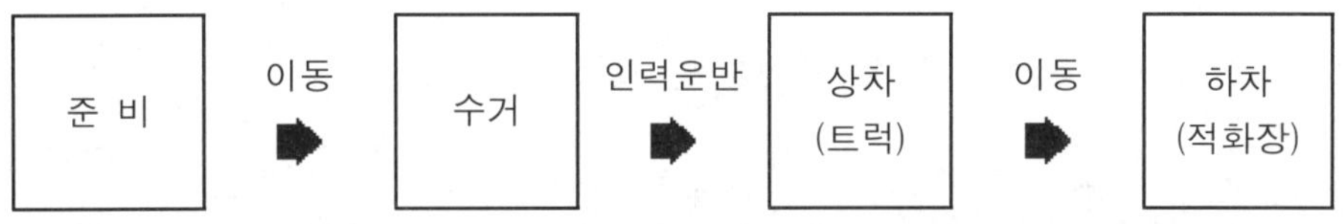

<그림2-16> 제조물 완제품 상하차 작업공정 흐름도(예시)

② **위험성평가체계의 구축**(평가항목 및 평가기준)　　a) 중대재해처벌법 시행령 제4조제3호에 의한 위험성평가는 사업주 또는 경영책임자의 행위규범을 의미한다. 이 경우 행위규범은 안전보건관리체계에 해당되며, 사업주 또는 경영책임자의 지위에서 요구되는 위험성평가체계를 갖추어야 한다.

b) 위험성평가체계는 실행주체, 작업공정 및 작업단위의 유해·위험요인 파악, 평가항목과 평가기준 등을 종합적·체계적으로 실행하기 위하여 설정하는 것을 말한다. 평가체계를 계획부터 평가(평가항목 및 평가기준) 및 분석, 보고 및 활용(교육 및 전파) 등 역할과 책임, 실행에 관한 관리체계를 의미한다.

c) 평가항목은 작업 시 노출되거나 노출될 수 있는 유해·위험요인과 작업단위를 연계하여 평가 및 공유하기 위한 구성요소를 말한다. 또한 「산업안전보건기준에 관한 규칙」, 안전보건에 관한 각종 고시 등 안전보건조치기준도 평가항목에 해당된다.

d) 평가항목은 작업공정, 작업단위, 작업종류 및 특성, 고위험성을 고려하

여 설정할 수 있다. 위험성평가는 과태료의 부과기준, 작업공정(연속공정, 단위공정)과 작업공간, 기계·기구·설비의 사용방법과 연계성, 취급물질의 동일성, 유해·위험요인의 분류, 관리범위를 고려하여 작업단위를 설정해야 한다. 작업단위와 관리범위가 지나치게 광범위하게 설정되거나 복잡하면 유해·위험요인을 적절한 통제가 곤란하다.

e) 위험성평가체계는 위험수준에 대한 허용가능 여부를 위험등급(상·중·하)으로 표기하여야 한다. 평가수준은 독자적인 위험성의 크기가 아니라 평가기준 또는 관리기준을 충족할만한 수준인지를 나타내는 것을 말한다. 따라서 당해 사업장에서 가용할 수 있는 자원이나 인력, 대체방법 등이 마련되지 않다면 평가기준에 따라 허용불가능한 것으로 결정해야 한다.

[표2-48] 위험성평가체계의 구축방법

평가항목	유해위험요인	평가 수준	평가기준
중량물 운반작업	중량물 낙하 및 충돌위험	허용 불가 (상)	● 위험요소 제거 시까지 작업금지 ● 위험요소가 감소하지 않을 경우 작업금지 ● 건설기계장비, 작업방법 등 위험이 낮은 공정으로 대체
용접·용단작업	폭발, 화재, 감전위험	제한적 허용 (중)	● 보안면 등 개인보호구 착용조치 후 작업 ● 화기작업, 불티비산방지 등 안전조치
절단가공작업	취급물질, 회전체, 파손등에 의한 위험	허용 가능 (하)	● 기계의 안전검검 및 안전교육 후 작업 ● 일일 안전점검 또는 TBM, 작업허가절차
지게차운반작업	적재물의 낙하, 운전중 충돌, 전복 등	허용 가능 (하)	● 안전수칙 및 규정 준수를 통한 안전성 확보 작업 ● 지게차운전 안전수칙 등 지침준수

f) 평가기준은 평가항목에 대한 유해·위험요인과 위험통제의 가능성을 고려하여 관리기준을 설정해야 한다. 이 경우 위험통제(risk control)의 방법은 회피, 대체, 통제(관리적 통제 및 공학적 통제)의 관점에서 관리기준을 정해야 한다. 위험통제의 방법은 재량행위에 해당되나, 적합성이 있어야 한다.

g) 갱폼(gang form)은 아파트나 빌딩의 건축공사에서 사용하는 시스템화된 거푸집을 말한다. 갱폼은 부재의 조립, 분해를 반복하지 않고 한번에 설치하고 해체할 수 있어 그 속에서 작업을 하기 때문에 추락의 위험성이 적고 공사기간을 단축할 수 있어 널리 이용한다. 갱폼의 작업공정은 자재반입, 지상조립, 설치 및 해체의 4단계로 구분할 수 있는데, 위험성의 평가항목 및 평가기준에 대한 작성사례를 소개하면 다음과 같다.

[표2-49] 갱폼작업 위험성의 평가항목 및 평가기준 예시

단위작업명	갱폼설치	분류번호	
평가항목	유해위험요인	평가수준	평가기준
먹매김	• 갱폼이 설치될 장소에서 먹매김작업 중 바닥단부로 추락	상	• 갱폼 먹매김작업 시 바닥단부에 견고한 안전난간 설치
운반양중	• 갱폼을 타워크레인으로 양중하던 중 갱폼 양중용고리의 탈락으로 갱폼낙하 • 타워크레인으로 갱폼을 양중하던 중 줄걸이 파손으로 갱폼낙하	상	• 갱폼 양중용 고리는 조립도에 의거하여 견고하게 설치하고 용접검사를 실시 • 갱폼양중용 줄걸이는 안전기준에 적합한 제품을 사용
설치	• 갱폼 설치작업 전에 구조검토를 미실시하고 조립도를 미완성 • 갱폼의 폼타이볼트 체결불량으로 갱폼이 지상으로 낙하 • 갱폼의 폼타이볼트를	상	• 갱폼 설치작업 전에 구조검토를 실시하고 조립도를 작성 • 갱폼의 폼타이볼트는 조립도에 의거 빠짐없이 견고하게 체결 • 갱폼 설치작업시 안전

	체결하던 근로자가 안전난간이 미설치된 곳으로 추락 • 신호체계 미숙으로 타워크레인의 줄걸이를 갱폼설치완료 전에 해지하여 갱폼낙하		난간, 작업발판, 사다리 등의 부재는 누락되지 않도록 설치 • 갱폼의 설치가 완료되기 전까지는 크레인의 줄걸이를 해체하지 않도록 긴밀한 신호체계 확립
보강	• 갱폼 전도방지조치가 미설치된 상태에서 강풍에 의하여 갱폼이 전도	중	• 갱폼설치 후 전도를 방지하기 위하여 갱폼지지용 와이어로프 설치

③ **유해·위험요인 파악(2단계)** a) 위험성평가지침 제10조에 의하면, 사업주는 사업장 내의 유해·위험요인을 파악하여야 한다. 이때 업종, 규모 등 사업장 실정에 따라 다음 각 호의 방법 중 어느 하나 이상의 방법을 사용하되, 특별한 사정이 없으면 제1호에 의한 방법을 포함하여야 한다.

> 1. 사업장 순회점검에 의한 방법
> 2. 근로자들의 상시적 제안에 의한 방법
> 3. 설문조사·인터뷰 등 청취조사에 의한 방법
> 4. 물질안전보건자료, 작업환경측정결과, 특수건강진단결과 등 안전보건 자료에 의한 방법
> 5. 안전보건체크리스트에 의한 방법
> 6. 그 밖에 사업장의 특성에 적합한 방법

b) 사업장의 순회점검은 안전보건관계자(안전보건관리책임자, 안전·보건관리자, 관리감독자, 안전보건관리담당자 등)로 구성해 사업장을 순회하며 기계·기구 및 설비나 작업의 유해·위험요인을 파악하는 방법을 말한다. 근로자의 상시적인 제안은 제안함, 전자시스템에 의한 건의함 등을 활용할 수 있다.

c) 청취조사의 방법은 현장의 담당자와 면담을 통해 기계·기구 및 설비나 작업의 유해·위험요인에 대한 의견을 청취하거나 설문조사를 하는 방법

을 말한다. 안전보건자료의 방법은 재해조사보고서, 작업환경측정 및 건강진단 자료, 유해·위험한 상태 등에 대한 정보를 참고하여 유해·위험요인을 파악하는 방법을 말한다. 안전보건체크리스트의 방법은 점검항목과 기준을 작성하여 유해·위험요인을 파악하는 방법이다.

d) 유해·위험요인을 파악하기 위해서는 ⅰ) 작업공정, ⅱ) 소음 및 분진 등 유해물질의 노출 여부, ⅲ) 작업방법의 불안전요소, ⅳ) 안전보건규칙의 기준, ⅴ) 안전시설 및 안전장치 등의 여부 등을 조사해 계획을 수립하고 시행하여야 한다. 고용노동부는 KRAS(기계적 요인·전기적 요인·화학적 요인·생물학적 요인·작업특성요인·작업환경요인)에 따라 위해·위험요인을 분류한다. 이 경우 중대재해처벌법 시행령 제4조제3호에 따라 반기 1회 이상 점검을 해야 한다.

[표2-50] 위험성평가 지원시스템(KRAS) 기준

구분	유해위험요인 파악		
기계(설비) 적 요인	1.1 끼임(감김) 1.4 충돌위험 부분	1.2 위험한 표면(절단, 베임, 긁힘) 1.5 넘어짐(미끄러짐, 걸림, 헛디딤)	1.3 기계(설비)의 낙하, 비래, 전복, 붕괴, 전도위험 부분 1.6 추락위험 부분(개구부 등)
진기적 요인	2.1 감전(안전전압초과) 2.4 화재/폭발 위험	2.2 아크	2.3 정전기
화학(물질) 적 요인	3.1 가스 3.4 액체·미스트 3.7 방사선	3.2 증기 3.5 고체(분진) 3.8 화재/폭발 위험	3.3 에러로졸·흄 3.6 반응성 물질 3.9 복사열/폭발과압
생물학적 요인	4.1 병원성 미생물, 바이러스에 의한 감염 4.4 동물	4.2 유전자 변형물질 (GMO) 4.5 식물	4.3 알러지 및 미생물
작업특성 요인	5.1 소음 5.4 근로자 실수(휴	5.2 초음파·초저주파 음	5.3 진동 5.6 질식위험·산소결

	먼 에러) 5.7 중량물 취급작업 5.10 작업(조작)도구	5.5 저압 또는 고압상태 5.8 반복작업 5.11 기후/고온/한랭	핍 5.9 불안정한 작업자세
작업환경 요인	6.1 기후/고온/한랭 6.4 주변 근로자 6.7 화상	6.2 조명 6.5 작업시간 6.8 작업(조작) 도구	6.3 공간 및 이동통로 6.6 조직 안전문화

④ **위험성 수준결정**(3단계)   a) 유해·위험요인의 특성과 노출가능성을 고려하여 위험성의 수준을 결정한다. 유해·위험요인별 위험정도에 따라 위험수준을 결정하되, 해당 사업장에서 허용가능성을 고려하여 설정하여야 한다. 위험성평가의 절차에서 위험수준의 결정은 강도와 빈도에 의한 추정방식 이외에 다양한 방법으로 결정할 수 있다.

b) 위험수준은 위험의 크기가 허용가능한지를 나타내는 정도를 말한다. 유해·위험요인의 위험성이 허용불가능한 수준임에도 이를 낮게 결정하면 부적절한 평가로 본다. 추락이나 폭발 등 위험이 있는 작업장소나 작업설비는 위험성평가의 결과와 관계없이 고위험작업으로 분류해 평가기준에 반영해 관리해야 한다.

[표2-51] 위험수준 및 평가기준(예시)

유해위험요인 파악	위험수준		평가기준(예시)
가드·방호덮개, 기타 안전장치의 미설치 및 안전수칙 미준수	높음	상	• 피해가 발생할 가능성이 높음 • 가드·방호덮개, 기타 안전장치를 설치하였으나 해체되어 있으며, 안전수칙·작업표준 등은 있지만 지키기 어렵고 많은 주의를 해야 함 • 사망 또는 영구적 근로불능으로 연결되는 부상·질병(업무에 복귀 불가능), 장애가 남는 부상·질병
가드·방호덮개,	보	중	• 부주의하면 피해가 발생할 가능성이 있음

기타 안전장치의 해제 및 안전수칙 일부 미준수	통		• 가드·방호덮개 또는 안전장치 등은 설치되어 있지만 작업불편 등으로 쉽게 해제하여 위험영역 접근, 위험원과 접촉이 있을 수 있으며, 안전수칙·작업표준 등은 있지만 일부 준수하기 어려운점이 있음 • 휴업을 수반하는 중대한 부상 또는 질병(일정 시점에서는 업무에 복귀 가능
작업시 안전수칙, 작업표준 비흡	낮음	하	• 피해가 발생할 가능성이 낮음 • 가드·방호덮개 등으로 보호되어 있고 안전장치가 설치되어 있으며, 위험영역 출입이 곤란한 상태이고 안전수칙·작업표준(서) 등이 정비되어 있고 준수하기 쉬우나, 피해의 가능성이 남아 있음 • 치료가 필요하지만 휴업이 수반되지 않는 부상 또는 질병

⑤ **위험성 감소대책 수립 및 실행**(4단계)   a) 위험통제를 위해서는 위험수준이 높은 것부터 위험성 감소대책의 대상을 한다. 위험성의 크기가 허용불가능할 정도로 위험이 매우 높은 것은 즉시 감소조치를 해야 한다. 허용불가능한 수준에 대한 위험성 감소대책의 수립 및 이행, 그 결과는 즉시 근로자에게 정보를 제공해야 한다.

[표2-52] 위험성평가결과 및 감소대책

번호	유해·위험요인 파악	위험성의 수준(상, 중, 하)	개선대책	개선 예성일	개선 완료일	담당자
1	비계의 작업발판 위에서 이동 또는 작업 중 떨어질 위험	상	• 작업발판 단부에 안전난간을 설치 • 임의 해체구간에서 작업 시 반드시			

			부착설비에 안전대 체결			
2	비계조립작업 중 강관 등 자재가 떨어져 이동하는 근로자에게 맞음 위험	중	● 비계설치 작업 중 비계하부에 작업자 출입하지 못하도록 감시자 배치			
3	비계조립작업 시 강관이 고압선에 접촉되어 감전 위험	하				

b) 사업주는 허용가능한 위험성이 아니라고 판단되는 경우에는 다음 각 호의 순서를 고려하여 위험성감소를 위한 대책을 수립하여 실행하여야 한다. 이 경우 법령에서 정하는 사항과 그 밖에 근로자의 위험 또는 건강장해를 방지하기 위하여 필요한 조치를 반영하여야 한다(위험성평가지침 제12조제1항).

1. 위험한 작업의 폐지·변경, 유해·위험물질 대체 등의 조치 또는 설계나 계획 단계에서 위험성을 제거 또는 저감하는 조치
2. 연동장치, 환기장치 설치 등의 공학적 대책
3. 사업장 작업절차서 정비 등의 관리적 대책
4. 개인용 보호구의 사용

c) 감소대책은 유해·위험요인, 가용가능한 자원의 여부, 통제가능성, 구체성 및 실현가능성을 고려하여 적절한 방법으로 적절히 수립하여야 한다. 감소대책의 대상별 특성, 시기, 수준 등을 분석해 다음과 같이 관리대책의 우선순위를 정할 수 있다.

[표2-53] 감소대책의 수립 및 우선순위

위험요인		제거·대체	공학적 대책	관리적 대책	개인보호구
추락	비계	● 시스템비계 사용	● 작업발판 ● 안전난간 설치	● 특별교육	● 안전모, 안전대 착용
	지붕	● 고소작업대 사용 등 지붕 위 작업 최소화	● 작업발판 설치 ● 채광창 덮개 ● 추락방호망 설치	● 작업 전 관리감독	● 안전모, 안전대 착용
	사다리	● 이동식 비계 등 작업발판으로 대체	● 전도방지 조치 (아웃트리거 등)	● 2인 1조 작업	● 안전모, 안전대 착용
	고소 작업대	● 현장에 적합한 사양의 장비 사용	● 작업대 안전난간 설치 ● 방호장치 설치 ● 아웃트리거 설치	● 작업계획서 작성 ● 유도자 배치	● 안전모, 안전대 착용
끼임	점검·수리 시 전원잠금 및 표지부착 (LOTO)	● 전원의 차단 (에너지원의 제거)	● 기동 스위치 잠금장치 사용 ● 안전블럭 사용	● 전원투입금지 표지판 설치 ● 정비작업절차 수립 ● 작업허가제 운영	
	방호장치	● 안전인증 받은 기계·기구로 대체 ● 위험부가 노출되지 않도록(밀폐형 구조) 변경	● 방호장치, 방호덮개, 울타리 등 설치	● 작업 전 정상작동 여부 점검	● 말려 들어갈 위험이 없는 작업복 사용
부딪	부딪힘혼재	● 시공 시 공정	● 지게차 후방경	● 작업계획서	● 안전모

힘	작업·충돌 방지장치	관리로 중첩 최소화 ● 차량과 근로 자의 이동 동 선 분리	보장치, 경광등 설치 ● 스마트 안전장 치 사용 ● 안전 통행로 설치	작성 ● 작업지휘자 /유도자 배 치 ● 출입 통제	착용

d) 위험성 감소대책은 중대재해 등 산업재해를 예방하기 위한 핵심사항이므로 이를 불이행하면 위반책임을 물을 수 있다. 위험성의 감소대책을 제대로 하지 않아 사망재해가 발생하였다면 형법 제268조에 따른 업무상 주의의무위반으로 볼 수 있다. 그러나 위험성 감소대책을 이유로 성급히 사망재해와 인과관계가 있다고 인정해서는 아니 된다.

e) 형법 제17조는 "어떤 행위라도 죄의 요소되는 위험발생과 연결되지 아니한 때에는 그 결과로 인하여 벌하지 아니한다"라고 규정하고 있다. 위험성평가의 위반행위와 결과발생 사이에 시간적·공간적, 인적 간격이 큰 경우에는 "근접성의 원칙"에 반하여 인과관계를 인정할 수 없다. 중대재처벌법의 위반은 1단계 인과관계(안전보건조치의무위반), 2단계 인과관계(안전보건확보의무위반)이 사이에 연계성, 상호밀접성, 인과효과법칙에 따라 판단해야 한다.

⑥ **위험성평가결과의 공유**   a) 사업주는 위험성평가를 실시한 결과 중 다음 각 호에 해당하는 사항을 근로자에게 게시, 주지 등의 방법으로 알려야 한다(위험성평가지침 제13조제1항). 이 경우 공유대상은 당해 사업장에서 근무하는 근로자로 규정하고 있으나, 중대재해처벌법의 관점에서는 당해 사업장에서 노무를 제공하는 종사자까지 알 수 있도록 게시함이 합당하다.

1. 근로자가 종사하는 작업과 관련된 유해·위험요인
2. 제1호에 따른 유해·위험요인의 위험성 결정결과
3. 제1호에 따른 유해·위험요인의 위험성감소대책과 그 실행계획 및 실행여부
4. 제3호에 따른 위험성감속대책에 따라 근로자가 준수하거나 주의하여야 할 사항

b) 사업주는 위험성평가결과 산업안전보건법 제2조제2호의 중대재해로 이어질 수 있는 유해·위험요인에 대해서는 작업 전 안전점검회의(TBM : Tool Box Meeting) 등을 통해 근로자에게 상시적으로 주지시키도록 노력하여야 한다(위험성평가지침 제13조제2항).

⑦ **위험성평가의 실시내용 및 결과에 관한 기록 및 보존** 위험성평가를 실시한 경우에는 관련기록을 보존하여야 한다. 따라서 ⅰ) 위험성평가를 위한 사전조사한 안전보건정보, ⅱ) 그 밖에 사업장에서 필요하다고 정한 사항을 보존하여야 한다(위험성평가지침 제14조제1항). 이 경우 부속서류로서 유해위험정보 조사(서식), 유해·위험요인 파악, 위험성평가표, 위험성평가 개선실행계획서를 첨부해야 한다. 위험성평가의 보존기간은 시기별 위험성평가를 완료한 날부터 기산한다(위험성평가지침 제14조제2항).

⑧ **위험성평가의 시기** a) 사업주는 사업이 성립된 날(사업 개시일을 말하며, 건설업의 경우 실착공일을 말한다)로부터 1개월이 되는 날까지 위험성평가의 대상이 되는 유해·위험요인에 대한 최초 위험성평가의 실시에 착수하여야 한다. 다만, 1개월 미만의 기간 동안 이루어지는 작업 또는 공사의 경우에는 특별한 사정이 없는 한 작업 또는 공사 개시 후 지체 없이 최초 위험성평가를 실시하여야 한다(위험성평가지침 제15조제1항).

b) 사업주는 다음 각 호의 어느 하나에 해당하여 추가적인 유해·위험요인이 생기는 경우에는 해당 유해·위험요인에 대한 수시 위험성평가를 실시하여야 한다. 다만, 제5호에 해당하는 경우에는 재해발생작업을 대상으로 작업을 재개하기 전에 실시하여야 한다(위험성평가지침 제15조제2항).

1. 사업장 건설물의 설치·이전·변경 또는 해체
2. 기계·기구, 설비, 원재료 등의 신규 도입 또는 변경
3. 건설물, 기계·기구, 설비 등의 정비 또는 보수(주기적·반복적 작업으로서 이미 위험성평가를 실시한 경우에는 제외)
4. 작업방법 또는 작업절차의 신규 도입 또는 변경
5. 중대산업사고 또는 산업재해(휴업 이상의 요양을 요하는 경우에 한정한다) 발생

6. 그 밖에 사업주가 필요하다고 판단한 경우

c) 사업주는 다음 각 호의 사항을 고려하여 제1항에 따라 실시한 위험성 평가의 결과에 대한 적정성을 1년마다 정기적으로 재검토(이때, 해당 기간 내 제2항에 따라 실시한 위험성평가의 결과가 있는 경우 함께 적정성을 재검토하여야 한다)하여야 한다. 재검토 결과 허용 가능한 위험성 수준이 아니라고 검토된 유해·위험요인에 대해서는 제12조에 따라 위험성 감소대책을 수립하여 실행하여야 한다(위험성평가지침 제15조제3항).

1. 기계·기구, 설비 등의 기간 경과에 의한 성능 저하
2. 근로자의 교체 등에 수반하는 안전·보건과 관련되는 지식 또는 경험의 변화
3. 안전·보건과 관련되는 새로운 지식의 습득
4. 현재 수립되어 있는 위험성 감소대책의 유효성 등

d) 사업주가 사업장의 상시적인 위험성평가를 위해 다음 각 호의 사항을 이행하는 경우 제2항과 제3항의 수시평가와 정기평가를 실시한 것으로 본다(위험성평가지침 제4항).

1. 매월 1회 이상 근로자 제안제도 활용, 아차사고 확인, 작업과 관련된 근로자를 포함한 사업장 순회점검 등을 통해 사업장 내 유해·위험요인을 발굴하여 제11조의 위험성결정 및 제12조의 위험성 감소대책 수립·실행을 할 것
2. 매주 안전보건관리책임자, 안전관리자, 보건관리자, 관리감독자 등(도급사업주의 경우 수급사업장의 안전·보건 관련 관리자 등을 포함한다)을 중심으로 제1호의 결과 등을 논의·공유하고 이행상황을 점검할 것
3. 매 작업일마다 제1호와 제2호의 실시결과에 따라 근로자가 준수하여야 할 사항 및 주의하여야 할 사항을 작업 전 안전점검회의 등을 통해 공유·주지할 것

4) **위험성평가방법**   a)「사업장위험성평가에 관한 지침」제7조제5항에서 "사업주는 사업장의 규모와 특성 등을 고려하여 다음 각호의 위험성평가방법 중 어느 한 가지 이상을 선정하여 위험성평가를 실시할 수 있다."고 규정하고 있다.

> 1. 위험 가능성과 중대성을 조합한 빈도·강도법
> 2. 체크리스트(Checklist)법
> 3. 위험성수준 3단계(저·중·고) 판단법
> 4. 핵심요인 기술(one point sheet)법
> 5. 그 외 규칙 제50조제1항제2호 각 목의 방법

b) 핵심요인기술법(OPS: One Point Sheet)은 단계적으로 핵심질문사항에 답변하는 방법으로 간략하게 위험성이 허용가능한 수준인지를 판단하는 방법이다. 핵심요인기술법은 작업공정이나 작업방법이 단순한 작업, 사업장의 특성에 적합한 방법이다.

c) 이 방법은 영국 산업보건안전청(HSE)이 개발하여 국제노동기구(ILO)에서 중소기업 사업장의 위험성평가를 위해 널리 권장하고 있으며, 유해·위험요인이 적고 간단한 작업에 적합하다.[171] 위험성수준 3단계(저·중·고) 등의

---

171) 실시방법은 유해·위험요인을 파악하고, 위험성을 결정하고, 위험성감소대책을 수립하고 실행하는 3난세로 구성된다. 첫단계는 어떤 유해·위험요인이 있는지, 누가 어떻게 피해를 입는지(재해원인) 파악한다. 업무 중 근로자가 노출된 것이 확인되었거나 노출될 것이 합리적으로 예견되는 모든 유해·위험요인을 대상을 평가의 대상으로 한다. 누가 피해를 입는지에 대한 질문에 대하여는 기계·기구·설비등에 의한 끼임, 협착, 깔림에 의한 재해유형을 파악한다. 둘째 단계에서는 현재 시행중인 조치는 무엇이고, 추가적으로 필요한 조치는 무엇인지 평가하고 결정한다. 이 경우 지게차운전 등 유해·위험요인에 대한 재해유형에 대하여 현재 시행중인 안전조치가 무엇인지 기술하고 추가적인 조치가 무엇인지 검토하는 단계를 의미한다. 따라서 근로자를 보호하는 대책이 적절하다고 판단되면 "추가조치 없음"으로 표기할 수 있다. 마지막으로 위험성감소대책의 수립 및 실행단계에서는 무엇을 어떻게 조치할지 대책을 수립하는 순서, 조치내용, 관리방법 등을 마련해야 한다. 이 경우 위험성수준이 높은 유해·위험요인에 대하여는 우선순위를 두어야 하며, 위험작업의 제거, 대체, 통제(관리적 통제, 공학적 통제), 보호구의 지급 등의 방법으로 감소대책 및 실행계획을 수립하여 실행하여야 한다.

방법으로 결정한다. 이 경우 고위험요소(SIF : Serious Injury & Fatality)를 평가하는 방법에 따라 파악할 수 있다.

[표2-54] 핵심요인기술[OPS] 방법에 의한 위험성평가

유해위험요인의 유형	유해위험요인파악 (위험상황과 결과)	현재 시행중인 조치	추가적으로 필요한 조치	안전조치의 시기		
				담당자	개선 기간	완료 일자
컨베이어 정비	정비중 불시 가동된 컨베이어 회전체에 끼임	1. 정비작업 시 설비정지 2. 비상정지 장치 설치	현재 조치 유지			
지게차 운전	운전 중 충돌 되면서 넘어진 지게차에 운전자가 깔림	1. 작업지휘자 또는 작업유도자 배치 2. 안전벨트 착용	지게차 안전교육			

d) 위험성평가의 방법은 주로 운전과 위험분석(Hazard and Operability, HAZOP Study), 작업안전분석(JSA : Job Safety Aanlysis) 등을 많이 사용한다. 체크리스트(Check List) 방법은 공정 및 설비의 오류, 결함상태, 위험상황 등을 목록화한 형태로 작성하고 기준과 비교하여 위험성을 파악하는 방법을 말한다.

[표2-55] 위험성평가방법의 적합성 및 유용성

위험성평가 방법	적합상황	유용성
체크리스트	사업장 내에 존재하는 위험에 대하여 정성적으로 위험성을 평가하는 방법의 하나로 공정 및 설비의 오류, 결	1. 다른 기법에 비해 쉽게 접근이 가능하고 미숙련자도 이용이 가능함. 2. 적용분야가 넓은 만큼 위험

	함상태, 위험상황 등을 목록화 한 형태로 작성하여 경험적으로 비교함으로써 위험성을 분석하는 방법	요인도출에 제한적이며, 작성자의 경험에 의한 의존도가 크며, 누락 및 형식적으로 수행될 수 있음.
대위험순위 결정(Dow and Mond Indices)	공정 및 설비에 존재하는 위험에 대하여 상대적인 위험순위를 수치로 나타내어 위험수준을 비교하는 것	화재 및 폭발사고의 예상손실을 양적으로 환산하거나 사고를 발생시키거나 증폭시킬 가능성이 있는 장치를 분류할 때 잠재적 위험성을 파악하는데 유용함
결함수분석 (Fault Tree Analysis : FTA)	기계장치가 규칙적으로 운전되고 있는 상태에서 고장이 발생할 확률은 어느 정도인지를 알아보는 즉, 운전상태의 안전성을 수학적으로 해석하는 기법	설비장치의 설계단계와 운전단계에서 적용이 가능하며, 설계단계에서는 장치의 고장이나 이상 상태의 조합으로부터 발생할 수 있는 감춰진 다양한 위험을 설계 시에 발견할 수 있음
작업안전분석 (Job Safety Analysis : JSA)	작업대상물에 나타나거나 잠재되어 있는 모든 물리적·화학적 위험과 근로자의 불안전한 행동요인을 발견하기 위한 작업절차에 관한 위험성평가 및 분석기법	유해·위험요인이 존재하거나 발생할 가능성이 있고, 절차서 또는 작업허가서에 충분히 반영되지 않을 때, 절차서나 지침서·작업 프로그램에서 필요할 때 이 기법을 활용

　e) 체크리스트방법은 객관적인 수지도 평가하는 방법이 아니라 정성적으로 위험성을 확인하고 평가할 때 유용한 수단이다. 체크리스트방법을 활용하기 위해서는 적용시기, 자료수집 및 설계, 평가기준 작성 및 기록, 위험성평가의 실시 및 분석, 결과조치계획 등을 수립해야 한다. 체크리스트방법의 적용대상 및 항목을 소개하면 다음과 같다.172)

---

172) 이상국·이건우·정병국, "경기도 중소제조기업의 안전보건매뉴얼 개발 연구", 경기도의회(2021. 09), 52면.

[표2-56] 체크리스트 적용대상 및 항목173)

평가대상	평가항목	평가세부사항
불안전 상태	1. 물자체 결함	1. 물자체가 필요 이상으로 거침, 미끄러움, 뾰족함 2. 물자체 조잡 3. 원료재료 불량
	2. 안전방호장치 결함	1. 안전방호장치 미설치 2. 안전방호자치의 미비 3. 안전방호장치의 부적당
	3. 복장, 보호구의 결함	1. 복장의 지정 결함 2. 필요 보호구 미배치 3. 보호구 필요성능 미비
	4. 물의 배치 및 작업장소 결함	1. 기계장치 배열의 잘못 2. 작업장소의 공간부족 3. 통로 협소 또는 미확보 4. 전도 위험 등 작업장면 불량
	5. 작업환경의 결함	1. 부적당한 조명 2. 부적당한 온도, 습도 3. 과다한 소음발산 4. 부적당한 배기
	6. 생산 공정의 결함	1. 위험작업의 조치 불비 2. 위험공정의 조치 불비 3. 위험한 상황에 대비한 안전장치 불안전 4. 부적당한 기계장치, 공구, 용구의 사용 5. 작업순서의 잘못 6. 기술적, 육체적 무리
	7. 경계표시, 설비의 결함	1. 경계구역의 불명확 2. 경계표시 없음 3. 시건장치 미비
	8. 기타	1~7항목으로 분류 불능 시 기재하며 원인을 약술할 것

불안전 행동	위험장소 접근	1. 추락할 위험이 장소 접근 2. 전도 위험장소 접근 3. 협착 위험장소 접근 4. 압력, 매몰 위험장소 접근 5. 비래 위험장소 접근·폐쇄물 내부 접근 6. 위험물 취급 장소 접근 7. 기타 경계표시가 있는 지역 등 접근
	2. 안전장치의 기능 제거	1. 기능 제거 2. 동작정지 등 잘못 사용
	3. 복장, 보호구의 잘못 사용	1. 보호구 미착용(보호구 미비로 미착용 시는 불안전한 상태로 분류) 2. 보호구 착용 잘못 및 용도착오 3. 지정복장 미착용, 미준수
	4. 기계기구 잘못 사용	1. 기계기구의 잘못 사용 2. 필요기구 미사용 3. 미비된 기구의 사용
	5. 운전 중인 기계장치의 손질	1. 운전 중인 기계장치의 주유, 수리, 용접, 점검, 청소 등 2. 통전중인 전기장치의 수리, 점검, 청소 등 3. 가압, 가열, 위험물과 관련되는 용기 등의 수리, 용접, 점검, 청소 등
	6. 불안전한 속도 조작	1. 기계장치의 과속 2. 기계장치의 저속 3. 기타 불필요한 조작
	7. 위험물 취급 부주의	1. 화기, 가연물 폭발물, 압력용기, 중량물 등 취급 시 안전조치 미비
	8. 불안전한 상태 방치	1. 기계장치 등의 운전 중 방치 2. 기계장치 등의 불안전한 상태 방치 3. 적재, 청소 등 정리정돈의 불량
	9. 불안전한 자세 동작	1. 불안전한 자세(뜀, 던짐, 뛰어오름, 뛰어내림) 2. 불필요한 동작(장난, 잡담, 잔소리, 싸움) 3. 무리한 힘으로 중량물 운반
	10. 감독 및 연락 불충분	1. 감독 없음 2. 작업지시 불철저

		3. 경보 오인 4. 연락 미비

5) 위험성평가체계의 법규범적 통제

① **위험성평가체계의 법규범적 규율대상**   a) 중대재해처벌법의 위험성평가체계는 유해·위험요인을 확인하고 개선하는 절차를 위한 대체적 수단이며, 사업주 또는 경영책임자의 행위규범을 의미한다. 사업장에서 위험성평가를 하는 것과 별개로 사업주 또는 경영책임자는 행위규범을 설정하고 이행하여야 한다. 중대재해처벌법의 위험성평가체계는 주체, 행위규범, 법적 성질 및 위반효과가 산업안전보건법의 위험성평가와 다르기 때문이다.

b) 위험성평가는 중대재해처벌법 시행령 제4조제3호에 따른 유해·위험요인을 확인하고 개선하는 절차로서 입법취지에 부합하도록 관리해야 한다. 따라서 '건물관리업의 위험성평가'라는 문서를 제출한 경우 이동식 사다리 항목의 위험요인이 광범위하더라도 구체적이고 실질적인 내용이 조치내용에 반영되어 있지 않다면 유해·위험요인을 확인하고 개선하는 절차로 평가할 수 없다.174)

c) 그러나 건설공사, 발전소 및 조선소, 제조업 등 사업의 종류와 작업공정, 유해물질의 특성에 따른 위험성평가방법은 일률적으로 규제할 수 없다. 다만, 위험성평가의 방법은 중대재해처벌법 제4조제3호의 취지에 따라 적합성을 지녀야 하지만, 규율대상에서 제외함이 타당하다.

d) 압연공정 사업장의 특성에 따른 예견가능한 유해위험요인인 코블현상을 인지하면서도 이를 위험성평가의 대상에서 제외하였고, 수시위험성평가도 미실시하여 위험요인의 확인·개선에 대한 점검을 소홀히 한 경우에는 중대재해처벌법 시행령 제4조제3호에 위반된다.175)

e) 중대재해처벌법은 사업주 또는 경영책임자를 위험성평가의 계획수립, 절차준수, 유해·위험요인의 파악, 종류별 실시 및 개선조치, 평가결과의 보

---

173) 이관석·이영관, "산업사고 예방을 위한 인적 오류의 중요성", journal of Ergonomics of Korea(Vol 30, No 1), February 2011, 151면.
174) 의정부지판 2024. 8. 27, 2024고단4
175) 대전지방법원서산지원 2025. 2. 28, 2024고단736

고 등에 대하여 관리체계(실행체계, 보고체계, 전달체계)의 관점에서 절차적 규율을 하므로 규범성을 지닌다.

② **위험성평가체계의 위반과 형사책임** a) 위험성평가는 산업안전보건법 제36조에 근거를 두고 시행령 제15조제1항에서 관리감독자의 업무로 정하고 있다. 위험성평가를 실시하지 아니한 경우 관리감독자 등 안전보건관계자에게 과태료를 부과한다. 그러나 중대재해처벌법은 안전보건관리체계의 일종으로서 위험성평가체계를 의미하며, 위반 시 형사처벌의 대상이 된다.

b) 중대재해처벌법에 의한 위험성평가체계의 위반은 고의범처벌주의의 원칙에 따라 범죄성립 여부를 판단해야 한다. 중대재해처벌법위반죄는 위험성평가의 부작위를 범죄요건에 따라 판단한다. 위험성평가체계의 미비가 객관적 구성요건(주체, 객체, 행위, 결과, 인과관계)과 주관적 구성요건을 충족하고, 위법성과 책임을 갖추면 범죄가 성립한다. 위험성평가체계의 미비는 그 자체만으로 행위불법에 해당된다.

c) 사업주 또는 경영책임자가 중대재해처벌법의 안전보건관리체계로서 "위험성평가의 실시 및 운영지침"을 제정하였다면 해당 사업장의 유해·위험요인을 사전에 발굴하고 대책을 마련하겠다는 의사표시로 해석되고 예견가능성을 강화하는 징표가 된다.

d) 중대재해처벌법은 사업주 또는 경영책임자의 작위의무로 규정하고 위험성평가의 미실시에 대하여 부작위에 대한 미필적 고의범으로 보아 형사처벌을 할 수 있다. 따라서 유해위험작업에 대하여 위험성평가를 실시하지 아니하고 방치한 경우에는 중대재해의 발생 시 범죄요건의 성립에 따라 벌칙을 적용할 수 있다.

e) 사업장에서 작업발판을 설치하지 않은 행위는 중대재해처벌법에 의한 위법행위로 볼 수 없으나, 작업발판에서 추락하여 근로자가 사망하였다면 위험성평가의 부작위와 중대재해의 결과 사이에 인과관계가 인정될 수 있다. 사업주가 경영책임자가 아닌 법인의 형사책임에 대하여 부작위감독책임설에 따라 형사책임도 인정된다(대법원의 판결태도).

(4) TBM활동

1) **TBM의 정의**   a) TBM(Tool Box Meeting)은 사업장에서 근로자들이 작업의 유해·위험요인을 공유하고 인지하도록 하여 재해예방조치를 도모하는 작업전 안전회의를 말한다.176) TBM은 작업 전에 관리감독자(작업반장, 직장, 조장 등)와 근로자들이 유해·위험요인, 작업내용과 작업절차 등을 확인하고 공유하는 예방활동을 의미한다.

b) TBM활동을 통해 수집된 자료는 작업표준의 개선에 활용할 수 있다. TBM은 작업 전에 재해예방을 위하여 잠재된 위험요인을 파악하고, 우수한 사례를 소개하거나 미흡한 사례를 분류해 관리한다. TBM자료는 Work Order와 TBM의 실시하고 위험작업공정에 안전의식을 고취시키는 등 주관하는 팀장의 역할, 팀원의 적극적인 참여가 중요하다.

c) 그러나 ⅰ) TBM활동의 주관자가 없는 경우, ⅱ) TBM 시 공종별 현장근로자(도급업체 및 수급업체)가 모두 참여하지 않은 경우, ⅲ) TBM 시 사전발굴한 위험요인의 대책사항을 미준수한 경우, ⅳ) 형식적인 잠재위험 발굴, 작업환경에 따른 위험요인 미발굴한 경우, ⅴ) One point 지적확인이 구체적이지 못한 경우는 미흡한 사례로 본다.

2) **TBM의 실시절차**   a) TBM은 상호인사, 작업내용설명, 안전사항협의, 준수사항의 전달 등으로 실시한다. TBM은 작업지시서(Worker Order) 또는 작업주문의 내용을 확인하고 작업관련 안전법규, 지침, 작업표준 등 안전조치사항을 확인하며, 안전보호구와 안전장구를 준비한다.

b) TBM은 통상 15분 이내의 시간 내에서 실시하며, 작업종료 후 5분 정도 미팅을 실시한다. TBM은 통상 5~6명이 모여 장소에 관계 없이 모여 작은 원을 그리며 안전미팅의 형태로 할 수 있다. TBM의 방법과 절차는 관행적인 성격에 해당되며, 활동방법을 변경할 수 있다. 따라서 전자적 기능을 이용한 Smart TBM도 가능하다.

---

176) TBM(Tool Box Meeting)은 공구상자(Tool Box)라는 의미로 동일한 작업장의 동료들이 오전에 공구상자 앞에 모여 작업내용과 전달사항을 확인하는 미팅에서 유래되었다. 미국의 건설업계에서 현장안전미팅으로 이용되어 좋은 성과를 내자 산업계로 확산되었다. 해외에서는 Tool Box Talks, Tool Box Safety training 등의 용어를 사용한다. 국내에서는 안전브리핑, 작업전 안전회의 안전조회 등으로 활용된다.

c) TBM의 내용은 ⅰ) 작업시작 시 직장체조, 인사, 안전목표제안, ⅱ) 복장·공구·자재·보호구 등의 점검 및 정비, ⅲ) 작업지시사항 및 안전사항의 전달, ⅳ) 당일 작업의 유해위험요인 및 위험성평가결과의 설명, ⅴ) 재해예방대책 및 팀목표, ⅵ) 작업자의 건강상태를 확인으로 구성한다.

d) 이 경우 작업절차의 변경, 새로운 위험의 식별 및 기존 위험검토, 위험요인 통제방안, 최근 이슈와 사건사고의 사례, 작업일정(일일 또는 주간), 안전작업절차, 새로이 도입되는 장비와 설비의 변화로 새로운 위험의 추가 시 작업방법, 날씨 및 계절변황에 따른 위험요인(폭염·탈수), 위험성평가의 결과, 교대근무자나 처음 투입되는 근로자에 대한 안전사항을 협의할 수 있다.

e) TBM실시 후 사전에 발굴하지 못한 유해·위험요인을 발견 시 즉시 작업을 중지하고 작업자 중 책임자에게 보고하고, 책임자의 지시에 따라야 한다. 작업반장 등 관리감독자가 작업중지의 여부를 단독으로 판단하기 곤란한 경우 위험한 기계·기구·설비 또는 유해물질의 담당자와 협의하여 결정해야 한다.

3) TBM의 실시시기   a) TBM은 작업 전에 매일 실시하거나, 작업특성에 따라 매주, 격주단위로 실시할 수 있다. 새로운 작업자가 작업공정에 참여하는 대형 프로젝트사업, 위험한 작업이나 해당공정이 수시로 변경되는 경우에는 TBM을 실시하여야 한다.

b) Quick TBM은 조업 중 비정기적으로 발생하는 운전장애로 긴급한 조치를 해야 할 때 피해가 확산될 우려가 있는 작업에 대하여 가동중지 등을 하고 실시한다. 사전에 Quick TBM 내용을 작업자 전원이 확인하며, 사전승인 없이 Quick TBM 서식을 이용하여 실시한다. 긴급조치 시 확인이나 승인에 의한 지연사태를 예방하기 위한 것이다.

4) TBM 서식의 작성방법   a) 고위험작업이나 사고의 위험성이 있는 작업은 작업자 전원이 참여해 사전에 TBM을 실시해야 한다. TBM활동은 주관자의 지정, 실행방법 및 절차, 결과의 확인, 서식작성 등을 지침형식으로 관리체계를 구축할 수 있다. 여기서 주관자는 작업을 직접 수행하는 작업반장 등 책임자를 말한다.

b) TBM의 서식에는 TBM결과(관리감독자가 주도하여 실시 및 작성)로서 일

시, 작업위치, 작업명 또는 작업내용, 작업수행부서, 주관자, 작업시간, 작업 완료시각을 작성해야 한다. TBM서식은 법정서식이 아니므로 특별한 제한이 없으나, 「사업장위험성평가에 관한 지침」과 연계하여 작성해야 한다.

c) 또한 잠재위험요인 및 원포인트 지적사항, 안전대책(안전조치사항)을 기재하며, ⅰ) 중요 안전조치 확인사항으로서 구분, 위치, 조치자 및 확인자의 서명을 하도록 하고, ⅱ) TBM 참석자 서명(작업 전)을 하되, 현장안전조치 확인을 위해 확인자의 소속, 직책, 성명, 의견을 기재한다. TBM 참석자가 서명을 하는 경우 ⅰ) 참석자명, 일시를 기재하여야 하며, ⅱ) 작업자의 소속 성명 안전조치 및 건강상태의 이상 유무도 기재하여야 한다.

d) 또한 TBM 실시내용과 서명자료는 잘 보이는 장소에 게시해야 한다. TBM은 작업 수행당일 해당작업에 한하여 유효하며, 동일작업이 장기간 반복되더라도 매일 작업 전에 실시해야 한다. TBM의 실시는 ⅰ) 전체 설비에 대한 정기적인 검사 또는 점검하는 작업, ⅱ) 공사감독, 도장감독 등 위험한 작업조건에 대한 작업지시 및 감독을 해야 하는 작업, ⅲ) 비정상 돌발작업 시 Quick TBM을 할 수 있다. 위험성평가를 실시한 결과 위험노출의 개소와 위험수준 등을 TBM 시에 전파하고 일지에 작성하여야 한다.

[표2-57] TBM 서식의 주요내용 등 작성방법

	TBM일지		
작업내용	유리실리콘작업, 전기배선작업 등	작성일자	
작업공종	온실공사	투입장비	굴착기, 스카이
작업위치	그린하우스동	인원	34명
감독책임자	김 0 0 (서명)	업체명	
사전활동사항	1. 해당작업의 위험개소의 사전 점검사항		안전조치사항
	2. 개구부에 대한 안전조치사항을 표시 여부		1. 신호수 배치 및 신 호방법

	3. 작업순서 및 작업방법 숙지 여부	2. 장비주변 작업금지
	4. 개인의 건강상태(고혈압, 음주, 당뇨 등)는 양호 유무	3. 장비 사용전 점검, 탑승자교육, 안전 고리체결 주의
	5. 추락, 장비 넘어짐, 장비간 충돌 유의사항	
	6. 장비의 설치 시 안전수칙 준수 등	
위험성평가 결과의 전달사항	1. 수시위험성평가를 실시한 결과 위험개소 4곳이 발굴 2. 해당작업공정에 종사하는 수급업체의 근로자는 고위험작업시에 특히 감시자를 배치하고 작업 실시 3. 작업에 필요한 안전장비의 이상 유무를 사전점검 후 작업 실시	

	소속	서명	소속	서명
참여자 서명날인				

5) **TBM의 실시와 안전보건관리체계**   a) TBM은 중대재해처벌법에서 규범적으로 강제하지 않으나, 위험성평가와 연계성을 지닌다. 그러나 TBM의 방법가 절차, 근로자의 참여에 관한 사항은 규범적인 통제대상에 해당되지 않는다.

c) TBM은 유해위험요인을 파악하고 개선하기 위한 활동과 관련성을 지니며, 위험성평가의 결과를 전파하는 수단으로 유용하다. 예를 들어 유해·위험작업이 상존하는 밀폐공간작업, 지게차, 크레인, 컨베이어, 혼합기, 굴착기, 분쇄·파쇄기, 사출성형기를 사용하는 작업 및 이동식 사다리, 화물운반트럭, 지붕·대들보, 후크·샤클 등을 이용한 고위험작업에 TBM을 실시할 수 있다.

d) TBM의 규범성은 산업안전보건법 제36조 및 「사업장위험성평가에 관한 지침(고용노동부고시 제2024-76호, 2024. 12. 16)」에 의하여 결정된다. 그러나 중대재해처벌법은 TBM을 명시하지 않고 있어 규범적 요소의 형식을 갖추더라도 안전보건관리체계로 볼 수 없다

e) TBM은 위험성평가를 보충하는 요소에 불과하며, 그 자체는 강행적 효력을 인정하기 곤란하다. TBM의 실시에 관한 사항은 위험성평가와 연계성을 지닌다. 따라서 중대재해처벌법 시행령 제5조에 따른 안전보건법령의 이행점검의 대상에 해당된다.

(5) 위험예지활동

1) **위험예지활동의 정의** 　a) 위험예지활동은 작업상황 속에 잠재하는 위험요인을 발견하고 토의하고 미리 예측하여 대응하기 위한 소집단의 도상훈련을 말한다. 위험예지훈련은 작업상황에 대한 도해를 사용하거나, 실물을 보면서 단시간 작업자들과 토론을 통해 위험요인을 파악하고 대책을 수립하는 위험예방활동을 생활화·습관화해야 한다.

b) 위험예지활동은 유해·위험요인을 파악하지만, 해당작업공정이나 작업단의의 일부에서 수행한다. 그래서 주체, 성격, 종류 및 시기, 방법 등에서 위험성평가와 차이가 있다. 위험예지활동은 중대재해처벌법의 안전보건관리체계에서 요구하는 행위규범에 해당되지 않는다. 위험성평가와 위험예지활동을 비교하여 설명하면 다음과 같다.177)

[표2-58] 위험성평가와 위험예지활동의 비교

구 분	위험성평가	위험예지활동
접근방식	사업주책임+자율안전활동	자율안전활동
누가 (주체)	• 작업자, 감독자, 관리자, 스태프 (전문지식을 가지고 있는 자)	• 작업자, 감독자

---

177) 정진우, 위험성평가해설, 중앙경제사, 2017, 48면.

무엇을 (목적)	• 기계·설비 및 작업행동 등 유해위험요인의 파악, 관리	• 매일 작업의 행동 측면의 안전보건 대책
언제 (실시시기)	• 최초·정기, 수시 위험성평가 • 매월 상시 위험성평가	• 매일의 작업 시작 전
어떻게 (결정방법)	• 빈도·강도법, 체크리스트법, 위험수준 3단계(상·중·하)판단법 등	• 위험성을 느낌(감)으로 추정하는 등 경험을 살려 즉단즉결(卽斷卽決)
강제성	법정의무사항	재량행위

2) 위험예지활동의 종류　　a) 위험예지활동은 목적에 따라 위험예지활동, 위험예지훈련, 위험감수성훈련 등 다양한 명칭을 사용한다. 위험예지훈련은 작업요소별로 위험포인트를 지적하고 인지하도록 반복하는 훈련이다. 교육과 달리 훈련은 숙지하여 위험 시에 자동적으로 반응을 할 수 있도록 반복한다.

b) 위험감수성훈련은 위험을 미리 예측하는 능력을 향상시키고, 위험에 대한 인식 등 감수성을 높이기 위해 반복하는 훈련이다. 불안전행동, 기계나 장비의 오작동, 잘못된 작업방법의 선택으로 인한 재해를 예방하기 위하여 작업장소나 작업공정 등 위험요소의 감수성을 향상시킬 필요가 있다.

3) 위험예지활동의 방법　　a) 위험예지활동은 불안전행동으로 인한 재해 예방을 위하여 매일 위험요소별로 빠르게 실시하는 위험예지미팅, 작업현장에서 감독자가 미리 위험요소의 포인트를 지적하여 적절한 작업지시와 함께 도해나 사진등을 활용해 작업자에게 위험요소를 알려주고 논의하는 방법이 있다. 위험예지활동은 위험요소에 대한 토의와 문제해결을 위해 아이디어를 내는 브레인스토밍을 활용하기도 한다.178)

b) 위험예지활동은 지적확인과 함께 병행하여 위험예지훈련을 할 수 있다.

---

178) 브레인스토밍(brainstorming)은 경영학자 오스본(Osborn. A)에 의하여 창시된 기법으로서 다수 인원이 한가지 문제를 두고 떠오르는 각종 생각을 자유로이 무작위로 말하도록 하여 아이디어를 얻는 방법을 말한다. 이 과정은 토론을 이끄는 리더와 아이디어를 정리하는 역할을 하는 사람이 필요하며, 제시된 의견에 대해서는 비판을 하지 않는 것을 원칙으로 한다. : 최중락, 조직행동과 조직설계, 상경사, 2018, 386면.

위험예지방법은 작업자 전원이 위험의 포인트나 팀의 행동목표를 지적한다. 또한 참자자 전원이 터치앤콜(touch and call)을 하며 팀웍을 강조한다. 위험예지활동은 작업행동의 대상물을 향하여 바른 자세로 큰소리로 지적확인을 함으로써 집중력과 주의력을 높이는 실천방법이다.

c) 위험예지는 실천단계에 따라 4단계 또는 5단계로 구성할 수 있다. 실시단계는 ⅰ) 현상파악, 본질추구, 대책수립, 목표설정의 단계로 실시하며, ⅱ) 위험요인과 현상(5개 항목)이 있는지, ⅲ) 문제항목의 위험포인트와 지적확인을 실시하고, ⅳ) 위험항목으로 표기한 사항에 대한 구체적인 실행가능대책은 무엇인지, ⅴ) 위험요소에 대하여 행동목표를 정하고 "~하자, 좋아!"라고 지적확인을 하며, ⅵ) 다시 한 곳(one point)을 지적하며 3회 "좋아!"라고 외치며 터치앤콜을 한다.

d) 위험예지활동은 지식이나 기능을 정확히 알고 있는지 확인을 할 수 있다. 위험예지활동은 알고 있더라도 이를 인지하지 않으면 사고의 위험성이 있으므로 감수성, 집중력, 실천의지를 향상시키기 위하여 실시한다. 이 경우 목적과 추진단계, 역할, 참가인원, 발표 및 보고서의 작성 등에 대하여 사전에 준비하고 미숙한 사항은 수시로 보완하는 노력이 필요하다.

(6) 안전제안활동

1) **안전제안활동의 정의**　　a) 안전제안활동은 안전보건관리의 실태와 문제점에 대한 의견을 청취하여 합리적인 개선방안을 도출하기 위한 행위를 말한다. 제안제도는 근로자가 참여하는 소집단활동의 일환으로서 문제해결능력을 향상시키기 위해 활용한다.

b) 안전제안활동은 작업현장의 문제점을 파악할 수 있으며, 근로자의 참여에 의한 안전의식을 고취할 수 있어 효과적이고 유용한 방법으로 평가된다. 안전제안활동은 근로자를 중심으로 안전보건활동을 강화할 수 있는 대표적인 안전관리의 수단이다.

2) **안전제안활동의 내용과 근로자의 참여**　　a) 안전제안활동의 내용은 ⅰ) 조직의 구성 및 운영에 관한 사항, ⅱ) 위험물질의 취급에 관한 사항,

ⅲ) 안전보건교육에 관한 사항, ⅳ) 안전장치 등 개선에 관한 사항 등 제한 없이 개선이 필요한 사항을 제안하도록 해야 한다.

b) 제안활동의 대상자는 근로자로서 계층이나 소속에 관계 없이 참여할 수 있다. 따라서 근로자가 관리자의 구속 없이 자유로이 제안을 할 수 있도록 하여야 하며, 채택된 제안에 대해서는 적절한 보상을 하여 동기부여를 해야 한다. 안전제안활동은 실행계획, 제안활동의 방법과 절차, 제안결과의 활용방안을 정해 자율적으로 운영할 수 있다.

3) **안전제안활동의 방법과 규범성 검토**   a) 안전제안활동은 사업장의 특성과 업종 등을 고려하여 다양한 방법으로 할 수 있다. 안전제안활동은 절차서나 지침서에 서면에 의한 방법 또는 회의에 의한 전달방법으로 할 것인지 정해야 한다. 통상적으로 서면으로 작성하여 제안함에 넣는 방법을 많이 사용한다.

b) 안전제안활동을 공식화하여 의견수렴 시 안전회의에서 검토하여 채택 여부를 결정한다. 안전제안사항의 검토결과에 대하여는 제안자에게 그 사유를 명시하여 채택 여부를 통보해야 한다. 제안사항이 채택된 경우에는 순위를 정해 포상하는 것도 제안자에게 동기를 유발하는 중요한 수단이다.

c) 안전제안제도는 근로자 등 종사자의 참여와 의견을 청취하는 절차로 진행된다. 그러나 제안제도의 운영지침을 정해 실시하더라도 중대재해처벌법 시행령 제4조에서 명시한 산업안전보건위원회 또는 안전보건협의체에 해당되지 아니하므로 안전보건관리체계로 인정할 수 없다.

(7) 안전회의(Safety meeting)

1) **안전회의의 정의**   a) 안전회의는 안전보건관리책임자, 안전관리자 및 보건관리자, 관리감독자가 정기적으로 모여 안전보건관리의 활동상황과 개선과제를 토의하고 해결방안을 모색하는 소집단활동이다. 안전회의는 작업공정에서 나타나는 안전보건의 문제를 해결하기 위한 자율적 행위로 평가된다.

b) 안전회의는 운영책임자, 참가자의 역할을 정하고 회의시기, 토의할 주제 등을 명확히 해야 한다. 이 경우 회의내용 및 결과를 기록하고, 경영층에 대한

보고, 안전보건활동의 실행방안을 정해야 한다.

2) 안전회의의 구성 및 운영   a) 안전회의는 책임자와 참가자로 구분하고, 근로자대표를 참여시켜야 한다. 건설공사의 경우 건설현장의 소장(안전관리책임자), 관리감독자, 안전관리자, 보건관리자 이외에 근로자대표를 참여시킬 필요가 있다. 안전회의는 정례적인 방법으로 실시하고, 필요 시 수시로 회의를 개최할 수 있다.

b) 안전회의는 산업안전보건위원회나 노사협의체, 사업주협의체와 같이 산업안전보건법에 의한 법정회의가 아니라, 사업장에서 필요 시에 수시로 개최하는 자율적인 방식이다. 사업주는 회의체위원회를 구성하고 운영 및 해체, 변경 등 절차를 자유로이 할 수 있다. 긴급사항의 대책회의도 안전회의에 해당된다.

3) 공정안전회의와의 관계   a) 공정회의는 생산공정에 따라 재료나 부분품이 가공 및 운반되거나 검사과정을 거쳐 점차 제품으로 형성되어 가는 과정을 공정이라는 단위로 분석·검토하는 행위를 말한다. 공정회의는 안전회의의 일종으로 해석되며, 중대재해처벌법의 요구사항으로 볼 수 없다.

b) 공정안전회의는 ⅰ) 작업공정을 분석하여 발생할 수 있는 유해·위험요인을 파악하고 ⅱ) 작업준비계획, ⅲ) 작업절차, ⅳ) 안전장치 및 보호구의 사용 여부, ⅴ) 안전관리자 및 보건관리자 또는 관리감독자의 역할 확인, ⅵ) 작업공정의 진행상 애로사항과 개선조치사항을 협의한다.

c) 산업안전보건법에 의한 공정관리도 규범성이 인정되나, 규범적 구성요소가 달라 안전보건관리체계로 볼 수 없다. 또한 건설공사의 사업관리를 위한 공정회의는 중대재해처벌법에 의한 위임사항이 아니므로 안전보건관리체계에 해당되지 않는다. 건설기술진흥법에 의한 공정안전회의의 개최는 사업관리의 범위로서 지배·운영·관리의 행위로 볼 수 없다.

4) 안전보건관리체계로서의 규범성 검토   a) 사업주 또는 경영책임자가 안전회의를 절차서나 지침서로 정할 수 있다. 그러나 절차서 등으로 규제하는 형식만으로 중대재해처벌법에 의한 안전보건관리체계로 인정할 수 없다. 이 경우에는 중대재해처벌법 및 시행령의 규범적 요소를 반영해야 한다.

b) 안전회의는 회의체운영방식이므로 중대재해처벌법 시행령 제4조에서 요구하는 안전보건관리체계에 해당되지 않는다. 안전회의의 내용과 형식은 중대재해처벌법과 관련한 위임근거, 성질 및 효과, 규제방법 등이 규범적 요소를 충족하

지 못한다. 따라서 사업주 또는 경영책임자가 안전회의의 방법, 절차를 제정하였더라도 임의규정에 불과하다.

(8) 4M기법

1) 4M의 정의 a) 4M은 산업재해를 유발하는 기본원인 중 인적 오류(human errer)의 배후요인을 파악하여 관리하는 방법을 말한다. 4M은 재해발생원인을 인간적 요소와 물적 요소, 작업환경, 관리적 요소를 파악하여 분류하는 안전관리기법을 의미한다.

b) 4M은 재해예방조치, 재발방지대책, 관리감독, 사고조사기법 등 다양한 방법으로 활용할 수 있다. 또한 위험성평가를 할 때 유해·위험요인의 분류 방법으로 이용된다. 중대재해처벌법 제4조제1항제2호에서 명시한 "재해발생 시 재발방지대책의 수립 및 그 이행에 관한 조치"를 하기 위하여 4M기법을 선택할 수 있다.

c) 그러나 4M기법의 선택은 법정의무사항이 아니므로 규범적으로 강제하거나 위반책임을 물을 수 없다. 따라서 안전보건관리체계를 구축하는 방법으로 4M기법을 선택한 경우 그 내용의 일부항목이 미흡하였다고 하더라도 중대재해처벌법의 위반죄에 해당한다고 단정하기 곤란하다.

2) 4M의 분석방법과 유용성 a) 4M분석방법은 3단계로 구분해 진행한다. 4M분석은 먼저 안전사고에 관계된 사항을 모든 시계열에 따라 정리한다. 따라서 각각의 항이 4M의 관점에서 Man, Machine, Media, Management의 어디에 해당하는지를 검토한다. 이러한 분석결과는 3E(Engineering, Education, Enforcement)와 연계해 예방대책을 수립하거나 위험성평가와 연계할 수 있다. 4M분석의 포인트를 정리하면 다음과 같다.179)

[표2-59] 4M분석의 포인트

분류	포인트

---

179) 나카무라 마사요시(김영석 번역), 「안전의식과 안전공학적 실천방안」, 스그마프레스, 2016, 44면.

Man(인간적 요인)	1. 작업자의 심리적 요인, 작업능력요인 2. 관리감독, 적정지시, 근로자의 특성, 휴먼에러 등
Machine(기계·설비적 요인)	1. 기계설비가 가지고 있는 고유의 요인 2. 기계·설비등의 설계상 결함, 위험방호불량, 인체공학적 배치부족, 검사 설비불량 등
Media(작업적 요인)	1. 작업자에게 영향을 준 물리적, 인적 환경 요인 2. 작업에 대한 정보, 작업방법, 작업환경의 부적절 등
Management(관리적 요인)	1. 조직의 관리상태에 기인하는 요인 2. 관리조직, 작업계획, 안전보건관리규칙·규정, 교육훈련 등

b) 산업재해의 발생원인을 살펴보면, ⅰ) 안전관리활동의 결함은 근원이 되고, ⅱ) 인간적 요인, 설비적 요인, 직접적 요인, 관리적 요인은 기본원인이 되며, ⅲ) 불안전상태와 불안전행동은 직접적 원인이 되고, ⅳ) 사고가 이상상태로써, ⅴ) 재해라는 피해로 나타난다. 따라서 4M기법은 재해원인을 파악하고 예방관리대책을 마련하는데 유용하다.

3) **Man의 특성이해**　　a) Man(인간)은 근로자의 심리적인 원인, 생리적 원인, 인간관계의 원인을 의미한다. 인간은 우유부단한 성격, 판단실수, 부주의 등으로 불안전행동을 한다. 그래서 누구나 실수를 할 수 있으므로 재해예방조치에 노력해야 한다.

b) 예를 들어 작업자가 안전규칙을 무시한 것으로 외견상 보이지만, 컨베이어가 작동 중 이상이 생겨 급히 정지를 시켜야 하는 급박한 상황에서 근처에 스위치가 없어 손을 댔다가 부상 등 재해가 발생한다. 이 경우 작업자의 불안전행동 이전에 설비적 요인 등 복합적인 요인에 의해 재해가 발생한다는 이론에 기초하여 위험통제의 방법과 절차를 마련해야 한다.

c) 작업자는 급박한 상황에 놓이면 문제적 상황의 해결에 몰입되어 안전수칙을 잊은 채 불안전 행동을 하기 쉽다. 인간은 기억을 20분 후에 42% 망각하고, 1시간 후에 56% 망각한다. 그래서 관리자는 작업자에게 수시로 지시하거나 주의사항을 알려주어야 한다.

4) **Machine의 관리**　　a) Machine(기계)는 기계설비의 설계상 결함, 위

험방호의 결함, 점검이나 정비의 불량 등 물적 요인을 말한다. 각종 기계나 장비는 용도에 부적합하거나 사용이 불편한 경우 개량하여 사용하여야 한다. 예를 들어 ⅰ) 임의로 기계를 사용하거나 변경하는 경우, ⅱ) 기계의 사용법을 제대로 알지 못하는 경우, ⅲ) 기계의 안전장치를 해체하는 경우, ⅳ) 기계의 부속품을 임의로 교체하는 경우, ⅴ) 기계의 사양이 부적합하게 변경하여 공작물을 가공하는 경우 재해가 발생할 수 있다.

b) 그래서 인간의 실수가 있어도 재해가 발생하지 않도록 기계·설비 등에 안전장치(fool proof)를 설치해야 한다. 전자레인지의 문을 열면 작동하지 않는 것과 같은 안전장치의 원리를 적용해야 한다. 일정 이상의 전류가 흐르면 휴즈가 녹아서 끊어지면 전류가 차단되거나 신호등이 고장나면 빨간색으로 되어 자동차가 달리지 않도록 하는 것은 실패안전(fail safe)의 원리를 적용한 것이다.

5) **Media의 환경**　　a) Media(작업적 요인)는 작업적 요인이나 작업환경을 말한다. Media은 작업공간이나 작업환경의 불량, 재료의 위험성이나 유해성, 작업자세 또는 작업동작의 결함 등을 의미한다. 작업과 관련된 작업정보의 부족, 협조미흡, 불안전한 접촉 등을 포함한다.

b) 재해예방을 위해서는 ⅰ) 작업조건이나 작업환경이 과연 적합한지, ⅱ) 잘못된 상황을 유발하였는지, ⅲ) 사용하는 설비의 노후화 또는 기계등의 오작동에 의한 것인지 파악해야 한다. 재해가 발생한 경우에 원인을 파악하기 위해 작업자의 작업조건이나 환경에 부적합한 원인을 조사할 필요가 있다.

c) 예를 들어 제조현장에서 감지기의 이상으로 경보장치가 자주 울리자, 경보기 스위치를 꺼놓은 결과 누출사고 시 신속한 구제가 어려웠던 사례도 있다. 이 경우에는 작업자의 잘못된 안전수칙위반이 아니라 시설의 노후화, 경보장치의 하자로 보아야 한다.

6) **Management의 관리체계**　　a) Management(관리)는 관리적 요인으로서 안전보건관리조직, 작업계획, 작업지휘 등을 말한다. 여기에는 근로자의 교육훈련 부족, 감독자의 오판, 작업계획의 불량, 잘못된 지시 등을 포함한다. 안전수칙이나 지침, 기준이 부적합한 경우 근로자는 이를 준수할 수 없다. 그래서 불합리한 규칙은 현장의 의견을 들어 수시로 정비를 해야 한다.

b) 중대재해의 예방대책을 마련하기 위해서는 안전경영의 투자가 필요하다. 일본의 경우 안전대책에 대하여 한 사업장(직원 732명) 당 안전대책비용은 2억5,654만 엔을 들여 투자를 한 결과 그 효과는 6억9,340만 엔이 되어 총 안전투자비용의 약 2.7배의 경제적 효과가 있었다고 한다.180)

[표2-60] 안전대책에 대한 투자 효과

항 목	금액(만 엔)	비율(%)
1. 노동재해를 피할 수 있어 노동자에게 생기는 손실 절감액	20,590	35.5
2. 노동재해를 피할 수 있어서 사업장에 생기는 손실 절감액	27,490	47.3
3. 메리츠 제도(기업별 개별 실적 요율제도) 산재 보험료 절약 효과	464	0.8
4. 기업 내 추가 보상액의 절약 효과	579	1.0
5. 민사손해배상액의 절약 효과	3,814	6.6
6. 손해 보험료 절약 효과	322	0.6
7. 소송 비용의 절약 효과	3,043	5.2
8. 기계·설비등의 파손, 파괴로 인한 손해액의 절감 효과	952	1.6
9. 동료, 상사의 노동 손실 일수에 다른 손실액의 절감 효과	813	1.4
합 계	58,067	100.0

c) 사업주나 경영책임자는 4M의 이론을 활용하여 위험성평가, 사고조사를 할 수 있다. 그러나 4M기법을 이용한 재해예방대책을 수립하였더라도 그 자체로 규범성을 지닌다고 해석할 수 없다. 4M기법은 재해원인을 제거·대체·통제하는 직접적인 수단이 아니며 중대재해처벌법 시행령 제4조에 의한

---

180) 중앙노동방재협회, "안전대책의 비용 대비 효과-기업의 안전대책비의 현상과 그 효과의 분석(2000. 9),", 13면,

요구규범으로 볼 수 없다.

(9) 3E대책

1) 3E의 정의   a) J.H Harvey는 산업재해의 주된 원인을 3E(Engineering, Education, Enforcement)라고 하며, 재해예방대책으로 3대요소를 주장하였다. 3E의 3대요소는 기술(Engineering), 교육(Education), 실행(Enforcement)로서 유기적인 활용이 중요하다.

b) Harvey의 3E이론은 재해의 원인과 특성을 고려하여 반복적인 재해발생을 예방하는 방법으로 활용된다. 따라서 중대재해를 예방하기 위해서는 작업방법 및 안전작업절차, 안전관리기업 등 교육이 필요하다. 그러나 3E이론에 의한 기술, 교육, 실행이라는 예방대책은 중대재해처벌법 시행령 제4조 및 제5조의 규범적 요구사항에 해당되지 않는다.

2) Engineering의 기술적 · 공학적 대책   a) 기술(Engineering)은 기계설비의 결함, 기계장치 또는 공정의 설계를 통해 위험요소를 차단하고, 재해가능성을 줄이는 기술적 · 공학적 대책을 말한다. 따라서 부적절한 환경에 작업자가 노출되지 아니하도록 근원적으로 기계장치를 설계하거나 위험에 접근하지 못하도록 차단해야 한다.

b) 기술적 · 공학적 대책은 작업자가 유해 · 위험한 작업환경에 노출되는 환경을 차난하는 방법, 사람에 의한 노동력의 투입을 기계설비로 대체하는 방법, 기계설비를 안전하게 다루는 작업절차를 마련하는 방법, 방호장치나 울 등을 설치하는 방법 등 다양하다. 이 경우 본질안전설계, 안전보호대책, 사용상의 정보제공 등의 방법으로 우선순위를 정할 수 있다.

3) Education의 방법   a) 교육(Education)은 조직의 구성원들이 직무를 수행하는데 필요한 지식 · 기술 · 능력을 습득하는 과정을 말한다. 교육내용은 직업적 전문기술 이외에 안전보건관리에 관한 방법, 작업절차의 정보, 유해 · 위험물질의 취급정보 등 다양하다.

b) 안전보건관리의 교육은 OJT교육과 Off JT교육, 집합교육 및 통신교육 등 여러 가지 방법으로 실시할 수 있다. 교육(Education)은 지식의 부족, 기능

의 결여, 부적절한 태도 등이 일정 수준 이하인 경우 불안전한 행동을 방지하는 교육과 훈련을 실시해야 한다. 이러한 교육과 산업안전보건법에 의하법정 교육은 그 내용이나 성질을 달리한다.

c) OJT(On the Job Training)은 직장의 상급자가 부하직원에 대하여 실시하는 교육방법을 말한다. OJT는 교육내용이 구체적이고 실무와 연계되어 있어 이해하기가 쉽다. 또한 동료와 상사 간에 이해와 협동정신이 향상되며, 교육의 진도를 개인별 능력에 따라 조정하기가 쉽다.

d) Off JT(Off the Job Training)는 직무의 수행장소를 벗어나 외부에서 교육을 받는 방식을 말한다. Off JT는 집중적인 교육을 할 수 있으며, 전문가에 의한 질적 교육이 가능하다. 교육방법은 역할연기, 사례학습, 교류분석법, 도제훈련 등 목적과 대상에 따라 다양하다 안전보건교육의 대상, 방법과 절차는 산업안전보건법령에 따른다.

4) Enforcement의 방안   a) 실행(Enforcement)은 안전보건관리체제의 미비, 제반규정 및 수칙의 미준수 등 관리적 결함에 의한 재해예방대책을 의미한다. 따라서 중대재해 등 산업재해를 예방하기 위해서는 적절한 기준설정, 안전보건규칙의 준수 등 제도적 실행방안을 마련해야 한다.

b) 안전보건관리규정 및 안전수칙 등 절차서나 지침서에 행위준칙을 정해 준수하도록 해야 한다. 근로자가 귀찮다거나 불편해서 지키지 않으면 중대재해가 발생할 가능성이 높다. 그래서 안전수칙을 정하거나 작업중지, 징계 등 벌칙을 통해 안전의식을 강화해야 한다. 사업장에서 정한 절차서 및 지침서는 자치규범으로서 위반행위에 대하여 시정을 요구하고, 불응 시 제재조치를 할 수 있다.

(10) Non Technical Skills

1) 비기술적 기법의 정의   a) 재해예방대책은 기술적 기법(Technical Skills)에 의존하기에는 여러 가지 한계성을 나타낸다. 그동안 기술적·공학적인 관점에서 재해예방에 노력하였으나, 실효성이 없다는 비판이 제기되어 왔다. 재해원인은 기술적 원인보다 비기술적인 원인에 의하여 발생한다는 사

실은 널리 알려져 있다. 이러한 인식의 변화는 종전에 기술중심의 안전보건
관리의 한계성을 반성하는 결과의 산물로 나타났다.

b) 그래서 비기술적 기법(NTS : Non Technical Skills)의 필요성이 강조되고
있다. 물론 기술성을 전제로 하되, 시스템이론(system theory)에 기반한 해결
방안도 필요하다. NTS는 작업자들의 기술적인 역량을 보완하는 인지적·사
회적 역량이다. 재해원인의 80%가 인적 요인에 의하여 기인한다고 할 때,
인간적인 측면을 고려하여 안전관리를 해야 한다는 당위성을 나타낸다. 따라
서 효과적인 재해예방대책을 마련하기 위해서는 ⅰ) 상황인식, ⅱ) 의사결정,
ⅲ) 의사소통, ⅳ) 팀웍, ⅴ) 리더쉽, ⅵ) 스트레스관리, ⅶ) 피로관리 등 인
간의 행동에 관한 관리대책도 필요하다.

c) NTS와 인적 오류와의 관계에서 양호한 비기술적 역량은 실수의 가능
성을 줄이고 결과적으로 부정적 상황을 줄일 수 있다고 한다.[181] 따라서 다
양한 재해원인과 결합하여 NTS의 요소를 고려한 재해예방대책을 활용할 수
있다. 그러나 NTS기법은 중대재해처벌법에서 요구하는 규범적 요소를 구성
하지 않아 안전보건관리체계로 인정할 수 없다.

2) NTS의 활용성   a) 재해예방대책은 기술적인 사항보다 비기술적 기
법이 실질적으로 중요하다. 재해예방대책은 불안전한 행동이나 열악한 환경
등에 대응하기 위하여 생리학적 요인, 인지된 심리(cognitive psychology), 갈
등관리(conflict management), 교육방법(teching methods), 시스템이론(system
theory), 안전문화(safety culture) 등 요인을 고려해야 한다.

b) 안전보건관리체계는 재해예방조치와 관리감독체계를 성격에 따라 구축
해야 하지만 구체적인 방법론은 사업장의 특성을 고려해야 하므로 일률적으
로 정해 규범적 통제를 하는 것은 불합리하다. 인간의 행위특성을 고려하는
경우 NTS의 적절한 활용을 위해서는 ⅰ) 집단보다 개인, ⅱ) 개성보다 행
동, ⅲ) 일상적인 일뿐만 아니라 비정상적인 상황, ⅳ) 기술적 역량과 직접적
으로 관계된 다양한 역량에 초점을 맞추어야 한다.

---

181) Rhona Flin, Paul O'Connor and Margaret Crichton, Safety at the Sharp End
     A Guide to Non-Technical Skills : 박재갑·신병균·전해경·홍성현 옮김, 현장
     의 안전향상을 위한 비기술적 역량 가이드, 세진사, 2019, 6면.

3) NTS의 요소와 활용성

① **상황인식** a) 상황인식은 중요한 직무수행의 유지 및 상황예측과 관련된 역동적이고 다각적인 개념이다. 상황인식의 단계는 ⅰ) 정보수집, ⅱ) 수집된 정보의 해석, ⅲ) 미래상태의 예측단계로 구성된다. 상황인식은 근본적으로 의식집중이나 주의의 수준에 관한 것이며, 이러한 인지능력에 영향을 미칠 수 있는 요인을 이해해야 한다.

b) 피로와 스트레스는 상황인식의 질이 떨어질 수 있는 장애요인이 되며, 인지능력과 새로운 정보처리능력을 감소시킬 수 있다. 그래서 상황인식에 지장을 주는 영향요소를 회피하고 관리하거나, 어려운 상황에서 집중하는 방법을 알고 대처해야 한다. 상황인식에 영향을 미치는 요소는 스트레스, 피로, 전문지식, 작업부하, 주의산만 등이 있다.

② **의사결정** a) 의사결정은 주어진 상황에 적합한 요건을 충족시키기 위해 판단 또는 행동하는 대응책을 선택하는 과정이다. 의사결정은 ⅰ) 인식주도형, ⅱ) 규칙기반형, ⅲ) 비교선택형, ⅳ) 창조형 의사결정으로 구분된다. 인식주도형과 규칙기반형은 한 번에 하나의 대응 선택만이 고려된다. 비교선택형은 몇 가지의 가능한 행동방침을 세운 뒤 동시에 비교한다. 창조형은 상황이 생소해서 새로운 대응이 필요한 경우에 적합하다.

b) 인식주도형 의사결정은 이전의 동일한 유형의 상황에 대한 대응을 기억한다. 이를 '인식주도형 의사결정 또는 직감적 의사결정'이라고 한다. 인식주도형 의사결정은 의식적인 사고가 필요 없어 빠르게 결정할 수 있고, 일상적인 상황에서 유용하다. 상황의 변화가 유사하여 실행 가능한 선택이 가능하여 스트레스의 악영향을 받지 않는 장점이 있다. 그러나 실행자의 경험이 필요하고, 판단 근거의 설명이 어렵다는 단점이 있다.

c) 규칙기반형 의사결정은 발생한 상황을 식별하고 해당되는 절차상의 규칙이나 과정을 기억해 내거나 매뉴얼을 참고하여 결정하는 것을 말한다. 이 과정은 인식주도형 의사결정보다 더 의식적인 노력이 필요하다. 이러한 의사결정은 초보자에게 적합하며, 규정된 절차를 따라 행동방침을 설명하기 쉽고, 각 단계의 이유를 이해할 필요가 없다. 그러나 규칙이 부적합하거나 부정확한 경우 잘못된 절차를 선택할 수 있다.

d) 비교선택형 의사결정은 '분석적 의사결정'이라고도 하며, 의사결정자는 기억력, 매뉴얼 또는 다른 팀원들과 다양한 행동방침을 비교하여 그 상황의 요구에 가장 적합하다고 생각하는 것을 선택하게 된다. 이러한 의사결정은 대체적 행동방침을 비교하여 각종 기법을 이용할 수 있다. 그러나 의사결정에 시간이 소요되며, 산만하거나 소음이 심한 환경에서는 적합하지 않다.

e) 창조형 의사결정은 새롭고 낯선 상황에서 행동방침을 고안하는 등의 의사결정을 하는 것을 말한다. 창조형 의사결정은 고위험 상황에서 새로운 행동방침을 사용하여 해결할 때 사용하며, 자주 사용하지 않는 방법이다. 이러한 의사결정은 익숙하지 않은 문제에 대한 새로운 해결책을 제공한다. 그러나 의사결정에 시간이 소요되며, 검증되지 않은 의사결정이라는 단점이 있다.

③ **의사소통**   a) 의사소통은 둘 이상의 사람 간에 정보를 교환하고 의미를 공유하는 것을 말한다. 의사소통은 정보의 교환, 피드백 및 대응, 아이디어와 감정의 교환을 위해 필요하다. 의사소통은 팀웍을 위한 중요한 수단이며, 작업현장의 효율과 안전을 위해 요구된다. 의사소통은 조직구성원의 행동을 통제하는 기능을 한다. 의사소통을 통해 의견을 청취하고, 과업과 목표에 대한 정보, 권한과 책임에 대한 정보를 제공하므로 매우 중요하다.

b) 의사소통의 유형은 일방향 의사소통, 쌍방향 의사소통으로 구분된다. 일방향 의사소통은 발신자가 전달하고 싶은 정보나 메시지를 단어나 다른 신호로 기호화하여 수신자에게 전송되고 수신자는 의미를 확인하기 위하여 정보를 해독한다. 쌍방향 의사소통은 발신자와 수신자가 대화, 전화, 무선통신의 방법으로 즉시 정보를 교환한다. 쌍방향 의사소통은 정보의 내용을 명확히 확인할 수 있어 상황을 정확히 판단을 할 수 있다.

④ **팀웍**   a) 팀웍(teamwork)이란 팀이 협동하여 행하는 동작이나 상호 간의 연대를 말한다. 팀웍은 고위험을 동반하는 작업에서 중요하며, 의사소통, 협력을 통해 높은 수준의 역량을 발휘하기 위하여 구성한다. 따라서 팀을 구성하고, 의사결정을 하며, 훈련기법 및 그룹행동에 영향을 주는 요인을 분석하여 운영할 필요가 있다.

b) 작업팀의 효율성은 리더쉽 역량, 적절히 설계된 직무와 팀 구성, 정보자원이나 보수를 얻기 위한 배경 등이 유효하게 기능한다. 팀웍의 효과는

ⅰ) 팀웍의 유대감과 강한 애착, ⅱ) 적절한 작업의 분담, ⅲ) 구성원 각자의 책임감, ⅳ) 상호 간의 지원, ⅴ) 팀원 간의 조건 및 정보의 제공, ⅵ) 팀원 간의 협조성에 의하여 결정된다. 이 경우 팀원 간의 갈등과 스트레스를 해소하는 방법은 중요한 영향요소가 된다.

⑤ **리더쉽**   a) 리더쉽의 개념은 학자에 따라 다양하며, 통일되어 있지 않다. 스토그딜(R. M. Stogdill)은 「리더쉽이란 집단의 구성원들로 하여금 특정의 목표를 지향하게 하고, 그 목표달성을 위해 실제 행동을 하도록 영향력을 행사하는 것」이라고 하였다. 따라서 리더쉽은 "조직구성원에게 조직의 목표달성을 위해 행동하도록 영향력을 행사하는 것"을 말한다.

b) 리더쉽이론은 ⅰ) 리더쉽특성이론(Leadership trait theory : 1930~1940년대), ⅱ) 리더쉽행동이론(Behaviorial theory of Leadership : 1940~1960년대), ⅲ) 리더쉽상황이론(Contigency theory of Leadership : 1970년대 이후)182)으로 구분된다. 리더쉽특성이론은 리더의 자질을 타고났다고 보아 리더와 비리더를 구별한다.183) 리더쉽행동이론은 1940년대 이후 등장한 이론으로 리더쉽은 리더가 실제로 표출하는 것은 행동이며, 내면에 있는 특성을 부정한다.184)

---

182) 리더쉽상황이론에 관한 연구는 피들러의 리더쉽상황모델(리더쉽 유형, 상황적 호의성, 리더의 효율성), 허시와 블랜차드의 상황적 리더쉽이론(리더쉽스타일, 구성원의 성숙도, 리더쉽의 효과성), 하우스의 경로목표이론(기대이론, 리더쉽 스타일, 상황변수, 적합한 리더쉽의 유형선택), 브룸·예튼·제이고의 리더쉽규범 이론(리더의 의사결정 스타일, 의사결정의 질과 수용도, 의사결정나무와 처방), 그레인과 얼빙의 리더구성원 교환이론(LMX : Leader Member Exchange theory) 등이 있다.

183) 리더쉽특성이론은 리더쉽을 성공적으로 이끄는 주된 요인은 바로 리더가 갖추고 있는 특성과 자질에 있다는 주장이다. 유능한 리더는 지적능력, 성격, 신체적 조건, 과업의 감독능력면에서 탁월하다고 보았다. 리더쉽특성이론은 사회적으로 훌륭한 인물이 가지고 있는 개인적 특성을 찾아내어 리더쉽의 성공여부를 예측할 수 있다는 것이다. 이 이론은 역사학자에 의하여 처음 주장되었으며, 리더의 선천적 자질을 가지고 태어나므로 리더는 추종자와 다르다는 것으로서, 위인이론 또는 자연적 리더쉽이론이라고 한다. 리더쉽특성이론에서는 감성지능, 외향성, 성실성, 개방성, 정직성, 자기존중감을 리더가 지닌 특성으로 파악하였다.

184) 리더쉽행동이론은 리더쉽의 스타일을 전제적 리더쉽, 민주적 리더쉽 자유방임적 리더쉽으로 구분한다(아이오와대학교 연구, 1938년). 그러나 1947년 리커트는 어떤 리더쉽의 유형이 집단성과를 증진시키는지 알아내기 위하여 인터뷰와 설문조사를 한 결과 직무중심적 리더쉽, 종업원중심적 리더쉽 스타일로 구분하였고 (미시건대학교, 1940년말~1950년초반), 리더쉽의 유형을 독재적, 권위적, 참여

c) 리더쉽상황이론은 리더쉽특성이론과 행동이론과 달리 모든 상황에서 보편타당한 최상의 리더쉽을 찾고자 하는 이론이다. 지금까지의 리더쉽이론을 실제의 상황에서 일관성을 확보하기 어렵다고 보아 리더쉽의 효과는 여러 상황에 의해 달라질 수 있다고 보았다.

d) 최근에는 리더쉽이론을 응용하여 안전리더쉽(safety leadership)의 용어가 사용되고 있다.185) 이것은 재해예방을 위해 안전보건관리책임자나 관리감독자의 리더쉽행동이 중요하다는 것을 의미한다. Flin and Yule(2004)는 ⅰ) 작업자의 안전행동 감시 및 강화, ⅱ) 작업자의 안전활동에 대한 참여, ⅲ) 솔선적인 안전활동 지원, ⅳ) 생산성보다 안전성을 중시해야 한다고 주장하였다.186) 따라서 시간제약, 위험, 동적 상황, 높은 정보부하 및 불확실성에 의한 스트레스의 상황 하에서 팀의 수행력은 리더의 유능함과 관련이 있다고 한다.187)

⑥ **스트레스 관리**　　　a) 업무환경의 스트레스는 각종 질병을 유발할 수 있어 관리대책이 필요하다. 스트레스는 만성스트레스와 급성스트레스로 구분되며, 산업보건안전청(HSE)는 스트레스를 과도한 압력 또는 기타 유형으로

　　적, 민주적으로 구분한 결과 참여적·민주적 리더쉽이 가장 효과적이라고 주장하였다. 그러나 이후 상황에 따라 참여와 독재 모두 효과적일 수 있다는 견해가 대두되었다. 이외에 오하이오 주립대학교의 리더쉽 2요인(구조주도, 배려), 블레이크와 머튼의 관리격자 모델(무관심형, 컨트리클럽형, 과업형, 중도형, 팀형)과 일본 오사카대학 스미스교수의 PM리더쉽모형(성과지향, 관계지향)이 있다.

185) 최근에 리더쉽이론은 ⅰ) 카리스마 리더쉽(charismatic leadership theory), ⅱ) 변혁적 리더쉽(transformational leadership)과 거래적 리더쉽(transat- ional leadership), ⅲ) 네오카리스마 리더쉽(neocharismatic leadership), ⅳ) 서번트 리더쉽(servant leadership theory), ⅴ) 진정성 리더쉽(authentic leadership), ⅵ) 윤리적 리더쉽(ethical leadership), ⅶ) 임파워먼트 리더쉽(empowerment leadership), ⅷ) 코칭리더쉽(coaching leadership), ⅸ) 수퍼리더쉽(super leadership)과 자율적 리더쉽(self leadership), ⅹ) 팔로워쉽(followship), ⅺ) 감성리더쉽(emotional leadership)이 주장되고 있다.

186) Flin, R. and Yule, S.(2004) Leadership for safety : Industrial experience. Quality and Safety in Health Care, 13, Suppl 1, i45-i51.

187) Burgess, K.A., Salas, E., Cannon-Bowers, J.A. and Hall, J.K. (1992), Tranining Guidelines for team leaders under stress. paper presented at the 36th Annual Meeting of the Human Factors Society, Atlanta, Geogia. : 박재갑·신병균·전해경·홍성현 옮김, 현장의 안전향상을 위한 비기술적 역량 가이드, 세진사, 2019, 178면.

과도한 요구에 대한 사람들의 부정적인 반응으로 정의하였다(HSE, 2005a).[188] 스트레스에 대처하지 못하면 작업오류의 증가, 생산성 저하, 불안감, 질병의 발생, 업무능률의 저하로 나타난다.

b) 만성스트레스는 작업자가 장기간에 걸쳐 직무요구사항에 의한 작업부하, 교대근무의 패턴, 작업환경, 온도, 위해요소, 소음, 기타 작업조건에 노출될 때 나타난다. 만성스트레스의 증상은 두통, 흉통, 불안, 초조감, 우울증, 잦은 결근이나 지각, 짜증 등 감정제어의 상실 등으로 나타난다.

c) 따라서 스트레스의 유형과 원인, 증상, 환경 등에 대한 관찰과 조사를 통해 스트레스의 원인을 분석하고 스트레스에 대처하는 방법을 교육해야 한다.[189] 스트레스의 예방을 위해서는 현장의 스트레스 요인을 파악하기 위한 조사표를 개발하여 측정하고, 동시에 질병 발생률 및 직원 이직률 등 조직 내에서 이용 가능한 데이터를 수집하여 분석해야 한다.[190]

d) 급성스트레스는 갑자기 생명을 위협하는 사건이나 외상을 입는 장면을 보거나 뚜렷한 심리적 신체적 반응을 경험할 때 나타난다. 긍정적 스트레스는 동기부여를 시킬 수 있고, 적당한 강도는 업무수행에 유익한 영향을 미칠 수 있다. 그러나 부정적 스트레스는 질병을 유발하거나 무력감, 일할 의욕을

---

188) Health and Safety Executive (2005a) Tackling Stress : The Management Standards Approach. Sudbury : HSE Books.

189) 문제집중형(problem focused) 대처방법은 문제의 정체를 정의하고 복수의 해결 방안을 만들어 비용과 편의의 관점에서 해결방안을 평가하고 그 중에서 선택하여 행동하도록 노력한다. 감정집중형(emotion focused)은 스트레스 요인에 의해 유발되는 부정적인 감정을 줄이거나 관리하는 것을 목표로 한다. 일반적으로 문제집중형은 스트레스를 경감하기 위해 상황의 특징을 바꾸는 현실적인 전망이 있을 때 가장 효과적이며, 감정집중형은 단기간의 전략으로 흥분수준을 낮추는데 효과적이라고 한다.: 박재갑 등 옮김, 현장의 안전향상을 위한 비기술적 역량 가이드, 세진사, 2019, 205-206면.

190) 만성스트레스는 개인과 집단의 측면에서 조사하여 분석한다. 개인의 경우 ⅰ) 1차적으로 위험요인을 줄이거나 스트레스 요인의 성격을 바꾸는 방안, ⅱ) 2차적으로 위험 및 스트레스 요인에 대한 개인수준의 대응방식 변경, ⅲ) 3차적으로 직장에서 고통을 받는 사람들에 대한 치료로 구분해 대처할 필요가 있다. 집단의 경우 ⅰ) 위험을 제거하기 위해 노출을 줄이거나 종업원에게 미치는 영향을 줄이고, ⅱ) 스트레스 관련 문제가 발생할 때 인지하고 처리하는 조직의 대처능력을 개선하며, ⅲ) 업무에서 발생한 문제에 대처하고 회복할 수 있도록 지원을 해야 한다.

상실시키는 등 역효과로 나타난다.

　e) 급성스트레스의 대처방법은 1차, 2차, 3차로 구분할 수 있다. 급성스트레스를 예방하기 위해서는 ⅰ) 노출위험이 있는 사람들을 적절히 전문훈련과 경험을 하도록 하는 1차 예방, ⅱ) 스트레스의 증상과 영향을 신속하게 발견하여 대응하도록 하는 2차 예방, ⅲ) 극도로 스트레스를 받는 상황에 노출된 구성원의 대처방법과 위기상황에 대응하는 3차 예방 관리를 해야 한다.

　f) 2차 예방방법은 스트레스의 반응을 보이거나 상황에 처해 있는 구성원에 대하여 팀리더가 관심을 가지고 필요한 조치를 하도록 훈련을 해야 한다. 이 경우 적합한 훈련기법은 인지적 훈련기법, 생리적 제어기법 등이 있다. 인지적 훈련기법은 개인의 감정을 조정하고 정신을 산만하게 하는 생각을 제어하여 업무에 집중할 수 있도록 하는 것을 말한다. 자신이 압도당하기 시작하거나 느끼는 경우 몇 분 동안 상황에서 벗어나 있거나 스트레스 반응을 조절하는 절차를 나타내는 것 등이 포함된다.

[표2-61] 인지적 제어기법의 행동요령

STOP	물러나기(Stand back), 여유갖기(Take stock), 전체보기(Overview), 처리하기(Procedures)
STAR	정지하기(Stop), 생각하기(Think), 행동하기(Act), 검토하기(Review)
DODAR	진단하기(Diagnose), 선택하기(Options), 결정하기(Decide), 실시하기(Assign), 검토하기(Review)

　g) 생리적 제어기법은 스트레스에 의한 부정적 생리적 반응을 조절하는 방법이다. 개인이 위기에 직면했을 때 침착하게 긴장을 풀고 제어상태에 있도록 하는 것을 말한다. 예를 들어 소방관에게 자신의 심박수를 인식하라고 가르치고, 신체적으로 격한 운동을 하지 않았는데도 심박수가 분당 110를 넘으면 몇 차례 심호흡을 한 후 진정하고 다시 집중하라고 한다.[191]

　h) 스트레스 노출훈련(stress exposure training)은 스트레스를 받는 상황에

---

191) Okray, R. and Lubnau, T, (2004) Crew Resource Management Training for the Fire Service, Tulsa, OK : PennWell Corporation.

서 성공적인 팀수행을 위해 고안된 훈련과정이다. 스트레스 노출훈련의 단계는 참가자들은 급성스트레스의 원인과 반응에 대한 지식을 습득하고, 실습과 피드백을 통해 스트레스에 대응하는 참가자들을 지원하기 위한 훈련을 하고, 훈련환경에서 스트레스에 점차적으로 노출되는 것을 통해 참가자들의 역량을 실습할 기회를 부여하는 단계로 추진한다.

i) 3차 예방방법은 극도로 스트레스를 받는 상황에 노출된 팀원의 대처방법을 위해 개입할 필요성을 강조한다. 이 경우 위기상황 스트레스 관리(CISM : Critical Incident Stress Management)는 예기치 않은 위기상황에 의한 외상후 스트레스장해(Post Traumatic Stress Disorder : PTSD)를 예방하기 위해 개입하는 방법을 말한다. 위기개입은 위기 전 기능수준으로 복귀하기 위한 목적으로 징후와 증상완화를 관찰하고 적절한 조치를 위해 개입한다.

⑦ **피로관리**　a) 피로는 연속 또는 반복되는 정신적·육체적 작업에 따라 발생하는 심신기능의 저하를 말한다. 피로의 증상은 ⅰ) 나근함, 졸음, 피곤, 탈진감을 나타내며(주관적 요소), ⅱ) 업무능률의 저하, 주의력, 지각, 의사결정에 지장(객관적 요소)을 초래한다.

b) 피로에 의한 주의력의 저하는 위험요인을 정상적으로 인지하지 못해 각종 재해발생의 원인이 될 수 있다. 피로가 누적되어 생기는 생리적 이상상태를 과로라고 한다. 피로는 충분한 휴식을 취하면 회복되지만, 피로감이 회복되지 않는 경우 과로의 범위를 벗어난 질병의 전조증상으로 본다.[192]

c) 피로의 원인은 ⅰ) 수면부족과 장시간의 근무, ⅱ) 극한 온도, ⅲ) 소음(85dB 이상), ⅳ) 진동, ⅴ) 육체노동과 같은 요인에 의해 피로가 유발된다. 하룻밤을 새면 인지적 수행능력이 25% 감소하고, 이틀밤을 새면 기준치의 40%까지 떨어질 수 있다.[193] 2시간의 수면부족은 맥주 23병을 마시는 것과 동등한 정도의 수행저하를 초래한다. 수면부족은 의사소통, 과민성, 성급함, 부적절한 대인관계 행동으로 나타난다.

d) 교대근무의 형태도 피로를 축적시키는 요인이 된다. 교대근무를 순방향

---

192) 이상국, 산재보험법(1), 대명출판사, 2024, 445면.
193) Krueger, G.P. (1989) Sustained work, Fatigue, sleep loss and performance : A review of the issues, Work and Stress, 3, 121-141.

(아침→저녁→밤)보다 역방향(밤→저녁→아침)으로 교대하는 것이 피로가 더 심하다.194) 교대의 주기는 교대간격이 빠를수록 생체리듬을 붕괴시키고 피로를 가중시킨다. 생체리듬의 혼란을 최소화하기 위해서는 연속하는 야간교대작업을 가능한 한 줄일 필요가 있다. 즉 교대주기를 길게 하여 생리적·신체적으로 적응하도록 해야 한다.

  e) 교대근무를 하더라도 시업시각을 오전 5시보다 오전 6시로 정하는 것이 좋다. 안전성과 생산성 측면에서 최상의 교대시간에 대한 증거는 없다. 그러나 연구결과(Dembe et al.)에 의하면, 하루에 최소 12시간 일하면 위험률이 37% 증가하고, 주당 60시간을 일하면 위험률은 23% 증가한다고 한다.195) 피로는 다음과 같은 8가지 관리대책을 수립해 시행할 필요가 있다.

[표2-62] 피로예방의 8가지

구 분	관리대책	비 고
교 육	1. 교대근무가 업무수행력과 각성도에 미치는 영향, 수면부족의 영향, 생물학적 주기와 피로완화 등에 관한 교육 2. 관리자와 교대근무자에 대한 교육실시	
수면위생	1. 수면의 질과 양을 향상시키는 행위 2. 조용하고 어둡고 시원한 방, 심한 운동, 음주 등 금지	
휴 식	1. 근로시간의 단축 2. 짧은 시간동안 가벼운 운동, 자세 바꾸기 등	·10분 휴식제 도입
낮 잠	1. 피로를 줄이는 효과적인 방법 2. 낮잠 또는 선잠	·낮잠 40분 ·수면에서 눈을 뜬 직후 위험작업 금지

---

194) Burgess, K.A., Salas, E., Cannon-Bowers, J.A. and Hall, J.K. (1992), 번역도서, 251면.

195) Dembe, A.E., Erickson, J.B, Delbos, R.G, and Banks, S.M. (2005) The impact of overtime and long work hours on occupational injuries and illnesses : new evidence from the United States. Occupational and Environmental Medicine, 62, 588-597

식 사	1. 균형이 잡힌 식단, 규칙적인 식사 2. 야간작업 시 가벼운 식사	
약 물	1. 신경각성제, 흥분제 등 사용금지 2. 자연발생적 호르몬, 멜라토닌의 약 투여 는 부정적 효과	
밝은 빛	1. 멜라토닌보다 우수한 효과가 검증 2. 실내조명 1,000~2,000룩스, 흐린 날 10,000룩스 조도유지	
피로관리 계획	1. 피로의 위험지수 5개 항목 : 시간대, 교대 시간, 휴식시간, 짧은 주기, 피로의 누적 2. 작업패턴의 영향분석	·2006년 영국 산업보건안전청(HSE) : Fatigue and risk index caculator

(11) FMEA

1) FMEA(Faiure Mode and Effects Analysis)의 정의 a) FMEA는 발생가능한 고장과 그로 인하여 발생할 수 있는 위험을 구조화하여 사전에 안전사고를 예방하는 방법으로서 "고장형태영향분석"이라고 한다. FMEA는 시스템이나 조직에 미치는 영향을 치명지수로 정량화하는 방법으로 일명 FMECA(Faiure Mode, Effect and Criticality Analysis)라고도 한다.

b) FMEA는 발생가능한 고장과 야기될 수 있는 위험을 구조화하여 위험 원인과 위험순위에 따라 사고를 예방대책을 수립하는 방법을 의미한다. FMEA는 1949년 미국의 국방부에서 고안한 군사업무의 추진방법으로 시작 되었다. FMEA는 1960년 대의 우주산업, 1970년대의 자동차산업에 사용되면 서 다양한 산업으로 전파되었다.

c) FMEA는 ⅰ) 초기 개발단계 및 설계단계에서 시스템의 기능과 잠재된 잠재고장모드를 해석(시스템 FMEA)하고, ⅱ) 설계단계에서 설계결함에 의한 잠재고장모드를 해석(설계 FMEA)하며, ⅲ) 공정단계에서 제조 및 조립공정 상의 결함에 의하여 야기되는 잠재고장모드를 해석(공정 FMEA)하여 위험성 을 파악한다.

d) 산업의 업종이나 상황, 제품의 기능이나 작업공정에 따라 FMEA의 분석을 위한 서식이 달라질 수 있다. 이 경우 제품의 개발단계 및 공정, 부품, 잠재적 고장 및 영향, 잠재적 고장으로 나타나는 영향, 고장원인, 고장의 발생빈도, 현재 관리하는 방법, 검출도, 위험에 대한 위험순위를 기록해야 한다.

[표2-63] FMEA의 분석서식 작성사례

①	②	③	④	⑤	⑥	⑦	⑧	⑨	⑩	조치결과				
										⑪	⑫	⑬	⑭	⑮
단계	부품	잠재적 고장	잠재적 고장 영향	심각도	잠재적 고장 원인	빈도	현재 관리 방법	검출도	조치 내용	RPN	조치 내용	발생 빈도	검출도	RPN

2) FMEA의 분석방법

a) 시스템 FMEA에서는 시스템의 구조와 기능을 파악하고 신뢰성과 기능을 검토하여 발생가능한 고장위험이 무엇인지 분석한다. 신뢰성은 신뢰도블록을 구조화하여야 하며, 이것이 시스템적으로 어떻게 기능하는지 파악하여야 한다.

b) 설계 FMEA는 제품의 구조와 기능에 대한 신뢰도블록을 구조화하고, 부품기능에 대하여 이상유무를 파악한다. FMEA는 정량적인 분석에 의한 평가를 수행한 후 고장위험의 등급이 높은 구조나 기능을 파악하여 개선안을 도출할 수 있어 유용하다. 고장위험의 검출 및 예방방법 등을 지정된 양식에 따라 작성하고, 고장의 심각도, 발생빈도, 검출도 등을 점수화하여 위험우선순위(RPN : Risk Priority Number)를 정한다.

c) 공정 FMEA는 Process Flow Chart, 공정분석수준, 가공(process)을 거쳐 분석방법을 전개한다. 시스템 FMEA와 설계 FMEA는 모두 고장모드를

설정하고 고장영향과 고장원인을 추정하고, 탐지기법을 기록한 후 정량분석
(심각도, 발생도, 검출도)을 한다. 그 결과 위험우선순위를 정한 후 중요문제
항목에 대한 대책의 추진방안, 문제항목 조치내용(F/UP)에 따라 조치 후 재
평가를 한다.

d) 재평가를 한 결과 요구수준을 총족하지 못하는 경우 중요문제항목에 대
한 대책을 다시 추진해야 한다. FMEA는 중대재해의 예방을 위한 조치수단으
로 활용할 수 있으나, 그 자체만으로 안전보건관리체계로서의 요구규범에 해당
되지 않는다. 그러나 FMEA는 중대재해처벌법 시행령 제4조제8호가목에 대한
보충적 수단으로 가능하다. 건설공사의 FMEA의 위험형태와 원인에 대한 사례
를 소개하면 다음과 같다.196)

[표2-64] 건설공사 FMEA의 유해위험형태 및 원인분석 사례

작업공정 단위항목	유해위험형태	유해위험원인
T1: 준비	K1: 넘어지고 굴러떨어짐	C1: 환경
T2: 현장 작업운영	K2: 떨어짐	C2: 대지
T3: 도로표면작업	K3: 충돌	C3: 치수
T4: 철제시트파일 설치	K4: 물체의 낙하	C4: 시설
T5: 파이프라인 굴착	K5: 붕괴	C5: 건강
T6: 지원시설장비 설치	K6: 붕괴	C6: 보호
T7: 도로포장수리	K7: 맞음	C7: 보호장구
T8: 폐토정리	K8: 압착	C8: 장비
T9: 케이블설치	K9: 잘림	C9: 절차
T10: 되메움	K10: 고열/냉온에 접촉 또는 노출	C10: 위치
T11: 지원시설 해체	K11: 해로운 것에 접촉 또	C11: 행동

---

196) 유동욱, "건축물 해체공사단계에서 예방적 안전관리를 위한 QFD-FMEA기반의
원인분류 모델", 단국대학교 대학원 건축공학과 박사학위논문, 2023, 69면.

	는 노출	
	K12: 전기충돌	C12: 조합조정
	K13: 폭발	C13: 불안전한 보호장비착용
	K14: 물체의 파괴	
	K15: 화재	
	K16: 불안전한 행동	

4. 중대재해 예방대책과 적정성 검토

(1) 아차사고의 예방 및 관리

1) 아차사고의 정의   a) 아차사고(Near Miss)는 어떤 사고가 발생하였으나 인적 재해로 나타나지 않은 사고를 말한다. 아차사고는 작업자의 실수나 현장 자체의 결함 등에 의해 재해가 일어날 수 있는 위험한 상황을 의미한다. 아차사고의 사례는 재해발생의 위험성이 있는 위험개소나 작업공정을 인지시키고 안전의식을 증진시킬 수 있다. 아차사고의 사례를 발굴해 원인을 분석하고, 위험개소(risk site), 위험공정, 작업특성에 따라 분류하고 재해예방 조치를 해야 한다.

b) 프랭크버드(노르웨이 DNV)의 연구에 따르면,[197] "Near Miss 600건은 대물사고 30건, 경상재해 10건을 유발하고 1건의 중대재해로 이어진다."고 하며, 약 3.6건의 사고가 발생할 확률이 있다고 주장한다. 따라서 아차사고가 빈발하는 사업장은 그 사례를 중대재해 등 재해예방대책으로 활용할 수 있다.

2) 아차사고의 관리대책   a) 각종 재해는 기계설비의 조립 및 해체의 절차 무시, 판단상의 실수, 안전수칙의 무시 등 단순한 행동에 의하여 발생한다. 산업재해는 인간의 실수에 의한 내부적인 위험요인과 외부환경에 의한

---

197) 박기덕, "Near Miss 및 잠재위험 개선활동", 한국안전학회지(2011).

위험요인이 중복되었을 때 발생한다.

  b) 각종 재해를 예방하기 위해서는 불안전한 상태나 행동 등 아차사고를 발굴하고 그 원인을 분석하고 관리해야 한다. 사업주 또는 경영책임자는 재해예방을 위하여 「아차사고(Near Miss) 안전관리지침」을 제정하고, 다음과 같은 사항을 고려해야 한다.

1. 아차사고는 유발가능성이 있는 잠재위험까지 발굴하도록 양식을 개발해야 한다.
2. 전체적인 현상을 파악하기 위한 사진이나 그림을 등록하도록 해야 한다.
3. 대책 의견에 대한 부담을 줄여야 한다. 작성자의 의견을 바탕으로 하되, 검토자인 관리감독자의 의견 등록란을 구성한다.
4. 위험의 인지와 원인파악이 구체적이어야 하며, 개선이나 보완 등의 사후관리가 가능해야 한다.
5. 유해위험별 등급을 설정하고 등급별 판정 및 조치 방법에 대한 조치 범례를 양식 하단부에 인쇄하여 적절한 조치가 진행하게 한다.
6. 유해위험의 크기가 일정 수준 이상이 되면, 이를 '중요위험'으로 분류하고 적절한 사후관리가 가능해야 한다.
7. 접수된 잠재위험 발굴보고서는 근로자들의 접근이 쉬워야 하며, 활용방안이 활성화가 되어야 한다.
8. 아차사고의 정보를 위험성 평가, 안전보건교육, 설비관리 등의 개선에 적극적으로 활용하려는 의지를 제고하고 이를 관리체계로 정착시키는 노력이 필요하다.

  3) 아차사고의 활용과 규범성 검토   a) 아차사고는 불안전상태가 불안전행동이라는 작업환경과 관련된 하나의 유해위험요인을 나타내는 관리적 요소에 해당된다. 그래서 종전에는 각종 재해의 원인을 지식의 부족이나 본인의 판단 잘못, 부주의 등 개인의 문제로 취급하였고, 아차사고는 유해위험요인에 해당된다고 보았다.

  b) 그러나 최근에는 조직과 작업환경의 문제, 관리 및 교육상의 문제로 인식하고 있다.198) 위험한 작업환경이나 작업조건을 제공한 책임주체에게 재해

예방조치 및 관리감독책임을 묻는 것이 더 합당하기 때문이다. 그러나 아차사고는 중대재해처벌법에 의한 요구규범에 해당되지 않아 안전보건관리체계로서의 적정성을 인정할 수 없다.

　c) 따라서 아차사고를 공공기관의 경영평가에 반영하여 시행하는 경우 또는 안전관리지침에 정하였거나 위험성평가의 대상에 포함하더라도 이를 누락하였다는 사실을 이유로 중대재해처벌법의 위반으로 볼 수 없다. 다만, 산업안전보건법 제36조에 의한 강제적 효력을 지니며 안전보건법령에 해당되므로 이행점검의 대상이 된다.

(2) 작업중지권의 행사

　1) **작업중지권의 정의**　　a) 작업중지권이란 산업재해가 발생할 급박한 위험이 있거나 중대재해(Fatal Accident)가 발생하였을 때 작업을 중지하고 대피하는 것을 말한다. 작업중지권은 위험작업 및 고소작업의 경우, 가스나 압력용기의 폭발위험 등에 대비하여 근로자가 적극적으로 행사하도록 보장되어야 한다.

　b) 작업중지권의 행사는 ⅰ) 산업재해로 인한 재해를 예방하기 위한 급박한 사정이 있어야 하고, ⅱ) 근로자가 즉시 행사할 수 있도록 보장하여야 하며, ⅲ) 급박한 사유는 사업 또는 사업장의 특성에 따라 합리성과 긴급성이 있어야 한다. 작업중지권의 행사는 전체 공정과 일부 공정에 대한 행시, 행사기간 및 작업의 재개, 관리감독자의 긴급조치 등을 범위와 절차를 정할 필요가 있다.

　2) **작업중지권의 행사범위**　　a) 산업안전보건법 제51조에는 작업중지권의 행사사유로서 "급박한 위험"을 정하고 있으며, 구체적으로 정하지 않고 있다. 작업중지권의 행사는 사업의 특성, 위험작업의 현장상황에 따라 판단하여야 한다. 작업중지권은 유해위험작업에 노출된 근로자 등 종사자를 보호하기 위하여 전체작업, 일부작업, 해당작업 등에 대해 인정해야 한다.

---

198) Grimaldi, J. V. and Simonds, R. H.: "Safety Management," R. D. Irwin Inc., Illinois, 223(1984). 3. Petersen, D.: "Safety Management".

[표2-65] 작업중지의 사유 및 공정기준

구분	중지사유	절 차
전 체 공 정	1. 화재·폭발 등으로 생산시설에 막대한 피해를 유발할 우려가 있는 경우 2. 폭발사고의 급박한 위험으로 중대산업사고를 유발할 우려가 있는 경우 3. 해당 사업장에서 중대재해가 발생할 우려가 있거나 발생한 경우	1. 작업중지의 발생사실 즉시 보고 2. 관리감독자 또는 안전 관리자 확인 3. 사업주에게 보고
일 부 공 정	1. 폭발사고의 급박한 위험으로 긴급대피가 필요한 경우 2. 추락사고 등 중대재해가 발생할 우려가 있거나 발생한 경우	1. 작업자 즉시 보고 2. 관리감독자 확인 3. 관리부서장에게 보고
해 당 작 업	1. 상기에서 정한 사유가 해당 작업작업에 국한되는 경우 2. 안전조치 및 보건조치의 대상이 일부 장소에 한정되는 경우 3. 밀폐공간 내 작업과정 중 질식위험 4. 중대재해가 발생한 작업에서 2차 재해가 발생할 위험이 있는 경우	1. 작업자 즉시 보고 2. 관리감독자 확인

b) 행정해석(안정 68320-905, 2000. 08. 24.)에 의하면, "산업재해 발생의 급박한 위험"이란 압력용기의 압력 급상승으로 폭발이 예상되는 경우 등 긴급 대피하지 않으면 즉시 근로자의 생명과 신체가 위험에 처하게 되는 상태를 의미한다.

3) **작업중지권의 법적 성격**   a) 작업중지권은 책임주체에 따라 권리나 권한으로 구분된다. 산업안전보건법 제52조(작업중지권)은 근로자의 권리에 해당된다. 산업재해가 발생할 급박한 사유가 있는 경우 사업주와 근로자는 작업중지권을 행사할 수 있고, 중대재해가 발생한 경우 사업주는 즉시 작업을 중지해야 하며, 고용노동부장관도 작업중지권을 행사할 수 있다.

b) 사업주가 작업중지권의 행사를 위반한 경우에는 형사처벌의 대상이 된다. 그러나 이 권한은 대부분 위임되어 행사된다. 산업안전보건법은 작업중지권은 ⅰ) 사업주의 작업중지권(제51조)과 근로자의 작업중지권(제52조), ⅱ) 고용노동부장관의 작업중지(제43조, 제53조, 제55조, 제119조)를 규정하고 있다. 작업중지권은 [산업안전보건기준에 관한 규칙]에서 제37조제1항(기상상태) 등을 규정하고 있다.

c) 작업중지권은 규범성을 지니므로 사업장의 특성, 도급인과 관계수급인의 공동작업을 하는 경우 등 사유를 명확히 하여 행사하도록 해야 한다. 그래서 공동작업이나 협력작업, 위험작업에 노출되는 관계수급인도 작업중지권을 행사하도록 절차서, 지침서, 매뉴얼의 형태로 제정해 시행할 수 있다.

4) 작업중지권과 안전보건관리체계의 적합성 검토 a) 중대재해처벌법 제4조제1항제4호 및 시행령 제4조제8호가목에 따라 중대산업재해를 예방하기 위한 매뉴얼에 작업중지권을 반영하도록 규정하고 있다. 또한 작업중지권은 중대재해처벌법 시행령 제5조제2항제1호에 따른 안전보건법령에 해당되어 이행점검의 대상이 된다.

b) 작업중지권은 산업안전보건법에 의한 법규범에 해당되며, 동시에 중대재해처벌법에 의한 규범성이 인정된다. 그러나 작업중지권은 산업안전보건법과 달리 규율방법, 법적 성격, 법적 효과(형사처벌) 등에서 차이가 있다. 중대재해처벌법에 의한 작업중지권은 사업주 또는 경영책임자로서의 역할을 반영한 규범적 요소를 갖추어야 안전보건관리체세로 인정할 수 있다.

(3) 작업허가서의 작성

1) 작업허가서의 정의 a) 작업허가서(PTW)는 유해·위험작업에 대한 재해예방조치 여부를 확인하고 승인하는 문서를 말한다. 작업허가서는 위험작업을 하기 전에 보호구의 착용상태, 위험기계의 안전장치 설치 및 작동상태, 소화기 설치 등에 대한 안전조치 및 보건조치 여부를 확인하고 기록해야 한다. 작업허가(PTW : Permit to Work)는 유해·위험성에 대한 재해예방조치와 안전작업절차 등을 확인하고 승인하는 위험통제행위를 의미한다.

b) 작업허가서는 관행적으로 밀폐공간작업, 일반위험작업, 가스작업, 전기작업(정전), 고소작업, 중량물·중장비작업, 굴착작업, 고열작업, 유해물질 취급작업, 방사선 사용작업, 구동기기 작업, 인화성액체, 인화성 가스, 화기취급 금지작업에서 작성되고 있다.

c) 타인에 의한 작업허가는 원칙적으로 지배·운영·관리의 형태로 보아야 한다. 다만, 법령에 근거를 두고 있는 경우에는 예외로 허용한다. 따라서 건설기술진흥법에 의한 건설기계등을 사용 시 작업허가를 하는 행위는 허용된 행위로 보아 지배·운영·관리를 볼 수 없다.

d) 이외에 산업안전보건법 제63조(도급인의 안전조치 및 보건조치) 및 제64조(도급에 따른 산업재해 예방조치)에 따른 확인 또는 중복확인(double check), 중량물취급, 밀폐공간작업 등 법적 근거 없이 작업허가를 하는 행위는 지배·관리에 해당된다.199) 따라서 법령에 의한 작업허가의 범위나 대상을 일탈한 지침 등은 규범성을 인정할 수 없다.

2) 작업허가서의 주요 내용 및 작성절차   a) 작업허가의 종류는 위험의 정도, 규모, 장소 등을 고려하여 다양하게 정할 수 있다.200) 작업허가는 사전에 중대재해를 예방하기 위하여 작업자에게 위험작업에 대한 재해예방조치를 하고 이를 서식에 따라 확인할 수 있도록 내용을 작성해야 한다.

b) 작업허가서에는 i) 작업종류별 필수 안전조치사항, ii) 중요안전 장치 확인, iii) 작업허가자, 작업요소, iv) 잠재위험요인, v) 안전대책, 조치자,

---

199) 더블체크와 달리 크로스체크는 확인주체가 서로 다른 행위를 말한다. 일반적으로 사업주체가 같은 경우 더블체크, 사업주체가 다른 경우 크로스체크라고 분류한다. 더블체크와 크로스체크의 구별은 사업주체의 동일성, 확인의 범위나 대상, 확인하는 시기 등을 고려하여 판단한다. 수급인이 확인한 후 안전관리전문기관이 발주자를 대신하여 확인점검을 하거나, 도급인이 확인하는 행위를 들 수 있다. 동일한 장소나 위험요인을 1차 확인자를 동행하여 다시 확인하는 행위는 더블체크이지만, 1차 확인자와 별개로 다른 사업주체나 전문기관에 위탁하여 확인하는 행위는 크로스체크로 구분한다. 그러나 더블체크와 크로스체크를 명확히 구분하기 어려운 경우도 있다. 사업주체를 달리하는 크로스체크는 지배·관리의 행위에 해당된다.

200) 작업허가절차는 작업허가대상작업, 작업허가서의 작성주체, 작업허가서의 내용 검토 및 승인, 안전관리자 또는 안전보건관리책임자의 역할, 작업허가절차를 통일적으로 파악할 수 있도록 작성할 필요가 있다.

vi) 이행 여부를 기록해야 한다.

[표2-66] 밀폐공간 작업허가서

밀폐공간 작업허가서		
○ 신청인 : 부서 직책 성명 (인) ○ 작업수행시간 : 월 일 시~ 월 일 시 ○ 작업장소 : ○ 출입자명단 :		
화기작업 필요유무 : □ 필요 □ 불필요		
2. 안전조치 요구사항		
확인항목	해당여부	감독 확인결과
안전담당자지정 및 감시인 배치		
작업장 주변 정리정돈 상태		
산소농도 및 유해가스(악취) 측정		
환기시설 설치		
통신 장비 이상유무		
방폭형 전기기계기구의 사용		
소화기 비치		
공기 호흡용보호구 비치(비상용품)		
안전장구 착용 및 구비		
인진교육 실시(일일안전교육)		
허가자 부서 : 안전환경부 직책 성명 (서명)		
4. 산소농도 및 유해가스(악취) 측정결과(작업전 측정)		
측정물질명	측정농도(숫자로 표기)	측정시간	측정자성명
산소			
일산화탄소			

황화수소			
가연성가스			
5. 특별조치 필요사항 :			
확인자(감독부서) 부서:　　　　직책　　　　　성명　　　　　(서명)			

c) 작업허가서에는 안전보건관리 관련 기준 중 유해·위험작업을 통제하기 위하여 ⅰ) 작업구역, 작업명, 작업장소, 작성자(작업책임자)를 기재하고, ⅱ) 작업주문서의 번호, 회사(부서), 연락처, 감시자, 서명날인, 작업인원을 기재한다. 또한 내용에 대한 ⅰ) 확인자의 직책, 성명, 서명날인을 하여야 하며, ⅱ) 허가승인은 최초 및 연장에 대하여 허가권자를 기록하여야 한다.

[표2-67] 안전작업허가서 승인기준

구 분		허가자	허가자 부재 시
고위험 화기작업, 밀폐공간작업		공장장	허가자 부재 시에는 안전관리자
화기작업, 가스위험작업		관리감독자	허가자 부재 시에는 주임 또는 지정자
일반위험 작업	정전/활선작업		
	방사선작업		
	상기 외 작업		

3) **작업허가와 안전보건관리체계의 적정성 검토**　　a) 작업허가는 산업안전보건법 제44조 및 같은 법 시행규칙 제50조(공정안전보고서의 세부내용 등) 제1항제3호(안전운전계획) 중 다목에 "안전작업허가"라고 명시하고 있다. 또한 「산업안전보건기준에 관한 규칙」 제241조의3제1항에서 화재위험작업의 시작 전 작업승인을 받도록 규정하고 있다.

b) 법적 근거 없는 작업허가는 중대재해처벌법에 의한 사실상 지배·운영·관리에 해당되며, 안전보건관리체계로 인정할 수 없다. 산업전보건법에 의한 작업허가는 허용된 규범적 행위이지만, 중대재해처벌법에 의한 규범적 요소를 갖추지 못한 것으로 판단된다.

c) 작업허가는 안전보건관리체계로서 적정성을 인정할 수 없으나, 안전보건법령에 해당되므로 이행점검의 대상이 된다. 따라서 안전작업허가를 절차서나 지침서를 제정하지 않았더라도 중대재해의 발생 시 중대재해처벌법의 위반책임을 물을 수 없다.

(4) 작업계획서의 작성과 위반죄

1) **작업계획서의 정의**　　a) 작업계획서는 고소작업이나 굴착작업 등 위험작업에 대한 재해예방을 위하여 구체적인 방법과 절차를 작성한 문서를 말한다. 작업계획서는 위험작업의 환경 및 유해위험요인의 사전조사, 작업지휘자의 지정, 작업장소의 접근금지 등 위험통제, 안전작업절차 등을 구체적으로 작성해야 한다. 사업주는 굴착기, 지게차 등 다양한 건설기계장비를 사용할 경우에 작업계획을 수립해야 한다.

b) 사업주는 다음 각 호의 작업을 하는 경우 근로자의 위험을 방지하기 위하여 [별표4]에 따라 해당작업, 작업장의 지형·지반 및 지층상태 등에 대한 사전조사를 하고 그 결과를 기록·보존하여야 하며, 조사결과를 고려하여 [별표4]의 구분에 따른 사항을 포함한 작업계획서를 작성하고 그 계획에 따라 작업을 하여야 한다(안전보건규칙 제38조제1항).

2) **작업계획시의 작성대상**　　a) 작업계획서는 중대재해 등을 예방하기 위한 재해예방조치로서 산업안전보건법에 의한 규범적 통제대상에 해당된다. 작업계획서의 작성은 「산업안전보건기준에 관한 규칙(이하 "안전보건규칙"이라 한다)」 제38조제1항 [별표4]에서 다음과 같이 해당작업을 열거하고 있다.

> 1. 타워크레인을 설치·조립·해체하는 작업
> 2. 차량계 하역운반기계등을 사용하는 작업(화물자동차를 사용하는 도로상의 주행작업은 제외한다. 이하 같다)

3. 차량계 건설기계를 사용하는 작업

4. 화학설비와 그 부속설비를 사용하는 작업

5. 제318조에 따른 전기작업(해당 전압이 50볼트를 넘거나 전기에너지가 250볼트암페어를 넘는 경우로 한정한다)

6. 굴착면의 높이가 2미터 이상이 되는 지반의 굴착작업

7. 터널굴착작업

8. 교량(상부구조가 금속 또는 콘크리트로 구성되는 교량으로서 그 높이가 5미터 이상이거나 교량의 최대 지간 길이가 30미터 이상인 교량으로 한정한다)의 설치·해체 또는 변경 작업

9. 채석작업

10. 건축물, 구축물 및 그 밖의 시설물 등(이하 "구축물등"이라 한다)의 해체작업

11. 중량물의 취급작업

12. 궤도나 그 밖의 관련 설비의 보수·점검작업

13. 열차의 교환·연결 또는 분리 작업(이하 "입환작업"이라 한다)

b) 사업주는 제1항에 따라 작성한 작업계획서의 내용을 해당근로자에게 알려야 한다(안전보건규칙 제38조제2항). 사업주는 항타기나 항발기를 조립·해체·변경 또는 이동하는 작업을 하는 경우 그 작업방법 및 절차를 정하여 근로자에게 주지시켜야 한다(안전보건규칙 제38조제3항).

c) 사업주는 제38조제1항제2호·제6호·제8호·제10호 및 제11호의 작업계획서를 작성한 경우 작업지휘자를 지정하여 작업계획서에 따라 작업지휘를 하도록 하여야 한다. 다만, 제38조제1항제2호의 작업에 대하여 작업장소에 다른 근로자가 접근할 수 없거나 한 대의 차량계 하역운반기계등을 운전하는 작업으로써 주위에 근로자가 없어 충돌위험이 없는 경우에는 작업지휘자를 지정하지 아니할 수 있다(안전보건규칙 제39조제1항).

3) **작업계획서의 작성방법**　　a) 작업계획서에는 일별 및 주별·월별로 기간을 설정한 세부사항에 따라 작업자, 작업내용, 작업일자, 작업장소, 개인보호구의 지급여부 등을 기록해야 한다. 작업계획서의 종류는 ⅰ) 공사작업계획서, ⅱ) 안전시공계획서(공사개요, 안전관리조직, 안전교육, 투입장비 및 안전

보호구, 등), iii) 해체작업계획서, iv) 차량계 운반작업계획서, v) 작업지시서 (제조업 및 생산업체에서 사용) 등 매우 다양하다.[201]

b) 작업계획서에 따라 작업내용, 작업지휘자의 지정 및 배치장소, 특별교육 또는 배치교육의 유무, 물질안전자료 및 표시판, 안전표지, 근골격계질환의 유해요인조사 등을 재해예방조치의 적합성을 판단할 수 있다. 작업계획서를 작성하지 아니하였거나 부실하게 작성한 경우 그 위반책임은 산업재해를 전제로 하므로 산업안전보건법에 따른다.

c) 작업계획서에는 i) 작업개요(현장명, 도급인, 수급인), ii) 건설기계 개요 및 성능(건설기계명, 관리번호, 차량번호, 운전원, 임대 및 임차인, 임대기간, 기계 폭·높이, 기계용량), iii) 작업장 개요로서 작업구간, 작업장 제원, 작업장 지형(구배) 및 상태(지장물, 지반보강, 안전시설), 운행경로 지형(구배, 제원) 및 상태(지장물, 안전시설), iv) 작업내용으로서 공종, 세부작업내용(주용도), 총작업량, 장비작업(사용)기간, 작업반경·높이, 작업방법 및 순서를 작성하고, v) 중량물 인양·취급대상에 대한 품명 및 형상, 크기(가로·세로·높이), 단위중량·1회 취급중량(kg), 운반거리·높이, 줄걸이 종류, 줄걸이 방법, 체결도구를 작성해야 하며, vi) 작업자 및 관리자 현황으로서 안전관리자, 작업지휘자, 신호수(유도자), 기타작업원, 신호방법에 대하여 작성해야 한다.

d) 또한 작업계획도에는 평면도와 단면도를 도면으로 작성해야 하고, 시공순서에는 항타작업의 경우 장비반입 LC 조립, 항심 맞추기, 천공작업, 스크류 인발·1차 밀크주입, 파일의 삽입, 2차 밀크수입·항타의 과정을 명시하여야 한다. 사용하는 건설기계의 조립 및 해체과정을 설명하여 위험을 알 수 있도록 하기 위한 취지이다.

e) 작업계획서는 작업과정 중 재해예방조치로서 안전대책을 반영해야 한

---

201) 건설기술진흥법에 의한 작업계획서의 작성의무는 중대재해처벌법에 의한 안전보건법령에 해당되지 않는다. 건설기계 표준작업 계획서의 사용절차를 보면, i) 차량계 건설기계, 차량계 하역운반기계, 중량물취급에 해당하는지를 구분하고, 건설기계사용설명서 등을 첨부해야 하며, ii) 작업계획서의 작성내용에 대하여 감독자(담당건설사업관리자, 책임건설사업관리자), 도급업체(시공담당자, 안전관리자, 현장대리인)의 승인 여부를 확인하고, 수급업체(작성자, 소장)가 적성하며, ii) 작업시행을 위해 작업지휘자, 장비운전자, 신호수가 교육을 받고 확인 후 날인하여야 한다.

다. 건설기계의 안전대책은 ⅰ) 작업단계(순서)에 따른 장비반입 시 위험요
인, 발생형태, 평가점수, 위험저감대책, 대책이행 여부를 확인하되, ⅱ) 작업
전(엔진시동 후 확인사항, 엔진시동 후 유의사항, 운전자의 건강상태, 안전장치확인),
작업 중(주행로의 지형, 지반 등에 의한 미끄러질 위험이 있는지 확인, 이상소음, 누
수, 누유 또는 부품, 조작레버 등의 이상 유무, 장비 작업범위 내 근로자의 출입금지
등), 작업 후(건설기계의 보관장소, 붐대의 내려놓은 상태, 건설기계의 선회 잠금장
치, 브레이크의 잠금 여부, 운전석 출입문의 잠금조치)로 구분해 작성해야 한다.

[표2-68] 하역작업 시 작업계획서의 작성사례

작업계획서(차량계 건설/하역운반기계)			
기계종류	선택	기계종류	선택
불도저	☐	항타기	☐
모터그레이더	☐	항발기	☐
로더(Loader)	☐	어스드릴	☐
스크레이퍼/도저	☐	리버스서큘레이션드릴	☐
파워셔블	☐	천공기	☐
드래그라인	☐	어스오거	☐
크렘셸	☐	페이퍼드레인머신	☐
백호우	☐	로울러	☐
트렌처	☐	콘크리트펌프카	☐
기중기	☐	지게차	☐
고소작업대	☐	화물자동차	☐
현장개요 및 작성확인			
현장명			
작성일			
수급업체명			

수업업체 소장			작성자	
안전관리자 확인				
1. 작업개요				
작업일시				
작업장소				
업체명			관리책임자	
중량물 제원	중량물명			
	크기(L×H×W)m			
	단위중량(kg)			
	운반중량(kg/회)			
	결속방법			
양중장비 제원	장비명			
	조종사자격확인			
	자체하중			
	인양하중	최대인양하중		
		정격인양하중		
	작업반경	m(붐 길이×붐 상승각도)		
줄걸이	재료		체결장구	재료
	규격			규격
	정격하중			정격하중
양중작업자	작업지휘자			
	신호수			

	작업보조자	
신호방법	육성 및 수신호 □ 깃발신호□ 무전기사용□	

2. 중량물 취급 작업계획도		
표기사항	작업위치, 크레인위치, 작업반경, 출입통제범위, 지장물(전선) 위치, 신호수 위치(시점, 종점 표기)	
작업 전 점검사항	신호장구□ 줄걸이 이상유무□ 줄걸이 위치표시□ 크레인 거치상태□ 보호구 착용상태□ 근접작업상황□ 작업구간 내 통제조치□	
도면 및 작업위치 (필수기재사항)		

3. 재해위험 및 안전대책		
재해위험	안전대책	해당 여부
추락	1. 최상단 인양물 하역작업 시 안전대 부착 2. 작업발판 및 안전난간대 설치 확인	
낙하	1. 인양 전 와이이로프 상태 점검 2. 인양물 결속방법 적정성 확인 3. 인양전 샤클 결속상태 확인	
넘어짐(전도)	1. 크레인 아웃트리거 설치 확인 2. 지반상태 확인(조성, 보조기층 침하방지) 3. 정격하중 작업실시(사전 인양하중 검토) 4. 지면과 장비 수평도 3도 이하 준수 확인 5. 장비 전도방지 안전성 검토	
끼임(협착)	1. 자재 인양 반경내 접근금지 조치 2. 신호수 배치 적정성 확인 3. 연락방법 및 신호체계 적정성 확인	
무너짐(붕괴)	1. 상부 자재 등 적치시 고정 및 조립상태 확인 2. 작업대 또는 자재하역시 적재기준에 대한 사전 안전성 검토	

4) 작업계획서의 작성과 산업안전보건법위반죄   a) 작업계획서는 안전

보건규칙 제38조제1항에 해당하는 위험작업을 대상으로 작성해야 하며, 이를 이행하지 않으면 산업안전보건법 제38조 또는 제63조의 위반에 해당된다. 따라서 작업계획서의 작성의무를 위반한 행위는 법익침해의 위험성이 높은 추상적 위험범 및 거동범으로 보아 형사처벌이 가능하다.

  b) 또한 작업계획서를 작성하지 않거나 작업계획서의 내용을 부실하게 작성한 경우,[202] 작성내용을 준수하지 않은 부작위와 사망재해 사이에 인과관계가 인정된다면 구체적 침해범으로서 산업안전보건법 제167조에 의한 결과적 가중범으로 처벌도 가능하다. 산업안전보건법에 의한 위반죄를 구성하지 않은 경우 형법 제268조에 의한 업무상 주의의무를 위반한 범죄(업무상과실치사상죄)로 보아 형사처벌을 받을 수 있다.

  c) 산업안전보건법 및 「산업안전보건기준에 관한 규칙」에 따른 작업계획서는 고위험작업으로 인한 중대재해 등 산업재해를 예방하고자 하는 취지이다. 따라서 작업계획서를 작성하여 관리하지 않은 행위는 안전보건관리책임자 및 관리감독자에게 위반책임을 물을 수 있을 뿐이다.

  5) **작성계획서의 작성과 중대재해처벌법의 위반죄**   a) 중대재해처벌법 제4조 및 시행령 제4조는 안전보건확보의무로서 안전보건관리체계를 구축하도록 하였으나, 작업계획서에 대한 언급이 없다. 따라서 작업계획서는 안전보건관리체계에 해당되지 않는다.

  b) 따라서 중대재해처벌법에 근거가 없는 작업계획서는 절차서와 지침서, 매뉴얼로 작성하였더라도 안전보건관리체계로 볼 수 없다. 그러나 작업계획서는 산업안전보건법 제38조 또는 제63조, 「산업안전보건기준에 관한 규칙」 제38조에 근거하여 작성할 의무가 있는 규범적 사항에 해당되며, 중대재

---

202) 사고 전날 작업계획서를 작성하였으나 ⅰ) 실제 사용될 크레인의 규격이 변경되었다는 사정을 알면서도 그에 맞추어 작업계획서를 새로 작성하지 않은 점, ⅱ) 크레인의 규격에 따라 최대적재하중, 작업반경 등이 달라지는데, 일정한 규격의 크레인을 기준으로 한 작업계획이 항상 그 이하 규격 크레인의 작업계획을 포함한다고 볼 수는 없는 점, ⅲ) 25톤급 크레인을 기준으로 작성된 기존 작업계획서의 장비 위치와 동선, 중량물의 무게 및 그에 따른 위험예방대책 등을 크레인의 규격에 맞게 조정하지 않은 점 등에 비추어 작업계획서를 미작성으로 인한 안전조치의무 위반 및 업무상 주의의무위반이 인정된다(대판 2022. 1. 14, 2021도 15004).

해처벌법 시행령 제5조에 의한 안전보건법령에 해당된다.

c) 작업계획서는 안전보건법령에 해당되어 이행점검의 대상이 된다. 따라서 중대재해처벌법 시행령 제5조제2항제1호에 따라 사업주 또는 경영책임자 등이 작업계획서의 작성에 대하여 이행점검을 하지 않은 경우, 중대재해 발생 시 미필적 고의로서 중대재해처벌법위반죄에 해당된다.

d) 한편 창원지방법원은 작업계획서의 미작성에 따른 산업재해를 예방하기 못한 결과 산업안전보건법위반죄에 해당되고, 안전보건관리체계를 구축하지 않은 경우 중대재해처벌법위반죄에 해당된다고 판시하면서, 수급인에 대하여 징역 6개월에 집행유예 2년, 도급인에 대하여 징역 1년의 실형을 선고하였다.203) 그러나 이 사건은 안전보건관리체계의 구축이 아니라 이행점검을 하지 않은 행위를 근거로 위법성을 판단함이 타당하다.

(5) 산업재해예방조치 능력평가와 협력체계의 구축

1) 산업재해 예방조치 능력평가   a) 사업주 또는 경영책임자는 도급, 용역, 위탁등을 받는 자의 산업재해 예방을 위한 조치능력과 기술에 관한 평가기준·절차를 마련하고 그 기준과 절차에 따라 반기 1회 이상 점검을 해야 한다(중대재해처벌법 시행령 제4조제9호가목). 이 규정은 사전뿐만 아니라 중도에도 조치능력의 평가기준과 절차에 따라 점검하는 것을 의미한다.

---

203) 창원지방법원 마산지원 2023. 4. 26, 2022고합95 : 안전보건총괄책임자로서 관계수급인의 근로자들이 야외작업장에서 방열판 중량물 취급작업을 한다는 사실을 알면서 중량물 취급작업을 하는 경우 추락·낙하·전도·협착 위험을 예방할 수 있는 안전대책을 포함한 작업계획서를 작성하고 그 계획에 따라 작업을 하도록 할 업무상 주의의무를 위반하였다. 또한 피해자가 작업할 때 사용하는 섬유벨트가 오래되어 표면이 딱딱하고, 불티에 용해되거나 긁힌 홈이 있고, 기본 사용하중 표식이 없어져 안전성조차 알 수 없도록 심하게 손상되어 있음에도 이를 작업에 사용하도록 하는 등 중량물 인양 작업을 제대로 관리·감독하지 않았다. 그 결과, 피해자로 하여금 방열판을 뒤집기 위해 방열판의 러그홀에 위와 같이 손상되고 안전성이 확인되지 않은 섬유벨트를 샤클 없이, 표면이 날카로운 고리에 직접 연결한 후 크레인을 조작하여 방열판을 들어 올리면서 중량물과 근접하여 크레인을 조종하게 함으로써, 때마침 섬유벨트가 끊어지고 방열판이 낙하하면서 피해자를 덮쳐 피해자의 왼쪽 다리가 방열판과 바닥 사이에 협착되어 좌측 대퇴동맥 손상에 의한 실혈성(失血性) 쇼크로 사망하였다.

b) 또한 사업주는 산업재해 예방을 위한 조치를 할 수 있는 능력을 갖춘 사업주에게 도급을 하여야 한다(산업안전보건법 제61조). 이 규정에서 도급인은 적격수급인의 재해예방조치능력을 평가하는 것을 말한다. 즉 도급인이 관계수급인을 선정할 때 산업재해 예방에 관한 조치능력을 평가하기 위한 기준과 절차를 의미한다. 그러나 산업안전보건법 제61조의 규정은 벌칙 규정이 없어 강행규정이라고 할 수 없다.

c) 중대재해처벌법 시행령 제4조제9호는 산업재해예방을 위한 조치능력과 기술에 관한 평가기준 및 절차를 마련하라고 요구하였으나, 구체적 사항은 언급이 없다. 따라서 사업주 또는 경영책임자등은 조치능력과 기술에 대한 평가기준·절차를 정할 수 있는 재량권을 가진다.

d) 따라서 중대재해 등 산업재해를 예방하기 위해 ⅰ) 사업의 특성, ⅱ) 사업장의 규모, ⅲ) 유해·위험성, ⅳ) 안전보건관리조직의 구성, ⅴ) 비정규직의 분포, ⅵ) 안전보건교육, ⅶ) 산업재해의 발생현황 등에 대한 평가항목과 기준을 정할 수 있다.

[표2-69] 평가항목 및 기준

A. 안전보건관리체계			배점
1	일반원칙	안전보건방침의 적정성	5
2	계획수립	산업재해예방 활동 이행계획의 적정성	10
3	역할 및 책임	이행계획 추진을 위한 구성원 역할 분담(본사, 현장)	5
B. 실행수준			
4	위험성평가	도급작업의 위험성평가 결과에 대한 이해수준 및 자체 유해·위험요인 평가수준	5
5	안전점검	안전점검 및 모니터링(보호구 착용확인 포함)	10
6	이행확인	안전조치 이행 여부 확인(도급인의 지도조언에 대한 이행 포함)	10
7	교육 및 기록	안전보건교육 계획 및 기록관리	5
8	안전작업허가	유해·위험작업에 대한 안전작업허가 이행수준	10

C. 운영관리			
9	신호 및 연락체계	도급인과의 신호체계, 연락체계	10
10	위험물질 및 설비	유해·위험물질 및 취급 기계·기구 및 설비의 안전성 확인	5
11	비상대책	비상시 대피 및 피해최소화 대책(고용노동부, 소방서 등)	5
D. 재해발생수준			
12	산업재해 현황	최근 3년간 산업재해 발생현황	20
합계			100

e) 도급, 용역, 위탁을 하는 경우에는 종사자의 안전보건을 확보하기 위해 중대재해처벌법 시행령 제4조제9호가목에서 그 기준과 절차를 마련하도록 규정하고 있으므로 적정성을 고려하여야 한다. 이 경우 산업안전보건법 제61조 및 중대재해처벌법 시행령 제4조제9호가목의 규정은 구체적 제한사항이 없어 이해충돌이 되지 않도록 조정할 수 있다.

2) **협력체계의 구축 및 지원활동**   a) 도급인은 산업재해 예방조치능력을 평가한 결과 관계수급인의 역량이 부족한 경우 이를 보완하기 위하여 협력체계를 구축하고 지원할 수 있다. 따라서 위험성평가, 안전보건관리비의 지원, 안전보건에 관한 점검 및 지표의 개발제공 등을 할 수 있다.

b) 정보제공은 유해·위험물질의 사용, 독성물질의 사용, 밀폐공간의 작업 시 매우 중요하다. 이 정보제공은 문서로 하는 것이 효과적인 방법이다. 나카무라교수는 정보전달의 우수한 사례를 다음과 같이 소개하고 있다.[204]

---

204) 일본 후생노동성 노동기준국이 대규모 제조사업장의 안전관리에 관한 자체검사 결과(2004년 2월)의 데이터를 기초로 나카무라교수가 소개한 자료에 의하면, 위험성에 관한 정보를 협력회사에 알리는 방법 및 재해발생율은 ⅰ) 문서와 함께 반드시 공사시작 전에 현장에서 공사내용을 확인하는 경우 재해발생률(4.4), ⅱ) 문서와 함께 필요한 경우에는 공사시작 전에 현장에서 공사내용을 확인하는 경우 재해발생률(4.6), ⅲ) 주문사양서 등 문서로 알리는 경우 재해발생률(5.74), ⅳ) 구두로 알리는 경우 재해발생률(8.81), ⅴ) 특별히 알려 주지 않는 경우 재해발생률(11.76)으로 나타났다. : 나카무라마사요시, 전게서, 143면.

[표2-70] 정보전달의 우수 사례

전달방법	예시
1. A4 사이즈 1장으로 정보를 전달	・공사안전지침 ・위해 위험성 정보
2. 중요사항을 압축해 정리하여 주머니에 휴대	・공장 기본수칙(사업장 안전수칙)
3. 도급인과 관계수급인이 1장의 용지에 정보공유	・전달노트
4. 관련작업의 작업순서, 작업시작 및 연락처를 명시	・작업시간 시트(연락처 등)
5. 작업교육 후 이해도 테스트 실시	・이해도 테스트
6. 알기 쉬운 표지판	・공사작업의 금지꼬리표・자물쇠

c) 사업주 또는 경영책임자는 도급・용역・위탁 시 중대재해처벌법 시행령 제4째9조가목에 따라 산업재해 예방조치능력을 평가해야 한다. 이 경우 평가기준 및 절차로서 핵심역량평가(KPI : Key Performance Index)이 입법취지에 적합하다면 활용이 가능하다. 도급사업의 경우 평가결과 수급인이 전문인력 및 전문지식의 부족으로 위험통제를 할 수 없다면 협력체계를 구축할 수 있다.

d) 협력체계에 관한 사항은 중대재해처벌법에 따른 규범적 요구사항에 해당되지 않으므로 안전보건관리체계로 볼 수 없다. 도급인과 수급인이 협력체계의 구축 및 협약체결, 안전보건활동에 공동으로 참여하는 "공생협력 프로그램"은 상생협력 프로그램이라고도 한다. 상생협력 프로그램은 조직구성, 역할과 기능, 역량강화를 위한 전문가의 자문, 협력활동으로 구성할 수 있다.

[표2-71] 안전상생협력단의 구성 및 프로그램 사례

구분	주요 내용	비고
조직구성	안전협력상생단을 구성	

	도급사와 협력사 협회(안전자문단), 협력사가 참여 도급인은 협력안전지원팀을 구성	
역할과 기능	리더 1명, 활동요원 10명으로 구성 협력사별 안전진단평가, 현장 작업준수 여부 점검, 고 위험작업개소 작업방법 및 절차 개선 직영과 협력업체간 소통채널 운영	
협력사협회 안전자문단	안전전문가 3명, 작업전문가 3명(기계, 전기, 건설 등 산업안전지도사, 안전기술사, 공인노무사 등) 전문교육 및 코칭(중대재해 예방관리 등), 작업특성별 산업재해 예방조치 지도 및 고위험 개소 작업방법 등 기술자문, 직영과의 합동 현장점검 등	
협력활동	안전관리 활동참여 안전관리 계획실행, 적극적 의견개진 인력재배치 및 작업장 위험정보 공유	

(6) 안전보건수준평가

1) **안전보건수준평가의 정의**　　a) 안전보건수준평가(SHLA : Safety and Health Level Assessment)는 안전보건관리의 이행실태 및 개선조치를 위한 관리역량을 평가하는 행위를 말한다. 각종 재해를 사전에 예방하기 위하여 고용노동부는 「공공기관의 안전활동 수준평가에 관한 고시」를 제정해 시행하고 있다.

b) 국토교통부는 「건설공사 안전관리업무수행지침」을 정해 본사와 현장을 평가하며, 시공사는 도급인과 수급인을 평가한다. 기획재정부는 「공공기관 안전관리에 관한 지침」 및 「공공기관 안전관리등급제에 관한 지침」을 통해 고용노동부와 국토교통부의 평가결과를 종합해 평가항목(안전역량, 안전수준, 안전성과 및 가치)을 심사해 공공기관의 안전관리등급제를 결정한다.

2) **안전보건수준평가와 규범성 검토**

① **안전보건관리의 평가대상과 평가수준**　　a) 안전보건수준평가는 우선 평가대상에 대한 정보(고용현황, 현장명, 도급현황)를 수집해야 한다. 사업주 및

경영책임자는 수준평가의 항목과 세부항목, 평가수준을 정해 조치능력을 평가할 수 있다. 국토교통부의 안전관리수준평가는 평가항목과 기준을 정해 실시한다.

 b) 3개의 정부부처에 의한 공공기관에 대한 평가 이외에 발주청은 시공사(도급인 및 수급인)을 대상으로 중대재해 등을 예방하기 위한 안전관리수준을 평가할 수 있다. 이 경우 관련서류의 구비뿐만 아니라 종합적인 관리실태를 점검해 평가한다. 평가기준 및 평가항목, 배점에 관한 사항은 지침에 따라 일방적으로 다음과 같이 정하고 있다.

[표2-72] 안전관리수준 평가항목 및 평가수준

도급사 안전보건 활동수준 평가표						
도 급 사		현 장 명				
점검업체		점검일자				
평가항목 및 평가수준						
항목	세부항목	평가수준				
		우수 (5점)	양호 (4점)	보통 (3점)	미흡 (2점)	불량 (1점)
위험성평가 (20점)	최초, 정기, 수시 위험성평가 제출 시기					
	공정과 관련된 위험요소 누락 없이 제출 여부					
	위험성 도출 등급의 적정성 및 이행여부 확인					
	안전보건대책의 실효성 및 이행여부 확인					
안전보건 활동 (20점)	안전보건협의체 회의 적극적 참여 여부					
	TBM 운영 및 참여					

	근로자 안전교육참여					
	안전점검의날 행사 및 합동안전점검 적극 참여					
안전시설 / 정리정돈 (20점)	안전시설 설치계획 수립 및 적정 관리					
	시정요구사항에 대한 조치 이행의 적절성					
	유해위험기계·기구 및 건설장비 관리의 적정성					
	작업장 정리정돈 상태					
안전관리비 / 안전관리 (20점)	안전관리비 목적 외 사용여부 확인					
	안전관리비 사용내역서의 적정성					
	작업별 적정 인원투입 여부					
	안전작업절차 등의 지도 및 관리 여부					
본사의 지원 / 직원의 역량 (20점)	본사 차원의 안전교육 및 점거 지원 등의 여부					
	재해 발생 시 본사의 적극적인 대응					
	직원의 역량강화 활동(교육수료 등)					
	직원들의 안전의식 수준					
감점요인	사망사고 －15점/건, 산재사고 : －10점/건, 공상 : －5점/건					
합계						
평가의견						

② **수준평가의 방법과 규범성 검토**　　a) 안전보건수준평가 또는 안전관

리수준평가는 재해예방을 위하여 실시한다. 그러나 국토교통부나 고용노동부는 평가대상이 동일하더라도 근거법령이 다르고, 평가항목이나 지표가 서로 달라질 수 있다. 따라서 안전보건활동수준평가와 관련한 공공기관의 안전관리지침이나 안전관리등급제에 관한 지침은 중대재해처벌법 제4조제4호에 의한 연계성을 지닌 안전보건법령으로 볼 수 없다.

b) 중대재해처벌법 제4조, 제5조, 제6조 및 제7조와 관련하여 요구규범으로서 규범적 요소와 달리 3개 부처의 안전보건수준평가는 다른 법령에 의하여 시행하는 점, 평가항목이나 지표의 차이가 있는 점, 평가결과를 사업주와 경영책임자의 부작위로 인정하기 곤란한 점을 고려할 때, 중대재해처벌법의 안전보건관리체계로 인정할 수 없다.

(7) 중대산업재해의 원인조사와 조사방법

1) 중대산업재해의 조사의견서와 원인조사

① **중대산업재해의 조사의견서 작성**　　a) 사망재해 등 중대재해가 발생하면 지체 없이 신고해야 한다. 지방노동관서의 감독관은 즉시 재해발생원인 등에 대한 조사에 착수하되, 동일한 사업장에서 동시에 3명 이상 사망하거나 사망재해가 5건 이상 발생하여 중대재해특별조사 등에 해당하는 경우 전문적 사항의 자문을 위하여 관계전문가의 지원을 요청할 수 있다.

b) 중대재해득별조사는 지방노동관시의 감독괸괴 안전보건공단의 해당분야 전문가로 구성해 재해발생 사업장을 방문하여 사고원인 규명을 위한 조사를 하고, 안전보건공단에서는 재해조사의견서를 작성해 지방노동관서에 제출한다.

c) 사고조사의 방법은 일반적으로 사고의 원인을 규명하여 재발을 방지하기 위한 개선대책을 마련하기 위해 실시한다. 중대재해처벌법 제4조제1항제2호에 의한 재해발생 시 재발방지대책의 범위에는 중대재해의 발생 시 자발적인 재해조사도 포함되어 있다.

d) 그러나 고용노동부의 사고조사는 재해예방을 주요 목적으로 하는 것이 아니므로 불안전한 행동이나 기술적인 하자를 규명하여 개선조치나 재발방

지대책을 위한 안전보건관리의 행위와 구별된다. 고용노동부의 조사는 재해원인을 규명하여 사업주 및 경영책임자의 위반사실의 여부를 판단하기 위한 사전적 행정절차에 해당된다.

e) 근로감독관은 산업안전보건법에 의한 산업재해 및 중대재해처벌법에 의한 사고조사결과를 기초로 법령에 위반된 사실이 발견되면 위반사항에 대한 증거수집 및 처벌대상자의 특정을 위한 수사절차로 전환된다.

② **중대산업재해의 재해원인조사**　　a) 중대재해처벌법 제4조제1항제2호에 따른 "재해발생 시 재발방지대책"을 규정하고 있다. 재해조사방법은 중대재해처벌법에서 직접적으로 명시하고 있지 않으나, 중대재해처벌법 시행령 제4조제8호 중 "추가피해를 방지하기 위한 조치"와 관련성이 있다.

b) "추가피해를 방지하기 위한 조치"로서 중대재해의 원인조사에 관한 절차서나 지침서를 제정할 수 있다. 추가피해를 방지하기 위한 조치의 범위에는 재해의 발생원인과 위험통제의 가능성, 관리책임의 주체, 근로자의 불안전 행동 등을 조사대상에 반영할 수 있다.

c) 그러나 재해원인조사의 방법 및 절차를 설정하도록 구체적인 명시규정이 없으나, 재해원인을 규명해야 추가피해를 방지할 수 있고, 적절한 대책의 수리이 가능하다고 볼 수 있다. 따라서 재해원인조사의 방법은 다양하지만, 그 기준이나 절차를 정하는 행위는 안전보건관리체계로 보아야 한다.

d) 재해발생원인의 조사는 일률적으로 제한할 수 없으나, 재해를 유발하는 조직시스템의 구성요소(인적 요소, 기술적 요소, 조직적 및 관리적 요소) 간의 복합적인 상호작용 등을 포함한 다양한 조사방법도 가능하다. 이 경우 재해원인의 조사는 "추가피해를 방지하기 위한 조치"라는 안전보건관리체계의 규범적 요구사항과 정합성을 지녀야 한다.

e) 예를 들어 윌리엄하돈(William Haddon)이 주장한 하돈행렬(Haddon Matrix)에 의하면, 사고의 위험요인과 재해예방요인, 사고의 시계열을 이용한다.205) 이 방법에 따라 다음과 같이 재해원인을 12개의 행렬로 구분해 종합

---

205) 하돈의 행렬이론은 사고의 원인과 발생과정을 「사고 전, 사고 당시, 사고 후」 3가지 단계로 구분하고, 각 단계별로 「사람, 물질·기계, 물리환경, 사회환경」이 어떻게 사고의 원인으로 작용했는지 확인하는 방법론이다. 사람요인은 도장작업에 관한 관리감독자의 지식 부족 등 인적 요인과 관계된 사항을 말하며, 물

적인 분석이 가능하다.[206)]

[표2-73] 하돈행렬에 의한 위험요인분석

시계 열 구분	위험요인			
	사람	물질·기계	물리환경	사회환경
사고 이전	도장작업 등 밀폐공간 위험방지에 관한 관리감독자 직무에 대한 이해 및 실행부족	방폭등의 외관검사 및 절연저하상태를 확인하고 파손되거나 오염된 글로브를 교체하며 보호망 및 기타 부품을 부분 교체	탱크내 도장작업에 대한 표준이 존재하지 않았고, 위험성평가를 별도로 실시하지 않음	산업안전보건법에 안전인증제품 사용자에 대한 의무부재
사고 당시	위험작업허가서에 따른 가스농도측정, 출입인원 등에 대한 적정성을 확인하지 않고 작업허가 승인	급기용 덕트가 설치되어 있었으나 도장작업 시 도장면의 품질저하 방지를 위한 급기용 덕트 미사용	자연 흡입되는 공기가 바닥에 도달하기까지 약 10분 이상 소요되므로 도장작업 시 발생하는 인화성 증기 제거 미흡	산업안전보건기준에 관한 규칙 제619조제2항에 따른 밀폐 공간의 산소 유해가스 농도에 대한 측정주기의 기록이 없음. -환기의 지속적인 모니터링 부족
사고 이후	밀폐공간감시 전문업체 현장투입	탱크별 환기라인 설치 표준준수 -점검일지, 교체 후 추가설치 이	포터블 용접기 전용라인 신설	위험작업허가서의 변경 및 개선 -작업계획 시간 및 실제 작업시간 준수

질·기계요인은 미인증 설비의 사용과 같은 설비 및 기구와 관련된 사항이다. 물리환경요인은 폭발성 분위기의 형성(폭발성 분진의 형성), 작업표준서의 준용 등 작업환경과 물리·화학적인 사항이고, 사회환경적 요인은 교육, 작업허가, 작업표준과 같은 내부적 규율, 법적인 명시사항 및 도급과 관련된 사항이다. 이 방법은 피해규모가 왜 컸는지, 어떤 단계에서 사고발생을 차단하기 위한 예방 대책이 필요한지를 파악할 수 있는 장점이 있다.

206) 배규식 외 15인, 조선업 중대산업재해 국민참여 조사위원회 사고조사보고서, 위원회(2018. 8), 109-111면.

		력관리		−작업계획인원 및 실제 작업인원 체크 −작업재개구역 근로자 작업전 특별안전보건교육 실시

2) 재해발생시 조사방법 및 대응체계의 구축 재해예방을 위한 조사방법 및 대응절차는 규범적 강제성을 지니지 않는 재량행위로 해석된다. 그러나 중대재해처벌법 제4조제2호 및 시행령 제4조제8호를 보충하는 기능을 한다. 재해발생 시에는 ⅰ) 사고조사방법으로서 조사대상과 주체, ⅱ) 조사시간, 조사절차, 보고, 관리감독자가 취해야 할 사항, ⅲ) 정보수집내용에 대하여 권한과 책임을 명확히 규명할 필요가 있다. 이 경우 안전보건공단은 ⅰ) 사고조사방법, ⅱ) 사고조사항목, ⅲ) 사고발생 시 조치, ⅳ) 사고현장조사 시 수행사항 등을 다음과 같이 소개하고 있다.207)

(가) 사고조사 방법

구분		내 용
역할과 책임	현장감독자	• 관리감독자가 재해상황, 필요한 정보 등을 파악 • 관리감독자는 기계·기구 등에 의한 재해원인 조사
	중간감독자	• 중대재해나 중대산업사고가 발생한 경우 • 시정조치가 광범위하거나 상당한 비용이 소요될 때 • 관리감독체계 등 재발방지 대책 강구
	스탭 직원	• 안전·보건관리자의 지원을 받음
관 리 감 독 자 가 최 초 에	1) 현장의 지휘 2) 응급처치를 확실하게 하고, 구급차 등 긴급 서비스를 호출 3) 2차 재해를 방지	

---

207) 안전보건공단, 「안전보건지킴이 보수교육 교재−제조업」(2013.8), 55~67쪽을 기본자료로 하고, 한국산업안전보건공단, 「중대산업사고 조사에 관한 기술지침」(2016. 11), 「업무상 사고조사에 관한 기술지침」(2017.12), 「사고의 근본적원인 분석기법」(1999.9) 등을 참고하였다.

취 해 야 할 행동	4) 현장에서 후일의 증거가 되는 것을 확인 5) 증거의 보전을 도모 6) 조사를 실시하여 손실의 가능성을 판정 7) 안전보건관리책임자에게 보고

(나) 사고조사항목

① 발생 년월일, 시, 분, 장소

② 피재자의 성명, 성별, 연령, 경험

③ 피재자의 작업내용, 직종

④ 피재자의 상병의 정도, 부위, 종류

⑤ 사고의 형태

⑥ 기인물

⑦ 가해물

⑧ 피재자의 불안전한 행동

⑨ 피재자의 불안전한 인적요소

⑩ 기인물의 불안전한 상태

⑪ 관리적 요소의 결격

⑫ 기타 필요한 사항

(다) 사고발생 시 조치

순서	조치	조치내용	
1	긴급조치	① 피재기계의 정지 ③ 재해자의 응급조치 ⑤ 2차 재해의 방지	② 재해자의 구출 ④ 관계자에게 통보 ⑥ 현장 보존
2	재해조사	① 누가 ② 언제 ③ 어떠한 장소에서 ④ 어떠한 작업을 하고 있을 때 ⑤ 어떠한 환경에서 불안전한 상태 또는 행동이 있었기에 ⑥ 어떤 재해가 발생하였는가?	

3	원인결정	① 직접원인(사람·사물)	② 간접원인(관리)
4	대책수립	① 동종재해의 방지대책	② 유사재해의 방지대책
5	실시계획	5W 1H의 원칙에 근거	
6	실 시		
7	평 가		

(라) 사고현장 조사 시 수행사항

순서	수행사항	수행내용
1	사고현장 관리	① 부상자의 치료(주의 : 구조요원이나 의료요원이 위험요소를 통제할 수 있을 때까지 부상자를 돕는 것은 불가능할 수도 있음) ② 잔존 위험요소를 제거 ③ 사람들을 보호하고 증거를 보존하기 위해 사고현장을 격리
2	사고조사 수행	① 사고에 관한 가능한 한 많은 정보를 수집 ② 무엇이 사고의 원인이었는지 규명하기 위한 요인 분석 ③ 미래의 사고를 근절하기 위한 적합한 개선책을 강구
3	정보수집	① 정보의 원천 : • 목격자 • 사고현장에 있는 물리적 증거 • 남아 있는 기록 ② 목격자 진술 : 피해자, 사고에 관련된 사람, 사고를 실제로 목격한 사람 ③ 인터뷰 : • 목격자를 안심시킨다. • 자유롭게 생각대로 대답할 수 있는 질문을 함 • 유도심문을 하지 않음 • 목격자가 이야기한 것을 확실히 올바르게 이해하기 위하여 정리 요약 • 필요하다면 진술서를 작성 • 미래의 유사사고 방지를 위한 충고를 해줄 것을 요청

4	사고조사 보고서 작성	• 일반적인 정보 : 누가 관련되었고, 언제 어디서 발생했는 가와 같은 기본적 요인 • 정리요약 : 어떤 사고가 발생했는가에 대한 간단한 서술적 묘사 • 분석 : 무엇이 사고의 원인이었고 왜 발생했는가에 대한 서술적 묘사 • 권고사항 : 사고에 직접적인 영향을 미치는 행동과 상황을 제거하거나 제어 가능한 방법에 관한 제안, 그리고 몇몇 경우에 있어서, 조사자의 안전보건경영시스템을 개선하기 위한 방법에 대한 제안

(마) 사고원인파악 및 대책수립

단계	조치사항		조치내용
제1단계	사실 확인	사고발생까지의 경과 파악	1.1 어떤 경과를 거쳐 ① 언제 ② 누가 ③ 어떤 장소에서 ④ 어떤 작업을 하던 중에 ⑤ 어떤 물건 또는 행동에 있어서 ⑥ 어떤 상태 또는 행동에 있어서
		근원적(물적)요인	2.1 기계·기구·설비에 대한 안전장치를 설계단계에서의 반영여부 2.2 기계·기구·설비의 제작상 결함 여부 2.3 점검·보수 상태 2.4 복장·보호구 성능상태 2.5 기타 각종 측정 장비의 성능상태
		인적 요인	3.1 재해자의 특성 ① 성별 ② 연령 ③ 직종·신분 ④ 경험(근로)연수 ⑤ 자격 ⑥ 기타

단계	구분	내용
		3.2 사고와 연관된 작업명과 내용 3.3 작업절차 및 안전수칙 준수여부 3.4 공동작업자의 특성과 역할
	관리적 요인	4.1 안전보건관리규정·작업표준의 유무와 내용 4.2 동종재해·유사재해의 유무와 대책 4.3 관리·감독사항 4.4 작업절차 및 안전수칙 등의 교육 실시 여부 4.5 보호구 지급 여부 4.6 기타 관리적 사항
제2단계	사고요인 파악	• 사고요인 : 물적 결함, 불안전한 행동, 관리상의 결함(안전보건관리체제, 작업절차 및 안전수칙, 무리한 작업지시) 등에 의한 사고 • 판정기준 : 법규, 사내규정, 법정 및 사내 기술지침, 작업표준, 이상 시의 조치기준, 설비기준, 환경기준 등
제3단계	사고요인 결정	• 사고원인의 상관관계와 중요성을 잘 검토한 후, 근원적(물적) 측면, 인적 측면, 관리적 측면으로 구분하여 원인 규명 • 직접 원인과 간접원인을 결정하고 사실이 밝혀지지 않는 경우에는 그 부분에 관해서 추정원인으로 함 • 직접 원인은 불안전한 상태 및 불안전한 행동에 의해 구성 • 간접 원인은 노무관리 및 안전보건관리상의 결함에 의해서 구성
제4단계	대책수립	1) 동종의 사고 방지대책 수립 • 근본적인 문제점 및 사고원인을 근거로 대책 마련 • 대책은 필요성, 구체성, 실시가능성을 추구하여 사람, 시설, 관리 면에서 몇 개의 대책을 수립하고 이들을 조정하여 실시
		2) 대책의 실시계획을 세움 • 실시계획은 대책마다 누가, 언제까지, 어디서, 무엇을, 어떻게 할 것인가를 구체적이고 명확하게 정함

<table>
<tr><td></td><td></td><td>3) 유사사고 방지대책 수립
• 모든 문제점을 고찰하고 유사사고 방지를 위한 대책 또는 배려할 사항을 결정</td></tr>
</table>

3) 사고조사프로그램

① **사고조사프로그램의 정의**　　a) 사고조사프로그램은 사고원인을 체계적·과학적으로 규명하기 위하여 정보자료의 수집, 조사원칙, 사고모델과 영향요인, 조사기법을 활용하는 조사절차를 말한다. 사고조사프로그램은 중대재해처벌법 제4조제1항제2호에 따른 직접적인 요구사항이 아니므로 그 방법과 절차로서 사업주 또는 경영책임자의 재량행위에 해당된다.

b) 사고조사의 결과는 ⅰ) 사고에 영향을 끼친 사건들의 실제 발생과정을 규명하고, ⅱ) 사고의 직접적 원인과 기여요인을 파악하며, ⅲ) 유사사고의 예방을 위한 감소조치, ⅳ) 범죄사실의 기소를 위한 근거와 평가, 보상책임을 위한 자료로 활용된다.[208]

c) 사고조사프로그램은 조사원칙과 절차에 따라 사고조사계획 수립, 조사팀의 구성, 역할배정, 정보와 증거수집 및 기록, 자료수집 및 분석, 결론도출, 필요성평가, 최종보고서의 작성 등으로 실행한다. 사고조사방법은 재해원인을 조사하여 그 예방대책을 수립하는 방법으로써 의미가 있다.

d) 사고조사방법은 중대재해처벌법에 따른 규범적 통제의 대상으로 할 수 없다. 따라서 규범적 통세의 대상은 조사목직, 조사방법, 조사범위, 조사주체, 증거의 수집원칙에 따른 조사절차 등 법령에 명시한 경우에만 인정된다.

② **주요 기관의 사고조사프로그램**　　a) 한국산업안전보건공단에서는 「사고조사의 실시 및 활용에 관한 지침(KOSHA GUIDE X-28-2020)」에 따라 사업장 내에서 발생한 재해에 대하여 직접원인 분석, 근본원인 분석, 개선대상영역에 대한 대책수립 및 실행에 필요한 사항을 정하고 있다. 그러나 이러한 조사방법도 완벽한 수단이 아니다.

b) 미국의 에너지성(DOE : Department Of Energy)에서는[209] DOE 주도의

---

208) 현종수, "건설업 사고조사 프로그램 운영관행 및 운영효과에 미치는 영향요인", 한국교통대학교대학원 공학박사학위(2022. 2), 2면.

사고조사, DOE 산하 사업장 주도로 실시하는 사고조사 등에 활용하는 매뉴얼을 개발하여 공개하고 있다.210) 사고조사절차는 ⅰ) 조사범위 결정, 조사팀 구성, ⅱ) 증거수집, ⅲ) 무슨 일이 일어났는지 파악(작업내용, 계획과 실행비교, 예상치 못한 변화요인 등), ⅳ) 그 일이 왜 일어났는지 파악(조직의 잠재된 취약점, 문화적 요소 등), ⅴ) 결론도출, 필요성판단, 개선대책수립, ⅵ) 보고서의 작성으로 요약된다.211) 이 경우 ⅰ) 사건 및 원인요소 도표작성, 분석, ⅱ) 방지분석, ⅲ) 변화분석, ⅳ) 근본원인 분석, ⅴ) 검증분석으로 진행한다.

　③ **사고분석기법**　　a) 사고분석기법은 인과관계 모델을 통해 발생과정과 원인을 규명할 수 있어 조사의 목적과 범위에 따라 다양한 방법으로 활용된다. 사고조사기법은 순차적 기법과 역할적 기법, 시스템적 기법으로 구분할 수 있다. 사건이 일어나거나 사고로 발전하는 것을 막거나 억제하는 방지벽을 추가한 기법도 있다.

　b) 순차적 기법은 사고를 유발하는 사건과 상태의 인과적 네트워크(분기와 병합 포함)로 나타낸다. 분기와 병합은 AND 또는 OR일 수 있다. 원인 네트워크는 피드백 루프를 포함하지 않는다. 어떤 사건들은 실패, 부수적 요인 또는 표준으로부터의 이탈이다. 일부는 사고의 요인을 결정하며, 어떤 것들은 안전하지 않은 행동이나 사람의 실수에 의한 결과물이다. 네트워크는 사회적 환경의 사건들을 포함한다.212)

　c) 역학적 기법은 사건을 중심으로 모델링하며, 잠재조건(잠복)의 계층을 추가한다. 잠복상태란 사고가 발생하기 전에 시스템에 존재하지만 실제 사고가 발생하기 전에는 인식하지 못하는 상태를 말한다.213) 사건은 일반적으로

---

209) 제1권 제2장에서는 DOE 연방정부 주도로 사고조사를 실시할 때 적용할 수 있는 사고조사기법을 제시한다. 여기에는 사고조사 계획수립절차, 팀 선정, 역할 배정, 정보와 증거수집 및 기록, 정보정리 및 분석, 결론도출, 필요성 평가, 최종보고서 작성 등이 포함된다. : U.S. DOE, "Accident and Operational Safety Analysis DOE HANDBOOK, Volume Ⅱ : Operational Safety Analysis Techniques". U.S. Department of Energy, Washington D.C, USA, 2012.
210) 현종수, 공학박사학위(2022. 2), 14면.
211) 현종수, 공학박사학위(2022. 2), 15면.
212) 순차적 기법의 대표적인 예는 FTA(Fault Tree Analysis)이다. FTA는 시간의 흐름에 따라 일련의 사건들의 수목을 구성한다. : 현종수, 공학박사학위(2022. 2), 24면～25면.

행위자에 의한 행위의 결과로 설명된다. 이러한 행위자들은 환경(조직목표, 안전문화, 제한된 자원, 관리 및 법률 등)에 의해 영향을 받는다.

d) 행위는 작업, 주문, 계획, 생산 목표 및 서로 다른 시스템 수준에 대한 의사결정에 의해 촉발된다.[214] 관리, 자원 할당 등 조직적 영향력이 사고를 촉발할 수 있는 '현장 여건'을 조성한다. 이러한 국지적 조건은 잠재된 위협과 공공연한 위협이 될 수 있다. 유사한 환경적 요인에 대해 다소 민감하게 기능할 수 있는 방지벽을 사용함으로써 위험통제의 일부 형태가 활성화된다.

e) 시스템적 기법은 서로 직접적으로 영향을 미치는 시스템의 요소들 사이의 강한 연계성을 고려하여야 한다. 예를 들어 STAMP와 FRAM의 유사점은 개별 기능과 시스템 구성 요소의 긴밀한 결합을 인정하여 시스템의 여러 부분을 연결하는 방식이나, 환경분석을 위해 다른 방식을 사용하므로 차이가 있다. STAMP(System Theoretic Accident Model and Process)는 시스템 이론적 제어 사이클 모델을 사용하며, 여기에는 프로세스, 센서, 구동장치, 제어장치 및 프로세스를 제어하기 위해 내린 결정을 지배하는 개념모델이 포함된다.[215]

(8) 안전탄력성의 역량강화

1) **안전탄력성의 정의**   a) 안전탄력성(Resilience)은 사고를 회피하고 안전을 유지할 수 있는 경영조직의 회복능력을 말한다. 안전탄력성은 사업 또는 사업장의 관리조직에 대한 안전탄력성을 향상시키기 위한 모든 활동을 일컫는다. 일종의 안전경영조직체로서 건강한 체질에 해당하는지를 평가하는 지표를 나타낸다.

---

213) Hollnagel, E. "Accident analysis and barrier functions". Tech. rep. IFE, Feb. 1999.
214) 현종수, 공학박사학위(2022. 2), 26면.
215) STAMP의 제어-피드백 루프는 하위의 기술적인 부분(자동 제어기와 물리적인 프로세스 등)뿐만 아니라 상위 수준(정부 규제 당국과 회사 경영진 등)에서도 발견된다. 이러한 상위 수준에서는 하위 수준의 기술 레벨에 존재하는 긴밀한 결합을 나타내지는 않지만 STAMP에 포함하여 사용할 수 있다. : 현종수, 공학박사학위(2022. 2), 27면.

b) 안전탄력성이란 시스템의 운영을 사고의 위험에서 먼 안전한 영역에서 지속되게 하는 능동적 적응능력을 의미한다. 안전탄력성이 높으면 건전한 조직으로 평가할 수 있다. 안전탄력성은 재해예방을 위한 방법으로 유용하지만, 중대재해처벌법에 의한 법정의무사항에 해당되지 않는다. 안전탄력성의 역량평가는 규범적으로 강제할 수 없어 재량행위에 해당된다.

c) 안전탄력성은 조직의 안전관리능력, 조직운영의 한계성, 안전활동의 미비점, 안전사고의 재발 등을 개선하기 위한 역량강화의 수단으로 유용하다. 따라서 산업재해 예방을 위한 조치능력을 조사·측정·평가하여 조직과 현장대응능력을 강화하기 위한 대책으로 활용할 수 있다.

2) **안전탄력성의 역량**　　a) 안전탄력성은 ⅰ) 모니터링(감시)(Monitoring) 역량, ⅱ) 대응(Responding) 역량, ⅲ) 학습(Learning) 역량, ⅳ) 예측(Anticipating)역량으로 구분할 수 있다.216) 안전탄력성은 조직의 안전위기에 대한 대처능력, 안전대응능력, 건전성을 평가하는데 유용한 수단으로 활용된다.

[표2-74] 안전탄력성의 역량요소와 RAG

역량요소		역량 내용	RAG(Resilience Assessment Grid)
모니터링 (M)	현장모니터링역량	사고와 피해의 위험성을 발견하기 위한 조직의 현장에서의 위험감지능력	역량의 강약점을 표준적인 방법과 대상 조직 업무의 특성에 따라 설계된 항목으로 전문가 평가를 거쳐 진단하는 방법으로 실제 사고 억지 능력을 측정하고 개선 필요성을 발견할 수 있음.
	정책모니터링역량	조직 내적인 안전유지 능력을 감지하는 기능으로 조직적이며 상위적인 자기 감시적인 능력	
대응 (R)	현장대응역량	사고의 피해를 줄이기 위한 조직의 현장에서의 위험 대응 능력	
	정책대응역량	조직의 내외부 변동사항에 대처하는 규정, 정책 등을 변경 및 조율하는 능력	

---

216) 레질리언스 엔지니어링을 제창한 E. Hollnagel은 레질리언스를 구성하는 4가지 능력요소를 지적하였다. : 고마츠바라 아키노리(홍성현 번역), 「안전인간공학의 이론과 기술」, 세진사, 2018, 26면.

학습 (L)	조직학습 역량	조직적 학습으로 사건 사고의 경험 및 성공적 대응 경험을 모두 지식화해서 조직적으로 학습하는 능력	
예측 (A)	변화예측 역량	조직의 내외부 변화요인의 장기적 동향분석을 통해 추세 및 환경변화를 예측하는 능력	

b) 첫째, 대응역량으로써 안전수준을 유지하는데 필요한 적절한 일을 할 수 있다. 대응필요의 경우가 정의되어 있고, 대응방법이 기획 설치되어 있으며, 필요시 수행할 능력과 체계가 있어야 한다.

c) 둘째, 모니터링 역량으로써 조직의 안전능력과 외부상황을 지속적으로 관찰·평가해야 한다. 무엇을 어떻게 관찰할지 알고 관찰의 방법과 평가체계가 수립되어야 한다.

d) 셋째, 조직학습 역량으로써 조직의 지식, 행동을 진화시키는 능력이 있어야 한다. 사건과 경험을 분석하여 인과관계를 발견하고 이 지식을 조직의 실제 의사결정 행동에 축적시키는 능력을 의미한다.

e) 넷째, 장기예측 역량으로써 장기적 변화를 예측하여 스스로의 변화를 기획할 수 있어야 한다. 여기에 RAG(Resilience Assessment Grid : 안전탄력성 평가 그리드)가 추가로 필요하다.[217] 조직의 4대역량의 강약점을 표준적인 방법과 대상조직업무의 특성에 따라 설계된 항목으로 전문가 평가를 거쳐 진단하는 방법으로 실제 사고억지능력을 측정하고 개선의 필요성을 발견할 수 있다.[218]

3) 안전탄력성의 성공조건 및 규범적 평가 a) 안전탄력성의 성공을 위해서는 ⅰ) 어떠한 변동이 있을지 예측하고, ⅱ) 레질리언스를 위한 자질을 갖추어야 하며, ⅲ) 예상된 대응문제에 필요한 자원을 준비하고, ⅳ) 위협에 대응하는 협동심을 갖추어야 한다. 여기에 현장(Sharp End)과 경영조직(Blunt End)의 모니터링 역량과 대응역량을 포함할 수 있다.

---

217) 윤완철·양정열 외 7인, "산업안전 패러다임 전환을 위한 연구", 한국산업안전보건연구원, 2019, 6면.
218) 윤완철·양정열, 전게연구보고서, 한국산업안전보건연구원, 2019, 7면.

b) 조직의 안전성을 높이기 위한 핵심적인 6개의 안전관리 활동으로 ⅰ) 위험성평가, ⅱ) 변경관리, ⅲ) 아차사고와 개선제안, ⅳ) 사고분석, ⅴ) 안전문화관리, ⅵ) 교육 및 훈련을 고려해 볼 수 있다. 안전탄력성은 중대재해 등 예방대책으로 활용할 수 있다. 그러나 법률로 규정하지 않아 규범적으로 강제하거나 위법성의 판단대상으로 할 수 없다.

(9) 안전정보시스템의 구축·운영

1) **안전정보시스템의 정의** a) 최근에 인공지능(AI), 사물인터넷(IoT), 빅데이터(Big Data), 로봇(Robots), 스마트기기(Smart Devices), 첨단센서(Avanced Sensor)가 확산되고 있다. 중대재해를 예방하기 위하여 ICT스마트안전기술을 활용한 안전정보시스템의 구축이 증가하고 있다. 스마트안전은 현장안전관리를 위한 수단으로 유용하다.

b) 안전정보시스템(SIS : Safety Information System)은 산업재해의 예방을 위한 의사소통, 정보제공 등을 하며, 안전보건관리규정, 위험성평가, 안전보건 관련 작성문서, 데이터의 입력 등 다양한 정보를 제공한다. 예를 들어 포스코는 e-safety system, 현대중공업은 Hi-SES(Hyundai heavyindustries integrated Safety health Environment System)를 구축해 활용하고 있다.

c) 스마트안전시스템(s-mart safety system)은 사물인터넷, 감지장치의 센서, 경보기, 리더기 등을 하나로 묶어 원하는 형태의 정보로 분석해 제공하도록 프로그램화하고 정보통신기술을 이용하여 이용자에게 제공하는 운영체계를 말한다.

2) **스마트안전시스템의 구축과 전자적 위험통제** a) 안전정보시스템은 방대한 정보를 저장하고 언제든지 접근하여 저장된 정보를 이용할 수 있다. 구축된 정보는 실시간으로 제공되며, 시간과 장소에 관계 없이 이용할 수 있다. 정보의 전달에 시간이나 인력을 투자할 필요가 없어 경제적으로 정보를 수집하고 분석할 수 있다.

b) 스마트안전시스템의 구축은 ⅰ) 유해·위험상황의 실시간 감지기능, ⅱ) 전자적 신호체계의 해석, ⅲ) 위험수준 및 단계적 경고, ⅳ) 실시간 알

림, ⅴ) 데이터의 구축 및 위험통보 등 기능을 할 수 있다.219) 스마트 안전시스템의 통합운영은 불안전상태와 종사자의 불안전 행동을 차단하거나 예방하는 기능적 수단으로 유용하다. 초기의 위기상황에 대한 사전적 대처수단은 막대한 인명손실을 예방하는데 효과가 크다.

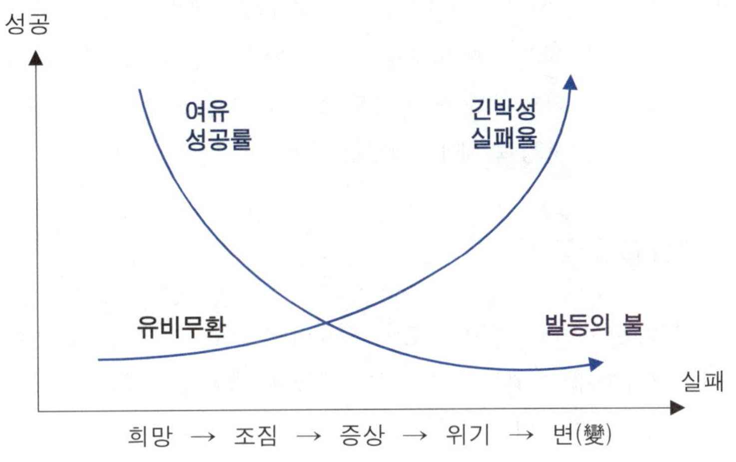

<그림2-17> 행동개시 시점별 상황변화도

d) 스마트안전시스템은 ⅰ) 고소작업이나 위험작업을 할 때 감시자가 없거나 안내자가 없는 경우, ⅱ) 밀폐공간에 진입하는 경우 진입자의 정보, 출입자정보, 안전자료의 문자정보제공 등으로 사용할 수 있다. 또한 작업자가 어두운 장소에 들어가거나 위험통제구역에 들어가는 경우, 상시적인 인력배치가 어려운 환경에서는 매 순간 근로자의 위험상황을 파악하기란 사실상 어려운 경우에 위험통제하는 재해예방조치의 수단이 된다.

3) 안전정보시스템과 안전보건관리체계의 정합성 검토　　a) 안전보건정

---

219) 작업을 하기 전 안전수칙을 확인하고 보호구의 상태 및 착용 유무, 고위험작업 중 근로자가 안전모를 벗거나 안전대를 풀면 즉시 감지한다. 이러한 작업현장의 유해·위험성을 실시간으로 동작이나 심박동수를 감지할 수 있는 통합적 감시시스템을 구축할 필요가 있다. 이 경우 스마트워치는 신체 이상을 감지하여 즉각 구조신호를 보내어 골든타임을 확보할 수 있게 해 준다.

보시스템의 구축은 현장안전관리에 유용한 수단이지만, 안전보건관리체계로 인정할 수 없다. 안전보건정보시스템을 구축할 경우 안전관리의 감시적·기술적인 기능만 고려하였을 뿐 중대재해처벌법에서 요구하는 규범적 요소를 반영하지 않는 경우 안전보건관리체계로 볼 수 없기 때문이다.

b) 따라서 지능형 CCTV는 인공지능만으로 영상 내 작업자의 이상상태를 자동으로 식별할 수 있다고 하더라도 중대재해처벌법 및 시행령과 구체적인 정합성이 없다면 안전보건관리체계로 인정할 수 없다. 그러나 모바일기기를 연동해 실시간으로 작업현황을 파악하고 위급상황에 신속히 대처할 수 있다면 중대재해처벌법 시행령 제4조제8호에 합당하다.

(10) 안전보건감사

1) **안전보건감사의 정의와 기능**　a) 안전보건감사란 안전보건활동에 관한 사항이 적합하게 계획되고 얼마나 성과를 내었는지 조사·평가하여 개선하는 경영활동을 말한다. 안전보건감사는 공기업의 경영평가항목에 해당된다. 그러나 안전보건감사는 중대재해처벌법에서 명시하지 않아 사업주 또는 경영책임자의 재량행위에 해당된다.

b) 안전보건감사는 안전보건관리의 정책이나 방침에서 범하기 쉬운 오류를 시정하고 관리기준이나 실행지침을 개선할 수 있다. 또한 사업주 또는 경영책임자의 목표와 방침을 충실히 시행하도록 유도하는 정책적 기능을 한다.

2) **안전보건감사의 유형**　a) 안전보건감사의 유형은 목적에 따라 ⅰ) 업무운용감사, ⅱ) 관리시스템의 감사, ⅲ) 계획 및 성과의 감사, ⅳ) 업무개선의 감사, ⅴ) 비리 등 징계목적의 감사 등으로 활용한다. 또한 대상에 따라 ⅰ) 전사적인 감사, ⅱ) 본사의 감사, ⅲ) 사업부문의 감사로 구분하며, 주체에 따라 내부감사, 외부감사, 합동감사로 분류한다.

b) 전사적인 감사는 관리체계의 기능이나 활동에 대한 적합성 등을 평가하며, 본사의 안전관리부서 및 각 사업장에 대한 활동내역, 지원체제, 문제점 등을 분석·평가할 수 있는 기회가 된다. 본사의 감사는 ⅰ) 안전경영정책과 그 실행, ⅱ) 안전경영정책의 수립과 제도화, ⅲ) 정책의 적합성과 그 실행결

과, ⅳ) 본사의 현장지원체계, ⅴ) 안전보건교육의 실시 등을 대상으로 한다.

c) 사업부문의 감사는 안전보건관리의 부서, 건설현장이나 공장 등 사업장의 안전관리관리활동에 대하여 실시한다. 이 경우 안전관리자 및 보건관리자의 적정한 배치, 안전보건교육의 여부, 위험성평가 등 안전관리활동의 내역, 안전조치 및 보건조치에 관한 사항, 산업재해의 발생신고 및 기록에 관한 사항을 감사의 대상으로 한다.

d) 내부감사는 조직내부의 경영층이 중심이 되어 기업내부의 안전보건관리에 대하여 실시한다. 내부감사는 자료 및 정보의 수집이 용이하고, 감사대상의 실태파악이 용이하다. 기업내부의 관행이나 관습을 객관적으로 비판하기 어렵고, 조직내 이해관계자와의 갈등이 조성되기 쉬운 단점이 있다.

e) 외부감사는 외부의 컨설턴트, 교수 등 안전보건전문가에게 의뢰하여 실시할 수 있다. 외부감사는 내부사정에 익숙하지 못하여 실태파악을 위한 자료 및 정보의 수집에 어려움이 있다. 그러나 다른 기업과의 비교가 가능하고 객관적인 시각에서 평가를 할 수 있다. 합동감사는 기업내부의 스탭과 외부의 전문가로 구성하여 실시한다. 내외부 감사기능의 단점을 보완할 수 있으나, 역할이 명확하지 않으면 책임전가의 위험성이 있다.

3) 안전보건감사의 방법

① ABC감사 a) A(Administrative audit)감사는 안전경영정책의 측면에서 사업주와 경영책임자, 사업자의 연계성을 고려하여 실시한다. 따라서 전반적인 안전경영정책의 기능과 운용 능에 대하여 정기적으로 안전보건관리의 타당성을 분석하고 평가한다. A감사의 평가항목은 안전보건경영목표과 방침, 이를 실행하기 위한 안전보건관리조직, 안전보건관리기준 및 규칙의 실행력, 안전보건활동 및 산업재해의 감축현황 등을 포함한다.

b) B(Budget)감사는 안전경영관리의 경제적인 측면을 대상을 실시한다. 재해예방조치를 위하여 안전보건관리비 및 안전시설투자에 대한 예산의 적정성, 인건비, 안전보건관리의 효율성을 평가하여 안전경영정책의 조정, 안전보건관리계획의 반영 여부를 검토해야 한다. 인력, 시설, 장비 등이 합리적이고 적정하게 산정되거나 집행되는지도 감사대상에 포함해야 한다. 안전보건교육의 계획 및 실시가 적합한지도 경제적인 측면에서 검토대상이 될 수 있다.

c) C(Contribution audit)감사는 안전경영정책과 안전경영관리의 효과성을 측정하고 개선하기 위해 실시한다. 안전경영정책을 수립하고 실행한 결과 목표대비 성과가 얼마나 되는지, 사업장과 연계하여 효과를 조사 및 평가한다. 중대재해처벌법시행령 제4조제1호에 따른 사업 또는 사업장의 안전보건에 관한 목표와 경영방침을 설정하였다면, 성과측정도 해야 적정하다. 따라서 산업재해발생율, 매출액 대비 안전보건관리비 등이 지출비용, 안전보건관계자의 투입비율, 사고율의 감축지수, 분쟁율에 따른 손실측정 등을 실시한다.

[표2-75] 안전보건관리의 ABC 감사항목

유형	감사의 주요 항목	관점
A(Administrative audit)감사	1. 안전보건경영목표과 방침 2. 안전보건관리조직 3. 안전보건관리기준 및 규칙의 실행력 4. 안전보건활동 및 산업재해의 감축현황	경영
B(Budget)감사	1. 안전보건관리비 및 안전시설투자에 대한 예산의 적정성의 분석 및 안전경영정책의 조정 2. 인건비, 안전보건관리자의 적정성	경제
C(Contribution audit)감사	1. 산업재해발생율 2. 매출액 대비 안전보건관리비 등의 지출비용 3. 안전보건관계자의 투입비율 4. 사고율의 감축지수, 분쟁율에 따른 손실측정 등	효과

② **거시・미시감사**   a) 감사의 방법은 거시감사와 미시감사로 구분한다. 거시감사는 사업전체의 차원에서 안전보건관리의 성과판단의 지표로 활용하는 방법을 말한다. 객관적인 측면에서 사고율, 근태율, 생산성 등에 대한 양적인 분석을 통해 그 양호성을 판단해야 한다. 또한 주관적인 측면에서 안전관리활동에 따른 종사자의 사기, 동기유발, 불만 및 스트레스의 여부 등에 대하여 그 양호성을 판단한다.

 b) 미시분석은 사업장 또는 업무단위로 구분하고 안전보건관리에 한정하여 성과를 감사하는 방식을 말한다. 정태적인 측면에서 안전보건관리의 직능

적 영역을 중심으로 ⅰ) 고용관계로서 안전관리자나 보건관리자 등의 채용, 배치, 승진, 교육훈련, 임금, 복지후생, ⅱ) 인간관계로서의 동기 및 사기, 의사소통, 응집력, 리더쉽 등을 분석하여 평가한다.

 c) 또한 동적인 관리과정의 측면에서 ⅰ) 안전보건관리의 계획, ⅱ) 안전보건관리규정 등 제도화, ⅲ) 안전보건관리조직의 구성 및 운영의 적절성, ⅳ) 안전보건관리의 방법상 안전보건정보의 제공, ⅴ) 위험성평가 등 활동, ⅵ) 위험통제의 적합성을 조사하고 평가한다.

제 3 절

중대산업재해의 사례와 법적 책임

1. 고위험작업과 중대산업재해

（1） 고위험작업과 중대산업재해

1） 고위험작업의 안전보건관리실태   a) 건설업, 조선업, 제조업은 중대재해가 많이 발생하는 고위험의 업종에 해당하며, 다단계의 도급생산방식 및 유동적 고용구조의 특성을 지닌다. 조선업과 건설업은 수주의 변동성이 심해 일시에 많은 노동력을 투입해야 하므로 비정규적 근로자를 사용할 수밖에 없다. 또한 공사기간 또는 건조물의 완성시기가 정해져 있어 대부분 동시작업을 한다. 이러한 작업환경으로 인한 건설업과 조선업의 재해원인을 분석하면 다음과 같다.

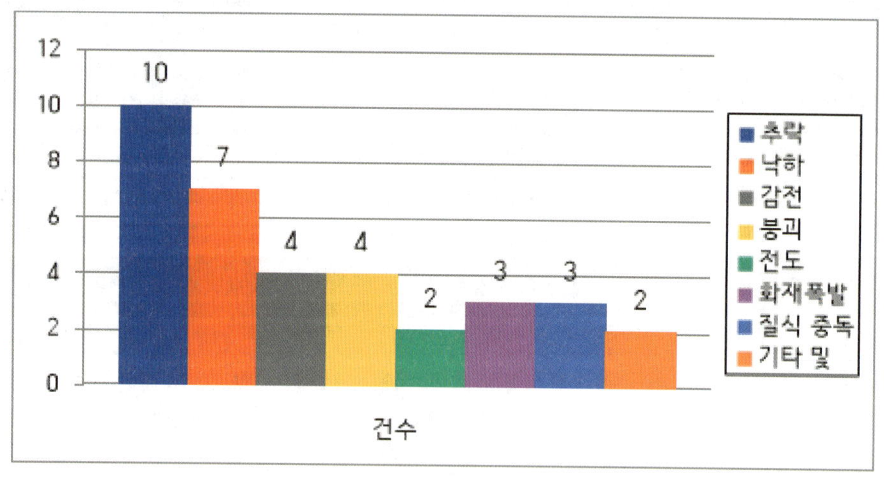

<그림 2-18> 유해·위험요인 분석결과표

b) 3대 업종은 재해발생원인, 안전보건관리체계의 미작동, 하도급의 폐단 등 여러 가지 문제점을 지닌다. 특히 건설업, 조선업, 제조업의 순으로 재해발생률이 높고, 하도급 및 재하도급에 따른 사망률이 높게 나타난다. 우리나라 산업규모는 2020년 9월 통계기준으로 ⅰ) 300명 미만의 사업장은 94.2%를 차지하는 중소규모의 협력업체에서 근로자가 고위험작업에 노출되는 점, ⅱ) 다단계의 도급형태로 인하여 안전보건관리가 취약한 점을 고려하여 중대재해의 예방대책이 요구된다. 이러한 통계는 산업특성상 크게 변함이 없다.

2) **중대산업재해의 유형**   a) 중대재해 등 산업재해는 사망, 부상, 질병(직업병 포함)의 유형으로 구분되고, 유해위험요인, 근로자의 불안전한 행동 및 상태, 작업환경 및 작업조건, 작업공정, 기계·기구·설비의 안전조치 미비, 부적절한 관리감독 등에 의하여 발생한다.

b) 중대재해의 예방대책은 재해의 유형과 원인, 안전보건관리체계, 안전보건관리계획 및 책임주체, 안전보건관리기법, 재해예방조치 및 관리감독체계의 관점에서 검토가 필요하다. 건설업과 조선업은 고소작업 등 작업특성으로 추락·협착·질식 등 모든 종류의 산업재해가 다양하게 발생하며, 단 1건의 안전사고라도 사망 또는 중상이라는 중대재해로 이어지는 특성이 있다.

c) 중대재해의 발생빈도는 업종과 규모에 따라 차이가 있다. 건설업이나 조선업의 경우 다른 업종에 비하여 추락에 의한 사망재해가 많다. 건설업의 경우에는 지하굴착작업, 터널굴착작업, 고층구조물작업, 건설기계작업 등으로 인하여 추락사고, 붕괴사고, 매몰사고, 끼임사고로 인하여 중대재해가 발생한다. 건설공사현장의 유해·위험요인 분석표를 소개하면 다음과 같다.

[표2-76] 건설공사 유해위험요인분식표

No.	기인물	추락	낙하	감전	화재폭발	전도	붕괴	충돌	질식	MSDS	관리	합계
		위험요인										
1	안전난간											

2	수직 개구부										
3	작업발판										
4	안전 난간대										
5	해치발판										
6	고정식수직 사다리										
7	위험단부										
8	비계 내부 통로										
9	슬링벨트										
10	와이어로프 클립										
11	와이어로프 단말부										
12	샤클										
13	줄걸이 고정점										
14	모서리 보호대										
15	가설전선										
16	릴선										
17	홀더의 용접봉										
18	콘센트										
19	강관비계										
20	비계램프										
21	비계 기둥지지부										
22	굴착부 근접토사										

23	가스용기											
24	가연성 물질												
25	통로바닥 파이프												
26	합판 단차부												
27	안내표지												
28	밀폐공간												
29	관리대상 물질												
합 계													

(2) 건설공사당사자의 역할과 한계성

1) **건설공사 발주자의 역할 및 한계**   a) 건설업은 고소작업, 지하작업, 밀폐공간작업, 동시작업, 비정형적 작업공정이 많아 건설공사발주자와 도급인, 수급인의 역할과 협력이 중요하다. 건설공사발주자는 발주공사에 대하여 산업안전보건법 제67조(건설공사발주자의 산업재해 예방조치), 제68조(안전보건조정자), 제69조(공사기간단축 및 공법변경 금지), 제70조(건설공사 기간의 연장), 제72조(건설공사 등의 안전보건관리비 계상 등)의 규정이 적용된다.

b) 건설공사발주자는 발주공사의 현장에 대하여 안전보건관리체계의 구축, 안전조치 및 보건조치의 이행 여부 등에 대하여 확인하고 점검하는 역할을 할 수 있다. 그러나 건설공사수급인의 안전조치 미비에 대하여도 직접적인 지시나 감독, 제재를 할 수 없다. 건설공사발주자의 행위는 도급인과 특수계약조건을 명시한 발주계약에 의하여 개입하고 있는 실정이다.

c) 건설공사발주자는 직접 시공에 참여하는 관계수급인에 대하여 지도나 감독, 권고 등을 할 수 없다. 시공에 대한 개입행위는 중대재해처벌법 제9조 제1항의 "사실상 지배·운영·관리"에 해당될 수 있다.220) 산업안전보건법에

의한 건설공사발주자의 책임과 중대재해처벌법 제2조에 의한 안전조치는 발주자의 역할에 한계성을 나타낸다. 따라서 건설공사발주자는 건설기술진흥법에 의한 사업관리의 범위내에서 안전관리를 하고, 산업안전보건법에 의하여 허용된 규정 이외에는 관여할 수 없다.

d) 또한 중대재해처벌법에는 건설공사발주자에 대한 명시규정이 없다. 따라서 ⅰ) 건설공사발주자가 공사시공에 참여하지 않는 점, ⅱ) 중대산업재해는 산업재해를 전제로 인정하는 점, ⅲ) 유해·위험요인을 지배·관리하거나 직접적으로 위험통제를 할 수 있는 지위가 아니라는 점에서 중대산업재해의 위반책임을 묻지 않아야 한다. 그러나 건설공사발주자가 공사의 시공에 참여하여 노무를 수령하거나 사실상 사업 또는 사업장을 지배·운영·관리하는 경우에는 위험통제를 할 수 있는 지위에 있다고 보아야 한다.

2) **도급인의 역할과 한계**   a) 도급인은 건설공사를 총괄하여 관리하는 시공자로서 공동사업장과 지정사업장에 대한 법적 책임을 부담한다. 도급인과 수급인은 자신이 고용한 근로자에 대하여 산업안전보건법 제38조(안전조치)와 제39조(보건조치)에 의무를 부담한다. 도급인은 하도급한 건설공사에 대한 재해예방조치의 위험관리책임을 진다.

b) 도급인은 산업안전보건법 제61조(적격수급인의 선정), 제63조(도급인의 안전조치 및 보건조치), 제64조(도급에 따른 산업재해 예방조치), 제65조(도급인의 안전 및 보건에 관한 정보제공 등), 제66조(도급인의 관계수급인에 대한 시정조치), 제69조(공사기간 단축 및 공법변경 금지), 제70(건설공사기간의 연장), 제71조(설계변경의 요청)의 의무를 이행하여야 한다.

---

220) 사업주 또는 경영책임자등은 사업주나 법인 또는 기관이 실질적으로 지배·운영·관리하는 사업 또는 사업장에서 발생하는 중대산업재해나 제조물의 설계, 제조, 관리상의 결함으로 인한 그 이용자 또는 그 밖의 사람의 사람에 대하여 중대시민재해의 법적 책임을 부담해야 한다. 이 경우 사실상 지배·운영·관리를 기준으로 안전경영책임의 여부를 판단하게 된다. 건설공사발주자가 시공에 참여한다는 의미는 직접 공사를 한다는 의미를 포함한다. 사업주 또는 경영책임자등이 건설공사발주자라도 자체적으로 일부공사를 시공한다면, 사업 또는 사업장에서 종사하는 근로자 등 노무를 제공하는 사람을 보호하기 위한 안전보건조치 등 위험통제를 할 수 있는 지위에 있기 때문에 시공에 참여하는 것으로 보아 도급인으로 해석함이 타당하다.

c) 도급인의 의무는 산업안전보건법 제64조에 따라 ⅰ) 협의체의 구성 및 운영, ⅱ) 작업장 순회점검, ⅲ) 안전보건교육을 위한 장소 및 자료의 제공 등 지원, ⅳ) 관계수급인의 안전보건교육의 실시확인, ⅴ) 경보체계운영 및 대피 등 훈련, ⅵ) 위생시설의 이용협조에 관한 사항이다. 이러한 행위는 도급인의 위험관리책임을 명시한 것으로 재해예방조치에 해당된다.

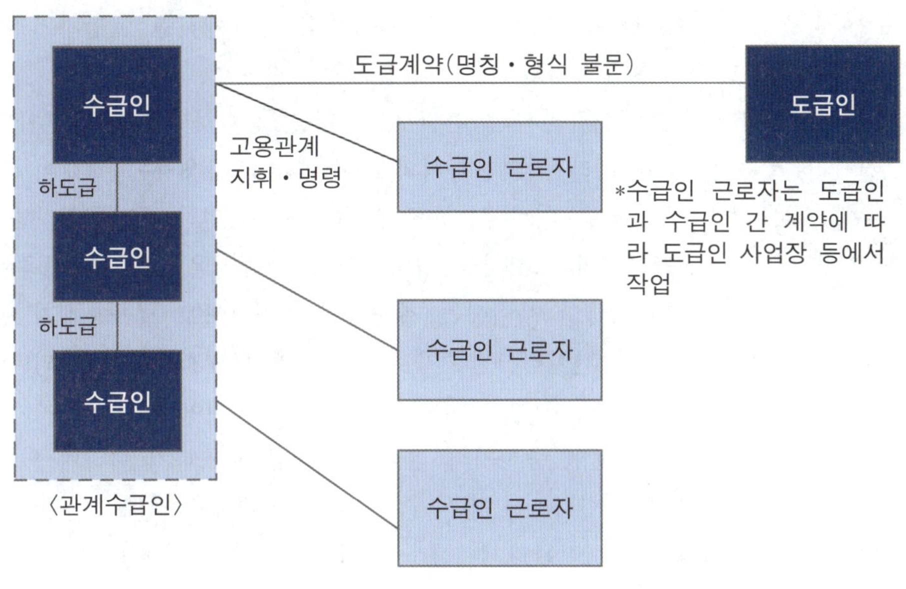

<그림 2-19> 도급인과 수급인의 기본구조

d) 또한 산업안전보건법 제64조제1항에 따라 ⅰ) 같은 장소에서 이루어지는 도급인과 관계수급인 등의 작업에 있어서 관계수급인 등의 작업시기·내용, 안전조치 및 보건조치 등의 확인(제7호), ⅱ) 제7호에 따른 확인 결과 관계수급인 등의 작업 혼재로 인하여 화재·폭발 등 대통령령으로 정하는 위험이 발생할 우려가 있는 경우 관계수급인 등의 작업시기·내용 등의 조정(제8호)이 가능하다.

e) 도급인은 수급인이 안전조치 및 보건조치를 하지 아니하는 경우 직접 지시나 감독을 할 수 없으나, 산업안전보건법 제66조(도급인의 관계수급인에 대한 시정조치)에 따른 시정요구나 협조하도록 권고할 수 있다.221) 또한 도급

인이 점유하는 공작물, 기계・기구・설비 등에 대하여는 산업안전보건법 제
63조에 따라 직접 안전조치 및 보건조치를 해야 한다. 도급인이 사실상 지
배・관리하는 사업장의 각종 기계・기구・설비에 대한 안전보건관리체계가
미비한 경우에는 중대재해처벌법의 적용대상이 된다.

　3) **건설수급인의 역할한계와 협력체계의 구축**　　a) 건설공사수급인은 사
업주로서 자신이 직접 고용한 근로자등을 대상으로 산업안전보건법에 따른
재해예방조치를 해야 한다. 또한 건설공사수급인은 중대재해를 예방하기 위
한 안전보건관리체계를 구축하고 이행점검을 해야 한다.

　b) 건설공사발주자는 도급공사의 안전보건관리를 강화하기 위하여 「안전
보건관리 특수계약조건」이라는 약관형식의 부합계약을 사용하는 경향이 늘
고 있다. 이러한 부합계약은 위반 시 손해배상을 할 수 있다는 사후적 효력
을 지닐 뿐 안전보건관리의 당사자를 규율하는데 한계성을 지닌다. 더욱이
건설공사발주자와 관계수급인 사이에는 계약관계가 없으므로 법률관계가 형
성되지 아니한다. 오히려 건설공사발주자보다 도급인의 역할이 수급인의 안
전보건관리 및 활동에 더 큰 영향을 미친다는 점에 주목해야 한다.

　c) 수급인은 자신이 고용한 종사자의 건강과 생명을 보호하기 위하여 안전
보건관리체계를 구축해야 한다. 이 경우 수급인은 위험대상을 지배・운영・관
리하는 범위 내에서 안전보건관리체계를 구축하고 이행점검을 해야 한다. 그
러나 수급인이 독자적으로 사업장을 지배・운영・관리를 할 수 없어 안전보
건관리체계를 구축하기 곤란한 경우 도급인과 협력체계를 구축하는 행위는
중대재해처벌법의 위반으로 볼 수 없다.

　d) 도급인이 건설공사의 일부를 하도급한 경우 당해 건설현장에 대한 총
괄・관리를 하므로 지배・관리성은 상대적으로 크다. 따라서 관계수급인의
역할은 상대적으로 작으며, 그마저 도급인의 협력이 없이는 산업재해의 예방
효과를 기대하기 어렵다.

　e) 예를 들어 주택재개발현장에서 위층과 아래층에서 동시에 철거작업을

---

221) 이 경우 시정조치를 할 수 있다는 표현은 개념적으로 표현이 불명확하여 사업
　　장에서 혼란이 야기되고 있다. 그러나 도급의 법리상 다른 사업주가 지시나 감
　　독을 할 수 없다고 보아야 하며, 권고적인 성격으로 해석함이 타당하다.

하는 경우 아래층의 작업자는 낙하물사고를 당할 위험이 높다. 이 경우 둘 이상의 관계수급인을 동시에 투입하는 대신 작업일정을 달리하도록 도급인이 조정하여 산업재해를 예방할 수 있다.

f) 또한 50억원 미만의 소규모 공사로서 안전보건관리체계를 모두 구축하기 곤란한 경우 도급인이 안전관리자를 배치하는 등 협력체계를 구축할 수 있다. 소규모공사는 경제적 여력이 부족하므로 관계수급인을 지원하는 협력체계가 필요하다. 협력체계는 다른 사람의 지시하는 등 의사결정을 지배하는 행위로 볼 수 없어 허용이 가능하다.

(3) 조선업의 하도급과 고위험작업

1) **조선업의 하도급특성과 고위험작업**   a) 조선업은 선박의 규모, 크기, 높이, 용도에 따라 다양한 형태의 선박을 건조한다. 조선업은 고소작업, 중량물취급작업, 용접작업, 크레인작업, 지게차작업 등 고위험작업의 특성상 중대재해의 발생가능성이 높다. 작업공정의 불규칙성, 중량물의 운반, 좁은 공간의 선체블록에서 용접작업을 하는 경우 산업재해의 위험성을 내포하고 있다.

b) 선박의 작업공정은 불록단위로 작업이 이루어지고, 작업자 간의 구성이 각기 달라 제조업과 같은 관리감독을 하기가 쉽지 않다. 그래서 2018년 「조선업 중대재해 국민참여 조사위원회 조사보고서」에서는 물량팀에 의한 재하도급을 금지할 것을 검토한 바 있다.

c) 조선업은 선박의 수주량에 따라 일감이 변동되는 사업의 특성상 고정인력에 의한 생산활동이 어렵다. 수주에 따라 비정규직의 인력이 증감하며, 체계적인 안전보건관리가 어렵고, 안전보건교육이 제대로 되지 않는 실정이다. 중대산업재해 조사보고서에서도, 이러한 문제점을 지적하였다.[222]

d) 조선업에서 재하도급형태의 물량팀을 사용하는 이유는 ⅰ) 선박의 조립순위 등 공정상 공기단축이 심하고, 선박의 층마다 고소작업, 밀폐공간작업으로 인하여 사고의 위험성이 높은 점, ⅱ) 작업공정상 동시작업으로 안전사

---

222) 조선업 중대산업재해 국민참여조사위원회, 「조선업 중대산업재해 국민참여조사위원회 사고조사보고서」(2018.08), 269~272면.

고의 위험이 있는 점, iii) 선박건조의 과정 중 보온과 도장작업은 육체적으로 힘들고 유해물질에 노출되는 환경으로 인하여 직영근로자들이 기피하기 때문이다.

  e) 도급인은 안전관리를 강화하기 위하여 하도급계약서에 재하도급 시 승인을 받도록 하고 있으나, 협력업체인 1차관계수급인이 거의 신청을 하지 않는 것으로 나타났다. 또한 재하수급인이 물량팀장을 가장하여 사실상 사업을 하므로 안전보건관리체제가 작동될 수 없게 된다.

  f) 또한 조선업은 외국의 선주들이 선박건조를 주문하며, 이 경우 발주자로서 법적 책임을 묻기 곤란하다. 우리나라의 산업안전보건법은 건설공사발주자만 인정하며, 선박건조공사와 관련하여 조선업의 발주자를 법률적으로 규제하지 못하는 실정이다.

  2) **조선업의 중대재해사례와 재해원인**   조선업은 철강과 중장비를 사용하고 용접작업, 고소작업 등의 과정에서 추락·협착·질식, 화재폭발사고, 중량물취급작업 등 안전사고가 많이 발생한다. 작업공정이 무거운 철제품의 가공조립과 유선형의 형태를 지니고, 고소작업의 경우 작업발판 및 사다리 설치 등 비계설치를 안정적으로 고정하기가 쉽지 않다는 어려움이 있다.

[표2-77] 사고유형별 중대재해 사례

사고명	재해개요	재해유형
체인블록 파손으로 인한 중량물(러더) 불시 하강으로 끼임	'2020년 8월 29일(토) 09시 20분경 부산시 사하구 소재 ㈜000 중공업 內 2번 선대에 상가된 000호에서 000 소속의 재해자 5명이 러더(Rudder) 해체작업 중 체인블록 파손으로 러더223) 가 불시 하강하여 이를 피하려다 부상을 입은 재해가 발생함	부상 5명
판계작업 중 미끄러진 철판에 맞음	2021. 2. 5.(금) 09:01 경 00조선소에서 판계작업자가 철판을 핀 지그224) 위에 올려 판계작업225) 을 실시하던 중 도면의 위치대로 철판을 배열하기 위해 철판을 고정하고 있던 레버풀러를 조작하는 순간 철판이 미끄러져 떨어지면서 철판 아래를 지나가던 재해자(용접작업자)의 머리를 쳐 사망함	사망 1명

LPG탱크 보온 작업 중 떨어짐	21.03.02.(화) 08:12분경 울산광역시 울주군 소재 ○○○사업장에서 LPG탱크블록의 보온작업을 위해 탱크상부 경사면에서 우레탄 스프레이 발포작업 중 착용한 작업벨트용 섬유로프의 고리가 도르래블록 훅에서 빠지면서 약 22m 높이에서 떨어져 사망함	사망 1명
낙하하는 용접 와이어 스풀에 맞음	'21.03.30.(화) 04:05경 ○○○사업장에서 해상풍력발전 설비인 자켓의 상·하부 연결을 위해 45미터 높이에 설치된 가설비계 위에서 취부용접작업을 하던 중, 용접기 피더기226)에서 용접와이어의 스풀227)(약 10kg)이 이탈되면서 가설비계의 개구부로 낙하하여 지상에 있던 재해자 머리를 가격하여 사망함	사망 1명
크레인 불시 작동으로 중량물에 끼임	'21.4.30.(금) 18시 50분경 경남 소재 ○○○사업장에서 X자 구조물(X-brace, 약 42톤)을 주 기둥(Leg)에 설치하기 위해 골리앗크레인으로 잡은 상태에서 취부작업 중, 크레인 불시 상승으로 X자 구조물이 이탈되면서 용접작업 중인 재해자를 덮쳐 구조물과 작업 발판 사이에 머리가 끼여 사망함	사망 1명
건조 중인 선박 내부 탱크 바닥으로 떨어짐	'21. 5. 8.(토) 08:40경 울산시 소재 ○○○사업장에서 건조 중인 선박 내부 탱크 안에서 재해자가 용접작업 중 높은 장소(약 16.2m 이상)의 이동경로를 지나다(추정) 탱크 바닥으로 떨어져 사망한 사고임	사망 1명

(4) 제조업의 중대재해 유형과 사례

1) **제조업의 안전보건관리와 취약성**　　a) 제조업은 위험작업의 공정, 노후된 시설, 위험한 기계·기구·설비의 사용으로 유해위험성이 높은 업종이

---

223) 러더(Rudder, 방향타) : 선박의 진행방향을 바꾸는 장치
224) 핀지그: 블록이나 철판 등을 받치는 지그로써, 높이 조절이 가능한 기둥형태의 받침대
225) 판계작업: 철판을 서로 맞대어 철판과 철판 사이의 단차(높이차)를 맞춘 후 용접을 실시하여 철판을 잇는 작업
226) 피더기(Feeder): 용접와이어 자동 공급장치
227) 스풀(Spool): 와이어 등을 감는 틀(드럼)

다. 각정 생산제품을 생산하는 과정에서 떨어짐, 부딪힘, 끼임에 의한 사망률이 높고, 질병의 경우 금속 및 중금속 중독에 의한 질병사망자가 높게 나타났다. 유기용제, 분진, 유해가스 등에 의하여 직업병을 유발하기도 한다.

  b) 중소제조업의 높은 산업재해율은 재정의 취약성, 안전보건교육의 부족, 안전보건의식 부재, 안전·보건관리자의 배치미흡, 유해·위험요인의 발굴 및 위험성평가의 미실시, 외국인근로자의 활용, 감독기관의 무관심 등에 기인한다.

  c) 또한 규모가 작은 제조업은 상시 근로자수, 사업의 종류 등에 따라 산업안전보건법의 사각지대에 놓여 있다. 예를 들어 상시 근로자 수 50명 미만은 안전보건조직을 구성·운영하지 아니하고, 상시 근로자 100명 미만의 사업장(제조업 50인)은 산업안전보건위원회를 구성하지 않는다. 이러한 인력 및 조직의 미적용은 안전보건에 대한 인식 및 이해 부족으로 귀결되어 중대재해를 유발한다.

  2) 제조업의 하도급과 안전보건관리실태 a) 제조업의 하도급 관련 산재 실태현황조사결과에 따르면, 도급인과 수급인을 합한 사고사망만인율이 도급인 관련 사고 사망만인율보다 4배가량 높게 나타나고 있다. 도급인은 사업장 내에 상주하는 수급인의 근로자 현황은 파악하고 있으나, 수급인의 소속 근로자 현황은 관리하지 않아 안전보건관리의 취약성을 나타낸다.[228]

  b) 도급인은 하청업체에 대한 안전지시나 감독을 할 수 없다보니, 하청업체 공식보고체계의 미비. 재해대응 매뉴얼 부족 등 운영체계, 협력체계가 미흡한 것으로 나타났다. 안전보건협의체의 운영도 설비의 유지·보수, 물품납품 등 비상주업체는 70% 가량이 포함되지 않는 것으로 파악되었다.[229]

  c) 전반적으로 하도급 운영에 산업안전보건관리체계가 미흡한 실정이다. 중소기업은 안전보건실태조사를 한 결과 다음과 같은 보호구를 지급하지 않거나 미착용하는 등 위반사항이 많은 것으로 나타났다.[230]

---

228) 안전보건공단, 원하청산업재해통합 통계 산출(2016년)
229) 안전보건공단, 원하청산업재해통합 통계 산출(2018년)
230) 이상국, "경기도 중소제조기업의 산업재해예방 및 정책적 지원방안 연구", 경기
     도의회(2021. 03), 68면.

[표2-78] 보호구의 종류와 착용대상작업

보호구의 종류	구분	착용대상 작업 또는 작업장
호흡용 보호구	방진마스크	분체작업, 연마작업, 광택작업, 배합작업
	방독마스크	유기용제, 유해가스, 미스트, 흄발생작업장
	송기마스크, 산소호흡기, 공기호흡기	저장조, 하수구 등 청소 및 산소결핍위험작업장
청력 보호구	귀마개, 귀덮개	소음발생작업장
안구 및 시력보호구	전안면 보호구	강력한 분진비산작업과 유해광선 발생작업
	시력보호 안경	유해광선 발생 작업보호의와 장갑, 장화
안전화, 안전장갑	장갑	피부로 침입하는 화학물질 또는 강산성물질을 취급하는 작업
	장화	피부로 침입하는 화학물질 또는 강산성물질을 취급하는 작업
보호복	방열복, 발열면	고열발생 작업장
	전신보호복	강산 또는 맹독성 유해물질이 강력하게 비산되는 작업
	부분보호복	상시물질이 심하게 비산되지 않는 작업
피부보호크림		피부염증 또는 홍반을 일으키는 물질에 노출되는 작업장

3) 제조업의 중대재해 유형과 원인 　a) 제조기업의 중대재해 5대 유형은 ① 감김·끼임(21%), ② 떨어짐(19%), ③ 화재·폭발(11%), ④ 날아와 맞음(7%), ⑤ 부딪힘(6%)으로 나타났다.231) 재해원인으로 감김·끼임 사고의 원

---

231) 부딪힘은 피동사로서 수동적인 의미, 부딪침은 능동사로 사용된다. 근로자가 물건을 들고 가다가 넘어지면서 모서리에 이마를 찧는 경우 "부딪침사고"라고 표현한다. 그러나 트럭이 후진하여 오는 바람에 피할 사이 없이 부딪히는 사고가 발생하기도 하는데, 이를 "부딪힘사고"라고 한다.

인은 ⅰ) 기계의 방호조치 미비, ⅱ) 적절한 작업복 미착용, ⅲ) 면장갑 착
용, ⅳ) 정비·수리 시 엔진 미정지, ⅴ) 동료근로자의 오조작 등이다.

 b) 떨어짐사고는 ⅰ) 사다리 파손, ⅱ) 사다리 미끄럼방지장치 미비, ⅲ)
슬레이트나 선라이트 작업 시 작업발판 미비, ⅳ) 안전모 미착용, ⅴ) 고소작
업대 미사용 등이며, 화재·폭발 사고는 인화성 물질의 누출, 용접불티 발생,
탱크내부 작업 시 환기불충분 등에 의해 발생한다.

 c) 날아와 맞음사고의 원인은 ⅰ) 중량물의 과도한 적재, 포장 없이 지게
차로 운반, ⅱ) 와이어로프 파손 및 달기기구 이탈, ⅲ) 고속회전체인 숫돌
파손 등이며, 부딪침사고는 ⅰ) 지게차 운반, ⅱ) 화물자동차 운행, ⅲ) 굴착
기 회전, ⅳ) 크레인 중량물 운반 등이다. 이러한 재해원인은 중소제조기업
이나 일반제조기업에 별다른 차이 없이 공통적으로 나타나는 유형이다. 제조
업의 재해원인을 5대 유형별로 정리하면 다음과 같다.232)

[표2-79] 제조기업 중대재해 5대 유형과 원인

사고 유형	재해 원인
1. 감김·끼임(21%)	1. 방호장치가 미설치된 기계설비의 작업점 2. 기어, 롤러의 말림점 3. 벨트, 체인 등 동력전달부 4. 회전체 취급 작업 시 면장갑 착용 5. 기계설비의 정비·수리 등의 작업 시 기계를 정지하지 않 　거나, 다른 근로자의 기동스위치 오조작
2. 떨어짐(19%)	1. 사다리의 파손·미끄러짐 2. 지붕위에서 보수작업 중 썬라이트 등 약한 부위 파손 3. 화물자동차의 적재·포장작업 4. 대형설비나 제품 위에서의 작업
3. 화재·폭발(11%)	1. 화학설비에서 인화성 물질의 누출 2. 용접작업 중 불티의 비산 3. 인화성 물질이 잔류한 폐드럼 절단 4. 환기가 충분하지 않은 탱크 내부 등에서의 화기작업

---

232) 이 자료는 통계는 2022년 고용노동부 산업재해통계에 의한다. 매년 약간의 통
　계가 변경될 수 있으나, 크게 변하지 않는다.

4. 날아와 맞음(7%)	1. 과도한 높이로 불안정하게 적재된 적재물 2. 적절한 포장이 없는 중량물을 지게차로 운반 3. 크레인의 와이어로프 파손 및 달기기구 이탈 4. 고속회전체인 숫돌 파손 등
5. 부딪침(6%)	1. 지게차의 운반작업 2. 화물자동차의 운행 3. 백호우 붐대의 회전 4. 크레인 중량물 운반

d) 제조업은 ⅰ) 도급인의 관리 시설물에 대한 소유와 운영이 분리된 구조적인 한계로 안전시설물에 대한 도급인의 사전 안전조치 미흡, ⅱ) 유해·위험 정보를 제대로 제공하지 않아 작업장의 안전취약요인에 대한 확인 없이 작업수행, ⅲ) 혼재작업을 수행하는 경우 안전관리체계 소홀, ⅳ) 원가 절감 및 효율을 중시하는 도급계약 관행상 충분한 안전성에 대한 판단 및 검토 없는 작업진행으로 인해 사망재해가 발생하고 있다.

[표2-80] 제조업 도급사업 사망사고 주요사례[233]

구　분	구체적인 사례	비고
도급인의 사전 안전조치 미흡	개방된 점검구에서 설비의 이상 유무를 확인하던 중 압축기에 끼여 1명 사망	
	가동 중인 컨베이어 하부에서 청소 작업 중 벨트와 롤러 사이에 끼여 1명 사망	
유해·위험정보 사전 미제공	하수처리 시실 내 인화성 가스로 폭발위험 분위기가 조성된 장소에서 전기기계기구를 사용하여 폭발 2명 사망	
	콘크리트 양생 고체연료를 교체하기 위해 현장에 들어갔다 일산화탄소 질식 2명 사망	
혼재 작업 시 도급인 안전관리 소홀	건물지하 설비공사현장에서 다수 하청근로자가 동시 작업 중 용접불티에 의한 화재 8명 사망	

---

233) 고용노동부, 도급사업 안전보건관리운영매뉴얼(2020년 7월)

안전이 고려되지 않은 계약 관행	건조중인 선박탱크 내부에서 스프레이 도장 작업 중 환기 불충분으로 폭발위험 분위기가 형성되어 화재 폭발 4명 사망	
	냉각탑 내부 내장재 교체 작업을 하던 중 냉각탑 내부로 유입된 질소에 의해 질식 4명 사망	

e) 제조업은 재하도급의 경우 안전보건관리 및 안전시설 등에 투자할 수 있는 역량이 부족하다. 건설업은 산업안전보건관리비를 통해 안전관리비, 인건비, 안전시설비, 기술지도비 등 재해예방활동에 필요한 예산편성을 하여 안전보건관리에 대응하고 있다. 그러나 제조업은 재하도급으로 효율성 및 이익증대를 추구하고 있으나, 산업안전보건관리비의 법적 근거가 없어 산업재해율을 감축하는데 장애요인이 되고 있다.

f) 또한 중층적인 하도급단계에서는 관계수급인의 권한과 책임, 관리주체의 역할한계를 나타낸다. 그 결과 재하도급 관계는 누구에게 어떤 책임을 부과하고 위험작업의 지배·관리영역을 어디까지 해야 할지 책임범위가 불명확해진다.

g) 중층적인 도급관계는 산업안전관리책임의 모호성으로 인해 안전보건관리체계의 미비점을 초래한다. 따라서 50명 미만의 제조업에 대한 안전보건관리체계의 구축 및 지원, 안전보건전문인력의 채용 및 공동활동, 안전보건협력체계를 구축하고 지원을 위한 법적 근거를 마련할 필요가 있다.

2. 중대산업재해의 사례와 법적 책임

(1) 설치기사의 추락사망과 중대재해처벌법의 적용 여부

【재해사례 1】 아파트 외벽에 에어컨실외기를 설치하던 설치기사가 8m 아래로 추락하여 사망하였다. 사망당시 설치기사는 안전모나 안전대 등 보호장구를 착용하지 않은 채 작업을 한 것으로 밝혀졌다. 에어콘 등 전자제품은 제조업체에서 대리점사업자에게 위탁판매를 하면 대리점사업자가 설

치기사를 두고 작업을 하거나 외부의 설치업자에게 위탁한 후 건별로 수수료를 지급한다. 이 경우 전자제품을 생산한 제조회사와 전자제품을 판매한 전자대리점 또는 홈쇼핑 등 유통회사에서 설치기사에게 에어컨설치를 의뢰한 경우 다음에 관한 법적 책임?
1) 전자제품제조회사와 설치기사의 법률관계
2) 설치기사의 추락사망 시 산업재해 여부
3) 대리점사업자와 위탁설치기사의 중대재해처벌법 적용 여부

사례해설

1) **사례의 쟁점분석**　　a) 얼마 전 아파트 세대의 외벽에 에어컨실외기를 설치하던 작업자가 8m 아래로 추락해 사망했다. 가전제품을 설치하는 일명 "설치기사"에게 흔히 발생할 수 있는 안전사고였다. 설치기사는 안전대나 안전모 등의 보호구를 착용하지 않은 채 작업을 한 것으로 밝혀졌다.

b) 에어컨실외기의 설치기사는 산업안전보건법에 의한 특수형태근로종사자로서 노무를 제공하는 자에 해당한다. 사망당시 설치기사는 안전보건교육이나 안전보호장구를 착용하지 않은 채 위험작업을 한 결과 사고의 위험성에 노출되어 있었다. 이 경우 설치기사의 신분, 보호구의 미착용, 상시 근로자수에 따른 중대재해처벌법의 적용대상이 되는지 검토할 필요가 있다.

2) **생산제조자와 설치기사의 법률관계**　　a) 고층아파트에서 추락하는 사고는 페인트작업, 방수작업, 에어컨실외기의 설치 능 건물외벽에서 작업을 하는 경우에 빈발한다. 사례와 같은 에어컨실외기의 설치는 규모가 작은 단순작업에 불과하지만 추락위험성이 높은 위험작업에 해당된다. 그러나 실외기설치작업은 산업안전보건법 시행규칙 제26조제1항[별표 5]에 의한 특별안전보건교육대상에 해당되지 않는다.

b) 전자제품회사는 직접 소비자에게 전자제품을 판매하는 것이 아니라 대리점, 홈쇼핑, 대형마트, 백화점 등 다양한 유통망을 활용하고 있다. 이

경우 제조업자인 전자제품생산회사는 대리점업자와 매매계약을 체결하므로 물건의 소유권을 상실하여 위탁이나 용역, 도급에 따른 중대재해처벌법의 적용대상이 되지 않는다.

 c) 제조업자는 ⅰ) 대리점에 대한 물건의 판매와 관련하여 제품을 설치하는 작업을 하지 않으며 자신의 근로자를 투입하지 않는 점, ⅱ) 대리점이 직영대리점이 아닌 경우 제조업체를 위한 노무를 제공하는 관계로 볼 수 없어 위험을 직접 통제할 지위에 있지 않은 점을 고려할 때 위험책임을 부담하는 법률관계에 있다고 볼 수 없다.

 3) **설치기사의 추락사망 시 산업재해 여부**　a) 전자제품의 소비자는 대리점 또는 홈쇼핑 등 유통업자와 매매계약을 체결하며, 판매행위에는 제품의 배송 및 설치작업까지 포함되어 있다. 따라서 유통사업자가 에어컨과 실외기를 가정에 배달하고 설치작업을 하여야 계약이행이 완료된다. 전자제품의 판매사업자가 설치기사를 포함해 상시 근로자 5명 이상(2024. 1. 27.까지 50명 미만 제외)을 고용한 경우에는 중대재해처벌법상 안전확보의무가 있으므로 법적 책임을 부담해야 한다.

 b) 그러나 대리점사업자가 제3자인 설치기사에게 실외기의 설치작업을 위탁한 경우에는 산업안전보건법에 의한 산업재해인지 우선 판단하여야 한다. 대리점사업자가 설치기사와 도급, 용역, 위탁을 하는 계약을 하였더라도 산업안전보건법의 적용대상에 해당된다. 이 경우 설치기사는 위탁계약를 체결하였더라도 산업안전보건법 제2조제7호에 의한 도급인으로 해석된다. 따라서 설치기사가 설치작업 중 추락하여 사망한 경우 산업안전보건법에 따른 산업재해로 인정된다.

 4) **대리점사업자와 위탁설치기사의 중대재해처벌법 적용 여부**　a) 중대재해처벌법 제2조제7호나목에서는 근로자가 아니라도 도급·위탁·용역 등 명칭에 관계없이 대가를 목적으로 노무를 제공하는 자에 대하여도 적용대상으로 한다. 이 경우 설치기사는 개인사업자등록을 하였더라도 명칭에 관계없이 노무를 제공하는 자에 해당되며, 중대산업재해의 요건을 충족한다.

b) 그런데 중대재해처벌법 제3조에서는 "상시 근로자 5명 미만을 고용한 사업 또는 사업장에 대하여는 이 법을 적용하지 않는다."고 규정하고 있다. 따라서 위탁설치의 노무를 제공하는 사람이 중대재해처벌법에 의한 보호대상으로서 종사자의 범위에 해당되는지는 사업장의 규모, 지휘명령의 관계에 있는 사실관계 등을 고려하여 판단해야 한다.

c) 그러나 대리점사업자가 상시 근로자 3명을 고용하고 전자제품을 판매하며 설치작업을 위탁하는 경우 노무를 제공하는 자는 상시 근로자에 포함되지 않는다. 결국 설치기사의 추락사망사건은 사업규모의 기준을 충족하지 아니하므로 중대재해처벌법의 적용대상이 되지 않는다.

d) 대리점사업자는 자신이 고용한 상시 근로자가 5명이라면 비록 설치기사 개인에게 설치업무를 위탁하였더라도 안전보건관리체계를 구축해야 한다. 이 경우 위탁자의 규모를 기준으로 적용대상 여부를 판단하며, 설치기사를 보호하기 위한 안전보건교육, 보호구의 착용 등 관리대책을 수립해야 한다.

---

(2) 아연제품의 생산공정과 비소중독의 사망재해

【재해사례 2】 도급인 주식회사 K는 서울에 본사를 두고 경북 봉화군에 공장을 두어 상시근로자 800명을 고용해 광산물제련에 의해 아연과 기타 제련사업, 비금속광물 제품을 생산하고 있다. 또한 수급인 L은 경북 봉화군에 본사를 두고 상시근로자를 약 20명을 고용해 전기공사업 등을 영위하는 법인으로서 2022. 8. 1.부터 주식회사 K로부터 정비계약을 도급받아 생산시설 내 모터수립 등을 정비업무를 수행하고 있다. 재해 당시 L기업의 소속 근로자는 리펄퍼 탱크의 모터를 교체하는 작업을 하던 중 삼수소화 비소에 중독되어 사망한 것으로 밝혀졌다. 이 경우 중대재해와 관련한 다음 사항의 법적 책임은?
1) 작업공정의 개요와 삼수소화비소의 중독원인
2) 안전경영시스템의 구축과 산업재해의 인정 여부
3) 수급인의 안전보건조치의무와 중대산업재해의 인과관계

4) 안전보건총괄책임자의 위반책임 및 업무상과실치사죄 여부
5) 도급인 경영책임자의 중대재해처벌법위반죄 여부

 **사례해설**

1) **작업공정의 개요와 삼수소화비소의 중독원인**   a) 사례의 경우는 수급인 소속 근로자가 리펄퍼탱크의 모터 교체작업을 하던 중 삼수소화비소에 노출되어 급성중독으로 사망한 사건이다. 리펄퍼탱크는 제련과정에서 슬러지, 폐액, 금속잔류물을 저장하거나 교반하는 설비로서 내부에는 화학반응이 잔존하는 환경이 조성된다.

b) 도급인 주식회사 K의 O시설에서는 아연괴를 생산하기 위해 배소공정, 용해공정, 정액공정, 전해공정, 주조공정을 거치게 되는데, 그 중 정액공정은 용해공정을 거친 공정액에서 비철금속 및 불순물을 제거하여 순도를 높이는 공정으로 총 3단의 공정으로 이루어져 있다.

c) 이 경우 O시설 1공장에는 3층 건물의 정액 공장이 있고, 그 중 정액 1단 공장에는 반응기 8대, 필터프레스 8대, 리펄퍼 탱크 3대가 설치되어 있으며, 반응기에서는 황산아연과 비소 등이 포함되어 있는 공정액에 아연분말을 투입하여 반응시킴으로써 불순물을 고체로 환원하도록 하여 공정액의 순도를 높이고, 이를 3층에 있는 필터프레스를 통해 여과시킨 다음, 여과된 공정액은 정액 2단 공정으로 보내고, 여과되지 않아 걸러진 불순물은 케이크 형태로 호퍼를 거쳐 1층에 있는 리펄퍼 탱크로 모이게 되며, 리펄퍼 탱크에서는 케이크와 물을 혼합하여 교반한 다음 구리, 카드뮴 등 금속 추출 공정으로 보내지게 된다.

d) 삼수소화비소는 급성독성물질이자 관리대상 유해물질로서,234) 소량의 비소가 있는 곳에 수소가 발생하면 언제든지 발생할 수 있고, 주로 비소

---

234) 삼수소화비소는 비소화합물이 제련공정의 환원반응과정에서 수소와 결합하거나 금속비소가 산화, 환원되며 발생할 수 있는 치명적인 독성가스의 특성을 지닌다. 삼수소화비소는 무색, 무취이기 때문에 근로자가 냄새나 색으로 감지하기 어렵고 인체에 흡입될 경우 용혈성 빈혈을 통해 급성중독을 일으켜 단시간 내에 치명적인 결과를 초래한다.

를 함유한 금속이나 천연 광석을 산과 함께 취급할 경우 발생한다. 정액 1단 공정의 반응기에서는 황산아연과 비소 등이 포함되어 있는 공정액에 아연분말을 투입하고, 수시로 공정액의 산도를 유지하기 위해 황산을 투입하게 되는데 그 과정에서 공정액 속에 포함된 비소와 황산아연, 투입된 아연분말과 황산이 반응하여 삼수소화비소가 발생하게 되고, 필터프레스에서는 여과판을 통해 걸러진 비소를 포함한 케이크와 추가적인 세척 작업을 위해 투입된 황산수용액(황산농도 약 10%)이 반응하여 삼수소화비소가 발생하게 되며, 리펄퍼 탱크에서는 필터프레스에서 걸러진 비소, 아연을 포함한 케이크와 황산수용액이 함께 유입되어 반응함으로써 삼수소화비소가 발생하는 등 정액 1단 공정 전반에서 삼수소화비소의 발생 가능성이 매우 높은 환경이었다.

e) 특히 리펄퍼 탱크로 필터프레스 세척에 사용된 황산수용액이 유입될 경우 삼수소화비소가 발생하여 리펄퍼 탱크 상단에 있는 밀폐되지 않은 직경 약 40cm의 구멍을 통해 삼수소화비소가 유출될 수 있는 상황이었고, 리펄퍼 탱크 상단이 있는 정액 1단 공장 2층에는 폭 1.8m, 높이 1.5m의 창문이 설치되어 있으나 옆 건물 외벽으로 가려져 있고, 천장과 바닥은 철제 그레이팅으로 되어 있어 1층, 3층과 단절되어 있지 않으며, 공기 순환을 위한 충분한 환기장치가 설치되어 있지 않아 삼수소화비소가 외부로 배출되기 어려운 환경이었으므로 근로자가 2층에서 작업을 진행할 경우 반응기와 필터 프레스, 리펄퍼 탱크에서 발생하여 유출된 삼수소화비소에 그대로 노출될 위험성이 매우 높았다.

2) **안전경영시스템의 구축과 산업재해의 인정 여부**   a) 수사결과에 따르면, 도급인은 유해위험성을 고려하여 안전경영시스템을 구축하고 재해예방기술지도보고서, 위험성평가, 안전관리서류 및 보건관리서류, 산업안전보건위원회, 안전보건관리규정, 안전보건경영매뉴얼, 안전전담조직도, 안전작업허가서, 작업장 안전조치 지침서, 안전작업허가지침, 삼수소화비소 발생공정 안전 및 보건관리 통제계획 등을 작성하였다.

b) 또한 작업환경측정결과, 안전보건관계자의 역할과 활동지짐, 목표관

리실적내역, 중대재해처벌법 관련 반기점검을 외부업체에 위탁하여 실시하였고, 예산편성 및 내역서, 안전보건책임자등 평가결과, 적격수급업체 평가결과, O시설 조직도, 삼수소화비소 측정기 데이터기록, 삼수소화비소 MSDS, 안전보건협의회 회의록 등을 수집하여 검토하였다.

c) 상기의 안전보건활동에도 불구하고 유해물질 밀폐설비 등 안전조치 미비로 수급인의 근로자가 비소에 노출되어 1명이 사망하고, 3명이 중독되어 병원에서 치료를 받았다. 산업안전보건법 제2조에 따른 "설비·원재료·가스·증기·분진 등에 의하여 작업 또는 그 밖의 업무로 인하여 사망 또는 부상, 질병에 걸리는 것"이므로 산업재해에 해당된다.

d) 안전경영시스템을 구축하고 각종 안전보건활동을 하였더라도 산업안전보건법의 요구규범에 따라 재해예방조치 및 관리감독을 하지 않으면 위반책임을 면할 수 없다. 이 경우 위반책임은 개별적으로 위반사항을 검토하여 범죄요건을 충족 여부를 판단해야 한다.

e) 그 결과 법원(대구지방법원 안동지원 2025. 11. 4, 2024고단630, 2024고단861 병합)은 도급인 대표이사와 제련소 소장(안전보건관리책임자)에게는 징역 1년 6개월 및 집행유예 3년을 선고하였다. 안전보건관리책임자에 대하여는 산업안전보건법 위반죄가 적용되었다. 또한 산업안전보건법 위반죄를 적용하여 도급인 사업주(법인)에는 벌금 2억원, 수급인 전력회사에는 벌금 5천만원을 선고하였다.

3) 수급인의 안전보건조치의무와 중대산업재해의 인과관계   a) 해당 사업장의 수급인은 자신의 근로자를 유해위험한 장소에 투입하여 삼수소화비소에 근로자가 노출되어 재해가 발생한 잘못이 있다. 이 경우 수급인 사업주(경영책임자)는 상시근로자 20명을 고용하여 사업을 영위하는 자의 지위에 있다.

b) 수급인은 자신의 근로자를 보호하기 위하여 산업안전보건법 및 중대재해처벌법에 따른 각종 의무를 이행하여야 한다. 그러나 작업에 투입하는 근로자로 하여금 위험작업을 함에 있어서 방독마스크 대신 방진마스크

를 지급한 점, 치사량(0.3ppm)의 6배가 넘는 비소에 근로자가 노출된 점, 제련과정에서 누출된 삼수소화비소(이른바 '아르신가스'라고 한다)의 위험성을 인지한 점 등을 고려할 때, 적절한 안전조치 및 보건조치를 하지 아니하였다.

c) 따라서 수급인 L주식회사는 리펄퍼 탱크의 모터교체를 위하여 근로자 4명을 투입한 결과 산업안전보건법 제39조제1호(원재료 · 가스 · 증기 · 분진 · 흄 · 미스트 · 산소결핍 · 병원체 등에 의한 건강장해), 167조제1항(7년 이하의 징역 또는 1억원 이하의 벌금), 제173조제1호((양벌규정 : 10억원 이하의 벌금)를 위반하였다.

d) 또한 2023. 12. 6. O시설 정액 1단 공장 2층에 있는 리펄퍼 탱크 상부에서 근로자들로 하여금 리펄퍼 탱크 모터와 연결된 전선을 해체하고, 모터를 교체하는 작업을 하도록 하면서 실내작업장인 정액 1단 공장에서 정액 공정 중 관리대상유해물질인 황산, 아연 등을 취급하고 있음에도 리펄퍼 탱크 상부에 직경 약 40cm의 구멍이 뚫린 상태로 방치하여 그 가스·증기 또는 분진의 발산원을 밀폐하는 설비 또는 국소배기장치를 설치하지 아니하고, 삼수소화비소 측정기가 제대로 작동하는지 관리, 감독하지 아니하였고, 삼수소화비소가 기준치를 초과하여 측정될 경우 제한통제 조치를 제대로 실시하는지 여부와 방독마스크 미착용자에 대한 정액공정 출입통제 조치를 제대로 실시하는지 여부, 매월 1회 정기점검이 실시되고 있는지 여부 등을 제대로 관리, 감독하지 아니하였다.

e) 따라서 수급인이 재해예방조치 및 관리감독을 하지 않은 부작위는 사망재해와 인과관계가 인정되며(1단계 인과관계), 산업안전보건법 제2조제1호에 의한 산업재해에 해당된다. 동시에 산업재해는 중대재해처벌법 제2조제2호가목에 해당되는 중대산업재해에 해당된다(2단계 인과관계).

4) 안전보건총괄책임자의 위반책임 및 업무상과실치사죄 여부 a) 대표이사 및 제련소의 소장을 겸직하는 안전보건총괄책임자는 전기설비의 정비 등을 도급하는 안전보건총괄책임자로서 지위에 있는 자로서, 산업안전보건법에 의한 도급 관련 각종 의무를 이행하여야 한다.

b) 안전보건총괄책임자는 산업안전보건법 제63조(도급인의 안전조치 및 보건조치)에 따라 도급인의 사업장에서 관계수급인 근로자의 산업재해를 예방하기 위하여, 근로자가 실내 작업장에서 관리대상 유해물질을 취급하는 업무에 종사하는 경우에 그 작업장에 관리대상 유해물질의 가스·증기 또는 분진의 발산원을 밀폐하는 설비 또는 국소배기장치를 설치하여야 하는 등 보건조치를 하여야 한다(안전보건규칙 제422조).

c) 안전보건총괄책임자는 도급인의 지위에 있으므로 관계수급인 근로자가 도급인의 사업장에서 작업을 하는 경우에 관계수급인 근로자의 산업재해를 예방하기 위하여 산업안전보건법 제63조 및 제64조, 같은 법 시행령 제53조제1항에 따른 직무를 수행하여야 한다.

d) 사례의 경우 안전보건총괄책임자는 2023. 12. 6. O시설 정액 1단 공정 2층에 있는 리펄퍼 탱크 상부에서 사망한 근로자로 하여금 리펄퍼 탱크 모터와 연결된 전선을 해체하고, 모터를 교체하는 작업을 하도록 하면서 관리대상 유해물질인 황산, 아연의 명칭 및 물리적 특성, 비소와 함께 반응하여 또 다른 관리대상 유해물질인 삼수소화비소가 발생할 수 있는 화학적 특성, 인체에 미치는 영향과 증상, 취급상의 주의사항, 착용하여야 할 보호구와 착용방법, 위급상황 시의 대처방법과 응급조치 요령, 그 밖에 근로자의 건강장해 예방에 관한 사항을 근로자에게 알리지 아니하였고, 정액 1단 공정의 반응기, 필터프레스에서 발생하여 유출된 삼수소화비소와 리펄퍼 탱크 내에서 발생하여 그 상부의 구멍을 통해 유출된 삼수소화비소에 급성중독이 되도록 하였다.

e) 가스상태의 삼수소화비소는 안전보건규칙 제420조 [별표 12] 관리대상유해물질의 종류에 해당되며, 건강장해를 예방하기 위한 보건조치의 대상이 된다. 따라서 밀폐하는 설비 또는 국소배기장치를 설치하지 아니한 경우에는 안전보건규칙 제422조에 위반된다.

f) 사례의 경우 안전경영시스템을 구축하고 위험성평가 등 각종 안전보건활동을 하였지만, 산업안전보건법령에서 정하는 규범적 사항을 충족하

지 못하였다. 이 경우 안전보건관리책임자에 대하여는 산업안전보건법의 위반죄를 적용할 수 없다. 다만, 당해 사건과 관련하여 업무상 주의의무를 부인할 수 없으므로 형법 제268조를 적용할 수밖에 없다.

g) 또한 안전보건총괄책임자는 위험작업에 대한 통제계획이 실질적으로 이행될 수 있도록 삼수소화비소 측정기가 제대로 작동하고 관리되고 있는지, 통제계획상 기준치를 초과하는 삼수소화비소가 측정될 경우 제한통제조치를 하거나 방독마스크 미착용자에 대한 출입통제 조치를 실시하는지, 매월 1회 정기점검이 실시되고 있는지 여부 등을 관리·감독하여 사전에 재해예방조치를 해야 할 업무상 주의의무가 있다.

h) 안전보건총괄책임자에 대한 형법 제268조의 적용은 자신의 직무와 사망재해 사이에 인과관계가 있어야 한다. 따라서 안전보건총괄책임자에 대한 형법 제268조의 적용 여부는 위험통제가능성, 예견가능성, 회피의무를 기준으로 판단해야 한다.

i) 사례의 경우에는 산업안전보건법 제63조 및 제64조, 안전보건규칙 제420조 및 제422조를 위반하여 산업안전보건법위반죄가 성립한다. 또한 산업안전보건법 이외의 위험작업 시 출입통제조치를 하지 않는 등 업무상 주의의무를 위반한 결과 형법 제268조의 적용대상이 된다. 이 경우 상상적 경합으로 보아 산업안전보건법위반죄를 적용함이 타당하다.

5) **도급인 경영책임자의 중대재해처벌법 위반죄 여부**　　a) 도급인은 사업장에서 발생한 사망재해가 중대산업재해에 해당되므로 안전보건관리체계를 구축하여 이행점김을 하지 않은 경우 중대재해처벌법위반죄가 직용된다. 따라서 경영책임자는 도급·용역·위탁 시 안전보건확보를 해야 한다.

b) 그러나 사례의 경영책임자는 ① 2022년부터 2023년까지 주식회사 K의 안전·보건 전담부서에 전담인원을 전혀 배치하지 않거나, 1명만 배치하여 운영하는 등 안전·보건에 관한 업무를 총괄·관리하는 전담조직을 두지 아니하였다.

c) 또한 ② O시설 특성에 따른 유해·위험요인 개선 절차에 따라 유해·위험요인의 확인 및 개선이 이루어지는지 점검 후 보고를 받지 아니하는 등 반기 1회 이상 제대로 점검하지 아니하고, 점검 후 개선이 필요한 유해·위험요인에 대하여 필요한 조치를 하지 아니하였으며, ③ 안전보건관리책임자 등에 대한 구체적인 업무분장을 하지 않고, 충분한 권한과 예산을 주지 아니하였고, 업무수행 평가기준에 따른 평가·관리를 제대로 하지 아니하였다.

d) ④ 도급, 용역, 위탁 등을 받는 자의 산업재해 예방을 위한 조치능력과 기술에 관한 평가기준·절차와 관리비용에 관한 기준을 제대로 마련하지 아니하고, 그에 따라 반기 1회 이상 제대로 점검하지 아니하여 재해예방에 필요한 인력 및 예산 등 안전보건관리체계의 구축 및 그 이행에 관한 조치를 이행하지 아니하였다.

e) ⑤ 유해물질 측정설비 부족, 화학물질 MSDS 표지판 식별불가 등 안전·보건 관계 법령에 따른 의무가 이행되지 않은 사실을 확인하였음에도 인력을 배치하거나 예산을 추가로 편성·집행하도록 하는 등 해당 의무이행에 필요한 조치를 하지 아니함으로써 안전·보건 관계 법령에 따른 의무이행에 필요한 관리상의 조치를 취하지 아니하였다.

f) 이로 인하여 피고인은 제1항 기재 일시, 장소에서 밀폐설비 또는 국소배기장치가 설치되어 있지 아니하고, 이 사건 통제계획상 삼수소화비소 측정치에 따른 제한통제 조치, 방독마스크 미착용자에 대한 출입통제 조치 등이 제대로 이루어지고 있지 아니한 상태에서 피해자로 하여금 방진마스크만을 착용한 채 정액 1단 공정의 반응기, 필터프레스에서 발생하여 유출된 삼수소화비소와 리펄퍼 탱크 내에서 발생하여 그 상부의 구멍을 통해 유출된 삼수소화비소에 급성 중독되도록 하여 피해자 U로 하여금 W병원에서 비소 중독으로 인한 다발성 장기부전 등으로 인해 사망에 이르게 하였다.

(3) 제조공장에서의 끼임사고와 당사자의 법적 책임

【재해사례 3】 A제강의 생산공장에서 작업 중 B수급업체의 근로자가 이동식 크레인이 접근하는 소리를 듣지 못해 크레인과 설비 사이에 끼여 사망하였다. 원인조사결과 공장내부는 강철판을 공정에 따라 반복 이동하며 냉각되면서 강철판의 모양을 갖추고, 후공정에서 철판을 이동하기 위한 크레인을 조작하는 것으로 나타났다. 조사결과 공장 내부는 소음이 심해 크레인이 이동하더라도 접근하는 것을 알지 못해 작업을 하던 수급업체 근로자가 피하지 못한 채 머리를 크게 다쳐 병원으로 이송했으나, 사망한 것으로 밝혀졌다. 중대재해와 관련한 다음 사항의 법적 책임은?
1) 수급인 근로자의 사망재해와 중대산업재해의 성립요건
2) 도급인과 수급인의 안전보건관리체계 여부
3) 수급인 근로자의 재해시 긴급구호대책 및 위반성 여부
4) 안전경영책임자 및 법인의 형사책임

사례해설

1) **사례의 쟁점분석** a) 사례의 사망사건은 업무를 수행하던 중 끼임사고에 의하여 발생하였으므로 산업재해에 해당되고, 중대재해에 해당된다. 이 경우 안전조치 및 보건조치 등 산업재해의 예방조치와 관리감독을 제대로 하지 않은 행위에 대하여 안전보건관리책임자와 관리감독자를 행위자로 볼 수 있는지 검토가 필요하다.

b) 동시에 중대재해는 중대재해처벌법에 의한 중대산업재해에 해당되는 경우 사업주 또는 경영책임자가 안전보건확보의무를 제대로 이행하였는지에 대한 사법심사가 필요하다. 따라서 중대재해의 여부, 안전보건관리체계의 구축 및 이행 여부, 재해예방대책 및 구호조치 등 여부, 안전보건관리체계와의 인과관계 등에 대한 검토가 필요하다.

2) **수급인 근로자의 사망재해와 중대산업재해의 성립요건** a) 도급·용역·위탁 등 명칭에 관계 없이 산업안전보건법 제2조제7호에 의한 도급으로 본다. 수급인 소속 근로자가 사망한 경우 산업안전보건법 제2조제1

호에 해당하는 산업재해로 해석한다. 이 경우 산업재해를 전제로 한 중대
재해처벌법 제2조제2호에 의한 사망 근로자 1명 이상에 해당되어 중대산
업재해의 요건을 충족한다.

b) A제강회사와 B수급업체는 계약에 따라 도급인과 수급인의 법률관계
를 형성한다. 따라서 도급인은 산업안전보건법 제63조(도급인의 안전조치
및 보건조치) 및 제64조(도급인의 산업재해 예방활동)에 의하여 수급업체를
보호하기 위한 안전조치 및 보건조치, 안전점검 등 산업재해 예방활동을
제대로 하였는지에 따라 예방책임과 결과책임을 부담한다.

c) 또한 A제강회사는 도급인의 지위에서 자신의 사업장에 종사하는 사
람을 보호하기 위하여 중대재해처벌법 제5조에 따라 안전보건확보를 해야
한다. 도급인으로서 중대재해처벌법 제4조의 각 호에 따른 안전보건관리
체계의 구축 및 이행점검을 하여야 한다.

d) A제강회사는 도급인의 지위에서 산업안전보건법에 따른 위험관리책임
이 인정되어 그 결과 산업재해가 인정된다면(1단계 인과관계), 사업주 또는
경영책임자의지위[서 중대재해처벌법 제4조 및 제5조에 따른 안전보건확보
의무위반과 사망재해 사이에 인과관계가 있어야 한다(2단계 인과관계).

3) 도급인과 수급인의 안전보건관리체계 여부   a) 도급인은 중대재해처벌
법 제5조에 따른 도급·용역·위탁 등을 하는 경우 제3자의 종사자에게
중대산업재해가 발생하지 아니하도록 제4조와 같은 조치를 하여야 한다.
다만, 사업주나 법인 또는 기관이 사실상 그 시설, 장비, 장소 등에 대하
여 실질적으로 지배·운영·관리하는 책임이 있는 경우에 한정한다.

b) 사례의 A제강회사는 자신의 사실상 지배·운영·관리하는 사업장에
서 종사하는 근로자를 보호하기 위하여 중대재해처벌법 제4조 및 시행령
제4조에 따른 안전보건관리체계를 구축해야 한다. 또한 B수급업체도 자신
의 소속근로자를 보호하기 위하여 안전보건관리체계를 구축해야 한다.

c) 따라서 A제강회사와 B수급업체는 각각 안전보건관리체계를 구축하
고 이행하여야 할 의무가 있다. 따라서 A제강회사는 수급업체의 역량이나
인력이 부족한 경우 중대재해처벌법 제5조에 따라 이를 보완하는 안전보
건관리체계를 구축해야 한다. A제강회사는 산업안전보건법 제63조 및 제

64조에 따른 위험관리책임이 있고, 중대재해처벌법 제5조에 따라 도급사업의 안전보건확보의무를 부담한다.

d) 사례의 경우 재해근로자는 크레인측면이 공장기둥과 접촉되어 크레인을 전·후진시켰으나, 원인을 파악하지 못하자 단독으로 안전난간 위에서 접촉부를 추가 점검하던 중 주행하는 크레인에 의해 사망하였다. 사망원인을 조사한 결과, ⅰ) 사고발생을 방지하기 위하여 수급인의 근로자들이 참석하여 TBM을 실시하지 아니하였고, ⅱ) 크레인탑승 시 안전난간을 잡고 탑승하는 잘못된 관행을 방치하였고, ⅲ) 단독으로 위험시설에 대한 안전검검을 실시하였으며, ⅳ) 안전사고를 예방하기 위하여 크레인접근 시 경보장치의 가동 등 안전관리체계가 미흡한 것으로 나타났다.

e) 사례의 사망사건은 A제강회사가 ⅰ) 도급인으로서 해당 사업장의 생산시설, 장비, 장소 등에 대한 사실상 지배·운영·관리하는 지위에 있는지, ⅱ) 중대재해의 예방을 위한 안전보건관리체계로서 유해·위험요인의 점검, 위험성평가 및 작업방법을 개선하였는지, ⅲ) TBM활동을 통해 위험성평가의 결과를 공유하였는지, ⅳ) 재발방지를 위한 대책으로서 경보장치 등 재해예방조치를 하고 점검 및 확인하는 안전확보의무를 하였는지에 따라 위반책임을 판단해야 된다.

4) 수급인 근로자의 재해 시 긴급구호대책 및 위반성 여부   a) 근로자의 끼임사고가 발생하여 119구급차를 이용하여 대형병원에 이송조치를 한 사실이 인정된다. 그러나 재해근로자가 하루를 지나지 아니한 채 사망하였고, 사고의 정도가 생명을 잃을 정도로 치명적인 수준에 이른 점을 고려할 때, 사고 당시 현장에서 신속한 응급조치를 하는 등 긴급구호대책이 미흡한 것으로 나타났다.

b) 또한 안전사고의 발생시 신속한 연락, 구조활동, 응급조치, 신속한 이송, 안전관리책임자 및 관리감독자 등의 역할과 대응훈련이 없는 등 당사자의 진술 및 사고기록을 검토한바, 중대재해처벌법 제4조 및 같은 법 시행령 제4조제8호다목의 요건을 충족하지 못한 것으로 판단된다.

5) 안전경영책임자 및 법인의 형사책임   a) 사례의 사망재해는 1차적

으로 산업안전보건법의 위반에 따른 산업재해에 해당된다면 고의범으로서 범죄요건을 충족하는지 판단해야 한다. 만약 산업재해가 인정된다면 1차적으로 사업주 또는 경영책임자등의 범죄요건을 입증해야 한다.

b) 경영책임자 이외에 안전경영책임자가 중대재해처벌법 제5조에 의한 안전보건확보의무를 위반하였는지 판단해야 한다. 따라서 ⅰ) 법인의 대표이사가 안전경영책임자를 선임하고, 안전보건관리 등 조치에 필요한 조직·인력·예산을 부여하였는지, ⅱ) 대표이사가 안전경영책임자에게 권한과 책임을 적정하게 부여하였는지, ⅲ) 대표이사로서 경영책임자가 그 직무를 위임하고 보고를 받은 등 관리감독을 하였는지에 대한 조사가 필요하다.

c) 또한 안전경영책임자는 안전보건관리체계를 구축하고 중대재해예방을 위하여 ⅰ) 위임을 받은 업무를 충실하게 수행하고, ⅱ) 안전보건관리책임자나 관리감독자 등이 현장의 안전점검, 위험성평가, 작업허가절차, TBM활동 등을 제대로 실시하는지 확인·점검하는 등 적절한 관리조치를 하였는지를 검토해야 한다.

d) 사례의 경우 수급인 근로자의 잘못된 작업방법, 단독작업, 크레인접근 시 경보장치의 가동 등 안전보건조치가 미흡하였고, 이러한 상태는 안전보건관리체계의 구축 및 산업안전보건법의 준수 여부를 이행점검하였다면 확인 및 개선이 가능하다. 따라서 사례의 중대산업재해는 중대재해처벌법 시행령 제4조제3호에 위반된다. 따라서 안전경영책임자는 중대재해처벌법 제6조제1항을 적용하여 징역 1년 이상 또는 벌금 10억원 이하의 벌금에 대한 적용대상이 된다.

e) 사례의 회사는 안전보건관리체계의 미흡과 재발방지대책에 대한 미흡, 적절한 예산투입, 안전보건관리체계의 이행점검 및 결과의 보고 등을 위반한 사실을 고려할 때 법인의 경영책임자등이 그 법인의 업무에 관하여 중대재해처벌법 제6조에 해당하는 의무를 이행한 것으로 볼 수 없다. 따라서 상당한 주의와 감독을 게을리한 법인에 대하여도 중대재해처벌법 제7조제1호에 따라 50억원 이하의 벌금에 처함이 합당하다.

(4) 지게차 안전사고와 당사자의 법적 책임

【재해사례 4】 음료수를 생산하는 공장에서 지게차운전자가 다른 근로자를 치어 사망하는 사건이 발생했다. 제조회사는 지게차운전자와 도급계약을 체결하고, 공장 내 각종 생산제품의 상하차 및 운반에 관한 작업지시를 해왔다. 사고 당시 운전자는 과적 적재물을 싣고 운전하였으며, 작업지휘자는 배치되지 않은 것으로 밝혀졌다. 이 경우 지게차의 안전사고와 관련하여 다음 사항에 관한 당사자의 법적 책임을 설명하라.
1) 지게차의 기계적 결함과 방호조치 여부
2) 지게차의 계약형태와 관리감독자의 책임
3) 지게차운전자의 신분과 도급인의 법적 책임
4) 중대산업재해의 인정과 징벌적 손해배상

사례해설

1) **중대재해와 중대산업재해의 여부**　a) 지게차는 건설업이나 제조업, 물류창고업에서 각종 하역작업, 운반작업에 사용하는 건설기계의 종류를 말한다. 지게차에 의한 사망재해는 산업재해를 전제로 사망자의 신분, 계약관계와 종사자의 해당성에 따라 중대산업재해 여부를 판단한다.

b) 지게차로 인한 사고사망사건은 운전자의 과실책임 여부, 도급인과 지게차운전자의 계약관계, 관리감독 여부, 안전수칙 등 관리체계의 수립 및 시행 여부, 지게차운전자의 신분, 도급인에 의한 작업지시와 관리책임, 범죄성립요건과 인과관계 등을 조사하여 위반책임 여부를 판단해야 한다.

2) **지게차의 기계적 결함과 방호조치위반 여부**　a) 일반적으로 지게차에 의한 사망재해는 부속품이나 기계장치의 고장, 지게차운전원의 고의・과실, 안전수칙의 준수 여부 등 원인을 조사해야 한다. 또한 지게차의 작업방법, 운행자의 자격, 안전운행과 안전수칙, 소유자의 여부, 예방조치 및 관리감독의 안전보건관리체계도 조사대상에 해당된다.

b) 사망사고의 원인이 지게차의 기계적 결함이라면 소유자인 장비업체

에 대한 책임을 물을 수 있다. 따라서 산업안전보건법 제81조에 따라 임차인(도급인)은 장비의 사용연한, 정기검사 여부, 부품의 교체 여부, 기계 등의 장비이력을 받아서 확인해야 한다. 지게차의 대여자가 방호조치를 하지 않은 경우 산업안전보건법 제81조에 위반된다.

3) 지게차의 계약형태와 관리감독자의 책임

① **지게차운전자의 도급계약과 작업지시문제**   a) 지게차를 대여하는 경우에는 건설기계관리법 제21조제1항에 따라 기계등에 관한 임대차계약을 체결한다. 지게차의 사용은 건설기계관리법 제26조에 따른 운전에 필요한 자격을 갖추어야 한다. 그러나 제조회사의 경우 운전자격자가 없거나 일시적인 작업물량의 증가로 인하여 도급계약을 하는 사례도 있다.

b) 제조회사와 장비업체 간에 도급계약을 체결하였더라도 도급인이 지게차운전자에게 수시로 작업지시를 하는 경우 「파견근로자보호등에 관한 법률(이하 "근로자파견법"이라 한다)」 제5조제3항제1호(근로자파견의 금지직종)에 위반될 여지가 있다. 지게차를 도급 또는 용역 등의 계약을 체결하였더라도 작업지시 등 지배개입의 행위가 있다면 사실관계에 따라 근로자파견법의 적용 여부를 판단한다.

c) 도급인이 지게차운전자에 대하여 작업지시를 하는 등 사실상 지배·관리를 하였다면 소속을 달리하는 근로자라도 근로자파견법이 적용된다. 그러나 지게차운전자가 특수형태근로종사자로서 도급계약을 체결하였다면 근로자성이 부정되어 근로자파견법이 적용되지 않는다.

② **관리감독자의 책임문제**   a) 건설업이나 제조업의 관리감독자는 지게차운전자가 수급인회사의 근로자나 특수형태근로종사자에 해당하든지 계약형식에 상관없이 작업지시를 하는 행태가 많다. 이와 같이 관리감독자가 작업지시를 하는 경우 지게차운전자가 유발한 안전사고는 관리감독책임의 법률관계가 성립되어 산업안전보건법 또는 형법 등이 적용된다.

b) 만약 관리감독자가 수급회사의 근로자를 작업지시를 하였다면 소속을 달리하는 다른 근로자라도 사실상 지배·관리의 여부, 당해 사업장의 총괄·관리의 여부에 따라 산업안전보건법 제63조가 적용된다. 관리감독자는 안전보건규칙 제35조제3항[별표3]에 따라 제동장치 및 조종장치 기

능의 이상유무, 전조등·후미등·방향지시기 및 경보장치 기능의 이상유무 등을 사전에 점검하였는지에 따라 관리감독책임을 질 수 있다.

c) 따라서 작업계획서의 작성의무, 근로자 안전통로 설치·유지의무, 위험장소 근로자 출입금지의무, 화물적재 시 안전조치 위반으로서 야적장뿐만 아니라 지게차 등의 이용에 관한 인력배치, 예산집행 등을 하지 않은 경우 사업주 및 관리감독자의 책임을 면할 수 없다.[235]

d) 사례의 경우 관리감독자의 지시감독이 있었다면 지게차운전자의 과실 여부에 관계 없이 산업안전보건법 제63조의 안전보건조치위반죄와 형법 제268조의 업무상과실치사죄가 경합된다. 그 결과 사례의 사망재해는 미필적 고의로서 산업안전보건법 법 제167조에 따른 7년 이하의 징역 또는 1억원 이하의 벌금에 처하며, 형법의 적용은 배척된다.

e) 지게차운전자가 개인사업자등록을 한 특수형태근로종사자라면 근로자에 대한 관리감독책임을 물을 수 없다. 따라서 지게차운전자의 신분, 관리감독자의 지시나 감독 여부는 산업안전보건법 제63조(도급인의 안전조치 및 보건조치)의 위반 여부를 판단하는 중요한 단서가 된다. 산업안전보건법은 근로자가 아닌 노무를 제공하는 자에 대하여 형사처벌규정을 명시하지 않아 형법 제268조에 의한 업무상과실치사죄를 적용함이 타당하다.

f) 또한 근로자와 충돌을 방지하기 위하여 「산업안전보건기준에 관한 규칙」 제179조(후방감지기 설치)에 의한 조치를 하지 않았다면 산업안전보건법의 위반죄를 구성한다. 사업수 또는 경영책임자는 중대재해 관련 안전보건확보를 위하여 "지게차 운행 및 관리에 관한 지침"을 제정하고 이행점검을 하였는지에 따라 중대재해처벌법 시행령 제5조에 의한 위반책임을 면할 수 있다.

4) 지게차운전자의 신분과 도급인의 법적 책임

① **지게차운전자의 고의 또는 과실**　　a) 지게차운전자가 고의 또는 과실로 제조회사의 근로자를 사망하게 한 경우 가해자로서 피해자인 사망자에 대한 형사책임과 민사책임이 발생한다. 지게차운전자는 과실로 타인을

---

[235] 울산지판 2012. 11. 4, 2021고단1588

사망하게 하였다면 형법 제268조에 의한 업무상과실치사죄에 해당된다. 그러나 지게차운전자는 직접 노동에 종사하는 근로자 또는 특수형태근로종사자에 해당되므로 산업안전보건법에 의한 의무위반죄를 물을 수 없다.

 b) 그러나 산업안전보건법 제77조 및 시행령 제67조에 따라 대통령령으로 정하는 특수형태근로종사자라도 도급계약의 당사자로서 수급인에 해당되며, 피해자인 사망인에 대하여 가해자의 지위에 있다고 본다. 따라서 특수형태근로종사자인 수급인은 형법 제268조에 의한 업무상과실치사죄의 형사책임을 부담한다.

 c) 사례의 경우 제조공장은 제조회사가 도급계약에 의하여 지게차를 사용하고 있으나, 산업안전보건법 제63조(도급인의 안전조치 및 보건조치) 및 제64조(도급인의 산업재해 예방조치), 중대재해처벌법 제5조(도급, 용역, 위탁 등 관계에서의 안전 및 보건 확보의무)의 적용대상이 된다. 따라서 지게차운전자의 고의 또는 과실에 의한 위반책임과 별개로 도급인의 재해예방조치 및 관리감독 여부에 따라 위반책임을 부담한다.

 ② **지게차운전자의 가해행위와 손해배상책임**   a) 지게차운전자는 자신의 고의 또는 과실로 다른 근로자의 생명을 침해한 경우에는 불법행위에 해당되어 손해배상책임이 발생한다. 지게차운전자의 불법행위로 근로자가 사망한 경우 그 유족은 가해자를 상대로 민사상 손해배상을 청구할 수 있다.

 b) 유족은 가해자, 가해자의 고용주인 건설장비회사, 도급인회사를 상대로 불법행위책임(민법 제750조)과 사용자책임(민법 제756조)을 근거로 손해배상청구가 가능하다. 도급인회사(원청)는 수급인근로자의 사망에 대하여 산재보험과 별개로 초과손해에 대한 손해를 배상해야 한다.

 c) 그러나 지게차운전자가 특수형태근로종사자라면 모든 손해배상책임을 개인적으로 부담하기 어렵다. 그래서 특수형태근로종사자의 개인보다 지입형태로 가입되어 있는지를 조사해 민법 제756조에 의한 사용자책임 여부를 검토해야 한다. 그러나 특수형태근로종사자가 단독으로 사업장등록을 하고 있다면 개인이 손해배상책임을 부담한다.

 d) 피해자는 산업안전보건법 제63조(도급인의 안전조치 및 보건조치)의 위

반을 사유로 도급인에게 직접 손해배상을 청구할 수 있다. 이 경우 도급인은 손해배상을 하고 가해자 및 장비회사를 상대로 구상권을 행사할 수 있다.

　5) 중대산업재해의 인정과 징벌적 손해배상책임　　a) 사례의 경우 중대재해처벌법 제5조(도급, 용역, 위탁 등 관계에서의 안전 및 보건 확보의무)를 이유로 중대재해처벌법 제15조(손해배상의 책임)을 적용 여부를 검토해야 한다. 가해자와 피해자의 당사자 간 신분, 중대재해의 발생원인, 도급인의 지배·운영·관리의 여부에 따라 중대재해처벌법 제15조의 적용대상이 된다.

　b) 지게차운전자는 고의 또는 중대한 과실로 사망재해를 유발하였더라도 안전보건관리체계를 구축하고 이행하여야 할 사업주 또는 경영책임자로 볼 수 없다. 그래서 징벌적 손해배상책임이 발생하지 않으며, 통상적인 손해배상액을 부담하게 된다. 그러나 도급인은 안전보건관리체계를 구축 및 이행점검을 하지 않은 경우 중대재해처벌법 제15조에 의한 징벌적 손해배상책임이 인정될 수 있다.

　c) 지게차운전자의 장비업체의 경우 지게차운전자의 신분, 도급인의 지배·운영·관리의 여부, 고의 또는 중대한 과실 여부, 상시 근로자수 5명 이상의 사업체로서 안전보건관리체계를 구축하였는지, 관리감독을 제대로 하였는지 등을 종합적으로 검토하여 중대재해처벌법 제15조의 적용 여부를 판단해야 한다.

---

(5) 연료전지 제조공장의 화재사고

【재해사례 5】　㈜ A회사는 2차 연료전지를 생산하는 공장에서 생산제품의 적재현장에서 제품의 폭발사고로 인하여 작업자 23명이 사망하고, 8명이 부상을 당하였다. A회사는 근로자파견사업으로 허가를 받지 않는 B회사와 도급계약을 체결하고 근로자를 공급받았다. 고용노동부의 수사결과, ⅰ) 직접 생산공정에 파견근로자를 사용한 점, ⅱ) 화재사고 당시 공장에는 적절

한 대피경로가 확보되지 않은 점, iii) 안전보건교육과 위험성평가를 제대로 되지 않은 점 등 위반사실을 적발하였다. 이 경우 다음 사항의 법적 책임은?

1) 사건발생의 원인조사 및 예견가능성
2) 근로자파견의 위법성과 위반책임
3) 비상구의 설치 등 산업안전보건법의 위반 여부
4) 중대산업재해의 인정 및 처벌가능성
5) 징벌적 손해배상액의 결정방법

사례해설

1) 사건발생의 원인조사 및 예견가능성   a) 리튬 1차전지는 용기(캔), 음극재(리튬), 양극재(카본블랙), 전해액(염화티오닐), 분리막(유리섬유 재질)로 구성되고 각각 소재를 제조한 후 양극재, 음극재, 분리막을 겹쳐 감고 이를 용기에 삽입하여 뚜껑을 닫고 전해액을 주입한 후 용접하는 과정을 거쳐 생산한다.

b) 이와 같은 리튬 1차전지(TCH-D)는 스파이럴 와운드 타입(Sprial Wound Type)으로서, 보빈타입(Bobbin Type)과 달리, 리튬의 반응면적이 넓어 높은 전류밀도를 갖고 고출력을 낼 수 있으나 반면 열폭주에 의한 폭발 및 화재 위험성이 크다.236)

c) 리튬 내부에서 양극과 음극이 직접 연결되어 전류가 흐르는 단락현상이 발생한 경우, 과열로 내부 온도가 상승하게 되고, 그 결과 리튬이 용융되어 액상의 리튬과 염화티오닐이 급격히 반응하여 내부 열폭주가 가속화되고 이산화황 가스 등 생성, 염화티오닐의 기화 등에 의해 전지용기 내 압력을 상승시키면서 전지용기가 파열되며 폭발할 수 있고, 리튬이 액상상태로 대기 노출되면서 발화할 가능성이 있으며, 전지를 한 곳에 대량 적재하여 보관하는 경우 이와 같은 열폭주가 주변 전지에 영향을 주어 연

---

236) 수원지판 2025. 9. 23, 2024고합8333, 2025고합24(병합), 529(병합)

쇄적인 폭발 및 대형화재로 연결될 수 있다.

d) 사례의 회사는 리튬 1차전지를 거래처에 납품을 하면서 누액, 발열, 그을림, 팽창등을 이유로 사용자불만이 제기되었고, 거래처로부터 '리튬전지 안전성 향상 후속조치 재강조'라는 공문을 수신하였고, 보관창고에서 원인불상의 화재가 발생하는 등으로 인하여 리튬전지로 인한 대형화재의 위험성을 인지하고 있었다.

<그림2-20> 연료전지의 적재상태와 발화 당시의 현장사진

e) 이 사건을 조사한 결과 전지의 단락이 열폭주로 이어져 대형화재가 발생할수 있으나, 전해액이 누설될 경우 공기 중으로 노출된 전해액이 강한 악취를 발생시키나 이러한 악취가 있었다고 진술한 사람은 없었다. 또한 CCTV영상에 의하면 전지가 이동하는 동안 특별한 충격이나 전지끼리의 접촉 또는 이부 도전체의 접촉 등의 장면이 없어 이부 단락에 의하여 전지가 폭발한 것으로 단정하기 어렵다.

f) 수사기록에 의하면 리튬전지 화재사고는 모든 에너지를 소모하기 전까지 진화가 어려워 원인분석이 어려운 것이 일반적이라고 한다. 그러나 전지의 내부 단락은 제조과정에서 결함이 될 수 있으며, 분리막손상에 의한 단락. 팽윤현상으로 인한 단락, 이물질에 의한 단락으로 발생할 수 있는 것으로 추정된다(추정적인 결론).

g) 또한 검사의 고소사실에 따르면, 거래업체로부터 시정조치를 요구한 사실, 작업량의 증가와 외국인 근로자등의 투입에 의한 과실, 미세한 발열이 있었음에도 선별조치를 생략한 사실을 화재의 위험요인으로 적시하였다. 그러나 재판부는감정결과를 바탕으로 미세발열의 하자가 열폭주까지 이어졌다고 단정할 수 없다고 판시하였다.[237]

h) 그러나 이 사건 화재의 원인이 된 내부 단락의 원인을 명확히 밝히지 못하였더라도 전해액을 주입 후 전지의 폭발가능성을 예견할 수 있었다고 판단된다. 따라서 종전에 분리·보관해 온 전지가 폭발하는 등 총 4건의 폭발 또는 폭발사고가 있었던 점, 거래처로부터 창고에서 화재사고가 발생한 사고로 인하여 시정조치를 요구한 점, 안전협회로부터 "배터리 내부의 전해액 분리막 파손에 의한 화재폭발 위험이 있음"이라는 지적을 받은 점, 경책임자와 경영총괄본부장 사이에 이전에 화재발생이 있었다고 카톡을 주고 받은 사실을 볼 때, 예견가능성이 있었다고 봄이 타당하다.

2) 근로자파견의 위법성과 위반책임　　a) 근로자파견사업은 제조업의 직접 생산공정업무를 제외하고 전문·지식·기술·경험 또는 업무의 성질을 고려하여 적합하다고 판단디는 업무로서 대통령령으로 정하는 업무를 대상으로 한다(파견법 제5조제1항). 또한 출산·질병·부상 등으로 결원이 생긴 경우 또는 일시적 간헐적으로 인력을 확보하여야 할 필요가 있는 경우에는 근로자파견사업을 할 수 있다(파견법 제5조제2항).

b) 또한 ⅰ) 건설현장에서 이루어지는 업무,[238] ⅱ) 「항만운송사업법」 제3조제1호, 「한국철도공사법」 제9조제1항제1호, 「농수산물유통 및 가격안정에 관한 법률」 제40조, 「물류정책기본법」 제2조제1항제1호의 하역업무로서 「직업안정법」 제33조의 규정에 따라 근로자공급사업 허가를 받은 지역의 업무, ⅲ) 선원법 제2조제1호에 따른 선원업무, ⅳ) 산업안전보건법

---

237) 수원지판 2025. 9. 23, 2024고합8333, 2025고합24(병합), 529(병합), 45면.

238) 건설업무는 토목, 건축, 기타 공작물의 건설·개조·보존·수리·변경·파괴 또는 해체작업 및 이들 준비작업에 관계된 업무를 말하나, 이러한 업무는 공사현장에서 직접 이들 작업에 종사하는 것에 한한다. 따라서 건설현장의 사무직원의 업무는 절대금지직종에 해당되지 않는다. : 이상국·최영우, 전게서, 196면.

제58조의 유해·위험한 업무239), ⅴ) 기타 대통령령으로 정하는 업무에 대하여는 근로자파견사업을 하여서는 아니 된다(파견법 제5조제3항).

c) 파견근로자를 사용하려는 경우 사용사업주는 해당 사업 또는 사업장에 근로자의 과반수를 대표하는 노동조합이 있는 경우에는 그 노동조합, 근로자의 과반수를 대표하는 노동조합이 없는 경우에는 근로자과반수를 대표하는 자와 성실하게 협의하여야 한다(파견법 제5조제4항).

d) 누구든지 제1항부터 제4항까지의 규정을 위반하여 근로자파견사업을 하거나 그 근로자파견을 행하는 자로부터 근로자파견의 역무를 제공받아서는 아니 된다(근로자파견법 제5조제5항). 그럼에도 불구하고 사례의 경우에는 고용노동부장관의 허가를 받지 아니하고 근로자파견사업을 행하는 B사업

e) A회사는 생산활동에 필요한 근로자의 상당수를 B인력공급업체와 도급계약을 체결하고 공급을 받았다. 이 경우 도급계약을 체결하였더라도 A회사가 시설, 장비, 장소를 소유하고 파견근로자에 대하여 생산과정에서 실질적인 지배·관리를 한 것으로 보아야 한다.

f) 따라서 A회사는 위장도급을 체결하였고, 근로자 93명을 파견받아 제조업의 직접 생산공정인 1차 전지 조립·포장·검사업무 등 업무에 종사하게 한 결과 근로자파견사업의 허가를 받지 않은 행위로서 근로자파견법 제5조에 위반된다.

3) 비상구의 설치 등 산업안전보건법의 위반 여부   a) 사례의 경우에는 산업안전보건법 제38조 및 「산업안전보건기준에 관한 규칙」 제225조의 적용과 관련하여 안전조치의무의 위법성을 판단하여야 한다. 사업장의 경우 생산편의를 위하여 방화구획의 벽체를 임의로 철거하고 대피경로에 가벽을 설치해 구조를 변경하는 행위를 방호조치에 위반된다.

b) 사업주는 근로자의 산업재해를 예방하기 위하여 위험물질을 제조·

---

239) 산업안전보건법 제58조는 ⅰ) 도금작업, ⅱ) 수은, 납 또는 카드뮴을 제련, 주입, 가공 및 가열하는 작업, ⅲ) 제118조제1항에 따른 허가대상물질을 제조하거나 사용하는 작업을 규정하고 있다. 이러한 유해위험작업에는 근로자파견이 금지된다.

취급하는 작업장이 있는 건축물에 비상구를 설치하고, 비상구·비상통로 또는 비상용 기구를 쉽게 이용할 수 있도록 유지하여야 한다(안전보건규칙 제18조).

c) 그럼에도 불구하고 안전보건관리책임자는 소속 근로자와 파견근로자에 대하여 안전 및 보건에 관한 사항을 관리·감독할 의무를 위반하여 생산동 3동에서 위험물질인 리튬을 취급하는 작업장임에도 근로자들이 이용하는 비상통로 등에 리튬 1차전지를 적치해두고, 생산동 3동 2층 리튬 1차전지 검수·포장 공정룸에 파티션과 샌드위치 판넬로 가벽을 설치하는 등으로 비상구 및 비상통로의 접근을 어렵게 하여 산업재해를 예방하기 위한 조치를 치하지 아니하였다.

d) 사례의 경우 비상구의 설치 등 산업재해예방조치를 하지 않은 점은 산업안전보건법 제38조에 위반되고, 이 경우 A회사는 자신의 근로자가 아닌 자로부터 노동력을 제공받은 경우에는 종속성이 부정되지만, 산업안전보건법 제2조제1호에 따른 '노무를 제공하는 자"에 해당되어 산업재해에 해당된다. 그러나 노무를 제공하는 사람에 대한 보호조치위반에 대하여 산업안전보건법은 형사처벌규정을 명시하지 않고 있다.

e) 안전보건총괄책임자와 관리감독자는 리튬전지의 폭발 및 화재위험성, 열폭주 전이로 인한 연쇄폭발 및 대형화재 위험성을 고려한 사업장의 유해위험요인을 발굴하고, 위험성크기를 평가한 뒤 그 결과에 따른 감소대책을 수립하고, 그 결과를 근로자와 공유하는 등 위험성평가를 실시하여야 할 업무상 주의의무를 위반하였다. 또한 2022년 위험성평가자료를 2023년 10월 경으로 변경하여 위험성평가를 한 것처럼 자료를 조작하였다(수원지판 2025. 9. 23, 2024고합8333 : 2025고합24(합 : 529병합).

4) **중대산업재해의 인정 및 처벌가능성**   a) 경영책임자는 사업주나 법인 또는 기관이 실질적으로 지배·운영·관리하는 사업 또는 사업장에서 종사자의 안전보건상 유해 또는 위험을 방지하기 위하여, 그 사업 또는 는 사업장의 특성 및 규모 등을 고려하여 재해예방에 필요한 인력 및 예산 등 안전보건관리체계의 구축 및 이행에 관한 조치를 하여야 한다.

　b) 그러나 사례의 경영책임자는 ① 사업 또는 사업장의 안전·보건에 관한 목표와 경영방침을 설정하지 아니하고, ② 리튬 1차전지의 생산, 운반 및 보관 과정 중 폭발의 위험성 등 사업장의 특성에 따른 유해·위험요인을 확인하여 개선하는 업무절차를 마련하지 아니하고, ③ 리튬 1차전지의 폭발, 화재 가능성을 인식하였음에도 사업장 내 재해 예방을 위한 예산을 편성하지 아니하고, ④ 안전보건관리책임자등이 해당 업무를 충실하게 수행하는지를 평가하는 기준을 마련하지 아니하여 비상상황에서 비상구와 비상통로를 쉽게 이용할 수 있도록 유지하는 조치를 충실히 수행하지 못하도록 하고, ⑤ 위험물질을 상시 취급하기에 화재나 폭발 사고 위험이 상존하는 사업장임에도 중대산업재해가 발생하거나 발생할 급박한 위험이 있을 경우를 대비하여 근로자 대피, 위험요인 제거 등 대응조치나 중대산업재해를 입은 사람에 대한 구호조치 등에 관한 매뉴얼을 마련하지 아니한 결과, 안전보건관리책임자인 B으로 하여금 종사자들이 위험물질인 '리튬'이 포함된 리튬 1차전지를 상시 취급하는 생산동에 비상구·비상통로 또는 비상용 기구를 쉽게 이용할 수 있도록 유지하지 아니하는 등 유해 또는 위험을 방지하기 위한 조치를 취하지 아니하였다.

　c) 따라서 A회사의 경영책임자는 중대재해처벌법 제4조 및 제5조에 따른 안전보건확보의무를 위반하여 안전보건관리체계를 구축하고 이행하지 않은 결과 중대재해처벌법 제4조 또는 제5조에 위반한 결과 총 23명의 종사자가 사망하는 중대산업재해를 초래하였다.

　5) **징벌적 손해배상액의 결정방법**　　a) 징벌적 손해배상은 중대산업재해에 해당되고 중대재해처벌법 제15조제1항의 요건을 충족할 때 인정된다. 중대산업 재해가 성립하는 경우 손해배상책임의 법리에 따라 손해배상액을 우선 산정해야 한다. 그러나 중대재해처벌법은 고의 또는 중대한 과실에 대하여 징벌적 손해배상 을 통상손해배상액의 5배까지 인정한다.

　b) 손해배상의 산정에는 산재보험급여액의 공제, 일실소득, 여명기간, 과실상계, 중간이자의 공제 등 변수를 고려해야 한다. 징벌적 손해배상은 고의 또는 중대한 과실의 정도에 따라 손해배상액의 크기가 달라진다. 통상손해배상액 또는 초과 손해배상액 중 어느 것을 기초로 산정할 것인지

에 따라 징벌적 손해배상액의 크기가 달라진다.

c) 징벌적 손해배상액은 중대재해처벌법 제15조에 따라 의무위반으로 인하여 발생한 피해의 규모, 의무위반행위의 종류, 기간 및 횟수 등을 고려하여 결정한다. 사례의 경우에는 사망자가 23명, 부상자가 8명에 이르는 심각한 정도에 이른다. 중대재해가 인정되면 징벌적 손해배상액이 상당금액에 이를 것으로 판단된다.

(6) 다른 사업장의 경유와 중대재해의 책임주체

【재해사례 6】 A기업은 종전에 사용하던 회사의 정문을 다른 소유자와의 토지분쟁으로 사용할 수 없게 되었다. 그 결과 A회사는 새로운 도로가 신설될 때까지 임시도로를 신설하여 이용하고자 한다. 그래서 계열사인 B회사의 사업장을 경유하여 A회사로 진입하기로 약정을 하였다. 이 경우 다음 사항의 중대재해처벌법 위반책임은?

1) A회사의 운송차량이 B회사를 경유하다 다른 근로자를 치어 중대재해가 발생한 경우 위반책임의 주체 및 법적 책임은?

2) B회사가 A회사에게 무상으로 통행하도록 허용하였으나 안전보건관리체계를 구축하지 않은 경우 중대재해처벌법의 위반책임의 주체는?

3) A회사와 B회사가 사내 사업장을 유상 또는 무상으로 사용하되, A회사가 차량통행에 대한 출입통제, 운행경로 등 안전조치를 하기로 정한 경우 중대재해발생 시 A회사가 중대재해처벌법 등 법적 책임을 져야 하는지?

4) 만약 A회사가 감시원을 채용하여 B회사의 사업장에 배치하고 교통통제를 하는 경우 중대재해발생 시 책임주체는?

5) A회사와 B회사 사이에 임시교량(공사금액 2천만원, 폭 10미터, 길이 6미터)를 설치하는 경우 해당공사에 대한 위험성평가의 실시 여부 및 이행점검의 주체와 위반책임은?

사례해설

1) **사례의 쟁점분석**　　본 건은 다른 회사의 사업장을 경유하여 물류차량을 운행하는 경우에 발생하는 중대재해를 예방하기 위한 안전보건확보의무에 관한 사안이다. 이 경우 재해발생의 유형과 위험통제가능성을 고려하여 책임주체, 안전보건확보의무로서 안전보건관리체계의 구축범위와 방법, 이행점검의 여부가 쟁점이 된다.

b) 이 경우 사업주체 간의 약정에 따라 사업장의 경유방법, 사업장내에서 발생하는 유해위험요인, 사업장의 지배·관리·운영과 위험통제권의 행사방법 등에 대한 검토를 하여 안전보건관리체계를 구축해야 한다.

2) **사업장 내 교통사고의 인정 여부**　　a) A회사의 운송차량이 B회사의 정문을 통과하여 이동하던 중 다른 근로자를 치어 부상이나 사망을 하게 한 결과 중대재해가 발생할 수 있다. 이 경우 B회사는 자신의 소유지를 경유하는 차량의 출입을 통제하고 안전한 경로지정, 운행속도제한 등 안전조치를 해야 할 의무가 있다.

b) 해당사업장의 소유자는 B회사이며, 자신의 근로자가 재해를 당하지 않도록 접근 금지, 통행금지, 주의경고 등의 조치를 하는 행위가 중대재해처벌법 제4조 및 시행령 제4조에 의한 안전보건관리체계에 해당된다. 따라서 B회사의 경영책임자는 중대재해처벌법의 적용대상이며, 안전보건관리체계를 구축하지 않는 경우 중대재해처벌법의 위반죄로 형사책임을 져야 한다.

c) 사례의 경우 사업장 내에서 차량을 운행하던 중 발생한 경우로서 일반도로에 해당되지 아니하므로 도로교통법의 적용대상이 될 수 없다. 따라서 B회사의 사업장 내에서 발생한 사건사고는 도료교통법에 의한 교통사고로 처리할 수 없다. 또한 형법 제268조(업무상 과실치사상죄)의 상상적 경합으로 보아 형사처벌의 대상이 된다.

3) **차량출입 등 안전보건관리체계의 미비와 위반책임의 주체**　　a) A회사와 B회사가 사내 사업장을 유상 또는 무상으로 사용하되, A회사가 차량통행에 대한 출입통제, 운행경로 등 안전조치를 하기로 하였다면 중대재해발생 시 A는 중대재해처벌법의 위반책임을 져야 한다.

b) 그러나 B회사의 운행경로의 구분이 명확하게 구분되지 않았고, 유해위험성을 통제하기 위한 방법이 부적합한 경우에는 해당 구간을 누가 실질적으로 시설·장소·장비를 지배·운영·관리를 하였는지를 조사하여 위반책임의 주체를 판단해야 한다. A회사가 단순히 감시원을 채용해 B회사에 배치한 것만으로 적합한 재해예방대책인지도 검토해야 한다.

4) **위험통제권의 위임과 지배·운영·관리의 책임**　　a) A회사가 감시원을 채용하여 B의 사업장에 배치하고 교통통제를 하는 경우 중대재해발생 시 사실상 지배·운영·관리 여부, 중대재해를 예방하기 위한 위험통제의 기능성, 중대재해 예방대책의 적합성 등을 검토하여 중대재재해처벌법죄의 성립 여부는 판단해야 한다.

b) 해당 사업장은 B회사의 소유이지만, 출입통제 및 운행경로의 관리 등 해당 구간에 대한 위험통제권을 A회사에 위임하지 않았다면 실질적으로 사업장을 지배·운영·관리하는 자를 위반책임의 주체로 보아야 한다. 이 경우 당사자의 약정에 따른 위임한 사실이 없다면, A회사와 B회사는 모두 중대재해처벌법의 적용대상이다.

c) 또한 형식적으로 사업장의 위험통제권을 위임하였을 뿐 실질적으로 운행경로의 분리하지 않은 채 A회사와 B회사가 공동으로 이용하는 것이라면 사실상 지배·운영·관리의 독자적인 권한을 인정할 수 없어 A회사와 B회사는 모두 중대재해처벌법의 적용대상이 된다.

5) **위험성평가의 미실시와 중대재해처벌법의 위반책임**　　a) A회사와 B회사 사이에 임시교량(2천만원)을 설치하는 경우 위험성평가를 해야 한다. 다만, 이 사건발생 당시 산업안전보건법 제36조 (위험성평가)는 강행규정이 아니므로 위반책임을 물을 수 없다.

b) 그러나 경영책임자는 위험성평가체계를 수립하고 위험성평가를 실시하지 않는 경우 중대재해처벌법 시행령 제4조제3호에 위반된다. 그런데 2천만원의 임시도로를 신설하는 공사는 6개월 이상 지속될 정도는 아니라고 판단된다. 이러한 소규모공사는 6개월 미만이므로 이행점검을 이유로 위반죄는 물을 수 없다.

c) 위험성평가를 실시하지 않은 상태에서 시공 중에 중대재해가 발생한 경우 안전보건확보의무의 위반죄를 구성한다. 그러나 경영책임자가 임시 교량의 설치공사에 대하여 위험성평가를 실시할 것과 실시결과를 보고할 것을 지시하는 관리체계를 구축하여 확인을 하는 등 행위를 하였다면 중대재해처벌법의 위반죄를 물을 수 없다.

(7) 굴착기의 전도사고와 특수형태근로종사자

【재해사례 7】 굴착기의 운전자가 토목공사의 건설현장에서 작업 중 토사의 붕괴로 전도되는 사고가 발생했다. 굴착기의 운전자는 개인사업자등록을 한 자로서 1차관계수급인과 계약서를 작성하지 아니한 채, 첫날 자신이 직접 작업을 하다가 4개월간의 치료기간에 해당하는 부상을 당하였다. 본건 사건사고에 대하여 다음 사항에 대한 법적 책임은?
1) 특수형태근로종사자의 요건과 산업안전보건법의 위반성 검토
2) 굴착기운전자의 부상과 중대재해처벌법의 적용 여부
3) 수급인의 노무제공과 도급인의 책임 여부
4) 특수형태근로종사자의 재해와 업무상과실치사죄의 적용 여부
5) 산재보험의 지급과 징벌적 손해배상책임

사례해설

1) **사례의 쟁점분석**   a) 건설현장에서 토사붕괴로 굴착기가 넘어지는 사고가 발생했다. 굴착기운전자는 사업자등록을 한 소유자로서 현장에서 직접 일을 하다 안전사고로 부상을 당한 경우 도급인과 수급인의 계약형태에 따라 어떤 법적 책임을 달리할 수 있다. 만약 굴착기운전자가 특수형태근로종사자 또는 수급인에 해당하는 경우 산업안전보건법 및 중대재해처벌법에 따른 법률효과가 달라진다.

b) 도급인이 굴착기운전자를 사용하는 경우 ⅰ) 수급인의 신분임에도 사업자 간의 거래계약의 당사자로서 산업안전보건법 제2조제1호(산업재해)

에 해당하는지, ⅱ) 수급인이 산업안전보건법 제77조(특수형태근로종사자에 대한 안전조치 및 보건조치 등)의 적용대상 여부를 판단해야 한다. 1차관계수급인이 특수형태근로종사자와 재하도급계약을 체결한 경우 도급인은 어떤 법적 책임을 져야 하는지 검토할 필요가 있다.

2) 특수형태근로종사자의 보호와 산업안전보건법의 위반성 검토   a) 산업안전보건법 제2조제1호는 "노무를 제공하는 자가 업무에 관계되는 건설물·설비·원재료·가스·증기·분진 등에 의하거나 작업 또는 그 밖의 업무로 인하여 사망 또는 부상하거나 질병에 걸리는 것"을 산업재해라고 정의하였다. 따라서 굴착기운전자가 특수형태근로종사자로서 노무를 제공하다 부상을 당한 경우 산업안전보건법 제2조제1호에 의한 산업재해에 해당된다.

b) 1차 관계수급인이 굴착기소유자가 사업자등록증을 소유하고 있음을 알고 재하도급을 하였으나 아직 서면계약을 체결하지 않았더라도, 계약서류의 미비와 관계없이 사실상 노무를 제공한 사실은 부정할 수 없다. 굴착기소유자가 특수형태근로종사자에 해당하는지는 산업안전보건법 제77조를 기준으로 판단한다.

c) 따라서 굴착기소유자가 ⅰ) 대통령령으로 정하는 직종에 종사할 것, ⅱ) 주로 하나의 사업에 상시적으로 노무를 제공하고 보수를 받아 생활할 것, ⅲ) 노무를 제공할 때마다 타인을 사용하지 아니할 것이라는 요건을 충족해야 한다. 여기서 대통령령으로 정하는 직종이란 산업안전보건법 시행령 제67조에 의한 특수형태근로종사자의 직종을 말한다.

d) 건설기계관리법 제3조제1항에 따라 등록된 27개 직종의 건설기계를 직접 운전하는 사람이 여기에 해당된다. 특수형태근로종사자로부터 노무를 제공받는 자는 산업재해예방을 위하여 필요한 안전조치 및 보건조치를 하여야 한다(산업안전보건법 제77조제1항).

e) 도급인이 특수형태근로종사자로부터 노무를 제공받는 경우에는 고용노동부령으로 정하는 바에 따라 안전 및 보건에 관한 교육을 실시해야 한다(산업안전보건법 제77조제2항). 또한 안전보건규칙 제38조제1항제3호에 따른 차량계 건설기계를 사용하는 작업 또는 제38조제6호에 따른 굴착면의

높이가 2미터 이상이 되는 지반의 굴착작업을 하는 경우 작업계획서를 작성하였는지를 조사해야 한다.

　f) 따라서 작업유도자의 배치, 지반의 부동침하방지, 갓길의 붕괴방지, 도로폭의 유지 등 위반사실을 검토하여 산업안전보건법 제63조 및 제64조, [산업안전보건기준에 관한 규칙] 제38조(사전조사 및 작업계획서의 작성 등), 제672조제2항(차량계건설기계) 및 제199조(전도 등의 방지), 산업안전보건법 제77조제1항의 위반성을 판단한다.

　3) **수급인의 노무제공과 도급인의 책임 여부**　　a) 굴착기소유자가 직접 노무를 제공하더라도 산업안전보건법 제77조제1항의 3가지 요건을 충족하지 못하는 경우에는 특수형태근로종사자가 아닌 도급계약의 당사자로서 수급인으로 본다. 따라서 주로 하나의 장소가 아닌 장소를 번갈아 가며 노무를 제공하는 사람은 특수형태근로종사자가 아닌 수급인으로 해석한다.

　b) 건설산업기본법 제9조에 의한 건설업등록 및 제16조(건설공사의 시공자격)에 해당하지 아니하며, 건설기계관리법에 의한 임대사업, 장비를 포함한 민법상의 도급계약의 당사자로서 수급인으로 해석할 수밖에 없다. 이 경우 산업안전보건법 제77조(특수형태근로종사자의 안전조치 및 보건조치)에 관한 규정이 적용되지 아니한다.

　c) 산업안전보건법 제1조는 노무를 제공하는 자를 보호대상으로 정하였으나 수급인이 직접 노무를 제공하는 경우에 대하여는 도급인의 안전조치 및 보건조치에 관한 구체적인 명시규정이 없다. 따라서 수급인이 작업을 하다가 부상이나 사망을 당한 경우 도급인에 대하여는 산업안전보건법의 위반죄를 물을 수 없다. 다만, 노무를 제공하는 사람이 도급인의 지시·감독을 받거나 종속성이 인정될 만큼 사실관계가 있다면 산업안전보건법 제38조(안전조치)의 적용대상이 될 수 있다.

　4) **산업재해의 인정과 업무상과실치사상죄의 적용 여부**　　a) 굴착기운전자의 부상은 노무를 제공하던 중 발생하였으므로 산업안전보건법 제2조제1호에 의한 산업재해에 해당된다. 만약 특수형태근로종사자라면 산업안

전보건법 제77조제1항 및 제2항에 의한 도급인의 안전보건조치 및 안전보
건교육의 규정이 적용되고, 안전보건규칙 제672조제2항의 위반에도 불구
하고 과태료의 처분을 받는 정도에 불과하다.

b) 굴착기운전자가 특수형태근로종사자라도 부상을 당한 경우 도급인
(안전보건관리책임자, 관리감독자 등)은 업무상 주의의무위반을 사유로 형
법 제268조의 업무상과실치사상죄를 적용할 수 있다. 이 경우 업무상과실
치사상죄는 과실, 결과발생, 인과관계의 요건을 갖추어야 한다.

c) 수급인이 특수형태근로종사자가 아닌 노무를 제공하는 자에 해당되
는 경우 산업재해가 인정되며, 중대재해처벌법 제2조제7호다목에 따라 적
용대상을 판단하되, 해당요건을 충족하지 못하는 경우 형법 제268조의 업
무상과실치사상죄가 적용된다.

5) 굴착기운전자의 부상과 중대재해처벌법의 적용 여부   a) 굴착기운
전자가 붕괴사고로 인하여 굴착기가 전도되면서 부상을 당한 경우 특수형
태근로종사자라도 중대재해처벌법의 보호대상이 된다. 특수형태근로종사
자에 대한 안전보건조치위반은 산업안전보건법 제175조제4항제3호에 의하
여 1천만원 이하의 과태료를 부과한다.

b) 이 경우 특수형태근로종사자는 중대재해처벌법 제2조제7호나목에서
정한 "도급, 용역, 위탁 등 계약의 형식에 관계없이 그 사업의 수행을 위
하여 대가를 목적으로 노무를 제공하는 사람"에 해당된다. 따라서 도급인
은 도급·용역·위탁 등에 관계없이 중대재해처벌법 제5조에 따라 중대산
업재해가 적용되므로 같은 법 제4조에 의한 조치를 하여야 한다.

c) 도급사업의 사업주 또는 경영책임자는 특수형태근로종사자인 굴착기
운전자를 보호하기 위한 안전보건관리체계를 구축하고 이행점검을 하지
아니하였다면 형사책임이 발생한다. 다만, 사업주나 법인 또는 기관이 그
시설, 장비, 장소 등에 대하여 실질적으로 도급인이 지배·운영·관리하는
책임이 있는 경우에 한정한다.

d) 중대재해처벌법의 범죄요건은 중대재해처벌법 제2조제2호(중대산업재
해)와 제2조제7호(종사자), 제3조(적용범위), 제4조(사업주와 경영책임자의 안전
및 보건 확보의무), 제5조(도급, 용역, 위탁 등 관계에서의 안전 및 보건 확보의

무)를 종합적으로 검토하여 판단해야 한다.

e) 굴착기의 운전자가 2차 관계수급인의 지위에 있더라도 중대재해처벌법의 적용대상이 된다. 그러나 도급인과 2차 관계수급인 사이에 계약관계가 없다라도 사실상 지배·운영·관리하는 시설장비장소와 관련한 행위관련성, 대가적 노무제공의 상태에 있다면 중대재해처벌법 제2조제7호(종사자)다목에 "사업이 여러 차례의 도급에 따라 행하여지는 경우에는 각 단계의 수급인"이라고 표현하고 있어 보호대상이 된다.

6) **산재보험의 지급과 징벌적 손해배상책임** a) 굴착기운전자가 특수형태근로종사자의 신분에 해당되고 전복사고로 부상을 당한 경우 자신이 가입한 산재보험에 의하여 보상을 받을 수 있다. 종전의 산업재해보상보험법 제125조에서는 삭제되었다. 이 경우 특수형태근로종사자는 노무제공자로 해석한다.

b) 노무제공자란 자신이 아닌 다른 사람의 사업을 위하여 ⅰ) 노무제공자가 사업주로부터 직접 노무제공을 요청받은 경우, ⅱ) 노무제공자가 사업주로부터 일하는 사람의 노무제공을 중개·알선하기 위한 전자적 정보처리시스템(이하 "온라인플랫폼"이라 한다)을 통해 요청받은 경우의 어느 하나에 해당하는 방법에 따라 자신이 직업 노무를 제공하고 그 대가를 지급받는 사람으로서 업무상재해로부터의 보호 필요성, 노무제공형태 등을 고려하여 대통령령으로 정하는 직종에 종사하는 사람을 말한다(산재보험법 제91조의15제1호).

c) 그러나 도급인은 특수형태근로종사자의 보험가입과 관계 없이 자신의 고의 또는 과실에 따라 민법 제750조(불법행위로 인한 손해배상)에 따라 손해배상책임을 부담한다. 이 경우 민법 제750조는 당사자의 고의 또는 과실에 따라 통상적인 범위내에서 손해배상책임이 인정되며, 과실상계가 가능하다. 사업주는 굴착기운전자를 노무제공자로 보아 노무를 제공받는 경우 「고용보험 및 산업재해보상보험 징수등에 관한 법률」 제48조의6제1항에 따라 보험가입자가 된다.

d) 또한 특수형태근로종사자의 부상이 중대재해처벌법 제2조제7호다목 및 제5조에 중대산업재해에 해당되고, 사업주 또는 안전경영책임자의 고

의 또는 중대한 과실이 인정되면 통상적 손해배상 이외에 징벌적 손해배상의 대상이 된다. 그러나 사례의 부상재해는 중대재해처벌법 제2조제2호의 사유에 해당되는 6개월 이상의 부상에 해당되는 요건을 충족하지 못하였다. 따라서 통상적인 손해배상의 청구만 가능하고, 징벌적 손해배상의 대상이 되지 않는다.

(8) 굴착작업 중 매몰사고와 현장소장의 형사책임

【사례문제 8】 건설현장에서 하수도관을 매립하기 위하여 웅덩이를 굴착하던 중 흙막이벽이 붕괴되어 새벽 7시경 일용직 근로자가 매몰된 사고가 발생했다. 현장에서 2명의 인부가 질식사한 결과 산업안전보건법의 위반으로 현장소장과 작업반장이 입건되었다. 재해원인을 조사한 결과 3미터 깊이, 일부 폭 1미터의 작업공간에서 전날의 폭우로 토질상태가 불안정하여 흙막이벽이 붕괴된 것으로 밝혀졌다. 사고 직전 날 현장소장은 "우천 시에 작업을 하지 말라"고 지시를 하였다고 한다. 이 사건에서 다음 사항에 관하여 형사책임을 검토하시오. 단, 사업주의 처벌 여부는 제외한다.
1) 굴착작업의 재해유형과 원인조사
2) 현장소장 및 작업반장의 관리감독책임
3) 산업안전보건법과 형법의 경합범죄 여부
4) 형사책임의 성립 및 면책 여부

사례해설

1) 굴착작업의 재해유형과 원인조사   a) 굴착작업 시 재해유형은 장비사용 중 협착사고, 굴착작업 중 버킷의 탈락에 의한 낙하사고, 굴착면의 흙막이 단부에서 추락하는 사고, 흙막이벽이 붕괴되는 사고, 자재과적으로 흙막이벽이 붕괴되는 사고 등 다양하다.

b) 굴착작업의 원인조사를 위해서는 ⅰ) 작업자의 안전수칙 준수 여부, ⅱ) 관리감독자의 적절한 지시 여부, ⅲ) 웅덩이에 대한 무너짐사고의 방

지를 위한 흙막이지지대의 설치 및 하자 여부, ⅳ) 우천 시 토질상태의 사전조사 및 안전조치의 여부를 조사하여 법규위반성을 판단해야 한다.

c) 사례의 경우 현장조사를 한 결과 대부분 작업구간은 흙막이벽이 설치되어 있으나, 해당작업구간의 경우 굴착넓이의 폭이 1m 이내의 협소한 공간으로서 일부작업공간은 작업공정상 당시 흙막이 벽을 설치하지 않은 상태인 것으로 확인되었다.

2) **현장소장 및 작업반장의 관리감독책임**   a) 사업장에서의 안전보건조치는 사업주를 대신하여 현장소장이 총괄하여 책임을 지고 수행한다. 현장소장은 당해 사업장의 산업재해예방을 위하여 ⅰ) 안전보건협의체의 구성·운영, ⅱ) 순회점검, ⅲ) 보호구의 지급, ⅳ) 위험성평가, ⅴ) 안전보건교육 등 법률에서 정한 관리책임자의 업무를 이행하여야 한다. 관리감독자는 현장소장을 보좌하여 그 수행하는 지위에 있으므로 그 업무가 크게 다르지 않다.

b) 관리감독자는 안전보건조치에 관한 사항을 위하여 지시하고 감독하는 관리책임을 의미하며, 감독라인에 있는 자에게 연대책임의 성격을 지닌다. 따라서 작업반장이 관리감독을 제대로 이행하지 아니한 경우 현장소장도 함께 책임을 질 수밖에 없다.

c) 사례의 경우에는 작업공정상 흙막이벽을 설치하기 직전의 상태로서, 전날 밤의 폭우로 인하여 붕괴의 우려가 있었다고 추정된다. 이 경우에는 안전보건관리책임자인 현장소장이 일시적으로 작업을 하지 않도록 지시를 한 것은 적절한 판단으로 평가된다.

d) 작업반장은 관리감독자의 지위에 있는 자로서 [산업안전보건기준에 관한 규칙(이하 "안전보건규칙"이라 한다)] 제35조에 의한 위반 여부, 작업반장의 적절한 지시, 사전에 유해위험방지를 위한 조치 여부가 검토대상이 된다. 그러나 작업반장이 현장소장의 지시를 무시한 채 작업을 개시한 결과 붕괴사고를 유발한 것이므로 감독책임을 물을 수밖에 없다.

3) **산업안전보건법과 형법의 경합범죄 여부**   a) 굴착공사는 하는 사업주는 산업안전보건법 제38조(안전조치) 또는 제63조(도급인의 안전조치 및 보건조치)가 적용된다. 수급인의 근로자가 사망한 경우 고용주는 수급인사

업주에게는 산업안전보건법 제38조를 적용하고, 도급인은 산업안전보건법 63조에 따라 위험관리책임을 물을 수 있다.

b) 사례의 경우 법익침해의 공통성, 행위의 동일성, 주의의무의 동일성이 있다면 산업안전보건법 제38조과 형법 제268조의 상상적 경합범에 해당된다. 그러나 형법에 의한 범죄보다 산업안전보건법의 처벌수위가 높은 점, 안전보건조치 등 범죄요건의 구체성이 다른 점을 고려하여 특별법의 지위에 있는 산업안전보건법을 우선적으로 적용함이 타당하다.

c) 사업주는 근로자의 위험을 방지하기 위하여 안전보건규칙 제38조제1항에 따라 해당작업, 작업장의 지형지반 및 지층상태 등에 대한 사전조사를 하고 그 결과를 기록·보존하여야 한다. 이 경우 조사결과를 고려하여 작업계획서를 작성하고 그 계획에 따라 작업을 해야 한다.

d) 사례의 사망사건은 다른 원인에 의한 위반사항을 발견할 수 없고, 단지 지반상태를 고려하지 않은 작업반장의 불합리한 지시로 인하여 일용근로자가 사망한 것으로 판단된다. 굴착작업 시 흙막이벽을 설치할 여유공간이 없었더라도 우천시 함수상태의 변화로 토사붕괴의 우려가 있다는 점을 고려하지 않은 과실이 인정된다.

e) 사례의 경우에는 안전보건규칙 제38조에 다른 사조조사 후 작업계획서를 작성하였는지, 흑막이벽의 설치 등 붕괴사고를 방지하기 위한 적절한 재해예방조치를 하였는지에 따라 산업안전보건법의 위반성을 판단하여야 한다. 따라서 안전보건규칙 제340조(굴착작업 시 위험방지)에 따른 흙막이지보공의 설치, 방호망의 설치 및 근로자의 출입금지 등 위험을 방지하기 위한 조치가 가능한지도 현장여건을 조사하여 판단해야 한다.

4) **형사책임의 성립 및 면책 여부**   a) 사례의 경우 현장소장과 작업반장에 대한 처벌가능성을 고려하여 안전조치의 여부, 구체적 지시나 감독 여부, 위험통제가능성을 검토해야 한다. 건설현장에서 사고가 발생하였다는 사실만으로 산업안전보건법의 위반으로 단정할 수 없다.

b) 사고발생의 사실만으로 일단 외견상 현장소장과 작업반장은 근로자의 생명침해에 대한 위반책임을 추정할 수밖에 없다. 산업현장의 사망사건의

경우 일단 범죄사실을 전제로 위반행위가 인과관계가 있는지를 조사하여 확정해야 한다.

c) 사례의 사망재해는 현장소장과 작업반장을 부작위범으로 보아 수사 대상으로 판단한다. 그러나 현장소장이 우천 시에는 작업을 하지 말 것을 사고 전날 지시하였다면 사정이 다르다. 본 사건사고의 재해원인과 위반행위를 검토한 결과, 해당 작업구간은 작업계획서를 작성해야 할 대상이 아니라면 범죄사실로 인정할 수 없다.

d) 사고당시의 작업구간은 아직 흙막이벽을 설치해야 할 정도의 작업수준, 작업공간을 확보하지 않은 상태임을 알 수 있으며, 주된 원인은 전날 밤 비가 와서 토질의 상태가 함수변화로 인하여 붕괴의 위험이 발생한 것으로 판단된다. 따라서 작업을 하기 전에는 근로자의 위험을 방지하기 위하여 관리감독자는 작업장소 및 균열의 유무, 함수상태의 변화를 점검하고 적절한 조치를 하여야 한다.

e) 현장소장의 행위는 비록 단순하지만 우천시에 재해발생의 사실을 예견하여 작업을 하지 않도록 지시한 행위가 당시의 현장상황에 비추어 적합한 조치였다고 인정할만 하다. 현장소장이 작업을 하지 말 것을 지시하였음에도 작업반장이 이를 무시하고, 일용근로자를 동원해 작업을 하였다면 현장소장의 관리감독책임은 면책된다는 것이 대법원판결(대판 1984.4.10, 83도3365)의 입장이다.

f) 결론적으로 안전사고의 발생을 우려하여 작업중단을 지시한 현장소장에 대하여는 산업안전보건법 제38조에 의한 위반죄를 구성하지 아니한다. 따라서 현장소장의 행위에 대하여 직무상 주의의무를 위반한 사실이 없다면 형법 제268조의 위법성도 성립하지 아니한다. 그러나 관리감독자는 주의의무를 위반하여 다른 근로자의 생명침해를 한 범죄가 인정되므로 형법 제268조에 따른 업무상과실치사죄를 적용함이 타당하다.

---

(9) 항타기의 사고와 중대재해의 법적 책임

> **【재해사례 9】** 건설회사A는 장비업체B에게 아파트부지의 지반조성을 위한 항타작업을 B장비업체에 도급하였다. 그런데 장비업체B의 조종자가 3차의 낙하작업을 하던 중 항타기가 넘어지면서 인근에서 작업하던 도급인의 일용근로자 1명이 사망하고 1명은 치료기간 4개월의 부상을 당하였다. 이 경우 다음 사항에 대한 당사자 간의 법적 책임은?
> 1) 재해원인과 책임주체의 검토
> 2) 산업안전보건법의 위반과 항타기 조종자의 형사책임
> 3) 도급인의 안전보건확보의무와 위반책임
> 4) 징벌적 손해배상책임과 공동불법행위 여부

사례해설

1) **재해원인과 책임주체 등 검토**   a) 중대재해가 발생하면 법령위반의 근거, 위반행위와 사망재해 사이의 인과관계에 따라 범죄가 성립할 수 있다. 사례의 경우 항타기를 설치하고 시운전을 하던 중 발생한 사고로서 1차적으로 장비업체조종자의 고의 또는 과실로 추정된다.

b) 항타기의 넘어짐사고가 원인이 되어 사망 및 부상의 재해가 발생한 것으로 추정되므로 항타기의 작업 전 안전조치 여부, 항타기가 넘어질 당시 재해발생의 원인과 재해결과의 사이에 인과관계를 조사하여 누구에게 위반책임을 물어야 할지 확정해야 한다.

c) 또한 재해원인을 조사하여 항타기의 설치상 하자인지, 장비운영상의 주의의무, 위험작업의 반경 내에 근로자의 접근을 차단하는 등 위험관리조치에 대한 재해예방조치와 관리감독체계가 무엇인지를 규명하여 책임주체를 규명할 필요가 있다.

2) **산업안전보건법의 위반과 항타기조종자의 형사책임**   a) 산업안전보건법 제2조제2호는 중대재해를 명시하고, 같은 법 시행규칙 제2조제1항에서는 ⅰ) 사망자 1명 이상, ⅱ) 3개월 이상 요양이 필요한 부상자가 동시에 2명 이상, ⅲ) 부상자 또는 직업성질병자가 동시에 10명 이상 발생한 재해를 중대재해로 명시하고 있다. 사례의 사망근로자 1명, 부상자 1명

은 산업안전보건법 제2조제2호의 중대재해에 해당된다.

b) 중대재해가 발생한 경우 범죄요건은 구성요건해당성, 위법성, 책임에 의하여 판단한다. 범죄요건으로서 객관적 구성요건(주체. 객체, 행위, 결과, 인과관계)에 해당되고, 주관적으로 미필적 고의가 인정되는지를 검토하여야 한다.

c) 항타기의 무너짐사고의 원인이 「산업안전보건기준에 관한 규칙」 제209조제1호에 해당하는 연약지반에 설치할 경우 지지구조물의 침하방지를 유지하기 위한 받침목 등 사용에 하자가 있었거나 제3호에 의한 미끄러질 우려를 고려하여 말뚝 등을 사용하여 해당 지지구조물을 고정시키지 않았다면 구성요건에 해당된다.

d) 항타기의 넘어짐사고는 연약지반에 설치할 때 지지가 약해 지반침하 등 여러 가지 원인에 의하여 발생한다. 그래서 항타기는 연약지반에 설치할 경우 가대(무한궤도)에 침하방지용 철판(복공판)을 설치하는 등 안전조치를 해야 한다. 항타기의 안전사고가 발생한 경우, 조종사의 부주의인지, 건설기계의 결함이거나 설치상의 하자인지 등 원인을 규명해야 한다. 이러한 위험성을 인지하고 안전조치를 하지 않은 행위는 미필적 고의에 해당된다.

e) 그러나 항타기조종자는 사업자등록을 한 특수형태근로종사자 또는 근로자의 신분을 지닌 경우 산업안전보건법 및 중대재해처벌법을 적용할 수 없다. 항타기조종자가 특수형태근로종사자인 경우 사업주로서 위반책임을 부과할 수 없다. 그러나 항타기조종자에게는 주의의무위반에 따른 형법 제268조에 따른 업무상과실치사죄의 적용이 가능하다.

f) 건설기계장비업체의 사업주는 자신의 근로자가 사망한 것이 아니며, 사망한 근로자와 법률관계가 없으므로 산업안전보건법 제38조(사업주의 안전보건조치) 또는 제63조(도급인의 안전조치 및 보건조치)의 법리가 적용되지 않는다. 그러나 건설장비업체의 사업주가 항타기의 불법개조나 부품 불량에 의한 원인이라면 건설기계관리법 제17조(건설기계구조의 변경 등)의 위반죄에 해당된다.

g) 이 경우 사업주는 항타기의 전도사고에 대하여는 안전보건규칙 제207조(조립·해체 시 점검)에 의한 조립원칙을 준수하였는지, 안전보건규칙

제209조(무너짐의 방지)에 따른 항타기의 무너짐방지를 위한 조치기준을 준수하였는지에 따라 산업안전보건법위반죄가 성립한다.

3) **도급인의 안전보건확보의무와 위반책임**　　a) 사례의 항타기사건에 대하여는 항타기조종사뿐만 아니라 도급인이 산업안전보건법령에 따른 안전보건조치 등 위험관리책임이 인정되는지에 대한 조사가 필요하다. 재해원인의 1차적인 책임이 항타기조종자에게 인정될 수 있으나, 위험작업에 대한 도급인의 위험통제가 적합하였는지에 대한 규명도 해야 한다.

c) 사례의 경우 산업안전보건법 제38조제1항제1호에 따라 "기계·기구, 그 밖의 설비에 의한 위험"에 해당되며, 항타기의 전도사고로 인한 재해는 안전보건규칙 제207조 및 제209조를 위반하였다면 산업안전보건법 제38조의 안전조치위반죄의 구성요건을 충족한다.

d) 도급인은 건설장비업체의 과실로 사망재해가 발생하였더라도 자신이 지배·관리하는 사업장에서 발생하였고, 일용근로자의 신분이 다른 수급인의 소속이라면 산업안전보건법 제63조 및 제64조에 적용되므로 위험관리책임이 발생한다. 도급인은 해당 사업장의 위험을 지배·관리하거나 위험을 창출·증대하는 지위에 있기 때문에 위험관리책임이 인정된다.

e) 도급인은 항타기를 임대하거나 항타기작업을 도급한 경우, 관계수급인이 다시 하도급을 하였더라도 자신의 사업장에서 종사하는 사람을 보호하기 위하여 중대재해처벌법 제5조(도급, 용역, 위탁 증의 안전보건확보의무)에 따른 안전보건관리체계를 구축해야 한다.

f) 따라서 도급인의 사업장에서 근로자가 사망하거나 부상하는 경우 산업재해에 해당되며, 산업재해 중 1명의 사망재해는 중대재해에 해당되고 중대재해처벌법 제2조제2호가목에 따른 중대산업재해에 해당된다. 따라항타기작업과 관련한 유해위험요인을 확인하고 개선하는 절차를 마련하거나 위험성평가를 해야 한다.

g) 중대재해처벌법 제4조제1항제4호에서 "안전보건관계법령에 따른 의무이행에 필요한 관리상의 조치"를 명시하고 있으므로, 항타기 작업과 관련한 산업안전보건법 및 안전보건규칙에 관한 사항에 대하여 이행점검을 해야 한다. 작업계획서 및 지반조사는 안전보건관리체계로 볼 수 없으나,

이행점검의 대상이 된다.

i) 도급인은 항타기의 넘어짐사고에 따른 근로자의 위험작업 반경내의 진입금지 등 자신의 근로자를 보호하기 위하여 접근제한을 하거나 작업지휘자를 지정하는 등 재해예방조치는 중대재해처벌법 시행령 제4조제3호에 따른 조치에 해당된다. 따라서 수급인이 중대재해처벌법 시행령 제4조제3호에 관한 안전보건관리체계를 구축하지 아니한 행위, 중대재해처벌법 제2조제7호다목에 따른 수급인의 근로자를 보호하기 위한 행위에 대하여 도급인의 위반책임을 물을 수 있다.

4) **징벌적 손해배상책임과 공동불법행위 여부**   a) 항타기조종사의 고의 또는 과실로 인하여 일용근로자가 사망한 경우 민법 제750조에 의한 불법행위에 해당된다. 이 경우 가해자와 그의 고용주는 연대하여 손해배상책임이 발생한다.

b) 또한 도급인은 자신의 사업장에서 근로자가 사망한 경우 위험관리책임의 원인에 따라 불법행위가 성립하고 손해배상을 해야 할 책임이 있다. 도급인은 사망한 근로자나 부상자에 대한 산업재해보상보험법에 의한 산재보상책임 이외에 민법상 불법행위책임(민법 제750조)에 따른 손해배상책임이 발생한다.

c) 피해자 및 그 유족은 산재보험의 수령 이외에 통상적 손해배상액을 산정하여 초과손해배상액을 청구할 수 있다. 동시에 중대재해처벌법에 의한 중대산업재해로 인정되는 경우 유족은 중대재해처벌법 제15조에 따라 손해배상액의 5배 이내의 범위에서 징벌적 손해배상의 청구가 가능하다.

d) 그러나 사례의 경우 1명은 중내산입새해에 해당되지만, 1명은 "동일한 사고로 6개월 이상 치료가 필요한 부상자가 2명 이상 발생"이라는 요건을 충족하지 않는다. 따라서 1명의 부상자는 산업재해에 해당되지만 치료기간 4개월에 불과해 중대재해처벌법 제2조제2호나목에 따른 중대산업재해에 해당되지 아니하므로 통상적인 손해배상의 범위 내에서 초과손해배상을 도급인 또는 건설장비업체에게 청구할 수 있을 뿐이다.

e) 사례의 경우 재해원인을 조사한 결과, 도급인이 근로자의 위험반경에 접근을 방지하기 위한 안전조치를 하지 않은 행위, 건설장비업체의 불법

행위가 경합될 수 있다. 이 경우 공동불법책임의 여부는 하나의 손해발생에 수인의 원인행위가 간여한 경우에 판단한다.

 f) 민법 제760조제1항은 「수인이 공동의 불법행위로 타인에게 손해를 가한 때에는 연대하여 그 손해를 배상하여야 한다.」고 규정하고 있다. 공동불법행위가 성립하는 경우 피해자는 고용주인 도급인과 건설기계장비업체를 대상으로 손해배상을 청구할 수 있다.

(10) 타워크레인의 안전사고와 당사자의 법적 책임

【재해사례 10】 타워크레인의 조종사가 중량물을 이동하던 중 근로자의 머리위로 떨어져 수급인이 고용한 중국인근로자가 사망하였다. 사고조사를 한 결과 지브의 결함으로 중량물이 떨어진 것으로 밝혀졌다. 타워크레인의 안전사고에 대한 타워크레인의 조종사, 건설기계장비업체, 건설공사의 도급업체(건설시공자) 간의 다음과 같은 법적 책임은?
1) 타워크레인의 사고원인과 법률문제
2) 산업안전보건법의 위반과 도급인의 형사책임
3) 장비업체 사업주와 타워크레인 조종사의 형사책임
4) 타워크레인 조종사와 당사자의 손해배상책임
5) 중대재해의 책임주체와 징벌적 손해배상

사례해설

 1) 타워크레인의 사고원인과 법률관계   a) 타워크레인은 고소작업을 위해 사용하는 양중기의 일종이다. 타워크레인은 건축현장, 조선업의 하역작업 등 고소작업에 주로 사용한다. 타워크레인의 사고원인은 ⅰ) 기계적 결함에 의한 사고, ⅱ) 설치·해체 중의 무너짐 또는 넘어짐사고, ⅲ) 양중작업 중 낙하물사고, ⅳ) 붐대의 부러짐사고 등 다양하다.[240]

---

240) 2018년 재해발생현황에 의하면, 건설회사의 사망사고율의 60%가 추락사고이며, 이중에서 74%가 건축현장에서 발생하는 것으로 나타났다. 특히 추락사고 중

b) 타워크레인은 조립 및 해체과정에서 안전사고가 가장 많이 발생한다. 또한 안전사고는 ⅰ) 연약지반의 침하, ⅱ) 설치 시 자립고의 유지불안, ⅲ) 부품불량에 대한 정비소홀, ⅳ) 크레인의 조작미숙에 의해서도 발생한다. 그러나 안전사고의 물적 피해는 산업안전보건법의 적용대상에서 제외한다.

c) 타워크레인의 의한 재해사건은 타워크레인의 장비업체, 타워크레인의 설치 및 해체업체, 도급업체 간의 복잡한 법률관계를 형성한다. 이 경우 타워크레인의 사고원인과 근로자 등 종사자의 생명을 보호하기 위한 위험관리책임과 역할이 불명확해지는 문제점이 있다.

d) 따라서 타워크레인에 의한 중대재해가 발생한 경우 크레인의 소유자, 이용자, 조종자, 피해자인 근로자와 사업주 사이에 위반책임의 귀속문제를 규명할 필요가 있다. 이 경우 책임주체(의무주체와 이행주체), 형사상 불법행위와 민사상 불법행위, 구성요건, 인과관계를 종합적으로 검토해야 한다.

2) 산업안전보건법의 위반과 도급인의 형사책임　　a) 사례의 경우 타워크레인의 재해원인은 중량물이 근로자의 머리 위로 이동한 점, 지브결함이었다면 장비업체에서 정비를 제대로 하지 못한 점, 중량물의 초과하중 여부, 크레인을 임대한 건설시공업체가 대여자로서 점검사항을 제대로 준수하지 아니한 점에 대한 조사가 필요하다.

b) 타워크레인을 대여한 경우 ⅰ) 산업안전보건법 제81조(기계·기구 등의 대여자등의 조치) 및 산업안전보건법 시행규칙 제101조제1항(기계등을 다른 사람에게 조작하게 한 경우)에 따라 해당기계를 조작하는 사람의 자격이나 기능 확인, 해당기계등을 조작하는 사람에게 작업의 내용, 지휘세통, 연락 및 신호방법, 운행경로, 제한속도, 그 밖에 해당 기계등의 운행에 관한 사항, 해당 기계등의 조작에 따른 산업재해를 방지하기 위하여 필요한 사항, ⅱ) 산업안전보건법 제81조(기계·기구 등의 대여자등의 조치) 및 산업안전보건법 제101조제2항에 따라 충돌방지를 위한 필요한 조치, ⅲ) 타워크레인의 설치 및 해체작업 시 작업과정 전반의 영상촬영을 해야 한다.

33.6%가 타워크레인 사고에 해당된다.

c) 또한 타워크레인의 작성 시 도급인은 산업안전보건법 시행규칙 제101조제1항에 따른 연락과 신호 등의 위반행위가, 안전보건규칙 제146조(크레인 작업 시의 조치) 제1항제4호에 따른 "미리 근로자의 출입을 통제하여 인양중인 하물이 작업자의 머리위로 통과하지 않도록 할 것"에 규정을 위반한 행위를 통제하지 못한 위법행위가 있다면 벌칙의 적용대상이 된다.

d) 사례와 사망재해의 발생 시 도급인은 ⅰ) 자신이 고용한 근로자라면 산업안전보건법 제38조(사업주의 안전조치)의 위반, ⅱ) 자신이 고용하지 않은 수급인의 근로자라면 산업안전보건법 제63조(도급인의 안전조치 및 보건조치) 및 제64조(도급인의 산업재해 예방조치)가 적용된다. 따라서 도급인의 안전보건관리책임자와 관리감독자는 안전조치위반죄를 구성하며, 산업안전보건법의 위반죄를 구성하지 않는 경우 형법 제268조(업무상과실치사상죄)가 적용된다.

3) 장비업체 사업주와 타워크레인 조종사의 형사책임   a) 건설기계장비업체의 사업주는 자신이 고용한 소속근로자의 부상이나 사망이 발생한 것이 아니므로 산업안전보건법의 책임을 물을 수 없다. 건설기계장비업체의 사업주는 도급계약이나 노무를 제공받는 당사자의 지위가 없으므로 산업안전보건법 제38조 및 제34조, 제63조 또는 제64조를 적용할 수 없다.

b) 그러나 크레인조종사는 근로자의 머리위로 중량물을 이동하였고, 그 결과 사망재해라는 결과를 초래한 잘못이 있다. 타워크레인조종자에 대하여는 산업안전보건법의 위반죄를 적용할 수 없으나, 중량물의 작업 시 업무상 주의의무위반을 이유로 형법 제268조(업무상과실치사상죄)의 적용이 가능하다.

c) 사례와 같이 타워크레인의 운행 중 중량물의 추락사고가 지브의 결함으로 정상적인 작동이 되지 않아 중량물이 추락하였다면, 장비상의 결함 및 정검불량을 귀책사유로 보아야 한다. 이 경우에는 ⅰ) 장비업체에 대하여 산업안전보건법 제81조(기계·기구 등의 대여자등의 조치) 및 시행규칙 제100조(기계등 대여자의 조치)에 의한 안전조치 및 보건조치를 이행하였는지, ⅱ) 장비의 기계적 결함에 따라 건설기계관리법 제16조의2(건설기계의 정비)에 의한 위반 여부를 규명해야 한다.

4) 타워크레인 조종사와 당사자의 손해배상책임

① **타워크레인 조종사의 고의·과실과 불법행위책임**   a) 타워크레인 조종사의 고의 또는 과실로 발생한 사망사건은 민사상 불법행위에 해당된다. 이 경우 크레인조종사는 피해자와 그 유족에 대하여 가해자로서 민법 제750조에 따라 손해배상을 해야 한다. 손해배상책임은 제1차적으로 가해자가 부담하여야 하나, 무자력인 사정으로 변제능력이 없을 수 있다.

b) 사례의 경우 천재지변 등 특별한 사유가 없는 한 크레인의 운행 중 낙하물에 의한 사망재해는 민사책임의 면책사유(조각사유)에 해당되지 않는다. 따라서 크레인조종사는 고소작업 및 중량물 취급작업 시 재해발생의 위험가능성을 예견할 수 있었다고 보아야 한다. 따라서 타워크레인조종사에 의한 중대재해는 손해배상책임에 관한 불법행위를 구성한다.

② **크레인조종사의 과실책임과 사업주의 사용자책임**   a) 타워크레인 조종사로 인한 불법행위가 인정되는 경우 배상책임의 분배가 가능한지 검토할 필요가 있다. 책임분배의 논거는 근로자의 위험작업에 대하여 책임을 제한해야 한다는 책임제한론이다. 크레인작업은 고소작업, 중량물취급작업으로서 재해발생의 개연성이 높은 작업이라는 특성을 고려할 때, 크레인조종사에게 손해배상책임을 모두 부담시키는 것은 너무 과중하거나 가혹하기 때문이다.

b) 크레인의 조종사가 외견상 잘못이 있더라도 고의 또는 과실 여부를 검토해야 한다. 크레인의 조작 중 순간풍속이 초당 15m를 초과했다면(안전보건규칙 제143조), 작업중지의 여부와 무리한 작업을 강행 여부, 중량물의 작업요령 및 신호수의 역할 등 위험관리책임이 발생힌다.

c) 또한 크레인조종사가 음주를 한 상태에서 조종을 한 경우 그 과실이 클 뿐만 아니라 건설기계관리법 제27조의2(건설기계조종사 및 고용주의 준수사항)에 위반되어 고용주인 사업주에게도 사용자책임이 인정된다. 이 경우 민법 제756조제1항에 따라 「타인을 사용하여 어느 사무에 종사하게 한 자는 피용자가 그 사무집행에 관하여 제3자에게 가한 손해를 배상하여야 한다」이 적용된다.

③ **도급인의 공동불법행위와 손해배상책임**   a) 타워크레인의 장비업

체의 사업주는 자신의 고용한 크레인조종사의 불법행위(민법 제750조)를
전제로 사용자책임(민법 제756조)에 따라 손해배상을 하여야 한다. 이 경우
근로자의 사망에 따른 산재보험급여 이외에 추가손해의 배상책임이 인정
된다.

b) 또한 도급인은 건설기계장비의 하자, 정비불량 여부, 위험작업의 반
경내 근로자가 노출된 사실, 작업지휘자나 유도자 등을 배치하지 않은 사
실이 인정되면 산업안전보건법 제63조 및 제64조, 제81조의 위반행위로서
불법행위의 책임요소가 인정된다.

c) 그 결과 도급인은 직접적인 가해자가 아니지만, 산업안전보건법 제63
조 및 제81조를 위반한 결과 민법 제760조에 의한 공동불법행위의 당사자
로 해석된다. 도급인은 고의 또는 과실에 따라 손해배상을 한 후에 타워
크레인사업주 및 그 조종사를 상대로 구상금을 청구할 수 있다.

5) 중대재해의 책임주체와 징벌적 손해배상   a) 산업안전보건법은 규
제적 강행법으로서의 특성을 지니며, 요구규범을 위반하면 법규위반으로
형사처벌의 대상이 된다. 산업안전보건법에 따른 사업주 또는 안전보건관
계자가 재해예방조치 및 관리감독을 위반하여 산업재해가 발생한 경우에
는 산업안전보건법위반죄를 물을 수 있다.

b) 중대재해처벌법은 사업주 또는 경영책임자에게 안전보건확보의무를
부과하고, 안전보건관리체계를 구축하고 이행점검을 하지 않은 부작위에
대하여 형사책임을 부과한다. 사례의 경우 타워크레인에 의한 중량물작업
중 발생한 사망재해는 산업안전보건법 제2조제1호(산업재해) 및 중대재해
처벌법 제2조제2호(중대산업재해)에 해당된다.

c) 타워크레인의 작업에 따른 중대산업재해를 예방하기 위하여 도급인
은 유해위험요인을 확인하고 개선하는 조치로서 위험반경 내 진입금지 및
근로자의 안전보건교육, 신호수 및 작업지휘자를 배치하는 등 관리체계를
구축해야 한다. 이 경우 관리체계는 지침서의 작성뿐만 아니라 작업현장
에서 관리감독을 하는 등 구체적인 행위도 포함한다. 이러한 관리체계를
구축하고 이행점검을 하지 않았다면 중대재해처벌법 제4조제1항제1호에
위반된다.

d) 타워크레인조종자가 철근더미의 중량물을 작업자의 머리위로 이동하는 행위는 재해위험이 높아 위험통제를 해야 한다. 수급인이 작업계획서를 작성하였는지, 신호수 등의 배치 및 교육은 적정한지 위험관리대책을 점검하여야 한다.

e) 그러나 건설장비업체의 사업주는 사망한 근로자가 타인의 소속근로자로서 자신에 대한 노무를 제공하는 자로 볼 수 없어 중대재해처벌법 제4조 및 제5조의 적용대상이 되지 않는다. 건설장비업체에 대하여는 업무상 주의의무위반으로 형법 제268조를 적용할 수 있을 뿐이다.

f) 따라서 건설장비업체의 사업주는 사망한 근로자에 대한 징벌적 손해배상책임을 부담하지 않는다. 다만, 초과손해의 범위 내에서 도급인에 의한 구상금청구의 대상이 될 수 있다. 그러나 도급인은 사업장을 총괄하여 관리하는 지위에 있으며, 크레인의 운행에 대한 작업지휘자나 신호수를 배치하는 등 위험통제를 해야 할 고의 또는 중대한 과실이 있다면 징벌적 손해배상책임이 인정된다.

g) 근로자의 유족은 업무상 재해로서 사망재해에 대하여 산업재해보상보험법 제37조(업무상재해 인정기준) 및 제36조(보험급여의 종류 및 산정기준 등)에 따라 산재보험급여(유족급여, 장의비 등)를 근로복지공단에 청구할 수 있다. 이 경우 유족은 사업주 또는 법인을 상대로 통상적 손해배상액에서 산재보험액을 공제한 초과손해배상액을 기초로 5배 이내의 범위에서 징벌적 손해배상액을 청구할 수 있다.

---

(11) 채석장의 매몰사고와 도급인의 법적 책임

【재해사례 11】 수도권에 기반을 둔 S산업의 채석장에서 토사붕괴로 근로자 3명이 매몰되어 사망하였다. 무너진 토사에 매몰된 사람은 일용직(28세), 임대계약 작업자인 굴착기기사(55세), 해당 사업체근로자(52세)로 밝혀졌다. 천공작업을 하던 굴착기의 운전자는 실종된 후 사망자로 발굴되었다. 고용노동부는 사건사고를 조사한 결과 사업장의 규모가 총면적 43만㎡의

규모로서 사고당일 현장에서 일한 작업자는 약 15명(매몰자 3명 포함)으로
파악하였다. 작업자들이 석재를 채취하기 위해 작업을 하던 중 아파트 8층
높이의 절벽 상층에 있던 다량의 토사(약 30만㎥ 추정)가 갑자기 무너지면
서 매몰된 것으로 추정하였다. 이 경우 중대재해처벌법에 따른 다음과 같은
사항의 법적 책임은?
1) 사망의 원인 및 중대산업재해의 해당 여부
2) 안전조치의 위반과 안전관리책임자의 형사책임
3) 안전보건관리체계의 구축 및 경영책임자의 처벌가능성
4) 법인에 대한 징벌적 손해배상책임 여부

 **사례해설**

1) **사고의 원인 및 중대산업재해의 해당 여부**   a) 사례의 사업장은
사고 이전에도 작업 중 바위가 굴러떨어져 1명이 깔려 사망하는 등 2차에
걸쳐 중대재해가 발생하였다. 그 후 또다시 지질상태의 조사를 제대로 하
지 않은 채 작업을 강행하다가 사망재해가 발생하는 등 반복적인 사고에
대한 예방대책이 미흡하였다고 판단된다.

b) 사망사건의 원인을 조사하여 ⅰ) 사업주와 근로자의 고용관계, 사고
의 유형과 원인에 따른 산업재해에 해당하는지, ⅱ) 붕괴사고에 대비한
안전조치기준을 위반했는지, ⅲ) 작업계획서의 작성 및 준수하였는지, ⅳ)
안전보건관리체계의 구축 및 이행점검 여부 등 범죄요건을 충족하는지 판
단할 필요가 있다.

c) 사례의 경우에는 1명 이상 사망재해가 발생한 것이므로 산업안전보
건법에 의한 산업재해에 해당된다. 또한 사망자의 신분이 근로자 또는 특
수형태근로종사자, 노무를 제공하는 자에 해당되더라도 산업안전보건법
제2조제1호에 해당된다. 굴착기의 운전자의 사망재해는 산업재해에 해당
되고 중대재해처벌법 제2조제2호에 의한 중대산업재해로 판단된다.

2) **안전조치의 위반과 안전관리책임자의 형사책임**   a) 사업주는 지반
의 붕괴 또는 토사의 낙하에 의하여 근로자에게 위험을 미칠 우려가 있는
경우에는 「산업안전보건기준에 관한 규칙(이하 "안전보건규칙"이라 한다)」

제38조제1항에 따라 해당 작업, 작업장의 지형지반 및 지층상태 등에 대한 사전조사를 하고, 그 결과를 기록·보존하여야 하며, 작업계획서를 작성하여야 한다. 또한 안전보건규칙 제339조에 따라 관리감독자에게 작업 전에 작업장소 및 그 주변의 균열 유무 등을 점검하도록 해야 한다.

b) 사례의 매몰사고에 대한 위반책임은 산업안전보건법 제38조 또는 제63조, 제64조에 대하여 검토해야 한다. 산업안전보건법 제63조 및 제64조의 위반성은 도급인의 위험관리책임을 의미한다. 따라서 붕괴우려가 있는 위험작업에 대하여 사전조사를 하고 작업계획서를 작성하지 아니한 점, 작업 시 안전사고를 유발하지 아니하도록 예방조치를 하지 아니한 점, 관리감독자를 배치하여 위험통제를 하지 아니한 점이 있다면 안전관리책임자에게 산업안전보건법 제38조 또는 제63조의 위반죄를 적용할 수 있다.

c) 안전보건관리책임자인 현장소장은 안전보건규칙 제38조의 작업계획서를 작성하고 이에 따른 안전조치를 하지 아니한 채 작업을 하거나 안전보건규칙 제339조 등을 위반한 경우 산업안전보건법 제38조 또는 제63조와 관련한 기본범죄와 사망재해를 이유로 산업안전보건법 제167조(7년 이하의 징역 또는 1억원 이하의 벌금)에 의한 가중처벌이 가능하다. 사망자 2명과 실종자 1명의 재해는 동시에 발생한 결과적 가중범으로서 중대한 결과를 초래한 범죄로 해석된다.

3) **안전보건관리체계의 구축과 안전경영책임자의 처벌가능성** a) 사례의 경우 굴착작업과 관련하여 도급인과 수급인은 위험성평가, 작업계획서의 작성을 위한 사전조사 및 작업계획에 따른 안전관리대책을 수립하여 시행하여야 한다.

b) 도급인의 지위에서 1차적으로 산업안전보건법위반죄가 성립하는 경우 2차적으로 중대산업재해의 범죄요건을 충족하는지 판단해야 한다. 안전경영책임자가 안전보건법령에 해당하는 산업안전보건법 및 안전보건규칙에 대한 이행점검을 하지 아니한 경우, 중대재해처벌법 시행령 제4조제3호에 의한 유해위험요인을 확인하고 개선하는 절차를 이행하지 아니한 경우에는 중대재처벌법위반죄를 구성한다.

c) 또한 도급인의 경영책임자는 굴착공사에 대한 위험성평가 이외에 작

업계획서를 작성하고 안전대책을 수립하였는지 이행점검을 하여야 한다. 굴착공사와 관련한 유해위험요인의 파악 및 개선조치 또는 위험성평가는 도급인의 안전보건관리체계에 해당되며, 굴착작업을 하는 수급인(장비업체)의 의무사항에 해당된다.

d) 경영책임자는 법인의 대표이사뿐안 아니라 실질적으로 해당 사업을 총괄하여 지배·운영·관리하는 지위에 있는지, 최종적인 의사결정을 하는지 등 지배개입의 사실관계를 고려하여 판단해야 한다. 따라서 회장의 지위에 있는 자도 경영책임자로 보아 형사처벌의 대상이 된다.

4) 법인에 대한 징벌적 손해배상책임 여부 a) 결론적으로 ⅰ) 사전조사를 하여 작업계획서를 작성하고 작업지휘자를 배치 및 확인하는 행위를 하지 않는 경우에는 산업안전보건법 제63조 및 제64조에 위반되어 산업안전보건법위반죄를 구성하고 ⅱ) 과거 2차에 걸쳐 사망사고가 발생한 사례를 고려하여 재발방지대책의 수립 및 실행을 제대로 이행하지 아니한 사실은 중대재해처벌법 시행령 제4조제8호에 위반되며, ⅲ) 도급인의 지위에서 중대재해처벌법 시행령 제4조 및 제5조에 의한 안전보건관리체계의 구축 및 이행점검을 하지 않은 행위는 중대재해처벌법에 위반된다.

b) 사례의 경우 경영책임자로서 고위험작업에 대한 현장안전관리 등 재해예방조치가 미흡하고, 실질적인 관리체계로 인정할 수 없어 중대재해처벌법 제4조의 위반으로 판단함이 합당하다. 또한 법인의 경우 경영책임자의 고의 또는 중대한 과실로 중대재해가 발생하였고, 해당 사업주, 법인이 이사회에서 의결하고 안전보건관리체계의 구축 및 이행 여부를 심사하는 등 안전경영감독을 하지 아니하였으므로 징벌적 손해배상책임을 인정함이 타당하다.

---

(12) 선박건조작업 중 추락사망과 수급인의 법적 책임

【재해사례 12】 건조중인 선박의 내부 탱크 안에서 재해자가 용접작업을 마치고 발판의 이동경로(높이 16.2m)를 지나다 추락하여 사망하였다. 사망자

는 물량팀의 소속 종사자로 밝혀졌다. 이 경우 다음 각 호에 대한 수급인의
법적 책임은?
1) 선박건조작업의 특성과 재해발생원인
2) 수급인의 산업안전보건법의 위반책임과 중대재해 여부
3) 물량팀의 종사자의 사망과 중대재해처벌법의 적용 여부
4) 징벌적 손해배상의 대상과 과실상계방법

사례해설

1) 선박건조작업의 특성과 재해발생원인   a) 선박의 건조작업은 선체
의 규모와 높이, 형태, 중량물의 취급작업 등이 건설업과 유사하다. 선박
한척을 건조하려면 여러 개의 블록단위로 철판조각을 용접하는 작업을 하
는데, 이러한 과정에서 각종 재해가 발생한다.

b) 작업대상인 블록은 대형 구조물로서 그 형태가 복잡해 제조설비의
자동화가 어렵고 개발 및 설치비용이 많이 들어 하도급 및 재하도급의 작
업에 의존하고 있다. 선박의 건조는 강철판을 용접·용단하여 블록을 제
작하는 작업, 선체를 조립하기 위한 중량물 작업, 선체내부에서 족장(비
계)을 이용한 고소작업을 하게 된다.

c) 선체의 건조과정에서 내부에는 족장을 설치하나 곡선형 선체구조의
특성상 불안정한 상태가 되기도 한다. 또한 크레인 같은 중장비시설의 교
체주기가 길고, 노후화된 시설, 노동집약적인 노동투입, 수주물량에 따른
사내하도급 또는 외주업체 사용 등 불안정한 간접고용으로 인하여 체계적
인 안전보건관리기 이려운 실정이다.

2) 도급인과 수급인의 안전보건관리체계 구축 여부   a) 조선업은 산
업의 특성상 외국업체가 발주자에 해당된다. 국내회사는 도급인의 지위에
해당되며, 선박건조에 관한 설계·제조의 과정을 총괄하여 관리한다. 따라
서 선박건조의 과정에서 위험작업에 노출되는 근로자등을 보호하기 위한
재해예방조치는 도급인이 부담할 수밖에 없다.

b) 도급인 실질적으로 시설·장소·장비를 소유하고 지배·운영·관리

를 하므로 중대재해처벌법의 적용대상이 된다. 따라서 도급인은 유해위험 요인을 파악하고 개선하는 조치를 하거나 위험성평가를 하여야 한다. 중 대재해처벌법 시행령 제4조 및 제5조에 해당하는 경우 안전보건관리체계 를 구축하고 이행점검을 해야 한다.

c) 따라서 산업안전보건법 및관련법규에 따른 작업 전에 안전점검을 해 야 하고, ⅰ) 추락방지망의 설치, ⅱ) 작업발판의 이상 유무, ⅲ) 3대 보호 구(안전모, 안전대, 안전화) 착용 등은 중대재해처벌법 시행령 제4조제9호 및 제5조에 의한 이행점검의 대상이 된다.

<그림2-21> 선박의 건조블록과 물량팀의 작업단위

d) 또한 수급인은 자신의 근로자를 선박작업에 투입하는 경우 중대재해 처벌법 제4조 및 제5조에 의한 안전보건확보의무로서 안전보건관리체계의 구축 및 이행점검을 해야 한다. 수급인이 외부의 물량팀에 하도급을 한 경우에는 직접적인 중대재해처벌법 제5조의 적용대상이 된다.

d) 그러나 수급인은 당해 사업장을 총괄하여 관리하는 지위에 있지 아 니하며, 실질적으로 사업장을 지배·운영·관리하여 작업발판을 설치하는 등 안전시설을 설치할 권한이 없는 점, 산업안전보건법 제63조에 따른 수 급인의 근로자로 볼 수 없는 점을 고려할 때 안전보건관리체계를 구축할 의무가 없다.

3) 물량팀종사자의 사망재해와 중대재해처벌법의 적용 여부   a) 조선

업은 도급인-수급인(협력사 또는 파트너사)-물량팀의 단계로 도급구조를 형성한다. 수급인은 도급인으로부터 하도급을 받은 작업량을 신속히 작업하기 위하여 재하도급의 형태로 물량팀을 구성한다. 물량팀은 수급인인 협력사 또는 파트너사와 재하도급계약을 체결한다.

b) 물량팀은 5~10명 정도의 근로자로 팀을 구성해 수급인으로부터 일감(물량)을 받아 단기간에 완료하는 작업단위조직을 말한다. 물량팀의 작업단위는 조선업의 물량변동이 심해 고정인력을 유지하기 어렵고, 선박제작의 주문량에 따라 노동력의 투입이 변동되므로 수급인도 물량팀의 작업에 의존할 수밖에 없다.

c) 선박건조작업의 인력분포는 정규직 40%, 수급인 및 물량팀의 종사자가 60%를 차지한다. 이 경우 물량팀의 소속 종사자는 개인사업자등록을 하거나 없는 일용근로자의 신분인데, 사망사고가 발생하면 첫째 산업안전보건법에 의한 산업재해로 볼 수 있는지, 둘째 중대재해처벌법에 의한 중대산업재해에 해당되는지에 대한 해석상 논란의 여지가 있어 검토가 필요하다.

d) 물량팀의 종사자가 종속성이 있는 근로자 또는 개인사업자등록을 한 사람이라도 중대재해처벌법 제2조제7호다목에 의한 종사자에 해당된다. 이 경우 도급인은 수차의 단계에 걸친 수급인 또는 수급인의 소속근로자로서 보호대상이 된다. 따라서 도급인의 사업장에서 추락한 사망재해에 대하여 중대재해처벌법의 적용대상이 된다.

4) **징벌적 손해배상의 대상과 과실상계방법** a) 사례와 경우 물량팀의 소속 종사자가 사망한 재해로서 산업안전보건법 제2조제1호에 의한 산업재해에 해당된다. 산업안전보건법에 의한 산업재해를 전제로 중대재해처벌법에 의한 중대산업재해에 해당되는지, 경영책임자의 고의 또는 중대한 과실이 인정되는지 등을 고려하여 중대재해처벌법 제15조에 따라 징벌적 손해배상 여부를 판단해야 한다.

b) 물량팀종사자가 작업발판에서 추락하여 사망한 원인을 조사한 결과 안전난간의 설치 미비 등으로 사업장의 안전조치가 미흡하고, 실질적으로 지배운영관리하는 사업장의 시설에 대한 안전보건관리체계의 구축이 미비

하며, 유해위험요인에 대한 개선대책을 마련하지 아니하였다면 중대재해
처벌법의 위반죄에 해당된다.

  c) 따라서 수급인의 사업주 또는 물량팀의 종사자가 추락위험성에 대비
하여 안전난간의 설치 등 안전한 이동통로의 확보를 요구하였음에도 도급
인이 이를 수용하지 아니한 채 무시하였다면, 도급인의 미필적 고의에 해
당되므로 중대재해처벌법 제15조에 해당된다.

  d) 또한 물량팀종사자가 근로자가 아닌 경우 수급인이라면 「고용보험
및 산업재해보상보험 징수등에 관한 법률」 제149조의2에 따른 산재보험에
특례가입을 해야 보험청구가 가능하다. 이 경우 유족이 산재보험을 수령
하였다면 통상의 손해배상액에서 산재보험금(유족급여, 장의비 등)를 공제한
초과손해를 기준으로 손해배상을 청구할 수 있다.

  e) 징벌적 손해배상액은 산재보험금을 공제한 후 산정한 초과손해액을
기초로 5배를 넘지 않는 범위 내에서 손해배상을 청구할 수 있다. 이 경
우 징벌적 손해배상액은 유족이 청구할 수 있으며, 과실상계의 법리가 적
용된다. 통상손해에서 산재보험금을 먼저 공제하고 난 후 과실상계를 함
이 타당하다.

---

(13) 바지선에서 굴착작업 중 추락사망

【재해사례 13】 A건설회사는 항만신설공사를 수주한 후 접안시설공사를
위해 바지선에 굴착기를 승선시킨 후 바닷속의 모래와 암석을 퍼올려 육상
으로 운반하는 작업을 하였다. 이 경우 2대의 굴착기가 작업을 마치고 다른
바지선 위의 암석 등 하역작업을 위해 2대의 바지선을 접근시킨 후 다른
바지선으로 건너가던 중 바지선이 밀려나며 그 사이로 바닷물에 추락했다.
사고조사결과 바지선을 결박상태가 불량하고 안전통로를 확보하지 않은 것
으로 밝혀졌다. 이와 같이 바지선에서 2대의 굴착기가 추락하면서 1명이 사
망하고 1명은 실종한 경우 다음과 같은 당사자의 법적 책임은?
1) 선원법 및 항만안전특별법의 적용 여부
2) 해상작업 중 바지선과 선박법, 산업안전보건법의 적용 여부

3) 추락사고의 위험성과 업무상과실치사죄의 적용 여부
4) 중대재해처벌법의 적용 여부 및 경영책임자의 책임

사례해설

1) **문제의 소재**   a) 바지선은 항만공사 등에서 모래나 토석 등 자재나 준설토를 운반하는 부선을 말한다. 항만 내부나 하구 등 비교적 짧은 거리에서 화물을 수송하는 동력장치가 없는 거룻배를 의미한다. 부두에서 본선까지 화물을 나르거나 반대로 본선에서 부두까지 화물을 실어 나르는 역할을 한다. 항내에 대형선이 접안할 수 없는 경우에는 화물을 싣고 내리기 위해 본선 옆에 대는 배를 "라이터"라고 한다.241)

b) 사례의 경우 항만시설을 위한 바지선에서 굴착기를 이동하던 중 추락사고로 발생한 재해로서 도급인과 수급인의 관계, 바지선이 선박의 종류로서 선원법의 적용 여부, 연안바다에서 해상작업을 하는 경우 산업안전보건법 및 중대재해처벌법의 적용 여부를 판단할 필요가 있다.

c) 바지선은 선박에 해당하는지, 바지선 위에서 준설작업을 하는 굴착기운전자는 선원법의 적용대상인지, 굴착기운전자와 바지선의 소유자, 도급인과 수급인의 법률관계가 형성되는지, 도급인은 중대재해처벌법에 의한 안전보건관리체계를 구축할 의무가 있는지에 따라 법적 효과가 달라진다.

2) **선원법 및 항만안전특별법의 적용 어부**   a) 선원법 제2조는 선장, 해원, 직원, 부원 등에 대하여 적용대상을 명시하고 있으나, 바지선 위에서 준설작업은 선원법의 목적과 달라 보호대상으로 볼 수 없다. 선원은 선박에서 근로를 제공하기 위하여 고용된 자를 말하며, 굴착기운전자는 선원으로 볼 수 없어 선원법의 적용대상이 될 수 없다.

b) 항만안전특별법은 항만이라는 육상에서의 작업 중 발생하는 항만안

---

241) 바지선은 동력에 의한 자항장치가 있는 것도 있으나, 보통은 자항장치가 없으며 예선에 의하여 끌게 된다. 바지선의 형태는 ⅰ) 선체의 너비가 넓고 평평하며, ⅱ) 구조는 서양형·한국형·절충형·상자형이 있고, ⅲ) 소형은 목재, 대형은 강재로 되어 있다. 바지선의 크기는 화물의 적재량으로 표시하며 수십 톤에서 수백 톤까지 있다.

전사고의 예방을 목적으로 제정한 법률이다. 이 법은 항만, 항만운송사업, 항만운송관련사업, 항만운송참여자, 항만운송종사자에 대한 용어를 정의하고 있다(항만안전특별법 제2조).

c) 항만안전사고란 항만에서 항만운송사업 또는 항만운송관련사업을 시행하면서 대통령령으로 정하는 규모 이상의 인명피해나 재산피해가 발생한 사고를 말한다(항만안전특별법 제2조제7호). 그러나 항만시설의 신축공사와 관련한 안전사고 및 재해에 관한 사항은 항만안전특별법의 적용대상이 되지 않는다.242)

3) 선박법 및 선박안전법, 산업안전보건법의 적용 여부   a) 선박이란 수상 또는 수중에서 항행용으로 사용하거나 사용할 수 있는 배의 종류를 말한다. 선박은 기관을 사용하여 추진하는 기선, 돛을 사용하여 추진하는 범선, 자력항행능력이 없이 다른 선박에 의하여 끌리거나 항행하는 부선으로 구분한다. 이 경우 소형선박은 총톤수 20톤 미만인 기선과 범선, 총톤수 100톤 미만인 부선은 소형선박을 말한다(선박법 제1조의2).

b) 선박안전법은 선박의 감항성 유지 및 안전운항에 필요한 사항을 규정한 법률로서, 제2조(정의)에서 선박, 선박시설, 감항성, 소형선박, 부선, 예인선 등에 대하여 정의하고 있다. 이 경우 부선이란 원동기동력전달장치 등 추진기관이나 돛대가 설치되지 아니한 선박으로서 다른 선박에 의하여 끌리거나 밀려서 항해하는 선박을 말한다(선박안전법 제2조제12호). 바지선은 부선의 일종에 해당된다.

c) 선박안전법은 ① 군함 및 경찰용선박, ② 노, 상앗대, 페달등을 이용하여 인력만으로 운전하는 선박, ③ 어선법 제2조제1호에 의한 어선 등 이외에 대통령령으로 정하는 선박으로서 선박검사증서를 반납한 후 계류하는 선박, 수상레저기구, 추진기관 또는 돛대가 설치되지 않은 선박에 대하여는 적용하지 아니한다.

d) 선박안전법을 적용받는 선박은 정기안전검사, 중간검사, 임시검사(선

---

242) 항만안전특별법에서 항만안전종사자는 ⅰ) 근로기준법상의 근로자, ⅱ) 도급, 용역, 위탁 중 계약의 형식에 관계 없이 항만에서 항만운송참여자의 사업을 수행하기 위하여 대가를 목적으로 역무를 제공하는 자를 말한다.

박의 수리 또는 개조, 선박의 용도변경, 선박의 무선설비를 새로이 설치하거나 변경, 선박의 감항성 또는 인명안전의 유지에 영향을 미칠 우려가 있는 선박시설의 변경이 발생한 경우 등) 등을 받아야 한다.

e) 이 법은 건조검사 또는 선박검사를 받은 후 해당선박의 구조·배치·기관설비의 변경이나 개조를 금지하며, 선박검사 후 감항성을 유지하도록 선박이 정상적으로 작동운영되는 상태를 유지해야 한다고 명시하고 있다(선박안전법 제15조).

f) 또한 선박의 소유자는 조타실의 시야확보(법 제33조), 하역설비의 확인(법 제34조), 화물정보의 제공(법 제36조), 유독성가스농도 측정기의 제공(법 제37조), 소독약품사용에 따른 안전조치(법 제38조), 화물의 적재·고박 방법 등(법 제39조), 산적화물의 운송(법 제40조), 위험물의 운송(법 제41조), 위험물의 안전운송교육 등(법 제41조의2) 등을 규정하고 있다.

g) 고용노동부의 행정해석(산업예방정책과-3068, 2021. 6. 25)은 항만건설작업선(바지선)은 선박안전법 제2조제12호에 따른 부선에 해당하는 선박으로서 선박안전법의 적용대상이므로 산업안전보건법 제38조 및 제63조의 적용을 적용대상이 아니라고 해석하고 있다.

4) 추락사고의 위험성과 업무상과실치사죄의 적용 여부　a) 바지선은 육상의 강이나 해상의 연안바다에서 준설공사, 화물의 운반 등 다양한 목적으로 사용한다. 항만신설공사와 관련하여 수급인은 선장을 포함하여 바지선을 도급 또는 임차하였고, 준설작업을 위해 굴착작업의 재하도급계약을 체결하였다. 이 경우 강물이나 바닷물에 빠질 위험성이 높은 작업에 해당되어 관리감독을 해야 할 주의의무가 있다.

b) 항만시설 및 접안시설의 신축공사, 유지보수공사는 사업의 종류상 건설업에 해당하며, 도급관계가 형성된다. 이러한 해상작업은 바닷속의 깊이를 정확히 측정하기 어렵고, 수심의 깊이가 다양하고, 파도의 크기와 형태가 수시로 변화하여 위험한 작업환경에 해당된다.

c) 따라서 도급인과 수급인은 굴착기를 사용한 준설작업과 관련하여 바지선 위에서 작업을 하는 굴착기의 운전자도 구명조끼를 착용하였는지, 굴착기의 창문을 개방하고 작업해야 하는 등 탈출요령을 교육했는지, 작

업을 마치고 다른 바지선으로 이동하기 위해 바지선을 결박하고 견고한 안전통로를 설치하였는지를 조사하여야 한다.

d) 사례의 경우 굴착기운전자가 다른 바지선으로 안전하게 옮겨갈 때 제대로 결박하는 등 안전조치를 하지 않으면 추락사고의 위험성을 예견할 수 있었으므로 도급인과 수급인에 대하여 형법 제268조(업무상과실치사상죄)를 적용할 수 있다.

5) 중대재해처벌법의 적용 여부 및 경영책임자의 책임　　a) 중대재해처벌법 제2조제2호는 "중대산업재해란 산업안전보건법 제2조제1호에 따른 산업재해 중 다음 각목의 어느 하나에 해당하는 결과를 야기한 재해"에 해당된다. 따라서 ⅰ) 사망자가 1명 이상 발생, ⅱ) 동일한 사고로 6개월 이상 치료가 필요한 부상자가 2명 이상 발생, ⅲ) 동일한 유해요인으로 급성중독 등 대통령령을 정하는 직업성 질병자가 1년 이내에 3명 이상 발생하면 중대산업재해로 본다.

b) 또한 중대재해처벌법 제5조(도급, 용역, 위탁 등 관계에서의 안전 및 보건 확보의무)에서 도급은 민법 제664조로 해석되며, 이 경우 안전보건확보의무는 중대산업재해를 예방하기 위한 규정을 의미한다. 그러나 사례의 경우 굴착기의 운전사 2명이 바닷물에 빠져 사망하였음에도 산업안전보건법시행령 제2조제1항[별표1]라목에 따라 적용을 제외하므로 산업재해로 볼 수 없다.

c) 그 결과 중대재해처벌법 제2조제2호에 의한 산업재해 중 중대산업재해의 요건에 해당되지 않는다. 다만, 도급인과 수급인은 항만건설공사를 위하여 바지선을 사용한 이해관계당사자로서 법률관계가 있으며, 굴착기운전자의 안전사고에 대하여 업무상 주의의무가 있다. 본건의 사망사건은 경영책인자에게 중대재해처벌법위반죄를 물을 수 없다.

---

(14) 개인주택의 신축공사 중 수급인 근로자의 추락사

【재해사례 14】　건축주A는 본인이 주거할 목적으로 2층 주택(7억원 상

당)을 짓는 건축공사를 착공했다. 건축주는 본인이 직접 벽돌공사 등 일부 공사의 인부를 고용해 시공하는 한편 나머지 대부분의 공사는 분야별로 나누어 도급을 주었다. 이 경우 건축주가 B를 고용해 수급인 C가 설계도면대로 공사를 시행하는지 확인하도록 감독을 맡겼다. 그런데, 수급인C가 고용한 근로자D가 2층 슬래브 및 처마의 형틀설치작업을 하던 중 형틀의 합판 위에 비스듬히 박힌 못이 빠지면서 6미터 아래의 지상으로 추락해 사망했다. 사고당시 신축중인 건물에는 추락사고방지를 위한 작업발판이나 안전망 등의 안전시설이 설치되어 있지 않았다. 이 경우 다음과 같은 당사자의 법적 책임은?

1) 건축주의 지위와 도급인의 책임

2) 수급인의 법적 책임과 안전보건책임의 귀속문제

3) 중대재해처벌법의 적용 및 징벌적 손해배상책임

 **사례해설**

1) **문제의 소재**　　a) 민법 제664조에 의한 도급은 일의 완성을 목적으로 하는 반면, 산업안전보건법 제2조제6호는 도급은 "용역 등 명칭에 관계 없이 물건의 제조·건설·수리 또는 서비스의 제공, 그 밖의 업무를 타인에게 맡기는 계약"으로 정의하고 있다. 중대재해의 법적 책임은 도급의 개념과 도급인의 책임, 건설공사발주자의 여부에 따라 차이가 있다.

b) 사례의 경우 일의 완성이 아니라 산업재해의 예방에 대한 책임소재를 명확히 하는데 입법취지가 있다. 산업안전보건법 제2조제6호(도급)는 다른 법률과 달리 포괄적인 정의를 하고 있다. 그러나 중대재해처벌법 제5조는 도급·용역·위탁으로 명시하고 있어 포괄적인 의미가 아닌 관련법령의 정의에 따라 해석해야 한다.

c) 따라서 안전사고의 원인과 안전조치의무위반 여부, 건축주의 지위와 수급인의 안전관리책임 여부가 책임의 귀속주체를 판단하는 근거가 된다. 건축주가 주거할 목적으로 건축을 하더라도 공사기간이 상당기간에 이르고, 직접 시공를 주도하고 관리한다면 사업으로 보아야 한다. 다만, 건축주가 다른 사람을 고용하지 아니하거나 노무를 제공받지 않는다면 산업안

전보건법 또는 중대재해처벌법을 적용할 여지가 없다.

 2) **건축주의 지위와 도급인책임**   a) 산업안전보건법은 건설공사발주자을 명시하고 있으나, 시공을 주도하거나 공사의 일부라도 직접 시공을 하는 경우 이 법에 의한 발주자로 보지 아니한다. 사례의 건축주A는 직접 시공까지 주도하는 행위를 하였으므로 건설공사발주자로 볼 수 없다. 따라서 건축주A는 발주자의 지위가 부정되며 수급인C와 관련하여 도급계약의 당사자로 해석된다.

 b) 전체공사는 건축주A가 직접 주도하여 총괄하므로 산업안전보건법 제63조에 따른 도급인의 안전조치 및 보건조치를 해야 한다. 도급인은 수급인의 근로자를 보호하기 위한 추락방지를 위한 작업발판 및 추락방망 등 안전시설을 설치해야 한다. 또한 수급인은 근로자D에 대하여 고용주로서 안전조치 및 관리해야 할 관리감독책임이 있다.

 c) 대법원판결(대판 1992. 10. 27, 91다 30866)에 의하면, ⅰ) 전체공사 중 부분공사를 맡은 점, ⅱ) 건축공사를 안전하게 하기 위해서는 작업발판 및 안전망 등 안전시설의 설치가 필요한 점, ⅲ) 외부 미장공사를 할 때 등 모든 공사를 할 때에 필요함에도 도급인A는 감리인B를 통하여 감리적인 확인업무를 한 것이라는 이유를 들어 안전조치의 의무가 수급인C에게 있다고 주장하였으나, 배척하였다.

 d) 사례의 경우에도 대법원판결에 따라 동일한 법리가 적용된다. 따라서 건축주 겸 도급인A는 자신이 고용한 근로자B의 감리문제를 이유로 산업안전보건법의 위반책임을 면할 수 없다. 근로자B가 안전관리의 책임을 부담하는 공사규모에 해당되는지, 감리자로서의 주의의무를 다하지 아니하였는지는 산업안전보건법의 적용문제가 아니라고 판단된다.

 3) **수급인C의 법적 책임과 안전보건책임의 귀속문제**   a) 수급인C는 사망한 근로자D를 고용한 사업주로서 안전보건조치를 해야 한다. 따라서 산업안전보건법의 규정 및 안전보건규칙에 의한 위반성의 문제는 제1차적으로 수급인을 중심으로 판단해야 한다.

 b) 그러나 수급인C는 전체공사 중 극히 적은 금액의 형틀설치작업만

수주한 결과 작업발판 및 안전망의 설치의무를 부과하는 것은 도급금액에 비하여 과도하다. 반면에 건축주 겸 도급인이 해당 사업장을 전체적으로 지배·관리하는 지위에 있으므로 추락방지방의 설치 등 위반책임은 도급인에게 책임을 묻는 것이 정당하다.

c) 산업안전보건법 제38조(안전상의 조치)와 동일한 수준으로 법 제63조가 적용되어, 작업발판이나 추락방망의 미설치에 대한 책임도 도급인A에게 묻는 것이 합당하다. 따라서 수급인C에게 도급을 이유로 안전보건규칙상의 모든 책임을 부과하는 것은 부당하다.

d) 다만, 수급인은 자신의 근로자에 대한 안전교육, 추락위험에 대비한 도급인에 대한 추락방망 등 안전시설의 설치요구 등 업무상 주의의무가 있으므로 형법 제268조에 의한 업무상과실치사죄로서 형사책임을 면할 수 없다. 안전보건교육의 미실시는 사망재해의 직접적인 원인이 아니므로 산업안전보건법 위반의 인과관계를 인정할 수 없다.

4) 중대재해처벌법의 적용 및 징벌적 손해배상책임　a) 건축주 겸 도급인A는 추락위험 등 유해위험요인을확인하여 개선하는 절차를 마련하는 등 안전보건관리체계를 구축하고 작업발판 및 추락방망 등을 설치하는 등 안전보건관리체계를 구축하고 이행점검을 해야 한다.

b) 따라서 도급인은 추락위 위험성을 알면서도 적절한 예방조치를 하지 않은 경우 미필적 고의로서 중대재해처벌법 제4조(사업주와 경영책임자의 안전 및 보건 확보의무) 및 제5조(도급, 용역, 위탁 등 관계에서의 안전 및 보건 확보의무)에 위반된다. 경우 유족은 업무상 재해로서 산재보험의 청구가 가능하고, 건축주A에 대하여 중대재해처벌법 제15조에 따라 고의 또는 중대한 과실을 이유로 징벌적 손해배상의 청구도 가능하다.

제 3 장

중대시민재해

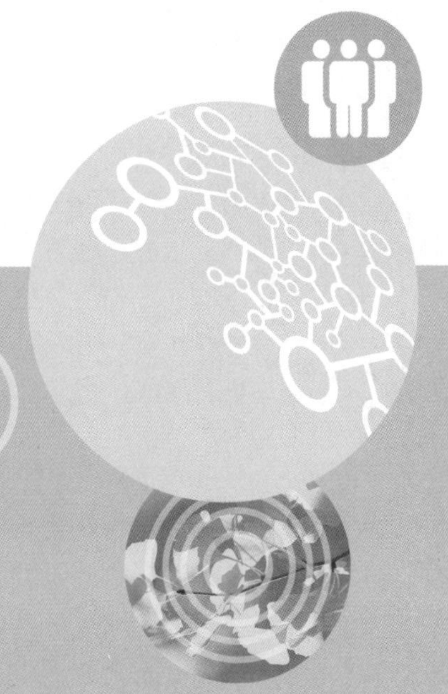

제 1 절 중대시민재해의 안전보건 확보의무
제 2 절 중대시민재해의 벌칙과 법적 책임

제 1 절
중대시민재해의 안전보건 확보의무

1. 중대시민재해의 규율대상 등

(1) 중대시민재해의 규율대상

1) **시민의 정의**　　a) 국가는 각종 공중이용시설이나 공중교통수단을 이용하는 국민으로서 시민을 보호하여 부상, 질병 또는 사망을 예방할 책무가 있다. 헌법 제34조제6항에 따라 국가는 재해를 예방하고 그 위험으로부터 국민을 보호하기 위하여 노력하여야 한다. 따라서 국가는 법률을 제정하여 근로자뿐만 아니라 시민을 보호해야 할 책무를 부담한다.

b) 여기서 시민이란 국가의 일원으로서 그 나라 헌법에 의한 모든 권리와 의무를 가진 사람을 말하며, 행정구역에 따라 도시에 거주하는 사람을 지칭하는 것은 아니다. 이 경우 시민은 중대재해처벌법 제2조제3호에서 명시한 중대시민재해의 대상을 의미한다. 시민은 중대한 재해로부터 보호를 받아야 할 가치가 있는 불특정의 사람을 의미하며, 공무원, 고령자, 장애인, 외국인 등 사회적 신분을 묻지 않는다.

2) **중대시민재해**　　a) "중대시민재해"란 특정 원료 또는 제조물, 공중이용시설 또는 공중교통수단의 설계, 제조, 설치, 관리상의 결함을 원인으로 하여 발생한 재해로서 다음 각 목의 어느 하나에 해당하는 결과를 야기한 재해를 말한다. 다만, 중대산업재해에 해당하는 재해는 제외한다(중대재해처벌법 제2조제3호).[1] 중대시민재해는 중대산업재해와 달리 산업재해로 보지 않는다. 여

---

1) 동일한 사고로 중대산업재해와 중대시민재해가 동시에 발생한 경우 중대시민재해를 배제하고 중대산업재해와 관련된 규정이 적용된다는 견해가 있다(전상수·임재금·백상준·류호연, 중대재해처벌법, 박영사, 2024, 149면). 그러나 중대재해처벌법 제2조제2호단서의 규정은 우선배제조항이 아니라 중복성을 회피하기 위한 의미라고 해석된다. 따라서 중대시민재해와 중대시민재해의 범위를 구분하

기에서 "결함"은 통상적으로 기대할 수 있는 안전성이 결여된 상태를 의미한다.

> 가. 사망자가 1명 이상 발생
> 나. 동일한 사고로 2개월 이상 치료가 필요한 부상자가 10명 이상 발생
> 다. 동일한 원인으로 3개월 이상 치료가 필요한 질병자가 10명 이상 발생

b) 이용자의 부주의가 원인이 된 사고 또는 「재난 및 안전관리기본법」 제3조제1호나목의 사회재난으로 인한 교통사고 등과 달리 기업 또는 기관의 관리범위를 벗어나는 사항은 중대시민재해에 해당되지 않는다. 다만, 공중이용시설 또는 공중교통수단의 설계·설치·제조·관리상의 결함과 이용자의 부주의, 사회재난 등이 중첩적으로 작용하여 중대재해의 원인이 된 경우에는 중대시민재해에 해당될 수 있다.[2]

c) 여기서 부상이란 사고로 인하여 신체의 전부 또는 일부가 정상적인 기능을 할 수 없도록 훼손된 정신적·육체적 상태를 말한다. 2개월 이상 치료가 필요한 부상이란 해당 부상과 부상으로 인한 합병증에 의한 직접적 치료행위가 2개월 이상 필요한 경우를 의미하며, 재활에 필요한 기간은 원칙적으로 포함하지 않는다.[3] 치료기간이 최초진단일 이후 치료과정에서 기간이 늘어남으로 인해 2개월 이상 치료가 필요한 부상자가 10명 이상 발생한 경우 그 시점에서 중대시민재해가 발생한 것으로 판단한다.

d) 또한 치료란 신체의 기능을 원상회복하기 위하여 필요한 의료행위로써, ⅰ) 진찰 및 검사, ⅱ) 약제 및 진료재료, ⅲ) 처치수술 그 밖의 치료을 포함하나, 재활치료는 제외된다. 중대재해처벌법은 산업재해보상보험법에 의한 요양과 다른 용어를 명시하고 있다. 이 경우 부상이나 질병이 치료의 범위에 해당되는지는 인과관계가 시간적·장소적 또는 의학적으로 입증되는지에 따

고, 하나의 행위로 두 개의 법익침해를 유발한 것이므로 상상적 경합 또는 실체적 경합으로 볼 것인지 판단할 문제라고 해석된다.

2) 국토교통부, 중대재해처벌법해설-중대시민재해(시설·공중교통수단 : 2021.12), 9면.

3) 국토교통부, 전게서, 11면.

라 판단해야 한다.

　3) **공중이용시설**　　a) "공중이용시설"이란 다음 각 목의 시설 중 시설의 규모나 면적 등을 고려하여 대통령령으로 정하는 시설을 말한다. 다만, 「소상공인 보호 및 지원에 관한 법률」 제2조에 따른 소상공인의 사업 또는 사업장 및 이에 준하는 비영리시설과 「교육시설 등의 안전 및 유지관리 등에 관한 법률」 제2조제1호에 따른 교육시설은 제외한다(중대재해처벌법 제2조제4호).

> 가. 「실내공기질관리법」 제3조제1항의 시설(「다중이용업소의 안전관리에 관한 특별법」 제2조제1항제1호에 따른 영업장은 제외한다)
> 나. 「시설물의 안전 및 유지관리에 관한 특별법」 제2조제1호의 시설물(공동주택은 제외한다)
> 다. 「다중이용업소의 안전관리에 관한 특별법」 제2조제1항제1호에 따른 영업장 중 해당 영업에 사용하는 바닥면적(「건축법」 제84조에 따라 산정한 면적을 말한다)의 합계가 1천제곱미터 이상인 것
> 라. 그 밖에 가목부터 다목까지에 준하는 시설로서 재해발생 시 생명·신체상의 피해가 발생할 우려가 높은 장소

　b) 여기서 소상공인이란 중소기업기본법 제2조제2항 및 동법 시행령 제8조제1항에 따른 소기업 중 주된 사업에 종사하는 상시 근로자 수가 ⅰ) 광업·제조업·건설업 및 운수업은 10명 미만, ⅱ) ㄱ 외 업종은 5명 미만에 해당하는 사업을 말한다(소상공인기본법 시행령 제3조제1항).

　c) 이 경우 상시 근로자는 근로기준법 제2조제1호에 따른 근로자 중 임원, 일용근로자, 3개월 이내 계약직, 연구전담요원, 단시간근로자(1개월 동안의 소정근로시간이 60시간 미만인 사람)는 제외한다(소상공인기본법 시행령 제3조제3항).

　d) 중대시민재해는 불특정 시민이 모이는 공연장이나 극장, 체육시설 등에서 각종 구조물 또는 건축물을 설치·해체, 이용 및 관리 등에 따른 붕괴, 추락, 부딪침 등에 의해 발생한다. 이러한 공중이용시설은 다수의 관리주체가 관여되는 형태로 중대재해가 발생할 수 있다.

 e) 예를 들어, 철도공사가 터미널의 복합건물에 다수의 상가를 입점시키고 지배·관리·운영하는 경우 소유권, 점유권, 임대권에 따라 안전보건확보의무를 이행해야 한다. 따라서 대기업이 상시근로자 5명 미만의 소상공인에게 홍보관을 위탁하여 운영하는 경우 중대시민재해의 대상이 된다.

 f) 공중이용시설은 그 설계·제조·설치·관리상의 결함을 원인으로 중대시민재해가 발생하지 않도록 사업주 또는 경영책임자등이 안전보건확보의무를 해야 할 대상을 말한다. 법 제2조제4호에 따른 "대통령령으로 정하는 시설"이란 다음 각 호의 어느 하나에 해당하는 것을 말한다(중대재해처벌법 시행령 제3조).

> 1. 법 제2조제4호 가목에 따른 시설로서 별표 2에서 정하는 시설(이 경우 둘 이상의 건축물로 이루어진 시설의 연면적은 개별 건축물의 연면적을 모두 합산한 면으로 한다)
> 2. 법 제2조제4호 나목에 따른 시설물로서 별표 3에서 정하는 시설물. 다만, 다음 각 목이 건축물은 제외한다.
>   가. 주택과 주택 외의 시설을 동일 건축물로 건축한 건축물
>   나. 건축물의 용도가 「건축법 시행령」 별표 1 제14호 나목2)의 오피스텔인 건축물
> 3. 법 제2조제4호 다목에 따른 영업장
> 4. 법 제2조제4호 라목의 시설 중 다음 각 목의 시설(제2호의 시설물은 제외한다)
>   가. 「도로법」 제10조 각 호의 도로에 설치된 연장 20미터 이상인 도로교량 중 준공 후 10년이 지난 도로교량
>   나. 「도로법」 제10조제4호부터 제7호까지에서 정한 지방도·시도·군도·구도의 도로터널과 「농어촌도로정비법 시행령」 제2조제1호의 터널 중 준공 후 10년이 지난 도로터널
>   다. 「철도산업발전기본법」 제3조제2호의 철도시설 중 준공 후 10년이 지난 철도교량
>   라. 「철도산업발전기본법」 제3조제2호의 철도시설 중 준공 후 10년이 지난 철도터널(특별시 및 광역시 외의 지역에 있는 철도터널로 한정한

다)
　마. 다음의 시설 중 개별 사업장 면적이 2천제곱미터 이상인 시설
　　　1) 「석유 및 석유대체연료 사업법 시행령」 제2조제3호의 주유소
　　　2) 「액화석유가스의 안전관리 및 사업법」 제2조제4호의 액화석유가스
　　　　충전사업의 사업소
　바. 「관광진흥법 시행령」 제2조제1항제5호가목의 종합유원시설업의 시
　　　설 중 같은 법 제33조제1항에 따른 안전성검사 대상인 유기시설 또
　　　는 유기기구

[별표 2] 중대재해 처벌 등에 관한 법률 시행령

법 제2조제4호가목의 시설 중 공중이용시설(제3조제1호 관련)

1. 모든 지하역사(출입통로·대합실·승강장 및 환승통로와 이에 딸린 시설을 포함
한다)
2. 연면적 2천제곱미터 이상인 지하도상가(지상건물에 딸린 지하층의 시설을 포함한
다. 이하 같다). 이 경우 연속되어 있는 둘 이상의 지하도상가의 연면적 합계가 2천
제곱미터 이상인 경우를 포함한다.
3. 철도역사의 시설 중 연면적 2천제곱미터 이상인 대합실
4. 「여객자동차 운수사업법」 제2조제5호의 여객자동차터미널 중 연면적 2천제곱미터
이상인 대합실
5. 「항만법」 제2조제5호의 항만시설 중 연면적 5천제곱미터 이상인 대합실
6. 「공항시설법」 제2조제7호의 공항시설 중 연면적 1천5백제곱미터 이상인 여객터미
널
7. 「도서관법」 제2조제1호의 도서관 중 연면적 3천제곱미터 이상인 것
8. 「박물관 및 미술관 진흥법」 제2조제1호 및 제2호의 박물관 및 미술관 중 연면적
3천제곱미터 이상인 것
9. 「의료법」 제3조제2항의 의료기관 중 연면적 2천제곱미터 이상이거나 병상 수 100
개 이상인 것
10. 「노인복지법」 제34조제1항제1호의 노인요양시설 중 연면적 1천제곱미터 이상인
것
11. 「영유아보육법」 제2조제3호의 어린이집 중 연면적 430제곱미터 이상인 것

12. 「어린이놀이시설 안전관리법」 제2조제2호의 어린이놀이시설 중 연면적 430제곱미터 이상인 실내 어린이놀이시설
13. 「유통산업발전법」 제2조제3호의 대규모점포. 다만, 「전통시장 및 상점가 육성을 위한 특별법」 제2조제1호의 전통시장은 제외한다.
14. 「장사 등에 관한 법률」 제29조에 따른 장례식장 중 지하에 위치한 시설로서 연면적 1천제곱미터 이상인 것
15. 「전시산업발전법」 제2조제4호의 전시시설 중 옥내시설로서 연면적 2천제곱미터 이상인 것
16. 「건축법」 제2조제2항제14호의 업무시설 중 연면적 3천제곱미터 이상인 것. 다만, 「건축법 시행령」 별표 1 제14호나목2)의 오피스텔은 제외한다.
17. 「건축법」 제2조제2항에 따라 구분된 용도 중 둘 이상의 용도에 사용되는 건축물로서 연면적 2천제곱미터 이상인 것. 다만, 「건축법 시행령」 별표 1 제2호의 공동주택 또는 같은 표 제14호나목2)의 오피스텔이 포함된 경우는 제외한다.
18. 「공연법」 제2조제4호의 공연장 중 객석 수 1천석 이상인 실내 공연장
19. 「체육시설의 설치·이용에 관한 법률」 제2조제1호의 체육시설 중 관람석 수 1천석 이상인 실내 체육시설

비고 : 둘 이상의 건축물로 이루어진 시설의 연면적은 개별 건축물의 연면적을 모두 합산한 면적으로 한다.

g) 중대재해처벌법 제2조제4호라목에서 "그 밖의 재해발생 시 생명·신체상의 피해가 발생할 우려가 높은 장소"는 준공 후 일정기간이 경과된 토목시설과 일정규모 이상의 주유소, 가스충전소, 유원시설을 말한다. 다만, 소상공인의 부담이나 경영책임자등의 특정가능성을 고려하여 소상공인이 운영하는 사업(장)과 이에 준하는 비영리시설, 교육시설법에 따른 교육시설, 공동주택(주상복합 포함) 등은 제외한다.[4]

h) 중대시민재해는 불특정시민을 보호하기 위하여 시설물을 규율대상으로 한다. 이 경우 중대재해처벌법 제2조제4호에 따른 「시설물의 안전 및 유지관리에 관한 특별법」 제2조제1호의 시설물(공동주택은 제외한다)의 내용은 다음과 같다.

---

4) 국토교통부, 중대재해 처벌 등에 관한 법률 해설 - 중대시민재해(시설·공중교통수단 : 2021.12), 13면.

법 제2조제4호나목의 시설물 중 공중이용시설(제3조제2호 관련)	
1. 교량 　가. 도로교량	1) 상부구조형식이 현수교, 사장교, 아치교 및 트러스교인 교량 2) 최대 경간장 50미터 이상의 교량 3) 연장 100미터 이상의 교량 4) 폭 6미터 이상이고 연장 100미터 이상인 복개구조물
나. 철도교량	1) 고속철도 교량 2) 도시철도의 교량 및 고가교 3) 상부구조형식이 트러스교 및 아치교인 교량 4) 연장 100미터 이상의 교량
2. 터널 　가. 도로터널	1) 연장 1천미터 이상의 터널 2) 3차로 이상의 터널 3) 터널구간이 연장 100미터 이상인 지하차도 4) 고속국도, 일반국도, 특별시도 및 광역시도의 터널 5) 연장 300미터 이상의 지방도, 시도, 군도 및 구도의 터널
나. 철도터널	1) 고속철도 터널 2) 도시철도 터널 3) 연장 1천미터 이상의 터널 4) 특별시 또는 광역시에 있는 터널
3. 항만 　가. 방파제, 파제제(波除堤) 및 호안(護岸)	1) 연장 500미터 이상의 방파제 2) 연장 500미터 이상의 피제제 3) 방파제 기능을 하는 연장 500미터 이상의 호안
나. 계류시설	1) 1만톤급 이상의 원유부이식 계류시설(부대시설인 해서송유관을 포함한다) 2) 1만톤급 이상의 말뚝구조의 계류시설 3) 1만톤급 이상의 중력식 계류시설
4. 댐	1) 다목적댐, 발전용댐, 홍수전용댐 2) 지방상수도전용댐 3) 총저수용량 1백만톤 이상의 용수전용댐
5. 건축물	1) 고속철도, 도시철도 및 광역철도 역 시설 2) 16층 이상이거나 연면적 3만제곱미터 이상의 건축물

	3) 연면적 5천제곱미터 이상(각 용도별 시설의 합계를 말한다)의 문화·집회 시설, 종교시설, 판매시설, 운수시설 중 여객용 시설, 의료시설, 노유자시설, 수련시설, 운동시설, 숙박시설 중 관광숙박시설 및 관광휴게시설
6. 하천 　가. 하구둑	1) 하구둑 2) 포용조수량 1천만톤 이상의 방조제
나. 제방	국가하천의 제방[부속시설인 통관(通管) 및 호안(護岸)을 포함한다]
다. 보	국가하천에 설치된 다기능 보
7. 상하수도 　가. 상수도	1) 광역상수도 2) 공업용수도 3) 지방상수도
나. 하수도	공공하수처리시설 중 1일 최대처리용량 500톤 이상인 시설
8. 옹벽 및 절토사면(깎기비탈면)	1) 지면으로부터 노출된 높이가 5미터 이상인 부분의 합이 100미터 이상인 옹벽 2) 지면으로부터 연직(鉛直)높이(옹벽이 있는 경우 옹벽 상단으로부터의 높이를 말한다) 30미터 이상을 포함한 절토부(땅깎기를 한 부분을 말한다)로서 단일 수평연장 100미터 이상인 절토사면

비 고

1. "도로"란 「도로법」 제10조의 도로를 말한다.
2. 교량의 "최대 경간장"이란 한 경간(徑間)에서 상부구조의 교각과 교각의 중심선 간의 거리를 경간장으로 정의할 때, 교량의 경간장 중에서 최댓값을 말한다. 한 경간 교량에 대해서는 교량 양측 교대의 흉벽 사이를 교량 중심선에 따라 측정한 거리를 말한다.
3. 교량의 "연장"이란 교량 양측 교대의 흉벽 사이를 교량 중심선에 따라 측정한 거리를 말한다.
4. 도로교량의 "복개구조물"이란 하천 등을 복개하여 도로의 용도로 사용하는 모든 구조물을 말한다.
5. 터널 및 지하차도의 "연장"이란 각 본체 구간과 하나의 구조로 연결된 구간을 포

함한 거리를 말한다.

6. "방파제, 파제제 및 호안"이란 「항만법」 제2조제5호가목2)의 외곽시설을 말한다.

7. "계류시설"이란 「항만법」 제2조제5호가목4)의 계류시설을 말한다.

8. "댐"이란 「저수지·댐의 안전관리 및 재해예방에 관한 법률」 제2조제1호의 저수지·댐을 말한다.

9. 위 표 제4호의 지방상수도전용댐과 용수전용댐이 위 표 제7호가목의 광역상수도·공업용수도 또는 지방상수도의 수원지시설에 해당하는 경우에는 위 표 제7호의 상하수 도시설로 본다.

10. 위 표의 건축물에는 그 부대시설인 옹벽과 절토사면을 포함하며, 건축설비, 소방설비, 승강기설비 및 전기설비는 포함하지 않는다.

11. 건축물의 연면적은 지하층을 포함한 동별로 계산한다. 다만, 2동 이상의 건축물이 하나의 구조로 연결된 경우와 둘 이상의 지하도상가가 연속되어 있는 경우에는 연면적의 합계로 한다.

12. 건축물의 층수에는 필로티나 그 밖에 이와 비슷한 구조로 된 층을 포함한다.

13. "건축물"은 「건축법 시행령」 별표 1에서 정한 용도별 분류를 따른다.

14. "운수시설 중 여객용 시설"이란 「건축법 시행령」 별표 1 제8호의 운수시설 중 여객자동차터미널, 일반철도역사, 공항청사, 항만여객터미널을 말한다.

15. "철도 역 시설"이란 「철도의 건설 및 철도시설 유지관리에 관한 법률」 제2조제6호가목의 역 시설(물류시설은 제외한다)을 말한다. 다만, 선하역사(시설이 선로 아래 설치되는 역사를 말한다)의 선로구간은 연속되는 교량시설물에 포함하고, 지하역사의 선로구간은 연속되는 터널시설물에 포함한다.

16. 하천시설물이 행정구역 경계에 있는 경우 상위 행정구역에 위치한 것으로 한다.

17. "포용조수량"이란 최고 만조(滿潮) 시 간척지에 유입될 조수(潮水)의 양을 말한다.

18. "방조제"란 「공유수면 관리 및 매립에 관한 법률」 제37조, 「농어촌정비법」 제2조제6호, 「방조제 관리법」 제2조제1호 및 「산업입지 및 개발에 관한 법률」 제20조제1항에 따라 설치한 방조제를 말한다.

19. 하천의 "통관"이란 제방을 관통하여 설치한 원형 단면의 문짝을 가진 구조물을 말한다.

20. 하천의 "다기능 보"란 용수 확보, 소수력 발전이나 도로(하천을 횡단하는 것으로 한정한다) 등 두 가지 이상의 기능을 갖는 보를 말한다.

21. 위 표 제7호의 상하수도의 광역상수도, 공업용수도 및 지방상수도에는 수원지시설, 도수관로·송수관로(터널을 포함한다) 및 취수시설을 포함하고, 정수장, 취수·가압펌프장, 배수지, 배수관로 및 급수시설은 제외한다.

i) 공중이용시설의 분류는 국토교통부의 「시설물 안전관리법」에 따라 관리하는 제1종 및 제2종의 시설과 유사하다. 이 경우 제1종 및 제2종의 시설은 ① 도로 시설(도로교량, 도로터널), ② 철도 시설(철도교량, 철도터널), ③ 항만 시설, ④ 댐 시설, ⑤ 건축물, ⑥ 하천시설, ⑦ 상하수도 시설, ⑧ 옹벽 및 절토사면 등이다.

j) 준공 후 10년이 경과한 토목시설(시행령 제3조제4호가목 내지 라목)은 시설물안전법에 따른 도로시설 또는 철도시설(①, ②)과 유사하다. 또한 실내공기질관리법상 시설 중 지하역사 또는 각종 여객터미날도 시설물안전법에 따른 건축물(⑤)과 유사하다.5)

4) 공중교통수단　　a) "공중교통수단"이란 불특정다수인이 이용하는 다음 각 목의 어느 하나에 해당하는 시설을 말한다(중대재해처벌법 제2조제5호). 이 규정은 공중교통수단의 설계, 제조, 설치, 관리상의 결함을 원인으로 중대시민재해가 발생하지 않도록 예방하고자 하는 취지이다.

> 가. 「도시철도법」 제2조제2호에 따른 도시철도의 운행에 사용되는 도시철도차량
> 나. 「철도산업발전기본법」 제3조제4호에 따른 철도차량 중 동력차·객차(「철도사업법」 제2조제5호에 따른 전용철도에 사용되는 경우는 제외한다)
> 다. 「여객자동차 운수사업법 시행령」 제3조제1호라목에 따른 노선 여객자동차운송사업에 사용되는 승합자동차
> 라. 「해운법」 제2조제1호의2의 여객선
> 마. 「항공사업법」 제2조제7호에 따른 항공운송사업에 사용되는 항공기

b) 시민은 일상생활 중 버스나 지하철, 고속철도, 자가용, 택시 등 다양한 교통수단을 이용한다. 그러나 중대재해처벌법의 규율대상은 ⅰ) 도시철도차량, ⅱ) 철도차량 중 동력차·객차, ⅲ) 노선 여객자동차운송사업에 사용되는 승합자동차(시외버스), ⅳ) 여객선, ⅴ) 항공기를 의미한다. 따라서 화물자동차나 택시, 시내버스, 통근버스에 의한 교통사고는 중대재해처벌법의 적용대

---

5) 국토교통부, 전게서, 13-14면.

상이 되지 않는다.

c) 화물운송차의 낙하물이 뒤따르던 버스를 가격해 버스승객이 사상한 경우 화물자동차는 중대시민재해의 책임이 없으나, 버스운송사업자는 중대시민재해의 적용대상이 된다. 따라서 자동차의 운행 시 차간거리 유지, 과속운행의 금지 등 버스승객을 보호하기 위한 안전보건관리체계가 없었다면 중대시민재해로 보아야 한다.

5) **제조물**　　a) "제조물"이란 제조되거나 가공된 동산(다른 동산이나 부동산의 일부를 구성하는 경우를 포함한다)을 말한다(중대재해처벌법 제2조제6호). 여기서 "제조물"은 어떤 물건을 만들 때 이용되는 재료로써, 반제품 및 완제품을 포함한다.

b) 민법 제99조에 따르면, 토지 및 그 정착물은 부동산에 해당되지만 제조되거나 가공된 동산이 부동산의 일부를 구성하는 경우 독립된 물건으로써의 성격을 잃어버린 경우에도 중대재해처벌법에 의한 제조물에 해당된다.6) 따라서 동산 또는 부동산의 제조 및 가공을 거친 생산물에 의한 재해는 중대시민재해의 대상으로 본다.

c) 그러나 중대시민재해는 제조물의 설계·제조·관리상의 결함에 의한 원인을 기준으로 제조물책임법과 다른 관점에서 인과관계를 판단해야 한다. 중대재해처벌법은 제조물의 완결성, 제조물의 일반적인 책임이 아니라 제조상의 결함으로 인한 인명손실이라는 중대시민재해과의 인과관계를 고려하여 적용 여부를 판단해야 한다.

d) 제조물책임법은 민법의 특별법으로서 제조상의 결함, 설계상의 결함,7)

---

6) 권오성, 중대재해처벌법의 체계, 도서출판 새빛, 2022, 240면.

7) 제조물책임법은 제조자등이 제품의 결함으로 발생한 피해에 대하여 피해자에게 그 손해를 배상하도록 하는 법률로서 2002년 7월 1일부터 시행하고 있다. 제조물책임법은 제조업자가 당해 제조물을 공급하지 아니한 사유를 입증한 경우 책임을 지닌 않는다. 피해자가 손해와 제조업자등을 안 날로부터 3년 이내에 배상청구하지 않으면 청구권은 소멸된다. 여기서 제조상의 결함은 제조업자가 제조물에 대하여 제조상·가공상의 주의의무를 이행하였는지에 관계없이 제조물이 원래대로 의도한 설계와 다르게 제조·가공됨으로써, 안전하게 되지 못한 경우를 말한다(제조물책임법 제2조제2호가목). 설계상의 결함이란 제조업자가 합리적인 대체설계(代替設計)를 채용하였더라면 피해나 위험을 줄이거나 피할 수 있었음에도 대체설계를 채용하지 아니하여 해당 제조물이 안전하게 되지 못한 경우

표시상의 결함, 기타 통상적으로 기대할 수 있는 안전성의 결여를 정의하고 있다.제조물책임법은 손해배상을 주된 내용으로 규율한다. 그러나 중대재해 처벌법은 책임주체, 요구규범, 범죄요건과 법적 효과를 전제로 형사책임을 주된 내용으로 하므로 제조물책임법과 차이가 있다.

(2) 중대시민재해의 보호법익과 규범적 통제

1) **중대시민재해의 보호법익** a) 중대재해처벌법에 의한 중대시민재해 는 사업주나 법인 또는 기관이 실질적으로 지배·운영·관리하는 사업 또는 사업장에서 생산·제조·판매·유통 중인 원료나 제조물에 의한 이용자 또 는 그 밖의 사람을 보호대상으로 한다.

b) 따라서 시민의 생명과 건강을 보호하기 위하여 ⅰ) 원재료·제조물 관 련 안전보건관리체계의 구축 및 이행조치, ⅱ) 원재료·제조물 관련 안전보 건 관계법령에 따른 의무이행에 필요한 관리상의 조치, ⅲ) 공중이용시설· 대중교통수단 관련 안전보건관리체계의 구축 및 이행조치를 하여야 한다.

2) **중대시민재해와 규범적 통제방법** a) 사업주와 경영책임자등은 중대 시민재해를 예방하기 위해서는 사업의 특성과 위험통제가능성을 고려하여 안전보건관리체계를 구축해야 한다. 따라서 여객운송업, 철도업, 항공업 등의 경우 지하역사, 철도역사의 각종 시설 및 건축물, 도로교량 등에 의한 중대 시민재해의 예방을 위한 역할과 책임의 범위를 명확히 해야 한다.

b) 대중교통수단은 버스운송업의 경우 급회전금지, 신호위반, 과속추월금 지, 음주운전금지 등 안전운행수칙을 정하고, 운전종사자에 대하여 승객안전 수칙준수, 중대재해(중대산업재해 및 중대시민재해) 예방교육, 본사와의 긴급연 락체계, 안전사고의 발생시 대응체계, 긴급구조대책 등을 수립하여야 한다.

c) 일반시민이 무대공연이나 스포츠 경기관람을 위한 각종 시설물이나 건 축물에서 무너짐사고나 추락사고가 발생할 수 있다. 따라서 불특정다수의 시 민이 안전사고로 인하여 받을 수 있는 생명이나 신체의 위협을 방지하기 위 하여 시설물이나 건축물에 대한 안전보건관리체계를 구축할 필요가 있다.

를 말한다(제조물책임법 제2조제2호나목).

3) 도급·용역·위탁 등의 위험통제대상   a) 도급이나 용역, 위탁 등의 방법으로 사업을 하는 경우에도 당사자 간에 권한과 책임을 정해 위험관리를 해야 한다. 도급이나 용역, 위탁 등의 경우에 확인, 점검의 방법으로 위험을 통제할 수 있다.

b) 중대재해처벌법에서 정하는 방법으로 개입을 허용하므로 민법에 의한 도급이론과 차이가 있다. 도급·용역·위탁의 업무이행은 자기완결성의 원칙이지만, 확인 및 점검의 방법으로 제한된 범위내에서 허용된다. 중대시민재해의 위험통제대상은 법령에 정한 기준과 방법, 절차에 따르되, 위험통제의 가능성을 고려하여 판단해야 한다.

2. 안전보건확보의무

(1) 사업주와 경영책임자등의 안전보건확보의무

1) 사업주와 경영책임자등의 안전 및 보건 확보의무   a) 사업주 또는 경영책임자등은 사업주나 법인 또는 기관이 실질적으로 지배·운영·관리하는 사업 또는 사업장에서 생산·제조·판매·유통 중인 원료나 제조물의 설계, 제조, 관리상의 결함으로 인한 그 이용자 또는 그 밖의 사람의 생명, 신체의 안전을 위하여 다음 각 호에 따른 조치를 하여야 한다(중대재해처벌법 제9조제1항).

1. 재해예방에 필요한 인력·예산·점검 등 안전보건관리체계의 구축 및 그 이행에 관한 조치
2. 재해 발생 시 재발방지 대책의 수립 및 그 이행에 관한 조치
3. 중앙행정기관·지방자치단체가 관계 법령에 따라 개선, 시정 등을 명한 사항의 이행에 관한 조치
4. 안전·보건 관계 법령에 따른 의무이행에 필요한 관리상의 조치

b) 사업주 또는 경영책임자등은 사업주나 법인 또는 기관이 실질적으로

지배·운영·관리하는 공중이용시설 또는 공중교통수단의 설계, 설치, 관리
상의 결함으로 인한 그 이용자 또는 그 밖의 사람의 생명, 신체의 안전을 위
하여 다음 각 호에 따른 조치를 하여야 한다(중대재해처벌법 제9조제2항).

> 1. 재해예방에 필요한 인력·예산·점검 등 안전보건관리체계의 구축 및 그 이
>   행에 관한 조치
> 2. 재해 발생 시 재발방지 대책의 수립 및 그 이행에 관한 조치
> 3. 중앙행정기관·지방자치단체가 관계 법령에 따라 개선, 시정 등을 명한 사
>   항의 이행에 관한 조치
> 4. 안전·보건 관계 법령에 따른 의무이행에 필요한 관리상의 조치

c) 여기서 "실질적인 지배·운영·관리"는 ⅰ) 소유권, 점유권, 임차권 등
장소·시설·설비에 관한 권리를 가지고 있거나, ⅱ) 공중이용시설 또는 공
중교통수단의 유해·위험요인을 통제할 수 있거나, ⅲ) 보수·보강을 하여
안전하게 관리해야 하는 의무를 가지는 경우 등 실질적인 지배·운영·관리
를 하는 것을 말한다.8)

d) 사업주 또는 경영책임자등은 사업주나 법인 또는 기관이 공중이용시설
또는 공중교통수단과 관련하여 제3자에게 도급, 용역, 위탁 등을 행한 경우
에는 그 이용자 또는 그 밖의 사람의 생명, 신체의 안전을 위하여 제2항의
조치를 하여야 한다. 다만, 사업주나 법인 또는 기관이 그 시설, 장비, 장소
등에 대하여 실질적으로 지배·운영·관리하는 책임이 있는 경우에 한정한
다(중대재해처벌법 제9조제3항). 제1항제1호·제4호 및 제2항제1호·제4호의 조
치에 관한 구체적인 사항은 대통령령으로 정한다(중대재해처벌법 제9조제4항).

2) 원료·제조물 관련 안전보건관리체계의 구축 및 이행에 관한 조치

a) 원료·제조물은 여러 단계를 거쳐 최종 소비자에게 도달되며, 이러한
과정에서 유해·위험성에 노출되어 중대시민재해가 발생할 수 있다. 따라서
주문자 상표부착생산(OEM) 등 다양한 위탁생산방식이나 통상 제조자와 다

---

8) 국토교통부, 중대재해처벌법해설-중대시민재해(시설·공중교통수단 : 2021.12),
   19면.

른 사업자에 의하여 유통·판매되는 경우에도 유해·위험성을 고려하여 사업주 또는 안전경영책임자에게 안전보건관리체계의 구축 등 안전보건확보의무가 부과된다. 법 제9조제1항제1호에 따른 조치의 구체적인 사항은 다음 각 호를 말한다(중대재해처벌법 시행령 제8조).

1. 다음 각 목의 사항을 이행하는 데 필요한 인력을 갖추어 중대시민재해 예방을 위한 업무를 수행하도록 할 것
    가. 법 제9조제1항제4호의 안전·보건 관계법령에 따른 안전·보건관리 업무의 수행
    나. 유해·위험요인의 점검과 위험징후 발생 시 대응
    다. 그 밖에 원료·제조물 관련 안전·보건관리를 위해 환경부장관이 정하여 고시하는 사항
2. 다음 각 목의 사항을 이행하는 데 필요한 예산을 편성·집행할 것
    가. 법 제9조제1항제4호의 안전·보건 관계법령에 따른 인력·시설 및 장비 등의 확보·유지
    나. 유해·위험요인의 점검과 위험징후 발생 시 대응
    다. 그 밖에 원료·제조물 관련 안전·보건관리를 위해 환경부장관이 정하여 고시하는 사항
3. [별표 5]에서 정하는 원료 또는 제조물로 인한 중대시민재해를 예방하기 위해 다음 각 목의 조치를 할 것
    가. 유해·위험요인의 주기적인 점검
    나. 제보나 위험징후의 감지 등을 통해 발견된 유해·위험요인을 확인한 결과 중대시민재해의 발생 우려가 있는 경우의 신고 및 조치
    다. 중대시민재해가 발생한 경우의 보고, 신고 및 조치
    라. 중대시민재해 원인조사에 따른 개선조치
4. 제3호 각 목의 조치를 포함한 업무처리절차의 마련. 다만, 「소상공인기본법」 제2조에 따른 소상공인의 경우는 제외한다.
5. 제1호 및 제2호의 사항을 반기 1회 이상 점검하고, 점검 결과에 따라 인력을 배치하거나 예산을 추가로 편성·집행하도록 하는 등 중대시민재해 예방에 필요한 조치를 할 것

[별표 5] 중대재해 처벌 등에 관한 법률 시행령

제8조제3호에 따른 조치 대상 원료 또는 제조물(제8조제3호 관련)

1. 「고압가스 안전관리법」 제28조제2항제13호의 독성가스
2. 「농약관리법」 제2조제1호, 제1호의2, 제3호 및 제3호의2의 농약, 천연식물보호제, 원제(原劑) 및 농약활용기자재
3. 「마약류 관리에 관한 법률」 제2조제1호의 마약류
4. 「비료관리법」 제2조제2호 및 제3호의 보통비료 및 부산물비료
5. 「생활화학제품 및 살생물제의 안전관리에 관한 법률」 제3조제7호 및 제8호의 살생물물질 및 살생물제품
6. 「식품위생법」 제2조제1호, 제2호, 제4호 및 제5호의 식품, 식품첨가물, 기구 및 용기·포장
7. 「약사법」 제2조제4호의 의약품, 같은 조 제7호의 의약외품(醫藥外品) 및 같은 법 제85조제1항의 동물용 의약품·의약외품
8. 「원자력안전법」 제2조제5호의 방사성물질
9. 「의료기기법」 제2조제1항의 의료기기
10. 「총포·도검·화약류 등의 안전관리에 관한 법률」 제2조제3항의 화약류
11. 「화학물질관리법」 제2조제7호의 유해화학물질
12. 그 밖에 제1호부터 제11호까지의 규정에 준하는 것으로서 관계 중앙행정기관의 장이 정하여 고시하는 생명·신체에 해로운 원료 또는 제조물

b) 사업주 또는 경영책임자는 중대재해처벌법 시행령 제8조에 따라 중대시민재해를 예방하기 위하여 유해·위험요인을 점검하고 필요한 인력, 예산, 업무처리절차를 마련하여야 한다. 중대재해처벌법 시행령 [별표 5]에서 정하는 원료 또는 제조물에 대하여는 중대시민재해를 예방하기 위한 주기적인 점검 등 4가지 관리상의 조치를 하여야 한다. 또한 [별표 5] 제12호는 제1호 내지 제11호로 열거된 원료·제조물 이외에 중앙행정기관이 고시하는 경우에도 조치대상으로 정하고 있다.

3) 원료·제조물 관련 관계 법령에 따른 의무이행에 필요한 관리상의 조치   a) 법 제9조제1항제4호에 따른 "안전·보건 관계 법령"이란 해당 사업 또는 사업장이 생산·제조·판매·유통 중인 원료나 제조물에 적용되는 것

으로써, 그 원료나 제조물이 사람의 생명·신체에 미칠 수 있는 유해·위험
요인을 예방하고 안전하게 관리하는데 관련되는 법령을 말한다(중대재해처벌
법 시행령 제9조제1항).

 b) 여기서 유통이란 최종소비자에게 전달되는 과정을 말한다. 이 경우 원
료와 제조물의 소비자는 그 이용자로 해석함이 타당하다. 법 제9조제1항제4
호에 따른 조치의 구체적인 사항은 다음 각 호와 같다(중대재해처벌법 시행령
제9조제2항).

1. 안전·보건 관계 법령에 따른 의무를 이행했는지를 반기 1회 이상 점검
   (해당 안전·보건 관계 법령에 따라 중앙행정기관의 장이 지정한 기관
   등에 위탁하여 점검하는 경우를 포함한다. 이하 이 호에서 같다)하고,
   직접 점검하지 않은 경우에는 점검이 끝난 후 지체 없이 점검 결과를
   보고받을 것
2. 제1호에 따른 점검 또는 보고 결과 안전·보건 관계 법령에 따른 의무
   가 이행되지 않은 사실이 확인되는 경우에는 인력을 배치하거나 예산
   을 추가로 편성·집행하도록 하는 등 해당 의무 이행에 필요한 조치를
   할 것
3. 안전·보건 관계 법령에 따라 의무적으로 실시해야 하는 교육이 실시되
   는지를 반기 1회 이상 점검하고, 직접 점검하지 않은 경우에는 점검이
   끝난 후 지체 없이 점검 결과를 보고받을 것
4. 제3호에 따른 점검 또는 보고 결과 실시되지 않은 교육에 대해서는 지
   체 없이 그 이행의 지시, 예산의 확보 등 교육 실시에 필요한 조치를
   할 것

 c) 사업주 또는 경영책임자등은 사업주나 법인 또는 기관이 실질적으로
지배·운영·관리하는 사업 또는 사업장과 관련하여 생산·제조·판매·유
통 중인 원료나 제조물의 설계, 제조, 관리상의 결함으로 인한 중대시민재해
를 예방하기 위하여 중대재해처벌법 제9조제1항제4호에 따른 안전·보건 관
계법령에 따른 의무이행에 필요한 관리상의 조치를 하여야 한다.

 d) 이 경우 인력은 관련 법령에 특별한 자격을 요구하는 사람을 배치하되,

직무의 성격에 따라 보조적인 업무 또는 지원하는 업무는 중대재해처벌법의 입법취지에 부합되는 한 특별한 제한을 할 필요가 없다.

　4) 공중이용시설·공중교통수단 관련 안전보건관리체계 구축 및 이행에 관한 조치

　① **주요 규정사항**　법 제9조제2항제1호에 따른 조치의 구체적인 사항은 다음 각 호를 말한다(중대재해처벌법 시행령 제10조). 이 규정은 중대시민재해를 예방하기 위한 조치를 말하며, 공중이용시설의 경우 소상공인은 적용이 배제된다.

> 1. 다음 각 목의 사항을 이행하는데 필요한 인력을 갖추어 중대시민재해 예방을 위한 업무를 수행하도록 할 것
>   가. 법 제9조제2항제4호의 안전·보건 관계 법령에 따른 안전관리 업무의 수행
>   나. 제4호에 따라 수립된 안전계획의 이행
>   다. 그 밖에 공중이용시설 또는 공중교통수단과 그 이용자나 그 밖의 사람의 안전에 관하여 국토교통부장관이 정하여 고시하는 사항
> 2. 다음 각 목의 사항을 이행하는 데 필요한 예산을 편성·집행할 것
>   가. 법 제9조제2항제4호의 안전·보건 관계 법령에 따른 인력·시설 및 장비 등의 확보·유지와 안전점검 등의 실시
>   나. 제4호에 따라 수립된 안전계획의 이행
>   다. 그 밖에 공중이용시설 또는 공중교통수단과 그 이용자나 그 밖의 사람의 안전에 관하여 국토교통부장관이 정하여 고시하는 사항
> 3. 공중이용시설 또는 공중교통수단에 대한 법 제9조제2항제4호의 안전·보건 관계 법령에 따른 안전점검 등을 계획하여 수행되도록 할 것
> 4. 공중이용시설 또는 공중교통수단에 대해 연 1회 이상 다음 각 목의 내용이 포함된 안전계획을 수립하게 하고, 충실히 이행하도록 할 것. 다만, 공중이용시설에 대해 「시설물의 안전 및 유지관리에 관한 특별법」 제6조에 따라 시설물에 대한 안전 및 유지관리계획을 수립·시행하거나 공중이용시설 또는 공중교통수단에 대해 철도운영자가 「철도안전법」 제6조에 따라 연차별 시행계획을 수립·추진하는 경우로서 사업주 또는 경

영책임자등이 그 수립 여부 및 내용을 직접 확인하거나 보고받은 경우에는 안전계획을 수립하여 이행한 것으로 본다.

가. 공중이용시설 또는 공중교통수단의 안전과 유지관리를 위한 인력의 확보에 관한 사항

나. 공중이용시설의 안전점검 또는 정밀안전진단의 실시와 공중교통수단의 점검·정비(점검·정비에 필요한 장비를 확보하는 것을 포함한다)에 관한 사항

다. 공중이용시설 또는 공중교통수단의 보수·보강 등 유지관리에 관한 사항

5. 제1호부터 제4호까지에서 규정한 사항을 반기 1회 이상 점검하고, 직접 점검하지 않은 경우에는 점검이 끝난 후 지체 없이 점검 결과를 보고받을 것

6. 제5호에 따른 점검 또는 보고 결과에 따라 인력을 배치하거나 예산을 추가로 편성·집행하도록 하는 등 중대시민재해 예방에 필요한 조치를 할 것

7. 중대시민재해 예방을 위해 다음 각 목의 사항이 포함된 업무처리절차를 마련하여 이행할 것. 다만, 철도운영자가 「철도안전법」 제7조에 따라 비상대응계획을 포함한 철도안전관리체계를 수립하여 시행하거나 항공운송사업자가 「항공안전법」 제58조제2항에 따라 위기대응계획을 포함한 항공안전관리시스템을 마련하여 운용한 경우로서 사업주 또는 경영책임자등이 그 수립 여부 및 내용을 직접 점검하기나 점검 결과를 보고받은 경우에는 업무처리절차를 마련하여 이행한 것으로 본다.

가. 공중이용시설 또는 공중교통수단의 유해·위험요인의 확인·점검에 관한 사항

나. 공중이용시설 또는 공중교통수단의 유해·위험요인을 발견한 경우 해당 사항의 신고·조치요구, 이용 제한, 보수·보강 등 그 개선에 관한 사항

다. 중대시민재해가 발생한 경우 사상자 등에 대한 긴급구호조치, 공중이용시설 또는 공중교통수단에 대한 긴급안전점검, 위험표지 설치 등 추가 피해방지 조치, 관계 행정기관 등에 대한 신고와 원인조사에 따른 개선조치에 관한 사항

> 라. 공중교통수단 또는 「시설물의 안전 및 유지관리에 관한 특별법」 제7
> 조제1호의 제1종시설물에서 비상상황이나 위급상황 발생 시 대피훈련
> 에 관한 사항
> 8. 제3자에게 공중이용시설 또는 공중교통수단의 운영·관리 업무의 도
> 급, 용역, 위탁 등을 하는 경우 공중이용시설 또는 공중교통수단과 그
> 이용자나 그 밖의 사람의 안전을 확보하기 위해 다음 각 목에 따른 기
> 준과 절차를 마련하고, 그 기준과 절차에 따라 도급, 용역, 위탁 등이
> 이루어지는지를 연 1회 이상 점검하고, 직접 점검하지 않은 경우에는
> 점검이 끝난 후 지체 없이 점검 결과를 보고받을 것
> 가. 중대시민재해 예방을 위한 조치능력 및 안전관리능력에 관한 평가기
> 준·절차
> 나. 도급, 용역, 위탁 등의 업무 수행 시 중대시민재해 예방을 위해 필
> 요한 비용에 관한 기준

② **안전계획의 수립과 이행점검**   a) 사업주 또는 경영책임자등은 ⅰ) 안
전보건법령에 따른 의무이행에 필요한 관리상의 조치를 위하여 안전계획의
이행에 필요한 예산을 편성·집행하고, ⅱ) 공중이용시설 또는 공중교통시설
에 대하여 연 1회 이상 안전계획을 수립하여 그 계획에 포함된 내용이 충실
히 이행되도록 하고, ⅲ) 반기 1회 이상 안전계획의 이행에 관한 사항을 점
검하고, ⅳ) 직접 점검하지 않은 경우에는 점검이 끝난 후 지체 없이 검사결
과를 보고받아야 한다. 이 경우 점검 또는 보고결과에 따라 안전계획에 포함
된 사항의 이행을 지시하는 등 중대시민재해의 예방에 필요한 조치를 하여
야 한다.

b) 사업주 또는 경영책임자등은 중대재해처벌법 시행령 제10조제4호에 따
른 안전계획을 수립하여야 한다. 그러나 시설물안전법에 대해 관리계획을 수
립·시행하는 경우 또는 철도안전법상 철도시설 또는 철도차량에 대해 연차
별 시행계획을 수립·추진하는 경우에는 별도의 안전계획의 작성 없이 각
문서를 직접 확인하거나 보고받음으로써 해당의무를 갈음할 수 있다.9)

---

9) 국토교통부, 국토교통부, 중대재해처벌법해설-중대시민재해(시설·공중교통수단 :
   2021.12), 49면.

c) 안전계획은 공중이용시설 또는 공중교통수단의 제원과 유형, 기업 또는 기관에서 그 운영, 관리에 투입하는 안전예산·인력, 대상에 대한 안전점검 및 유지관리계획 등을 포함하여 작성하여야 한다. 공중이용시설을 운영하는 기업 또는 기관의 안전계획표준안을 소개하면 다음과 같다.10)

[표3-1] 안전계획표준(안) : 하나의 공중이용시설

2025년 안전계획				
○○기관				2025년 ○ 월
1. 공중이용시설 개요				
공중이용시설명		소유자		
관리주체		준공년도		(사진대지)
소재지				
공중이용시설현황 (제원 등)				
2. 안전예산 및 인력현황				
안전예산	① 안전점검 비용	●공중이용시설에 대한 정기안전검사, 정밀안전진단, 긴급안전진단 등의 비용		
	②보수·보강비용	●시설의 안전과 정비·점검을 위한 장비 확보비용 ●시설물의 보수·보강 등의 비용		
	③ 안전조치 비용	●공중이용시설에 대한 긴급안전조치, 이용제한 등 안전조치 등 비용		
	④ 인건비	●안전점검 또는 보수·보강업무 수행인력 인건비		
	⑤ 기타 비용	●그외 안전확보에 소요되는 비용		
안전인력		●안전점검 또는 보수·보강업무 수행인력		
3. 2025년 추진계획 및 점검				
구분		내용	추진 일정	예산 확보	미확보 시조치

---

10) 안전계획은 「시설물안전 및 유지관리에 관한 특별법」 및 철도안전법에 의한 시행계획을 포함한다.

				여부	계획
안전점검 등	정기안전점검	점검대상, 점검내용 등			
	정밀안전점검	점검대상, 점검내용 등			
	정밀안전진단	점검대상, 점검내용 등			
유지관리	관리1	보수·보강대상, 수량 등			
	관리2	보수·보강대상, 수량 등			

③ **안전점검**   a) 중대재해처벌법 시행령 제10조제3호에서 안전점검이란 경험과 기술을 갖춘 자가 육안이나 점검기구·장비 등으로 측정 또는 비파괴검사를 하거나, 균열 여부 등을 확인하여 공중이용시설 또는 공중교통수단에 내재된 유해·위험요인을 조사하는 행위를 말한다.

b) 사업주 또는 경영책임자등은 안전보건법령에 따른 안전점검이 수행될 수 있도록 운영대상의 안전상태를 확인하고, 재해를 유발할 수 있는 요소를 사전에 파악하고 관리해야 한다. 철도시설의 경우 철도교량, 철도터널, 철도역사, 대합실 등이 있으나, 철도역사와 대합실의 대상으로 안전점검의 내용을 소개하면 다음과 같다.

[표3-2] 철도역사 및 대합실 점검주기

관계법령	관련조항 및 의무		점검주기
시설물안전법	제11조	정기안전점검	• A · B · C등급 : 반기에 1회 이상 • D · E등급 : 연 3회 이상
		정밀안전점검	• A등급 : 3년에 1회 이상 • B등급 : 2년에 1회 이상 • C등급 : 1년에 1회 이상
	제12조	정밀안전진단	• A등급 : 6년에 1회 이상 • B등급 : 5년에 1회 이상 • C등급 : 4년에 1회 이상

건축물관리	제13조	정기점검	● 최초 5년 이후 3년 단위
법	제16조	안전진단	● 필요 시

④ **업무처리절차 마련 및 이행 등**　a) 안전경영책임자등은 중대재해처벌법 시행령 제10조제7호에 따른 업무처리절차 마련 및 이행하여야 한다. 경영책임자등은 기업 또는 기관의 차원에서 중대재해를 일으킬 수 있는 유해·위험요인을 파악하고, 재해발생 시 현장에서 대응할 수 있는 절차 등 매뉴얼을 마련해야 한다. 이 규정은 경영책임자등이 유해·위험요인을 직접 확인하라는 의미가 아니라 적절한 조치를 하도록 관리체계와 절차를 마련하라는 취지이다.

b) 그러나 철도안전법 제7조에 따라 비상대응계획을 포함한 철도안전관리체계를 수립·시행하는 경우 별도의 업무처리절차 작성 없이도 각 문서를 직접 확인하거나 보고함으로써 해당 의무를 갈음할 수 있다.[11] 또한 항공안전법 제58조제2항에 따라 위기대응계획을 포함한 항공안전관리시스템을 마련하여 운용하는 경우에는 별도의 업무처리절차의 작성 없이 그 수립 여부 및 내용을 직접 점검하거나 점검결과를 보고 받음으로써, 해당의무를 갈음할 수 있다.[12]

c) 중대재해처벌법 시행령 제10조제7호에서는 업무처리절차로서 가) 유해·위험요인의 확인·점검, 나) 신고조치요구 등 개선조치, 다) 원인조사에 따른 개선조치, 라) 비상상황이나 위급상황 발생 시 대피훈련을 마련하도록 규정하고 있다. 대피훈련에 관한 사항은 i) 시설물안전법상 제1종 시설물 또는 공중교통수단에 대하여 비상상황이나 위급상황 발생 시에 대비하여 대피훈련(비상대응훈련 등)을 실시하는 절차를 말하며, 그 대상의 선정 및 시기, 장소, 목표, 참여범위 등의 설정방법은 재량행위에 해당된다.

d) 유해·위험요인의 확인·점검은 안전보건 관계법령에 따라 상반기, 하반기 또는 해빙기, 장마기간 등 공중이용시설·공중교통수단의 특성에 따라 일정기간을 정하여 정기점검 또는 안전업무 수행자의 판단에 따라 재해예방

---

11) 국토교통부, 중대재해처벌법해설-중대시민재해(시설·공중교통수단 : 2021.12), 54면.
12) 국토교통부, 전게서, 54면.

및 이용안전을 위해 실시하는 육안관찰(수시점검) 등의 절차를 세부적으로 규정하여 이행할 수 있다.13)

  e) 중대시민재해가 발생한 경우 ⅰ) 안전관리담당자는 경찰서, 소방서에 신고하고 관계행정기관에 상황을 보고하며, ⅱ) 재해자에 대하여 긴급구호조치, 긴급안전조치 등을 시행하고, ⅲ) 중대시민재해의 발생상황을 경영책임자등에게 보고하여야 한다. 이 경우 경영책임자등은 대응상황 및 조치사항을 보고받고 추가피해방지조치를 지시하며, 상황종료 후 피해 원인조사 및 개선대책 등 재발방지대책을 마련하여야 한다. 안전관리 담당자는 경영책임자등의 지시사항을 이행하고, 조치결과를 경영책임자등, 행정기관등에 보고하여야 한다.14)

  ⑤ **도급용역위탁 시 조치**   a) 공중이용시설 또는 대중교통수단을 도급·용역·위탁이 이루어지는 경우ⅰ) 중대시민재해를 예방하기 위한 조치능력 및 안전관리능력에 관한 평가기준·절차, ⅱ) 도급·용역·위탁등의 업무수행 시 중대시민재해를 예방하기 위해 필요한 비용에 관한 기준을 마련하고 그 절차와 기준에 따라 이루어지는지 연 1회 이상 점검하고, 직접 점검하지 않는 경우에는 점검이 끝난 후 지체 없이 점검결과를 보고받아야 한다 (중대재해처벌법 시행령 제10조제8호).

  b) 도급·용역·위탁 등을 받은 자의 재해예방을 위한 조치능력과 안전관리역량은 수탁기관의 안전보건관리체계 구축현황과 3년 이내 중대사고 발생이력 등으로 평가할 수 있다. 이 경우 평가기준 및 절차 등에 관한 사항은 사업주 또는 경영책임자의 재량행위에 해당되므로, 안전관리규정·지침·매뉴얼, 재해대응체계, 교육훈련등의 형태로 정할 수 있다.

  c) 또한 도급용역위탁 등을 할 때 재해예방을 위한 조치능력 및 안전관리역량을 확인할 수 있는 평가항목을 마련하고, 이를 기존 평가항목에 추가하여 운영할 수 있다. 평가항목별 배점 및 상중하의 배점은 기업 또는 기관별

---

13) 이러한 점검·관찰 등을 통해 공중이용시설 또는 공중교통수단에 어떤 유해·위험요인이 있는지 파악하고 이를 원인으로 중대시민재해가 발생하지 않도록 철저히 대상을 관리해야 한다. : 국토교통부, 중대재해처벌법해설–중대시민재해(시설·공중교통수단 : 2021.12), 55면.
14) 국토교통부, 전게서, 57면.

상황과 여건을 고려하여 설정할 수 있다.

[표3-3] 평가항목 및 기준 예시

평가항목	평가기준	평가결과		
		상	중	하
안전인력 및 예산 현황	• 안전전문인력(관련 자격증 보유자, 관련 학과 졸업자 등) • 안전예산현황(안전예산 편성항목, 매출액 대비 비중 등)			
안전관리규정·지침·매뉴얼현황	• 법정 보유 안전관리규정·지침·매뉴얼 구비			
재해대응체계현황	• 재해신고·보고절차도 • 재해대응 조직 및 업무분장 현황 • 유관기관 비상 연락망			
교육·훈련실적	• 교육 및 훈련 프로그램 • 최근 3년간 안전교육 및 훈련실적			
중 대 재 해 발 생 에 따른 행정처분 등	• 최근 3년 내 중대재해발생 횟수 • 중대재해로 인한 행정처분 유무 및 처분정도			

 d) 중대시민재해 예방관리비용을 평가하는 기준을 마련할 필요가 있다. 따라서 수탁자의 도급·용역·위탁 시 안전관리에 필요한 비용은 안전관리비용에 계상하도록 해야 한다 이 경우 안전관리비용은 도급·용역·위탁의 준공 시 실제 사용한 금액으로 정산한다. 중대시민재해 예방을 위해 필요한 비용을 예시하면 다음과 같다.15)

[표3-4] 중대시민재해 예방을 위해 필요한 비용

관리대상	비용항목	평가기준 예시

---

15) 국토교통부, 중대재해처벌법해설-중대시민재해(시설·공중교통수단 : 2021.12), 61~62면.

교량·터널의 유해위험요인 발견 시	• 긴급안전점검 • 정비보수보강	• 노면·교면의 포장균열·손상 발생신고 접수 • 긴급안전점검 및 보수·보강조치 • 이용자에 대한 이용제한 조치
중대시민재해 시 원인개선	• 종사자교육 및 안내	• 유사사례방지를 위한 사례공유교육 • 안전한 이용을 위한 안내판 설치
안전관리 물품 등	• 안전물품/안전장비 사용	• 안전표지판, 안전삼각대, 비상탈출용망치, 안전경광봉 • 차량자체 진단장비, 철도차량 점검 특수해머, 차량수리·보수 리프트 점검교체
시설의 기능유지 등	• 안전관련 시설 및 설비설치	• 건축물 내력벽 보강시설 설치 • 철도역사 승하차용 출입문 설비 설치
중대시민재해 대비	• 재해대비절차	• 재해대응절차도, 안전관리비 등 • 비상대피지도 등

⑥ **관계수급인의 안전관리능력평가** a) 사업주 또는 경영책임자는 공중이용시설이나 공중교통수단을 도급이나 용역, 위탁하는 경우에 관계수급인의 안전관리능력을 평가하는 위한 기준과 절차를 마련할 필요가 있다. 이 경우 평가기준 및 절차의 설정방법은 재량행위에 해당된다.

b) 따라서 도급·용역·위탁 시 평가기준과 절차를 마련하고 연 1회 이상 점검을 하여야 한다. 사업주 또는 경영책임자는 다음과 같이 평가항목과 평가기준에 따라 가중치를 정해 평가할 수 있으며, 평가결과를 근거로 개선조치 및 개선조치를 권고할 수 있다.

[표3-5] 평가항목 및 평가기준 예시

평가항목	평가기준	평가결과				
		우수	보통	미흡	불량	위반
안전인력 및 예산현황	1. 안전전문인력(관련 자격증 보유자, 관련학과 졸업자 등)					
	2. 안전예산 현황(안전예산편성, 매출액 대비 비					

	중 등)					
안전관리규정·지침·매뉴얼 등	법정 보유 안전관리규정/지침/매뉴얼 구비 여부					
재해예방대응체계	1. 재해신고·보고절차도 여부					
	2. 재해대응조직 및 업무분장 현황					
	3. 유관기관 비상연락망 여부					
교육훈련실적	1. 교육 및 훈련 프로그램 여부					
	2. 최근 3년간 안전교육 및 훈련실적					
중대재해발생에 따른 행정처분 등	1. 최근 3년 내 중대재해발생 횟수					
	2. 중대재해로 인한 행정처분 유무 및 처분정도					

5) 공중이용시설·공중교통수단 관련 관계 법령에 따른 의무이행에 필요한 관리상의 조치

① **주요 규정사항**   a) 법 제9조제2항제4호에서 "안전·보건 관계 법령"이란 해당 공중이용시설·공중교통수단에 적용되는 것으로써, 이용자나 그 밖의 사람의 안전·보건을 확보하는데 관련되는 법령을 말한다(중대재해처벌법 시행령 제11조제1항). 법 제9조제2항제4호에 따른 조치의 구체적인 사항은 다음 각 호와 같다(중대재해처벌법 시행령 제11조제2항).

1. 안전·보건 관계 법령에 따른 의무를 이행했는지를 연 1회 이상 점검(해당 안전·보건 관계 법령에 따라 중앙행정기관의 장이 지정한 기관 등에 위탁하여 점검하는 경우를 포함한다. 이하 이 호에서 같다)하고, 직접 점검하지 않은 경우에는 점검이 끝난 후 지체 없이 점검 결과를 보고받을 것
2. 제1호에 따른 점검 또는 보고 결과 안전·보건 관계 법령에 따른 의무가 이행되지 않은 사실이 확인되는 경우에는 인력을 배치하거나 예산을 추가로 편성·집행하도록 하는 등 해당 의무 이행에 필요한 조치를

> 할 것
>
> 3. 안전·보건 관계 법령에 따라 공중이용시설의 안전을 관리하는 자나 공중교통수단의 시설 및 설비를 정비·점검하는 종사자가 의무적으로 이수해야 하는 교육을 이수했는지를 연 1회 이상 점검하고, 직접 점검하지 않은 경우에는 점검이 끝난 후 지체 없이 점검 결과를 보고받을 것
> 4. 제3호에 따른 점검 또는 보고 결과 실시되지 않은 교육에 대해서는 지체 없이 그 이행의 지시 등 교육 실시에 필요한 조치를 할 것

b) 안전보건 관련 법령의 이행에 대하여는 연 1회 이상 점검을 하여야 하며, 관련분야의 중앙행정기관의 장이 지정한 기관에 위탁하여 점검할 수 있다. 이 경우 수탁자는 점검이 끝난 후 점검결과를 위탁자에게 지체 없이 보고하여야 한다. 따라서 사업주 또는 경영책임자가 점검결과를 보고받지 않는 행위는 미필적 고의에 해당된다.

c) 경영책임자가 의무사항 이행 여부 등을 정기적으로 확인을 했는지, 미이행된 조치에 대해 개선을 지시했는지 등 중대재해처벌법 시행령 제11조제1항에서 정한 구체적인 관리상의 조치가 적절하게 이루어졌는지를 점검하는 행위는 입법취지에 부합된다.

[표3-6] 안전의무 이행사항 점검 체크리스트

| 이행사항 | | 점검 | | | | | |
| | | 상반기 | | | 하반기 | | |
		점검일시	점검결과	조치사항	점검일시	점검결과	조치사항
1. 필요한 안전인력 확보	① 시설·설비 안전 조치 업무 ② 시설·설비 유지 보수 업무		안전인력 점검/ 필요시 개선사항 도출(문서화)			안전인력 업무 점검(문서화)	
2. 필요한 안전예산 편성·집행	① 인건비 ② 시설·장비 확보·유지관리		안전예산 편성·집행 점검 / 필요시 개선사			안전예산 집행 점검(문서화)	

	비 ③ 안전점검비 ④ 기타비용		항 도출(문서화)				
3. 안전점검 계획 수립 ·시행	① 정기안전점검 ② 정밀안전점검 ③ 정밀안전진단		위험요인 도출/ 필요시 개선사 항 도출(문서화)			위험요인 조치 사항 확인(문서 화)	
4. 안전계획 수립·시행	① 인력확보 ② 안전점검 등 ③ 유지관리 ④ 안전예산 편성		안전계획 점검/ 필요시 개선사 항 도출(문서화)			안전계획 이행 점검(문서화)	
5. 재해예방 업무처리절 차 마련· 이행	① 유해·위험요인 점검 ② 유해·위험요인 발견 시 조치 ③ 재해발생시 대응 ④ 비상대피훈련		업 무 처 리 절 차 점검/필요시 개 선사항 도출(문 서화)			업 무 처 리 절 차 이 행 성 과 점 검 (문서화)	
6. 도급·용역 ·위탁 기 준 과 절차 마련·이행	① 재해예방능력 평가기준·절차 ② 재해예방비용기 준		도급 등 기준과 절차마련 점검/ 필요시 개선사 항 도출(문서화)			도급 등 이행성 과점검(문서화)	
7. 안전·보건 관계 법령 의 무 이 행 점검	① 의무위반 사항 점검 ② 미이행시 조치		관계 법령 의무 사항 점검/필요 시 개선사항 도 출(문서화)			관계법령 이행 사 항 점 검 (문 서 화)	
8. 안전관리자 /종사자교 육 시 행 점 검	① 교육이수점검 ② 미이수시 조치		교육대상자 점 검/필요시 개선 사항 도출(문서 화)			교 육 이 수 점 검 (문서화)	

② **안전보건법령의 범위** a) 안전보건법령은 해당 공중이용시설·공중
교통수단에 적용되는 것으로서 이용자나 그 밖의 사람의 안전보건을 확보하
는데 관련되는 법령을 말한다. 이 경우 ⅰ) 공중이용시설 또는 공중교통수단
의 안전확보를 목적으로 하는 법률, ⅱ) 공중이용시설 및 공중교통수단을 구
성하는 구조체, 시설, 설비, 부품 등의 안전에 대하여 안전점검, 보수·보강

등을 규정하는 법률, iii) 이용자의 안전을 위하여 관리자, 종사자가 관련 교육을 이수하도록 규정하는 법률로 구분할 수 있다.

b) 그러나 공중이용시설 또는 공중교통수단의 구조안전, 이용안전, 화재안전 등이 아닌 효율적인 이용, 원활한 교통흐름, 경제적인 가치를 고려한 성능개선 등 부가적인 목적을 가진 법령은 일반적으로 안전보건 관계법령에 해당하지 않는다.16) 공중이용시설 및 공중교통수단을 구성하는 요소 이외에 안전이 아닌 다른 목적을 위해 부가로 설치된 부대시설, 공작물 등을 규정하는 법령도 안전보건 관련 법령으로 볼 수 없다. 공중이용시설 및 공중교통수단의 재해예방에 필요한 인력 및 예산편성지침 등 고시규정도 안전보건법령으로 본다.17)

③ **교육이수 여부 점검**   a) 사업주 또는 경영책임자등은 안전보건 관계법령에 따라 공중이용시설의 안전을 관리하는 자나 공중교통수단의 시설 및 설비를 정비점검하는 종사자가 의무적으로 이수해야 하는 교육을 이수했는지를 연 1회 이상 점검하고, 직접 점검하지 않은 경우에는 점검이 끝난 후 지체 없이 점검결과를 보고받아야 한다(중대재해처벌법 시행령 제11조제1항제3호).

b) 사업주 또는 경영책임자등은 교육 이수 여부 등을 정기적으로 점검·확인했는지, 미이수한 교육에 대해 이수하도록 지시했는지 등 관리상의 조치가 적절하게 이루어졌는지를 점검해야 한다. 따라서 교육이 이수되지 않은 사실이 확인되는 경우 경영책임자등이 인력배치나 예산의 추가편성·집행 등 교육이수를 위한 추가조치를 하여야 한다.

c) 항공분야 안전교육은 항공안전법에 따라 위험물취급자와 승무원에 대하여 실시한다. 항공안전법 제72조에 따라 항공분야 위험물취급자는 위험물 취급에 관하여 국토교통부장관이 실시하는 교육을 받아야 한다. 또한 항공안전법 제76조제3항에 따라 항공기승무원은 항공기 비상시의 경우 또는 비상탈출이 요구되는 경우의 조치사항, 해당 항공기에 구비되는 구급용구 등 및

---

16) 국토교통부, 중대재해처벌법해설-중대시민재해(시설·공중교통수단 : 2021.12), 64면.
17) 국토교통부, 중대재해처벌법해설-중대시민재해(시설·공중교통수단 : 2021.12), 30면.

탈출대·비상구·산소장비·자동심장충격기의 사용에 관한 사항 등에 대하여 정기적으로 교육을 이수하여야 한다.

6) **도급인의 안전보건 확보의무**   a) 사업주 또는 경영책임자등은 사업주나 법인 또는 기관이 제3자에게 공중이용시설 또는 공중교통수단과 관련하여 도급, 용역, 위탁 등을 행한 경우에는 그 이용자 또는 그 밖의 사람의 생명, 신체의 안전을 위하여 제2항의 조치를 하여야 한다. 다만, 사업주나 법인 또는 기관이 그 시설, 장비, 장소 등에 대하여 실질적으로 지배·운영·관리하는 책임이 있는 경우에 한정한다(중대재해처벌법 제9조제3항).

b) 여기서 "실질적으로 지배·운영·관리하는 책임이 있는 경우"란 중대시민재해의 발생원인과 관련하여 해당 시설이나 장비, 장소에 관한 소유권, 임차권, 그 밖에 사실상의 지배력을 가지고 있어 위험에 대한 제어능력이 있다고 볼 수 있는 경우를 의미한다.

(2) 시민재해의 원인과 형사책임

1) **열차탈선사고의 원인과 형사책임**   a) 시민재해의 원인은 책임주체의 부재, 관리체계의 미흡, 역할과 책임의 불명확성에 의해 발생한다. 가장 심각한 문제는 사고위험성에 대비한 대책미흡과 안전의식의 부재를 들 수 있다. 이 경우 동일 또는 유사한 재해가 재발하는 문제점이 있다. 일본은 중대재해처벌법이 제정되지 아니하여 시민재해에 대하여 형법을 적용한다.

b) 일본의 사례를 살펴보면, JR서일본후쿠치야마(福知山)선 전차탈선 전복사고와 관련하여 ⅰ) 대표이사 사장은 운전사고의 방지에 대하여 경영회의 등을 통해 필요한 지시를 한 점, ⅱ) 사내에 설치된 종합안전대책위원회 위원장으로서 안전대책에 대한 기본방침을 정한 점, ⅲ) 특히 중대한 사고대책에 관한 심의를 주도하고 열차운행에 관한 안전체제를 확립하여 중대사고를 방지하기 위한 대책을 강구하도록 지시하고 있다.[18]

c) 서일본 여객철도회사는 후쿠치야마(福知山)선에서 도자이(東西)선으로서의 안전운행을 위반하여 곡선구간에서 속도를 줄이지 않아 탈선사고가 발생

---

18) 고베지방법원 2012, 1. 11, 2009(형)제695호.

하였다. 그 결과 평성17년(2005년) 4월 25일 오전 9시 18분경, 후쿠치야마선의 쾌속열차는 운전사가 적절한 제동을 하지 않은 채 시속 115km로 곡선지점에 진입하여 ATS에 의한 자동감속을 하지 못한 결과 열차의 탈선전복사고로 승객 106명이 사망하고, 493명이 부상을 당하였다.

d) 이 사건에서 검사는 철도부장에 대하여는 안전대책실의 직원에게 ATS-P 또는 ATS- SW정비를 지시하지 않은 과실책임을, 철도본부장은 업무상 주의의무를 위반하였다는 이유로 업무상과실치사상죄로 기소하였다.[19] 또한 JR서일본철도회사의 사장에 대하여는 ATS 정비의 주간부서를 통괄하는 철도본부장에게 정비지시를 해야 하는 업무상주의의무를 게을리 하였다는 것을 이유로 기소하였다.

e) 그러나 최고재판소는 당시 ATS에 대한 속도조절의 기능조사, 곡선에 ATS가 적합한지를 정비해야 할 법적 근거가 없었고, 다른 철도회사에서도 ATS정비개소를 채용한 사례가 없는 점, 직선 또는 곡선에 대한 ATS정비의 안전대책에 관한 사항은 철도본부장의 판단에 맡겨져 있어 대표이사가 그러한 판단의 전제가 되는 곡선의 위험정보를 알 수 없었던 점, 당시 법령상 ATS 속도조사기능에 대하여 의무로 되어 있지 아니한 점을 고려하여 철도본부장과 대표이사에 대하여 무죄로 판결하였다.[20]

2) **선박침몰사고원인과 법적 책임** a) 시민재해의 원인을 살펴보면 안전보건관리체계의 중요성을 알 수 있다. 1993년 10월 10일 오전 10시 10분, 전라북도 부안군 위도 인근 해상에서 여객선 서해훼리호가 침몰해 292명이 사망하고, 70명이 구조된 사고가 발생했다. 이 당시에는 중대재해처벌법이 제정되지 아니하여 형법을 적용하였다.

b) 이 사고의 원인은 선박 출항 당시 기상여건이 좋지 않았음에도 출항하였고, 선박의 앞부분에 과적하여 여객선 자체의 무게중심을 상실하였으며, 승선정원이 207명인데 정원을 초과해 362명을 탑승시켰으며, 수면에서 부유하던 어망과 나일 로프 등이 프로펠러에 걸려 우현측 프로펠러가 작동 불능

---

19) 김대근·권오성·김영중·윤이경, "중대재해처벌법상 인과관계 판단기준 연구
    (2022. 11)", 한국형사·법무정책연구원, 44면.
20) 김대근·권오성·김영중·윤이경, 전게연구보고서, 45면.

상태가 된 상태에서 무리하게 선체를 우측으로 선회하면서 파도를 맞아 전복된 것으로 밝혀졌다.

  c) 이 당시 ⅰ) 초과승선한 채 운항을 하였고, ⅱ) 감독기관은 승선인원에 대한 감독을 제대로 하지 않았으며, ⅲ) 적절한 운항횟수의 조정을 하지 않았고, ⅳ) 날씨의 변화에 따른 주의보를 발령하지 않았으며, ⅴ) 항해사가 휴가중이라 갑판장이 항해사의 업무를 대신하였고, ⅵ) 안전요원도 고작 2명에 불과하였고, ⅶ) 구명장비가 없어 아이스박스에 매달려 목숨을 건진 사람도 있다. 또한 인명사고의 구조당시 승선인원이나 신분을 정확히 알 수 없었는데, 선박에서 승선자로부터 돈을 받고 표를 발급하였기에 승선자의 이름·연락처 등 신분을 기록한 자료가 없어 구조대책에도 상당한 난항을 겪었다.

  d) 상기와 같은 선박사고는 20년마다 반복되어왔고, 해운항만청의 무사안일주의, 감독소홀, 초과승선의 금지와 운항횟수의 증원민원 무시 등 안전보건관리체계가 미비하여 대형참사를 초래하였다. 중대재해처벌법의 시행 이후 유사한 사고가 발생한다면 중대시민재해로 보아 선박회사의 사업주 및 경영책임자에게 형사책임과 민사책임을 물을 수밖에 없다.

제 2 절

중대시민재해의 벌칙과 법적 책임

1. 중대시민재해의 벌칙

(1) 중대시민재해의 벌칙 적용

1) 중대시민재해 사업주와 경영책임자등의 처벌   a) 사업주 또는 경영책임자등은 사업주나 법인 또는 기관이 실질적으로 지배·운영·관리하는 사업 또는 사업장에서 생산·제조·판매·유통 중인 원료나 제조물의 설계, 제조, 관리상의 결함으로 인한 그 이용자 또는 그 밖의 사람의 생명, 신체의 안전을 위하여 필요한 조치를 하여야 한다(중대재해처벌법 제9조제1항).

b) 중대시민재해는 중대재해처벌법 제9조에서 실질적으로 지배·운영·관리하는ⅰ) 원료나 제조물에 관한 사항, ⅱ) 공중이용시설 및 공중교통수단, ⅲ) 제3자에게 도급·용역·위탁하는 경우에 대한 안전보건확보의무를 위반하면 형사처벌을 한다. 이 경우 제2조제3호가목의 중대시민재해에 이르게 한 사업주 또는 경영책임자등은 1년 이상의 징역 또는 10억원 이하의 벌금에 처한다. 이 경우 징역과 벌금을 병과할 수 있다(중대재해처벌법 제10조제1항).

c) 제9조를 위반하여 제2조제3호나목 또는 다목의 중대시민재해에 이르게 한 사업주 또는 경영책임자등은 7년 이하의 징역 또는 1억원 이하의 벌금에 처한다(중대재해처벌법 제10조제2항). 동일한 재해로 2개월 이상 치료가 필요한 부상자가 10명 이상 발생(법 제2조제3호나목)하거나 동일한 원인으로 3개월 이상 치료가 필요한 질병자가 10명 이상 발생(법 제2조제3호다목)한 경우에는 중대재해처벌법 제10조제2항이 적용된다.

d) 공중이용시설이나 공중교통수단으로 인해 하나의 재해로 다수의 피해자가 발생할 수 있다. 예를 들어 하나의 중대시민재해로 인해 사망자와 2개월 이상 치료가 필요한 부상자가 10명 이상 발생한 경우 하나의 범죄구성요

건으로 볼 수 있는지 죄수의 논란이 생긴다. 그러나 하나의 재해로 다수의 피해자가 발생한 경우 동일한 시민재해로 해석함이 타당하다. 다만, 처벌수준은 피해자수를 고려하여 양형의 단계에서 범죄요건 상 책임을 고려할 수 있다. 이 경우 사망재해와 부상재해는 중대재해처벌법위반이 각각 성립하되, 상상적 경합의 관계에 있다.[21]

 e) 또한 하나의 재해로 인해 동시에 중대산업재해와 중대시민재해가 모두 해당될 경우, 법조경합이 되는 상황이 된다. 법조경합이란 하나의 행위가 2개 이상의 형벌규정에 저촉되는 것과 같은 외관을 보이지만 하나의 형벌법규만 적용하고 다른 법규의 적용을 배제하는 것을 말한다.

 f) 그러나 법조경합이 될 경우 어느 조항을 적용하고 다른 조항을 배제할 것인지 논란의 여지가 있다. 그래서 중대산업재해를 우선적으로 적용하고 중대시민재해를 보충적으로 적용하여야 한다는 견해가 있다.[22] 모든 불법내용을 포섭하여 구성요건으로 하는 것은 하나의 범죄에 대하여 이중평가라는 부당한 결과를 초래할 우려가 있기 때문이다.

 2) **중대시민재해의 양벌규정**　　a) 법인 또는 기관의 경영책임자등이 그 법인 또는 기관의 업무에 관하여 제10조에 해당하는 위반행위를 하면 그 행위자를 벌하는 외에 그 법인 또는 기관에게 다음 각 호의 구분에 따른 벌금형을 과(科)한다. 다만, 법인 또는 기관이 그 위반행위를 방지하기 위하여 해당 업무에 관하여 상당한 주의와 감독을 게을리하지 아니한 경우에는 그러하지 아니하다(중대재해처벌법 제11조).

> 1. 제10조제1항의 경우: 50억원 이하의 벌금
> 2. 제10조제2항의 경우: 10억원 이하의 벌금

 b) 형사처벌은 행위자처벌주의의 원칙, 개인책임주의에 따라 법인의 행위능력을 부정한다. 그래서 양벌규정은 행위자 이외에 법인도 범죄능력을 가지며 형사처벌의 대상이 된다는 이론에 기초하여 긍정하고 있다. 이 경우 법인

---

21) 권오성, 중대재해처벌법의 체계, 도서출판 새빛, 2022, 292면.
22) 권오성, 전게서, 293면.

은 행위자에 대한 감독의무 불이행책임을 이유로 처벌하는 것이 합당하다.

(2) 중대시민재해의 범죄유형과 인과관계

1) **중대시민재해의 발생과 피해규모**   a) 화재·폭발, 건물의 붕괴 등 각종재해가 발생한 경우 사업장의 종사자뿐만 아니라 일반 시민에게 피해를 줄 수 있다. 중대시민재해는 대부분 불특정시민을 대상으로 발생하는 재해유형을 의미한다. 중대시민재해는 다수인이 동시에 이용하므로 피해규모가 크게 나타날 수 있다.

b) 2014년 4월16일 인천에서 제주도로 향하던 여객선 세월호가 진도인근 해상에서 침몰하면서 승객 304명(탑승객 476명)이 사망·실종된 대형참사가 발생했다. 2023년 7월 14일 청주시 오송읍 궁평2지하차도에서 발생한 미호강제방붕괴로 인한 침수사고로 14명이 사망하고, 16명이 부상을 당하였다.

2) **범죄요건의 특성**   a) 중대재해를 산업재해를 전제로 하며, 중대재해처벌법 제2조제1호에서 중대재해는 중대산업재해와 중대시민재해로 구분하고 있다. 이 경우 중대시민재해는 중대재해에 해당되지만 산업안전보건법과 연계성이 없다.

b) 중대시민재해는 입법체계상 중대산업재해와 다른 범죄요건을 구성한다. 중대시민재해는 책임주체, 보호대상, 규율대상, 안전보건관리체계의 구체적 내용이 중대산업재해와 차이가 있다. 이 경우 범죄요건의 판단은 위험통제의 가능성, 예견가능성을 동시에 고려해야 한다.

3) **중대시민재해의 범죄유형**   a) 중대재해처벌법 제6조, 제7조, 제10조 및 제11조에서 "사업주 또는 경영책임자등"의 행위는 신분범에 해당된다. 이 경우 형식상 경영책임자에 해당되지 아니하더라도 실질적으로 개별사안에 대하여 영향력을 행사하는 등 업무집행에 대하여 지시한 사실이 있는 경우 중대재해처벌법 위반의 공범관계가 형성될 수 있다.

b) 또한 사업주 또는 경영책임자는 중대재해처벌법에 의한 안전보건 확보 의무에 따라, 이를 이행하지 않거나, 조직의 구성원인 부하직원을 이용하여 이행하도록 지시하는 등의 행위를 하지 않으면 정범에 해당된다.[23] 따라서

유해화학물질이 노출되는 실험결과를 은폐하거나 무시하고 그로 인한 시민의 피해를 준 경우 공범 및 정범의 처벌대상을 규명해야 한다.

4) **중대시민재해의 인과관계 판단** a) 중대시민재해는 위반행위와 재해 사이에 인과관계가 인정될 때 범죄요건에 해당된다. 따라서 중대시민재해는 안전보건관리체계의 구축 및 이행, 안전보건법령의 준수가 범죄의 구성요건에 해당된다. 다만, 실질적인 지배·운영·관리를 하지 않는 경우에는 형사처벌의 대상이 되지 않는다.

b) 형법 제17조에 의하면, 「어떤 행위라도 죄의 요소되는 위험발생에 연결되지 아니한 때에는 그 결과로 인하여 벌하지 아니한다.」고 규정하고 있다. 이 경우 인과관계는 형법 제17조 이외에 중대재해처벌법 제10조는 '제9조를 위반하여 중대시민재해에 이르게 한'이라 표현을 동시에 고려해야 한다.

c) 원료·제조물을 생산·제조·판매·유통하거나, 공중이용수단·공중교통수단의 설계, 제조, 설치, 관리상의 결함과 재해 발생 사이의 인과관계를 판단해야 한다. 따라서 사업주 등이 관계법령상 필수적인 안전관리책임자를 배치하지 아니하였고, 중대재해가 발생하였다면 그러한 안전보건확보의무 위반행위와 중대시민재해 사이에 상당인과관계가 있다고 보아야 한다.[24]

2. 중대시민재해의 사례와 법적 책임

(1) 건물붕괴로 시민을 덮친 사망사고

【재해사례 1】 광주광역시의 건설현장에서 5층 높이 건물을 철거하던 중 도로쪽으로 넘어지면서 신호대기 중이던 버스를 덮쳐 승객 9명이 사망하고 8명이 중상을 당했다. 경찰조사결과 안전한 철거계획 및 안전대책이 미흡한

---

23) 범죄의 가담형태에 따라 두사람 이상이 서로 협력하여 구성요건을 실행하는 경우 정범과 공범으로 구분한다. 범죄는 1인이 단독으로 실행할 수도 있고, 다수인이 공동가공하여 실행할 수도 있다. 정범이란 자기의 범죄를 스스로 행한 자로서 형법상 정범형태는 간접정범과 공동점범, 합동범, 동시범이 있다. 반면에 공범이란 타인의 범죄를 교사 또는 방조하여 타인의 범죄에 참가하는 자로서 형법상 공범형태는 교사범, 종범이 있다.

24) 대검찰청, 중대재해처벌법 해설, 2022, 355면.

것으로 밝혀졌다. 도급인은 건출물이 철거공사를 철거업체B에게 하도급을 주었고, 철거업체B는 다시 철거업체C에게 재하도급을 주었다. 건설공사의 도급인 및 철거업자에 대한 다음 사항의 법적 책임은?
1) 산업안전보건법 상 산업재해 여부
2) 현장소장, 관리감독자, 안전관리자의 형사책임
3) 업무상 과실치사상죄의 적용 여부
4) 중대시민재해와 징벌적 손해배상 여부

 **사례해설**

1) **사건의 개요 및 붕괴원인**   a) 사례의 경우 도로가에 있는 5층건물을 철거하던 중 건축물의 붕괴로 인하여 신호대기 중인 버스를 덮쳐서 시민이 사상한 사건이다. 이 사건으로 인해 버스승객 9명이 사망하고, 8명이 중상을 당했다. 사례에 대한 조사를 한 결과 경비절감을 위해 철거계획서를 무시하고 다른 방법으로 작업을 진행하였고, 실제 철거작업은 재하도급을 받은 2차 관계수급인 것으로 밝혀졌다.

b) 건설사A는 도급인으로서 철거업체B사에 하도급을 주었으나, 다시 철거업체C에 재하도급을 하여 철거작업 중 안전사고가 발생하였다. 이 당시 철거업체C는 안전한 철거공법을 무시한 채 철거작업을 하였고, 현장의 감독자는 이를 목격하고도 상황을 묵인 또는 방조하였다.

c) 붕괴에 이르는 과정에서 철거업체C는 건물의 벽강도를 무시하고 철거를 진행했고, 하층부를 먼저 철거하고 내부에 흙을 채워 건물을 불안정하게 했다. 또한 횡하중에 취약한 'ㄷ'자 형태로 철거를 했으며, 1층 바닥면 하중을 증가시키면서도 지하층 보강을 하지 않아 문제점이 있었던 것으로 드러났다.

2) **산업안전보건법 상 산업재해 여부**   a) 사례의 경우 건축물이 붕괴될 당시에 도록쪽으로 넘어지면서 신호를 대기하던 중인 버스를 덮쳐 일반시민이 사망하거나 부상하는 사건이 발생했다. 이 경우 시내버스에 탑승한 일반시민의 대한 사고의 성격이 관련법령에 위반되는지 검토해야 한

다.

b) 본 사건은 공사중에서 건물이 넘어지면서 그 장소를 넘어서 시민에게 인면손상의 피해를 주었으나 피해자가 근로자나 노무를 제공하는 자에 해당되지 않는 점, 일반시민은 피해에 대하여는 산업안전보건법 제38조(사업주의 안전조치) 또는 제63조(도급인의 안전조치 및 보건조치)를 적용할 수 없는 점에서 산업재해로 볼 수 없다.

3) **현장소장 및 관리감독자, 안전관리자의 형사책임** a) 현장소장은 안전보건관리자책임자(산업안전보건법 제15조)은 해당 사업장에 대한 안전보건에 관한 사항을 총괄하여 관리하여야 한다. 그러나 안전보건관리책임자는 산업안전보건법에서 정한 직무의 범위 내에서 관리감독을 하게 되고, 이를 근거로 위반책임을 물을 수 있다.

b) 현장소장은 자신의 소속근로자와 도급인의 지위에서 안전보건관리의 책임을 부담한다. 현장소장은 실질적으로 지배·관리하는 시설, 장소, 장비에 대하여 산업안전보건법의 위반죄에 해당되는지 판단해야 한다. 사례의 경우에는 도급인의 사업장을 벗어나 발생한 사건이므로 현장소장에게 산업안전보건법의 위반죄는 물을 수 없다.

c) 관리감독자는 자신의 소속 근로자를 지휘·감독하는 권한이 있을 뿐이며, 수급인 철거업체B와 2차 철거업체C의 근로자를 관리·감독할 수 없어 산업안전보건법 제63조의 위반으로 볼 수 없다. 사례의 경우에는 사업장 밖의 일반시민이 피해를 본 것이므로 산업안전보건법의 위반죄를 물을 수 없다.

4) **업무상과실치사상죄의 적용 여부** a) 건축물의 철거공사와 과련하여 현장소장, 관리감독자, 안전관리자에 대하여는 사업관리의 범위, 위험방지의 의무에 해당되는지를 조사하여 형법 제268조의 해당 여부를 판단해야 한다. 산업안전보건법에 의한 산업재해에 해당되지 아니하라도 법령상 또는 사회상규상 주의의무에 해당되는지 검토할 필요가 있다.

b) 현장소장 및 관리감독자는 해당 철거작업과 관련하여 도로가로 넘어지지 아니하도록 안전한 작업계획과 방법 등 공법과 절차를 준수하는지 확인하고 감독할 의무가 있다. 이러한 공법과 절차를 무시한 경우 업무상

주의의무를 태만히 한 것으로 보아 형법 제268조에 해당된다고 판단된다.

c) 안전관리자는 산업안전보건법 제17조에 따른 업무로서 지도·조언 등을 해야 할 뿐 관계수급인을 지시·감독할 권한이 없다. 따라서 도급인과 1차 관계수급인 철거업자, 2차 관계수급인 철거업자C에 대하여는 안전관리자에게 위반책임을 물을 수 없다.

d) 그러나 1차 관계수급인 철거업자와 2차 관계수급인 철거업자C는 당해 건설공사의 철거작업에 따른 사고방지조치를 철저히 하지 아니하여 제3자가 사망 또는 부상을 하였으므로 상당한 주의의무를 게을리한 것으로 보아 형법 제268조(업무상과실치사상죄)를 적용함이 합당하다.

5) **중대시민재해와 징벌적 손해배상**　　a) 중대시민재해는 특정원료 또는 제조물, 공중이용시설 또는 공중교통수단의 설계, 제조, 설치, 관리상의 결함을 원인으로 발생한 재해를 말한다(중대재해처벌법 제2조제3호).

b) 중대시민재해는 ⅰ) 사망자가 1명 이상 발생한 경우, ⅱ) 동일한 사고로 2개월 이상 치료가 필요한 부상자가 10명 이상 발생한 경우, ⅲ) 동일한 원인으로 3개월 이상 치료가 필요한 질병자가 10명 이상 발생한 경우의 어느 하나에 해당하는 결과로 야기한 재해를 말한다. 다만 중대산업재해에 해당하는 재해는 제외한다(중대재해처벌법 제2조제3호).

c) 건출물의 철거는 중대재해처벌법 제2조제3호에서 명시한 "설계, 제조, 설치, 관리상의 결함"에 따른 부작위의 위반책임에 해당되는지를 판단해야 한다. 따라서 사례와 같이 건축물의 철거중의 사고는 중대시민재해의 적용대상인 중대재해처벌법 제2조제4호 및 시행령 제3조의 범위에 포함되지 않는다.

e) 또한 사례의 경우에는 제조물이나 공중이용시설, 업무용시설로 볼 수 없으며, 공중이용시설에도 해당되지 아니하여 시민이 피해자라는 이유만으로 중대시민재해로 판단할 수 없다. 따라서 중대시민재해가 인정되미아미하므로, 가해자로서 도급인A와 철거업체B·C는 사망자나 중상자에 대하여 민법 제750조에 의한 불법행위책임에 따라 통상적인 손해배상책임이 인정될 뿐이다.

(2) 과속운행으로 인한 중대한 교통사고

【**재해사례 2**】 노선을 운행하는 시외버스 운전기사가 버스정류장 앞에멈춘 다른 버스를 피해 앞으로 나서는 순간 영업용 택시가 진입하여 이를 피하려고 핸들을 돌려 급제동을 하였으나, 4m 아래의 하천으로 추락하여 30명의 승객이 중경상을 입었다. 경찰조사결과 버스운전기사의 순간과속 및 영업용택시의 급격한 진입이 사고를 야기한 것으로 밝혀졌다. 버스운송사업자에 대한 다음 사항의 법적 책임은?
1) 중대한 교통사고와 중대시민재해의 구별
2) 중대재해처벌법의 위반죄 및 경영책임자의 처벌가능성

사례해설

1) 사고의 개요 및 경찰조사결과   a) 사고당시 버스운전기사는 시외버스를 운행하여 버스정류장에 정차한 후 손님을 태우고 출발하여 다음 정류장에 도착하였으나, 더 이상 태울 손님이 없다고 판단하여 2차선에 진입하였고 1차선으로 진입하고자 순간속도를 높였다.

b) 이때 갑자기 영업용차량이 진입하여 충돌을 피하고자 핸들을 돌리고 급제동을 하였으나, 좌측 하천난간을 들이받으면서 4미터 아래의 하천으로 추락하여 그 충격으로 승객 30명에게 중경상을 입혔는데(상해의 정도는 전치 12주의 상해 3명, 전치 6주의 상해 2명, 전치 3주의 상해 11명, 전치 2주의 상해 9명, 전치 10일의 상해 3명, 전치 1주의 상해 2명) 전치 3주의 상해를 입은 11명 중 8명은 사실상 3주 이내(대부분 수일 내에)에 모두 치료를 종결하였거나 퇴원하였다.

2) 중대한 교통사고와 중대시민재해의 구별   a) 대중교통수단에 의하여 다수의 피해자가 발생한 경우 중대한 교통사고라고 본다. 여객자동차운수사업법 제85조 및 동조 제3호에서 자동차운수사업면허의 취소 등 사유의 하나로 "중대한 교통사고 또는 빈번한 교통사고로 많은 사람을 죽거나다치게 한 경우"라고 보아 중대한 교통사고로 규정하고 있다. 이러한 중대

한 교통사고는 교통사고를 야기한 사람의 과실정도, 피해자의 과실, 사고의 경위, 피해상황, 일반사회에 미치는 영향 등 행위의 내용과 결과를 모두 검토대상이 된다.

b) 그러나 중대재해처벌법에서 중대시민재해는 단순히 사상자의 숫자나 상해의 정도등을 기준으로 판단해서는 아니 된다. 시외버스는 노선을 운행하는 대중교통수단으로서 중대재해처벌법 제2조제5호(중대시민재해)다목(노선여객자동차운송사업에 사용하는 승합자동차)에 해당된다.

c) 대중교통수단(시외버스)은 운행 중 교통사고로 중대재해처벌법 제2조제3호에 해당하는 사망이나 부상 등 재해의 요건을 충족하는지, 안전보건관리체계를 구축대상 및 이행점검의 의무를 위반하였는지에 따라 위반책임을 물을 수 있다.

3) 중대재해처벌법의 위반죄 및 경영책임자의 처벌가능성 a) 중대재해처벌법 제2조제3호나목에 따르면, ⅰ) 사망자가 1명 이상 발생, ⅱ) 동일한 사고로 2개월 이상 치료가 필요한 부상자가 10명 이상 발생, ⅲ) 동일한 원인으로 3개월 이상 치료가 필요한 질병자가 10명 이상 발생한 경우에 중대시민재해로 인정한다.

b) 사례의 경우 치료내역을 살펴보면, 전치 12주가 가장 심한 상해정도로서, 동일한 사고로 2개월 이상 치료를 요하는 부상자가 10명 이상인 기준에 해당하는 부상자는 전치 12주의 상해 3명에 불과하다. 따라서 중대시민재해의 요건을 충족하지 아니한다.

c) 또한 사업주와 경영책임자등의 처벌가능성은 중대재해처벌법 제9조(사업주와 경영책임자등의 안전 및 보건 확보의무), 제10조(중대시민재해 사업주와 경영책임자등의 처벌)을 동시에 충족하여야 하여야 한다. 만약 사업주 및 경영책임자의 처벌가능성은 중대재해처벌법 제9조를 위반하여 같은 법 제2조제3호가목의 중대시민재해에 이르게 한 경우에 1년 이상의 징역 또는 10억원 이하의 벌금에 처할 수 있다.

d) 사례의 경우에는 다수의 부상자가 발생하였으나, 중대시민재해의 인정기준에 해당되지 않으므로 설사 중대재해처벌법 제9조에 위반하여 안전

및 보건 확보의무를 다하지 못하였더라도 인과관계가 성립되지 아니하여
사업주 또는 경영책임자를 형사처벌을 할 수 없다.

---

(3) 오토바이 교통사고와 중대시민재해

【재해사례 3】 오토바이 등을 이용하여 도시가구나 건물 또는 농촌을 방
문하여 전기사용량에 대한 검침작업을 하는 근로자의 교통사고(6개월 부상)
가 발생하였다. 근로자가 오토바이를 이용하여 출장 중 신호등을 위반하여
진입하는 순간 시외버스가 이를 급히 회피하려다가 교통사고로 승객 10명
이 2개월 이상 부상으로 입원을 하였다. 이 경우 다음 사항에 대한 경영책
임자의 법적 책임은?
1) 근로자의 교통사고와 안전보건확보의무
2) 교통사고의 유발과 중대시민재해의 가능성
3) 손해배상책임과 징벌적 손해배상책임 여부

 사례해설

1) 사고의 개요 및 문제점 　a) A회사의 근로자는 농촌지역에서 전기
검침을 위해 가정을 방문하여 검침하는 출장업무를 수행한다. 이 경우 개
인소유의 교통수단을 이용해 방문하며, 세절에 따라 도로상태, 기온변화,
눈이나 비에 노출되어 안전사고가 발생하기도 한다.

b) 안전사고의 유형은 오토바이 또는 승용차의 운전자로서 출장업무를
수행하던 중 교통사고를 유발하거나 다른 사람을 다치게 하는 사고를 일
으킬 수 있다. 또한 다른 자동차에 의해 교통사고를 당하기도 한다. 따라
서 경영책임자는 출장업무수행자의 행위로 인한 중대산업재해 또는 중대
시민재해에 해당 여부를 검토하여 관리체계를 구축할 필요가 있다.

2) 근로자의 교통사고와 안전보건확보의무 　a) 사업 또는 사업장을
중심으로 종사자가 부상, 사망 또는 직업성질병을 당한 경우, 산업재해를
전제로 중대산업재해의 인정 여부를 판단한다. 사례의 경우 검침업무에

종사하는 근로자는 한정된 공간의 사업장이 아니라 농촌 또는 도심의 광범위한 지역을 대상으로 출장업무를 수행하는 자로 보아야 한다. 이 경우 사업장을 중심으로 하는 하는 위험통제방법과 다른 방법으로 안전관리대책을 마련해야 한다.

b) 따라서 근로자가 전기검침을 위해 오토바이 또는 승용차를 운행 중 교통사고를 당하거나 교통사고를 유발할 위험성을 고려하여 안전보건확보방안을 마련해야 한다. 이 경우 안전보건관리체계는 일기예보, 도로상태, 교통안전수칙, 안전보호구(안전모, 무릎보호대 등)의 지급 및 교통안전교육, 안전수칙의 제정 등으로 구축할 수 있다.

c) 중대재해처벌법 제2조제2호나목에 의한 "동일한 사고로 6개월 이상 치료가 필요한 부상자가 2명 이상 발생"하였다면 중대산업재해로 보아야 한다. 사례의 경우 근로자가 사업장 이외의 장소에서 출장업무를 수행하던 중 발생한 경우 업무수행성은 인정되나, "부상자 2명 이상 발생"이라는 중대산업재해의 요건을 충족하지 못한다. 따라서 안전보건확보의무의 위반책임을 물을 수 없다.

3) 교통사고의 유발과 중대시민재해의 가능성   a) 근로자가 오토바이 또는 승용차를 이용하여 출장업무를 수행하는 중 교통신고를 위반하여 교통사고를 유발한 경우 가해자의 지위에서 도로교통법 및 교통사고처리특별법의 적용에 따라 형사책임이 발생한다.

b) 그러나 교통법규의 위반 여부와 별개로 근로자가 교통사고를 유발하여 시외버스, 화물트럭 등 다른 차량의 운전자나 승객에게 피해를 줄 수 있다. 이 경우 도로상의 교통사고 중 시외버스나 고속버스에 대하여만 중대시민재해의 해당 여부가 논란이 될 수 있다.

c) 사례의 경우 근로자가 오토바이를 운전하던 중 교통사고를 유발하였으나, 시외버스의 승객 10명이 2개월의 치료를 요하는 부상을 당하였다고 하더라도 검침회사에 대한 중대시민재해로 볼 수 없다. 이 경우 중대시민재해로 인한 안전보건확보의무는 버스를 운행하는 회사를 대상으로 안전보건확보의무의 위반책임을 물을 수 있다.

d) 버스운전자의 경우에는 오토바이와 충돌을 회피하려고 하였거나 불가피하게 회피하지 못하여 교통사고가 발생하였다면, 예견가능성과 회피가능성을 고려하여 귀책책임을 판단해야 한다. 따라서 버스운행 중 돌발적인 상황으로 대처하려던 행위의 여부, 버스회사의 안전보건관리체계이 구축 및 이행 여부를 고려하여 귀책사유가 있다면 중대시민재해로 판단할 수 있다.

e) 당해사건은 오토바이 운전자의 위반행위로 발생한 것으로서 인과관계가 인정된다. 따라서 버스회사의 안전보건관리체계가 미비하다는 이유로 위반책임을 묻는 것은 불합리하다. 피해자가 돌발적인 상황에 대처할 수 없으면 버스회사의 경영위험에 해당된다고 볼 수 없다. 본건의 교통사고에 대하여 버스회사의 사업주 및 경영책임자등에 대하여는 안전 및 보건 확보의무의 위반죄를 물을 수 없다.

4) 손해배상책임과 징벌적 손해배상책임의 인정 여부 a) 중대시민재해는 사고를 유발한 가해자가 아닌 공중교통수단을 운행하는 사업주 또는 안전경영책임자에 대한 안전보건확보의무를 중심으로 위반책임의 여부를 판단해야 한다. 사례의 경우 오토바이운전자가 비록 가해자에 해당되더라도 중대시민재해의 여부는 시외버스를 운행하는 자를 중심으로 안전보건확보의무의 위반 여부를 판단해야 한다.

b) 가해자인 오토바이 운전자가 교통사고를 유발한 경우 자동차손해배상보장법 제10조에 의한 특수불법행위 또는 민법 제750조에 의한 불법행위에 따른 손해배상책임을 부담한다. 또는 전기검침사업을 수행하는 회사의 경우에는 민법 제756(사용자배상책임)에 따라 배상책임이 인정된다.

c) 출장자의 오토바이 또는 승용차의 운행으로 피해를 입은 당사자와 그 가족은 가해자와 그 사용자를 대상으로 주의의무를 하였는지 등을 고려하여 업무상 과실책임 및 민사책임을 물을 수 있다. 이 경우 민사책임은 특수불법행위로서 대부분 자동차보험에 의하여 해결되는 실정이다.

d) 그러나 시외버스를 운행하는 회사의 경우 사업주 또는 경영책임자가 지배·운영·관리하는 공중교통수단에 대하여 안전보건관리체계를 구축하

였는지, 교통사고의 원인에 대한 예견가능성 및 회피가능성, 승객으로서 시민의 피해 정도, 안전보건관리체계의 구축 및 이행점검 여부에 따라 중대재해처벌법 제9조제2항 및 시행령 제10조의 위반책임을 물을 수 있다.

e) 따라서 오토바이 운전자가 교통사고를 유발하였고, 그로 인하여 시외버스의 승객이 부상을 당한 경우 가해자 및 그 소속회사는 손해배상책임이 있고, 버스회사는 징벌적 손해배상책임인 인정될 수 있다. 이 경우 버스히사는 통상적 손해의 범위 내에서 가해자에게 손해배상액의 구상권을 행사할 수 있다.

---

(4) 국도터널 내 교통사고와 중대시민재해

【재해사례 4】 A고속도로를 운행하던 화물운송트럭이 터널안을 진입하면서 정차해 있던 승용차를 추돌하고 급히 핸들을 돌려 차로를 이탈한 결과 맞은 편의 시외버스와 2차 충돌하였다. 이러한 교통사고로 B터널안은 2시간 교통이 마비되었고, 화재로 인하여 사망 1명, 2명이 부상을 당하였다. 다음과 같은 재해가 발생한 경우 중대시민재해의 법적 책임은?
1) 사고원인 등 사건의 개요와 쟁점검토
2) 중대시민재해의 성립요건과 주의의무위반
3) 화물운송회사 및 소속버스회사의 중대재해처벌법 위반죄 여부
4) 지방자치단체의 형사책임 여부

 사례해설

---

1) 사고원인 등 사건의 개요와 쟁점검토   a) 사례의 경우 터널내 교통사고는 화물트럭이 진입하면서 정차해 있던 승용차를 발견하지 못해 추돌한 후 차로를 이탈한 결과 마주 오던 시외버스와 충돌한 사고였다. 이 사고로 승용차의 운전자 1명이 사망하고, 시외버스 운전자와 승객 1명이 부상(6개월 치료)을 당하였다.

b) 사고 당시의 터널 내는 일시적인 정체상태에 있었고, 교통흐름은 30

분 이상 정체할 정도로 심각한 수준은 아니었다. 그러나 교통사고가 발생한 후 교통이 마비되었고, 소방차량이 출동해 환자를 이송하고 현장을 정리하기까지 2시간이 소요되었다.

c) 해당 전문가들은 터널진입 시 화물운송차량이 속도를 줄이지 않은 채 시속 100km을 진입한 점, 전방주시를 태만히 한 점, 차로를 급히 변경하여 차로를 이탈한 점, 터널진입 전 속도제한의 안내가 없는 점. 터널 내의 전등상태가 불량한 점 등을 문제점으로 지적했다.

d) 그러나 본건의 사례는 화물운송트럭이 교통사고를 유발한 경우 화물운송회사의 중대재해처벌법위반 여부, 시외버스회사의 승객에 대한 보호조치, 사고터널을 관리하는 지방자치단체의 형사책임 여부가 쟁점이 된다.

2) **중대시민재해의 성립요건과 주의의무위반**   a) 중대재해처벌법 시행령 제3조제4호나목에 도로법 제10조제4호부터 제7호까지 정한 지방도·시도·군도·구도의 도로터널과 「농어촌도로정비법 시행령」 제2조제1호의 터널 중 준공후 10년이 지난 도로터널을 공중이용시설로 지정하고 있다. 또한 「시설물 안전 및 유지관리에 관한 특별법」 제2조제1호의 시설물에서 정한 [별표3]제2호가목에는 고속국도의 도로터널을 포함하고 있다.

b) 사고원인과 현장조사를 한 결과 조명의 불량상태로 인한 시야의 확보가 불가능할 정도는 아니며, 화물운송차량의 운전자는 경험상 터널 내로 진입할 경우에는 속도를 줄이는 등 안전운행을 해야 할 주의의무를 태만히 한 것으로 밝혀졌다.

c) 또한 운전자가 차로를 변경한 경우 12대 중과실사고 중 과속 및 중앙선침범에 대하여 교통사고처리특례법 제3조제2항에 따라 5년 이하의 금고 또는 2천만원 이하의 벌금에 처한다. 그러나 화물운송트럭의 운전자가 사고를 유발한 경우 추돌사고 또는 충돌사고에 따른 중대시민재해의 위반책임을 물을 수 없다.

3) **화물운송회사와 시외버스회사의 중대재해처벌법위반죄 여부**

a) 사례는 터널 내 교통사고는 화물운송차량의 과실로 인하여 1차적으로 정차하고 있는 승용차를 추돌하고 2차적으로 시외버스를 충돌한 사건이다. 이 경우 화물운송회사는 가해자의 지위에 있으며 자신이 고용한 화

물운송자가 중대재해를 당한 것이 아니므로 안전보건관리체계의 미비를 이유로 형사책임을 물을 수 없다.

b) 또한 화물운송차량운전자의 과실로 승용차와 시외버스회사의 운전자 및 승객에게 사망 또는 부상(6개월 이상의 치료)의 피해를 준 경우에도 중대시민재해로 볼 수 없다. 가해차량의 경우 화물운송차량은 중대재해처벌법 제2조제5호에 따른 공중교통수단으로 볼 수 없어 중대재해처벌법 제9조 및 시행령 제10조의 위반책임을 물을 수 없다.

c) 중대재해처벌법 제2조제5호다목은 「여객자동차운수사업법 시행령」제3조제1호라목에 따른 노선 여객자동차운송사업에 사용되는 승합자동차로 지정하고 있으나, 화물운송차량은 시민이 이용하는 차량으로 볼 수 없어 공중교통수단으로 인정하지 않는다.

d) 그러나 노선을 오가며 승객을 운송하는 시외버스나 고속버스는 공중교통수단에 해당된다. 따라서 시외버스회사는 승객을 보호하기 위한 안전보건관리체계를 구축하고 이행점검을 해야 한다. 공중교통수단을 운행하는 시외버스회사는 중대시민재해를 예방하기 위한 업무처리절차를 마련하여 이행하여야 한다.

e) 공통교통수단은 유해·위험요인의 확인·점검에 관한 사항, 유해·위험요인을 발견한 경우 해당사항의 신고조치요구, 이용제한 및 개선에 관한 사항, 교통법규 및 과속의 금지, 난폭운행의 금지, 사상자에 대한 긴급구호조치, 공중교통수단에 대한 긴급안전점검 및 위험표지 등 추가피해방지에 관한 사항을 안전보건관리체계로 구축할 수 있다.

f) 사례의 경우 시외버스회사는 안전계획을 마련하고 운행하던 중 고속도로의 터널 내에서 갑자기 화물운송트럭이 중앙선을 넘어와 충돌한 경우 통상적으로 예견하고 회피할 수 있었던 상황으로 볼 수 없다. 이 경우 시외버스회사의 운행 중 고의 또는 과실에 따른 귀책사유를 해당되지 아니하므로 중대재해처벌법 위반죄를 물을 수 없다.

4) **지방자치단체의 형사책임 여부**　　a) 사례의 고속국도에 있는 도로터널은 중대재해처벌법 제2조제4호에 따라 공중이용시설에 해당된다. 사례의 경우 지방자치단체는 사실상 지배·운영·관리하는 도로터널의 붕

괴, 낙하물 등에 의한 사고를 방지하고 원활한 운영에 지방을 주지 않도록 해야 한다. 그러나 도로의 터널 내 조명상태가 일부 불량하더라도 차량의 운행에 막대한 지장을 초래하지 않는 점, 터널내의 진입시 차량의 속을 통상시 보다 낮추도록 안내하는 점 등을 고려하여 도로관리의 하자가 중대시민재해를 인정할 만한 법적 근거를 찾을 수 없다.

 b) 그러나 중대재해처벌법에 의한 공중이용시설이 아니더라도 터널 내 조명상태의 불량, 경고표지의 부착미비 등이 사고원인에 기여한 인과관계가 인정된다면 시설관리책임자에 대하여 업무상 주의의무위반으로 형법 제268조(업무상과실치사상죄)의 적용이 가능하다.

(5) 지하차도의 침수로 인한 중대시민재해

【재해사례 5】 장마철에 갑자기 폭우가 쏟아지면서 강물이 범람한 결과 지방자치단체의 지하차도가 침수되어 버스, 화물차, 승용차의 운전자 및 승객이 탈출하지 못하고 사망하는 재해가 발생했다. 당시 도로가 침수될 우려가 있다고 주변에 사는 시민들이 경찰서에 수차례 교통통제를 하여 줄 것을 요청하였고, 하천이 범람할 위험이 있다고 지방자치단체에 신고하였음에도 제대로 예방조치를 하지 않아 일반시민 30명이 사상하는 중대시민재해가 발생하였다. 이 경우 중대시민재해의 발생에 따른 다음 사항의 법적 책임은?

1) 침수사고의 개요 및 조사결과
2) 중대시민재해의 예방대책과 적합성의 판단
3) 중대시민재해의 원인과 위반책임의 주체
4) 중대시민재해의 범죄요건과 처벌가능성
5) 재난안전법의 적용 여부와 지역통제단장의 역할

 **사례해설**

 1) **침수사고의 개요 및 조사결과** a) 2023년 7월 14일 발생한 지방자

치단체에 소재 A지하차도의 침수원인은 인근 B하천의 범람과 오전까지 내린 390mm의 폭우로 밝혀졌다. A지하차도와 250m 떨어진 B하천이 범람하면서 순식간에 물이 차올랐고, 다수의 운전자와 승객이 차량에서 탈출하지 못해 사망하였다. 인근에 있는 지하차도에 덮친 강물은 약 6만톤으로 추정된다.

b) 하천의 범람가능성은 오전 7시 51분 마을 주민이 최초로 신고하였고, 오전 7시 58분 지하차도의 통제가 필요하다고 112신고가 경찰에 접수된 것으로 밝혀졌다. 광역자치단체 119상황실은 신고를 접수받고 곧바로 관할 소방서인 D소방서 소방대원 2명을 출동시켰으나, 막을 수 없다고 판단해 소방본부 상황실에 현지상황을 전달하였다. 상황실은 지방자치단체의 당직실에 제방범람 위급상황이니 빨리 조치하라고 전화를 하였으나 이 상황을 전파하지 않았다.

c) 사고 당시 C홍수통제소는 관할 지방자치단체의 구청에 교통통제가 필요하다고 알렸으나 교통통제를 하지 않았고, 하천의 범람에 대비하여 임시 제방둑을 쌓아 놓았으나, 제기능을 하지 못했다. 당시 상황을 목격한 시민은 장비를 동원하여 홍수에 대비하여 달라고 요청했으나 이를 무시한 정황이 드러났다.

d) 이 사건은 제대로 도로의 차단 및 구호조치를 하지 않았고, 인근의 하천 임시제방 부실시공을 한 결과 버스 1대, 화물차 2대, 승용차가 12대가 고립되었고, 14명이 사망하고 16명이 부상을 당하였다.

2) **중대시민재해의 예방대책과 관리체계의 적합성 판단**　a) 중대시민재해는 공중이용시설이나 공중교통수단으로 인해 하나의 사고로 다수의 피해자가 발생한 경우 중대재해처벌법에 의한 범죄요건을 구성한다. A지하차도의 경우 폭우는 자연적 재해에 해당하지만, 기상예보 및 인공구조물의 관리운영을 통하여 피해를 예견 또는 회피할 수 있었던 예방책임을 부정할 수 없다.

b) 중대시민재해의 예방조치는 ⅰ) 하천의 유지·보수공사와 안전보건 관리체계의 구축 여부, ⅱ) 하천제방의 부실시공 및 관리감독의 책임 여부, ⅲ) 지방자치단체의 장과 도로의 침수대비 인력·예산·점검 등 예방

대책의 수립 여부, ⅳ) 위험시설 및 구호조치 등 관리체계의 구축 및 이행 여부를 고려하여 적법성을 판단하여야 한다.

c) 지하차도의 침수사건은 하천의 범람과 지하차도의 침수가 주된 원인으로써 관리책임의 주체가 이러한 사실을 인지하고 적절한 대응을 하지 못한 결과에 대한 위반사실이 있다면 위법성을 판단하는 단서가 된다.

d) 이 사건에 대한 B하천의 개축공사를 위해 쌓은 임시제방의 관리주체는 D도시건설청이다. 또한 도로통제 및 관리주체는 도로법에 의하여 광역자치단체 또는 지방자치단체의 관할에 해당된다. 경찰은 교통통제를 담당할 뿐 도로에 관한 관할권이 없다. 그 결과 긴급상황의 발생시 각 기관에 권한이 분산되어 있어 협력체계가 미흡하고 시스템적으로 가동하지 않는 문제점이 나타났다.

3) D건설사업청과 시공사업자의 처벌가능성 a) 하천의 제방공사와 관련한 유지·보수공사의 주체로서 D건설청과 시공사에 대하여는 안전점검에 필요한 예산과 인력현황을 점검하였는지, 안전검검계획을 수립하고 안전보건관리체계의 구축 및 이행점검을 하였는지를 고려하여 중대시민재해를 예방하지 않은 부작위에 대한 행위와 사망 사이에 인과관계에 따른 형사처벌의 가능성을 판단해야 한다.

b) D건설청은 도로확장공사 시행주체이자 제방공사를 포함한 공사구역의 하천점용허가를 받은 수허자로서 안전검검의 주체임에도 공사현장을 중대재해 예방현장에 포함시키지 않고 공사안전관리부서의 업무실태를 점검·개선하지 않은 채 업무를 방임한 사실이 있다.

c) 또한 충분한 인력확보와 필요한 예산항목의 지징 등 노력을 다하지 않아 공무원들이 시공사의 제방훼손을 알고도 원상복구 지시 없이 기준에 미달한 임시제방 축조를 용인하는 등 불법을 방치한 결과 범죄요건에 해당된다.

d) 시공사대표는 제방시공주체로서 공중이용시설의 현황 및 관리상황, 안전관리부서의 재해예방업무실태를 점검·개선하거나 관련 인력과 예산을 편성하지 않은 채 안전점검계획을 제대로 수립하지 않으면 형사처벌의 대상이 된다. 건설현장의 소장 및 감리인에 대하여는 형법 제268조에 따

른 업무상과실치사상죄를 적용한다.

4) 지방자치단체의 장 등 위반책임 여부   a) 도로는 중대재해처벌법 시행령 제3조제2호 관련 [별표3] 제2호가목에는 3차로 이상의 터널, 연장 100m 이상인 지하차도를 공중이용시설에 해당된다. 사례의 경우 지하차도의 전체길이는 685m, 터널구간만 430m에 해당된다.

b) 지방자치단체의 장은 중대재해처벌법 제9조제1항제1호에 따라 "재해예방에 필요한 인력·예산·점검 등 안전보건관리체계의 구축 및 그 이행에 관한 조치"를 하여야 한다. 지하차도에 대한 차단시설, 지하침수 시 배수시설 및 성능시험, 긴급상황의 발생시 구조조치, 관련기관의 신속한 대응체계의 구축 등을 하고 이행점검을 해야 한다.

c) 사례의 경우 수사결과 광역지방자치단체의 장으로서 지하차도 점검을 요건에 맞게 적시에 실시한 점, 지하차도의 설계·설치상 결함이 없는 점, 침수에 대비한 안전관리인력을 확보해 설치를 준비하던 중 사고가 발생한 점, 지하차도 사전통제기준 등 업무처리절차를 제대로 마련한 점을 고려해 검찰은 '무혐의'로 처리했다.

d) 그러나 소방공무원 등 행정기관의 공무원은 업무상 주의의무의 위반를 이유로 형법 제268조를 적용이 가능하고, 금고 이상의 형을 선고받으면 해임대상이 된다. 형법 제268조는 업무상 과실 또는 중대한 과실로 사람을 사망 또는 상해에 이르게 한 자는 5년 이하의 금고 또는 2천만원 이하의 벌금에 처한다.

5) 재난안전법의 적용 여부와 지역통제단장의 역할   a) 사례와 같은 폭우에 의한 하천범람 및 지하도의 침수사건에 대하여는 국가 및 지방자치단체에 대하여 재난안전을 대비하도록 규정하고 있다. 이 경우 긴급한 상황에 대비하여 긴급구조통제단을 설치하고 가동하여야 한다.

b) 재난이란 국민의 생명·신체·재산과 국가에 피해를 주거나 줄 수 있는 것으로서 자연재난과 사회재난으로 구분한다(재난법 제3조제1호). 국가는 각종 재난으로부터 국토를 보존하고 국민의 생명·신체 및 재산을 보호하기 위하여 국가와 지방자치단체의 재난 및 안전관리체제를 확립하고, 재난

의 예방·대비·대응·복구와 안전문화활동, 그 밖에 재난 및 안전관리에 필요한 사항을 규정하기 위하여 「재난 및 안전관리기본법」을 제정(2023. 1. 5.)하고 있다.

c) 행정안전부장관 또는 재난관리책임기관의 장은 긴급안전점검 결과 재난발생의 위험이 높다고 인정되는 시설 또는 점유자에 대하여 정밀안전진단, 보수 또는 보강 등 정비, 재난을 발생시킬 위험의 제거에 대하여 안전조치할 것을 명할 수 있다(재난안전법 제31조제1항).

d) 시·도 긴급구제통제단 및 시·군·구 긴급구제통제단의 단장(이하 "지역통제단장"이라 한다)과 시장·군수·구청장은 재난이 발생할 우려가 있거나 재난이 발생하였을 때에는 즉시 관계법령이나 재난대응활동계획 및 위기관리 매뉴얼에서 정하는 바에 따라 수방진화 및 구난, 그 밖에 재난발생을 예방하거나 피해를 줄이기 위하여 ⅰ) 경보의 발령 또는 전달이나 피난의 권고 또는 지시, ⅱ) 진화·수방·지진·방재, 그 밖의 응급조치와 구호, ⅲ) 피해시설의 응급복구 및 방역과 방범, 그 밖의 질서유지, ⅳ) 긴급수송 및 구조수단의 확보, ⅴ) 급수수단의 확보, 긴급피난처 및 구호품 등 재난관리지원의 확보, ⅵ) 현장지휘통신체계의 확보, ⅶ) 그 밖의 재난발생을 예방하거나 줄이기 위하여 필요한 사항으로서 대통령령으로 정하는 사항의 응급조치를 하여야 한다(재난안전법 제37조제1항).

e) 침수사건의 경우 재난안전법 제3조제1호가목에 의한 자연재난에 해당된다. 시·도지사는 관할구역에서 재난이 발생하거나 발생할 우려가 있는 경우 재난안전법 제37조제1항 및 제39조부터 제45조까지의 규정에 따른 응급조치를 하여야 한다(재난안전법 제46조제1항제1호).

f) 사례의 경우에는 안전점검 등 실시하였기에 지방자치단체의 장에 대하여 재난안전법의 위반죄를 적용하지 않았다. 재난안전법 제37조 및 제46조에는 담당공무원의 부작위에 대하여 형사처벌의 규정하지 않고 있다. 다만, 업무상 주의의무위반이 있는 경우 형법 제268조(업무상과실치사상죄)의 적용이 가능하다.

(6) 지방자치단체의 교량관리책임과 중대시민재해

【재해사례 6】 A지방자치단체는 다수의 도로와 터널, 교량을 관리하기 위하여 관할구청에 시설관리를 위임하고 있다. 시민 2명을 2023년 4월 5일 오전 9시 45분경 교량을 이용하던 중 교량의 한쪽이 붕괴되어 40대 여성이 숨지고 20대 남성이 부상을 당하였다. 국토교통부는 사고원인을 조사한 결과 도로부 하부 콘크리트와 캔틸레버 인장철근 사이의 부착력 상실이 교량의 붕괴원인이라고 밝혔다. 다음 사항에 대한 중대시민재해의 법적 책임은?
1) 사건의 개요 및 원인검토
2) 중대시민재해와 범죄요건의 성립 여부
3) 교량의 관리소홀과 기관장 등 공무원의 형사책임
4) 허위결과보고서의 작성과 안전진단기관의 형사책임
5) 징벌적 손해배상의 인정 여부

 **사례해설**

1) **사건의 개요 및 원인검토**   a) 사례의 교량은 1993년에 시공 후 30년이 경과된 노후교량으로, 한쪽 끝을 기둥으로 고정하고 다른 쪽은 떠 있어 외팔보로 불리우는 캔틸레버공법(Cantilever Method)을 사용해 시공했다. 사고의 원인은 어깨부위인 보도부가 풍화해 콘크리트가 노출되자 철근이 녹슬어 붕괴된 것으로 추정되었다.

b) 국토부는 2023년 7월 11일 붕괴사고원인 및 대책발표에서 도로부 하부 콘크리트와 캔틸레버 인장철근 사이의 부착력 상실이 직접적인 원인이라고 밝혔다. 또한 국립과학수사연구원과 국토안전관리원의 감정결과, 정자교 붕괴는 콘크리트 염화물이 유입돼 콘크리트와 철근의 부착력이 상실되었고, 균열에 대한 유지보수가 되지 않은 상태에서 점검 및 보수·보강이 미흡해 발생한 것으로 분석되었다.

c) 경찰수사결과에 따르면, 해당교량은 2018년 4월에 보도부 교면균열이 최초로 확인되었고, 2021년 정밀안전점검에서 붕괴지점을 포함한 교면전

체 균열확산으로 '교면전면재포장'의견제시가 있었다. 그러나 2021년 교량 노면보수공사 대상에서 정자교를 제외하고, 2022년 교량노면보수를 할 때는 1·2차로만 일부 보수공사를 하고 사고의 보도부는 제대로 조치하지 아니하였다.

2) 중대재해처벌법의 시민재해와 범죄의 성립 여부   a) 중대시민재해는 특정 원료 또는 제조물, 공중이용시설 또는 공중교통수단의 설계, 제조, 설치, 관리상의 결함을 원인으로 하여 발생한 재해를 말한다. 중대시민재해는 사망자가 1명 이상 발생한 경우에 발생하며, 동일한 사고로 2개월 이상 치료가 필요한 부상자가 10명 이상 발생한 경우에 해당된다.

b) 중대재해처벌법 제2조제4호는 규모나 면적 등을 고려하여 대통령령으로 정하는 시설을 공중이용시설로 규정하고 있다. 따라서 「시설물의 안전 및 유지관리에 관한 특별법」 제2조제1호의 시설물로서 교량은 공중이용시설에 해당된다. 이 경우 붕괴된 교량이 준공 후 연한, 규모 등을 고려하여 공중이용시설에 해당되는지를 우선 검토해야 한다.

c) 사례의 교량은 연장 100m 이상인데, 총 110m 길이의 해당교량은 공중이용시설에 해당된다. 따라서 중대시민재해의 재해요건과 공중이용시설의 규모요건을 모두 충족한다. 여기에 안전보건관리체계의 구축 및 이행 점검 여부에 따라 범죄요건을 충족한다.

d) 그러나 시공 후 30년 이상 경과한 교량은 캔틸레버공법을 적용하였으나, 이를 이유로 형사책임을 인정하기 곤란하다.25) 이 공법은 오랜 세월 각국의 건설현장에서 사용되이 온 검증된 공사방법으로 평가되기 때문이

---

25) 캔틸레버공법은 1950년 독일에서 개발되어 경간이 긴 교량에 많이 사용되어 왔으며 프리캔틸레버공법(FCM : Free Cantilever Method)이라고도 한다. 국내에서는 원효대교 강동대교, 김포대교, 서해대교 등에 사용되었고, 캐나다의 퀘백교, 영국의 포스코, 일본의 미나토대교 등에 사용되었다. 시공 시 동바리가 필요 없어 하천이나 해상, 그리고 교통량이 많은 위치에 적용할 경우 경제성이 높다. 이동식 작업차를 이용하여 교각으로부터 좌우로 평형을 맞추면서 3~5M 길이의 세그먼트를 순서대로 시공한다. 따라서 사례의 교량을 시공한 지 30년 이상 경과한 시점에서 시공상의 하자가 아닌 공법을 이유로 위법성을 판단하는 것은 부적합하다고 판단된다.

다. 따라서 본건의 경우 공법의 문제나 시공상의 하자로 볼 수 없으며, 유지·운영·관리의 관점에서 위반책임을 검토하여야 한다.

3) **교량의 관리소홀과 기관장 등 공무원의 형사책임**　a) 중대시민재해의 형사책임은 1차적인 중대시민재해의 요건과 2차적인 형사범죄요건의 충족 여부에 따라 판단해야 한다. 사례의 경우 시민의 부상이나 사망이라는 재해가 발생하였고, 교량의 규모도 공중이용시설에 해당된다.

b) 형사책임은 범죄론의 관점에서 구성요건해당성, 위법성, 책임의 요건을 충족해야 한다. 객관적 구성요건으로서 주체는 시장 또는 구청장이며, 객체는 교량시설물이고, 행위는 공중이용시설에 대한 안전보건관리체계로서 안전점검 및 유지관리를 해야 하며, 중대시민재해(부상, 사망)를 예방하는 결과에 따라 인과관계의 인정 여부를 판단한다.

c) 지방자치단체의 시장 또는 구청장이 공중이용시설인 교량에 대하여 안전점검 등 계획을 수립하여 시행하였고, 유지관리에 관한 인력을 확보하고, 그에 필요한 예산을 편성하여 집행하였다. 지방자치단체의 장은 중대시민재해 예방을 위해 유해·위험요인의 확인·점검에 관한 사항 등에 대한 업무처리절차를 마련하였는지에 따라 형사면책이 될 수 있다.

d) 검찰은 이 사건을 수사한 결과 중대재해예방을 위한 인력예산편성, 정기적인 안전점검 등 안전보건관리체계의 미비로 인한 것이 아니라 주로 담당공무원의 업무소홀에 기인한 것으로 판단되는 점, 교량관리 업무전반이 관할 구청에 위임되어 있는 점을 고려하여 지방자치단체의 장(시장)에 대하여 중대재해처벌법의 위반혐의는 '해당 없음'으로 처분했다.

e) 그러나 담당부서의 B공무원에 대하여는 교량점검결과를 제대로 검토하지 않고 적절한 유지보수를 소홀히 해 붕괴의 원인이 된 점, 그 결과 시민 2명이 사망 또는 부상을 당한 점, 정밀안전검검결과에 따라 교면의 재포장 등 보수공사를 해야 할 업무상 주의의무를 충실히 이행하지 않은 점을 고려하여 형법 제268조(업무상과실치사상죄)에 위반된다고 보아 범죄요건이 성립된다고 보았다.

f) 검찰은 A지방자치단체가 2021년부터 2023년 4월까지 교량점검결과를 제대로 검토하지 않고 적절한 유지보수를 소홀히 해 붕괴의 원인이 되었

다는 혐의를 인정해 구조물관리과 B과장 등 7명(과장 2명, 팀장 3명, 팀원 2명)을 불구속 기소했다. 또한 책임정도가 무겁지 않은 공무원 3명은 기소유예, 인과관계의 인정이 어려운 1명은 '혐의없음'으로 처리했다.

   4) **허위결과보고서의 작성과 안전진단기관의 형사책임**   a) 사례의 경우 안전진단기관은 안전진단을 철저히 하고 그 결과보고서를 지방자체단체에 제출해야 한다. 그러나 검찰은 안전진단을 진행한 시설물 유지관리업체 중 4개의 법인, 대표 등 9명을 시설물관리법 위반등으로 입건해 불구속 기소했다.

   b) 안전진단기관은 교량 안전점검을 하면서 점검에 참여하지 않은 기술자가 마치 점검에 참여한 것처럼 허위기재, 점검내용을 과거 사진 등으로 복제사용, 명의대여 등의 혐의가 드러났다. 안전진단기관의 대표자와 기술자에 대하여는 「시설물 안전 및 유지관리에 관한 특별법」 제65조(벌칙) 및 건설산업기본법 제21조의2(국가기술자격증 등의 대여금지)를 적용하여 형사처벌의 대상이 된다.

   c) 건설산업기본법 제17조제2항제1호를 위반하여 다른 안전점검 및 정밀안전진단결과보고서의 내용을 복제하여 안전점검 및 정밀안전진단 결과보고서를 작성한 자에 대하여는 2년 이하의 징역 또는 2천만원 이하의 벌금에 처한다.

   5) **징벌적 손해배상의 인정 여부**   a) 사례의 경우 안전보건관리체계의 미비로 인한 것이 아니라 주로 담당공무원의 업무소홀에 기인한 것으로 판단됨에 따라 지방자치단체의 기관장에 대하여 무혐의로 판단하였고, 이 경우에는 징벌적 손해배상의 책임을 물을 수 없다.

   b) 지방자치단체의 장은 시설물안전진단을 실시하도록 업무절차를 마련하였고, 그에 따라 안전점검을 시행하였다면 경영책임자로서 기관장의 고의 또는 중대한 과실을 인정할 수 없다. 다만, 부실한 안전점검과 그 결과에 따른 적절한 조치를 하지 않은 공무원의 과실책임은 인정되므로 민법 제750조(불법행위)를 근거로 통상적인 손해배상책임이 인정된다.

(7) 철도역사 대합실의 붕괴사고와 중대시민재해

【재해사례 7】 철도역사의 대합실에서 승차를 위하여 대기하던 도중 천장이 갑자기 붕괴되어 시민 8명이 3개월의 부상을 당하였고, 1명이 사망하였다. 붕괴사고가 발생한 시설은 OO공사가 안전진단을 의뢰한 결과 노후시설로서 철거하고 새롭게 신축할 예정인 것으로 밝혀졌다. 장마철임에도 예방조치 없이 사용하던 중 발생한 경우 다음 사항에 대한 법적 책임은?
1) 중대시민재해로서 구성요건 해당성 검토
2) 철도역사의 대합실과 공중이용시설의 해당 여부
3) 안전진단결과와 중대시민재해의 예방 대책 여부
4) 중대재해처벌법 시행령 제10조의 위반과 형사책임

 **사례해설**

---

1) **중대시민재해로서 구성요건해당성 검토**   a) 시민은 국가의 일원으로서 사회적 신분에 관계없이 중대한 재해로부터 보호할 가치가 있는 불특정 사람을 의미한다. 중대재해처벌법은 종사자의 사망, 부상, 질병을 보호법익으로 한다.

b) 중대시민재해는 공중이용시설의 설치, 관리상의 결함을 원인으로 하여 발생한 경우 ⅰ) 사망자가 1명이상 발생, ⅱ) 동일한 사고로 2개월 이상 치료가 필요한 질병자가 10명 이상 발생, ⅲ) 동일한 원인으로 3개월 이상 치료가 필요한 질 병자가 10명 이상 발생한 질병에 해당하는 결과를 야기한 질병을 말한다.

c) 사례의 경우 중대재해처벌법 제2조제3호에 의한 중대시민재해의 정의에 합당하고, 같은 법 제9조에 의한 안전보건확보의무에 해당하는 부작위에 해당된다. 중대시민재해의 위반죄는 구성요건해당성, 위법성, 책임의 범죄요건에 따라 판단한다.

d) 중대시민재해의 구성요건은 중대재해처벌법 제2조제3호 이외에 제9조(사업주와 경영책임자등의 안전 및 보건 확보의무)에 의하여 판단한다. 따라

서 중대재해처벌법은 2가지 유형의 범죄요건으로 구성된다. 이 경우 사업주 또는 경영책임자등이 예측할 수 없는 종사자의 돌발적인 행동이나 이례적인 행동으로 재해가 발생하였다면 예견할 수 없으므로 형사책임을 인정하기 어렵다.

e) 구성요건 해당성은 주체 이외에 객체로서 대합실의 면적이 중대재해처벌법의 적용기준에 합당한지, 재해예방조치를 어떻게 해야 하고 부작위의 위반이 무엇인지, 결과로서 사망 및 부상이 재해예방조치를 하지 않은 행위와 인과관계가 있는지를 고려하여 판단해야 한다.

2) 철도역사의 대합실과 공중이용시설의 해당 여부   a) 철도역사는 공중이용시설로서 설계·제조·설치·관리상의 결함을 원인으로 중대시민재해가 발생한 경우에 사업주 또는 경영책임자에 대하여 중대재해처벌법 위반죄를 적용할 수 있다. 경영책임자등은 중대재해처벌법 시행령 제3조 제1호[별표2]에 따라 연면적 2천제곱미터 이상인 대합실에 해당하는 경우 안전보건확보를 해야 할 의무가 있다.

b) 철도역사 대합실의 운영주체가 누구이며, 유지보수를 할 책임이 있는지, 아니면 시설의 유지보수에 관한 업무는 다른 기관에 위탁하고 있는지를 조사해야 한다. 중대재해처벌법 철도역사의 운영주체가 철도역사 대합실의 소유자로서 1차적인 책임이 있다고 판단된다.

c) 그러나 철도역사 대합실의 소유자라도 시설관리의 업무를 위탁하고 있다면 수탁자가 관리책임의 주체가 될 수 있다. 중대재해처벌법 제9조제3항은 도급, 용역, 위탁의 경우에도 그 이용자 또는 그 밖의 사람의 생명, 신체의 안전을 위한 새해예방조치를 하도록 규징하고 있다.

d) 따라서 철도역사 대합실에 대한 관리·운영주체에 따라 경영책임자를 확정하고, 그에 따른 역할과 책임, 실질적인 지배·운영·관리 등을 조사하여야 한다. 철도역사 대합실의 규모는 2천제곱미터 이상에 해당될 때 중대재해처벌법의 적용대상인 객체에 해당된다.

3) 안전진단결과와 중대시민재해의 예방 대책 여부   a) 사례의 경우 안전진단을 하였다면 그 진단결과에 따라 적정한 재해예방조치를 해야 한

다. 철도역사가 노후시설로서 철거하고 새로이 신축하기로 하였다면 여러 가지 하자가 예상되고 보수나 이용제한 등 조치가 필요하다. 사례의 경우 철도역사 대합실에 대하여 시설물안전법에 의한 정기안전점검, 정밀안전진단을 하였는지도 원인책임과 관련하여 문제가 된다.

b) 시설물안전법 제11조(정밀안전진단, 정밀안전점검), 건축법 제13조(정기점검), 제16조(안전진단)을 시행한 경우 그에 따른 조치를 하여야 한다. 시설물안전법 제23조, 제24조등에 따른 긴급안전조치 및 시설의 보수, 위험표지의 설치 등은 재해예방조치에 해당하므로 범죄요건의 작위의무에 해당하는 행위로 판단된다.

c) 안전진단의 유형으로서 정밀안전진단 또는 안전점검 등의 행위를 하지 않은 경우 부작위로서 위반책임이 인정된다. 따라서 사업주 또는 경영책임자는 노후화된 대합실에 대한 긴급 보강작업, 위험표지설치, 사용제한, 장마철 동안 대합실 사용을 일시적으로 중지하거나 대체시설을 마련하지 않았다면 부작위에 해당된다.

4) 중대재해처벌법 시행령 제10조의 위반과 형사책임

a) 철도역사 대합실은 중대시민재해의 대상이므로 시민의 생명과 신체를 보호하기 위한 안전보건관리체계를 구축해야 한다. 안전보건관리체계의 구축은 중대재해처벌법 시행령 제10조에 의하여 중대재해처벌법위반죄를 구성한다.

b) 이 경우 철도역사 대합실의 규모, 규모의 판단 시 장소적 구분가능성, 위험통제의 방법과 범위, 유해·위험요인의 종류, 안전보건관리체계의 적합성을 중대재해처벌법 제2조제3호 및 제9조에 의한 위반 여부, 중대재해처벌법 시행령 제10조 각 호에 따른 인력, 예산, 안전점검, 안전계획 수립, 반기 1회 이상 점검을 하지 않은 부작위를 위반행위로 본다.

c) 사례의 경우 사망 1명은 중대시민재해에 해당되고, 부상자 8명이 6개월의 치료에 해당되지 아니한다. 사망 1명에 대하여만 중대시민재해의 형사책임이 발생한다. 사망재해는 중대재해처벌법 제6조, 부상재해는 형법 제268조가 적용된다.

d) 중대재해처벌법은 안전·보건확보의무를 위반하여 사상(死傷)을 초래한 사업주와 경영책임자 등을 처벌한다(중대재해처벌법 제6조 제1항, 제2항). 사례의 경우 형법 제38조(경합범과 처벌례)에 따라 사형, 무기징역, 무기금고와 같은 무거운 죄로 볼 수 없으며, 병과할 수밖에 없다.

제 4 장

보 칙

제 1 절 형의 확정과 심리절차
제 2 절 징벌적 손해배상
제 3 절 정부의 지원 및 보고 등

제 1 절
형의 확정과 심리절차

1. 형사상 형의 확정

(1) 형의 확정과 효력

1) **형의 확정의 정의**　a) 사업주 또는 경영책임자가 중대재해처벌법에 따른 안전보건확보의무를 위반한 경우 형사소송법에 의한 공소제기와 재판의 절차를 거쳐 형이 확정된다. 형의 확정은 재판에 의하여 확정되며, 특히 종국적 재판에 있어서는 형식적 확정에 의하여 소송계속이 종결된다.

b) 법원의 재판결과에 대한 상소는 1심판결에 대한 항소(형사소송법 제357조)와 2심판결에 대한 상고(형사소송법 제371조)의 2개 종류로 구분한다. 2심인 항소심은 사실문제와 법률문제를 모두 심리(형사소송법 제361조의5)하며, 3심인 상고심은 법률문제만을 심리한다(형사소송법 제383조).

c) 따라서 상급법원에 상소하는 통상의 불복방법에 의하여 더 이상 다툴 수 없고 그 내용을 변경할 수 없게 된 상태에 이르면 그 재판을 "확정재판"이라 하고, 확정재판에서 선고된 내용에 따라 형벌권의 존재 및 범위가 확정되어 형의 집행권이 발생하게 된다(형사소송법 제459조).

d) 확정판결은 해당 재판의 상소기간을 도과하거나, 대법원에서 선고된 판결로써 확정된 효력을 가지는 판결을 말하는데, 형사소송에서 항소기간은 7일이다(형사소송법 제358조). 상소기간은 재판이 선고 또는 고지된 날로부터 진행된다(형사소송법 제343조).

2) **형의 확정 시 효력**　a) 형의 확정은 재판의 확정에 의하여 발생하며, 이와 같은 재판의 본래적 효력(형의 집행권 발생)을 재판의 확정력이라 한다. 재판의 확정력은 형식적 확정력과 내용적 확정력(실질적 확정력)으로 구분되며, 중대재해처벌법위반죄의 재판 시에도 적용된다.

b) "형식적 확정력"이란 재판이 통상의 불복방법에 의하여 더 이상 다툴 수 없는 상태를 말하며, 불가쟁적(不可爭的) 효력이라고도 한다. 형식적 확정력은 내용적 확정력을 인정하기 위한 전제가 될 뿐만 아니라, 재판의 비본래적 효력인 전과기록을 위한 전제가 되기도 한다.

c) "내용적 확정력(실질적 확정력)"이란 재판이 형식적으로 확정되면 재판의 판단내용인 법률관계가 확정되는 것을 말한다. 즉 유·무죄의 실체판결이 확정되면 이에 따라 형벌의 존부와 범위가 확정된다. 이러한 내용적 확정력에 따라 다른 법원에서 동일한 사건으로 동일한 사항에 대하여 다른 판단을 할 수 없게 되는 '내용적 구속력(불가변적 효력)'과 동일사건에 대하여 다시 심리하지 못하는 '일사부재리(一事不再理)의 효력'이 발생한다.

3) 형 확정 사실의 통보   a) 법무부장관은 제6조, 제7조, 제10조 또는 제11조에 따른 범죄의 형이 확정되면 그 범죄사실을 관계 행정기관의 장에게 통보하여야 한다(중대재해처벌법 제12조). 이 규정은 재발을 방지하고 향후 가중처벌에 대한 경고, 관련 주무관청의 행청처분에 대한 필요성으로 고려한 취지이다.

b) 따라서 중대재해처벌법 제6조(중대산업재해 사업주와 경영책임자 등의 처벌), 제7조(중대산업재해의 양벌규정), 제10조(중대시민재해 사업주와 경영책임자등의 처벌), 제11조(중대시민재해의 양벌규정)에 따른 형이 확정되면 그 범죄사실을 고용노동부장관 및 처벌을 받는 관계행정기관의 장에게 통보된다. 여기서 관계기관이란 중대재해처벌법을 위반한 각종 중앙행정기관을 말한다.

(2) 중대산업재해 위반사실의 공표

1) 중대산업재해 발생사실의 공표   a) 고용노동부장관은 제4조에 따른 의무를 위반하여 발생한 중대산업재해에 대하여 사업장의 명칭, 일시와 장소, 재해의 내용 및 원인 등 발생사실을 공표할 수 있다(중대재해처벌법 제13조제1항). 이 규정은 발생사실을 공표하여 사업주의 관심과 투자를 유인하기 위한 취지이다.

b) 여기서 공표란 행정상의 의무위반 또는 불이행이 있는 경우 그의 성

명·위반사실 등을 일반인에게 공개하여 명예 또는 신용의 침해를 위협함으로써 법률상의 의무이행을 간접적으로 강제하는 수단을 말한다. 공표의 방법, 기준 및 절차 등은 대통령령으로 정한다(중대재해처벌법 제13조제2항).

2) 중대산업재해 발생사실의 공표방법

① **중대산업재해의 공표**　　a) 법 제13조제1항에 따른 공표(이하 이 조에서 "공표"라 한다)는 법 제4조에 따른 의무를 위반하여 발생한 중대산업재해로 법 제12조에 따라 범죄의 형이 확정되어 통보된 사업장을 대상으로 한다(중대재해처벌법 시행령 제12조제1항).

b) 중대재해처벌법은 사업주 또는 경영책임자의 안전보건확보의무로서 안전보건관리체계의 구축 및 이행점검, 도급사업의 안전보건확보의무에 대한 범죄요건을 판단하지만, 위반행위의 구체적인 장소는 해당 사업장인 점을 고려하여 공표대상으로 한다.

② **공표방법, 기준 및 절차**　　a) 중대산업재해가 안전·보건 확보의무를 위반하여 발생한 경우 공표내용은 다음 각 호의 사항으로 한다(중대재해처벌법 시행령 제12조제2항).

> 1. "중대산업재해 발생사실의 공표"라는 공표의 제목
> 2. 해당 사업장의 명칭
> 3. 중대산업재해가 발생한 일시·장소
> 4. 중대산업재해를 입은 사람의 수
> 5. 중대산업재해의 내용과 그 원인(사업주 또는 경영책임자등의 위반사항을 포함한다)
> 6. 해당 사업장에서 최근 5년 내 중대산업재해의 발생 여부

b) 고용노동부장관은 공표하기 전에 해당 사업장의 사업주 또는 경영책임자등에게 공표하려는 내용을 통지하고 30일 이상의 기간을 정하여 그에 대해 소명자료를 제출하게 하거나 의견을 진술할 수 있는 기회를 주어야 한다(중대재해처벌법 시행령 제12조제3항).

c) 공표는 관보, 고용노동부나 「한국산업안전보건공단법」에 따른 한국산업

안전보건공단의 홈페이지에 게시하는 방법으로 한다(중대재해처벌법 시행령 제
12조제4항). 제4항에 따라 홈페이지에 게시하는 방법으로 공표하는 경우 공표
기간은 1년으로 한다(중대재해처벌법 시행령 제12조제5항).

2. 재판상 심리절차

(1) 재판상 심리의 정의

1) **재판상 심리의 정의**   형사재판의 심리는 공정한 재판과 판사의 예단
을 방지하기 위하여 공판기일에 현출된 증거에 따라 심리하는 공판중심주의
(公判中心主義)를 채택하고 있다. 즉 우리나라 형사소송법은 2007. 6. 1. 법률
개정에서 공개주의·구두변론주의·직접주의 및 전문법칙 등을 채택하여 공
판기일에 공개된 법정에서 구두에 의하여 변론을 한 경우에만 법관은 심증
을 얻을 수 있고, 공판정에서 반대심문기회를 주면서 판사가 직접 조사한 증
거에 의해서만 심증을 형성하여 판단하도록 하고 있다.

2) **재판상 심리의 효력**   a) 검사가 공소를 제기할 때에는 법원에 제출하
는 공소장에는 범죄의 일시·장소와 방법을 명시하여 사실을 특정할 수 있어
야 하므로(형사소송법 제254조), 법원의 심리는 공소장에 기재된 피고인과 공소
사실에 제한된다. 그리고 검사가 공소사실을 추가·변경하거나 적용법조를 추
가·변경하려는 경우에는 최초 제출한 공소장에 기재된 공소사실의 동일성을
해하지 않는 한도에서 법원의 허가를 얻어야 한다(형사소송법 제298조 제1항).

b) 공판절차는 누구에게나 공개되어야 하므로(헌법 제109조) 누구나 방청인
으로 공판절차에 참여할 수 있다. 재판의 심리와 판결은 공개한다. 다만, 심
리는 국가의 안전보장, 안녕질서 또는 선량한 풍속을 해칠 우려가 있는 경우
에는 결정으로 공개하지 아니할 수 있다(법원조직법 제57조 제1항). 또한 누구
든지 법정 안에서는 재판장의 허가 없이 녹화, 촬영, 중계방송 등의 행위를
할 수 없다(법원조직법 제59조).

c) 공판기일에서의 변론은 구두로 하여야 하며(형사소송법 제275조 제1항),
특히 판결은 법률에 다른 규정이 없으면 구두변론에 의거해야 한다(형사소송

법 제37조 제1항). 이러한 구두변론주의는 공개주의의 기초가 된다. 또한 당사자가 주장하고 진술한 내용에 대하여 심리가 이루어지므로 당사자 중심으로 재판절차가 진행된다.

d) 공판정에서 직접 조사한 증거만을 재판의 기초로 삼을 수 있다. 직접주의는 변론주의와 결합하여 법관에게 정확한 심증을 형성하게 할 뿐만 아니라 피고인에게 직접 변명의 기회를 주는 반대신문의 기회보장이라는 측면도 있다. 따라서 다른 사람으로부터 들은 사실을 증언하는 경우 보충증거가 없으면 그 진술효력을 증거로 삼지 않는 전문증거배제법칙이 적용된다(형사소송법 제310조의2).

e) 심리에 2일 이상 소요되는 사건은 연일 계속하여 심리하여야 한다(형사소송법 제267조의2). 공판정에 현출된 증거방법에 따라 법관이 신선하고 확실한 심증을 형성하도록 하기 위한 제도로 집중심리(集中審理)라고 한다. 이 것은 공판기일이 중단되면 법관의 기억이 희미해져 증거의 신빙성에 영향을 주는 것을 방지하기 위한 취지이다.

f) 만일 부득이한 사정으로 매일 계속 심리할 수 없는 경우에도 특별한 사정이 없는 한 전회의 공판기일로부터 14일 이내에 다음 공판기일을 지정하여야 한다. 판결선고일은 변론을 종결한 기일에 하도록 하여 즉일선고(卽日宣告)원칙을 규정하고 있다(형사소송법 제318조의4). 다만 특별한 사정이 있는 경우에는 선고기일을 지정할 수 있지만, 변론종결 후 14일 이내로 지정해야 한다.

3) 피해자등의 진술권 a) 법원은 범죄로 인해 피해자 또는 그 법정대리인(피해자가 사망한 경우에는 배우자·직계친족·형제자매를 포함한다. 이하 "피해자등"이라 한다)의 신청이 있는 때에는 그 피해자등을 증인으로 신문하여야 한다. 다만, 피해자등 이미 당해사건에 관하여 공판절차에서 충분히 진술하여 다시 진술할 필요가 없다고 인정되는 경우(제2호), 피해자등의 진술로 인하여 공판절차가 현저하게 지연될 우려가 있는 경우(제3호)에는 그러하지 아니하다(형사소송법 제294조의2제1항).

b) 법원은 피해자등을 신문하는 경우 피해의 정도 및 결과, 피고인의 처벌에 관한 의견, 그 밖에 당해 사건에 관한 의견을 진술할 기회를 주어야 한다(형사소송법 제294조의2제2항). 법원은 동일한 범죄사실에서 신청인이 여러 명

인 경우에는 진술할 자의 수를 제한할 수 있다(형사소송법 제294조의2제3항).
이 경우 신청인이 출석통지를 받고도 정당한 이유 없이 출석하지 아니한 때
에는 그 신청을 철회한 것으로 본다(형사소송법 제294조의2제4항).

(2) 심리절차의 특례

1) **형사소송의 심리절차**　　a) 형사소송에서 심리절차를 공판절차라고 하
는데, 공판절차는 모두절차, 사실심리절차, 판결선고절차 등 3단계로 구분된
다. 모두절차에서는 ⅰ) 진술거부권 고지에서 시작하여, ⅱ) 피고인의 인적
사항을 확인하는 인정신문(人定訊問), ⅲ) 공소사실과 죄명 및 적용법조를 낭
독하는 검사의 모두진술(冒頭陳述), ⅳ) 공소사실의 인정 여부를 진술하는
피고인의 모두진술, ⅴ) 재판장의 쟁점정리 및 검사·변호인의 증거관계에
대한 진술의 순서로 진행된다.

b) 인정신문이란 실체에 대한 심리에 들어가기 전에 출석한 피고인이 공
소장에 기재된 피고인과 동일인인지 여부를 확인하는 절차를 말한다. 이 경
우 재판장은 피고인의 성명·연령·등록·주소지·주거와 직업을 물어서 피
고인이 틀림없음을 확인하여야 한다(형사소송법 제284조).

c) 검사의 모두진술이란 인정신문 후 사실심리에 앞서 검사가 사건개요
및 입증방침을 밝히는 절차를 말한다. 검사는 공소장에 의하여 공소사실죄명
및 적용법조를 낭독하여야 한다. 다만, 재판장은 필요한 경우, 검사에게 공소
장 낭독 대신에 공소의 요지만을 진술하도록 할 수 있다(형사소송법 제285조).

d) 사실심리절차에서는 증거조사와 증인신문, 피고인신문 및 검사와 피해
자·피고인·변호인 등 소송관계인의 의견진술(최후변론)의 순서로 진행된다.
판결선고절차에서는 법원이 유·무죄 여부 및 형량을 선고하는 최종의 절차
이다.

2) **심리절차에 관한 특례**　　a) 이 법 위반 여부에 관한 형사재판에서 법
원은 직권으로 「형사소송법」 제294조의2에 따라 피해자 또는 그 법정대리인
(피해자가 사망하거나 진술할 수 없는 경우에는 그 배우자·직계친족·형제자매를
포함한다)을 증인으로 신문할 수 있다(중대재해처벌법 제14조제1항).

b) 일반 형사소송절차에서 원래 피해자 또는 그 법정대리인이 공판절차에서 증인으로 진술을 하려면 법원에 미리 신청하여야 하는데(형사소송법 제294조의2), 중대재해처벌법은 법원이 직권으로 증인신문을 할 수 있도록 규정하고 있다.

c) 일반 형사소송절차에서 해당 분야의 전문가는 법원의 명령이 있는 경우에 감정인으로 선정되어 감정결과를 서면으로 제출하거나 공판정에 출석하여 진술할 수 있다(형사소송법 제169조, 제171조). 그러나 중대재해처벌법은 이 법 위반 여부에 관한 형사재판에서 법원은 검사, 피고인 또는 변호인의 신청이 있는 경우 특별한 사정이 없으면 해당 분야의 전문가를 전문심리위원으로 지정하여 소송절차에 참여하게 하여야 한다(중대재해처벌법 제14조제2항).

d) 중대재해처벌법에 의한 심리는 전문적인 지식과 경험을 필요로 한다. 특히 중대산업재해의 경우 복잡한 작업공정, 기술적 사고원인과 재해예방대책의 적합성, 직업성질병의 발생과 인과관계 등을 명확히 규명해야 한다. 특히 재해발생 당시의 녹화기록이 없다면 객관적인 증명이 어려울 수 있다.

e) 감정을 명할 때는 감정사항을 명확히 하여야 하고 감정인에게 선서의무를 부여한다. 그러나 전문심리위원에 대하여는 감정에 비하여 신속하게 설명 또는 의견을 들을 수 있다는 점과 감정은 증거자료가 되지만, 전문심리위원의 설명이나 의견은 증거자료가 되지 않고 전문지식을 보충하는 참고자료가 될 뿐이라는 점에서 차이가 있다.

3) 전문심리위원의 참여　　a) 법원은 소송관계를 분명하게 하거나 소송절차를 원활하게 진행하기 위하여 필요한 경우에는 직권으로 또는 검사, 피고인 또는 변호인의 신청에 의하여 결정으로 전문심리위원을 지정하여 공판준비 및 공판기일 등 소송절차에 참여하게 할 수 있다(형사소송법 제279조의2제1항).

b) 전문심리위원은 전문적인 지식에 의한 설명 또는 의견을 기재한 서면을 제출하거나 기일에 전문적인 지식에 의하여 설명이나 의견을 진술할 수 있다. 다만, 재판의 합의에는 참여할 수 없다(형사소송법 제279조의2제2항).

c) 전문심리위원은 기일에 재판장의 허가를 받아 피고인 또는 변호인, 증인 또는 감정인 등 소송관계인에게 소송관계를 분명하게 하기 위하여 필요

한 사항에 관하여 직접 질문할 수 있다(형사소송법 제279조의2제3항). 법원은 제2항에 따라 전문심리위원이 제출한 서면이나 전문심리위원의 설명 또는 의견의 진술에 관하여 검사, 피고인 또는 변호인에게 구술 또는 서면에 의한 의견진술의 기회를 주어야 한다(형사소송법 제279조의2제4항).

(3) 법원조직법과 심판권

1) **법원조직법의 주요내용** 법원조직법은 헌법에 따라 사법권을 행사하는 법원의 조직을 정한 법률로서, 법원의 권한, 법원의 종류, 대법관 등 판사, 심판권의 행사, 사법행정사무, 대법원 및 각급법원(고등법원, 특허법원, 지방법원, 가정법원, 행정법원, 회생법원), 법관인사위원회, 법원직원 등을 규정하고 있다.

2) **합의부의 심판권** a) 지방법원과 그 지원의 합의부는 다음의 사건을 제1심으로 심판한다(법원조직법 제32조제1항). 중대재해처벌법의 제정에 따라 법원조직법 제32조제1항제3호에 아목을 신설하였다.

1. 합의부에서 심판할 것으로 합의부가 결정한 사건
2. 민사사건에 관하여는 대법원규칙으로 정하는 사건
3. 사형, 무기 또는 단기 1년 이상의 징역 또는 금고에 해당하는 사건. 다만, 다음 각 목의 사건은 제외한다.
   가. 「형법」 제258조의2, 제331조, 제332조(제331조의 상습범으로 한정한다)와 그 각 미수죄, 제350조의2와 그 미수죄, 제363조에 해당하는 사건
   나. 「폭력행위 등 처벌에 관한 법률」 제2조제3항제2호·제3호, 제6조(제2조제3항제2호·제3호의 미수죄로 한정한다) 및 제9조에 해당하는 사건
   다. 「병역법」 위반사건
   라. 「특정범죄 가중처벌 등에 관한 법률」 제5조의3제1항, 제5조의4제5항제1호·제3호 및 제5조의11에 해당하는 사건
   마. 「보건범죄 단속에 관한 특별조치법」 제5조에 해당하는 사건

    바. 「부정수표 단속법」 제5조에 해당하는 사건

    사. 「도로교통법」 제148조의2제1항·제2항, 같은 조 제3항제1호 및 제2호에 해당하는 사건

    아. 「중대재해처벌 등에 관한 법률」 제6조제1항·제3항 및 제10조제1항에 해당하는 사건

4. 제3호의 사건과 동시에 심판할 공범사건

5. 지방법원판사에 대한 제척·기피사건

6. 다른 법률에 따라 지방법원 합의부의 권한에 속하는 사건

b) 지방법원 본원 합의부 및 춘천지방법원 강릉지원 합의부는 지방법원단독판사의 판결·결정·명령에 대한 항소 또는 항고사건 중 제28조제2호에 해당하지 아니하는 사건을 제2심으로 심판한다. 다만, 제28조의4제2호에 따라 특허법원의 권한에 속하는 사건은 제외한다(법원조직법 제32조제2항). 중대재해처벌법위반사건은 지방법원 단독심(원심), 지방법원 합의부(항소심)을 거쳐 대법원에 상고할 수 있다.

제 2 절
징벌적 손해배상

1. 징벌적 손해배상책임

(1) 징벌적 손해배상의 정의와 성격

1) **징벌적 손해배상의 정의**   a) 징벌적 손해배상이란 가해자가 악의로 불법행위를 함으로써 피해자에게 손해를 준 경우 실손해 이외에 징벌적 의미로 추가하여 배상하는 것을 말한다. 징벌적 손해배상은 가해자의 악의 또는 고의에 의한 동일 또는 유사한 행위를 반복하지 않도록 억제하는데 그 취지가 있다.[1]

b) 역사상 최초로 BC 2000년 함무라비 법전에서 인정한 후 1400년 히타이트 법전(The Hittite Laws)에서 징벌적 손해배상을 인정하였다.[2] 영국은 18세기에 고의적 불법행위에 대하여 징벌적 손해배상의 법리를 적용하였다.

c) 미국은 18세기 후부터 영국의 징벌적 손해배상의 법리를 채택하고 위법성의 중대성을 고려하여 인정하기 시작했다.[3] 오늘날 미국은 민사소송에서 불법행위 중 고의적 불법행위, 계약부문에서 사기, 고용과 관련하여 징벌적 손해배상의 판결이 높게 나타나고 있다.

d) 그러나 징벌적 손해배상은 손해의 공평분담이라는 기본원칙과 배치되고, 실손해 배상주의를 기초로 하는 손해배상의 원리와 상충되는 문제점이 있다. 또한 피해자의 부당이득 내지 거액의 수임료를 예상한 소송이 남발할 수 있다. 그래서 징벌적 손해배상은 반사회적 행위에 대한 제재수단이지만

---

1) Restatement(second) of Torts(1979) 908(1). : 정혜련, 삼성경제연구소, 2017, 27면.
2) 한민석, 이보영, "안전사고를 위한 징벌적 손해배상제도 도입 필요성", 2015, 13면.
3) 정혜련, "미국법상 징벌적 손해배상의 운용과 경제상거래적 효과에 대한 고찰- 연방대법원과 법경제학의 접근방식을 중심으로", 삼성경제연구소, 29면.

가해자 행위의 특성과 피해자의 주관적 상태를 고려하여 과도하거나 불충분한 손해배상을 예방하기 위하여 합리적인 기준으로 조정되어야 한다.

2) **징벌적 손해배상의 성격**   a) 징벌적 손해배상은 ⅰ) 위반행위자를 처벌하여 위반행위로 인한 부당이득을 환수하는 성격을 지니며, ⅱ) 법위반행위로 얻는 이익을 감소 또는 소멸시키는 효과를 얻게 된다. 이 경우 악의적 불법행위를 통해 얻은 이익보다 더 무거운 처벌을 할수록 피해자로부터 소송을 당할 위험성이 클 수밖에 없다.

b) 그러나 징벌적 손해배상은 무분별한 소송으로 사회적 비용의 증가와 형사처벌이 수반될 경우 이중처벌의 소지가 있다는 이유로 반대하거나, 현재 손해배상의 수준이 충분하지 못하다는 이유로 찬성하는 견해가 있었다. 그러나 영국 및 미국은 불법행위의 예방효과를 이유로 인정하고 있다.

c) 징벌적 손해배상은 제재로서의 성격상 준형사법으로 취급되고 있으나, ⅰ) 가해자가 국가에 대하여 손해배상액을 지급하는 것이 아니라 피해자에게 지급하는 점, ⅱ) 절차는 민사소송법에 따르기 때문에 형벌과 다르다는 점에서 이중처벌의 금지원칙에 위반되지 않는다고 판시한 사례(U.S. 435, 451 : 1989)가 있다.[4] 우리나라는 독일 등 대륙법계의 체계에 따라 전보적 손해배상을 원칙으로 하고 있으나, 일부 법률에 징벌적 손해배상을 도입하였다.[5]

(2) 징벌적 손해배상책임과 손해배상액의 산정

1) **손해배상의 책임**   a) 사업주 또는 경영책임자등이 고의 또는 중대한 과실로 이 법에서 정한 의무를 위반하여 중대재해를 발생하게 한 경우 해당 사업주, 법인 또는 기관이 중대재해로 손해를 입은 사람에 대하여 그 손해액

---

4) 우리나라는 하도급법 제35조제2항에서 징벌적 손해배상제도를 도입하면서 위헌성 논란이 되기도 하였다. 미국의 인디애나주는 형사처벌을 받는 경우 징벌적 손해배상을 인정하지 않는다.

5) 징벌적 손해배상제도는 2011년 「하도급거래 공정화에 관한 법률」에 징벌적 손해배상제도를 도입한 후 「대리점거래의 공정화에 관한 법률」, 「제조물책임법」, 「독점규제 및 공정거래에 관한 법률」, 「대중소기업 상생협력촉진에 관한 법률」, 「환경보건법,」 「기간제 및 단시간 근로자보호등에 관한 법률」, 「파견근로자보호등에 관한 법률」, 「개인정보보호법」 등에 규정하고 있다.

의 5배를 넘지 아니하는 범위에서 배상책임을 진다. 다만, 법인 또는 기관이 해당 업무에 관하여 상당한 주의와 감독을 게을리하지 아니한 경우에는 그러하지 아니하다(중대재해처벌법 제15조제1항).

b) 이 경우 손해배상액의 결정 시 고의 또는 중대한 과실의 판단기준이 문제가 된다. 따라서 법원은 제1항의 배상액을 정할 때에는 다음 각 호의 사항을 고려하여야 한다(중대재해처벌법 제15조제2항).

> 1. 고의 또는 중대한 과실의 정도
> 2. 이 법에서 정한 의무위반행위의 종류 및 내용
> 3. 이 법에서 정한 의무위반행위로 인하여 발생한 피해의 규모
> 4. 이 법에서 정한 의무위반행위로 인하여 사업주나 법인 또는 기관이 취득한 경제적 이익
> 5. 이 법에서 정한 의무위반행위의 기간·횟수 등
> 6. 사업주나 법인 또는 기관의 재산상태
> 7. 사업주나 법인 또는 기관의 피해구제 및 재발방지 노력의 정도

2) 징벌적 손해배상액과 고의의 판단　　a) 중대재해처벌법 제15조(손해배상책임)에서는 "고의 또는 중대한 과실로 이 법에서 정한 의무를 위반한 경우" 징벌적 손해배상책임을 규정하고 있다. 여기서 고의는 안전보건확보의무와 관련한 고의를 말하며, 이러한 고의는 중대산업재해 또는 중대시민재해와 관련하여 인과관계가 인정되어야 한다.

b) 따라서 징벌적 손해배상의 대상으로서 고의는 중대재해가 발생할 당시를 기준으로 판단하여야 한다. 이 경우 고의는 중대재해처벌법의 위반으로 인한 고의로서 형사상 고의로 볼 것인지, 손해배상청구를 위한 민법상의 고의로 볼 것인지 해석상 논란의 여지가 있다.

c) 중대재해처벌법 제15조에 위반한 고의는 징벌적 손해배상을 인정하기 위한 고의를 의미하며, 민법 제650조에 의한 불법행위로서의 통상적인 손해배상에서 인정하는 고의와 구별해야 한다는 견해이다. 따라서 중대재해처벌법 제15조제2항제1호에 의한 고의는 중대재해처벌법의 관점에서 해석해야

한다는 입장이다.

d) 그러나 중대재해가 발생한 결과 범죄요건을 갖추지 않더라도 민법 제650조에 의한 불법행위로서의 고의에 해당될 수 있고, 이러한 통상적인 손해배상의 책임을 전제로 징벌적 손해배상액을 산정하여야 한다는 견해가 있다. 따라서 통상적인 손해배상액을 기초로 징벌적 손해배상액을 산정한 후 감경사유를 고려해 결정하는 것이 산정방법의 합리성이 있다는 입장이다.

3) **중대한 과실의 정도**　　a) 중대재해처벌법 제15조제2항제1호에 따른 "중대한 과실의 정도"는 징벌적 손해배상액을 정할 때, 고려해야 하는 규범적 요소에 해당된다. 여기서 중과실은 극히 근소한 주의만 하였더라면 결과발생을 예견할 수 있음에도 불구하고 부주의로 이를 예견하지 못한 과실을 말한다.

b) 중과실은 약간의 주의만 기울였다면 결과발생을 회피할 수 있었음에도 불구하고 이를 태만히 하여 결과를 발생시킨 것으로서 과실의 정도가 고의에 가까울 정도에 이른다. 그러나 중과실의 판단기준은 일반적으로 제시하기 어렵고 판례를 통해 이해할 수밖에 없다. 법익침해의 결과가 발생할 수 있다는 점을 경솔 또는 무관심으로 가볍게 여기는 행위로 이해되기도 한다.

c) 어떠한 과실이 중과실에 해당하는지를 법률에 규정하고 있지 않으므로 구체적인 사정을 종합적으로 고려하여 판단해야 한다. 따라서 ⅰ) 위반사실의 인식 또는 결과의 예견 및 회피가 용이한지, ⅱ) 의사의 긴장에 대한 결여가 얼마나 큰지, ⅲ) 수의능력이 높은 사람인지. ⅳ) 인식 없는 과실보다 인식 있는 과실에 해당하는지, ⅴ) 주의의무를 쉽게 지킬 수 있는 경우인지에 따라 과실의 정도를 크게 본다.

d) 징벌적 손해배상의 책임을 인정하기 위해서는 중대한 과실이 있어야 한다. 중대재해가 범죄요건 중 범죄구성요건(객관적 구성요건 및 주관적 구성요건)을 일부 충족하지 못하는 경우가 발생할 수 있다. 그러나 무죄 또는 불기소처분이 있더라도 중대한 과실이 인정된다면 징벌적 손해배상의 청구가 가능하다.[6]

4) **상당한 주의의무와 감독책임**　　a) 중대재해처벌법 제15조제1항단서에

---

[6] 대검찰청, 중대재해처벌법 해설, 2022. 378면.

는 "법인 또는 기관이 해당 업무에 관하여 상당한 주의와 감독을 게을리 한 경우에는 그러하지 아니하다."고 규정하고 있다. 이 규정은 주의의무위반 여부에 따른 징벌적 손해배상책임의 면책을 인정하고자 하는 취지이다.

b) 여기서 주의의무의 위반은 단순히 부주의를 넘어서 불법의 영역에 속한다는 것을 의미한다. 따라서 상당성을 잃어 불법성이 인정될 정도에 해당되는 행위들만 주의의무위반의 영역으로 귀속되어야 한다. 주의의무는 예견가능성과 회피가능성의 제반정황과 사실관계를 고려하여 판단하되, 안전보건확보의무를 명시한 경영책임자등의 행위를 구체화하고 어느 정도 위험예방에 관여하였는지에 따라 "상당한 주의"를 판단할 수 있다.

c) 사업주와 경영책임자등은 업무의 계획부터 집행, 보고 및 평가 등에 대하여 실행체계, 보고체계, 전달체계를 구축하고 확인하거나 점검, 승인하는 등의 행위를 한다면, 상당한 주의의무를 충족한다고 해석된다. 따라서 사업주 또는 경영책임자가 업무절차서나 지침서 등 안전보건관리체계를 구축하고 이행점검을 하는 경우 주의의무의 상당성을 충족한다.

d) 상당한 주의와 관리감독은 법인 또는 기관을 배상책임의 귀속주체로 판단한다. 따라서 법인 또는 기관은 사업주 또는 경영책임자등이 고의 또는 중대한 과실로 중대재해가 발생하지 아니하도록 주의를 가지고 감독을 해야 한다. 법인의 이사회에서 경영책임자등에게 안전보건관리체계를 구축하고 이행점검을 한 결과의 보고, 안전보건관련 예산의 승인, 중대재해 예방대책을 수립하고 시행한 결과의 보고하도록 하는 등 감독을 성실히 하여야 한다.

2. 산재보험급여와 손해배상액의 조정

(1) 산업재해와 산재보험급여

1) 산업재해와 산재보험급여의 대상　　a) 근로자는 업무상 사유로 부상, 질병 장해, 사망한 경우에는 산재보험급여의 대상이 된다. 근로자등이 업무수행 중 또는 업무에 기인하여 산업재해가 발생한 경우 업무상 재해로 인정

한다. 산재보험은 인과주의의 원칙, 무과실책임주의에 따라 보험급여의 사유를 심사하고 결정한다.

　b) 근로자등의 산업재해가 업무상 재해로 인정되면, 산업재해보상보험법(이하 "산재보험법"이라 한다)이 정하는 각종 보험급여(요양급여, 휴업급여, 상병보상연금, 장해급여, 직업재활급여, 유족급여 및 장의비)의 청구권이 발생한다. 보험급여의 청구권자는 생존 시 근로자가 행사하며, 사망 시 유족이 행사한다.

　2) 산재보상액의 초과와 배상금액　　a) 산업재해가 발생하면, 산재보험급의 청구사유가 되는 동시에 손해배상청구의 사유가 된다. 이 경우 피재근로자나 유족은 산재보험급여가 충분한 보상이 되지 않으면 초과손해에 대하여 사업주를 상대로 민사상 손해배상청구를 할 수 있다.

　b) 그러나 산재보험급은 보상의 범위, 보험수급권자의 순위 등은 손해배상과 차이가 있고, 무과실책임주의와 정률보상원칙에 따라 차이가 있다. 그래서 산재보험의 지급액과 손해배상액은 차이가 날 수 밖에 없고, 당사자 간에 쌍방의 과실유무 등을 둘러싸고 분쟁이 생기게 된다.

(2) 중복조정과 배상책임의 면제

　1) 손해배상액의 산정과 공제방법　　a) 손해배상액은 적극적 손해(월급여, 퇴직금, 상여금 등 일실소득), 소극적 손해(기왕치료비와 향후치료비), 위자료로 구분해 산정한다. 이 경우 산재보험급여액은 적극적 손해와 소극적 손해를 대상으로 중복조정의 대상이 되나, 위자료는 상계대상으로 할 수 없다.

　b) 중대재해처벌법에 의한 종사자 중 산재보험급여의 적용대상자로서 청구권이 인정되는 자는 산재보험급여액과 손해배상액에 대하여 중복조정을 할 수 밖에 없다. 이 경우 손해배상액의 총액에는 수령한 각종 보험금 또는 보상금을 포함하는 것으로 보아야 한다.

　c) 만약 근로자가 중대재해로 산재보험을 수령하였거나 수령하기로 확정된 경우 손해배상에서 산재보험금을 공제하고 난 후 초과손해배상액을 기준으로 산정할 것인지(사전공제설), 아니면 징벌적 손해배상액을 산정한 후 나중에 산재보험금을 공제한 금액으로 할 것인지(사후공제설) 견해가 대립될 수

있다.

d) 그러나 최근에 대법원(대판 2022. 3. 24, 2021다241618)은 산재보험과 손해배상과의 관계에 관한 과실상계의 심리에서 공제후상계설로 변경하였다(전원합의체 판결). 따라서 징벌적 손해배상의 금액도 공제후상계설에 따라 초과손해를 기준으로 산정함이 타당하다.

2) 산재보험 및 손해배상의 중복성과 면책　　a) 수급권자가 동일한 사유에 대하여 이 법에 따른 보험급여를 받으면 보험가입자는 그 금액의 한도 안에서 「민법」이나 그 밖의 법령에 따른 손해배상의 책임이 면제된다. 이 경우 장해보상연금 또는 유족보상연금을 받고 있는 자는 장해보상일시금 또는 유족보상일시금을 받은 것으로 본다(산재보험법 제80조제2항).

b) 수급권자가 동일한 사유로 「민법」이나 그 밖의 법령에 따라 이 법의 보험급여에 상당한 금품을 받으면 공단은 그 받은 금품을 대통령령으로 정하는 방법에 따라 환산한 금액의 한도 안에서 이 법에 따른 보험급여를 지급하지 아니한다. 다만, 제2항 후단에 따라 수급권자가 지급받은 것으로 보게 되는 장해보상일시금 또는 유족보상일시금에 해당하는 연금액에 대하여는 그러하지 아니하다(산재보험법 제80조제3항).

c) 산재보험법 제80조제3항 본문에서 "대통령령으로 정하는 방법에 따라 환산한 금액"이란 수급권자가 지급받은 금품의 가액(이 법에 따라 보험급여를 산정할 당시의 가액을 말한다)을 말하되, 요양서비스를 제공받은 경우에는 그 요양에 드는 비용으로 환산한 금액을 말한다(산재보험법 시행령 제76조). 따라서 보험금을 수령한 수급권자가 불법행위자를 상대로 배상청구를 하는 경우에는 청구의 상대방이 보험가입자인지의 여부에 관계없이 이미 수령한 보험금은 손해배상액에 공제되어야 한다.[7]

d) 산재보험법에 의한 보험급여는 근로자의 고의나 과실 등 과실책임을 묻지 아니하고 현실적으로 발생한 손해로써 부상이나 질병을 보상하는 것이므로 과실책임을 근간으로 하는 손해배상액의 범위와 반드시 일치하지 않는다. 따라서 실제 손해배상액으로 산정한 금액이 산재보험급여보다 많거나 적을 수 있으며, 이 경우 상호 보완적이고 기능적으로 동일한 손해에 한하여

---

7) 대판 1990. 12. 11, 90다5634.

중복조정이 된다고 보아야 한다.

e) 하나의 재해로 서로 다른 법률에 의한 이중적인 보상이나 배상은 허용되지 않는다. 산재보험은 실제로 지급받았거나 그에 대한 지급결정이 있었는지 여부와 관계없이 수급권자가 보험가입자인 사용자의 보상 또는 배상 책임의 이행으로 금품을 지급받는 경우'만을 규율대상으로 삼는다.8)

f) 따라서 산재보험법은 "동일한 사유"에 대하여는 면책하는 것이므로 보험급여의 종류나 내용이 손해배상과 다른 경우에는 공제대상이 되지 않는다. 따라서 정신적 손해에 대한 위자료는 보험급여와 감면관계를 발생시키지 아니한다.

3. 교통사고의 손해배상책임

(1) 업무상 교통사고와 자동차보험의 청구

1) **교통사고의 위험과 손해배상책임** a) 근로자 등 종사자가 업무를 수행하다 교통사고를 당한 경우 산재보험 또는 자동차보험을 선택할 수 있다. 이 경우 가해자의 고의나 과실의 정도와 입증문제, 교통사고의 발생원인과 사고의 유형 등을 고려할 때, 전문적이고 복잡하여 규명하기 어렵다.

b) 또한 교통사고의 원인과 형태의 특성 때문에 민법의 규정을 그대로 확대·적용하기가 부적합하다. 그래서 자동차이용에 따른 피해구제와 합리적인 손해배상을 위하여 민법을 수정하는 자동차특별책임법으로서 자동차손해배상보장법(이하 "자배법"이라 한다)을 제정하게 되었다.9)

c) 교통사고는 산재보험이나 자동차보험의 청구사유가 경합될 때 선택적으로 권리를 행사할 수 있다. 이 경우 근로자등의 교통사고를 산재보험을 처리하지 아니하고 자동차보험금을 청구하기로 하였더라도 산업안전보건법 제2조제1호에 해당하는 산업재해로 인정한다.

d) 따라서 공사현장에서 건설기계장비 또는 공사용 트럭에 치어 근로자

---

8) 대판 2015. 1. 15, 2014두11571
9) 이상국, 산재보험법(Ⅱ), 대명출판사, 2024, 417면.

등 종사자가 사망하는 경우 산업안전보건법에 의한 산업재해가 인정되며, 중대재해처벌법에 의한 중대산업재해로서 징벌적 손해배상의 대상이 된다.

2) **자동차손해배상보장법에 따른 손해배상**   a) 자동차에 의한 교통사고는 자동차의 소유자 또는 자동차를 사용할 권리가 있는 자로서 자기를 위하여 자동차를 운행하는 자가 다른 사람을 사상한 경우에 손해에 대하여 배상을 하여야 한다. 이 경우 자동차운행자는 고의 또는 과실로 인한 손해를 보상하기 위하여 자동차보험에서 대인배상 I (책임보험)에 의무적으로 가입하여야 한다. 자동차손해배상법에서는 자동차사고의 경우 대인배상 I 과 정부보장사업에 따른 보험금을 지급하도록 명시하고 있다.10)

b) 자동차손해배상보장법(이하 "자배법"이라 한다)은 가입이 강제되는 보험으로서 자동차사고로 다른 사람을 죽게 하거나 다치게 한 경우에 법률에 따라 대인배상 I (책임보험)에서 정한 한도에서 보상한다. 책임보험은 i) 개인용, 업무용, 영업용차량을 가입대상으로 하며, ii) 사망, 부상, 장애에 대하여 보험가입금액을 정하고 있다.

c) 자기신체사고는 피보험자가 피보험자동차의 소유, 사용, 관리하는 동안에 생긴 피보험자동차의 사고로 인해 상해를 입은 경우에 손해를 보상하는 것을 말한다. 자기신체사고는 산재보험과 조정대상이 아니며,11) 상대방의 가해를 이유로 자신을 위하여 보상을 받도록 가입할 수 있다. 이 경우 자기신체상해보험은 과실상계의 법리가 적용되지 않는다.

[표4-1] 자동차보험의 종류와 면책 여부

구 분	음주운전	무면허운전
대인배상 I	부책 (사고부담금 300만원)	부책 (사고부담금 300만원)
대인배상 II		면책
대물(강제) 2천만원	부책 (사고부담금 300만원)	부책 (사고부담금 100만원)

---

10) 이상국, 산재보험법(II), 대명출판사, 20241, 419면.
11) 대판 2015, 01, 15, 2014두724

대물(임의)보험		면책
자기신체사고	부책	부책
무보험자동차상해	부책	부책
자기차량손해	면책	면책
운전자보험	1. 벌금, 방어비용, 형사합의금 : 부책 2. 생계비, 사망, 상해, 의료비 : 면책	

3) **하도급관계에서의 운행자책임**　a) 건설현장에서 자동차소유자와 「차량임차 및 차량용역계약」을 체결하고 자재의 운반 및 화물의 적재 등 업무용으로 사용하던 중 발생한 사고는 건설회사가 차량의 운행이익을 향수한 것이므로 그에 따른 교통사고에 대하여 손해배상을 할 운행자의 책임이 있다.

b) 따라서 건설회사의 현장소장이 자동차소유자와의 사이에 자동차임대차 및 운전용역제공계약을 체결하고, 자동차 소유자를 자신의 공사현장에 배치하고 사고 시까지 1년 이상 자신의 지시·감독 하에 자동차를 이용하여 자재 및 남은 흙 운반 등의 업무에 종사하게 하고, 일과 후에는 공사현장에서 사용하는 작업장비와 연료를 자동차에 실어 보관하게 하였으며, 자동차소유자는 자동차를 회사의 공사현장에만 전속적으로 사용하면서 회사로부터 연료비·엔진오일·소모품비 등 관리비를 지급받아 왔고, 당해 사고 당시에도 그 자동차에 회사의 발전기 등의 화물을 적재되어 있었다면 건설회사는 자동차의 운행이익을 향수하고 그 운행을 지배하는 자의 지위에 있었다고 보아야 한다.12)

4) **민법과 자동차손해배상법과의 관계**　a) 자배법은 민법상 불법행위책임의 수정형식으로 출발하여 자동차의 운행으로 사람의 생명·신체가 사상된 경우에 그 손해배상을 보장하는 제도를 확립하여 피해자의 보호를 도모하고 자동차 운송의 건전한 발달을 촉진함을 목적으로 제정된 법률이다(자배법 제1조).

b) 따라서 자기를 위하여 자동차를 운행하는 자(이하 "운행자"라 한다)가 그 운행으로 다른 사람을 사망하게 하거나 부상을 하게 한 경우에는 그 손해를

---

12) 대판 1997. 11. 28, 95다29390

배상할 책임을 진다. 다만, 다음 각 호의 어느 하나에 해당하면 그러하지 아니하다.

> 1. 승객이 아닌 자가 사망하거나 부상한 경우에 자기와 운전자가 자동차운행에 주의를 게을리 하지 아니하였고, 피해자 또는 자기 및 운전자 외의 제3자에게 고의 또는 과실이 있으며, 자동차의 구조상태의 결함이나 기능상의 장해가 없었다는 증명을 한 경우
> 2. 승객이 고의나 자살행위로 사망하거나 부상한 경우

c) 이 규정을 민법 제750조와 비교하면 ㉠ 손해배상의 범위를 인적 손해에 국한시키고 ㉡ 불법행위요건 중 가해자의 고의·과실을 배제하고 ㉢ 운전자보다도 운행자에게 중한 책임을 부과하고 있다. 이러한 세 가지 요건상 과실이 있다고 추정하여 입증책임을 전가시켜 무과실책임에 가까운 손해배상을 인정하기 때문에, 자배법은 민법 제750조(불법행위) 및 제756조(사용자의 배상책임)의 특별규정이라고 해석된다.

d) 그러나 자배법이 우선 적용된다 하더라도 민법의 적용이 배제되는 것은 아니다. 따라서 i) 차량의 후진을 유도하던 피해자는 자배법상 "타인"으로 보호받지 못하므로 민법상의 불법행위책임을 추궁할 수밖에 없고,13) ii) 자동차에 키를 꽂아 놓은 채 도로상에 방치하여 제3자의 절취운전을 가능케 하고, 그 절취운전으로 인하여 손해를 입은 피해자는 역시 민법상의 불법행위책임을 추궁할 수밖에 없다.14)

(2) 자동차보험과 산재보험의 조정

1) 보험금의 담보책임과 보험금청구권   a) 자동차를 운행하다보면 본의 아니게 자동차사고로 타인을 사망하게 하거나 다치게 하는 가해자가 될 수 있다. 자동차손해배상보장법 제3조에서는 "자기를 위하여 자동차를 운행하는

---

13) 대판 1987. 10. 28, 87다카1388.
14) 대판 1988. 3. 22, 86다카2747.

자는 그 운행으로 타인을 사망하게 하거나 다치게 하는 경우에는 그 손해를 배상하여야 한다”고 규정하고 있다.

b) 자동차사고에 따른 배상책임은 대인배상 I 과 대인배상 II 로 구분되는데, i) 대인배상 I 은 자동차손해배상책임법 제3조에 따라 책임보험을 담보하며, ii) 대인배상 II 는 책임보험을 초과하는 임의보험을 담보하는 것을 말한다. 이 경우 자동차의 소유자는 타인의 생명침해에 따른 손해배상을 위하여 자동차손해배상보장법에 따라 책임보험에 가입해야 한다. 그런데, 자동차보험의 담보책임은 운행자에 따라 달라지므로 유의해야 한다.

c) 대인배상 I 은 손해배상책임의 주체로서 피보험자의 운행에 따른 배상책임으로서, 피보험자동차를 소유, 사용, 관리하는 동안에 발생한 사고를 담보한다. 책임보험금의 금액은 i) 사망사고의 경우 1억5천만 원, ii) 부상한 경우에는 상해등급별 자동차보험진료수가에 해당하는 진료비, iii) 부상에 따른 후유장애는 후유장애등급별 금액의 범위 안에서 보상한다.

d) 보험회사의 약관은 피보험자동차를 소유, 사용, 관리하는 책임이 있는 자를 보험증권에 기재된 기명피보험자에게 보험금청구권을 인정한다. 따라서 피보험자동차가 자동차를 운행하다 사고를 낸 경우 보험금청구권자로서 권리를 행사할 수 있다. 보험금청구권자는 사실상 자기의 소유물로써 자동차를 자유로이 사용, 관리 및 지배할 수 있는 기명피보험자를 의미한다.

2) **자동차보험과 산재보험의 중복조정**   a) 자동차사고에 의한 책임보험이나 책임공제에 의한 보상을 한 경우 근로자의 업무상 재해와 중복조정의 대상이 된다. 자배법 제36조에서는 다른 법률에 의한 배상 등과의 조정을 명시하고 있다. 즉, 정부는 피해자가 국가배상법·산재보험법 그 밖의 대통령령이 정하는 법률에 따라 제30조제1항(정부의 손해배상대위지급 등)이 손해에 대하여 배상 또는 보상을 받으면 그가 배상 또는 보상받는 금액의 범위에서 제30조제1항에 따른 보상책임을 지지 아니한다(자배법 제36조제1항).

b) 또한 정부는 피해자가 제3조의 손해배상책임이 있는 자로부터 제30조제1항의 손해에 대하여 배상을 받으면 그가 배상 받는 금액의 범위에서 제30조제1항에 따른 보상책임을 지지 아니한다(자배법 제36조제2항). 정부는 제30조제2항(중증 후유장애인의 생계지원 및 재활지원)에 따라 지원을 받을 자가

다른 법률에 따라 같은 사유로 지원을 받으면 그 지원을 받은 범위에서 제
30조제2항에 따른 지원을 하지 아니할 수 있다(자배법 제36조제3항).

c) 산재보험법 제80조제3항은 "수급권자가 동일한 사유로 민법이나 그 밖의 법령에 따라 이 법의 보험급여에 상당한 금품을 받으면 공단은 그 받은 금품을 대통령령으로 정하는 방법에 따라 환산한 금액의 한도 안에서 이 법에 따른 보험급여를 지급하지 아니 한다."고 규정하고 있다.

d) 여기서 '동일한 사유'라 함은 산재보험급여의 대상이 되는 손해와 근로기준법 또는 민법이나 그 밖의 법령에 따라 보전되는 손해가 같은 성격을 띠는 것이어서 산재보험급여와 손해배상 또는 손실보상이 상호 보완적 관계에 있는 경우를 의미한다.[15] 따라서 자동차보험과 산재보험은 중복조정의 대상이 된다.

4. 산업재해와 손해배상책임

(1) 채무불이행책임과 손해배상

1) **채무불이행책임과 지휘·감독관계**　　a) 손해배상의 책임은 불법행위 이외에 계약위반, 안전배려의무의 위반에 따라 손해배상책임을 물을 수 있다. 채무불이행은 계약관계 또는 이에 준하는 법률관계의 개재가 필요하다. 채무불이행은 이행지체, 이행불능, 불완전이행으로 구분되며, 안전배려의무는 불완전이행으로 본다.

b) 따라서 근로자의 재해발생원인이 하도급근로자가 원수급인으로부터 작업장소·설비·공구류의 제공을 받아 그 지휘·감독 하에서 작업을 하였다는 사실을 중시하여 원수급인에게 하도급근로자에 대한 안전배려의무를 부담시켜 그 의무위반에 대하여 민법 제390조에 의한 채무불이행책임을 묻는 판례가 증가하고 있다.[16]

---

15) 대판 1991. 7. 23, 90다11776.
16) 대판 1999. 4. 25., 96다53086 : 대판 1999. 2. 23., 97다12082 : 대판 2002. 11. 26, 2000다7301 : 대판 2013. 11. 28, 2011다60247.

c) 지입차량의 경우 덤프트럭의 운행을 간섭하거나 그에 대하여 지배·관리할 책무가 있어 그 운행·지배를 가지고 있을 뿐만 아니라 관리료를 지급받는 등의 운행이익도 누리고 있어 그 운행자라 할 수 있고, 또 객관적으로 이 사건 트럭의 조종사를 지휘·감독할 사용자의 지위에 있다고 할 수 있다.17) 따라서 지입차량의 실질적 소유자와 지입회사의 내부관계와 관계없이 대외적으로 지입회사는 각종 교육을 실시하고 관리감독을 할 지위에 있다.

2) **안전보건조치의 위반과 손해배상책임**   a) 산업안전보건법은 산업재해예방을 위하여 모든 사업 또는 사업장에 대하여 재해예방조치 및 관리감독책임을 규율하는 규범체계를 규정하고 있다.

b) 따라서 사업주는 i) 유해·위험요인의 파악 및 위험성평가, 기계·기구·설비의 안전조치, 산업안전교육의 실시 등 산업재해 예방조치를 해야 하고, ii) 안전·보건관리자의 선임, 안전관리책임자 및 관리감독자를 두어야 하며, iii) 안전보건교육, iv) 안전보건관리규정·공정안전관리규정 등을 작성하여야 한다. 사업주는 중대재해 등 산업재해가 발생하면 민법 제390조(채무불이행) 또는 민법 제750조(불법행위책임)에 의한 손해배상을 해야 한다.

(2) 불법행위의 유형과 성립요건

1) 불법행위의 성립요건

① **일반불법행위**   a) 민법 제750조는 "고의 또는 과실로 인한 위법행위로 타인에게 손해를 가한 자는 그 손해를 배상할 책임이 있다"라고 하여 일반불법행위를 규정하고 있다. 일반불법행위가 성립하기 위해서는 i) 가해자의 고의 또는 과실, ii) 가해자의 책임능력, iii) 가해행위의 위법성 및 가해행위에 의한 손해가 발생하여야 한다.18) 따라서 산업재해에 의한 일반불법행위가 성립되려면 위의 네 가지 요건을 충족하여야 한다.

b) 산재보험은 근로자의 생활보장을 목적으로 하고 손해배상은 손해의 전보를 목적으로 한다는 점에서 차이가 있다. 여기서 손해의 전보란 타인의 침

---

17) 대판 2002. 11. 26, 2000다7301
18) 곽윤직, 채권각론(신정수정판), 박영사, 2000, 472면 : 이재훈, 판례불법행위(Ⅰ), 법조문화사, 1982, 13면.

해에 대하여 손해가 발생한 경우에 손해가 없는 이전의 상태로 회복시키는 것을 말하며, 손해배상에 의한 제재적 기능·재발방지기능·생활보장기능을 한다.

② **공동불법행위**   a) 수인이 공동의 불법행위로 타인에게 손해를 가한 때에는 연대하여 그 손해를 배상할 책임이 있다(민법 제760조제1항). 공동불법행위는 하나의 손해발생에 수개의 원인행위가 간여한 경우, 이 원인행위자들을 그 손해에 대한 공동의 배상책임자로 끌어들여 피해자의 구제를 확실히 하고자 하는 취지이다.[19]

b) 공동불법행위자에게 불법행위로 인한 손해배상책임을 지우려면, 그 위법한 행위와 손해 사이에 상당인과관계가 있어야 한다.[20] 공동 아닌 수인의 행위 중 어느 자의 행위가 그 손해를 가한 것인지 알 수 없는 때에도 전항과 같다(민법 제760조제2항). 교사나 방조자는 공동행위자로 본다(동조 제3항).

c) 여기서 방조란 불법행위를 용이하게 하는 직접, 간접의 모든 행위를 가리키는 것으로서 작위에 의한 경우뿐만 아니라 작위의무가 있는 사람이 그것을 방지하여야 할 여러 조치를 취하지 아니하는 부작위로 인하여 불법행위자의 실행행위를 용이하게 하는 경우도 포함하고, 형법과 달리 손해의 전보를 목적으로 하여 과실을 원칙적으로 고의와 동일시하는 민사법의 영역에서는 과실에 의한 방조도 가능하다.

d) 이 경우 과실의 내용은 불법행위에 도움을 주지 말아야 할 주의의무가 있음을 전제로 하여 이 의무에 위반하는 것을 말하고, 방조자에게 공동불법행위자로서의 책임을 지우기 위해서는 방조행위와 피해자의 손해발생 사이에 상당인과관계가 있어야 한다.[21]

2) **고의 또는 과실의 인정**   a) 고의는 자신의 행위로 인하여 타인에게 위법한 침해가 발생하리라는 것을 인식하면서 이를 행하는 심리상태를 말한다. 이 경우 "인식한다"는 의미에 대하여 판례는 객관적으로 위법이라고 평

---

19) 부진정연대채무는 수인의 동일한 내용에 대하여 각각 독립해서 전부를 배상할 채무를 부담하고, 그 중 한 사람 또는 수인이 배상한 경우에는 모든 배상책임이 소멸하는 다수당사자의 채권관계이다.
20) 대판 2012. 4. 26, 2010다102755 : 대판 2012. 11. 15, 2010다92346
21) 대판 2007. 6. 14, 2005다32999

가되는 일정한 결과의 발생이라는 사실의 인식만 있으면 된다고 한다.

b) 고의 또는 과실은 불법행위의 성립요건이 되며, 그 법적 책임을 "과실책임의 원칙"이라고 한다. 과실은 부주의로 말미암아 타인에게 위법한 침해가 발생한다는 것을 알지 못하고 어떤 행위를 하는 심리상태를 말한다. 형법은 고의 또는 과실을 구분하고 미필적 고의나 인식 있는 과실을 중요하게 다루고 있다.

c) 그러나 민법은 가해행위로 인한 손해를 제거함을 목적으로 하므로 고의 또는 과실 간에 차이를 두지 않는다.22) 과실은 부주의, 주의의무의 위반으로서 구체적 과실, 추상적 과실로 구분하는 견해가 있으나, 판례와 통설은 추상적 과실을 지지한다.23) 또한 과실은 부주의의 정도가 경미한 경과실과 중대한 중과실로 구분하며, 민법 제750조는 추상적 경과실을 의미한다.

d) 고의 또는 과실은 불법행위의 성립요건으로서 불법행위를 주장하는 피해자가 가해자의 고의 또는 과실을 입증하여야 한다. 채무불이행은 채무자가 그 책임을 면하기 위하여 자신의 과실이 없음을 입증하는 것과 차이가 있다. 민법은 특수한 불법행위로서 사용자의 배상책임(민법 제756조), 공작물점유자의 책임(민법 제758조) 등에 따라 과실을 추정할 수 있다.24)

(3) 사용자배상책임과 불법행위의 경합

1) **사용자책임의 정의**　　a) 사용자책임이란 자기와 사용관계에 있는 피용자가 그 사업집행에 관하여 제3자에게 가해행위를 한 경우에 사용자 또는 사용자에 갈음하여 그 사무를 감독하는 자가 피해자에 대하여 배상책임을 지는 것을 말하며, "사용자의 배상책임"이라고 한다.25)

---

22) 김준호, 채권법, 2016, 851면.
23) 추상적 과실은 행위자 개인의 구체적인 사안별로 요구하는 일반적 주의를 기준으로 삼아야 한다는 견해이다. 가해자의 개인적인 주의능력에 따라 배상한다면 피해자는 제대로 보호를 받지 못하기 때문이다.
24) 추정은 법률상추정과 사실상 추정으로 구분한다. 입증책임의 전환에 따라 법률의 규정에 의한 증명이 있음을 추정할 수 있다(법률상 추정). 그러나 법률에 명문규정으로 정하지 않았지만 가해자의 과실을 추정하는 것이 공평하다고 할 수 있는 특별한 사정이 있는 때에는 인정하기도 한다(사실상 추정).

b) 타인을 사용하여 어느 사무에 종사하게 한 자는 피용자가 그 사무집행에 관하여 제3자에게 가한 손해를 배상할 책임이 있다. 그러나 사용자가 피용자의 선임 및 그 사무감독에 상당한 주의를 한 때 또는 상당한 주의를 하여도 손해가 있을 때에는 그러하지 아니하다(민법 제756조제1항).

c) 여기서 '사무집행에 관하여'라는 뜻은 피용자의 불법행위가 외형상 객관적으로 사용자의 사업활동 내지 사무집행행위 또는 그와 관련된 것이라고 보여 질 때에는 행위자의 주관적 사정을 고려함이 없이 이를 사무집행에 관하여 한 행위로 본다는 것을 말한다.26)

d) 또한 사용자에 갈음하여 그 사무를 감독하는 자도 전항의 책임이 있다(민법 제756조제2항). 따라서 사용자나 그 피용자, 사무감독자는 그 업무집행에 관하여 제3자에게 손해를 준 경우 손해를 배상할 책임이 있다. 이것은 기업활동에 내재하는 위험으로 피용자가 제3자에게 손해를 주는 경우 그 손해는 기업이 부담하는 것이 공평의 관념에 맞고 또한 「이익이 있는 곳에 손해도 귀속되어야 한다」는 위험책임의 원리에 합치되기 때문이다.

2) 사용자책임과 불법행위의 경합

① **사용자와 불법행위자의 사용관계**   a) 사용자와 불법행위자와의 사이에 사용관계가 있어야 한다(민법 제756조제1항). 여기에서 사용관계는 사용·피용의 관계로서 선임·감독의 실질적인 관계이며, 제반사항은 객관적·종합적으로 고려하여 결정하여야 한다.

b) 기업이 민법 제756조에 따라 사용자로서 불법행위책임을 부담하는 경우 피용자는 사용자가 선임하고 또는 지휘·감독하는 관계에 있으면 족하다.27) 피용자는 사용자의 사실상의 지배관리 하에 있으면 족하고 근로관계의 성격과 장단 내지 계속성·보수 등과는 무관하다.28)

---

25) 사용자배상책임의 법적 성질은 과실책임설·무과실책임설·중간책임설 등이 있으나, 사용자의 과실은 가해행위자에 관한 것이 아니고 무과실 면책조건으로 하는 점, 그리고 입증책임이 사용자에게 있는 점 등으로 미루어 보아 무과실책임에 가까운 중간적 책임이라 할 수 있다. : 곽윤직, 전게서, 512면 : 황적인, 현대민법론Ⅳ, 박영사, 1989, 398면.

26) 대판 2000. 2. 11, 99다47297

27) 곽윤직, 전게서, 513면.

28) 대판 1979. 2. 13, 78다2245.

② **업무집행에 관한 행위**   a) 업무집행이란 피용자의 제3자에 대한 행위가 객관적으로 보아 그 피용자의 본래의 업무 또는 그와 관련된 것이라고 일반적으로 보여지는 업무를 함을 뜻한다.[29] 구체적인 업무가 피용자의 직무집행행위 자체에는 속하지 아니하더라도 외형적으로 보아 피용자의 업무와 유사하면 그 범위 내에 속하는 것으로 볼 수 있다.

b) 여기에서 외형상 객관적으로 사용자의 사무집행에 관련된 것인지 여부는 피용자의 본래 직무와 불법행위와의 관련 정도 및 사용자에게 손해발생에 대한 위험창출과 방지조치 결여의 책임이 어느 정도 있는지를 고려하여 판단하여야 한다.

c) 그러나 피용자의 불법행위가 외관상 사무집행의 범위 내에 속하는 것으로 보이는 경우에도 피용자의 행위가 사용자나 사용자에 갈음하여 그 사무를 감독하는 자의 사무집행행위에 해당하지 않음을 피해자 자신이 알았거나 중대한 과실로 인하여 알지 못한 경우에는 사용자책임을 물을 수 없다.[30]

③ **제3자에 대한 손해의 발생**   a) 사용자책임은 제3자에게 손해를 줄 때 발생한다. 즉 피용자가 제3자에게 손해를 준 경우에 사용자책임이 발생한다. 여기서 제3자란 사용자와 직접 가해행위를 한 피용자를 제외한 모든 사람을 말한다.[31]

b) 그러나 업무상 재해에서 피재근로자는 당해 기업과 근로관계를 맺고 있는 근로자로서 업무상 재해를 입은 자를 의미하며,[32] 제3자는 동료근로자이든 부하근로자이든 구별하지 않는다.[33] 따라서 사업주와 가해자인 근로자를 제외한 다른 사람은 모두 제3자로 본다.

④ **사용자책임의 면책과 판단**   a) 사용자가 면책사유를 입증하지 못하면 손해를 배상할 책임이 있다. 그러나 사용자가 피용자의 선임 및 감독에 관하여 상당한 주의를 한 때 또는 상당한 주의를 하여도 손해가 발생한 경

---

29) 대판 1971. 6. 8, 71다698.

30) 대판 2008. 1. 18, 2006다41471

31) 곽윤직, 전게서, 516면 : 대판 1966. 10. 21, 65다825.

32) 이학춘, "업무재해와 구제제도에 관한 연구", 동아법학 제9호, 동아대법학연구소, 1989, 209면.

33) 대판 1967. 2. 7, 65다1702: 荒木誠之, 勞働條件形成の法理, 法律文化社, 1981, 181면.

우에는 그러하지 아니하다(민법 제756조제1항 단서).

b) 따라서 피용자의 불법행위가 외관상 사무집행의 범위 내에 속하는 것으로 보이는 경우에도, 피용자의 행위가 사용자 또는 사용자에 갈음하여 그 사무를 감독하는 자의 사무집행행위에 해당하지 않음을 피해자 자신이 알았거나 중대한 과실로 인하여 알지 못한 경우에는 사용자책임을 물을 수 없다.

c) 이 경우 "피해자의 중대한 과실"이란 거래의 상대방이 조금만 주의를 기울였더라면 피용자의 행위가 그 직무권한 내에서 적법하게 행하여진 것이 아니라는 사정을 알 수 있었음에도 만연히 이를 직무권한 내의 행위라고 믿음으로써 일반인에게 요구되는 주의의무에 현저히 위반하는 것으로 거의 고의에 가까운 정도의 주의를 결여하고, 공평의 관점에서 상대방을 구태여 보호할 필요가 없다고 봄이 상당하다고 인정되는 상태를 말한다.[34]

d) 따라서 선임·업무감독에 대한 어느 정도의 주의가 상당한 주의로 되는지를 판단할 경우, 종사할 직무에 관하여 적극적인 적성·성격·경력 등을 심사해야 하며, 취업규칙이나 내부규칙상 작업정도의 일반적인 훈시나 내용으로는 부족하다고 할 것이다.[35]

(4) 도급인의 사용자책임과 손해배상책임

1) **도급인의 배상책임**　a) 도급인은 수급인의 일에 관하여 지휘·감독권이 없고 수급인은 대체로 독립하여 자유재량으로 그의 사무를 처리하므로 도급인의 피용자라고 할 수 없어 민법 제756조(사용자의 배상책임)가 적용을 받지 않는다.[36] 도급인은 계약의 성격상 수급인이 그 일에 관하여 제3자에게 가한 손해에 대하여 배상할 책임이 없다. 다만, 도급 또는 지시에 관하여 도급인에게 중대한 과실이 있는 때에는 그러하지 아니하다(민법 제757조).

b) 따라서 도급인이 수급인의 작업을 감독하거나 사실상의 지배관계가 있는 경우 또는 도급인에게 도급 또는 지시에 관하여 중대한 과실이 있는 경

---

34) 대판 2000. 11. 24, 2000다1327 : 대판 2003. 2. 11, 2002다62029 : 대판 2005. 2. 25, 2003다36133
35) 이학춘, 전게논문, 209면.
36) 곽윤직, 전게서, 682면.

우에는 도급인도 사용자로서의 책임을 면하지 못한다. 수급인의 근로자가 사실상 도급인의 지배영역 하에 있다면 사용자의 배상책임이 인정된다.

2) **도급인의 사용자책임**　a) 도급인의 지배영역 내에 있는 위험 하에서 도급인의 지휘 또는 감독에 중대한 과실로 산업재해가 발생하는 경우에는 도급인에게도 사용자책임이 인정된다.37) 도급인이 수급인의 일의 진행 및 방법에 관하여 구체적인 지휘감독권을 유보한 경우에 도급인과 수급인의 관계는 실질적으로 사용자 및 피용자의 관계와 다를 바 없다.

b) 여기서 지휘감독이란 실질적인 사용자관계가 인정될 수 있을 정도로 공사시행 방법과 공사진행에 관하여 구체적으로 공사의 운영 및 시행을 직접 지시·지도하고 감시·독려하는 것이어야 한다. 도급인의 수급인에 대한 지휘감독은 현장에서 구체적인 공사의 운영 및 시행을 직접 지시·지도하고 감시·독려함으로써 시공자체를 관리함을 말하며, 단순히 공사의 운영 및 시공의 정도가 설계도 또는 시방서에 따라 시행되고 있는가를 확인하여 공정을 감독하는 데에 불과한 이른바 감리는 여기에 해당하지 않는다.38)

c) 도급공사계약을 체결하면서 수급인의 부주의로 인하여 인명피해 등의 손해가 발생하였을 경우 수급인이 배상한다는 특약이 있었다고 하더라도 그것은 도급인과 수급인 사이에만 효력이 있는 것이고 대외적으로 반드시 도급인의 손해배상책임이 면제된다고 할 수는 없으며, 도급인의 지시·감독의 정도 여부에 따라 도급인의 손해배상 여부가 결정된다.39)

(5) 산업재해의 발생과 공작물책임

1) **공작물책임과 산업재해의 발생원인**　a) 공작물책임이란 공작물의 점유자 및 소유자가 공작물의 설치 또는 보존의 하자로 인하여 타인에게 입힌 손해를 배상할 의무를 지는 것을 말한다. 민법 제758조제1항은 공작물의 점유자와 소유자에게 특수한 불법행위책임을 부과하고 있다. 이 규정은 위험책

---

37) 荒木誠之, 勞働條件形成の法理, 法律文化社, 1981, 211면.
38) 대판 1982. 1. 26, 81다카544 : 대판 1983. 11. 22, 83다카1153 : 대판 1984. 1. 15, 83다카1153 : 대판 2014. 02. 13, 2013다78372
39) 대판 1994. 9. 13, 94다20037

임의 법리를 도입하여 점유자에게 중간적 책임을 인정하고, 소유자에게는 무과실책임을 부과한 것이다.40)

b) 여기서 하자란 그 물건이 본래 갖추고 있어야 할 성질이나 설비가 갖추어져 있지 않은 것을 말하며, 그것은 객관적으로 판정되어야 한다.41) 또한 점유자나 소유자의 고의 또는 과실에 의한 것임을 필요로 하지 않는다. 산업재해의 민사책임은 발생요건인 불법행위책임 중에도 「공작물의 하자책임」은 통상적인 고의·과실의 주의의무위반과 달리 무과실책임에 가까운 책임이다.

c) 공작물의 설치·보존의 하자로 인하여 산업재해가 발생한 경우에는 1차적으로 당해 공작물의 점유자가 책임을 지고, 2차적으로 소유자가 그 손해를 배상할 책임이 있다.42) 이러한 공작물책임에 대한 이론적 근거는 위험책임의 원리와 보상책임의 원리를 들 수 있다.

2) **공작물책임의 성립요건**　a) 공작물책임의 성립요건은 첫째, 공작물의 설치·보존의 하자가 존재하고 둘째, 공작물의 하자로 손해가 발생하여야 한다. 공작물의 설치·보존의 하자 존부는 그 공작물이 본래 갖추어야 할 성질이나 설비를 갖출 것뿐만 아니라 당해 공작물의 설치·보존에 관한 안전조치 여부를 고려하여야 한다.

b) 따라서 공작물의 설치·보존의 하자는 위험책임의 원리와 보상책임의 원리에 입각하여 객관적으로 판단해야 하며, 위험성의 대소와 피침해이익과 안정성확보를 위하여 희생되는 이익을 종합적으로 판단하여 결정해야 한다.43) 이 경우 공작물의 설치·보존의 하자는 중대재해처벌법에 의한 안전보건관리체계의 구축대상이 된다.

3) **하자의 존부에 대한 입증책임**　a) 민법상 하자에 대한 입증책임은 피해자가 부담하여야 한다. 따라서 하자의 존부에 관한 입증책임은 피해자인 근로자에게 있지만, 재해가 생긴 것 자체가 하자의 존재를 추정시켜 사실상 공작물의 점유자 또는 소유자가 하자 없음을 입증해야 한다는 것이 학설

---

40) 곽윤직, 채권각론(신정수정판), 박영사, 2000, 520면.
41) 곽윤직, 전게서, 521면.
42) 대판 1981. 7. 28, 81다209 ; 대판 1979. 6. 12, 79다466.
43) 홍천룡, 「건설공사에 있어서 제3자의 피해에 대한 사법적 구제」, 경남대학논문집 (제11집), 1984, 261-263면.

과44) 판례45)의 태도이다.

b) 민법 제758조는 공작물의 설치·보존의 하자로 인하여 타인에게 손해를 가한 경우 그 점유자 또는 소유자에게 일정한 불법행위와 달리 이른바 "위험책임의 법리"에 따라 책임을 가중시킨 규정일 뿐이고, 그 공작물 시공자가 그 시공상의 고의·과실로 인하여 피해자에게 가한 손해를 민법 제750조에 의하여 직접책임을 부담하는 것을 배제하는 취지의 규정은 아니다.46)

5. 손해배상액의 산정방법

(1) 일실이익

1) **일실이익의 정의**　a) 일실이익이란 재해로 인하여 근로자가 얻을 수 있었던 순수입에 상당하는 소득의 합계를 말하며 "일실수익" 또는 "일실수입"이라고 말한다. 근로자가 부상 또는 사망한 경우에는 정상적으로 근로를 하는 과정에서 얻을 수 있었던 급여 이외에 각종 수당과 상여금, 퇴직금 등의 상당한 소득의 상실분을 보전하고자 하는 취지이다.

b) 일실이익의 산정은 산업재해가 없었더라면 얼마의 기간(가동가능기간) 동안 일할 수 있었고, 직업이나 건강상태 등을 고려하여 수입 내지 소득이 가능한 기간을 추정해야 한다.47) 따라서 사망자의 피해 당시 연령·건강상태·직업·가정환경 기타의 여러 사정을 고려하여야 한다. 특히 가동가능기간의 추정은 소송당사자간에 납득하기 어려우나, 부득이하게 간이생명표를 활용하고 있다.

2) **일실이익의 산정대상**　일실이익은 사망 당시의 연수입에다 수입가능

---

44) 곽윤직, 전게서, 521면.
45) 건물의 붕괴가 정상적인 기상상태 하에서 일어난 사실만 주장 입증하면 설치·보존의 하자에 대한 주장·입증책임을 다한다고 하고, 주위에 있는 다른 건물에는 아무 이상이 없는데 유독 어떤 건물의 지붕이 바람에 날려 무너진 것이라면 그 사고는 일응 그 공작물의 하자에 기인한 것이라고 추정할 수 있다(대판 1974. 11. 26, 674246).
46) 대판 1996. 11. 22, 96다39219
47) 이상국, 산재보험법(Ⅱ), 대명출판사, 2024, 558면.

기간을 곱하여 얻을 수 있는 총수입으로 산정한다.48) 일실이익은 근로자의
재해 당시 가동능력에 기초한 노동력의 가치평가로 인정되는 총수입이다. 따
라서 재해당시 노동력의 가치평가로 인정할 수 없는 원호보상금이나 각종
보험급여는 포함되지 않는다. 수익의 증가나 승급은 객관적으로 확실한 자료
가 있을 때에만 인정된다.49)

① **급여 등 임금**   임금이란 「사용자가 근로의 대가로 근로자에게 임금,
봉급 기타 여하한 명칭으로든지 지급하는 일체의 금품」을 말한다(근로기준법
제2조제5호).50) 따라서 본봉, 현업수당, 급식수당, 특근수당, 상여금이 모두 포
함된다. 상여금은 정기적·일률적으로 지급되거나, 취업규칙 또는 단체협약
에 지급조건이 명시된 경우에 임금에 포함한다.51) 그러나 사용자가 경영실
적, 근무성적 등에 따라 임시적으로 지급하거나 지급조건이 불확정한 급여는
제외한다.

② **일실퇴직금**   a) 퇴직금은 사용자가 근로의 대가로 지급하는 임금후
불적 성질을 지닌 금품으로 근로자의 일실이익에 포함된다. 근로자가 사망하
거나 불구화됨으로써 퇴직하는 경우 소득기한의 상실 또는 소득의 감소로
인하여 퇴직금도 상실하게 되므로 일실이익에 포함해야 한다.52)

b) 산업재해로 부상 또는 사망으로 퇴직하게 됨으로써 입은 일실퇴직금
상당의 손해는 퇴직일로부터 정년시까지의 기간에 해당하는 퇴직금상당액을
의미한다. 일실퇴직금의 산정은 총 근속기간에 걸친 퇴직금 전액에서 근로자
가 신체의 일부를 상실하거나 사망함에 따라 노동능력의 상실정도에 상응하
여 발생하는 손실된 부분의 퇴직금차액을 말한다.

3) **장래의 일실수입**   a) 산업재해로 치료기간 중 업무를 할 수 없게 되
어 수입이 줄어든 경우에도 일실이익이 있고,53) 신체에 장해가 생겨 노동능
력이 상실된 경우에도 일실이익이 발생한다.54) 근로자가 노동능력의 일부상

---

48) 대판 1991. 1. 11, 90다7500 ; 대판 1976. 12. 28, 76다1635.
49) 대판 1988. 4. 12, 87다카1129 ; 대판 1982. 7. 13, 82다카137.
50) 대판 1967. 9. 19, 67다1364.
51) 대판 1976. 5. 11, 76다337.
52) 대판 1983. 5. 24, 82다440 ; 대판 1969. 10. 23, 69다1380.
53) 대판 1969. 6. 24, 69다562.
54) 곽윤직, 채권각론(신정수정판), 박영사, 2000, 571면.

실로 종전직업에 종사할 수 없게 된 경우 그 사실만으로 바로 그는 장래 일용노동에서만 종사하게 될 것이라고 추정할 수는 없다.

b) 이 경우에는 근로자의 연령, 교육정도, 경력, 사고 전의 직업과 기능자격의 유무, 후유장해의 부위정도, 직업선택에 의한 회피의 가능성, 사회적 · 경제적 조건 등을 고려하여 판단하여야 한다. 일실이익은 사고가 없었더라면 얻을 수 있는 종래의 소득에서, 감소된 노동능력을 가지고 취업할 직업에 종사하여 얻을 수 있는 향후소득을 공제하여 산정한다.[55]

(2) 기왕치료비

1) **치료비의 범위**   치료비는 사고와 상당인과관계에 있는 범위 내에서 인정된다.[56] 사고 이전부터 앓고 있던 기왕증의 치료비용이나 과잉치료를 받은 경우 그 부분은 상당인과관계가 없는 손해로서 인정될 수 없다. 의료행위는 필요·적절한 것이어야 하고, 치료기간·치료비용은 상당성·적정성을 지녀야 하며, 비상식적인 고액진료비는 배제된다. 치료비는 보편적인 진료비의 수준, 특히 건강보험수가에 적합해야 한다.[57]

2) **특실 및 특진비용**   치료당시 특실입원료, 특별진찰료, 특실식대 등으로 지출된 금원(일반병동 입원치료시의 차액부분)이 과잉비용으로 논란이 된다. 피해자의 연령, 신분, 지위, 부상의 부위정도, 치료의 필요성 등 제반사정에 비추어 특실사용, 특진 등이 합당하다고 인정할만한 상당인과관계가 있어야 한다. 그 이외에 통상의 범위를 넘는 것은 상당인과관계에 있는 손해로 인정할 수 없다.

3) **한방진료비**   한방치료비는 부상 능의 치료를 위한 것이거나, 직섭석인 치료방법이 아니더라도 부상이나 질병을 치료하기 위하여 복용한 것 혹은 생리적 훼손을 치유하기 위한 것이면 인정되어야 한다.[58] 그러나 이와 상관없이 보약을 복용한 경우에는 그 상당성을 인정할 수 없다. 상당성이 있

---

55) 이상국, 산재보험법(Ⅱ), 대명출판사, 2024, 560면.
56) 이주홍, 실무 손해배상책임법, 박영사, 1996, 366면 이하.
57) 대판 1988. 4. 27, 87다카74.
58) 대판 1971. 5. 24, 71다567.

는지는 부상의 정도, 치료내용, 횟수, 의료사회일반의 보편적인 치료비수준 등 여러 사정을 고려하여 판단해야 한다.59)

4) **환자식사비** 입원중 환자의 식대는 입원치료에 부수된 비용으로 광의의 치료비로 볼 수 있다.60) 따라서 그 여명기간 동안 계속 병원에 입원하여 있어야 할 경우 식대가 광의의 입원치료비에 해당되어 이를 배상하여야 한다. 다만, 여명기간까지의 일실수입을 산정함에 있어서는 그가 지출할 통상의 식비는 이를 공제하여야 한다.61) 근친자 등 개호인이 지출한 식대는 인정하지 않는다.

5) **교통비 및 숙박비** 교통비·숙박비는 피해자가 사고로 입은 상병을 치료하기 위하여 입원·퇴원·전원·통원하는데 지출한 교통비와 통원을 위한 병원소재지에서의 숙박비로서, 일반적으로 사고와의 상당인과관계를 인정한다.62) 근로자의 근친자가 치료기간중 병원을 내왕하면서 지출한 교통비·숙박비 등의 통원체재비도 근로자 본인의 것과 마찬가지로 상당인과관계를 인정하여야 한다. 따라서 사고로 인하여 후유장애를 당한 자가 물리치료, 정기검진, 약물치료 등을 위하여 병원에 왕래하면서 지출한 교통비 등은 거리, 교통수단 등을 고려하여 인정하여야 한다.

(3) 향후치료비와 보조비 등

1) **향후치료비** a) 향후치료비는 신체감정 당시를 기준으로 치료가 종결되지 않고 향후치료가 계속될 것을 추정하여 산정한다. 향후치료비는 ⅰ) 부상이 치유된 후 남아 있는 반흔 등을 제거하는 성형수술, ⅱ) 골절에 사용된 내고정금속정의 제거수술비와 물리치료 등 증상개선비용 등이 인정된다.

b) 여기에는 증상악화방지나 생명연장을 위한 항경련제, 항생제 복용비용, 만성증상이 지속되는 경우 두통 등을 제거하기 위한 약복용비용이 포함된다. 척수손상의 경우에는 평생동안 주기적인 진찰, 검사, 입원을 해야 하므로 신

---

59) 대판 2010. 11. 25, 2010다51406.
60) 대판 1980. 5. 27, 80다664.
61) 대판 1979. 2. 27, 78다2131.
62) 대판 1965. 9. 28, 65다1577.

체감정에 따라 산정한다.

2) **보조구**   보조구는 치과보철·의안·의수·의족·보청기·목발·휠체어 등 의료보조기구를 착용하는 것을 말하며, 그 수명과 가격은 통상 감정의사의 감정의견으로 결정된다. 보조구는 마모, 손상 등으로 사용연한이 정해져 있는 점을 고려하여 교체주기를 고려하여 비용을 산정해야 한다.

3) **새로운 치료비**   적극적 손해의 배상을 청구한 전 소송의 변론종결 후에 새로운 치료비손해가 발생한 경우에는 그 전 소송의 변론종결 당시 그 손해의 발생을 예견할 수 없었고 또 그 부분청구를 포기하였다고 볼 수 없는 등 특단의 사정이 있다면 비록 그 전 소송에 관한 청구의 유보가 되어 있지 아니하였다 하더라도 그 부분에 대한 손해배상의 청구는 위 전 소송의 소송물과 동일성이 없는 별개의 소송물로써 새로이 청구할 수 있다.63)

4) **개호비**   a) 개호비란 피해자가 상해의 정도가 중상에 해당하여 그 치료기간 동안 또는 치료기간을 종결한 후에도 후유장해로 인해 일정기간 또는 평생동안 타인의 조력을 받아야 할 경우에 필요한 비용을 말한다. 개호비는 간호비, 간병비, 부첨간호비 등을 포함하며, 적극적 손해에 해당된다. 이 경우 개호는 보행, 거동, 착탈의, 식사, 체위변경, 배변, 배뇨 등 일상생활뿐만 아니라 산책, 일광욕, 외출, 문화시설의 이용 등 생활에 필요한 조력도 포함된다.64)

b) 또한 개호는 신체적 장해를 가진 자를 위하여 타인의 노동이 필요한 경우에 한정되는 것이 아니라 지적 또는 정신적 장해로 인하여 타인의 감녹 내지 보호가 필요한 경우도 포함된다.65) 개호는 타인뿐만 아니라 가족이 수시로 개호를 하는 경우에도 인정된다. 개호가 필요한 주요 신체부위는 사지마비, 하반신 마비, 보행 장애, 중증 뇌좌상, 양측하지 강직성 마비, 배변·배뇨 장애, 정신장애, 양안실명 등이다.

c) 근로자가 치료종결 후에도 개호가 필요한지 여부 및 그 정도에 관한 판단은 전문의의 감정을 통하여 밝혀진 후유장해의 내용에 터 잡아 피해자

---

63) 대판 1980. 11. 25, 80다1671.
64) 대판 1990. 10. 23, 90다카15171
65) 대판 1996. 12. 20, 96다41236 : 대판 1998. 12. 22, 98다46747 : 대판 2001. 9. 14, 99다42797

의 연령, 정신상태, 교육정도, 사회적·경제적 조건 등 모든 구체적인 사정을 종합하여 경험칙과 논리칙에 비추어 규범적으로 평가해야 한다. 따라서 의사의 감정결과에 개호의 여부 및 정도에 관한 판단이 포함되어 있다고 하더라도 이는 어디까지나 전문가로서의 의학적 소견을 제시한 것에 불과할 뿐이고 법원이 반드시 그 의견에 기속되는 것은 아니다.66)

(4) 위자료

1) **위자료의 정의**　　a) 민법 제751조(재산 이외의 손해의 배상)는 "타인의 신체·자유 또는 명예를 해하거나 기타 정신상 고통을 가한 자는 재산 이외의 손해에 대하여도 배상할 책임이 있다"고 규정하고 있다. 따라서 위자료는 신체·생명을 침해당한 경우에 ⅰ) 정신적·육체적 고통은 적극적 손해로 생각할 수 있고, ⅱ) 불법행위로 인하여 과거에 얻을 수 있었거나 장래에 얻을 수 있었던 정신적·육체적 행복의 상실은 소극적 손해라고 보아야 한다.67)

b) 또한 민법 제752조는 「생명침해로 인한 위자료」라는 제하에 "타인의 생명을 해한 자는 피해자의 직계존속, 직계비속 및 배우자에 대하여는 재산상의 손해가 없는 경우에도 손해배상의 책임이 있다"고 규정한다. 따라서 위자료란 재산상 손해가 아닌 손해에 대한 배상금이라 할 수 있다.

2) **위자료의 산정사유**　　a) 위자료의 산정은 근로자의 육체적·정신적 고통을 고려하여야 한다. 위자료는 입원·통원가료기간의 장단, 부상의 부위와 정도 및 수술내용에 따른 육체적·정신적 고통의 차이, 근로자의 사회적·경제적 지위, 신분, 생활태도, 가족의 사회적·경제적 지위, 연령을 고려하여 산정해야 한다. 위자료는 장래 계속될 고통의 존속기간은 근로자의 연령과 반비례한다. 따라서 근로자의 여명이 길면 길수록 위자료는 증가하고, 미혼이냐 기혼이냐 하는 점과 미혼남녀가 불구화되거나 추형화되는 경우에 따라 달라진다.

---

66) 대판 1998. 10. 13, 98다30889 : 대판 1998. 12. 22. 98다46747
67) 곽윤직, 채권각론(신정수정판), 박영사, 2000, 574면 : 이보환, 전게서, 271면

b) 위자료는 재산적 손해액이 많이 산출되었다고 해서 감액할 수 없다. 손해배상액이 많으면 적은 경우보다 정신적 위로를 크게 받겠지만 그것은 반사적 결과에 불과하고 재산상 손해의 배상이 피해자의 육체적, 정신적 고통이나 장래의 행복 자체에 대한 것은 아니므로 위자료가 전 배상액을 경감시키는 기능을 가져서는 아니 된다.

c) 위자료는 불법행위에 따른 피해자의 정신적 고통을 위자하는 금액에 한정되어야 하므로 발생한 재산상 손해의 확정이 가능한 경우 위자료의 명목아래 재산상 손해의 전보를 꾀하는 일은 허용될 수 없다.68) 위자료는 대법원규칙에 따라 산정한다.

(5) 가동능력상실률

1) 가동능력상실률의 정의와 판단시기

① **가동능력상실률의 정의**　　a) 가동능력은 노동능력과 다른 개념으로서 전자는 구체적 소득능력이고, 후자는 추상적·일반적인 소득능력을 말한다. 장해는 사람을 '생물학적 개체' 또는 '경제적 개체'로 보느냐에 따라 평가방법이 달라진다. 노동능력은 생리·해부학적·임상의학적 방법으로 평가하고 같은 장해라면 정도·비율도 동일하게 본다. 가동능력은 같은 장해라도 직종에 따라 경제적 가치를 달리 평가한다. 따라서 노동능력을 1차적 평가라면, 가동능력은 2차적인 평가라고 할 수 있다.

b) 사람은 생물학적 개체 및 경제적 개체로서, 가동능력은 노동능력의 장해를 전제로 평가한다. 따라서 노동능력의 장해율이 그대로 가동능력의 장해율로 되는 것은 아니며, 피해자의 연령, 성별, 직업, 고용실태 등 사회적·경제적 요인들이 참작되지 않으면 아니 된다. 노동능력은 의사의 판단사항에 속하나, 가동능력은 법관의 판단사항이다.

② **가동능력상실률의 판단시기**　　가동능력상실률의 판단은 노동능력상실률을 전제로 하고, 노동능력상실률은 증상이 고정된 후가 아니면 확정될 수 없으므로 증상고정 후에 판단되어야 한다. 따라서 의료보조기의 사용이 가능

---

68) 대판 1984. 11. 13, 84다카722

한 경우에는 의족, 의수의 사용 또는 바퀴의자의 사용을 조건으로 판단해야 한다. 보장구의 비용은 근로자의 부담에 해당하고, 그의 사용은 당연히 예정할 수 있다.

2) 가동능력의 판단시 고려사항

① **연 령** 가동능력의 판단 시에는 우선 가동능력상실률의 결정에 있어 연령을 고려하여야 한다. 장해라 하여도 젊은 사람은 그 기능회복의 가능성이 크고, 고령인 사람은 그 가능성이 작기 때문이다. 따라서 같은 부위의 장해라도 젊은 사람은 고령자에 비하여 낮게 평가될 수 있다.

② **직 업** 직업은 가동능력상실률의 결정에서 중요하게 고려되어야 한다. 일반적인 노동능력상실률은 육체노동을 전제로 평가하므로 정신노동이나 데스크 워크(Desk Work)를 하는 사람의 가동능력상실률의 평가에 적합하지 않을 수 있다. 가동능력상실률은 같은 부위의 손가락의 절단이라 하여도 육체노동자와 피아니스트 사이에서 크게 달라질 수 있다. 그래서 캘리포니아주의 상실률표는 1,900종의 직종을 열거하고 상실률에 수정을 가하고 있다.

③ **종전수입** 상실된 가동능력을 종전수입에 가동능력상실비율을 곱하는 방법으로 평가한다. 사회적 조건과 경제적 조건은 구체적 사건에서 근로자의 가동능력상실정도를 결정할 경우 고려되지 않으면 아니 된다. 현재의 가치로 가동능력을 평가하기 위해서는 종전수입을 파악하는 일이 중요하다.

④ **부첨간호의 필요성** 피재근로자에게 다소의 가동능력이 남아 있다 하더라도 부첨간호의 필요가 있고, 그 비용이 수입을 초과하는 경우에는 이미 가동능력이 상실되었다고 하지 않을 수 없다.

3) 가동능력상실률과 노동력상실률의 평가방법

a) 상실된 가동능력의 평가는 종전 소득에 가동능력상실비율을 곱하거나, 사고 전후의 소득차액을 기초로 평가할 수 있다. 따라서 우리나라의 고용실태, 사회적 조건을 참작한 가동능력상실률을 제대로 판정하지 않고 향후 소득인정에 있어서 근로자의 학력·경력·기능·자격 등을 고려하여 전직 가능성, 유사직종에의 종사가능성, 노동시장의 실태 등을 참작함이 없이 곧바로 도시 또는 농촌의 일용노동에 종사할 수밖에 없다고 단정하는 것은 잘못이다.[69]

---

69) 대판 1994. 3. 8, 93다53719 ; 대판 1998. 4. 24, 97마58941 ; 대판 1993. 3. 23, 98

b) 근로자가 사망한 경우에는 노동능력을 완전히 상실하였다고 하겠으나, 단지 불구화됨으로써 노동능력의 일부 또는 대부분을 상실한 경우에는 여러 가지 방법에 의하여 근로자의 순수입을 산출한 다음 그것을 기초로 상실한 순수입을 산정하여야 한다.

c) 따라서 가동능력상실률과 노동능력상실률은 개념적으로 구별해야 한다. 노동능력상실률은 의학적인 관점에서 평가하는 신체장애율이지만, 법원은 사회적·경제적 관념에서 신체장애율을 다시 평가해야 한다. 따라서 실무상 대부분 노동능력상실률이라는 용어를 사용하고 있으나, 개념을 구별할 필요가 있다.[70]

4) 잔존노동력과 가득수입의 공제　　대법원은 잔존 노동력에 의한 가득수입의 공제를 일관하여 인정하고, 일생동안 개호인이 필요한 경우라도 전혀 노동력이 없다고 판정할 수 없으며, 잔존노동력이 있음을 늘 경험할 수 있으므로 20%의 잔존노동력에 의한 수입을 공제해야 한다고 판시하였다.[71] 노동능력상실률은 의사를 감정인으로 명하여 그 감정결과에 따라 인정하나, 법원은 이에 구속받지 아니하고 독자적으로 판단할 수 있다.

5) 장해등급기준과 노동력상실률표의 참고　　a) 노동능력상실률의 평가는 동일한 장해부위에 대하여 하나의 평가기준을 적용한다. 그러나 상이한 장해부위에 대한 평가기준이 부적절한 경우, 맥브라이드 평가기준에 없는 항목은 국가배상법에 의한 상실률표를 적용하기도 한다.

b) 산재보험법 시행령 제53조의「장해등급기준」또는 국가배상법 시행령 제2조의「신체장해의 등급과 노동력상실률표」에서 장해등급을 14등급으로 분류하고, 특히 국가배상법 시행령은 100%에서 5%까지의 노동력상실률을 규정하고 있다.

c) 따라서 감정인들은 "맥브라이드"의 연구결과 이외에 노동력상실률표를

다61951 ; 대판 2002. 9. 4, 2001다80778 ; 대판 2003. 10. 10, 2001다70368 ; 대판 2004. 2. 27, 2003다6873.

70) 노동능력상실률은 국가배상법, 맥브라이드 평가기준, AMA평가기준 등에서 의사에 의해 산정된다. 노동능력상실률은 피해자 또는 근로자의 장해를 경제적·사회적 관점에서 규범적인 평가를 하는 경우 가능능력상실률이라는 용어를 사용해야 한다.

71) 대판 1969. 9. 23, 69다1095.

참고로 장해율을 평가하기도 한다. 그러나 육체노동의 직종 이외에 정신노동에 종사하는 자, 젊은 사람과 고령자 등 연령에 따라 노동력상실률에 영향을 줄 수 있다. 따라서 감정인은 근로자의 현재의 증상 외에도 직업·연령 등을 고려하지 않으면 아니 된다.

[표4-2] 노동력상실률

피해자	후 유 장 해				사건번호
	내용	산재 등급	상실률(맥브라이드표)	상실률 (법원 인정판결)	
비계공(5년경력) 남 25세	비장절제, 두통, 불면 등 신체증상, 집중력장해, 정서불안 등 정신기능 악화	제7급 제3호, 제5호	42.4%	50%	서울고판 1988.2.4, 87나4723
조적공보조 (잡부) 남27세	양 상하지 완전마비, 배뇨배변장해	제1급 제9호	100%	100%	서울고판 1988.6.9, 88나4426
성형공 남28세	두개골개방형골절로 인한 간헐적 두통, 기억력 및 정신장해		32%	32%	서울고판 1988.11.10, 88나18073
용접공 남25세	우안백내장, 초자체혼탁, 망막변성으로 인한 시력상실 수동변별정도	제8급 제1호	·용접공 46% ·도시일용노동 30%	용접공 46%	서울고판 1988.6.9, 87나5246
케이블공(전공) 남28세	척추완전강직	제6급 제4호	76%	70%	서울고판 1988.3.10, 87나4844
위생배관공	우안무안구증	제8급 제1호	36%	45%	서울고판 1988.4.7, 87나5072
프레스공 남32세	우수 2,3,4 수지절단 및 5 수지 부분강직	제7급 제6호	·프레스 37% ·도시 24%	·프레스 45% ·도시 24%	서울고판 1988.4.7, 87나5022
형틀목공	좌우측 주관절, 완관절,	제9급	66.08%	60%	서울고판

남23세	우측슬관절, 운동제한, 전박부골절				1988.1.21, 87나4653
목재가공조공 (견습공) 남19세	오른손 5개수지 모두 폐용, 오른팔의 3대관절중 1개관절의 기능에 현저한 장해	제6급	·목공 48% ·도시 36%	각 50%	서울고판 1988.1.21, 87나4367

(6) 가동연한

1) **평균수명의 연장과 상실수입의 산출**　a) 피재근로자가 사망하거나 불구가 되어 가동력의 전부 또는 일부를 상실한 경우, 그 비율이 정해져 월간 또는 연간의 상실순수입이 결정된다. 여기에 그 수입상실이 계속될 기간을 확정하여 그 기간을 곱하면 상실수입의 총액이 산출된다.72) 이 경우 피재근로자가 일정한 연령까지 노동을 할 수 있는 기간을 "노동가능기간"이라고 하며, 보통 연령을 기준으로 구분할 때 "가동연한"이라고 한다.

b) 가동개시연령은 원칙적으로 성년이 되는 날부터 인정한다. 가동연한은 직종에 따라 정년을 정한 경우에는 그에 따르고, 정년이 따로 없는 경우에는 동일·유사한 직종의 일반적인 가동연한 종료 시까지 가동연한을 인정한다. 만일 피재근로자가 이미 평균수명을 넘어서 살고 있고 또 수입을 얻고 있는 경우에는 구체적인 사정, 즉 피재근로지의 직업·건강상태·가정환경·위생상태 등을 종합적으로 고려하여 인정할 수밖에 없고, 이때 가동연한을 넘었다 하여 손해가 없다고는 할 수 없다.73)

c) 법원의 판례는 가동연한의 인정은 정년제직종과 정년제가 없는 직종을 구분하며, 정년제가 없는 직종 중에서 일용근로자(육체노동자)와 특수직업종사자를 달리 본다. 판례가 인정하는 가동연한은 직종에 따라 달리 판단하고 있으나, 경험칙상 가동연한 이외에 명백한 증거가 있는 경우 상향된 가동연한을 인정하기도 한다.

---

72) 이보환, 자동차손해배상소송, 육법사, 1990, 276-277면.
73) 대판 1971. 2. 23, 70다2927.

2) **가동연한의 인정과 가동일수**　a) 사회적·경제적 구조와 생활여건이 급속히 향상 발전함에 따라 대법원은 전원합의체판결을 통하여 만 55세를 넘어서도 가동할 수 있다고 보는 것이 경험칙상 합당하다고 판결하고, 구체적인 한계연령은 사실심에 맡겼다. 따라서 개개의 구체적인 경우에 그 사람의 경력·연령·직업·건강상태 기타 여러 가지 사정을 고려하여 그 노동가능연한을 인정할 수 있다.[74]

b) 가동연한을 인정함에 있어 ⅰ) 사고 당시 피해자가 종사하던 직업에 대하여 경험칙상 가동연한을 도출하되, ⅱ) 이러한 기준은 일반적인 것에 불과하므로 피해자의 연령, 건강상태, 가정환경 등 개별적·구체적 사정을 고려하여 사고 이후에도 일반적 가동연한을 넘어서 가동할 수 있다는 특별한 사정이 있는 경우 이를 넘어서는 일정 기간의 장래수익을 인정한다.[75]

c) 최근에 대법원(대판 2019. 2. 21, 20218다248909)은 전원합의체판결에서 특별한 사정이 없는 한 육체노동의 가동연한을 만 60세를 넘어 만 65세까지도 가동할 수 있다고 보는 것이 경험칙상 합당하다고 판시하였다. 여기서 경험칙이라 함은 각개의 경험으로부터 귀납적으로 얻어지는 사물의 성상이나 인과의 관계에 관한 사실판단의 법칙으로서 구체적인 경험적 사실로부터 도출되는 공통 인식에 바탕을 둔 판단형식을 의미한다.[76]

d) 그러나 이 판결은 육체노동의 ⅰ) '경험칙상 가동연한'을 만 65세로 상향 조정한 것이고, ⅱ) 여기에는 아직 피해자의 개별적·구체적인 사정이 반영되어 있지 않기 때문에, 대상판결로 인해 피해자가 육체노동자인 모든 사건에서 '최종적으로 적용되는 가동연한'이 일률적으로 만 65세가 된 것이 아님에 유의해야 할 것이다.[77]

e) 노동가능기간 중 연 또는 월간 가동일수는 일반노동자의 월평균 가동일수를 25일로 하고,[78] 농촌노동의 연평균가동일수를 300일로 보는 것은 경

---

74) 대판 1989. 12. 26, 88다카16867.
75) 대판 1971. 2. 23, 70다2927.
76) 대판 1991. 2. 22, 90다6248.
77) 김영서·서애린, "육체노동의 경험칙상 가동연한 인정기준 : 노동생명표를 이용한 은퇴기대연령의 활동", 서울대학교법학평론 제10권(2020. 4), 9면
78) 대판 1970. 2. 24, 69다2172.

험칙으로 인정되므로 가동일수를 달로 풀어 계산해도 위법이 아니다.[79]

(7) 중간이자의 공제

1) **중간이자공제의 필요성**　중간이자의 공제는 단 한 번의 지급으로 손해배상을 하는 경우에 그 이자를 공제하는 것을 말한다. 금전은 이자를 낳는 자본이므로 미리 받은 배상금은 줄 때부터 피해자가 실제로 이익을 얻을 때까지 이자가 생기게 된다. 따라서 피해자는 실제로 입은 손해보다 많은 부당이득을 얻게 되는 결과가 되므로 공제의 필요성이 있다.

2) **호프만식과 라이프니쯔식**　a) 호프만식은 이자를 계산함에 있어서 이자를 단리로 적용하고, 라이프니쯔식은 복리로 적용한다.[80] 라이프니쯔식은 이자에 대한 이자까지 합쳐지는 것이므로, 갚아야 할 사람(채무자)으로서는 이 방식이 유리하고 기간이 장기간이 될수록 유리한 정도가 크다. 손해배상액 산출 시 중간이자의 공제방법에 따라 이용되는 공식은 다음과 같다.

[표4-3] 중간이자공제방식

유　형	산출공식	공제방법
① Leibniz 방식	$P_V = \dfrac{F_V}{(1+i)^n}$	복리방식
② Garpzow 방식	$P_V = F_V(1-ni)$	복리방식
③ Hoffman 방식	$P_V = \dfrac{F_V}{1+ni}$	단리방식
④ 신 Hoffman 방식	$P_V = \sum \dfrac{F_V}{(1 \pm ni)^n}$	복리방식

---

79) 대판 1966. 9. 20, 66다1379.
80) 라이프니쯔식은 복리식으로 중간이자를 공제하는 방식으로 계산이 복잡하다. 이 방식은 소득활동가능시간을 연 또는 월과 같은 일정기로 나누어 각 기말마다 분할적으로 명의액을 취득하는 것으로 본다. 원래 이익은 그것을 얻었을 시점부터 중간이자의 공제 여부를 결정하는 것이므로 계산이 복잡해질 수밖에 없다.

b) 여기서 Fv는 장래 가득할 수 있는 금액, n은 취업가능연수, i는 연이자율, Pv는 현재 지급되는 금액을 말한다. 우리나라는 일본 및 미국과 마찬가지로 장래의 일실이익(Future lost earnings)을 배상할 때 일시금배상(Lump sum compensation)을 채택하고 있다.

c) 일시금은 연간 순수입에 가동연한을 곱한 액수가 아니라 현가(present value)를 의미한다. 이 경우 현가는 그 원금에서 생기는 이자와 원금의 일부를 연간 순수입에 충당시켜 가동기간의 말에는 원금도 이자도 남는 것이 없게 되는 액수를 말한다.

3) 일시배상금의 산정공식　　a) 일실이익의 일시배상금을 산정하는 공식은 장래의 금액(Future value)을 Fv, 현가(Present value)를 Pv, 이율을 i, 기간을 n이라 할 때,

$$P_V = \frac{F_V}{(1+i)^n}$$ 가 되고, Fv를 1로 가정하면 $$P_V = \frac{1}{(1+i)}$$ 이 된다.

b) 이 공식은 이율과 기간을 한 시점에서 제한하면 이자가 늘지 않아 복리계산에 의한 중간이익의 공제방법으로써 라이프니쯔 계산법과 같게 된다. 따라서 장래에 주어야 할 돈을 현 시점에서 당겨서 준다면 그 기간만큼 이자를 감안하지 않을 수 없다. 이 경우 돈을 지급하는 실제 시기와 지급할 사이에 있는 기간을 중간기간이라 하고, 그 기간에 해당되는 이자를 중간이자라고 한다. 호프만식은 관행상 민사소송에서 이용되고 있다.

(8) 생활비의 공제

1) **생활비의 공제**　　a) 생활비는 피재근로자가 일상생활을 하는데 필요한 지출비용을 말한다. 근로자가 사망한 경우 생존하였더라면 지출했을 생활비는 손해배상액에서 공제한다. 이 경우 근로자의 생활비는 총수입에서 공제해야 한다(통설·판례). 생활비의 공제를 인정하는 근거는 사고로 인하여 지출을 면하게 된 이익이므로 공제되어야 한다는 손익공제설과 생활비는 이익을 얻기 위한 필요경비로써 기업의 순수익을 총수익에서 공제하여야 하는 것과 마찬가지로 공제되어야 한다는 필요공제설(노동력 재생산비설)이 있다.

b) 생활비에는 세금뿐만 아니라 교양오락비·교제비 등 어느 정도 문화생활을 위한 지출도 포함된다. 어떤 사람이 어느 수준의 급료를 받고 사는 경우 그 사람의 신분·직업·경제적 지위에 따라 통상 필요한 교제비나 문화·오락비를 소비하는 것은 당연하고, 그 비용은 이러한 수입을 얻기 위하여 필연적으로 지출하는 비용이기 때문이다.

2) **생활비의 공제한도**   a) 생활비는 그 수익의 3분의 1로 인정하여 공제하는 것으로 대부분 알고 있으나, 피재근로자가 미성년이거나 독신인 경우 공제액수를 높이려는 경향은 더욱 두드러진다. 이러한 태도는 국가배상법 시행령 제6조 '손익상계'에 관한 생활비공제에 관한 비율표 및 산재보험법 시행령 제74조제1항(유족특별급여)에서 부양가족의 유무 및 그 수에 따라 최고 40%에서 최하 25%까지 차등적으로 규정하는 것을 보아도 알 수 있다.

b) 그러나 생활비의 공제에 대하여 총 수입과 사회적·경제적 지위를 이유로 공제액수와 비율에 대하여 분쟁이 생길 수 있다. 생활비의 인정은 가상적일 수밖에 없다. 현재는 미성년자라 하더라도 나이가 들면 결혼하여 배우자가 생길 것이며, 아이들을 갖게 되므로 현재 그가 독신이라 하여 가동기간을 다 마칠 때까지 그 수입의 40%를 생활비로 지출할 것이라고 단정할 수 없다. 또한 수입도 일용근로자가 아닌 급여생활자로 인정하는 경우에는 학력과 연령에 따른 승급도 인정하는 것이 바람직하다.

(9) 과실상계

1) **과실상계의 정의**   a) 과실상계란 채무불이행 또는 불법행위에 대한 손해배상책임에서 채권자 내지 피해자에게 손해의 발생 또는 확대에 기여한 과실이 있는 경우에 이를 참작하여 손해배상책임을 감면하는 것을 말한다. 과실이란 채무불이행 또는 불법행위로 인한 손해배상책임의 발생요건으로서 일반적으로 위법한 부주의를 의미하며, 상계란 같은 종류의 채권을 대등액에서 서로 소멸시키는 의사표시를 말한다. 과실상계는 불법행위자의 과실과 피해자의 과실을 대등한 정도의 비율로 서로 상쇄시키는 의사표시이다.

b) 민법 제396조는 과실상계라는 제목하에 "채무불이행에 관하여 채권자

에게 과실이 있는 때에는 법원은 손해배상의 책임 및 그 전액을 정함에 이를 참작하여야 한다.”고 규정하고 있다. 과실상계는 민법 제763조에 따라 불법행위에 의한 손해배상에도 준용한다.

c) 과실상계는 민법 제396조에 의해 채무불이행에 따른 손해의 발생에 적용하지만 통설과 판례는 “손해의 확대”의 경우에도 과실상계를 준용한다. 과실상계를 통하여 가해자와 피해자 사이의 손해를 적정히 분배하는 이익조정적 기능을 달성할 수 있다.

2) **과실책임과 공평부담의 원칙**   a) 피해자 스스로의 과실로 초래된 손해는 피해자 자신이 부담하고, 이를 가해자에게 전가할 수 없고 자기의 고의 내지 과실에 의한 손해는 자신이 부담하는 과실책임의 원칙과 가해자와 피해자 간의 손해의 공평한 부담이라는 손해배상의 기본원칙에 과실상계의 근거가 있다. 따라서 근로자에게도 과실이 있고 그 과실이 손해의 발생과 확대에 기여한 경우에는 그 한도 내에서 손해배상책임이 경감된다.

b) 그러나 과실상계는 ⅰ) 채무의 내용에 따른 본래의 급부이행을 구하는 때, ⅱ) 손해배상액을 예정하는 경우, ⅲ) 피해자의 부주의를 이용하여 고의로 불법행위를 저지른 자가 피해자의 부주의를 이유로 과실상계를 주장하는 경우 등에 대하여는 과실상계가 적용되지 아니한다.81)

3) **피해자의 과실인정과 조정**   a) 일반적으로 상계는 항변사유이지만 불법행위에 있어서 피재근로자에게 과실이 있는 경우 이를 참작하여야 한다. 또한 산재보험법에 의한 모든 급여는 재산상 손해의 보상을 목적으로 하고, 지급의 범위 내에서 사용자는 면책되므로 상계의 대상으로 삼아야 한다. 이 경우 피재근로자의 연령·직업, 사회적·경제적 지위 등은 과실상계의 원인이 되는 과실과 달리 위자료를 산정함에 있어서 참작사유에 불과하다.

b) 상계설을 따르면 재산상의 손해와 과실을 고려하지 아니한 위자료를 산정하여 합산한 후 함께 과실상계를 하여 배상액을 결정하게 된다. 그러나 참작설을 따른다면 과실상계는 재산상 손해에 관하여만 적용하고 위자료 산정에서는 참작사유의 하나로 인정된다. 위자료도 배상받을 손해의 하나임은 재산상 손해와 다를 것이 없으므로 과실상계의 법리를 적용함이 타당하다.

---

81) 대판 2016. 04. 12, 2013다31137

[표4-4] 재해유형별 과실률

사고 유형	과실 율	직 종	과 실 내 용
추락 사고	무과 실	석 공	대리석을 실은 채 엘리베이터를 타고 5층으로 올라가 건물 안에 있는 동료에게 대리석을 건네주는 순간, 다른 작업자가 엘리베이터조작을 잘못하여 지상으로 추락한 사고(서울지판 1993. 7. 21, 92가합59180)
		운반공	화물용 엘리베이터에 탑승한 것이 원고의 과실이라는 피고의 주장 배척(서울고판 1989. 1. 26, 88나27572)
		콘크리트 공	교량건물용 거푸집 위에서 콘크리트 타설 및 다짐 작업하다가 거푸집이 무너져 4m 아래로 추락(서울고판 1988. 9. 22, 88나2405)
	10%	덤프트럭 운전자	동승했던 근로자의 동태 미확인, 하차완료후까지 하역작업 시작치 말도록 확인하지 아니한 잘못(서울고판 1988. 9. 22, 88나13153)
		기계설치공	비계틀 지주대를 벽과 수직되게 설치함으로써 반작용에 의한 힘이 비계틀의 지주대에 전달되게 하여야 함에도 비계틀의 보조쇠파이프가 벽과 수직되게 하고 반면에 지주대는 위 벽과 평행이 되게 설치하여 작업한 점(서울고판 1988. 9. 15, 88나20977)
	20%	비세공	비계틀을 완전하게 고정시킬 수 있는 사다리형 버팀대를 피고회사에 제공요구하여야 하고, 부득이 그것 없이 작업하는 경우에는 다른 사람의 작업에 의해 비계틀이 흔들려 발판목이 빠저나갈 수 있음을 예상하여 발판목을 비계틀에 묶어 고정시키는 등 방법으로 자신의 안정을 위한 조치를 취해야 하는데 그렇게 하지 않는 점(서울고판 1988. 12. 15, 88나23792)
		철근공	고정되지 아니한 합판 위에서 타작업원과 같이 작업중인 때, 발을 옮기려 할 경우에는 다른 안전한 곳으로 피하여야 하는데 이를 아니한 점(서울고판 1988. 9. 15, 87나5021)
		배관공	이동할 때에 작업대에서 내려와야 함에도 그대로 있는

			점, 조심스럽게 밀도록 다른 작업자에게 주의 환기시키지 아니한 점(서울고판 1988. 9. 22, 88나2900)
	30%	비계공	비계틀을 해체할 때에는 파이프를 해체한 후 받침목을 제거해야 하는데 순서 바꿈, 5단의 받침목 제거를 빠뜨려 4단에서 작업하다가 다시 올라간 잘못(서울고판 1988. 4. 14, 87나4875)
		통신선로공	윈치의 안전 여부를 사전에 점검치 않은 잘못(서울고판 1989. 1. 26, 88나31892)
		벽돌운반작업원	발딛기 전에(해체작업중) 각목이 안전한 지 여부를 확인점검 않은 과실(서울고판 1989. 2. 2, 88나2597)
		배선공	안전허리띠를 착용하지 아니하였을 뿐만 아니라, 발판 볼트가 튼튼한지 여부를 확인하지 아니한 점(서울지판 1993. 3. 24, 92가합53809)
	60%	타일공	비계목 안전설치 여부 확인 안함, 스스로 까치발로 고정시킨 후 작업발판 설치해야 함(서울지판 1993. 8. 17, 92가합41318)
	60%	샤시공	몸의 균형을 유지하면서 다른 구조물 등을 붙잡고 조심스럽게 내려오지 아니한 과실(서울고판 1988. 5. 26, 87나4164)
		용접조공	케이블 트레이 위로 올라가서 작업하거나 세심한 주의를 기울이지 아니한 과실(서울고판 1988. 5. 26, 87나4164)
	65%	배관공	비계 위에서 추락위험에 대비하여 안전모를 쓰지 않는 등 스스로의 안전도모 하지 않은 잘못(서울지판 1993. 5. 18, 92가합18660)
금형에 손이 낀 사고 (프레스, 사출기)	20%		쇠고리 등 기구를 사용하지 아니하고 상금형의 정지여부 등 프레스기의 작동상태를 잘 살피지 아니함(서울고판 1988. 4. 7, 87나5022).
	30%		작업전 전원스위치 확인하지 아니하였고, 작업 중 부주의로 다리로 스위치 건드림(서울고판 1988. 3. 3, 87나4477)
	40%		프레스 작업함에 있어 항상 양손과 발의 위치에 특별히 세심한 주의를 기울여 양손을 상하금형 사이에서

	50%		빼낸 후 발판을 밟아 상금형을 작동시켜야 함에도 왼손을 상하금형 사이에 넣은 상태에서 만연히 발판을 밟은 점(서울고판 1988. 9. 29, 88나24412)
	50%		자동식으로 안전문을 열고 닫으면서 정상적으로 안전하게 작업하여야 할 것인데, 작업상의 편의를 위하여 장갑으로 안전장치인 리미트 스위치를 눌러놓고 안전문을 연 상태에서 위험하게 작업한 점(서울고판 1989. 1. 12, 88나24832)
	60%		사출성형기 위에 올라가거나 안전문을 닫고 위 기계를 작동하고 있는 상태하에서 위 기계 양 금형 사이에 손을 넣는 일은 안전수칙상 금지되고 있음에도 이에 위반하여 위 기계 위에 올라가 금형 사이에 손을 넣었던 점(서울고판 1988. 11. 24, 88나23600)
발파, 폭발 사고 (소음성 난청 포함)	10%- 15%	광 부	자격 없이 발파작업, 발파 후 연기 안 빠진 상태에서 전기선 연결한 잘못(10%)(서울고판 1988. 6. 16, 88나8793)
		잡 부 (운반부)	도화선을 발견하였으면 그 즉시 화약보안 혹은 발파책임자에게 연락, 안전점검 받은 후에 작업하지 아니한 과실(15%)(서울고판 1988. 10. 13, 88나17896)
	20%- 25%	착암보조 공	발파작업 확인 후 현장감독의 지시에 따라 안전한 시기에 이동하지 아니한 과실(20%)(서울고판 1988.4. 7, 87나4522)
		광 부 (선산부)	단선사실만 보안계원으로부터 확인하고 단선된 곳을 찾으러 간다고 알리지 아니한 채 다이나마이트가 장착된 곳으로 들어간 점(25%)(서울고판 1988. 3. 10, 87나3978)
	40%	광 부	작업반장이 올 때까지 기다리지 아니하고, 폭약을 단단히 붙이지 아니한 채 30미터 이상 대피하지 아니하고, 콘베이어 작동을 중지시키지 아니한 잘못(서울고판 1988. 6. 30, 88나7684)
	60%	철탑건립 및 해제작업 하도급업자	작업 전에 드럼통 속에 남아있는 물질이 있는 지를 확인하고, 미리 작은 구멍을 낸 다음에 작업하지 아니한 점(서울고판 1988. 12. 1, 88나9499)

		굴진 선산부	스스로 귀마개를 착용하는 등의 재해예방조치 소홀(서 울고판 1988. 11.10, 88나190)

6. 손해배상액의 산정사례와 조정대상

(1) 손해배상액의 산정사례

1) **기초사항의 정리**   a) 피해자의 생년월일, 성별, 사고 시 평균임금, 노동능력상실률, 퇴직금의 지급 여부를 파악해야 한다. 이 경우 사망을 제외한 노동능력상실률의 산정을 위해서는 의료기관에 감정이나 소견을 사전에 의뢰하여야 한다.

b) 과실율은 가해자와 피해자의 사고경위, 의무위반, 기존의 유사한 판례 등 을 고려하여 결정한다. 과실률의 결정은 법원의 재판권에 해당하므로, 과실률에 대하여 이의가 있으면 소송으로 다투어야 한다.

2) **장해사건의 손해배상범위**   장해사건의 경우 손해배상액을 산정하기 위해서는 소극적 손해와 적극적 손해에 해당하는 사항을 조사하여 자료를 수집하여야 한다. 소극적 손해의 산정은 일실소득이 매우 중요하므로 소득자료로써 임금, 상여금, 일실퇴직금 등 입증자료를 검토해야 한다. 적극적 손해에 대하여는 향후 치료비, 후유장해의 정도, 보조기구의 사용유무와 연한, 간병비 등에 대한 검토가 필요하다.

[표4-5] 손해배상의 범위

종 류		내 용

재
산
	소극적
	손해
	(일실손해)
		1) 요양기간 동안 임금 손해액
		  산재보험법상 휴업급여는 평균임금의 70%가 지급되므로 본인의 과실이 30%이상인 경우에는 청구가 무의미함
		2) 노동능력상실에 따른 일실소득
		  회사정년과 직업정년까지 재해로 인하여 상실한 노동력과 그에 따른 임금 상실분으로 일반적으로 산정하되, 나이가 적으

상손해		
		면 많고 나이가 많으면 적음 3) 일실퇴직금 회사 정년까지 근무하지 못하고 일찍 퇴직함으로써 발생한 퇴직 손해금
	적극적 손해	1) 치료비 등 요양에 필요한 비용 산재 비급여 요양비(치료비, 검사비, 특진비 등)가 주로 그 대상임. 2) 향후 치료비와 보조기대 향후 치료에 소요되는 약제, 검사, 처치, 보조기 등에 소요되는 비용 3) 간병비 타인의 도움 없이는 일상적인 생활을 영위할 수 없는 경우에 간병비를 재해자의 여명 시 또는 간병필요 시까지
정신적 손해		· 본인과 그 가족에 대한 위자료 본인과 가족이 재해로 입은 정신적 고통에 대한 대가

3) 일실수입의 산정

① **소득액**　　소득액은 사고 당시 직업에서 얻는 소득금액을 기준으로 산정한다. 다만, 사고 후 변론 종결 시까지 임금인상의 객관적인 자료가 있는 경우에는 이를 기준으로 산정한다. 일용근로자인 경우에는 고용노동부에서 발간한 직종별임금실태조사보고서, 농협조사월보나 건설물가월보에 의한 농촌노임단가 또는 도시노임단가 등 임금통계자료를 활용한다.

② **노동능력상실률**　　노동능력상실률의 측정은 법원의 감정촉탁의 결과에 따른다. 소송 이전에 합의하는 경우에는 주치료기관의 신체감정서나 장해등급에 대응하는 국가배상법이나 보험회사 약관상의 노동능력상실률을 적용하여 추정하기도 한다. 현재 대부분의 의사들은 맥브라이드장해평가표를 사용하고 있다.

③ **가동기간**　　가동가능기간은 생존기간 중의 경제활동을 할 수 있는 기간을 말한다. 전년을 기준으로 하되, 판례에 따르면 직종별로 차이가 있다.

㉠ 기대여명	기대여명은 평생의 간병비, 치료비 등 청구액을 산정하는 근거,

	통계청에서 작성한 생명표에 근거
ⓛ 가동기간	가동기간은 사고 발생에서 정년일까지 산정. i) 일용근로자인 경우에는 대략 60세까지로 하고, ii) 미성년자는 성년이 된 날로부터, iii) 대학생인 경우에는 졸업한 이후부터 계산(최장 414개월).

④ **중간이자의 공제**   중간이자는 장래에 정기적으로 발생하는 손해를 현재에 지급받는 것이므로 공제한다. 중간이자의 계산은 호프만계산법과 라이프니츠계산법 등이 있으나, 단리계산으로 이루어진 호프만계산법을 더 많이 사용한다.

⑤ **일실수입의 계산식**   일실수입 = 소득액 × 노동능력상실률 × 가동기간에 따른 호프만수치로 산정하되, 기간별로 다음과 같이 구분한다.

㉠ 요양종결일로부터 정년까지의 일실수익	평균임금 × 365(일) ÷ 12(월) × 노동능력상실율 × 종결일로부터 정년까지의 호프만수치
㉡ 정년 이후부터 60세 되는 날까지의 일실수익	도시일용노임 × 22(일) × (종결일로부터 60세까지의 호프만수치 – 종결일로부터 정년까지의 호프만수치) × 노동력상실률
㉢ 일실퇴직금(실제퇴직시)	1일 평균임금 × 30일 × 정년까지의 호프만수치 / 12월
㉣ 생계비 공제	사망한 경우 사망자의 생계비로 수입의 1/3을 추정하여 공제

4) 적극적 손해의 산정

① **간병비**   피재근로자의 상시 또는 수시의 간병을 위해 소요되는 비용을 말한다. 그러나 산재보험법에서는 입원기간 중의 간병료와 요양종결 후 간병급여로 구분하고 지급금액도 고용노동부에서 고시하는 금액으로 한다.

> 도시일용노임(여자) × 365 ÷ 12 × 기대여명까지 개월수의 호프만수치

② **치료비 및 보조기구대**   사고와 상당인과관계에 있는 범위의 보조기구 구입비, 식대 등 향후 치료비를 청구하지 않으면 산재보험에 의한 요양을

받을 수 있고 재요양도 가능하다.

5) 과실상계와 손익상계

① **근로자의 과실상계**   근로자의 고의 또는 과실이 있는 경우에는 과실비율(100~60%)을 상계하여 차감한다.

$$\text{과실상계율} = (\text{재산적 손해}) \times (1 - \text{근로자의 과실율})$$

② **손익상계**   공단에서 지급받은 휴업급여, 장해급여, 유족급여 등 사고와 관련하여 피해자가 받은 이익을 공제한다. 일실이익을 치료 종결일부터 계산하는 경우에는 휴업급여를 공제하지 않는다. 사업주로부터 받은 손해배상금의 명목으로 받은 금액은 전액을 공제한다.

6) **위자료**   위자료는 정신상 또는 육체상의 고통을 금전으로 위로하기 위하여 지급한다. 위자료는 산재사건 또는 교통사고의 경우 1억원을 기준으로 노동능력상실률(사망시 100%)과 사용자과실{또는 $1-(\text{피해자과실} \times \frac{6}{10})$}을 곱하여 산정한다. 위자료는 본인, 직계존속, 직계비속 및 배우자에게 청구권이 있다. 사망의 경우 위자료는 상속분의 비율에 따라 산정하여 배분한다.

7) **총손해배상액**   총손해액은 재산적 손해와 과실율에서 그동안 받은 산재보험급여의 총액과 사업주로부터 사전에 받은 금액을 공제하고 남은 금액에 위자료를 합산하여 산정한다.

$$\text{재산적 손해} \times \text{과실상계} - \text{손익공제} + \text{위자료}$$

(2) 보험급여와 손해배상의 조정대상

1) **치료비 등 요양급여**   근로자가 부상을 당하거나 질병에 걸린 경우 치료비나 수술비·입원비, 간병료 등 산재보험에 의한 요양급여가 지급된다. 요양급여는 환자의 치료목적으로 지출하는 비용이나 소득보장급에 해당되며, 손해배상액의 적극적 손해액과 중복급여의 조정대상이 되므로 공제하여야 한다.

2) **간병료와 간병급여**   a) 공단은 근로자가 요양 중에 있는 경우 간병하기 위하여 지급하는 간병료와 요양 후 후유증상을 고려하여 지원하는 간병급여를 지급한다. 이 경우 간병료는 요양급여와 동일한 성질을 지니며, 환자의 치료행위와 관련하여 지출하는 비용으로서 인과관계가 인정되므로 중복조정의 대상이 된다.

b) 또한 간병급여는 요양의 대상으로 인정되는 부분에 한하여 간병료와 동일하다면 손해배상액과의 조정대상이 된다.82) 간병급여는 요양이 종료된 후 후유증상이 있는 자를 돌보기 위하여 지원하는 금품으로써 개호비와 유사성을 지니는 점을 고려할 때 손해배상의 중복조정이 될 수 있다.

3) **휴업급여와 휴업손해**   a) 근로자의 상병상태로 인하여 취업하지 못하는 기간에 대하여는 산재보험에서 평균임금의 70%를 휴업급여로 지급한다. 그러나 손해배상에서는 입원기간에 대하여 100%를 휴업손해로 보고 노동능력상실률을 평가하여 일실수입을 산정한다.

b) 이 경우 취업손실로 인한 휴업급여는 민사상 소극적 손해에 해당되어 중복조정의 대상이 된다. 휴업급여가 소득보장급여 또는 사회보장급여의 성격을 지닌다고 하더라도 일실소득을 보전하는 휴업손해와 동일하므로 손해배상의 범위에 해당되어 중복조정의 대상이 된다.

4) **장해급여와 후유장해**   a) 장해급여는 산재보험법에 의한 손해로써 민사상 손해배상액의 산정방법이나 보상기준이 서로 다르더라도 하나의 동일한 손해에 대한 보상이므로 중복급여에 해당되어 조정대상이 된다. 장해급여는 후유장해에 따라 장해보상일시금과 장해보상연금으로 구분된다.

b) 근로자가 장해보상일시금이 아닌 장해보상연금의 지급을 선택하여 장래에 있어 분할하여 급여를 받을 것이 확정되어 있는 경우에도 손해배상액에서 공제함이 형평의 원칙 내지 공평의 이념에 비추어 타당하다. 손해배상액에서 공제할 보험급여액은 그 일시금과 연금의 현가를 비교하여 적은 금액을 선택하여 적용하는 것이 근로자보호의 입법취지에 부합한다.

5) **유족급여와 장례비**   산재보험은 근로자의 사망으로 인한 손해에 대

---

82) 대판 2012. 5. 24, 2010두18505 : 이 판례는 개호료에 해당하는 간병료와 치유후 요양관리를 지원하는 간병급여를 명확히 구분하지 않고 있다.

하여 유족급여와 장례비를 지급한다. 그러나 민사상 손해배상은 이러한 명목으로 지급하는 보상은 없고, 단지 사망에 따른 가동가능기간, 평균소득을 참작하여 일실수입을 산정한다. 이 경우 유족급여나 장례비는 사망손실에 따른 일실수입과 중복조정의 대상이 된다. 산재보험으로서 유족급여 중 유족보상연금을 수령하는 경우에는 해당 연금을 일시금으로 환산하여 조정해야 한다.

제 3 절

정부의 지원 및 보고 등

1. 정부의 사업주 등에 대한 지원 및 보고

(1) 정부의 사업주 등에 대한 지원사항

1) 정부의 사업주 등에 대한 지원 및 보고   a) 정부는 중대재해를 예방하여 시민과 종사자의 안전과 건강을 확보하기 위하여 다음 각 호의 사항을 이행하여야 한다(중대재해처벌법 제16조제1항).

> 1. 중대재해의 종합적인 예방대책의 수립·시행과 발생원인 분석
> 2. 사업주, 법인 및 기관의 안전보건관리체계 구축을 위한 지원
> 3. 사업주, 법인 및 기관의 중대재해 예방을 위한 기술 지원 및 지도
> 4. 이 법의 목적 달성을 위한 교육 및 홍보의 시행

b) 정부는 사업주, 법인 및 기관에 대하여 유해·위험 시설의 개선과 보호장비의 구매, 종사자 건강진단 및 관리 등 중대재해 예방사업에 소요되는 비용의 전부 또는 일부를 예산의 범위에서 지원할 수 있다(중대재해처벌법 제16조제2항).

(2) 정부의 보고

1) 국회 소관 상임위원회에 대한 보고   정부는 제1항 및 제2항에 따른 중대재해 예방을 위한 조치 이행 등 상황 및 중대재해 예방사업 지원 현황을 반기별로 국회 소관 상임위원회에 보고하여야 한다(중대재해처벌법 제16조제2항). 국회에 중대재해 예방을 위한 조치이행 등 상황, 중대재해 예방사업

지원현황을 보고하도록 함으로써 국회가 현황을 파악하여 입법정책에 참고할 수 있도록 하기 위한 취지이다.

2) **정부의 보고** a) 고용노동부장관 등 중앙행정기관의 장은 국회의 소관 상임위원회가 요구하는 경우에는 중대재해 예방조치의 이행 등에 관한 사항을 보고하여야 한다. 이 경우 고용노동부장관. 국토교통부장관, 해양수산부장관 등이 여기에 해당된다. 중대시민재해의 예방사업을 지원하는 행정안전부장관도 국회의 소관위원회가 요구하는 경우 보고대상이 될 수 있다.

b) 보고주기는 반기별로 국회 상임위원회에 보고하여야 하며, 고용노동부 소관사항에 대한 보고내용은 소관 상임위원회인 환경노동위원회에 보고하여야 한다. 고용노동부는 최초로 「2021년 상반기 중대재해 예방지원 사업 추진 실적」을 환경노동위원회에 보고하였다.

2. 서면자료의 보관

(1) 조치사항 관련 서면자료의 보관

1) **조치등의 이행에 관한 서면의 보관** a) 사업주 또는 경영책임자등(「소상공인기본법」 제2조에 따른 소상공인은 제외한다)은 제4조, 제5조 및 제8조부터 제11조까지의 규정에 따른 조치 등의 이행에 관한 사항을 서면(「전자문서 및 전자거래 기본법」 제2조제1호에 따른 전자문서를 포함한다)으로 작성하여 그 조치 등을 이행한 날부터 5년간 보관해야 한다(중대재해처벌법 시행령 제13조).

b) 중대재해처벌법에 따른 보존의무가 있는 서면의 종류는 구체적으로 명시하지 않고 있다. 사업주 및 경영책임자가 이 법에 의한 서면자료를 보관하지 아니한 경우에 대하여 위반시 제재규정은 명시하지 않고 있다. 유해·위험요인을 파악하고 점검하였는지, 위험성평가를 실시하였는지에 관한 사항을 구체적으로 정하지 않고 있다.

c) 중대재해처벌법은 의무이행방법을 특별히 제한하지 않고 있는 점, 시행령 제13조에 전자문서를 포함하고 있는 점 등을 종합적으로 검토하면 모바일앱 등을 통해 안전보건업무를 수행한 내용을 전자문서의 형태로 보관하고

이행사항을 증빙할 수 있다면 가능하다고 판단된다.83)

d) 사업주 또는 안전경영책임자가 중대재해처벌법에 의한 서류를 보관하지 아니한 경우 이 법에 의한 처벌대상이 되지 않는다. 그러나 안전보건 관련 법령에 의한 관계서류의 보관에 명시규정이 있는 경우에는 해당 법률에 의하여 과태료를 부과하는 등 제재를 받을 수 있다.

2) 서면자료의 보관   a) 제4조, 제5조, 제10조, 제11조, 제12조, 제13조의 이행에 관한 내용은 서면(「전자문서 및 전자거래 기본법」 제2조제1호에 따른 전자문서를 포함한다)으로 자료를 작성하여 5년간 보관하여야 한다. 다만 「소상공인기본법」 제2조에 따른 소상공인에 해당하는 사업주 또는 경영책임자등은 그러하지 아니하다(중대재해처벌법 시행령 제15조).

b) 여기서 소상공인이란 중소기업기본법 제2조제2항, 시행령 제8조제1항에 따른 소기업 중 상시 근로자수가 광업·제조업·건설업 및 운수업은 10명 미만, 그 외 업종은 5명 미만인 경우를 말한다. 소기업은 중소기업 중 해당 기업이 영위하는 주된 업종별 매출액 등이 업종에 따라 10억 내지 120억 원 미만인 기업을 의미한다. 이 경우 상시 근로자 수를 산정할 때 임원, 일용근로자, 3개월 이내에 계약직, 연구전담요원, 단시간근로자는 제외한다.84)

c) 사업주 또는 경영책임자등은 안전보건확보의무와 관련된 사항을 모두 확인하여야 하며, 서면에는 이와 관련하여 지시한 내용, 실제 조치한 사항이 각각의 의무를 이행한 사실대로 담겨 있어야 한다. 전문문서로 보관하는 경우에는 전문문서의 최종결재를 사업주 또는 경영책임자등이 직접하여야 한다.85)

3) 서면보관의 기간 및 활용   중대재해처벌법은 위반 시 형사책임과 민사책임을 져야 하므로 관련서류를 일정기간 보관을 해야 한다. 서류의 보관의무는 5년을 기준으로 정하였는데, 일반적으로 공소시효나 소멸시효를 고려하여 보관의무기간을 정한 것으로 판단된다. 형사상의 사건에서는 공소시효, 민사상의 사건에서는 소멸시효가 재판 시 입증자료로 활용할 수 있다.

---

83) 중대산업재해감독과-1992, 2022. 5. 27.
84) 고용노동부, "중대재해처벌법 해설-중대산업재해 관련", 중대산업재해감독과 (2021. 7. 17), 106면.
85) 고용노동부, 전게서, 106면.

(2) 중대산업재해와 중대시민재해의 서류보관

1) 중대산업재해 관련 서류의 보관　　중대재해처벌법은 사업주 또는 경영책임자등에게 안전보건 확보의무를 부과하고 안전보건관리체계의 구축 및 지원에 관한 조치로써 9가지의 유형의 조치사항을 명시하고 있다. 이러한 조치사항과 관련하여 보관하여야 하는 서류는 다음과 같다.

1. 안전보건에 관한 목표와 경영방침
2. 전담기구의 설치
3. 유해위험요인의 확인 및 개선에 관한 업무절차의 관련서류
4. 위험성평가에 관한 서류
5. 안전보건에 관한 예산의 편성 및 집행내역
6. 안전보건에 관한 인력, 시설, 장비의 구비내역
7. 안전보건관리책임자등에게 업무수행에 필요한 권한과 예산을 지원한 관련 서류
8. 안전보건관리책임자등에 대한 업무수행평가 기준 및 평가 관련 서류
9. 안전관리자 및 보건관리자, 안전보건관리담당자 등 배치 현황자료
10. 사업 또는 사업장의 안전보건에 관한 사항에 대한 종사자의 의견청취 관련 서류
11. 중대산업재해가 발생하거나 발생할 급박한 위험이 있는 경우 대응조치 관련 매뉴얼
12. 제3자에게 도급, 용역, 위탁을 한 경우 안전보건 확보를 위한 평가기준 및 절차에 관한 서류(안전보건을 위한 관리비용 포함)
13. 안전보건 관계법령에 의한 이행 여부 점검결과 관련 서류
14. 안전보건교육이수확인서

2) 중대시민재해 관련 서류의 보관　　사업주 또는 경영책임자등은 중대시민재해를 예방하기 위한 안전보건확보의무를 이행하여야 한다. 이 경우 중대시민재해는 공중이용수단 또는 공중교통수단과 관련하여 다음과 같은 서류를 보관하여야 한다.

1. 안전보건 관계법령의 업무 관련 서류
2. 유해·위험요인의 검검결과 서류
3. 예산편성 및 집행 내역
4. 안전보건 관계법령에 의한 인력, 시설, 장비 등의 보유현황
5. 중대시민재해의 발생 시 신고 관련 자료 및 조치사항 관련 서류
6. 중대시민재해 원인조사 및 개선조치 관련 서류
7. 원료나 제조물 관련 안전보건 관계 법령에 따른 이행점검 서류
8. 안전보건 관련 인력의 배치현황
9. 안전보건 관련 예산의 편성 및 집행내역
10. 안전보건 관련 교육실시 관련 서류
11. 공중이용수단 또는 공중교통수단에 대한 안전보건 법령에 따른 안전점검 관련 서류
12. 공중이용수단 또는 공중교통수단에 대한 안전계획(인력의 확보, 안전점검 또는 정밀안전진단, 보수·보강 유지관리 포함)의 수립 관련 서류
13. 중대시민재해 예방을 위한 업무처리절차 관련 서류
14. 유해·위험요인의 발견 및 신고·요구사항 관련 서류
15. 중대시민재해가 발생한 경우 사상자 등에 관한 긴급구호조치, 긴급안전점검, 위험표지 설치 등 추가피해방지를 위한 개선조치 관련 자료
16. 중대시민재해를 예방하기 위한 조치능력 및 안전관리능력의 평가기준 및 절차 관련 결과서류
17. 도급, 용역, 위탁 시 중대시민재해를 예방하기 위한 비용에 관한 기준 및 내역 관련 서류
18. 안전보건관련 이행점검 결과 서류
19. 인력배치 및 예산의 편성·집행 관련 서류
20. 중대시민재해 예방을 위한 안전보건 관련 교육의 실시 관련 서류

부 록

- ◆ 안전보건관리체계의 구축 및 이행점검 절차
- ◆ 중대재해 전담부서의 설치 및 운영 절차
- ◆ 위험성평가체계의 구축 및 실행지침
- ◆ 안전보건관리책임자 등 업무수행평가절차
- ◆ 중대재해대응조치 및 재발방지대책
- ◆ 도급, 용역, 위탁 등 안전보긴관리절차
- ◆ 적격수급인 및 재해예방조치능력평가 절차

안전보건관리체계의 구축 및 이행점검 절차

제1조(목 적) 이 절차서는 중대재해처벌법 제4조 및 제5조, 같은 법 시행령 제4조에 따른 안전보건관리체계의 구축 및 이행점검에 필요한 사항의 규정함을 목적으로 한다.

제2조(적용 범위) ① 이 절차서는 중대재해처벌법 제2호제7호에 해당하는 사람을 보호하기 위하여 안전보건관리체계를 구축하고 이행점검을 하는 업무에 적용한다.

② 수급인은 도급인의 사업장에서 노무를 제공하는 경우에 안전보건관리체계의 적용대상으로 본다.

③ 이 절차서는 상시근로자 5인 이상 사업 또는 사업장에 적용한다. 다만, 건설공사의 경우에는 공사의 금액에 관계없이 적용한다.

제3조(용어의 정의) 이 절차서에서 사용하는 용어의 정의는 다음과 같다.

1. '경영책임자'란 ㈜00법인을 총괄하여 관리하는 대표이사를 말한다.
2. '안전보건관리책임자'란 산업안전보건법 제15조에 따라 해당 사업장을 실질적으로 총괄하여 관리하는 자를 말한다.
3. '안전보건총관책임자'란 산업안전보건법 제62조에 따라 도급사업을 총괄하여 관리하는 자를 말한다
4. '관리김독자'이란 산업안전보건법 제15조에 따라 해당 사업장의 생산과 관련되는 업무와 그 소속 직원을 직접 지휘·감독하는 직위에 있는 자를 말한다.
5. '중대재해전담부서장'이란 사업장의 안전 및 보건에 관하여 경영책임자를 보좌하고 본부장 및 부서장에게 지도·조언하는 업무를 총괄하여 수행하는 사람이다.
6. '전담부서 종사자'란 안전환경부서에 소속되어 사업장의 안전 및 보건에 관하여 경영책임자를 보좌하고 본부장 및 부서장에게 지도

·조언하는 업무를 수행하는 사람이다.

7. '근로자'란 근로기준법 제2호제5호에 따라 임금을 목적으로 사업 또는 사업장에서 근로를 제공하는 자를 말한다.

8. '노무를 제공하는 자'란 도급, 용역, 위탁 등 계약의 형식에 관계없이 그 사업의 수행을 위하여 대가를 목적으로 노무를 제공하는 자를 말한다.

9. '종사자'란 중대재해처벌법 제2조제7호에서 명시한 자로써, 근로자, 노무를 제공하는 자, 수급인 및 그 소속 근로자와 노무를 제공하는 자를 말한다.

10. '특수형태근로종사자'란 산업안전보건법 제77조제1항에 해당하는 요건을 갖추고 노무를 제공하는 자를 말한다.

11. '수급인'이란 민법 제664조 등에 따라 도급인과 하도급계약을 체결한 계약당사자를 말한다.

12. '관계수급인'이란 여러 차례의 도급에 따라 단계별로 하도급계약을 체결한 수급인을 말한다.

제4조(역할) ① 경영책임자는 안전보건관리체계를 구축하고 이행점검을 하여야 한다.

② 안전환경부서장은 안전보건관리체계의 업무를 담당하며, 관리체계의 구축 및 이행점검의 결과를 경영책임자에게 보고하여야 한다.

제5조(종사자의 보호) 경영책임자는 중대재해처벌법 제2호제7호에 해당하는 다음 각 호의 자를 보호하기 위하여 안전보건관리체계를 구축한다.

　　가. 근로기준법상의 근로자

　　나. 도급, 용역, 위탁 등 계약의 형식에 관계없이 그 사업의 수행을 위하여 대가를 목적으로 노무를 제공하는 자

　　다. 사업이 여러 차례의 도급에 따라 행하여지는 경우에는 각 단계의 수급인과 상기 가호 또는 나호의 관계에 있는 자

　　라. 특수형태근로종사자

제6조(안전보건관리체계의 구축방법) ① 경영책임자는 실질적으로 지배·운영·관리하는 사업 또는 사업장에서 종사하는 사람의 보호를 위한 안전보건관리체계를 구축하여야 한다.

② 안전보건관리체계는 사업 또는 사업장의 특성, 규모 등을 고려하여 다음 각 목에 따른 조치를 하도록 구축해야 한다.

    가. 사업 또는 사업장의 안전·보건에 관한 목표와 경영방침의 설정

    나. 안전·보건에 관한 업무를 총괄·관리하는 전담 조직 구성

    다. 유해·위험요인을 확인하여 개선하는 업무절차를 마련

    라. 안전·보건에 관한 인력, 시설 및 장비의 구비 및 유해·위험요인의 개선에 필요한 예산을 편성하고, 용도에 맞게 집행 여부 확인

    마. 안전보건관리책임자, 관리감독자 및 안전보건총괄책임자가 각 사업장에서 업무를 충실히 수행할 수 있도록 권한과 예산 부여 및 평가하는 기준 마련

    바. 정해진 수 이상의 안전관리자, 보건관리자, 안전보건관리담당자 및 산업보건의를 배치 및 겸직의 경우 고용노동부장관이 정하는 업무 수행시간 이상 보장

    사. 사업장 안전보건에 관한 사항에 대해 종사자의 의견 듣는 절차 마련

    아. 사업장에 중대산업재해가 발생하거나 발생할 급박한 위험이 있을 경우 대비 매뉴얼을 마련

    자. 제3자에게 업무의 도급, 용역, 위탁 등을 하는 경우 종사자의 안전·보건을 확보하기 위한 기준과 설자를 마련

③ 안전보건관리체계는 사업 또는 사업장의 특성, 규모에 따라 관련성이 없는 경우 제2항에 관한 사항 중 일부를 생략할 수 있다.

④ 안전보건관리체계는 사업 또는 사업장의 유해위험요인, 고위험작업, 작업방법, 관리책임자, 지배·운영·관리 등 요소를 고려하여 구축하여야 한다. 이 경우 재해예방조치와 관리감독체계를 고려하되, 기술성과 법규범성을 동시에 고려하여야 한다.

⑤ 안전보건관리체계는 안전보건에 관한 절차와 지침, 관련 업무서식을 포함하여 구축하되, 변경 사유가 있는 경우에는 이를 반영한다.

제7조(도급·용역·위탁 등의 안전보건관리체계) ① 경영책임자는 도급·용역·위탁 등을 하는 경우 당해 사업 또는 사업장에 대하여 다음 각 호의 사항을 점검 및 확인을 하고 그 결과에 따라 시정을 요청할 수 있다.

　　가. 안전보건관리체계의 구축사항

　　나. 안전보건관리체계의 미비사항

　　다. 위험성평가체계의 수립 및 평가실행

　　라. 고위험관리에 대한 개선조치

　　마. 중대재해처벌법 제4조 및 시행령 제4호에 관한 사항

② 경영책임자는 도급·용역·위탁 등에 따른 종사자를 보호하기 위하여 안전보건관리체계의 구축 등을 지원할 수 있다.

③ 경영책임자는 중대재해처벌법 제5조에 따라 도급·용역·위탁 등에 대한 안전보건관리체계를 구축하기 위하여 관계수급인과 협력체계를 구성해야 한다.

④ 건설공사발주자에 해당하는 경우 중대재해처벌법 제5조에 관한 사항은 적용하지 아니한다. 다만, 도급·용역·위탁 등을 실질적으로 지배·운영·관리하는 경우에는 그러하지 아니하다.

제8조(의견청취) ① 경영책임자는 안전보건관리체계를 구축하거나 변경하는 경우 다음 각호에 따라 의견청취를 하여야 한다.

　　1. 안전보건관리체계 중 구축하고자 하는 내용

　　2. 절차서나 지침서를 작성하거나 변경하고자 하는 내용

　　3. 의견청취의 대상자, 일시, 장소 등에 관한 사항

　　4. 의견청취결과의 처리방법

　　5. 안전보건관리체계의 구축 및 요지의 게시

② 경영책임자는 안전보건관리체계를 구축하거나 그 내용을 변경·폐지한 경우에는 주요 내용을 종사자가 이해하기 쉽도록 게시 등의 방법으로 알려야 한다.

③ 경영책임자는 중대재해를 예방하기 위하여 안전보건관리체계를 구축하고 종사자에게 그 내용을 알 수 있도록 관련교육을 할 수 있다. 이 경우 교육의 방법은 집합교육 또는 영상교육 등을 실시할 수 있다.

제9조(이행점검 및 결과의 보고) ① 경영책임자는 다음 각 호에 관한 사항을 반기 1회 이상 이행점검하고 개선조치를 해야 한다.

    가. 유해·위험요인의 확인 개선이 이루어지는지 점검 후 조치
    나. 안전보건관리책임자 등에 대한 업무수행 평가·관리
    다. 종사자의 의견청취를 반영하여 개선방안을 마련하였는지
    라. 중대산업재해 발생 대비 매뉴얼에 따라 조치하였는지
    마. 도급·용역·위탁 등의 경우 종사자를 보호하기 위한 조치사항
    바. 안전·보건 관계법령에 따른 의무를 이행했는지
    사. 유해·위험한 작업에 관한 교육이 실시되었는지

② 안전보건관리체계의 이행점검을 하기 위해서는 기술성과 규범성을 고려한 이행점검표를 작성하고, 충실도를 평가하여야 한다.

③ 안전환경부서장은 안전보건관리체계의 이행점검을 실시하고 그 결과보고서를 1개월 이내에 경영책임자에게 보고하여야 한다.

④ 안전환경부서장은 각 본부에 안전보건관리체계의 구축 및 이행점검에 관한 사항을 공지하고, 이행점검 시 필요한 사항의 협력을 요청하여야 한다.

⑤ 경영책임자는 안전보건관리체계의 구축 및 이행점검의 경우 사업의 전부를 위탁할 수 없다. 다만, 소속 근로자가 안전보건관리체계에 참여하거나 위험성평가 및 안전보건법령의 점검을 위탁한 경우에는 예외로 한다.

제10조(서류의 보존) 경영책임자는 안전보건관리체계를 구축하고 이행 및 점검한 사항에 관한 서류(전자문서 포함)를 그 조치 등을 이행한 날로부터 5년간 보존하여야 한다.

중대재해 전담부서의 설치 및 운영 절차

제1조(목적) 이 절차서는 중대재해처벌법 시행령 제4조제2호에 따라 중대재해 예방을 위한 총괄·전담부서의 설치 및 운영에 필요한 사항을 정함을 목적으로 한다.

제2조(전담부서의 설치대상) ① 다음 각 호에 해당하는 경우에 경영책임자의 직속기구로 전담부서를 설치한다.

  1. 산업안전보건법 제17조 내지 제19조까지 및 제22조에 따라 사업주나 법인 또는 기관이 개별 사업장별로 두어야 하는 안전관리자, 보건관리자, 산업보건의의 수를 합산하여 총 3명 이상인 사업 또는 사업장

  2. 다음 각 목의 어느 하나에 해당하는 사업 또는 사업장의 경우 안전보건에 관한 업무를 총괄·관리하는 전담부서를 둘 것. 이 경우 나목에 해당하지 않던 건설사업자가 나목에 해당하는 경우에는 공사한 연도의 다음 연도 1월 1일까지 해당조직을 두어야 한다.

    가. 상시 근로자 수가 500명 이상인 사업 또는 사업장

    나. 건설산업기본법 제8조 및 같은 법 시행령 [별표 1]에 따른 토목건축공사업에 대해 같은 법 제23조에 따라 평가하여 공시된 시공능력의 순위가 상위 200위 이내인 건설공사

② 상시 근로자 수 300명 미만의 사업장으로서 안전관리자 및 보건관리자의 업무를 안전보건전문기관에 위탁한 경우 위탁인력은 제1호에 의한 상시 근로자 수에 산입한다.

제3조(전담부서의 업무 및 위탁범위) ① 중대재해 전담부서는 경영책임자를 보좌하며 사업 또는 사업장의 중대재해를 예방하는 업무를 수행한다.

② 중대재해 전담부서는 다음 각 호의 업무를 총괄하여 수행한다.

  1. 종사자의 안전보건에 관한 유해위험방지정책의 수립

  2. 사업 또는 사업장의 안전 및 보건 확보의무의 이행을 총괄·관리

3. 안전보건관리체계의 구축 및 이행확인
4. 안전보건에 관한 목표와 경영방침의 설정
5. 유해 · 위험요인의 확인 및 개선, 위험성평가 실시의 확인
6. 개별사업장 및 중대재해 전담부서의 집행하는 안전보건 관련 예산의 편성 및 집행관리
7. 재해예방에 필요한 안전보건에 관한 인력의 배치, 시설 및 장비의 구비 등 확인
8. 안전보건관리책임자, 관리감독자, 안전보건총괄책임자에 대한 평가(권한과 예산, 업무수행충실도)
9. 안전보건에 관한 전문인력의 배치(안전보건관리책임자, 안전관리자, 보건관리자, 안전보건관리담당자, 산업보건의), 다만 선임기준은 관련 법령에 따른다.
10. 사업 또한 사업장의 안전보건에 관한 사항의 종사자 의견청취 반영 및 조치 확인
11. 중대산업재해 또는 급박한 위험이 있는 경우 대응매뉴얼 마련 및 조치
12. 도급, 용역, 위탁 시 종사자의 안전 및 보건 확보 및 평가기준, 절차 마련 및 평가시행 확인
13. 안전보건법령의 이행 여부 점검
14. 중대재해의 발생 시 안전보건교육의 이수안내(법인 또는 기관의 경영책임자등)
15. 그 밖에 안전보건관리체계를 위해 필요한 사항으로서 고용노동부장관이 정하여 고시하는 사항

③ 중대재해 전담부서는 다음 각 호에 대하여 반기 1회 이상 점검을 하고, 그 결과는 경영책임자에게 보고하여야 한다. 이 경우 중대재해 대응매뉴얼을 마련하고 그에 따라 조치하는지를 점검한다.
1. 유해위험요인의 확인 및 개선 : 위험성평가로 갈음
2. 작업중지, 근로자대피, 위험요인 제거 등 대응조치
3. 중대재해를 입은 사람에 대한 구호조치

    4. 추가재해 예방을 위한 조치
    5. 도급, 용역, 위탁 시 다음 각 목에 관한 사항의 점검
        가. 산업재해 예방을 위한 조치능력과 기술에 대한 평가기준 및 절차
        나. 안전보건에 관한 관리비용에 관한 기준
        다. 건설업 및 조선업의 경우 안전보건을 위한 공사기간 및 건조기간
    6. 고소작업 등 위험작업을 할 경우 안전보건관리책임자나 관리감독자가
       의견을 청취하여 개선방안을 시행하였는지 점검
④ 중대재해 전담부서는 위험성평가, 안전보건법령에 관한 사항을 안전보건법
령에 따라 중앙행정기관의 장이 정하는 기관에 위탁하여 점검할 수 있다.
⑤ 중대재해 전담부서는 안전보건관리체계의 구축 및 이행점검에 관하여 위
탁하고자 하는 경우에는 전담부서의 구성원이 1명 이상 참여하여야 한다.

제4조(이행점검결과의 조치) ① 전담부서의 구성원은 안전보건관리체계의
    이행점검을 한 경우 개선이 필요한 사항은 절차서나 지침서, 중대재해매
    뉴얼의 개선에 반영하여야 한다.
② 이행점검을 한 결과 사업장에서 안전보건관리체계의 구축내용을 이행하지
    아니한 경우에는 시정 또는 개선하도록 지시하여야 한다.

제5조(전담부서의 인력구성) ① 중대재해 전담부서는 2명 이상으로 한다. 이
    경우 중대재해처벌법에 의한 전담조직의 종사자는 전공에 관계 없이 구
    성원이 될 수 있다.
② 사업 또는 사업장의 특성, 규모 등을 고려하여 적정한 인원으로 구성한다.

제6조(종사자의 겸직금지) ① 중대재해 전담부서의 종사자는 해당 업무만 수
    행하여야 하며, 다른 업무를 겸직할 수 없다. 다음 각 호에 관한 업무를
    수행하는 경우 전담부서 종사자의 업무로 볼 수 없다.
    1. 전기, 화공, 건설의 해당 법령에 따른 업무
    2. 가스안전은 「고압가스안전관리법」, 「액화석유가스의 안전관리 및
       사업법」에 따른 업무
    3. 방사선은 「방사선 및 방사성동이원소이용진흥법」에 따른 업무

   4. 건설안전관리는 「건설기계관리법」, 「건설기술진흥법」에 따른 업무

   5. 방호보안업무 관련 법령에 따른 업무

   6. 건설기술진흥법, 시설물안전법에 의한 안전관리업무

② 중대재해 전담부서의 안전관리자나 보건관리자는 사업장의 업무를 겸직할 수 없다.

③ 중대재해 전담부서를 설치하는 경우 전담업무의 종사자를 배치하고, 다른 업무를 수행하는 자와 구분하여 명칭을 표현하여야 한다.

④ 상시 근로자수 300명 미만을 사용하는 사업장, 건설업의 공사금액 120억 원 미만의 사업장의 경우 안전관리자, 보건관리자 및 안전보건관리담당자의 경우 다른 업무와 겸직을 할 수 있다. 따라서 「안전보건에 관한 업무수행시간의 기준(고용노동부고시 제2024-7호, 제24. 1. 23)」에 해당하는 경우에는 겸직을 할 수 있다.

제7조(경영책임자에 대한 업무지원) ① 중대재해 전담부서를 사업 또는 사업장의 안전보건관리를 위하여 경영책임자를 보좌하며, 경영책임자의 역할에 필요한 사항을 절차서 및 지침서, 관련 서식을 개발하여 제공한다.

② 전담부서의 부서장 및 종사자는 경영책임자의 역할에 필요한 정보의 수집, 자료 분석, 법률검토 등을 지원한다.

제8조(협력사항) ① 중대재해 전담부서는 중대재해의 예방을 위한 관리체계의 구축, 이행점점, 위험성평가 등을 위하여 사업장에 자료의 제출을 요구할 수 있다. 이 경우 각 부서의 장은 적극적으로 협력하여야 한다.

② 도급, 용역, 위탁 등을 하는 경우 중대재해 전담부서는 관련 사업주에게 상기 사항에 해당하는 자료를 제출할 것을 요청할 수 있다.

③ 전담부서의 장은 중대재해의 발생 시 안전관리자나 보건관리자, 안전보건관리책임자 등에게 긴급대응에 필요한 조치를 요청할 수 있다.

제9조(경영책임자에 대한 보고) ① 중대재해 전담부서의 장은 중대재해처벌법 및 시행령, 이 지침서에 따른 업무수행결과에 대하여 수시로 경영책임자에게 보고를 하여야 한다.

② 각 사업장의 안전보건관리책임자(안전보건관리책임자의 선임대상이 아닌 경우
에는 부서장)은 중대재해처벌법 및 시행령에 따른 업무를 수행한 경우 그
수행결과를 전담부서에 서면으로 제출하여야 한다.

제10조(중대재해 예방교육) 경영책임자는 연 2회(상반기 및 하반기) 이상 중대
재해처벌과 관련한 안전보건교육을 실시한다. 이 경우 외부 전문강사를
초청하여 교육을 실시할 수 있다.

제10조(관련서류의 보존) 이 절차서에 의한 중대재해 전담부서의 설치 및 운
영에 관련된 업무의 자료(전자문서 포함)는 5년간 보존하여야 한다.

위험성평가체계의 구축 및 실행지침

제1조(목적) 이 지침은 산업안전보건법 제36조 및 중대재해처벌법 시행령 제4조제3호에 따라 사업장의 유해·위험요인을 확인하고 점검, 평가하는데 필요한 평가체계의 수립 및 절차를 마련하여 중대재해 등 산업재해를 예방하는데 목적이 있다.

제2조(위험성평가팀의 구성 및 운영) ① 사업주(이하 "경영책임자"를 포함한다)는 산업안전보건법 제36조 및 중대재해처벌법 시행령 제4조제3호에 따라 건설물·기계·기구 등에 의한 작업행동 및 그 밖에 업무에 관한 위험성평가를 위하여 사업장의 안전보건관계자에게 그 권한을 위임한다.

② 사업장의 안전보건관리책임자, 안전관리자, 보건관리자, 관리감독자는 위험성평가를 계획하고, 실행하며, 그 결과를 사업장의 근로자들에게 전파시켜야 한다.

③ 안전보건관리책임자는 위험성평가를 실시하되, 필요한 경우 적절한 업무수행자를 전담자로 지정할 수 있다.

④ 위험성평가를 실시하는 경우 소속부서의 장을 팀장으로 하고 근로자등을 팀원으로 구성한다.

⑤ 안전보건관리부서의 장은 위험성평가를 진행하는데 필요한 지도·조언을 하며, 위험성평가의 업무를 총괄하여 관리한다.

⑥ 위험성평가를 실시하는 경우 소속부서의 구성원은 담당업무와 역할을 정하여야 한다.

제3조(위험성평가 시 근로자의 참여) ① 사업주는 위험성평가 시 산업안전보건법시행규칙 제37조제1항제4호 및 「사업장 위험성평가에 관한 지침」에 따라 해당 사업장의 근로자대표를 참여시켜야 한다.

② 사업주는 위험성평가 시 시행규칙 제37조제1항제4호 및 「사업장 위험성평가지침」에 따라 해당 사업장의 근로자대표를 참여시켜야 한다.

③ 사업주는 위험성평가의 계획 및 평가실행, 평가회의, 평가결과의 설명에 대하여 근로자대표를 참여시켜야 한다.

제4조(위험성평가의 종류 및 시기) ① 사업주는 최초위험성평가, 정기위험성평가, 수시위험성평가를 시기에 따라 실행하여야 한다.

② 사업주는 매월 1회 이상 상시위험성평가를 실행하는 경우 정기 및 수시위험성평가를 생략할 수 있다.

③ 위험성평가는 최초평가 실시 후 수시평가, 정기평가를 실시하되, 외부의 전문가에게 위탁할 수 있다.

  1. 최초평가 : 전체작업과 모든 유해·위험요인을 대상으로 실시

  2. 수시평가 : 실시사유의 발생 시 주기와 시기에 상관없이 실시

  3. 정기평가 : 유해·위험요인이 있는 모든 작업, 매년 정기적으로 실시

  4. 상시평가 : 매달 1회 이상 유해위험요인의 위험성평가

④ 수시위험성평가는 다음 각 호에 해당하는 경우에 실시한다. 다만, 상시 위험성평가를 하는 경우에는 수시위험성평가를 하지 아니할 수 있다.

  1. 사업장 건설물의 설치·이전·변경 또는 해체

  2. 기계·기구·설비, 원재료 등의 신규도입 또는 변경

  3. 건설물, 기계·기구, 설비 등의 정비 또는 보수

  4. 작업방법 또는 작업절차의 신규도입 또는 변경

  5. 3일 이상의 휴업을 요하는 산업재해의 발생

  6. 그 밖에 사업주가 필요하다고 인정하는 경우

⑤ 사업주는 용역, 위탁 등 명칭에 상관없이 도급을 준 경우 해당 수급인으로 하여금 위험성평가 및 그 결과를 제출하도록 요구할 수 있다.

⑥ 제5항에 해당하는 수급인이 위험성평가를 실시하지 않거나 그 평가결과서를 제출하지 아니하는 경우에는 사고발생에 따른 손해배상을 청구할 수 있다.

제5조(위험성평가의 연차계획수립) ① 사업주는 매년 위험성평가를 실시하기 위하여 위험성평가에 관한 사항을 계획하고, 이를 이사회에 보고하여야 한다.

1. 당해연도 위험성평가의 계획 및 직전년도 평가결과의 보고
2. 위험성평가에 필요한 인력, 예산, 시설의 개선 등 실행계획

② 각 사업장의 안전관리책임자 또는 공장장(건설공사의 경우 현장소장)은 위험성평가에 관한 실행계획을 작성하여 사업주 또는 경영책임자에게 계획서를 제출하여야 한다. 이 경우 다음 각 호에 관한 사항을 포함하여야 한다.
  1. 해당 사업장의 위험성평가의 계획 및 직전년도 평가결과의 보고(해당 사업장에 한함)
  2. 위험성평가에 필요한 인력, 예산, 시설의 개선 등 실행계획

제6조(위험성평가회의) ① 위험성평가회의를 실시할 경우에는 각 부서별 관리감독자, 안전관리자 및 보건관리자, 근로자대표를 참여시켜야 한다.
② 위험성평가회의는 전체회의는 안전보건부서에서 총괄하고, 각 부서별 회의는 소속부서에서 주관한다.
③ 회의시간은 참여하는 관리감독자 수, 회의장소 및 시간 등 사업장의 특성에 따라 적절히 운영할 수 있다.
④ 위험성평가의 회의는 다음 각 호에 관한 사항을 논의하여야 한다.
  1. 위험성평가의 항목 및 작업공정, 작업단위의 결정
  2. 고위험작업의 평가 및 집중관리대책
  3. 위험성평가방법(체크리스트방법, 3단계판단법, 핵심요인기술법) 및 교차확인에 관한 사항
  4. 도급인과 수급인의 위험성평가 시 고려사항
  5. 위험수준의 결과에 따른 감소대책 및 조치결과
  6. 위험성평가결과의 활용방안
⑤ 각 부서의 장은 사업장에 영향을 미치는 급박한 사유가 발생한 경우 위험성평가에 관한 긴급회의를 소집할 수 있다.

제7조(고위험작업의 분류) ① 사업주는 위험성평가를 실행하는 경우 고위험요인(SIF)을 고려하여 고위험을 분류하고 체계적인 관리대책을 마련하여야 한다.
② 사업주는 사업장별 안전관리책임자로 하여금 고위험작업의 분류원칙과 관

리체계를 수립하여 실행결과를 분기별로 보고하도록 할 수 있다.

제8조(위험성평가체계의 구축) ① 사업주는 위험성평가를 체계적으로 실행하기 위하여 평가항목 및 평가기준에 관한 평가체계를 수립하여야 한다. 이 경우 위험성평가체계는 공정별 작업단위를 기준으로 설정하여야 한다.

② 위험성평가체계를 수립할 경우에는 작업공정별에 따른 위험성의 정도, 기계·기구·설비의 특성, 작업방법 및 작업자의 인원, 주야간의 교대작업 여부, 관리감독의 범위 등을 고려하여야 한다.

평가항목	유해위험요인	평가수준	평가기준
중량물 운반작업	중량물 낙하 및 충돌위험	허용불가 (상)	• 위험요소 제거 시까지 작업 금지 • 위험요소가 감소하지 않을 경우 작업금지 • 건설기계장비, 작업방법 등 위험이 낮은 공정으로 대체
용접·용단작업	폭발, 화재, 감전위험	제한적 허용 (중)	• 보안면 등 개인보호구 착용 조치 후 작업 • 화기작업, 불티비산방지 등 안전조치
절단가공작업	취급물질, 회전체, 파손등에 의한 위험	허용가능 (하)	• 기계의 안전검검 및 안전교육 후 작업 • 일일 안전점검 또는 TBM, 작업허가절차
지게차운반작업	적재물의 낙하, 운전중 충돌, 전복 등	허용가능 (하)	• 안전수칙 및 규정 준수를 통한 안전성 확보 작업 • 지게차운전 안전수칙 등 지침준수

③ 위험등급은 "상·중·하"로 구분하고 상중은 허용불가등급, 하는 허용가능등급으로 분류한다. 이 경우 "허용불가등급"은 평가기준에 철저한 안전관리대책을 구체적으로 기록하여야 한다.

④ 위험성평가의 방법은 체크리스트, JSA, OPS등의 방법을 선택할 수 있다. 다만, 동일한 작업공정에 대하여 도급인과 수급인이 각각 위험성평가를 하는 경우에는 평가결과를 교차확인할 수 있도록 동일한 방법으로 실행하여야 한다.

⑤ 위험성평가를 실행하기 위해서는 사전에 작업공정별 평가항목과 평가기준에 따라 작업단위를 정하여 유해·위험요인을 확인하고 평가하여야 한다.

제9조(위험성평가의 방법) ① 안전관리자 및 보건관리자는 해당 분야별 위험성평가 실시계획을 수립하여 각 부서에 통보하여야 한다.

② 해당 부서장은 위험성평가의 항목 및 기준에 따라 유해·위험요인의 파악, 위험성의 수준, 위험성의 감축 및 대책 등을 검토하여야 한다.

③ 제2항에 따른 유해·위험요인을 파악하고 수준의 결정, 감축 및 대책을 검토하는 경우 해당 작업과 관련된 근로자대표를 참여시켜야 한다.

④ 기계·기구·설비등과 관련된 위험성평가는 해당분야의 지식이나 경험을 지닌 근로자를 우선적으로 참여시켜야 한다.

⑤ 위험성평가를 위한 작업단위는 작업공정, 관리감독자의 감독가능범위, 고위험성, 작업의 방법 등 특성을 고려하여 설정하여야 한다.

⑥ 해당부서의 장은 위험성평가의 실시할 인원, 소속, 기간을 결정하여 실행하여야 한다.

⑦ 위험성평가를 총괄하여 관리하는 자는 위험성평가의 방법 등 전문적인 교육이 필요한 경우 해당분야의 전문성 및 경험을 고려하여 외부강사를 초청하거나 위탁교육을 실시할 수 있다.

제10조(위험성평가의 절차) ① 위험성평가의 절차는 사전준비, 유해·위험요인의 도출, 위험성의 결정, 위험성의 감소대책 수립 및 실행으로 구분한다.

② 위험성평가는 회의에서 논의된 위험성평가방법을 적용하여 실행한다.

③ 유해·위험요인을 파악하는 경우에는 작업공정별 작업단위, 유해위험요인의 종류 및 특성을 상세히 파악해야 한다.

④ 유해·위험수준의 결정 시 사망이나 부상·질병의 발생 가능성, 작업환경

의 측정자료(소음, 유해화학물질 등), 근골격계질환 등으로 고려하여 판단
할 수 있다.

⑤ 위험의 수준이 허용불가능이라면 위험요인의 제거 시 작업금지, 공정폐쇄
등의 사전조치기준을 마련하여야 한다.

⑥ 위험수준이 현재 제한적으로 허용이 가능하다면, 즉시 개선조치의 여부를
검토하여 작업의 가능여부를 판단하여야 한다. 이 경우 개선조치의 기간
을 결정하여 소속 부서원에게 통보하여야 한다.

⑦ 위험성평가를 완료한 경우에는 각 부서의 장은 위험성평가의 결과를 취합
하여 해당 사업장의 안전보건관리를 총괄하여 관리하는 안전관리책임자
(공장장, 건설현장의 소장)에게 제출하여야 한다.

제11조(위험성평가표의 작성) ① 위험성평가표를 작성하는 경우 유해·위험
요인의 종류는 KRAS의 분류기준을 참조하여야 한다.

② 위험성평가표에서 작업공정을 표기하는 경우 공정의 분류는 다음과 같이
한다.

  1. 대분류는 대공정을 기재

  2. 중분류는 대분류에 따른 기계·기구·설비를 기재

  3. 세분류는 유해위험물질을 기재하여 기계적 요인, 전기적 요인, 화학(물
    질)적 요인, 생물학적 요인, 작업특성, 작업환경요인으로 구분

③ 위험성평가표를 작성하는 경우 공정의 분류, 위험성평가항목, 위험성수준,
위험성평가의 종류, 위험성평가기준, 위험성의 감소대책 수립 및 실행을
기재하여야 한다.

④ 위험성평가표를 작성한 경우 감소대책의 타당성 및 실행의 적합성을 검토
하여야 한다.

제12조(위험성평가 시 고려사항) ① 위험성평가를 실행하는 경우 다음 각 호
의 사항을 포함하여야 한다.

  1. 유해·위험요인의 파악방법, 우선순위의 결정, 관리대책의 적용방법

  2. 산업안전보건법 및 관련 법규, 중대재해처벌법 및 시행령

  3. 작업공정 및 고위험이 있는 위험개소(risk site)의 파악

4. 과거에 재해가 발생하였거나 아차사고로 발생한 작업공정, 작업장소

5. 지난 3년간의 재해통계 및 위험특성

6. 유해·위험요인이 상존하는 기계·기구·설비 및 작업구간

7. 위험성이 큰 차량계 건설기계의 사용 및 작업구간

8. 사건사고의 판례, 행정해석, 안전기술 등의 정보자료

② 위험성평가체계에 따른 평가기준의 작성 시 고려사항은 다음과 같다.

1. 위험성수준에 따라 허용가능 또는 제한적 허용가능, 허용불가능을 검토한다.

2. 평가기준의 작성은 해당 사업장의 가용가능한 자원(인력, 자금, 설비 등)을 고려하여 작성하여야 한다. 이 경우 관리감독자의 위험통제가 가능한지도 고려하여 가능 여부를 표시하여야 한다.

3. 유해·위험요인에 노출되었거나 노출될 가능성이 있는 위험(잠재적 위험성)에 대하여도 위험성평가기준에 반영하여야 한다.

4. 위험수준이 높더라도 제거·대체·통제(관리적 통제, 공학적 통제)의 관점에서 허용가능하다면 그 이유를 평가기준에 작성하여야 한다.

5. 고소작업이나 고층건물의 개구부 등은 위험성평가에 관계없이 고위험으로 분류하여 집중관리의 대상으로 표시하여야 한다.

제13조(위험성평가결과의 공유) ① 사업주는 위험성평가를 실시한 후 다음 각호의 중요사항을 해당 사업장의 근로자등 종사자에게 알려야 한다.

1. 작업공정상 고위험작업과 관련된 위험개소(risk site)

2. 작업자 및 관리감독자가 알아야 할 위험요인 및 위험정도

3. 급박한 위험이 발생하거나 발생할 우려가 있는 경우 작업중지, 구호조치 등 대처요령

② 고위험작업에 따른 작업지휘자나 안전유도자의 배치 등 위험성평가결과에 관한 사항을 전파한 경우에는 TBM일지에 기록하여야 한다.

③ 해당 사업장의 안전보건관리책임자는 위험성평가결과에 따른 개선조치 등에 관한 사항을 산업안전보건위원회에 안건으로 상정할 수 있다.

④ 안전보건관리책임자 또는 관리감독자는 위험성평가결과를 요약하여 사업

주에게 보고하여야 한다.

⑤ 안전보건관리전문기관에 위험성평가를 위탁하여 실시한 경우에는 그 결과 보고서를 사업주에게 제출하여야 한다.

제14조(위험성평가의 교육실시) ① 사업주는 위험성평가를 실시하는 경우에는 다음 각 호에 해당하는 사람에게 필요한 교육을 실시해야 한다.

1. 안전보건관리책임자 등 해당 사업장에서 사업의 실시를 총괄 관리하는 사람
2. 사업장의 안전관리자, 보건관리자
3. 관리감독자
4. 기계·기구, 설비 등에 전문지식을 갖춘 사람

② 각 사업장의 안전관리자 또는 안전관리담당자는 위험성평가교육을 실시한 경우 교육대상자, 교육내용 및 교육방법, 교육시기에 관한 사항을 간략히 작성하여 사업주에게 보고하여야 한다.

제15조(위험성평가결과의 기록보존) ① 사업주는 위험성평가에 관한 다음 각 호의 서류를 현장에 관한 서류는 3년 또는 사업주 또는 경영책임자에게 보고한서류는 5년간 보존하여야 한다.

1. 위험성평가의 계획에 관한 서류
2. 위험성평가의 주최자, 참석자, 회의, 교육, 전파에 관한 서류
3. 위험성평가의 실행 및 평가결과, 조치사항에 관한 서류
4. 위험성평가의 항목 및 평가기준에 관한 평가체계에 관한 서류

② 사업주는 각 사업장의 책임자로 하여금 제1항에 관한 서류를 기록하고 보존하도록 권한을 위임할 수 있다.

안전보건관리책임자 등 업무수행평가절차

제1조(목 적) 이 절차서는 중대재해처벌법 시행령 제4조제5호에 따라 안전보건관리책임자 등의 업무수행에 평가 기준 및 방법, 절차에 관한 사항을 정함을 목적으로 한다.

제2조(적용 범위) ① 이 절차서는 ㈜ 00법인의 모든 사업장에 적용한다. 다만, 사실상 지배·운영·관리하는 시설, 장비, 장소가 아닌 경우에는 제외한다.
② 안전보건관리책임자, 안전보건총괄책임자, 관리감독자는 산업안전보건법에 따른 선임 또는 지정된 경우에 적용한다.

제3조(용어의 정의) 이 절차서에서 사용하는 용어의 정의는 다음과 같다.
1. '경영책임자'란 ㈜ 00법인을 총괄하여 관리하는 대표이사를 말한다.
2. '안전보건관리책임자'란 산업안전보건법 제15조에 따라 해당 사업장을 실질적으로 총괄하여 관리하는 자를 말한다.
3. '안전보건총괄책임자'란 산업안전보건법 제62조에 따른 도급사업을 총괄하여 관리하는 자를 말한다.
4. '관리감독자'란 산업안전보건법 제16조에 따라 해당 사업장의 생산과 관련되는 업무와 그 소속 직원을 직접 지휘·감독하는 직위에 있는 자를 말한다.
5. '전담부서장'이란 사업장의 안전 및 보건에 관하여 대표이사를 보좌하고 본사에서 중대재해처벌법 및 산업안전보건법에 관한 업무를 총괄하여 보좌하는 자를 말한다.
6. '전담부서의 종사자'란 안전보건팀에서 대표이사를 보좌하여 중대재해처벌법 및 산업안전보건법에 따라 계획, 평가, 점검, 지도·조언의 업무를 수행하는 종사자를 말한다.

7. '업무수행평가'란 중대재해처벌법 시행령 제4조제호에 따라 각 사업장에서 안전보건관리책임자 등이 충실히 업무를 수행하였는지를 평가하는 행위를 말한다.

제4조(평가대상) ① 안전보건관리책임자, 안전보건총괄책임자, 관리감독자의 업무를 대상으로 충실히 이행했는지 여부를 평가한다.

② 평가 직전에 보직이 변경된 경우 재직 기간에 대하여 평가한다.

제5조(평가대상업무) 업무수행 평가대상자의 업무는 다음과 같다.

1. 안전보건관리책임자
    가. 사업장의 산업재해 예방계획 수립에 관한 사항
    나. 안전보건관리규정의 작성 및 변경에 관한 사항
    다. 안전보건교육에 관한 사항
    라. 작업환경측정 등 작업환경의 점검 및 개선에 관한 사항
    마. 근로자의 건강진단 등 건강관리에 관한 사항
    바. 산업재해의 원인 조사 및 재발 방지대책 수립에 관한 사항
    사. 산업재해에 관한 통계의 기록 및 유지에 관한 사항
    아. 안전장치 및 보호구 구입 시 적격품 여부 확인에 관한 사항
    자. 위험성평가의 실시에 관한 사항
    차. 안전보건규칙에서 정하는 근로자의 위험 또는 건강장해의 방지에 관한 사항

2. 안전보건총괄책임자
    가. 위험성평가의 실시에 관한 사항
    나. 산업재해가 발생할 급박한 위험이 있는 경우 및 중대재해 발생 시 작업의 중지
    다. 도급 시 산업재해 예방조치
    라. 산업안전보건관리비의 관계수급인간의 사용에 관한 협의·조정·및 그 집행의 감독
    마. 안전인증대상기계 등과 자율안전확인대상기계 등의 사용 여부 확

인

3.   관리감독자

　　가. 사업장 내 관리감독자가 지휘·감독하는 작업과 관련된 기계·기구 또는 설비의 안전·보건·점검 및 이상 유무의 확인

　　나. 관리감독자에게 소속된 근로자의 작업복·보호구 및 방호장치의 점검과 그 착용·사용에 관한 교육·지도

　　다. 해당작업에서 발생한 산업재해에 관한 보고 및 이에 대한 응급조치

　　라. 해당작업의 작업장 정리·정돈 및 통로 확보에 대한 확인·감독

　　마. 안전관리자, 보건관리자, 안전보건관리담당자, 산업보건의에 해당하는 사람의 지도·조언에 대한 협조

　　바. 유해·위험요인의 파악에 대한 참여와 개선조치의 시행에 대한 참여 등 법 제36조에 따라 실시되는 위험성평가에 관한 업무

　　사. 그 밖에 해당작업의 안전 및 보건에 관한 사항으로서 고용노동부령으로 정하는 사항

제6조(평가절차) ① 업무수행평가에 관한 계획수립은 다음 각호와 같다.

　1. 안전보건팀은 경영책임자에게 안전보건관리책임자 등의 업무수행평가 진행을 보고하고 승인 받은 후 평가를 실시한다.

　2. 안전보건관리책임자 등은 안전보건활동과 각각의 업무유효성을 검토하여 수행여부를 사전 확인하고, 평가를 성실히 준비한다.

② 업무수행평가는 평가대상자별로 다음 가 호와 같이 실시한다.

　1. 안전보건관리책임자, 안전보건총괄책임자, 관리감독자의 평가는 본사의 안전보건팀장이 주관하여 반기 1회 이상 평가를 한다.

　2. 평가는 안전보건관리(총괄)책임자, 관리감독자의 업무수행을 증빙할 수 있는 서류를 기반으로 하되, 필요 시 인터뷰, 현장점검을 병행하여 실시한다.

③ 업무수행평가를 한 후 다음 각 호와 같은 조치를 한다.

　1. 안전보건팀은 안전보건관리(총괄)책임자, 관리감독자 업무수행평가

대상자에게 통보한다.

2. 안전보건팀은 대상자별 업무수행평가 결과를 반기 1회 경영책임자에게 보고한다.

3. 업무수행평가 결과는 인사평가 등 다른 목적으로 사용할 수 없다.

제7조(문서 보존) ① 업무수행에 관한 평가서류는 문서(전자문서를 포함한다)로 작성하여 보관하여야 한다.

② 평가관련 서류는 5년 이상 보관하여야 한다.

[별첨 1]	안전보건관리책임자 업무수행평가표				
평가자			피평가자		
평가일시			확인자		

1. 평가기준

우수	법령에 따른 업무수행으로 수립된 안전보건목표를 달성하고 재해예방에 기여함
보통	법령에 따른 업무를 적정하게 수행함
미흡	법령에 따른 업무를 일부 수행하지 않음

2. 평가표(안)

직책	담당업무	평가근거	평 가		
			우수	보통	미흡
안전 보건관리 책임자	1. 사업장의 산재예방계획 수립에 관한 사항				
	2. 안전보건관리규정(산안법 제25조, 제26조)의 작성 및 변경에 관한 사항				
	3. 근로자에 대한 안전보건교육(산안법 제29조)에 관한 사항				
	4. 작업환경의 점검 및 개선에 관한				

직책	담당업무	평가근거	평가		
			우수	보통	미흡
	사항				
	5. 근로자의 건강진단 등 건강관리에 관한 사항				
	6. 산업재해의 원인 조사 및 재발 방지대책 수립에 관한 사항				
	7. 산업재해에 관한 통계의 기록 및 유지관리에 관한 사항				
	8. 안전장치 및 보호구 구입 시 적격품 여부 확인에 관한 사항				
	9. 위험성평가의 실시에 관한 사항				
	10. 안전보건규칙에서 정하는 근로자의 위험 또는 건강장해의 방지에 관한 사항				
관리감독자	1. 사업장 내 관리감독자가 지휘·감독하는 작업과 관련된 기계·기구 또는 설비의 안전·보건 점검 및 이상 유무의 관리				
	2. 관리감독자에게 소속된 근로자의 작업복·보호구 및 방호장치의 점검과 그 착용·사용에 관한 교육·지도				
	3. 해당 작업에서 발생한 산업재해에 관한 보고 및 이에 대한 응급조치				
	4. 해당 작업의 작업장 정리·정돈 및 통로 확보에 대한 확인·감독				
	5. 안전관리자, 보건관리자, 안전보건관리담당자, 산업보건의의 지				

			우수	보통	미흡
	도·조언에 대한 협조				
	6. 위험성평가를 위한 유해·위험요인의 파악 및 개선조치 시행에 참여				

직책	담당업무	평가근거	평 가		
			우수	보통	미흡
안전 보건총괄 책임자	1. 위험성평가의 실시에 관한 사항				
	2. 산업재해가 발생할 급박한 위험이 있는 경우 및 중대재해 발생 시 작업의 중지				
	3. 도급 시 산업재해 예방조치				
	4. 산업안전보건관리비의 관계수급인 간의 사용에 관한 협의·조정 및 그 집행의 감독				
	5. 안전인증대상기계 등과 자율안전확인대상기계 등의 사용 여부 확인				

중대재해 대응조치 및 재발방지대책

제1조(목 적) 이 절차서는 중대재해처벌법 제4조 제1항 제2호 및 시행령 제4조 제8호에 의한 중대재해를 예방하거나 대비하기 위하여 필요한 사항을 규정함을 목적으로 한다.

제2조(적용범위) 이 절차서는 ㈜ 00법인의 중대재해 대응조치 및 재발방지대책 업무에 적용한다.

제3조(지침) ① 중대재해 대응조치를 수립하고 시행하기 위해서는 유해위험요인, 고위험작업에 대한 점검 및 확인, 관리대책의 수립 및 집행에 관한 보고체계를 구축해야 한다.
② 중대재해 대응조치는 실행에 필요한 인력과 예산을 확보하여야 한다.
③ 중대재해원인조사는 재발방지대책을 위한 원칙에 따라 실시해야 한다.
④ 매뉴얼의 작성 범위에는 시나리오별 조치계획과 비상조치계획, 대피훈련을 포함해야 한다.

제4조(역할과 책임) ① 경영책임자는 중대재해 대응조치를 수립·시행하고, 중대재해 대응조치의 적정성, 실행가능성 등을 점검하여야 한다. 이 경우 안전환경팀장은 중대재해 대응조치를 점검하여 보고하여야 한다.
② 해당 본부장은 시나리오별 대응훈련을 실시한 후 평가 및 개선조치 사항을 도출하여야 한다.
③ 안전환경부서장은 시나리오별 대응훈련을 계획하고 실시하는 것과 관련하여 해당 본부장을 보좌하고 해당 부서장을 지도·보좌하여 대응훈련 실시 후 평가결과 및 개선조치사항을 경영책임자에게 보고하여야 한다.

제5조(용어의 정의) 이 절차서에서 사용하는 용어의 정의는 다음과 같다.
    1. '경영책임자'란 ㈜ 00법인을 총괄하여 관리하는 대표이사를 말한다.

2. '안전보건관리책임자'란 산업안전보건법 제15조에 따라 해당 사업장을 실질적으로 총괄하여 관리하는 자를 말한다.

3. '안전보건총괄책임자'란 산업안전보건법 제62조에 따른 도급사업을 총괄하여 관리하는 자를 말한다.

4. '관리감독자'란 산업안전보건법 제16조에 따라 해당 사업장의 생산과 관련되는 업무와 그 소속 직원을 직접 지휘·감독하는 직위에 있는 자를 말한다.

5. '전담부서장'이란 사업장의 안전 및 보건에 관하여 대표이사를 보좌하고 본사에서 중대재해처벌법 및 산업안전보건법에 관한 업무를 총괄하여 보좌하는 자를 말한다.

6. '전담부서의 종사자'란 안전보건팀에서 대표이사를 보좌하여 중대재해처벌법 및 산업안전보건법에 따라 계획, 평가, 점검, 지도·조언의 업무를 수행하는 종사자를 말한다.

7. '급박한 위험'이란 화재, 폭발, 붕괴, 끼임'등으로 인한 산업재해가 발생할 가능성이 있으며, 종사자의 생명을 침해할 우려가 있는 경우를 말한다.

8. '중대재해매뉴얼'이란 작업공정이나 기계·기구·설비를 사용할 때 중대재해를 예방하기 위하여 유해위험요인의 파악, 화학물질의 성분 및 취급상의 유의할 점 등 준수해야 할 사항을 안내하는 설명이나 이유, 실행방법으로 그림이나 도표, 서식을 이용해 알기 쉽게 작성한 것을 말한다.

제6조(적용 대상) ① 중대재해를 예방하거나 대비하기 위하여 다음 각 호에 해당하는 종사자에 대하여 적용한다.

가. 근로기준법상의 종사자

나. 도급, 용역, 위탁 등 계약의 형식에 관계없이 그 사업의 수행을 위하여 대가를 목적으로 노무를 제공하는 자

다. 사업이 여러 차례의 도급에 따라 행하여지는 경우에는 각 단계의 수급인과 상기 제1호 또는 제2호의 관계에 있는 자

　　　라. 특수형태근로종사자

② 이 절차서는 중대시민재해에 대하여는 적용하지 아니한다.

제7조(중대재해 대응매뉴얼) ① 경영책임자는 사업 또는 사업장에 중대산업
　　재해가 발생하거나 발생할 급박한 위험이 있는 경우를 대비하여 다음
　　각 목의 조치에 관한 매뉴얼을 마련하고 해당 매뉴얼에 따라 조치를 하
　　였는지 반기 1회 이상 점검을 하여야 한다.
　　　가. 작업중지, 근로자대피, 위험요인 제거 등 대응조치
　　　나. 중대산업재해를 입은 사람에 대한 구호조치
　　　다. 추가피해를 방지하기 위한 조치
② 안전환경부서장은 실행가능성, 효율성, 신속성의 원칙에 따라 매뉴얼을 작
　　성하되, 해당 부서장의 역할을 검토하여 명시해야 한다.

제8조(중대재해 대응조치 및 대책수립) ① 경영책임자는 다음 각 호에 해당
　　하는 사업 또는 사업장에 대하여 중대재해 대응조치 및 재발방지대책을
　　수립하여 시행하여야 한다.
　　　가. 사업 또는 사업장에서 고위험작업을 하는 경우
　　　나. 도급, 용역, 위탁 등에 따른 업무를 수행하는 경우
　　　다. 시설, 장소, 장비를 제공하고 지배·운영·관리하는 경우
　　　라. 사업장에 대한 출입통제, 지휘체계, 관리감독자의 배치, 작업허가
　　　　　및 승인을 하는 경우
　　　마. 사업 또는 사업장의 조직, 인력, 예산을 결정하는 경우
　　　바. 해당 장소의 업무 및 비상상황에 대하여 보고체계를 이루고 있는
　　　　　경우
② 경영책임자는 위 7.3.1항에 따른 사업 또는 사업장에서 중대산업재해가 발
　　생하거나 발생할 급박한 위험이 있는 경우를 대비하여 다음과 같은 조치
　　기준을 마련하고 반기 1회 이상 점검하여야 한다.
　　　가. 작업중지, 종사자의 대피, 위험요인 제거 등 대응조치
　　　나. 중대산업재해를 입은 사람에 대한 구호조치
　　　다. 추가 피해방지를 위한 조치

제9조(중대재해 예방 시나리오) ① 경영책임자는 해당 본부장에게 사업 또는
    사업장의 종사자를 보호하기 위하여 다음 각호와 같은 유해·위험한 작
    업에 따른 중대재해를 예방하기 위한 시나리오를 작성하도록 해야 한
    다.
        가. 화재·폭발이 발생할 우려가 있는 작업
        나. 동력으로 작동하는 기계·설비 등에 끼일 우려가 있는 작업
        다. 차량계 하역운반기계, 건설기계, 양중기 등 동력으로 작동하는 기
            계와 충돌할 우려가 있는 작업
        라. 종사자가 추락할 우려가 있는 작업
        마. 물체가 떨어지거나 날아올 우려가 있는 작업
        바. 기계·기구 등이 넘어지거나 무너질 우려가 있는 작업
        사. 토사·구축물·인공구조물 등이 붕괴될 우려가 있는 작업
        아. 산소 결핍이나 유해가스로 질식이나 중독의 우려가 있는 작업
② 경영책임자는 사업 또는 사업장의 특성을 고려하여 중대재해 대응 시나리
    오에 따른 대피훈련, 구호조치 등 훈련을 반기 1회 이상 실시한다. 이 경
    우 해당 본부장은 시나리오별 대응훈련을 실시한 후 훈련의 내용 및 실행
    결과를 경영책임자에게 보고하여야 한다.

제10조(중대재해의 발생시 대응절차) ① 경영책임자는 중대산업재해가 발생
    하였거나 산업재해가 발생할 급박한 위험이 있는 경우에 대하여 담당자
    를 지정하고, 다음과 같은 구호조치 등 대응절차를 마련하여야 한다.

대응단계	대응절차	담당자
재해발생시	작업중지, 재해자의 신속한 구호, 현장 통제, 종사자의 대피, 재해발생 신고	목격자, 관리감독자, 해당부서장
초동조치	현장출동, 재해자의 병원이송, 119구급차 연락 및 안내, 목격자 및 작업책임자 진술확보, 재해자의 가족에 대한 통보, 본사 및 행정기관에 대한 재해사실보고	안전보건관리책임자, 안전관리자

조사대응	초동대응 현황파악, 사고조사를 통한 미비사항 및 위반사항 파악, 재해관련 증거자료 확보, 산업재해조사표의 작성제출, 고용노동부 및 경찰 조사대응 자료준비	안전보건관리책임자, 안전관리자, 관리감독자
후속조치	부상자 및 유족에 대한 절차지원(의료지원, 장례절차 등), 손해배상에 대한 합의, 재발방지대책 수립, 안전보건개선계획 수립·시행, 작업중지 해제 심의신청	안전부서장, 본사 인사총무부서 지원

② 중대재해 발생시 구호조치에 따른 신속한 대응을 위하여 해당 본부장 및 해당 부서장은 상호간에 협력하여야 한다.

③ 중대재해 등 산업재해가 발생한 경우 유관기관에 즉시 전화, 팩스, 그 밖의 방법으로 보고 및 지정기간 이내에 다음과 같이 후속조치를 한다.

항목	즉보	상보	보고기관
산업재해	-	1개월	고용노동부 관할지청
중대재해 중대산업재해	즉시	-	고용노동부 관할지청
중대시민재해	즉시	-	119, 경찰서 112, 지방자치단체 안전센터
	즉시 (15분내)		
화학사고	즉시	20일 이내	환경청 지역 합동방재센터
고압가스사고	즉시	10일 이내	한국가스공사 관할지사

제11조(중대재해의 원인조사) ① 경영책임자는 중대재해가 발생한 경우 안전

환경부서 및 관련 전문가로 조사팀을 구성하여 중대재해의 원인을 신속히 조사하여야 한다.

② 중대재해의 원인조사는 재발방지대책을 마련하기 위한 다음과 같은 원칙에 따라 실행한다.

　가. 사업장 내에서 발생한 재해에 신속하고 체계적인 조사를 통하여 근본원인을 파악하여 재발방지대책을 수립한다.

　나. 사고조사는 사고가 발생한 공정 및 작업의 안전대책과 절차를 우선적으로 파악하고, 관리자의 지정, 보고 및 승인 등 관리적인 조직의 실태도 파악한다.

　다. 중대재해가 발생한 최초현장을 우선적으로 조사하며, 관련 정보는 순차적으로 수집한다.

　라. 재해현장은 기록(사진촬용, 문서기술 등)이 작성될 때까지 보존하고, 사건의 기록을 위한 사진촬영, 진술서의 작성, 증거물을 확보하여야 한다. 이 경우 소음, 환기, 조도, 작업공간, 온도 및 습도, 설비 및 작업도구, 업무량, 업무시간, 업무강도, 보호구 등을 종합적으로 조사한다.

　마. 안전보건관리체계의 실행 여부를 파악하기 위하여 절차서, 지침서 등 관련규정의 유무, 해당 작업자 및 관리책임자의 준수 여부도 조사한다.

　바. 유해위험요인에 대한 위험성평가 등 계획과 실행, 전파 및 교육, 종사자의 참여 등을 조사한다.

　사. 중대재해의 발생 시 증인을 파악하고 재해경위에 대하여 진술을 확보한다. 이 경우 주관적인 생각, 의견을 배제하고 발생상황을 중심으로 객관적으로 진술하도록 한다.

　아. 사고조사 관련 문서 및 관련자료는 증거자료로 활용될 수 있으므로 보안이 확보된 장소에 보관하여야 한다.

③ 제2항에 의한 원인조사는 고용노동부 또는 경찰청에 의한 범죄수사의 목적과 달리한다. 다만, 수집자료의 일부는 증거자료로 활용될 수 있다.

④ 객관적이고 전문적인 조사를 필요로 하는 경우 외부의 안전기술사, 산업

안전지도사, 공인노무사, 대학교수 등으로 구성할 수 있다.

⑤ 자체적으로 중대재해의 원인조사를 한 경우 결과보고서의 작성은 [서식 1]에 의한다.

제12조(조사서류의 구비 및 협력) ① 중대재해가 발생한 경우 구비서류, 그 용노동부 등 사건조사 시 준비서류의 준비서류는 [부록 1]과 같다.

② 중대재해발생 시 산재보험급여 이외에 고의 또는 중대한 과실에 따라 징벌적 손해배상를 하는 경우 준비하여야 할 서류는 [부록 2]와 같다.

③ 안전환경부서장은 그 사유가 발생한 경우 상기의 구비서류를 점검하여 경영책임자에게 수시로 보고하여야 한다.

제13조(재발방지대책) ① 경영책임자는 사업 또는 사업장에서 중대재해가 발생한 경우 재발을 방지하기 위한 대책을 수립하여야 한다.

② 경영책임자는 사업 또는 사업장의 중대재해를 예방하기 위하여 다음과 같은 조치를 할 것을 지시하고 반기 1회 이상 점검하여야 한다.

　　　가. 고위험작업의 파악 및 중점관리 계획, 실행
　　　나. 위험작업에 대한 TBM 실시
　　　다. 비정형작업, 고소작업의 안전관리 강화
　　　라. 작업계획서의 작성 및 확인
　　　마. 위험성평가의 체계구축 및 실행결과의 평가, 교육 및 보고
　　　바. 사고원인 소사기법 및 분석방법의 교육
　　　사. 관계수급인의 안전관리체계의 구축지원 및 수준평가
　　　아. 안전감독일지의 작성 및 방법지도
　　　자. 중대재해 발생 대비 구호조치 등 훈련실시
　　　차. 중대재해처벌법 및 관련사례 교육

③ 안전환경부서장은 위 7.8.2항의 점검사항을 반기 1회 이상 점검하여 그 결과를 경영책임자에게 보고하여야 한다.

제14조(서류의 보존) 이 절차서와 관련된 서류, 사진 등의 자료는 중대재해처벌법 시행령 제13조에 따라 5년간 보존하여야 한다.

도급, 용역, 위탁 등 안전보건관리절차

제1조(목적) 이 절차서는 중대재해를 예방하기 위하여 중대재해처벌법 제4조 및 제5조에 따라 사업 또는 사업장에 필요한 사항을 규정함을 목적으로 한다.

제2조(적용범위) ① 이 절차서는 ㈜00도로관리에 의한 도급·용역·위탁 등의 업무에 종사하는 사람을 보호하기 위하여 적용한다.

② 용역 및 종사자파견계약에 따라 노무를 제공받는 경우 해당 종사자를 보호하기 위하여 이 절차서를 적용한다.

제3조(지침) ① 도급·용역·위탁 등의 안전보건관리의 업무는 건설공사발주자 또는 도급인이 되는 경우를 구분하여 수행하여야 한다.

② 건설공사발주자의 경우에는 도급인 또는 수급인에 대하여 중대재해처벌법에 따른 안전보건관리체계의 구축 및 이행점검에 관한 사항을 적용하지 아니한다.

③ 도급인의 지위에 해당하는 경우에는 중대재해처벌법 제5조 및 같은 법 시행령 제4조 및 제5조에 의한 안전보건관리체계의 구축 및 이행점검, 안전보건법령의 준수 여부를 점검, 확인하여야 한다.

제4조(역할) ① 경영책임자는 도급, 용역, 위탁 등을 하는 경우 해당 사업 또는 는 사업장의 안전보건확보를 위하여 안전보건관리체계의 구축, 이행여부를 점검하고 확인하여야 한다.

② 경영책임자는 도급, 용역, 위탁 등의 사업 또는 사업장에 대한 이행점검에 필요한 권한을 안전환경부서장에게 권한을 위임할 수 있다.

③ 안전환경부서장은 도급, 용역, 위탁 등의 사업 또는 사업장의 안전보건확보를 위하여 안전보건관리체계의 구축 여부를 확인하여 그 결과를 경영책임자에게 보고하여야 한다.

제5조(용어의 정의) 이 절차서에서 사용하는 용어의 정의는 다음과 같다.

1. '경영책임자'란 ㈜ 00법인을 총괄하여 관리하는 대표이사를 말한다.

2. '안전보건관리책임자'란 산업안전보건법 제15조에 따라 해당 사업장을 실질적으로 총괄하여 관리하는 자를 말한다.

3. '안전보건총괄책임자'란 산업안전보건법 제62조에 따른 도급사업을 총괄하여 관리하는 자를 말한다.

4. '관리감독자'란 산업안전보건법 제16조에 따라 해당 사업장의 생산과 관련되는 업무와 그 소속 직원을 직접 지휘·감독하는 직위에 있는 자를 말한다.

5. '전담부서장'이란 사업장의 안전 및 보건에 관하여 대표이사를 보좌하고 본사에서 중대재해처벌법 및 산업안전보건법에 관한 업무를 총괄하여 보좌하는 자를 말한다.

6. '전담부서의 종사자'란 안전보건팀에서 대표이사를 보좌하여 중대재해처벌법 및 산업안전보건법에 따라 계획, 평가, 점검, 지도·조언의 업무를 수행하는 종사자를 말한다.

7. '도급'이란 민법 제664조, 건설산업기본법 제2조, 전기공사업법 제2조, 정보통신공사업법 제2조 제12호를 말한다. 다만, 산업안전보건법 제2조 제6호에 명시된 도급은 명칭에 관계없이 도급으로 본다.

8. '용역'이란 물질적 재화의 생산 이외에 생산이나 소비에 필요한 노무를 제공하는 것을 의미한다.

9. '위탁'이란 법률행위 또는 사실행위를 타인에게 의뢰하는 것을 말한다.

10. '도급인'이란 중대재해를 예방하기 위하여 산업안전보건법 제2조 제7호에 의한 도급인으로 본다.

11. '수급인'이란 도급인으로부터 물건의 제조·건설·수리 또는 서비스의 제공, 그 밖의 업무를 도급받은 사업주를 말한다.

12. '관계수급인'이란 도급이 여러 단계에 걸쳐 체결되는 경우 각 단계별 도급받은 사업주를 말한다.

13. '안전관리참여자'란 건설공사의 계획에서 준공까지 안전관리를 수행하는 발주자, 시공자, 설계자, 건설사업관리기술인을 말한다.

제6조(종사자의 보호) 도급·용역·위탁 등의 업무에 종사하는 다음 각 항의 어느 하나에 해당하는 사람을 보호하기 위하여 안전보건관리를 한다.

1. 근로기준법에 의한 종사자
2. 도급, 용역, 위탁 등 계약의 형식에 관계없이 그 사업의 수행을 위하여 대가를 목적으로 노무를 제공하는 자
3. 사업이 여러 차례의 도급에 따라 행하여지는 경우에는 각 단계의 수급인과 상기 제1호 또는 제2호의 관계에 있는 자
4. 특수형태근로종사자

제7조(도급·용역·위탁 등의 안전보건관리) 경영책임자는 도급·용역·위탁 등의 형태로 사업을 수행하는 경우 다음 각 항에 관한 사항을 구축하도록 계약조건을 명시하여야 한다.

1. 안전보건관리책임자, 관리감독자, 안전관리자, 보건관리자 등 안전보건관리체제의 구성 및 운영
2. 중대재해처벌법 제5조에 의한 안전보건관리체계의 구축 및 이행

제8조(건설공사발주자와 도급인의 구별) ① 건설공사의 발주자가 다음 각 호에 해당하는 경우에는 도급인으로 판단한다.

가. 도급인의 사업과 밀접하게 연결되어 수급인의 안전보건에 영향을 주는 경우
나. 도급인의 사업운영을 위해 도급인이 지배·관리하는 장소나 시설물을 이용하는 경우
다. 도급인과 수급인의 작업공간 간 충돌 등의 재해예방을 위한 도급인의 총괄·관리가 필요한 경우
라. 수급인이 독립적으로 안전작업의 수행이 어려운 경우

② 건설기술진흥법 및 산업안전보건법에서 정한 바에 따라 업무를 수행하는 경우에는 해당 법률에 따라 구별한다.

③ 건설공사의 시공과 관련하여 다음 각호에 해당하는 경우에는 발주자로 판단한다.

    가. 건설공사를 관리하기 위한 사업부서를 설치하지 않은 경우

    나. 건설사업에 관한 면허를 취득하지 않은 경우

    다. 현재 운영사업과 건설사업의 동질성이 없는 경우

    라. 발주기관이 처음 신설하는 공사를 시행하는 경우

④ 건설공사발주자는 건설기술진흥법 및 산업안전보건법에서 허용한 업무 이외에 도급사업에 대하여 지배·운영·관리를 하지 않아야 한다.

제9조(안전보건관리의 총괄관리) ① 경영책임자는 도급, 용역, 위탁 등을 하는 경우 안전보건관리를 위하여 산업안전보건법 제15조에 따라 안전보건관리책임자를 지정하여야 한다. ㈜00도로관리의 안전보건관리책임자의 업무는 해당 본부장이 수행한다.

② 경영책임자는 해당 본부장으로 하여금 다음 각 호에 관한 사항을 총괄하여 관리하도록 해야 한다.

    가. 산업재해 예방계획 수립

    나. 안전보건교육

    다. 작업환경측정

    라. 종사자의 건강관리

    마. 산업재해의 원인조사 및 재발방지대책의 수립

    바. 산업재해의 통계기록 및 유지

    사. 위험성평가 및 그 결과의 전파

    아. 유해·위험기계 및 시설 등에 대한 정기점검

    자. 안전장치 및 보호구의 구입 시 적격품 여부 확인

    차. 산업안전보건관리비의 계상 및 지급내역의 확인(건설공사에 한한다)

    카. 기타 안전보건활동에 관한 사항

③ 경영책임자는 도급·용역·위탁 등의 경우에 중대재해처벌법 제5조에 따른 안전보건관리체계 등에 관하여 6개월에 1회 이상 이행 여부를 확인, 점검

하여야 한다. 이 경우 확인 또는 점검한 결과의 시정을 요구할 수 있다.

④ 안전환경부서장은 제.3항의 사항에 대해 확인 및 점검을 하고 그 결과를 경영책임자에게 보고한다.

제10조(건설공사의 안전보건관리) ① 경영책임자는 건설공사를 시공하는 경우에는 건설기술진흥법 또는 산업안전보건법에서 정하는 안전관리 또는 안전보건관리의 업무를 위한 계획을 수립하고 실행하여야 한다.

② 공사금액 20억 원 이상의 건설공사의 경우 안전보건관리책임자를 선임하고 안전관리자 또는 보건관리자를 지휘·감독하여야 한다. 다만, 50억원 미만의 건설공사는 안전관리자 및 보건관리자를 두지 않아도 된다.

③ 공사금액 50억 원 이상인 경우 산업안전보건법 제67조에 따라 건설공사발주자로서 기본안전보건대장을 작성하고, 설계안전보건대장, 공사안전보건대장을 확인하여야 한다.

④ 둘 이상의 사업주에게 도급 또는 하도급을 하는 경우 산업안전보건법 제64조 제1항 제1호에 의한 안전보건에 관한 협의체(사업주협의체)를 구성 및 운영하여야 한다.

제11조(파견종사자의 안전보건관리) ① 경영책임자는 시행하는 사업 또는 사업장에서 파견종사자를 사용하는 경우 작업환경측정, 건강진단 등을 정기적으로 실시하여야 한다.

② 경영책임자는 건설현장에서 지게차 운전자를 지시하는 행위로 인하여 근로자파견에 해당되지 아니하도록 유의해야 한다. 다만, 특수형태근로종사자를 사용하는 경우에는 예외로 한다.

제12조(안전계약 특수조건) 경영책임자는 도급, 용역, 위탁 등의 계약을 체결하는 경우 종사자, 노무를 제공하는 자, 특수형태근로종사자, 파견종사자, 관계수급인을 보호하기 위한 안전계약 특수조건을 정할 수 있다.

② 안전계약 특수조건에는 다음 각 호의 내용을 포함하여야 한다.

　　가. 적용범위, 안전준수의무

　　나. 안전보건교육 및 훈련지원 등

　　다. 안전보건 정보의 제공

　　라. 위험성평가

　　마. 안전보건점검 및 안전보건조치

　　바. 작업환경의 개선 및 관리

　　사. 안전사고 발생보고 등

　　아. 안전수칙 위반시 조치 등

　　자. 계약해지 등 제재기준

　　차. 작업중지 등

　　카. 재해조사 및 재발방지대책

　　타. 안전보건협의체 구성 및 운영

제13조(안전보건에 관한 사업주협의체) ① 경영책임자는 도급사업을 하는 경우에 산업안전보건법 제64조제1항 제1호에 따라 도급인과 수급인으로 구성하는 사업주협의체를 구성하여 운영한다.

　1. 사업주협의체는 매월 1회 협의회를 개최한다.

　2. 사업주협의체는 다음 각목에 정한 사항을 협의한다.

　　가. 작업시작 시간

　　나. 작업장 순회점검

　　다. 안전보건교육의 장소 및 자료의 제공 등 지원

　　라. 작업장 간 연락방법

　　마. 재해발생위험 시 대피방법 등 훈련

② 안전보건에 관한 사업주협의체는 매월 1회 이상 개최하여 안전보건에 관한 사항을 협의하여야 한다.

③ 안전환경부서장은 중대재해처벌법 제5조에 따른 안전보건 확보의무를 이행하기 위하여 사업주협의체의 구성 및 운영에 관한 사항을 이행점검하고 그 결과를 경영책임자에게 보고하여야 한다.

④ 경영책임자는 도급사업의 안전보건에 관한 이행점검을 한 결과 미흡한 사항, 개선할 사항이 있는 경우에는 시정조치하도록 협의할 수 있다.

제14조(안전보건에 관한 노사협의체) ① 경영책임자는 건설공사를 도급하는

경우 산업안전보건법 제75조에 따라 다음 각 호와 같은 사람으로 노사
협의체를 구성한다.

  1. 도급인의 대표, 관계수급인의 각 대표자 및 안전관리자

  2. 도급 또는 하도급사업을 포함한 전체사업의 근로자대표, 명예산업안
전감독관 및 근로자대표가 지명하는 해당사업장의 근로자

  3. 근로자위원은 공사금액 20억원 이상 공사의 관계수급인의 근로자대
표

  4. 사용자위원은 안전보건관리자 1명, 보건관리자 1명, 공사금액이 20억
원 이상인 공사의 관계수급인 각 대표

② 노사협의체를 구성하여 운영하는 건설공사의 경우에는 산업안전보건위원
회의 기능을 갈음한다.

③ 노사협의체는 2월에 1회 정기회의를 개최하여야 한다.

④ 안전환경부서장은 노사협의체의 구성 및 운영에 관한 이행점검을 한 후
그 결과는 경영책임자에게 보고하여야 한다.

⑤ 경영책임자는 건설공사의 노사협의체를 이행점검한 결과 그 시정이 필요
한 사항은 노사협의체에서 협의할 수 있다.

제15조(안전보건관리체계의 구축지원) ① 경영책임자는 당해 사업장에서 상
주하는 종사자를 보호하기 위하여 관계수급인이 안전보건관리체계를 구
축하여 운영하는지 점검, 확인하여야 한다.

② 경영책임자는 도급·용역·위탁 등을 하는 경우 사업규모의 영세성, 전문인
력의 부족 등으로 안전보건관리체계를 스스로 구축하기 어렵다고 판단될
때, 이를 지원할 수 있다.

③ 경영책임자는 이행점검을 한 결과 관계수급인이 다음 각 호에 해당하는
경우에 안전보건관리체계의 구축 및 이행점검을 하도록 지원할 수 있다.

  1. 상기 근로자 5인 이상 100명 이하의 사업

  2. 안전관리자 또는 보건관리자의 선정이 없는 사업

  3. 사업기간이 6개월 미만의 사업

④ 안전환경부서장은 안전보건관리체계의 구축이 필요하거나 지원이 필요한

사업인지 현황을 파악하여 경영책임자에게 보고하여야 한다.

제16조(위험성평가체계의 수립) ① 경영책임자는 도급·용역·위탁 등의 경우 사업장의 종사자를 보호하기 위하여 다음 각 호의 위험성평가체계를 수립하고 정기적으로 실시하여야 한다.

1. 위험성평가의 실행계획의 수립
2. 위험성평가의 시기 및 평가대상, 결과의 보고체계
3. 위험성평가의 결과에 대한 전달체계

② 경영책임자는 수급인이 스스로 위험성평가를 하기 곤란하다고 판단되는 경우 전문기관에 위탁하도록 권고할 수 있다.

③ 도급·용역·위탁을 받은 사업주는 위험성평가체계를 수립하고 위험성평가를 실시한 경우 그 결과보고서를 제출하여야 한다.

제17조(안전보건관리체계의 이행점검) ① 경영책임자는 도급·용역·위탁을 하는 경우 안전보건관리체계를 구축하고 매 반기(6개월)에 1회 이상 이행 여부를 점검하여야 한다.

② 경영책임자는 안전보건관리체계의 이행점검을 전문기관에 위탁할 수 있으며, 이 경우 점검결과에 따라 개선조치를 하여야 한다.

제18조(관련 서류의 보존) 도급·용역·위탁 등에 관한 서류는 5년간 보존하여야 한다.

적격수급인 및 재해예방조치능력 평가절차

제1조(목적) 이 절차서는 산업안전보건법 제61조 및 중대재해처벌법 시행령 제4조제9호가목에 따른 산업재해 예방조치능력을 갖춘 적격수급인의 선정에 필요한 사항을 규정함을 목적으로 한다.

제2조(적용범위) ① 이 절차는 (주)00사 도급·용역·위탁(이하 "도급 등"이라 한다.) 시 중대재해 등 산업재해를 예방하기 위하여 적용한다. 이 경우 명칭에 관계없이 유해위험요인이 극히 낮은 경우에는 제외한다.
② 건설공사를 발주하는 경우에는 입찰 시 재해율을 반영하므로 제외하며, 단순 용역건에 대하여는 적용하지 아니한다.

제3조(용어의 정의) 이 절차서에서 사용하는 용어의 정의는 다음과 같다.
  1. '회사'란 (주)00사 법인자체를 말한다. 산업안전보건법에 의한 법인사업주는 법인자체를 의미한다.
  3. '경영책임자'란 인천남항부두운영(주)를 총괄하여 관리하는 대표이사를 말한다.
  3. '안전보건관리책임자'란 해당 사업장을 실질적으로 총괄하여 관리하는 자로서 산업안전보건법에 따라 선임된 사람을 말한다.
  4. '해당 부서장'이란 해당 사업장의 생산과 관련되는 업무와 그 소속 직원을 직접 지휘·감독하는 직위에 있는 사람으로서 산업안전보건법상의 관리감독자의 업무를 수행한다.
  5. '안전환경부서장'이란 사업장의 안전 및 보건에 관하여 대표이사를 보좌하고 관리감독자에게 지도·조언하는 사람을 말한다.
  6. '안전·보건관리자'란 안전환경부서에 소속되어 사업장의 안전 및 보건에 관하여 안전보건관리책임자를 보좌하고 관리감독자에게 지도·조언하는 사람을 말한다.
  7. '조치능력평가표'란 산업안전보건법 제61조에 의한 적격수급인의

평가표 및 중대재해처벌법 시행령 제4조제9호가목에 의한 산업재해 조치능력평가료를 통합하여 작성한 문서를 말한다.

제4조(평가계획) ① 경영책임자(산업안전보건법에 의한 사업주를 포함)는 중대재해 등 산업재해를 예방하기 위하여 적격수급인의 선정 시 또는 계약 갱신 시 사전에 적격수급인의 평가를 실시하도록 해야 한다.

② 안전환경부장은 조치능력 평가계획, 시기, 평가항목 및 평가방법에 따른 평가의 실시계획 및 평가결과를 대표이사에게 보고하여야 한다.

제5조(평가항목) ① 경영책임자는 조치능력평가표에 다음 각 호와 평가항목을 구성하고 가중치를 부여한다.

구분	배점	비고
A. 안전보건관리 체계	20	
B. 위험성평가 체계	40	
C. 관리감독 체계	20	
D. 안전보건 교육	20	
E. 재해발생 수준	가점 또는 감점	
합 계	100	

② 경영책임자는 안전보건관리수준을 고려하여 다음과 같이 조치능력평가표의 항목과 세부기준을 작성하거나 변경할 수 있다.

평가항목	세부기준	평가능급
A. 안전보건관리 체계	1. 일반원칙	상, 중, 하
	2. 계획수립	상, 중, 하
	3. 구조 및 책임	상, 중, 하
B. 실행수준	1. 위험성평가	상, 중, 하
	2. 안전점검	상, 중, 하

	3. 이행확인	상, 중, 하
	4. 교육 및 기록	상, 중, 하
	5. 안전작업허가	상, 중, 하
C. 운영관리	1. 신호 및 연락체계	상, 중, 하
	2. 위험물질 및 설비 확인	상, 중, 하
	3. 비상대책	상, 중, 하
D. 재해발생수준	1. 산업재해 현황(최근 3년간)	상, 중, 하
	2. 중대재해 발생현황	상, 중, 하

제6조(평가결과 및 허용기준) ① 적격수급업체를 평가하는 경우 수준평가의 등급, 득점, 역량 평가결과를 다음과 같이 구분한다.

등급	득점	역량평가결과
S	90점 이상	안전역량 매우 우수
A	80점 이상	안전역량 우수
B	70점 이상	안전역량 보통
C	60점 이상	안전역량 미흡
D	60점 미만	안전역량 매우 미흡

② 평가결과에 다른 업체별 작업의 허용기준은 다음 각호와 같다.
    1. S등급 : 차기의 평가등급 면제 또는 인센티브 부여
    2. A등급 : 화재, 폭발, 밀폐공간 등 위험장소 작업 허용
    3. B등급 : 화재 및 밀폐공간작업을 제외한 위험장소 작업 허용, 산업안
       전보건법 시행령 제11조(도급인이 지배·관리하는 장소)에서 이루어지
       는 작업허용
    4. C등급 : 일반작업만 가능, 위험등급이 낮은 작업
    5. D등급 : 작업중지

제7조(평가의 방법 및 시기) ① 조치능력평가의 방법은 다음 각 호와 같다.

1. 수급업체의 안전보건관리체계는 절차서, 지침서 등 문서와 업무보건관련 문서를 참조하여 평가한다.
2. 역량평가를 하는 경우 평가항목에 대하여 배점을 부여하고 평가란에 대하여 의견을 기입하여야 한다.
3. 안전보건관리체계는 중대재해처벌법 제4조 및 같은 법 시행령 제4호에 따른다.
5. 관리감독체계는 안전보건관리책임자 또는 관리감독자를 선임 또는 지정 여부 및 안전감독활동의 유무도 평가하여 반영하여야 한다.
6. 안전보건교육은 산업안전보건법령에 안전보건교육, 산재보험교육, 중대재해처벌법의 교육을 실시하였는지를 평가해야 한다.
7. 재해발생수준은 3년간 발생한 산업재해로서 재해발생건수, 중대산업재해의 발생건수를 구분하여 반영해야 한다.

② 적격수급업체를 선정하는 경우 평가시기는 다음 각호와 같다.

1. 도급 등의 사업 : 계약 후 착공 전 시행
2. 상주하는 수급업체 : 매년 1회 이상 계약갱신 전
3. 입찰하지 않는 경우 : 계약 전 평가실시

③ 평가대상은 작업기간에 따라 다음 각호와 같이 구분하여 실시한다.

1. 일시적인 작업 : 30일 미만은 제외
2. 간헐적인 작업 : 연간 60일 미만은 제외
3. 용역계약 : 청소, 조경, 경비 등
4. 유지보수계약 : 기계, 전기, 전산 등 정기적이고 일상적인 유지보수
5. 공사계약 : 토목, 건축, 산업설비, 조경, 전기, 정보통신, 소방설비

제8조(평가결과의 반영절차) ① 중대재해 등 산업재해를 예방하기 위하여 적격업체에 해당 여부에 대한 역량평가를 실시한다. 다만, 사업의 특성에 따라 계약 후 즉시 시정조치를 하는 계약조건인 경우에는 예외로 한다.

② 역량평가의 결과 재해예방조치 등 역량이 현저히 미흡하여 적격업체로 선정하기 곤란한 경우에는 계약의 체결 또는 갱신을 아니 할 수 있다.

③ 연속 2회 이상 부적격업체로 평가를 받은 경우에는 즉시 작업을 중지하여야 한다.

④ 최초 부적격업체로 평가된 경우에는 평가기준에 대한 심사를 받아 합격된 경우에 당사의 도급 등의 사업에 참여할 수 있다.

제9조(평가결과의 검토 및 변경) ① 안전·보건관리자 또는 해당 부서장은 적격수급인 및 산업재해예방 조치능력의 평가항목의 변경이 필요한 경우에는 협의하여야 한다.

② 안전·보건관리자 또는 해당 부서장은 평가항목을 변경하고자 하는 경우 의견을 제시하여야 하며, 평가항목의 변경에 대하여는 경영책임자의 승인을 받아야 한다.

③ 안전환경부서장은 적격수급인 및 산업재해 예방조치능력의 평가결과를 경영책임자에게 보고하여야 한다.

제10조(조치능력평가 및 이행점검) ① 안전환경부서장은 도급·용역·위탁등을 하는 경우 다음 각호의 사업에 대하여 산업재해 예방을 위한 조치능력과 기술을 평가하여야 한다.

1. 전기공사, 정보통신공사, 소방공사, 토목공사 및 건축공사
2. 청소·경비 등의 용역 또는 위탁
3. 실질적으로 지배·운영·관리는 기계·기구·설비를 임대, 용역, 도급하는 경우

② 상기 제1항에 관한 사항은 반기 1회 이상 조치능력과 기술기준을 평가하는지 이행점검을 하여야 한다.

제11조(자료의 보존) ① 이 절차서에 의한 적격수급인의 선정 및 평가에 관한 서류는 3년간 보존하여야 한다.

② 적격수급인의 선정 및 산업재해 예방조치능력을 평가한 경우에는 중대재해처벌법 시행령 제13조에 따라 5년간 보관하여야 한다.

참 고 문 헌

1. 국내외문헌

곽윤직, 채권각론(신정수정판), 박영사, 2000.

권오성, 중대재해처벌법 체계, 도서출판 새빛, 2022.

권영창 외 16인, 중대재해처벌법 연구(1), 법문사, 2022.

김향기, 행정법연습, 대명출판사, 2017.

김영규, 중대재해처벌법 해설(중대산업재해 쟁점과 해설), 법문사, 2024.

나카무라 마사요시(김영석 역), 안전의식과 안전공학적 실천방안, 시그마프레스, 2016.

베르너 마이호퍼(심재우·윤재완 역), 법과 존재/인간질서의 의미에 관하여, 박영사, 2022.

양천수, 법해석학, 한국문화사, 2018.

양천수, 삼단논법과 법학방법, 박영사, 2021.

송인택 외 4인, 중대재해처벌법 해설과 대응, 박영사, 2022.

이근희, 안전관리학, 창지사, 1994.

이재상·장명민·강동범, 형법총론, 박영사, 2023.

이상국, 산업안전보건법(Ⅰ), 대명출판사(제9판), 2025.

이상국, 산업안전보건법(Ⅱ), 대명출판사(제9판), 2025.

이상국, 산재보험법(Ⅰ), 대명출판사(제13판), 2024.

이상국, 산재보험법(Ⅱ), 대명출판사(제13판), 2025.

이상국·최영우, 「근로자파견의 법률지식」, 청림출판사, 1999.

정성근, 정중섭, 형법강의 총론, 박영사, 2022

정웅석·최창호, 형법총론, 대명출판사, 2018.

정웅석·최창호, 형사소송법, 대명출판사, 2018.

칼 라렌츠(양창수 역), 정당한 법의 원리, 박영사, 2022.

ERIK HOLLNAGEL, FRAM(The Functional Resonance Analysis Method), Ashgate Publishing Cdmpany, 2012.

Hans Kelsen(윤재왕 역), 순수법학, 박영사, 2021.
Ulfrid Neumann(윤재왕 역), 구조와 논증으로서의 법, 세창출판사, 2013.

2. 국내논문

김대근·권오성·김영중·윤이경, "중대재해처벌법상 인과관계 판단기준 연구", 한국형사법무정책연구원, 2022.

김성룡, "형사벌·행정형벌과 과태료 부과기준 및 산업안전보건법상 처벌규정의 적정성 검토", 강원법학 제31권(2011. 10), 강원대학교비교법학연구소.

김혜경·이진국·도중진·차중진, "해외 중대재해처벌에 관한 사례분석", 산업안전보건공단, 2022.

고명수, "형법상 업무상과실과 중과실의 개념 및 적용에 관한 고찰", 법학연구(23: 2020. 9), 인하대학교법학연구소

윤준현·김근주·김기선·전형배·박수경·강련승, "중대재해처벌법상 안전 및 보건확보의무의 구체화방안 연구", 산업안전보건연구원, 2021.

이동명, "과실범처벌의 현대적 과제-기업범죄와 관련하여," 「법과 정책 제21집제2호(2015. 8. 30)」, 청주대학교 법과정책연구원.

이상국, "경기도 중소제조기업의 산업재해예방 및 정책적 지원방안 연구", 경기도의회(2021. 03).

이상국, "경기도 중소제조기업의 안전보건매뉴얼 개발연구", 경기도의회(2021, 09)

이상국. "중대재해처벌법의 쟁점과 개선과제", 미래노동개혁포럼(2024. 9. 23)

이영순·최재욱·강미진 외 6인, "위험성 평가기법 사업장적용 효과분석", 산업안전보건연구원, 2007, 6면.

전형배, "산업안전보건법 벌칙규정의 현황과 과제", 강원법학 제34권(2011. 10), 강원대학교비교법학연구소.

정유나, "위험관리수단으로서 형법상 주의의무의 기능과 한계", 고려대학교 법학연구원, 2018.

홍천룡, 「건설공사에 있어서 제3자의 피해에 대한 사법적 구제」, 경남대학논문집(제11집), 1984.

小畑史子, "勞動安全衛生法規の法的 性質(-)", 法學協會雜誌第112卷第3號, 東京大學判例研究會, 1995

岡村新宜, "使用者·事業主의 民刑事責任," 日本勞働法學會編 現代勞働法學講座, 第12卷

Dembe, A.E., Erickson, J.B, Delbos, R.G, and Banks, S.M. (2005) The impact of overtime and long work hours on occupational injuries and illnesses : new evidence from the United States. Occupational and Environmental Medicine, 62.

EU-OSHA. Worker representation and consultation on health and safety - An analysis of the findings of the European Survey of Enterprises on New and Emerging Risks (ESENER). 2012a.

EU-OSHA. Working together for risk prevention through leadership and worker participation. Available at http://www.healthy-workplaces.eu/en/hw2012. 2012b

J. Reason (for Dedale) E. Hollnagel (for Dedale) J Paries (Dedale), "Revisiting The « Swiss Cheese » Model of Accidents," European Organisation for The Safety of Air Navigation, ssued: October 2006.

Karen Russ, "Risk Assessment : Theory and Practice in UK", 「The International Symposium on Risk Assessment Theory and Pratice」, OSHRI, 2010.

Korea Railroad Corporation Human Error Research Committee (2nd) , 2014, Research report of error analysis section

Krueger, G.P. (1989) Sustained work, Fatigue, sleep loss and performance : A review of the issues, Work and Stress, 3.

Kawakami T. Kogi K, Action oriented support for occupational safety and health programs in some developing countries in Asia, Int. J. Occ. Safety and Ergonomics, Vol 7, No 4. 2001.

Louis J. Diberadinis(ed), Handbook of Occupational Safety and Health, 2th ed., Wiley Interscience, 1998.

Occupational Health and Safety Council of Ontario(OHSCO), MSD Prevention Guideline for Ontario, 2007.

Okray, R. and Lubnau, T, (2004) Crew Resource Management Training for the Fire Service, Tulsa, OK : PennWell Corporation.

Rhona Flin, Paul O'Connor and Margaret Crichton, Safety at the Sharp End A Guide to Non-Technical Skills

Raymond. A, Serway. Terry S. Faughn. Chris Vuille, College Physics, 8th Edition.

사 항 색 인

ㄱ

가동능력상실률 / 551
가동연한 / 555
가동일수 / 556
가해물 / 244
간병급여 / 568
간접적 원인 / 249
감리인의 행위 / 213
개인사업주 / 120
개인주택 / 412, 444
개호비 / 549
갱폼(gang form) / 287
거시·미시감사 / 370
건강장해 / 54
건설공사발주자 / 67, 209
건설수급인의 역할 / 378
결과범 / 24
결과예견가능성 / 19
결과적 가중범 / 26
결과회피의무 / 19
경영책임자 / 64
고위험작업 / 166
고외법 / 13
공동불법행위 / 538
공립학교 / 71
공무원 / 55
공작물책임 / 543
공제후상계설 / 530
공중교통수단 / 460
공중이용시설 / 453
공표대상 / 517

공학적 통제(engineering controls) / 132
과실범 / 16
과실상계 / 559
과실책임의 원칙 / 539
과태료의 부과 / 225
과태료의 의의 / 224
관계수급인 / 347
관리감독자 / 143
관리감독책임 / 5
관리적 통제(administrative controls) / 132
교통사고 / 491
구호조치 / 160
국립대학병원 / 71
굴착기의 전도사고 / 415
근로자 / 55
근로자공급사업 / 201
근로자파견 / 203
근로자파견대상업무 / 408
금지직종 / 408
급성스트레스 / 325
급성중독 / 53
기계·기구·설비 / 278
기왕치료비 / 547
기인물 / 244

ㄴ

내용적 확정력 / 516
노동력상실률 / 552
뇌심혈관계질환 / 49

ㄷ

대인배상Ⅰ / 535

대인배상Ⅱ / 535
대체(substitution) / 131
도급·용역·위탁 / 181
도급의 구별기준 / 188
도급인의 역할 / 376
도미노이론 / 256
독립요소 / 243
동일성 / 43
동일성의 원리 / 91
등치성이론 / 241

ㄹ

라이프니쯔식 / 557
레미콘운송기사 / 56
리더쉽 / 322
리스크(risk) / 37

ㅁ

물량팀종사자 / 56
미필적 고의 / 14, 218

ㅂ

바지선 / 440
발생사실의 공표 / 516
범죄요건의 특성 / 486
범죄이론 / 83
법규범 / 234
법원의 심리 / 518
보건 / 36
부작위범 / 31
부진정작위범 / 31, 32
불법행위 / 524
불법행위의 성립요건 / 537
불안전상태 / 248
불안전행동 / 248

BTL(Build Transfer Lease)방식 / 198

ㅅ

사건(incident) / 40
사고(accident) / 40
사고분석기법 / 362
사고연쇄반응이론 / 257
사고의 개념 / 40
사고조사 방법 / 356
사고조사프로그램 / 361
사립학교법인 / 71
사무집행 / 540
사실상의 지배력 / 193
사업 또는 사업장 / 79
사업주 / 63
사용자책임 / 539
사전공제설 / 529
사후공제설 / 529
산업보건안전청(HSE) / 87
산업재해 / 42
상당인과관계설 / 28
상당한 주의 / 526
상시근로자 / 73
생활비의 공제 / 558
서면자료의 보관 / 572
선박건조작업 / 437
선박침몰사고원인 / 482
성과측정의 방법 / 113
손익상계 / 567
손해배상액 / 564
손해배상책임 / 531
수강명령 / 226
수급인 / 58
수정 도미노이론 / 258
순차적 기법 / 362

스마트안전시스템 / 366
스위스치즈이론 / 258
스트레스 관리 / 323
시공능력순위 / 123
시스템적 기법 / 363
시스템적 사고조사방법 / 263
심리절차 / 520
심판권 / 522
4M기법 / 313

ㅇ

아차사고 / 331
안전 / 36
안전·보건 관계 법령 / 466
안전경영책임 / 4
안전계획 / 471
안전관리 / 38
안전보건 수준평가 / 162
안전보건감사 / 368
안전보건경영시스템(KOSHA-MS) / 110
안전보건관리책임자 / 141
안전보건관리체계 / 107
안전보건관리체계의 구축 / 435, 462
안전보건교육 / 184
안전보건목표 / 113
안전보건방침 / 116
안전보건역량강화 / 476
안전보건예산 / 139
안전보건활동수준평가 / 350
안전점검 / 472
안전정보시스템 / 366
안전제안활동 / 310
안전탄력성 / 363
안전회의 / 311
양벌규정 / 221, 485

업무수행의 평가 / 143
업무위탁 / 199
역량평가 / 346
역학적 기법 / 362
열차탈선사고 / 481
예견가능성 / 19, 20
예산편성의 범위 / 137
오토바이 / 493
외국인근로자 / 78
용역 / 199
운행자책임 / 533
위임 / 200
위자료 / 550, 567
위탁생산방식 / 464
위험성평가 / 134, 280
위험성평가방법 / 297
위험성평가체계의 구축 / 285
위험예지활동 / 308
유기용제 / 54
유해·위험요인 / 130, 276
유해·유험요인의 확인 / 123
유해요인 / 45
의견청취 / 153
의사결정 / 320
의사결정권 / 65
의사소통 / 321
이행점검 / 174
이행조치 / 165
인과관계 / 27
인과관계의 인정 / 487
일반불법행위 / 537
일시배상금 / 558
일실수입 / 546
일실수입의 산정 / 565
일실이익 / 545

일실퇴직금 / 546
임차인 / 194
입증책임완화 / 526
ABC감사 / 369
FMEA / 328
FMEA의 분석방법 / 329
FRAM / 264
NTS(Non Technical Skills) / 318
STPA / 270

ㅈ

자기신체사고 / 532
자동차소유자 / 533
자치규범 / 239
작업계획서 / 339
작업공정의 조사 / 281
작업반장 / 421
작업중지권 / 333
작업허가서 / 335
잠재적 위험범 / 25
장례비 / 568
장해등급기준 / 553
재발방지대책 / 165
재해원인 / 240
재해원인구조 / 262
재해원인조사 / 354
전담조직 / 118
전문심리위원 / 521
전출 / 201
점원파견 / 202
제거(elimination) / 131
제조물 / 461
제조업 / 381
조선업 / 379
조직적 행위규범 / 4

종사자 / 54
주의의무 / 94
주의의무위반 / 526
중간이자 / 557
중과실 / 527
중대산업재해 / 42
중대산업재해 대응조치 / 155
중대산업해의 유형 / 373
중대시민재해 / 451
중대재해 대응매뉴얼 / 156
중대재해 예방프로그램 / 319
중대재해 / 3
중대재해의 비교 / 99
중복조정 / 529
지게차운전자 / 403
지게차의 안전사고 / 401
지배·운영·관리 / 105, 106, 189, 214
지하차도의 침수 / 499
직업성 질병자 / 46
직접적 원인 / 246
진술권 / 519
집합투자자산 / 197
징벌적 손해배상 / 490, 524
JSA방법 / 298

ㅊ

채무불이행책임 / 536
책임보험 / 535
체크리스트방법 / 299
총괄·관리 / 118
치료기간 / 44

ㅌ

타워크레인의 안전사고 / 428
타워크레인조종사 / 57

특수형태근로종사자 / 60, 387
TBM활동 / 303

ㅍ

파견근로자 / 77
평가기준 / 162
평가항목 / 285
피로관리 / 326

ㅎ

하돈행렬(Haddon Matrix) / 354
하인리히 법칙 / 254
학교안전공제회 / 72
함무라비 법전 / 524
합작회사 / 196
항타기 / 423
해저드(hazard) / 37
행위자처벌주의 / 6
행위준칙 / 240
향후치료비 / 548
현업종사자 / 77
현장실습생 / 62
협력체계의 구축 / 348
형사재판의 심리 / 518
형식적 확정력 / 515
형의 확정 / 515
호프만식 / 557
확정적 고의 / 14
후유장해 / 568
휴먼에러 / 245
휴업급여 / 568

이론 및 사례

중대재해처벌법

2022. 1. 5. 초 판 1쇄 발행
2026. 3. 18. 9판 1쇄 발행

지은이 | 이상국
펴낸이 | 이종춘
펴낸곳 | BM ㈜도서출판 **성안당**
주소 | 04032 서울시 마포구 양화로 127 첨단빌딩 3층(출판기획 R&D 센터)
　　　| 10881 경기도 파주시 문발로 112 파주 출판 문화도시(제작 및 물류)
전화 | 02) 3142-0036
　　　| 031) 950-6300
팩스 | 031) 955-0510
등록 | 1973. 2. 1. 제406-2005-000046호
출판사 홈페이지 | **www.cyber.co.kr**
ISBN | 978-89-315-8565-0 (93360)
정가 | **40,000원**

이 책을 만든 사람들
책임 | 최옥현
진행 | 박현수
전산편집 | 이다혜
표지 디자인 | 박원석
홍보 | 김계향, 임진성, 김주승
국제부 | 이선민, 조혜란
마케팅 | 구본철, 차정욱, 오영일, 나진호, 강호묵
마케팅 지원 | 장상범
제작 | 김유석